戦国時代年表

後北条氏編

下山治久【編】

東京堂出版

序　文

昭和四十年に大学院に進学した私は、東京都内の生まれであることから後北条氏を研究し始めた。以来、後北条氏関係文書を採集し続けている。採集する事は難儀でもあるが、結構、楽しくもある。しかし、その文書を編年順に配列するには、相当の苦労を強いられるのが現実である。何処の戦国大名家文書の編年順配列の作業も同様の苦労をされていると想像できる。

ここ二十年程で、戦国時代の研究は飛躍的に進捗した。特に首都圏の関東地方を基盤とした後北条氏の研究は、残存文書の多さと文言内容の豊富さ、研究者の多さ等から、一段と進捗している。その中でも特出されるのは、後北条氏本体の究明と共に、隣接する諸大名や国衆の研究が顕著であり、武田・上杉・今川氏等はもとより、上野国や房総の国衆等、古河公方の動向もかなり解明されつつある。それは、後北条氏に敵対した周辺地域の諸大名や国衆の文書や記録類が発見され集積されて、県史資料編や自治体史に掲載され、広く利用されているためであろう。例えば、つい近年の『千葉県の歴史』資料編と中世通史編の刊行により、房総方面の戦国時代史は、かなり明確に理解される事になった。埼玉県や静岡県も同様である。並行して周辺諸大名や国衆の研究者の著作も豊富になり、これらに関係する後北条氏文書の年代比定も可能となった。勿論の事、『戦国遺文・武田氏編』と『戦国遺文・古河公方編』の年代比定の確実さには驚嘆しつつ、本書でも大いに成果を吸収させていただいた。

私の採集した後北条氏文書五千通の内の一割が年代未詳である。現在では、『戦国遺文・後北条氏編』の年代比定の誤りや年代未詳文書の年代比定もかなり可能となった。読者の皆様には誠に恐縮ではあるが、本年表の場をお借りして修正した文書も少なくなく、お許しを賜りたい。

序　文

戦国大名家別の地方史年表には、後北条氏領国として『小田原編年録・第六冊』所収年表、周辺部としては『上杉氏年表』が刊行され、近年では武田氏領国中心の『武田氏年表』が発刊されており、本年表もそれらの成果を参考にさせていただいた。

本年表の当初は『戦国遺文・後北条氏編』の年代比定の誤り等を訂正する目的で発案したが、次第に後北条氏領国以外の周辺大名・国衆と後北条氏との関わりを示す文書も採集し始めた事から、文書数は一万通近くになり、編年順に配列してから、主に各県通史編と整合して厳選し、年表に仕立てた経緯がある。

掲載した時代としては伊勢宗瑞の登場から後北条氏の滅亡まで、地域としては伊豆・相模・武蔵・下総・上野各国を中心に、駿河東部・上総・下野南部に及ぶ後北条氏領国を範囲としている。最初は国別の年表仕立も考えたが、後北条氏本国の施策が他国に及ぶ内容も少なくなく、国別の年表とはしなかった。項目の記述には関係文書所蔵者名と出典はなるべく記載したが、記載が無いのは信頼できる県史・自治体史や研究書の記述を掲載したためである。

本年表も、まだまだ、今後も修正・訂正されると思うが、読者の皆様の研究になにがしかのお役に立てれば、編者として望外の幸せである。

最後になりましたが、東京堂出版の編集担当者の菅原洋一氏に種々の無理を聞いていただき、完成する事ができ、感謝いたします。

平成二十二年四月三十日

横浜の杉田にて　　下　山　治　久

凡例

本年表は、項目の摘出を基本的には『戦国遺文・後北条氏編』一〜六巻・補遺編を基礎に、隣接する武田領は『戦国遺文・武田氏編』、古河公方領は『戦国遺文・古河公方編』所収文書から立項して記述した。その他の出典については「出典略符号一覧」と巻末の「参考文献」を参照されたい。項目の記述については左記の要綱によった。

一、項目の摘出には当該古文書、内容に信頼性のある古記録を基本とし、軍記物等は排除した。疑問点のある文書には、その旨を注記した。

一、後北条氏文書では北条家朱印状（虎の朱印状）については、発給された時の小田原城の当主名に置き換えた。

一、関係する人物名は、実名の確定する者は『後北条氏家臣団人名辞典』により実名を記述した。

一、関係する地名には、国名と（ ）内に平成二十二年四月現在の都道府県名と自治体名を記入した。但し、都道府県名は行数の制約から左の略符号を使用した。

神＝神奈川県、静＝静岡県、東＝東京都、千＝千葉県、埼＝埼玉県、茨＝茨城県、栃＝栃木県、群＝群馬県、ほか

一、項目の摘出は後北条氏を中心に据えたが、戦国時代に特に重要な項目は、その範囲を越えて特別に項目として採用した。例えば天正十年六月の本能寺の変など。

一、織田信長・豊臣秀吉・徳川家康・上杉謙信等は名前の変遷を無視し、長尾景虎（のち上杉謙信）等とはせず、最初から上杉謙信とした。なお、豊臣秀吉は羽柴秀吉で統一した。

一、文書の所蔵者名はフルネームとし、出典で多出するものは別表の如く略符号を使用した。

一、出典の欄では『戦国遺文・後北条氏編』所収の文書には文書番号のみの記載に留めた。項目の年代と『戦国遺文・後北条氏編』の比定年代が相違するものがあるが、同書の発刊後の諸氏の研究成果により比定年代が修正されたために相違したものであり、文書番号に変更は無い。

一、主要な武将や婦人の死没年齢等は主に『後北条氏家臣団人名辞典』や『戦国人名辞典』（吉川弘文館）から採集して記述したが、出典は煩瑣なため省略した。

一、巻末の人名索引では、織田信長・羽柴秀吉・上杉謙信・武田信玄・武田勝頼・徳川家康・北条氏康・北条氏政・北条氏直は多出するため省略した。

〔出典略符号一覧〕

文書番号＝『戦国遺文・後北条氏編』一〜六、補遺編（東京堂出版）。

「役帳」＝『戦国遺文・後北条氏編』別巻『小田原衆所領役帳』（東京堂出版）、頁数。

「戦武」＝『戦国遺文・武田氏編』一～六（東京堂出版）、巻数と文書番号。

「戦古」＝『戦国遺文・古河公方編』（東京堂出版）、文書番号。

「戦今」＝『戦国遺文・今川氏編』一（東京堂出版）、文書番号。

「武銘」＝『武蔵史料銘記集』（東京堂出版）、資料番号。

「相古」＝『改定新編相州古文書』一～五（角川書店）、巻数と頁数。

「武古」＝『新編武州古文書』上・下（角川書店）、巻数と頁数。

「小」＝『小田原市史・史料編』Ⅰ～Ⅲ（小田原市）、Ⅰは巻数と頁数、Ⅱ～Ⅲは巻数と文書番号。

「北条氏文書補遺」＝「小田原北条氏文書補遺」『小田原市郷土文化館研究報告・42』（小田原市郷土文化館）、頁数。

「文書補遺」＝「小田原北条氏五代発給文書補遺」『小田原市史・通史編・原始古代中世別冊付録』（小田原市）、文書番号。

「相風」＝『新編相模国風土記稿』一～六（雄山閣）、巻数・郡名と頁数。

「武風」＝『新編武蔵風土記稿』一～十二（雄山閣）、巻数・郡名と頁数。

「静」＝『静岡県史・資料編』七・八（静岡県）、巻数と文書番号。

「神3下」＝『神奈川県史・資料編』3、古代・中世3下（神奈川県）、巻数と文書番号。

「新」＝『新潟県史・資料編』3～5（新潟県）、巻数と文書番号。

「福」＝『福島県史・7、古代中世資料』（福島県）、巻数と頁数。

「群」＝『群馬県史・資料編七』（群馬県）、巻数と文書番号。

「埼」＝『埼玉県史・資料編六』中世4（埼玉県）、巻数と文書番号。

「千」＝『千葉県の歴史・資料編』一～五（千葉県）、巻数と頁数。

「山梨」＝『山梨県史・資料編』四・中世一（山梨県）、巻数と文書番号。

「東古中」＝『東京都古代中世古文書金石文集成・古文書編3』（角川書店）、文書番号。

「豆州志稿」＝『増訂豆州志稿・伊豆七島志』（堺屋書店他）、頁数。

参考文献（出典略符号一覧に掲載済み以外の書籍）

〔史料集〕
『松田氏関係文書集』（南足柄市）
『記録御用所本古文書』上・下（東京堂出版・下山治久編）
『北条史料集』（新人物往来社）
『武田史料集』（新人物往来社）

〔年表〕
『日本史年表・増補版』（岩波書店）
『日本史総合年表』（吉川弘文館）
『クロニック戦国全史』（講談社）
『山梨郷土史年表』（山梨日日新聞社）
『小田原編年録・六』（名著出版）
『増補改訂版　上杉氏年表』（高志書院、池享・矢田俊文編）
『武田氏年表』（高志書院、武田氏研究会編）

〔辞典〕
『日本史辞典』（吉川弘文館）
『後北条氏家臣団人名辞典』（東京堂出版・下山治久編）
『戦国人名辞典』（吉川弘文館）
『織田信長家臣人名辞典』（吉川弘文館・谷口克広著）

〔県史・自治体史〕
『神奈川県史・通史編』（神奈川県）
『埼玉県史・通史編』（埼玉県）
『千葉県の歴史・通史編中世』（千葉県）
『静岡県史・通史編2中世』（静岡県）
『小田原市史・通史編・原始古代中世』（小田原市）

〔著作・論文集〕
浅倉直美著『後北条領国の地域的展開』（岩田書院）
浅野晴樹・斎藤慎一編『戦国大名北条氏』中世東国の世界3（高志書院）
阿部浩一著『戦国期の徳政と地域社会』（吉川弘文館）
荒川善夫著『戦国期北関東の地域権力』（岩田書院）
荒川善夫著『戦国期東国の権力構造』（岩田書院）
有光友學編『戦国の地域国家』日本の時代史12（吉川弘文館）
粟野俊之著『織豊政権と東国大名』（吉川弘文館）
家永遵嗣著『奔る雲のごとく』（北条早雲フォーラム実行委員会）
池享・矢田俊文著『定本上杉謙信』（高志書院）
池上裕子著『戦国時代社会構造の研究』（校倉書房）
池上裕子著『戦国の群像』日本の歴史10（集英社）
池上裕子編『中近世移行期の土豪と村落』（岩田書院）
市村高男著『戦国期東国の都市と権力』（思文閣出版）
市村高男著『戦国期東国の権力と社会』（思文閣出版）
市村高男著『東国の戦国合戦』戦争の日本史10（吉川弘文館）

岩沢愿彦著『前田利家』（吉川弘文館）
小笠原長和著『中世房総の政治と文化』（吉川弘文館）
荻野三七彦編著『吉良氏の研究』関東武士研究叢書4（名著出版）
奥野高廣著『織田信長文書の研究』（吉川弘文館）
小和田哲男著『後北条氏研究』（吉川弘文館）
小和田哲男著『北条早雲とその子孫』（聖文社）
小和田哲男著『小和田哲男著作集』（清文堂）
垣内和孝著『室町期南奥の政治秩序と抗争』（岩田書院）
川名登編『すべてわかる戦国大名里見氏の歴史』（国書刊行会）
菊池紳一著『図説・前田利家』（新人物往来社）
北島正元著『徳川家康』（中央公論社）
久保健一郎著『戦国大名と公儀』（校倉書房）
久保田順一著『室町・戦国期上野の地域社会』（岩田書院）
久保田昌希著『戦国大名今川氏の領国支配』（吉川弘文館）
黒田基樹著『戦国大名北条氏の領国支配』（岩田書院）
黒田基樹著『戦国大名と外様国衆』（岩田書院）
黒田基樹著『戦国大名領国の支配構造』（岩田書院）
黒田基樹著『戦国期東国の大名と国衆』（岩田書院）
黒田基樹著『扇谷上杉氏と太田道灌』（岩田書院）
黒田基樹著『戦国大名の危機管理』（吉川弘文館）
黒田基樹著『戦国北条一族』（新人物往来社）
黒田基樹著『北条早雲とその一族』（新人物往来社）
黒田基樹著『戦国の房総と北条氏』（岩田書院）
黒田基樹著『戦国期領域権力と地域社会』（岩田書院）
小林清治著『伊達政宗』（吉川弘文館）
後北条氏研究会編『関東中心　戦国史論集』（名著出版）
佐藤和彦編『中世の内乱と社会』（東京堂出版）
佐藤博信著『中世東国の支配構造』（思文閣出版）
佐藤博信著『続中世東国の支配構造』（思文閣出版）
佐藤博信編『中世東国の社会構造』（岩田書院）
佐藤博信著『古河公方足利氏の研究』（校倉書房）
佐藤博信著『中世東国政治史論』（塙書房）
佐藤博信著『中世東国　足利・北条氏の研究』（岩田書院）
佐藤博信著『江戸湾をめぐる中世』（思文閣出版）
佐脇栄智著『後北条氏の基礎研究』（吉川弘文館）
佐脇栄智著『後北条氏と領国経営』（吉川弘文館）
佐脇栄智編『後北条氏の研究』戦国大名論集8（吉川弘文館）
柴辻俊六著『戦国期武田氏領の展開』（岩田書院）
柴辻俊六著『真田昌幸』（吉川弘文館）
下山治久著『八王子城主・北条氏照』（たましん地域文化財団）
下山治久著『北条早雲と家臣団』（有隣堂）
下山治久著『小田原合戦』（角川書店）
杉山博著『戦国大名　後北条氏の研究』（名著出版）
杉山博著『北条早雲』（名著出版）
杉山博編『北条早雲のすべて』（新人物往来社）

杉山博先生還暦記念会編『戦国の兵士と農民』（角川書店）
鈴木良一著『後北条氏』（有隣堂）
関久著『越後毛利氏の研究』（上越郷土研究会）
戦国史研究会編『戦国期東国社会論』（吉川弘文館）
千野原靖方著『戦国期江戸湾海上軍事と行徳塩業』（岩田書院）
中世東国史研究会編『中世東国史の研究』（東京大学出版会）
永原慶二著『室町戦国の社会』（吉川弘文館）
中村孝也著『徳川家康文書の研究』（日本学術振興会）
則竹雄一著『戦国大名領国の権力構造』（吉川弘文館）
萩原龍夫著『中世東国武士団と宗教文化』（岩田書院）
藤木久志・黒田基樹著『定本　北条氏康』（高志書院）
藤木久志著『豊臣平和令と戦国社会』（東京大学出版会）
盛本昌広著『中世南関東の港湾都市と流通』（岩田書院）
山口博著『戦国大名北条氏文書の研究』（岩田書院）
山田邦明著『鎌倉府と関東』（校倉書房）
『戦国史研究』（研究雑誌）1号～59号、（吉川弘文館）

目次

◉戦国時代年表　後北条氏編

戦国時代年表　後北条氏編

文明三年(一四七一)・辛卯

6月 2日 伊勢盛時(のち宗瑞)が備中国後月郡荏原荘長谷(岡・井原市)法泉寺に禁制を掲げる。盛時の元服の花押始めと伝う(法泉寺文書・小二一〇九頁)。
▼この年、伊勢盛時の姉妹北川殿と駿河国守護職の今川義忠に嫡男龍王丸(のち氏親)が誕生する。

文明八年(一四七六)・丙申

2月 9日 今川義忠が遠江国塩買坂(静・菊川市)で戦死する。四一歳(今川系図)。
6月 この月、長尾景春が主君上杉顕定に対し謀叛する。

文明十三年(一四八一)・辛丑

7月 この月、将軍足利義政が隠居し、足利義尚の親政となる。
▼この年以降、伊勢盛時が京都の紫野大徳寺に入寺し、春浦宗熙の許で禅の修行を行う(東渓宗牧語録)。

文明十四年(一四八二)・壬寅

11月 27日 足利義政と古河公方足利政氏が和睦する(都鄙和睦)。

文明十五年(一四八三)・癸卯

6月 19日 将軍足利義尚が生母日野富子と不和になり、伊勢貞宗邸に移る(親元日記)。
10月 11日 伊勢盛時が将軍足利義尚の申次衆になる(慈照院殿年中行事・小一一五〇八頁)。

文明十七年（一四八五）・乙巳

11月
25日 備中国荏原郷（岡・井原市）内の祥雲寺と伊勢盛頼との所領相論で、伊勢盛時が同荘を二分して兄弟で相続し、同寺に寺領として寄進する（蔭凉軒日録・小一-五〇九頁）。

文明十八年（一四八六）・丙午

7月
この月、武蔵国江戸城（東・千代田区）太田道灌が扇谷上杉定正に殺害され、山内・扇谷両上杉氏が抗争する。長享の乱が起こる。

9月
18日 伊勢盛時が分一銭を幕府に納め徳政令の適用を受ける（賦引付一・小一-五〇七頁）。

長享元年（一四八七）・丁未

1月
この月、伊勢盛時が将軍足利義尚の申次衆に見える（慈照院殿年中行事・小一-五〇八頁）。

7月
20日 文明十九年を長享元年と改元する。
▼この年、今川龍王丸の家督相続問題で伊勢盛時が駿河国に下向する（親長卿記）。十一月には龍王丸と争った小鹿範満が伊勢盛時に攻められて死没。この年、伊勢盛時の嫡男氏綱が生まれる。文明十八年との説もある。この年、伊勢盛時が駿河国興国寺城（静・沼津市）の城主となる。

長享二年（一四八八）・戊申

9月
28日 伊勢盛時が熊野那智山（和・那智勝浦町）に、駿河国長田荘（静・静岡市駿河区）の地を返却する（熊野夫須美神社文書・四〇二）。

延徳二年（一四九〇）・庚戌

12月
この月、山内・扇谷両上杉氏が和睦し、古河公方足利政氏が武蔵国忍城（埼・行田市）から下総国古河城（茨・古河市）に帰座する（鎌倉大日記）。

延徳三年（一四九一）・辛亥

4月

3日 足利政知が死没する。五七歳（妙法寺記ほか）。

5月

6日 今川龍王丸に京都北野社宮寺領の駿河国河原一色（静・焼津市）への押領を止めさせる事を伊勢盛時を通じて幕府奉行人奉書を下す（北野社家日記・四八〇三）。**7日** 北野社社家の松梅院禅予が足利義材に、唐餅・山芋等を贈呈し申次衆の伊勢盛時に対応を依頼する（北野社家日記）。

7月

1日 伊豆国堀越公方の足利政知後室円満院と潤童子が足利茶々丸に殺害される。

8月

10日 これ以前に伊勢盛時が京都から駿河国に帰国する（北野社家日記）。

9月

吉日 伊豆国横川（静・下田市）三島大明神を吉田俊定が再建する（諏訪神社所蔵棟札・静七－三－一六五）。

明応元年（一四九二）・壬子

4月

3日 室町幕府奉行人奉書で伊豆衆の富永彦四郎に、京都醍醐寺地蔵院領の伊豆国宇加賀・下田両郷（静・伊豆市）の年貢を厳密に沙汰することを申し渡す。のちに富永氏は伊勢盛時の家臣となる（醍醐地蔵院文書・室町幕府文書集成奉行人奉書編上－一八三三）。

7月

19日 延徳四年を明応元年と改元する。

9月

9日 甲斐国の武田信縄と油川信恵の抗争に今川氏が介入し、駿河勢が甲斐国に侵攻する（塩山向岳庵小年代記）。

▼この年、幕府の奉公衆に伊勢盛時が見える（東山殿時代大名外様附）。

明応二年（一四九三）・癸丑

3月

7日 相模国金目（神・平塚市）光明寺の木造聖観音立像が制作され、仏所法橋弘円が見える（光明寺所蔵・造像銘記集成一〇六六）。

4月

22日 明応の政変が起こり、細川政元が足利義材を廃し足利政知の遺児香厳院清晃を将軍職に擁立する。のち香厳院清晃は足利義澄と名乗る。

7月

1日 足利政知の後室円満院と潤童子の三回忌の法要が営まれる（拾遺京花集・韮山町史中巻五三二頁）。この頃に伊勢盛

7月	時が早雲庵宗瑞の法号を名乗る。
9月	この月、伊勢宗瑞が駿河国から伊豆国北西部に侵攻し、堀越公方足利茶々丸を攻める（妙法寺記）。ついで宗瑞は扇谷上杉氏に合力して相模国西郡に侵攻（鎌倉大日記）。両上杉氏が再び抗争する。

明応三年（一四九四）・甲寅

8月	**15日** 山内上杉顕定が扇谷上杉定正への攻撃を開始し、武蔵国関戸要害（東・多摩市）を攻略する（石川忠総留書・北区史三-一四三頁）。ついで九月十九日には相模国玉縄要害（神・鎌倉市）を攻略（同前）。**26日** 小田原城の大森氏頼が死没する。七七歳。法名は寄栖庵主日昇明昇禅師。藤頼が家督を継ぐ（乗光寺所蔵宝篋印塔・静七-三-一九二）。**29日** 武蔵国貝塚（東・千代田区）増上寺の天誉か書状に伊勢早雲が進陣と見える（八代文書・小一-五四四頁）。▼秋中の頃、伊勢宗瑞が遠江国三郡へ侵攻し、原頼景の高藤城（静・掛川市）を攻略する（円通松堂禅師語録三・静七-三-一九三）。
9月	**28日** 伊勢宗瑞が武蔵国久米川（東・東村山市）に着陣して扇谷上杉定正と初めて対談し、山内上杉顕定への軍事行動を起こす（石川忠総留書・小一-五二三頁）。
10月	**2日** 伊勢宗瑞と上杉定正が武蔵国高見原（埼・小川町）に進み、荒川を挟んで上杉顕定と対陣する（石川忠総留書・小一-五二三頁）。**5日** 荒川を渡る時に定正が落馬して死没したため宗瑞方は敗退し武蔵国河越城（埼・川越市）に退却する（同前）。定正は四九歳。法名は護国院殿大通範亨。嫡男の朝良が家督を継ぐ（同前）。
11月	**17日** 足利政氏が簗田成助に、伊勢宗瑞と氏綱の敗北を伝える。伊勢氏綱の初見文書（簗田家文書・戦古三四九）。**19日** 足利政氏と扇谷上杉朝良が合戦し、戦乱の深刻化が京都に報告される（後慈眼院殿御記）。
12月	**27日** 将軍足利義高（のち義澄）が伊豆国宛の吉書に袖判を加える。義高の指令で伊勢宗瑞が伊豆国平定を進めている証拠（諸家文書纂・静七-三-二〇〇）。▼この年、相模国藤沢（神・藤沢市）の時宗道場と同国当麻（神・相模原市南区）の道場が焼ける（妙法寺記・武田史料集一七頁）。

明応四年（一四九五）・乙卯

1月 **14日** 伊勢宗瑞の師で大徳寺の春浦宗熙が死没する。

2月 **5日** 伊勢宗瑞が伊豆衆の伊東祐遠に、狩野道一攻めの忠節を賞し、同国伊東七郷内の本郷村（静・伊東市）を宛行う（東京大学史料編纂所所蔵伊東文書・一）。**23日** 武蔵国品川鮫洲（東・品川区）海晏寺五輪塔に、正清禅門・妙清禅尼（篠窪出羽入道夫妻）の逆修名が見える（新編武蔵荏原郡・武銘四四）。

4月 **吉日** 同月十四日に横橋国久等が駿河国一円の伊勢道者職を橋村八郎大夫に売却し、その道者に山中・荒木・大道寺等の伊勢宗瑞の家臣が見える（橋村家文書・静七-三-二〇七）。

8月 この月、伊勢宗瑞が伊豆国から甲斐国に侵攻して鎌山（山梨・富士吉田市籠坂峠）に着陣し、のち和睦して帰国する（妙法寺記・静七-三-二〇九）。

11月 **15日** 伊勢宗瑞が武蔵国馬込（東・大田区）に侵攻して敗北し退却。敵は山内上杉氏か（赤城神社年代記録・北区史二-一四八頁）。**26日** 武蔵国吾野（埼・飯能市）吾野神社を再建し、大旦那に岡部員忠、修造奉行に平沼重政が見える（吾野神社所蔵棟札・武銘四九五）。

▼この年、堀越公方足利茶々丸が伊勢宗瑞に追われて島（伊豆大島カ）に退去する（妙法寺記・武田史料集一八頁）。

明応五年（一四九六）・丙辰

1月 **7日** 山内上杉顕定が上野衆の神保孫太郎に、伊勢宗瑞の出陣につき小幡右衛門佐と共に急ぎの着陣を要請する（新編会津風土記二・小一-五一八頁）。

7月 **24日** 上杉顕定が越後国守護代の長尾能景に、相模国への侵攻状況を報じ陣城を構築したため伊勢宗瑞に味方する長尾景春等が攻撃し、城方の長尾右衛門尉等と合戦となり、宗瑞の弟伊勢弥次郎は敗北し、扇谷上杉方の諸将の要害は自落して相模国西郡の状況は一変したとある（東京大学史料編纂所所蔵上杉文書・北区史一-二四九）。

9月 **19日** 武蔵国に大洪水が起こる（赤城神社年代記録・北区史二-一四八頁）。

12月 **21日** 幕府奉行人が連署して駿河国奉公衆の富士中務大輔・葛山某に、将軍足利義澄への御代始の礼を上洛して務める事を要請する。伊勢宗瑞も駿河国の幕府奉公衆（室町家御内書案・静七-三-二二五）。**27日** 伊勢宗瑞が伊豆国雲見（静・松崎町）の高橋某に、同国柿木城（静・伊豆市）の狩野道一攻めの忠節を賞し感状を与える（高橋文書・二）。

12月 ▼この年、足利茶々丸が武蔵国から甲斐国吉田（山梨・富士吉田市）正覚庵に移り富士へ出る（妙法寺記・武田史料集一八頁）。この年から文亀元年（一五〇一）の間に伊勢宗瑞が相模国小田原城（神・小田原市）の大森氏を攻略する。

明応六年（一四九七）・丁巳

4月 **25日** 伊勢宗瑞が伊豆国大見郷（静・伊豆市）大見三人衆に、同国柏窪城（伊豆市）での忠節に対し大見郷の陣夫役等を赦免し普請役は賦課する（大見三人衆由来書・四五九七）。

6月 **7日** 後土御門天皇が相模国藤沢（神・藤沢市）清浄光寺の他阿上人（知蓮）に、国家安全の祈禱を命じる（清浄光寺文書・神三下-六四〇九）。

7月 **2日** 伊勢宗瑞が伊豆国大見郷（静・伊豆市）大見三人衆に、同国伊東（静・伊東市）での敵の動きを報じた忠節を賞する（大見三人衆由来書・四五九八）。

9月 **晦日** 古河公方足利成氏が死没する。六七歳。法名は乾亨院殿久山道昌。

12月 **5日** 伊勢宗瑞が伊豆国大見郷（静・伊豆市）大見三人衆に、長年の籠城を感謝すると共に大見郷の警護を命じ、詳しくは伊勢弥次郎・大道寺某（盛昌カ）から伝えさせる（大見三人衆由来書・四五九九）。

明応七年（一四九八）・戊午

1月 **9日** 三条西実隆が今川氏親の許に居る足利義澄妹が近日上洛の予定と聞き、正親町三条家に向かう。妹は二十四日に京都に着き正親町三条家に入る（実隆公記・静七-三-二四一）。

2月 **吉日** 武蔵国下長房（東・八王子市）白山神社を鈴木蔵人入道が再建し、大工に小松六郎次郎が見える（新編武蔵多摩郡・武銘四九七）。

3月 **吉日** 伊豆国上白岩（静・伊豆市）大宮大明神が造営され今杉吉次が見える（大宮神社所蔵棟札・四八〇四）。

8月 **25日** 遠州灘を震源とする大地震が発生し、大津波が東海方面から相模方面にも来襲して沿岸部の郷村は甚大な被害を被る（後法興院記ほか・静七-三-二四七〜五〇）。伊豆国仁科郷（静・西伊豆町）佐波神社の棟札には海溢れて陸地を一九町も登り侵したと記す（豆州志稿三頁）。同日、甲斐国の武田信縄と油川信昌が和睦する（妙法寺記・武田史料集一八頁）。

▼この月、足利茶々丸が自害する（王代記・小一-五一九頁）。

9月 **吉日** 相模国鳥屋（神・相模原市緑区）諏訪大明神を造営し、本願に井上主計助が見える（諏訪神社所蔵棟札・津久井町史資料編四九三頁）。

11月 **14日** 伊勢宗瑞が伊豆国深根城（静・下田市）を攻略し関戸吉信は滅亡。宗瑞の伊豆平定が終了する（北条五代記）。

明応八年（一四九九）・己未

3月 **28日** 伊勢宗瑞が伊豆国修禅寺（静・伊豆市）東陽院に、寺家門前不入、湯治客の狼藉禁止、寺域周辺の山林の寄進を申し渡す（修禅寺文書・三〜四）。

▼この月、伊勢宗瑞が伊豆国宝成寺（静・伊豆の国市）に禁制を下す（北条寺文書・五）。

5月 **17日** 京都の飛鳥井雅康が尾張国大野（愛知・常滑市）に下向した時、伊豆国の伊勢宗瑞から書状を受け、今は駿河国は大混乱の最中のため同国への下向は来年に延期してはと伝えられ引き返す（富士歴覧記・小一－五一九頁）。

10月 **16日** 古河公方足利政氏と扇谷上杉朝良・山内上杉顕定が和睦し、政氏が古河（茨・古河市）に帰座する（赤城神社年代記録）。

11月 この月、王某が伊豆国に配流され三島（静・三島市）に着き、伊勢宗瑞が相模国に送る（妙法寺記・静七－三－二七四）。

明応九年（一五〇〇）・庚申

2月 **18日** 相模国中野（神・相模原市緑区）詠月寺（のちの観音寺観音堂）を行円等が創建する（相州文書津久井郡・相古五－一七八頁）。

6月 この月始め、武蔵国に大洪水が発生し、入間川の羽根倉橋（埼・さいたま市桜区）が落ちる（年代記配合抄・北区史二－一四五頁）。この月、富士山への参詣者が増え、関東の戦乱により駿河国須走口の道を利用する（妙法寺記・静七－三－二八一）。

10月 **1日** 良栄弁祐が武蔵国多々久郷（神・横浜市南区）弘明寺に、上総国一宮庄（千・一宮町）鋳物師平賀道鑑・平賀吉久が制作の鰐口を寄進する（新編武蔵久良岐郡・武銘五〇三）。

11月 **6日** 伊豆国白田（静・東伊豆町）某神社の造営棟札に、白田湊を利用する相模国柳島（神・茅ヶ崎市）の廻船問屋の藤間宗源入道も造営に参加とある（大川三島神社所蔵棟札・四八〇七）。同日、伊豆国大川（東伊豆町）三島大明神の本殿を造営し、施主に地頭大塚氏が見える（同前・四八〇六）。**20日** 伊勢宗瑞が伊豆国三島（静・三島市）行学院に、飛脚役

11月 や諸役を永代免許する（本覚寺文書・六）。

文亀元年（一五〇一）・辛酉

1月 **15日** 伊豆国冷川（静・伊豆市）の大永四年（一五二四）来宮神社棟札写に、伊勢早雲庵（宗瑞）の時の明応十年正月十五日に代官の北条井野辺が同社を再建とある（豆州志稿三四五頁）。

2月 **29日** 明応十年を文亀元年と改元する。

3月 **28日** 伊勢宗瑞が伊豆国走湯山（伊豆山権現、静・熱海市）に、相模国上千葉（神・小田原市）の替地として伊豆国田牛村（静・下田市）を寄進する（集古文書四五・七）。

4月 **19日** 武蔵国越生（埼・越生町）聖天宮を再建し、代官に村田大蔵等が見える（新編武蔵入間郡・武銘五〇五）。

6月 **16日** 持野寛親が伊豆国の土肥次郎や上杉顕定に、遠江国の斯波義寛への協力を依頼する。のち土肥氏は北条氏家臣（古文書纂・静七-三-二九二）。

▼この月末、連歌師宗長が師匠の宗祇を訪ねるため駿河国から相模国足柄山（神・南足柄市）を越える（宗祇終焉記）。

閏6月 **2日** 伊勢宗瑞が信濃国諏訪（長野・諏訪市）の千野氏に、甲斐国侵攻のため諏訪頼満の協力と仲介を依頼する（千野文書・八）。

8月 この月、伊勢宗瑞が今川氏親の家臣朝比奈泰熙と共に、斯波義寛方の遠江国村櫛城（堀江城、静・浜松市西区）堀江数年を攻略する（宗長手記・静七-三-三〇三）。

9月 **18日** 伊勢宗瑞が武田信縄救援のため甲斐国に侵攻し、吉田城山・小倉山（山梨・富士吉田市）に陣城を築城するが、十月三日に敗走する（妙法寺記・静七-三-三〇九）。**22日** 伊勢宗瑞が神田祐泉に、今月二十日の甲斐国都留郡の合戦での忠節を賞し感状を与える（松蘿随筆集古三二一・四六〇〇）。

▼この月、北川殿（伊勢宗瑞姉妹）が駿河国沼津道場（静・沼津市）に田畠を寄進する（西光寺文書・四八〇八〜九）。

10月 **1日** 武蔵国引田（東・あきる野市）真照寺山王社の棟札に、小宮宗連が見える（蓮啓見聞集・武銘五〇四）。

11月 **8日** 伊勢宗瑞が三河国に侵攻し、堀江為清の忠節を認め今川氏親に知行加増を進言する（宗源院由緒書抄・九）。**吉日** 相模国赤田村（神・大井町）八幡宮を造営し、大檀那に中村吉能が見える（新編相模足柄上郡・四八一〇）。

12月 **26日** のかり彦三郎国道が伊豆国・駿河国等の伊勢道者職を橋村新二郎に売却し、相模国箱根山（神・箱根町）の箱

根・底倉・宮城野等の里名が散見する（橋村文書・静七―三―三〇）。
▼この年、今川氏親が斯波氏を撃破し遠江国をほぼ制圧する。この年、斯波氏が山内上杉顕定に呼びかけて今川氏親・伊勢宗瑞を挟撃する計画を進める。

文亀二年（一五〇二）・壬戌

7月	**24日** 連歌師宗祇が相模国守護代の上田氏の館で連歌会を開催し、二十七日に箱根の湯本（神・箱根町）に向かう（再昌草・静七―三―三八）。**晦日** 宗祇が箱根湯本で死没する。八二歳（宗祇終焉記・静七―三―三七）。
8月	**26日** 伊豆国江奈（静・松崎町）船寄大明神を勧請する（船寄神社所蔵棟札・静七―三―三三）。この月、将軍足利義澄が細川政元の幕政運営に不満を持ち、京都洛北の岩倉（京・京都市）金龍寺に出奔する（後法興院記）。
11月	**24日** 伊豆国道部（静・松崎町）熊野権現を修造し、丸子氏女が見える（熊野神社所蔵棟札・四八一）。
12月	**25日** 足利義澄が京都石清水八幡宮に願文を掲げ、足利義稙の死没と諸大名の上洛を願う（石清水八幡宮文書・石清水文書六―一四三）。 ▼この月、伊豆国仁科（静・西伊豆町）三島大明神を修理し代官の須田氏が棟札を記す（佐波神社所蔵棟札・四八二）。

文亀三年（一五〇三）・癸亥

6月	**28日** 伊豆国田子（静・西伊豆町）多胡八幡若宮権現社の棟札に、明応七年（一四九八）八月の大津波による破損の再興を願って山本定次が再建と記す（多胡神社所蔵棟札・四八三）。
9月	**10日** 相模国名倉村（神・相模原市緑区）石楯尾神社を修造し、監物広信が見える（新編相模津久井県・相風五―三六頁）。
11月	**2日** 相模国小田原城（神・小田原市）の大森藤頼が死没する。法名は青松院殿心江道存大居士（乗光寺宝篋印塔銘ほか・静七―三―三四六）。

永正元年（一五〇四）・甲子

2月	**晦日** 文亀四年を永正元年と改元する。

3月 **5日** 相模国小田原城下の京紺屋津田正朝が死没する。嫡男正満が家督を継ぐ。

4月 **3日** 上杉顕定が武蔵国神奈川（神・横浜市神奈川区）矢野憲信に、駿河国御厨（静・御殿場市）の長期在陣を謝し、今後の忠節を要請する（紀伊国古文書所収藩中古文書・静七-三-三六三）。

6月 **11日** 今川氏親が遠江国衆の大沢氏に、同国雄奈郷（静・浜松市北区）を宛行い、詳しくは伊勢宗瑞から伝えさせる（大沢文書・静七-三-九二八）。

▼この月、六月から七月に富士山に雪が五度も降る冷害で、作物が損なわれる（妙法寺記・静七-三-三五七）。

8月 **1日** 伊勢宗瑞が遠江国雄奈郷（静・浜松市北区）の大沢氏に、守護代奉書に任せて年貢や諸公事の進納を命じる（大沢文書・一〇）。 **2日** 今川氏親所持の『太平記』は常に伊勢宗瑞が愛読した本で、下野国足利学校（栃・足利市）で校訂させ公家の壬生氏に合点を請けたと記し、武田信県が書写する（京都市陽明文庫所蔵・戦武六-四二八）。 **7日** 伊勢宗瑞の師で伊豆国修禅寺（静・伊豆市）開山の隆渓繁紹が死没する。五六歳（日本洞上連灯録八・静七-三-三六〇）。 **21日** 山内上杉顕定が武蔵国上戸（埼・川越市）の陣から仙波陣に移り、扇谷上杉朝良の同国河越城（川越市）を攻める（石川忠総留書・北区史二-一四二頁）。

9月 **6日** 上杉顕定が武蔵国仙波陣（埼・川越市）から同国江戸城（東・千代田区）に進撃し、同国白子（埼・和光市）に着陣する（石川忠総留書・北区史二-一四二頁）。同日、伊勢宗瑞が伊豆国から相模国に出陣し、同国江ノ島（神・藤沢市）に禁制を掲げる（岩本院文書・一一）。 **11日** 今川氏親が伊勢宗瑞支援のため関東に出陣し、十三日に朝比奈泰熙・福島助春も出陣する（宗長手記・静七-三-三六四）。新三島千句は十二日とする（静七-三-三七三）。 **15日** 伊勢宗瑞が武蔵国稲毛（神・川崎市多摩区）枡形山に着陣、二十日に今川氏親も着陣し上杉朝良と合力して立川原（東・立川市）に着陣の上杉顕定を攻める（同前）。 **25日** 上杉顕定が小田原城の大森定頼に、上杉朝良・今川氏親・伊勢宗瑞連合軍と対陣し、古河公方足利政氏が出馬すれば定頼も出馬して欲しい事、甲斐国の武田信縄にも援軍を要請して欲しい等と伝える（相州文書足柄上郡・北区史一-二五四）。 **27日** 山内上杉顕定と扇谷上杉朝良・今川氏親・伊勢宗瑞連合軍が立川原で合戦し、上杉朝良連合軍が勝利する。同日、毛呂幻世が立川原の合戦の戦死者を悼み銅鉦を寄進する（村木氏所蔵・武銘五二六）。

▼この月、今川氏親が鎌倉の鶴岡八幡宮に禁制を掲げる（鶴岡八幡宮文書・神三下-六四三）。

10月 **4日** 今川氏親が鎌倉に帰着（宗長手記・静七-三-三七〇）。 **10日** 伊豆国三島大社（静・三島市）社頭で宗長と氏親が、戦勝祝儀の連歌会を催す（同前・静七-三-三七四）。 **17日** 今川氏親が伊豆国熱海（静・熱海市）の温泉で休養し、二十五日に三島大社社頭で宗長と氏親が再び連歌会を催して同社に奉納し（新三島千句・静七-三-三七三）、のち同国韮山城（静・伊豆の国市）で陣労を去り帰国する（宗長手記・静七-三-三七〇）。

11月

上旬 武蔵国鉢形城（埼・寄居町）に敗走した上杉顕定が、越後の上杉房能に支援要請し、関東に越山した越後勢が顕定と合流する（石川忠総留書・北区史一-二五四）。 **28日** 矢野信正が伊豆国沢田（静・河津町）林際寺に禁制を掲げ、公儀（山内上杉氏カ）を経て諸役を免除する。年号は文亀四年壬戌（壬戌は文亀二年）とある（林際寺文書・静七-三-三七七）。

▼この月か、伊豆国衆が駿河平に侵攻し、武田勢に破れ伊豆勢は敗走する（妙法寺記・武田史料集三頁）。

12月

1日 上杉朝良が山内上杉方の武蔵国上戸（埼・川越市）陣を攻める。 **2日** 上杉房能の大将長尾能景が、上杉顕定と共に武蔵国椚田要害（東・八王子市）の長井広直を攻略する（石川忠総留書・北区史二-一四三頁）。 **5日** 伊勢長氏（宗瑞カ）が紀伊国高野山高室院（和・高野町）長運法印に武蔵表出陣の戦勝祈願を依頼し、勝利した謝礼として黄金・山絹を贈呈し、高室院の伊豆国諸旦那の扱いを桑原盛正に命じた事を報じる。ただし当文書は疑問点がある（和学講談所本集古文書六七・一三）。 **6日** 上杉房能が楡井又三郎・江口弥太郎・発智六郎右衛門尉に、武蔵国上戸陣（埼・川越市）の難儀と相模国への進撃の苦労を感謝する（米沢市楡井文書ほか・神三下-六四六〜八）。 **26日** 越後勢が相模国実田要害（神・平塚市）を攻め、伊勢宗瑞方の上田正忠が敗走する（石川忠総留書・北区史二-一四三頁）。

▼この年、伊豆国加納（静・南伊豆町）矢崎の黄ノ宮の棟札に、当郷代官の五郎太郎家継が見える（豆州志稿三七二頁）。

この年、京都の薬師の宇野定治が、伊勢宗瑞の招きで小田原城に下向したと伝える（陳外郎家譜・小一-六五二頁）。

永正二年（一五〇五）・乙丑

1月

13日 上杉房能が発智六郎右衛門尉に、去年十二月二十六日の相模国実田要害（神・平塚市真田）攻めで傷を受けた忠節を賞し感状を与える（発智文書・神三下-六四九）。

3月

20日 桑原政次が紀伊国高野山高室院（和・高野町）長運法印に、伊豆国諸先達と諸旦那は高野山参詣時は高室院を宿坊とする事を報じる。ただし当文書は疑問点がある（和学講談所本集古文書五一・一四）。

▼この月、上杉顕定が扇谷上杉朝良の武蔵国河越城（埼・川越市）を包囲し、朝良は降伏し、長享の乱が終息。

4月

23日 山内上杉顕定が佐竹義舜に、扇谷上杉朝良の隠居には家中の者が嘆き反対するので古河公方足利政氏に相談した結果、顕定を元の陣所の武蔵国須賀谷（埼・嵐山町）に移したと報告する（千秋文庫所蔵佐竹文書・埼六-二-五一）。

7月

8日 相模国粟船郷（神・鎌倉市大船）の甘粕家木牌の表に月広道順禅門、裏に「甘粕備後守平朝臣清長、永正二乙巳

7月 (丑カ)天七月八日」と記す。この日に死没か(新編相模鎌倉郡・相風五-七六頁)。

9月 **16日** 前甲斐国守護の武田信昌が死没する。五九歳。法名は永昌院殿傑山勝公大禅定門。**18日** 伊豆国日守(静・函南町)熊野三社大権現を造営し、成川・菊池・深瀬各氏が勧請する(熊野神社所蔵棟札・四八一四)。**21日** 鎌倉の鶴岡八幡宮相承院の供僧俊朝が、同院供僧職を快元に譲渡する(相承院文書・神三下-六四五八)。

▼この年、全国的な大飢饉に見舞われる(本土寺過去帳)。

永正三年(一五〇六)・丙寅

1月 **14日** 遠山直景が相模国松田郷(神・松田町)延命寺に、寺領五貫三〇〇文を寄進する(延命寺文書・一五)。

3月 **15日** 伊豆国大沢里(静・西伊豆町)白山妙理大権現を宗見清安が再建する。文亀六年と記す(黒田氏所蔵棟札・四八一五)。

4月 この月、古河公方足利政氏と高基が抗争し、永正の乱が起こる(喜連川判鑑)。

6月 **7日** 山内上杉顕定が簗田政助に、相模衆の三浦道寸が江戸湾を渡海して房総方面に城を構えたため、足利高基が顕定に帰国を求め、上杉朝昌に説得させる(松平義行氏所蔵文書・千四-三〇六頁)。

7月 **15日** 京都で細川政元が足利義澄から離反し、足利義材に味方した今川氏親・伊勢宗瑞を討伐のため東国へ出陣との噂が流れる(実隆公記)。**18日** 伊勢宗瑞の後室南陽院殿(小笠原政清の娘カ)が死没する。法名は南陽院殿華渓宗智大禅定尼。伊勢氏綱の母か(伝心庵過去帳・小一-五三四頁)。

8月 **5日** 伊勢宗瑞が三河国作手(愛知・新城市)国衆の奥平貞昌に、八朔の祝儀として太刀と銭一〇〇疋を贈呈された答礼に太刀を贈る(松平奥平家古文書写・四八一〇)。

9月 **3日** 伊豆国仁科庄小野郷(静・南伊豆町)三島大明神を再建し、小浦二郎□郎が見える(三島神社所蔵棟札・四八一六)。**19日** 長尾能景が死没する。四八歳。**21日** 伊勢宗瑞が三河国に侵攻し、信濃国守護の小笠原定基に協力を求めて小笠原家臣の関春光は宗瑞の同族と伝え、今川氏親と共に三河国田原城(愛知・田原市)戸田憲光を支援して同国今橋城(愛知・豊橋市)牧野古伯を攻撃中と報じる(早雲寺所蔵小笠原文書・一六)。**22日** 伊奈盛泰が小笠原定基に、伊勢宗瑞が関春光の仲介で支援を求めていると伝え太刀を贈呈する(東京大学史料編纂所所蔵小笠原文書・四〇七九)。**27日** 大井宗菊が小笠原定基に、戸田憲光への合力を伝え伊勢宗瑞の一族関春光を仲介として支援を求める(勝山小笠原文書・静七-三-四三）。

10月
19日 伊勢宗瑞が小笠原定基に、関春光からの注進で横井への出兵を感謝し、三河攻めの状況は当地（場所不明）は間もなく落城すると述べ協力を依頼する（早雲寺所蔵小笠原文書・一八）、当文書は永正五年との説もある（小田原市史）。

11月
3日 三河国今橋城（愛知・豊橋市）の牧野古伯が死没する。伊勢宗瑞の攻略によるか。
▼この月か、足利義澄が民部卿（冷泉為広カ）に、伊勢宗瑞からは返事を受けたが今川氏親からは返事が無く、氏親の離反を懸念すると伝える（伊予古文書三九・四八二五）。

閏11月
7日 伊勢宗瑞が巨海越中守に、三河国侵攻中の協力に感謝し、吉良義信へも謝意を伝える（徳川義知所蔵文書・一七）。
▼この年、伊勢宗瑞が相模国宮地（神・湯河原町）・松田惣領（神・松田町）で検地を行う（役帳）。この年、伊豆国大平（静・伊豆市）神明社の棟札に、今井某、地頭天野平三郎が見える（豆州志稿三五頁）。

永正四年（一五〇七）・丁卯

2月
14日 甲斐国守護の武田信縄が死没する。法名は長興院殿釜孚山邦公大禅定門。

6月
23日 京都の細川政元が死没する。四二歳。

8月
7日 越後国守護の上杉房能が死没する。法名は双碧院陽室常朝。

11月
7日 相模国沼間（神・逗子市）神武寺が焼失する（神武寺文書・新横須賀市史二-三二一）。**24日** 伊豆国三島宿（静・三島市）の西分次郎三郎が鰐口を寄進する（城所久夫氏所蔵・四八一七）。
▼この年、伊豆国下田（静・下田市）八幡神社を再建する（八幡神社所蔵棟札）。

永正五年（一五〇八）・戊辰

4月
16日 将軍の足利義澄が足利義稙の上洛を恐れ京都から近江国に逃れる（実隆公記）。

5月
この月、近江国に逃れた足利義澄を鎌倉に呼ぶ運動が起こる。伊勢宗瑞の主導か（梵恕記）。

6月
この月、今川氏親が足利義稙（義材）の入京を祝し、義稙から遠江国守護職に任じられる（永正御内書御案文）。

7月
13日 足利義稙が今川氏親に、遠江国守護職の任官謝礼としての銭一〇〇貫文の贈呈に謝礼する（同前・静七-三-四七六）。

8月
この月から十月にかけて伊勢宗瑞が今川勢の大将として三河国に侵攻し、西三河の松平長親を攻める（三河物語ほか・

8月 静七-三-四八八）。

10月 **4日** 甲斐国の武田信虎が油川信恵を攻め滅ぼす。 **19日** 伊勢宗瑞が松平長親との合戦で敗走する。

11月 **11日** 伊勢宗瑞が駿河衆の伊達忠宗に、先月十九日の合戦での忠節を感謝し、今川氏親にも朝比奈泰以から伝えさせる（京都大学総合博物館所蔵駿河伊達文書・一九）。同日、同じく宗瑞が巨海越中守に同様に伝える（古案・北条氏文書補遺二四頁）。 **16日** 今川氏親が伊達忠宗に、三河陣での忠節を賞し感状を与える（京都大学総合博物館所蔵駿河伊達文書・静七-三-四一八）。

▼この月、京都大徳寺の東渓宗牧が伊勢宗瑞に、天山（天岳の誤記カ）の道号を授与（東渓宗牧語録・小一-五二七頁）。

12月 **5日** 小山田弥太郎が甲斐国の国中での合戦で武田信虎に敗北し、家臣の工藤虎豊・小山田平三が伊豆国韮山城（静・伊豆の国市）の伊勢宗瑞に仕える（妙法寺記・武田史料集二四頁）。 **吉日** 伊豆国入間（静・南伊豆町）三島大明神を修築し、旦那に藤原森吉が見える（三島神社所蔵棟札・四八一八）。

永正六年（一五〇九）・己巳

1月 **9日** 山内上杉家の重臣長尾顕忠が死没する。法名は康安聖空。

3月 **26日** 伊勢宗瑞が小笠原定基に、新年の挨拶が遅れた理由を述べ駿河国に出陣し、二日前に伊豆国に帰国したと伝える（早雲寺所蔵小笠原文書・二二）。

6月 **23日** 古河公方足利政氏と高基が山内上杉顕定の仲介で和睦し、その後、伊勢宗瑞が扇谷上杉朝良を離反して相模国に侵攻する。

7月 この月、山内上杉顕定が弟上杉房能の仇敵長尾為景を討伐のため越後国に出陣する。伊勢宗瑞は長尾為景・景春や信濃国の高梨政盛等と同盟し、両上杉氏への攻撃を開始する。この月、連歌師宗長が鎌倉に来て建長寺天源庵に入る（東路の津登）。

8月 この月前半、伊勢宗瑞が相模国衆の三浦道寸を攻める。 **14日** 山内上杉顕定が大森式部大輔に、両足利氏の和睦を伝える（相州文書足柄上郡・神三下-六四七七）。同日、上杉朝良が岩城常隆家臣の竹隠軒（岡本妙誉）に、伊勢宗瑞が離反して相模国に乱入したため同国に出陣予定と伝える（秋田藩家蔵文書一〇・北区史一-二六六）。 **20日** 三不軒聖□が武蔵国仙波（埼・川越市）の北院院主慶海に、上杉朝良の上野国の調停が完了したので、伊勢宗瑞への攻撃を開始する予定と知らせる（温故雑帖五・北区史二-補五七二）。**24日** 自枚軒祖□が□丸丹後守に、武蔵国江戸城（東・千代田区）周辺は伊勢宗瑞の軍勢が行動しており合戦が起こると伝える（同前・北区史二-補五七三）。**26日** 増上寺天誉が北院院主慶海に、武蔵国一木貝塚（東・千代田区）増上寺周辺にも伊勢宗瑞の軍勢が行動し、万事が不自由と報じる（同前・北区史二-補五七六）。

10月 この月上旬、連歌師宗長が武蔵国江戸城（東・千代田区）で、上杉建芳（朝良）と連歌会を催す（東路の津登）。

11月 **26日** 伊豆国上白岩（静・伊豆市）大宮大明神を南条長吉が造営する（大宮神社所蔵棟札・四六〇一）。

永正七年（一五一〇）・庚午

2月 **17日** 遠山直景が相模国松田郷（神・松田町）延命寺に、田一町を寄進し点役を免除する（延命寺文書・三）。

5月 この月、伊勢宗瑞が山内上杉可諄（顕定）の領国武蔵国へ侵攻し、大石道俊の拠る同国椚田要害（東・八王子市）を攻略して由井城（八王子市）に敗走させる。この月、三浦道寸の伊豆国八丈島（東・八丈町）代官の北村秀助が、伊勢宗瑞の代官奥山忠督と戦い三浦方が敗北する（八丈実記九・新横須賀市史二-三二四）。

6月 **12日** 山内上杉可諄（顕定）が長尾景長に、伊勢宗瑞が武蔵国に侵攻し、長尾景春が再び両上杉氏に謀叛して石井帯刀左衛門尉・吉里一類と共に相模国津久井山（神・相模原市緑区）に移って宗瑞に味方したこと等を伝える（歴代古案三・小一-五三〇頁）。**20日** 山内上杉可諄（顕定）が越後国長森原（新・南魚沼市）の合戦で、長尾為景に敗れ敗死する。五七歳。法名は海龍寺可諄皓峯。

7月 **11日** 伊勢宗瑞が相模国中郡の高麗山要害（神・大磯町）と住吉要害（神・平塚市）を取立て、続いて武蔵国南部に進撃し扇谷上杉建芳（朝良）の重臣上田蔵人入道を味方にすると同国神奈川（神・横浜市神奈川区）権現山城に蜂起させる。同城には扇谷上杉方の成田・渋江・藤田・矢野・大石等が攻め寄せ十九日に落城する。

8月 **3日** 山内上杉憲房が上乗院（公済僧正）に、長尾為景に味方する伊勢宗瑞に対して成田・藤田・長尾・大石の諸将を派遣し、権現山城を攻略し相模国に進撃したと伝える（古簡雑纂七・北区史一-二七三）。

10月 **19日** 三浦道寸が竹隠軒（岡本妙誉）に、伊勢宗瑞が相模国に乱入したため上杉建芳（朝良）が出馬して小田原城を攻撃し帰国したと報じる（秋田藩家蔵文書一〇・北区史一-二七四）。

12月 **9日** 伊勢宗瑞が上杉朝良・三浦道寸の相模国鴨沢要害（神・中井町）を攻めるが敗退する。**10日** 上杉朝良・三浦道寸が武源五郎に、鴨沢要害での忠節を賞し感状を与える（相州文書大住郡・神三下-六四九二〜三）。**23日** 足利政氏が三浦義

12月 意に、九日の相模国中村要害（＝鴨沢要害、神・中井町）の伊勢宗瑞との戦いでの忠節を讃え、武和泉守の討死を悼む（相州文書大住郡・新横須賀市史二-二二八）。

永正八年（一五一一）・辛未

1月 **1日** 今川氏親の重臣朝比奈泰熙が死没する。法名は宗栄。**20日** 山内上杉憲房が小田原城主の大森式部大輔入道から贈呈のあんこうと蜜柑の礼状を出す。大森氏が伊勢宗瑞とは敵対関係と判明する。ただし当文書は永正九年との説もある（相州文書足柄上郡・神三下-六五八四）。

3月 **5日** 伊豆国日向（静・伊豆市）春日大明神を再建し、鍛冶に大平次郎三郎、番匠に中原兵衛輔が見える（春日神社所蔵棟札・静八-四-補一八八）。

8月 **4日** 伊勢宗瑞が相模国底倉村（神・箱根町）に、万雑公事を永代免除する（相州文書足柄下郡・二三）。**8日** 相模国下大井（神・小田原市）泉蔵院の永正十二年（一五一五）三月再造の木造薬師如来坐像銘には八日夜に大風が吹き、寺が崩壊したと記す（泉蔵院所蔵・小一-一〇〇〇頁）。**14日** 前将軍足利義澄が近江国岡山城（滋・近江八幡市）で死没する。三二歳（足利家官位記）。**23日** 信濃国守護職の小笠原定基が死没する。嫡男貞忠が家督を継ぐ。

11月 **8日** 福島範為が飯尾貞運に、上杉朝良と伊勢宗瑞が和睦した事等を伝える（尊経閣文庫所蔵飯尾文書・北区史一-二七五）。**20日** 武蔵国三田（東・青梅市）御嶽神社仏像を三田氏宗・嫡男政定等が修復する。仏師は鎌倉仏所の弘円（御嶽神社所蔵・武銘五二九）。**24日** 武蔵国根ヶ布（東・青梅市）天寧寺の木造釈迦如来坐像に仏所下野法橋弘円とある（天寧寺所蔵・造像銘記集成一〇八五）。

永正九年（一五一二）・壬申

1月 **27日** 越後国守護の上杉定実が桃渓斎（宗弘）に、伊勢宗瑞が駿河国にいる長尾伊玄（春景）から離反したと伝える（上杉家文書・小一-五三六頁）。

5月 **28日** 伊勢宗瑞の伊豆国八丈島（東・八丈町）代官の藤兵衛が入島し、三浦軍との戦いに備えて武具を揃える（八丈実記九・新横須賀市史二-二三〇）。

6月 この月、山内上杉憲房と顕実が抗争したため古河公方にも内紛が起こり、上杉憲房と扇谷上杉建芳への抗争に発展し、

8月 伊勢宗瑞が再び両上杉氏への攻撃を開始する。十七日には足利政氏が下総国古河城（茨・古河市）から下野国小山城（栃・小山市）に移る。
7日 某が三浦方の武左京亮に、相模国岡崎城（神・平塚市）での三浦道寸と伊勢宗瑞との合戦での忠節を賞し感状を与える（相州文書大住郡・小一-五三六頁）。 **12日** 三浦道寸が伊勢宗瑞に岡崎城を攻略され鎌倉方面に敗走する。同日、伊勢宗瑞・氏綱が伊東某に岡崎台の合戦の忠節を認め褒美を約束する。伊勢氏綱の判物の初見（東京大学史料編纂所所蔵伊東文書・二四）。 **13日** 伊勢宗瑞が鎌倉に入る（快元・戦北補-一七頁）。 **19日** 伊勢宗瑞が相模国当麻（神・相模原市南区）に制札を掲げ、伊勢勢の乱暴を禁止する（無量光寺文書・二五）。

10月 この月、伊勢宗瑞が鎌倉制圧のため相模国玉縄城（神・鎌倉市）を再興（寛永諸家系図伝）。

11月 **26日** 伊豆国月ヶ瀬（静・伊豆市）聖宮大明神を造営する（聖神社所蔵棟札・静七-三-五七五）。 **吉日** 伊豆国宮ノ谷（静・松崎町）若宮社を再興する（若宮八幡神社所蔵棟札・静七-三-五七六）。

12月 **4日** 伊勢宗瑞が越後弾正忠に、相模国散田郷（神・厚木市）を宛行う（荻野文書・二六）。 **5日** 相模国中野（神・相模原市緑区）熊野権現堂を再建し、地頭に荻野甘利椿蔵主、大工に秋間四郎左衛門が見える（相州文書津久井郡・相古五-一七三頁）。 **6日** 伊勢宗瑞・氏綱が平子房長と武蔵国本目四ヶ村（神・横浜市西区本牧）に制札を掲げ、伊勢家家来の諸事賦課を禁止させ伊勢氏への奉公を要請する（歴代古案四・二七）。 **18日** 伊豆国須原（静・下田市）法雲寺観音堂を建立する（法雲寺所蔵棟札写・静七-三-五七八）。

永正十年（一五一三）・癸酉

1月 **29日** 伊勢宗瑞と三浦道寸が鎌倉周辺で合戦して藤沢（神・藤沢市）の清浄光寺が炎上し、道寸は三崎城（神・三浦市）に敗走する（遊行歴代譜・小一-五四〇頁）。

3月 **4日** 後柏原天皇が相模国藤沢（神・藤沢市）清浄光寺の他阿上人（意楽）に、国家安全の祈禱を依頼する（清浄光寺文書・神三下-六五〇八）。
▼この月、今川氏親が遠江国に侵攻し、伊勢宗瑞・朝比奈泰以を先手として斯波義達に味方する同国深嶽城（三岳城、静・浜松市北区）大河内貞綱を攻める（今川家譜・静七-三-五八四）。

4月 **5日** 相模国遠藤村（神・中井町）五所八幡宮を修理し、旦那に関清吉、大工に宇野八郎左衛門尉が見える（新編相模

4月 足柄上郡・四六〇二)。**17日** 足利政氏が三浦道寸方の智宗僧に、伊勢宗瑞の相模国三崎城(神・三浦市)攻めでの忠節を賞し感状を与える(岩本院文書・戦古三七三)。

7月 **7日** 伊勢宗瑞が相模国住吉要害(神・逗子市)三浦道香(道寸の弟)を攻略する。**17日** 伊勢宗瑞が相模国底倉村(神・箱根町)の諸公事を永代免許する(相州文書足柄下郡・二八)。

8月 この月、相模国小坪(神・逗子市)仏乗院の木造阿弥陀如来立像を彩色する(仏乗院所蔵・新横須賀市史二-三三九)。

10月 この月、相模国江ノ島(神・藤沢市)江島神社の八臂弁財天像を、鎌倉仏所の後藤上総長勒が彩色修理する(江ノ島神社宝物館所蔵・藤沢市史四-六四四頁)。

永正十一年(一五一四)・甲戌

3月 **5日** 扇谷上杉建芳が三浦道寸支援のため武蔵国荏原郡に出陣し、禁制を掲げる(里見家永正元亀中書札留抜書・北区史二-一五二頁)。

5月 この月、扇谷上杉建芳の重臣太田永厳が、伊勢宗瑞の支配地の相模国西郡に侵攻して禁制を掲げる(里見家永正元亀中書札留抜書・北区史一-二六四)。同じく扇谷上杉建芳も同国荏原郡に侵攻し、禁制を掲げる(同前・北区史一-二六三)。

8月 **吉日** 相模国鎌倉山内(神・鎌倉市)円応寺の木造奪衣婆坐像胎内銘に、伊勢早雲庵宗瑞がこの年に鎌倉名越(鎌倉市)の宝珠を掘り出し、伊豆国韮山城(静・伊豆の国市)に納めて塔を建て、本殿には江島神社(神・藤沢市)の弁財天を祀ったとある(円応寺所蔵・相古四-一二〇八)。

▼この月、白井長尾氏の長尾伊玄(景春)が死没する。七一歳。

12月 **26日** 伊勢宗瑞が相模国鎌倉小町(神・鎌倉市)本覚寺に制札を掲げ、諸公事を禁止させる(本覚寺文書・二九)。

永正十二年(一五一五)・乙亥

閏(ママ)1月 **18日** 武蔵国小杉(埼・越生町)天神社を造営し、大旦那に黒岩顕季が見える(天神社所蔵棟札・武銘五四三)。実際の閏月は二月。

2月 **10日** 伊勢宗瑞・氏綱父子が鎌倉の円覚寺・建長寺・東慶寺(神・鎌倉市山内)の行堂の諸公事を免除する。当文書は伊勢氏綱の判物に宗瑞が袖判を加え氏綱単独判物の初見(円覚寺文書・三〇)。

3月 **8日** 三浦道寸母（大森氏頼の娘）が死没する。法名は法昌寺殿松岩妙秀大姉（新編相模四-三四八頁）。

5月 **8日** 伊勢宗瑞が駿河国沼津（静・沼津市）妙海寺に、諸公事・陣僧・飛脚の賦課を停止させる（妙海寺文書・三一）。

▼この年、伊勢（のち北条）氏康・福島（のち北条）綱成が誕生する。ただし、氏康は十三年説もある。この年、鎌倉の東慶寺が焼失する（東慶寺所蔵釈迦如来像銘・相古四-一一七〇）。

永正十三年（一五一六）・丙子

1月 **11日** 武蔵国飯能（埼・飯能市）諏訪神社棟札に、大旦那の加治菊房丸が見える（新編武蔵入間郡・武銘五四八）。

6月 **13日** 相河半吾が相模国浦郷（神・横須賀市）能永寺に旦那に入るのを許可され、一族共に旦那になると伝える（能永寺文書・新横須賀市史二-三四一）。

▼この年半ば、扇谷上杉朝興が三浦道寸救援のため相模国中郡に侵攻するが伊勢宗瑞に撃退される（異本小田原記）。

7月 **11日** 伊勢宗瑞が相模国三崎新井城（神・三浦市）三浦道寸・義意父子を攻略して滅ぼす。宗瑞の相模国平定が完了（年代記配合抄・北区史二-一四五頁）。**21日** 伊勢宗瑞が伊豆国三島大社（静・三島市）に、伊豆・相模制圧の戦勝を祝して刀を奉納する（三島大社文書・三）。

8月 **23日** 伊勢宗瑞が上総国真理谷城（千・木更津市）武田信嗣に味方し、下総国小弓城（千、千葉市中央区）原朝胤との抗争に介入して上総国藻原（千・茂原市）に侵攻し、真理谷武田方の同国真名城（茂原市）三上但馬守を攻める（千学集抜粋・千五-九三七頁）。

11月 この月、伊勢宗瑞が上総国藻原（千・茂原市）の妙光寺に制札を掲げ、伊勢勢の乱暴を禁止させる（藻原寺文書・四六〇三）。この月、東海宗朝が以天宗清に讃語を与える（大日本史料九-一四-一三頁）。

12月 **27日** 足利政氏が足利高基と抗争し、上杉朝良の案内で下野国祇園城（栃・小山市）から武蔵国岩付城（埼・さいたま市岩槻区）に移る。下総国関宿城（千・野田市）の高基は同国古河城（茨・古河市）に移り、伊勢宗瑞と同盟する。

▼この月、大雪が降る（年代記配合抄・北区史二-一四五頁）。

永正十四年（一五一七）・丁丑

3月 **3日** 扇谷上杉建芳（朝良）が陸奥国普門寺の用林顕材に、去年七月の三浦道寸父子の討死から伊勢宗瑞との相模国で

3月 の戦いを述べ、宗瑞が進撃してこないのでそのままにしていると報じる（秋田藩家蔵文書一〇・北区史一-二七九）。

5月 **12日** 京都の外郎被官の宇野藤五郎が中御門宣胤に、香袋と薬五種を献上し扇を贈う（宣胤卿記・小一-六五三頁）。**15日** 中御門宣胤が宇野藤五郎に今川氏親への贈呈品を託し、藤五郎は十八日に駿河国へ下向する（同前・小一-六五三頁）。

7月 **13日** 大風が吹く（年代記配合抄・北区史二-一四六頁）。

9月 **1日** 伊勢宗瑞・氏綱が伊豆国三島大社（静・三島市）に、伊豆・相模両国平定の完了を祝して御服十二重と絹糸等を寄進する（矢田部文書・三三）。

10月 **13日** 伊勢宗瑞が再び上総国に侵攻し、同国真名城（千・茂原市）三上但馬守を攻略する（藻原寺所蔵仏像伽藍記）。**15日** 真理谷武田信嗣が小弓城（千・千葉市中央区）原朝胤を攻略し、朝胤と高城胤忠が下総国小金城（千・松戸市）に後退する（快元・戦北補一五〇頁）。武田信嗣が小弓城を領有し、伊勢宗瑞が上総国二宮荘（茂原市）を領有する（伊勢宗瑞知行注文、箱根神社文書・三七）。

閏10月 **28日** 足利道長が臼田太郎に、下総国高柳御所（埼・栗橋町）足利義明に忠節を要請する（臼田文書・戦古四〇〇）。
▼この月、伊勢宗瑞家臣の伊奈盛泰が武蔵国品川（東・品川区）妙国寺に制札を掲げ、伊勢勢の乱暴を禁止させる。先月の真名城（千・茂原市）攻めに関連（天妙国寺文書・四六〇四）。

永正十五年（一五一八）・戊寅

2月 **3日** 伊勢宗瑞が扇谷上杉建芳（朝良）領へ侵攻して相模国当間宿（神・相模原市南区）に制札を掲げ、甲乙人等の乱暴狼藉を禁止させる（関山文書・三四）。**8日** 伊勢宗瑞が伊豆千代丸（伊勢氏康）に置文を与える。ただし当文書は疑問点がある（神奈川県立歴史博物館所蔵北条文書・小二-三九）。**12日** 伊豆国逆川（静・河津町）三島大明神を造営し、代官に矢野家次が見える（三島明神所蔵棟札・四八二）。

4月 **21日** 扇谷上杉建芳（朝良）が武蔵国河越城（埼・川越市）で死没し、足利道長（政氏）が同国岩付城（埼・さいたま市岩槻区）を退去して同国久喜（埼・久喜市）甘棠院に隠遁する。

6月 この月、鎌倉の東慶寺（神・鎌倉市山内）の本尊釈迦如来像を彩色し直し、仏師は大休寺仏所、彩色は下野法眼弘円が施工する（相州文書鎌倉郡・相古四-一一七〇）。

7月 **15日** 相模国角田村（神・愛川町）八幡社を勧請し、願主に和田但馬が見える（新編相模愛甲郡・相風三-二二九頁）。

▼この月、足利義明が真理谷武田信嗣に擁立されて下総国高柳御所（埼・栗橋町）から同国小弓城（千・千葉市中央区）に入って小弓公方と称し、伊勢宗瑞や扇谷上杉朝興もその陣営に従属し、足利高基との抗争が激化する。この月、伊勢宗瑞がこの頃から九月の間に引退し、嫡男氏綱に家督を譲渡する。

9月

6日 伊豆国耳高村（静・河津町）琴海神社の棟札写に、本願耳高代官と見える（耳高神社記録）。

10月

8日 初めて伊勢家朱印状が伊豆国木負（静・沼津市）に出され、虎朱印の使用規定を明示し、夫役は大普請役以外は賦課しない等と告げる。代官は山角・伊東両氏。伊勢家（のち北条家）朱印状の初見（木負大川文書・三五）。**21日** 某為春が伊豆国松崎（静・松崎町）下之宮の禰宜九郎左衛門に、前々の如く下之宮の船を安堵する（下之神社文書・四六〇五）。**28日** 伊勢家奉行の後藤某・関某が連署して鎌倉鍛冶職の福本某に「調」朱印判を示し、伊勢家御用の時には調朱印状で命じると伝える。調朱印状の初見（西島氏所蔵福本文書・三六）。

11月

吉日 伊豆国河内（静・下田市）下諏訪社を修築し、本願に平道賀が見える（諏訪神社所蔵棟札・四八二二）。

12月

吉日 相模国鎌倉由井浜（神・鎌倉市）安養院の開山願行上人像に、仏師の下野弘円法橋が見える（安養院所蔵・相古四－一二七五）。

▼この年、大飢饉に見舞われ万民が餓死する（年代記配合抄・北区史二－一四六頁）。

永正十六年（一五一九）・己卯

1月

20日 伊勢氏綱が伊豆国大見郷（静・伊豆市）三人衆に、当郷代官として妙倫上使を派遣して鵰首座の時の如く年貢上納を命じる（大見三人衆由来書・四六〇六）。**29日** 伊勢宗瑞が佐藤四郎兵衛尉等の大見三人衆に、大見郷の年貢納法を指示し、郡代を不入とする（同前・四六〇七）。

2月

20日 伊豆国落合（静・下田市）高根明神社を再建し、願主に長田重秀が見える（高根神社所蔵棟札・四八二三）。

3月

25日 伊勢宗瑞が伊豆国三島（静・三島市）本覚寺に、法華経を奉納する（本覚寺文書・四八二四）。同日、伊勢宗瑞が相模国箱根（神・箱根町）箱根三社権現に、法華経を奉納する（新編相模足柄下郡・相風二－九一頁）。**吉日** 伊豆国横川（静・下田市）諏訪神社で妙法蓮華経を真読し、施主に代官の某吉康が見える（諏訪神社所蔵木札・静七－三－七二〇）。

4月

28日 伊勢宗瑞が伊勢菊寿丸（のち宗哲）に、箱根領別当堪忍分・箱根領所々菊寿丸知行分・家臣知行分・宗瑞譲りの在所等の合計四四六五貫余文の知行注文を与え、家臣と代官に鈴木・岡田・心明院・新田・大草・鈴木源四郎が見える

4月 （箱根神社文書・三七）。

6月 **20日** 伊勢宗瑞が伊豆国雲見（静・松崎町）高橋某に、妊婦の着帯の儀式をどうするか、出産は雲見か相模国小田原でするかを問合わせる。ただし、当本書は疑問点がある（高橋文書・三八）。**28日** 上総国の真理谷武田氏に内訌が起こり、同国佐貫郷（千・富津市）において大乱となる（安国寺蔵不動明王坐像銘・中世房総の政治と文化三六〇頁）。

7月 **2日** 伊勢宗瑞が相模国三浦三崎（神・三浦市）で船遊びし病に罹る（異本塔寺八幡宮長帳・小一‐五四三頁）。**28日** 大蔵院宗好が真理谷武田信清に、伊勢氏綱の上総国への渡海や、扇谷上杉朝興の仲介による古河公方足利高基と小弓公方足利義明との和睦に伊勢宗瑞を味方にする等、信用がならないと述べる（新編会津風土記七・千四‐四八五頁）。▼この月、伊勢氏綱が上総国藻原（千・茂原市）妙光寺に制札を掲げ伊勢軍の乱暴を禁止さす（藻原寺文書・四八〇八）。

8月 **8日** 今川氏親が駿河国沼津（静・沼津市）妙海寺に、伊豆国の韮山殿（伊勢宗瑞）の判物の如く諸公事・陣僧・飛脚・棟別役の賦課を北川殿（宗瑞の姉妹、氏親の母）一代の間は免除する（妙海寺文書・静七‐三‐七九）。**15日** 伊勢宗瑞が伊豆国韮山城（静・伊豆の国市）で死没する。推定六四歳。法名は早雲寺殿天岳宗瑞大禅定門（北条家過去帳・小一‐五四三頁）。**19日** 足利高基が足利義明と抗争し、義明方の真理谷武田信清の上総国椎津城（千・市原市）を攻める（小山市立博物館所蔵石塚文書・千四‐三二四頁）。

9月 **15日** 伊勢氏綱が亡父宗瑞追悼の無遮会を伊豆国韮山城（静・伊豆の国市）で行い、芳林乾幢が祭文を捧げる（玉隠和尚語録・韮山町史古代中世編三下七〇〇頁）。**16日** 武蔵国日野（神・横浜市港南区）春日宮を修造し、大工に鎌倉扇谷（神・鎌倉市）坂内匠内小六が見える（春日神社棟札・横浜市史稿）。**27日** 伊豆国手石（静・南伊豆町）三島大明神社を修造し、本願に山田森吉、大工に壬生栄春山が見える（月間神社所蔵棟札・四八二六）。▼この年、今川義元が誕生する。この年、全国的な飢饉に見舞われ餓死者が出る（妙法寺記・静七‐三‐七四〇）。

永正十七年（一五二〇）・庚辰

2月 **25日** 伊勢氏綱が鎌倉の本覚寺に制札を掲げ、陣僧・飛脚・諸公事の賦課を禁止させる（本覚寺文書・四一）。**27日** 大道寺盛昌が本覚寺に、代官以外の者の諸役賦課を止めさせ、伊勢家御用は盛昌の判物で命じると伝える（同前・四二）。

3月 **14日** 今川氏親が先例に任せて伊豆国那賀郷（静・松崎町）三島大権現の大禰宜職を金差大炊助に安堵し、祭礼や修造を務めさせる。ただし当文書は疑問点がある（伊那上神社文書・静七‐三‐七四三）。**25日** 鎌倉山崎（神・鎌倉市）の熊野先

4月 達の泉蔵坊祐秀が、相模国奥三保（神・相模原市緑区）の熊野御師と旦那の配分を決める（米良文書・神三下-六五四八）。

5月 **中旬** 伊豆国稲生沢郷（静・下田市河内）向陽院の鎮守三王権現を造営する（向陽院所蔵棟札・静七-三-七四四）。**6日** 伊勢氏綱が伊豆国三島大社（静・三島市）護摩堂への乱暴を禁止し、飛脚役の賦課を停止させる（小出文書・四三）。**13日** 相模国守護代の上田上野入道宗詮（正忠）が死没する（秩父浄蓮寺過去帳・大田区史寺社一-七五六頁）。**23日** 鎌倉小代官の後藤繁能が鎌倉宅間（神・鎌倉市）報国寺に、先規の如く敷地を寄進する（報国寺文書・四四）。

6月 **1日** 伊豆国稲生沢郷（静・下田市河内）向陽院の磬を鋳物師大工の良遠が制作する（駿河記二一・静七-三-七四八）。**5日** 伊勢氏綱が伊豆国熱海（静・熱海市）走湯山権現（伊豆山権現）に、神領として相模国徳延郷（神・平塚市）を寄進する（和学講談所本集古文書四五・四五）。

7月 **11日** 本願寺実如が相模国大津郷（神・横須賀市）信誠寺に、方便法身尊像を与える（信誠寺所蔵・新横須賀市史二-三七七）。同日、本願寺実如が相模国小坂郡（神・鎌倉市）最宝寺に、親鸞上人像を与える（横須賀市最宝寺所蔵・新横須賀市史二-三七八）。

8月 **2日** 鎌倉の鶴岡八幡宮の相承院供僧職の快元が、七月二日に八幡境内の赤橋を橋本宮内丞が修造した事等を書き残す（鶴岡八幡宮文書・神三下-六五五三）。**28日** 伊勢氏綱が伊豆国大見郷宮上（静・伊豆市）最勝院に、境内の竹木伐採を禁止させる（最勝院文書・四六）。同日、相模国久里浜（神・横須賀市）長安寺の木造不動明王坐像を修理し、大仏師筑後朝慶が見える（長安寺所蔵・新横須賀市史二-三七九）。

9月 **20日** 鎌倉小代官の後藤繁能が鎌倉山内（神・鎌倉市）建長寺に、寺領寄進坪帳を渡す（建長寺文書・相古二-四〇一）。

11月 **24日** 伊豆国上白岩（静・伊豆市）大宮権現宮の遷宮式を行う（大宮神社所蔵棟札・静七-三-七五八）。

▼この年、伊勢氏綱の三男為昌が誕生する。この年、葛山氏広が誕生する。この年、伊勢氏綱が相模国西郡と鎌倉寺社領で代替わり検地を施行する（役帳）。この年、伊豆国加納（静・南伊豆町）正八幡の棟札が残る（豆州志稿三七一頁）。この年か、相模国北波多野（神・秦野市）住吉大明神を修築し、旦那に今井三郎左衛門が見える（新編相模大住郡・相風三-一四二頁）、この棟札はもしくは永正七年（一五一〇）か、年号読めず。

大永元年（一五二一）・辛巳

2月 **27日** 今川氏親の軍勢が甲斐国に侵攻し、武田信虎の軍勢と戦う（王代記・静七-三-七六五）。**29日** 遠山直景が相模国松田

2月 惣領（神・松田町）延命寺に、松田道場の住持が死去したため道場免・屋敷分を寄進して住持への焼香を依頼する（延命寺文書・四七）。

▼この月、伊勢氏綱娘（芳春院殿）が足利晴氏に嫁ぎ、婚儀は天文八年（喜連川判鑑・小一-五九三頁）。

4月 **12日** 伊勢氏綱が伊豆国南江間（静・伊豆の国市）宝成寺に制札を掲げ、伊勢宗瑞以来の制札に任せて竹木伐採の禁止と門前菜園等を安堵する（北条寺文書・四八）。

6月 **吉日** 伊豆国川津筏場（静・河津町）筏場天神社に、清水吉政が普賢菩薩・文殊菩薩を勧請する（筏場天神社所蔵木札・四九～五〇）。

7月 **16日** 伊豆国雲見（静・松崎町）の高橋頼元が死没する。五七歳。法名は宗円。

8月 **23日** 永正十八年を大永元年と改元する。 **28日** 山内上杉憲房と扇谷上杉朝興が合戦し、朝興と富士氏の軍勢が敗走する（妙法寺記・武田史料集三頁）。

▼この月、小田原城下の刀鍛冶島田義助が短刀を作刀し、銘に義助・信定とある（立石好治氏所蔵・小一-一〇八頁）。

9月 **16日** 伊勢氏綱と同盟した駿河衆の福島正成が甲斐国に侵攻し、武田信虎方の同国富田城（山梨・南アルプス市戸田カ）を攻略し前進基地とする（高白斎記・武田史料集七二頁）。

10月 **16日** 甲斐国飯田原（山梨・甲府市）で武田信虎と福島正成が合戦し、福島勢は敗走して十一月十日に同国勝山（甲府市上曾根町）に移る（高白斎記・武田史料集七二頁）。

11月 **3日** 武田晴信（のち信玄）が誕生する。 **21日** 上杉道叶が伊豆国沢田（静・河津町）林際寺に置文し、公方御用以外の竹木伐採を厳禁させる（林際寺文書・静七-三-七八一）。 **23日** 甲斐国に侵攻した福島正成が武田信虎と上条河原（山梨・甲斐市）で合戦し、福島勢は大敗し正成が討死にする（王代記ほか・静七-三-七八二）。

12月 **16日** 武蔵国弘明寺（神・横浜市南区）弘明寺蓮華院に、同国神奈川（横浜市神奈川区）の端山国重が扁額を寄進する（弘明寺所蔵・武銘五五六）。 **23日** 伊勢氏綱が相模国箱根湯本（神・箱根町）に、父宗瑞の菩提寺の早雲寺を建立する（異本塔寺八幡宮長帳・小一-七二頁）。

▼この年、伊勢綱成の弟弁千代（のち綱房）が誕生する。この年、相模国熱海郷湯河原村（静・熱海市）湯宮の棟札に、禰宜の石渡家吉が見える（豆州志稿三五二頁）。この年、伊豆国柿崎村（静・下田市）熊野権現を領主朝比奈恵妙が再興する（同前三六六頁）。

大永二年(一五二二)・壬午

1月

2日 遊行上人二四世他阿(仏天)が、今川氏親と武田信虎との合戦で甲斐国富田城(山梨・南アルプス市カ)に残る三〇〇〇人の駿河勢の帰国のため、両者の和睦を念じて和歌を詠む(遊行廿四祖御修行記・静七-三-七八八)。**14日** 駿河勢が武田信虎と和睦し、富田城を開城して帰国する(高白斎記・武田史料集七三頁)。

2月

2日 太田資正が誕生する(年代記配合抄・北区史二-一四六頁)。

3月

7日 伊勢氏綱が相模国岩瀬郷今泉村(神・鎌倉市)明月院に制札を掲げ、他郷者の竹木伐採を禁止させる(相州文書鎌倉郡・五二)。**15日** 伊勢氏尭(氏綱の四男)が誕生する(兼右卿記)。

6月

下旬 伊豆国仁科(静・西伊豆町)三島大明神を造営し、地頭に渡辺弾正忠、代官に須田正清が見える(佐波神社所蔵棟札・四八二八)。

8月

吉日 相模国小田原城下の刀鍛冶泰春が刀を作刀する(鑑刀随録・小一-一〇一九頁)。

9月

11日 伊勢氏綱が相模国大井(神・大井町)大井宮神主と円泉坊に法度を下し、社領と神主屋敷の諸役免除、神領への横領を禁止させ、祭礼・修造・掃除等の作業を怠る者には諸役免除を取り消すと伝える。奉者は遠山直景。奉書式伊勢家朱印状の初見(大井町三島神社文書・五二)。**吉日** 伊勢氏綱が相模国宮山(神・寒川町)一宮の寒川神社を再興する。署名は相州太守北条新九郎平氏綱(寒川神社所蔵棟札・五三)。

▼この月、伊勢氏綱の家臣富永三郎左衛門尉が、古河公方足利高基の許に行き重陽の祝儀を述べる。氏綱娘芳春院殿と晴氏との婚儀についての折衝か。古河公方との折衝の開始(鎌倉公方九代記)。

10月

12日 伊豆国稲沢郷須原(静・下田市)子之神社に棟札が残る(子之神社所蔵・静七-三-八〇三)。

▼この年、伊勢氏綱が狩野元信に、酒伝童子絵巻を描かせる(後法成寺関白記)。この年、相模国小田原城下の早川に宇野氏が、菩提寺の玉伝寺を創建する。この年、この頃から大永四年(一五二四)頃まで伊勢宗哲が、近江国三井寺(滋・大津市)上光院に入り修行する(宗長手記・小一-五五三頁)。この年、伊勢氏綱が渋江三郎に武蔵国岩付城(埼・さいたま市岩槻区)を攻略させる(年代記配合抄・北区史二-一四六頁)。この年、伊豆国仁科(静・西伊豆町)佐波神社の棟札に須田広が見える(佐波神社所蔵・四八二九)。

大永三年（一五二三）・癸未

1月
20日 伊勢氏綱が相模国金子（神・大井町）円泉坊に、安藤源四郎が新たに内庵を取立てたため陣僧・飛脚・諸役等を免除し、寺中の竹木等を保護させる（東福院文書・五四）。

2月
5日 甲斐国久遠寺（山梨・身延町）日伝が宇野定治に、菩提寺で昨年建立の小田原城下早川の玉伝寺の祝儀として開山の三宝院日宥が参詣した事を喜ぶ（外郎文書・小一-六五二頁）。

3月
12日 伊勢氏綱が武蔵国中奈良（埼・熊谷市）長慶寺に、相模・伊豆両国関所に道者一五人・馬四疋の通行を許可する。奏者は遠山直景（長慶寺文書・五五）。**23日** 大庭良能が長吏五郎左衛門に、鎌倉鶴岡八幡宮の掃除役を命じる（新編相模鎌倉郡・相風二-二頁）。
▼この春、甲斐国が大飢饉に見舞われる（妙法寺記・武田史料集三四頁）。

4月
吉日 徹岩が相模国町田村（神・小田原市寿町）願成寺の再建のため勧進状を記す（相州文書足柄下郡・小一-七二三頁）。

6月
12日 伊勢氏綱が相模国足柄郷（神・箱根町）東福寺三所大権現（箱根神社）を造営し、伊勢氏康・伊勢宗哲等が奉加して造営奉行は遠山直景、大工は方積宗次が務める（箱根神社所蔵棟札・五六）。伊勢氏綱の終見。これ以後、九月の間に伊勢氏綱は北条氏綱と改姓（北区史一-二五〇頁）。

7月
2日 清水綱吉が伊豆国仁科十二郷（静・西伊豆町）百姓中に、先例に任せて同国三島（静・三島市）三島大社の八朔幣用途を出させる（伊達氏所蔵伊豆在庁文書・二五五三）。

8月
吉日 伊豆国横川（静・下田市）諏訪上下大明神を再興し、旦那に藤吉広が見える（諏訪神社所蔵棟札・四八三〇）。

9月
13日 北条氏綱が近衛尚通に、去年に依頼した酒天童子絵詞への詞書の謝礼一〇〇〇疋を相阿弥から届けさせる。氏綱の北条名字の初見（後法成寺関白記・小一-五九三頁）。
▼この年、上杉憲政が誕生する（年代記配合抄・北区史二-一四六頁）。この年、この頃までに北条氏綱が多摩川以西の武蔵国小机領（神・横浜市、川崎市）・同国小山田荘（東・町田市）を計略し、相模国奥三保（神・相模原市緑区）の内藤氏、武蔵国滝山領（東・八王子市）の大石氏、同国勝沼領（東・青梅市）三田氏や同国多摩西部（東・あきる野市）の小宮氏・平山氏等を服属させ武蔵国南部を領国とする。

大永四年（一五二四）・甲申

1月 **10日** 北条氏綱が扇谷上杉朝興と敵対し、朝興は山内上杉憲房と和睦する（石川忠総留書・北区史二‐一四三頁）。**12日** 北条氏綱が武蔵国江戸城（東・千代田区）方面に侵攻し、同国品川（東・品川区）妙国寺・本光寺に制札を掲げ、北条軍・甲乙人の乱暴を禁止させる（天妙国寺文書ほか・五七〜八）。**13日** 北条氏綱が太田資高兄弟の内応で朝興方の江戸城を攻略する。資高の室は氏綱の娘。江戸城代には遠山直景が就任（石川忠総留書・北区史二‐一四三頁）。**14日** 上杉朝興は武蔵国河越城（埼・川越市）から松山城（埼・吉見町）、さらに山内上杉方の同国藤田陣（埼・寄居町）に退去する（同前・北区史二‐一四三頁）。**16日** 武蔵国品河原（東・港区高輪カ）で北条氏綱と上杉軍が合戦し、氏綱が勝利する（本土寺過去帳ほか）。ただし当合戦は十三日との説もある（北条記）。**19日** 葛山氏広が関孫九郎に、駿河国駿東郡内三ヶ村を新恩として宛行う。氏広は伊勢宗瑞の子か孫と伝える（関文書・四三五〇）。

2月 **2日** 北条氏綱に味方する太田資頼が武蔵国岩付城（埼・さいたま市岩槻区）を攻略し、渋江右衛門大夫が討死して渋江三郎は城を退去する（年代記配合抄ほか）。**7日** 上杉朝興が武田信虎に支援を求め、信虎は甲斐国猿橋（山梨・大月市）に進撃し、相模国奥三保（神・相模原市緑区）に侵攻する（妙法寺記・武田史料集二四頁）。**24日** 伊豆国大川（静・東伊豆町）三島大明神を造営し、藤原吉間大夫森広が見える（三島神社所蔵棟札・四八三一）。

3月 **20日** 北条氏綱が武蔵国蕨城（埼・戸田市）渋川氏を攻略し、同国江戸城（東・千代田区）に帰る（東京大学史料編纂所所蔵文書・戦古五四三）。**晦日** 武田信虎が武蔵国秩父（埼・秩父市）方面に侵攻する（王代記・武田史料集三五一頁）。

4月 **1日** 足利高基が長南武田三河守に、北条氏綱は高基に忠節を示して遠山直景が高基に起請文を届けたが、氏綱は敵対する足利義明側の為に信用せずと伝える（東京大学史料編纂所所蔵文書・戦古五四三）。**10日** 北条氏綱が相模国当麻宿（神・相模原市南区）に制札を掲げ、同国玉縄城（神・鎌倉市）や小田原城から武蔵国石戸（埼・北本市）・毛呂（埼・毛呂山町）へ往復の者に北条家朱印状の無い者には伝馬の使役を禁止させる（関山文書・五九）。同日、上杉憲房と上杉朝興が同盟する。この頃、武蔵国毛呂郷の毛呂顕繁が北条氏綱に通じる（鎌倉九代後記・北区史一‐二五五頁）。**13日** 北条宗哲が近江国三井寺（滋・大津市）上光院で得度し、程無く相模国に帰国する（宗長手記・小一‐五五三頁）。

5月 **11日** 伊豆国那賀（静・松崎町）西方寺の阿弥陀如来像を仏所小太郎が修理する（厳島神社所蔵・静七‐三‐八三一）。**16日** 北条氏綱が武蔵国浅草郷（東・台東区）に、遠山新五郎屋敷での横合・非分を禁止させる（日恩院文書・六〇）。

6月 **18日** 扇谷上杉朝興が武田信虎の支援をえて武蔵国河越城（埼・川越市）を再興し、北条氏綱への反撃を開始する（石

6月

川忠総留書・北区史二‐一四三頁)。

7月

20日 上杉朝興と同盟する武田信虎が朝興と共に、北条氏綱に味方する太田道可(資頼)の武蔵国岩付城(埼・さいたま市岩槻区)を攻略し(高白斎記・武田史料集七四頁)、資頼は再び朝興に帰属する(石川忠総留書・北区史一‐二五四頁)。

▼この月、上杉朝興が武蔵国品川(東・品川区)妙国寺・本光寺に禁制を掲げ、上杉勢・甲乙人の乱暴を禁止させる。当文書の朝興の花押は北条氏綱の花押に類似し注目される(天妙国寺文書ほか・北区史一‐二五五〜六)。

8月

26日 北条氏綱が武蔵国三室郷(埼・さいたま市緑区)に制札を掲げ、北条勢・甲乙人の乱暴を禁止させる(氷川女躰神社文書・六二)。

9月

14日 武蔵国笛吹(東・檜原村)涌泉寺の位牌に、開基は中村氏母とある(涌泉寺所蔵・武銘五六〇)。

10月

9日 北条氏綱が太田万好斎(資高)に、武蔵国江戸平川(東・千代田区)本住坊に、軍勢の乱暴を禁止し諸役を停止させ、同国三田(東・港区)地頭方を本住坊に寄進する(寺誌取調書・六二〜三)。**10日** 上杉憲房と上杉朝興が武蔵国毛呂城(埼・毛呂山町)を奪回する(石川忠総留書・北区史二‐一四三頁)。**12日** 北条氏綱が伊豆国大見郷(静・伊豆市)大見三人衆の梅原入道に禁制を掲げ、他所者の同国多田山(静・伊豆の国市)における萱の伐採を禁止させる(伊豆順行記・六四)。**23日** 伊豆国三島(静・三島市)三島大社が、在家の失火で焼失する(詠五十首和歌・静七‐三‐八六七)。

11月

23日 北条氏綱が越後守護代の長尾為景に、先月十六日に武蔵国江戸城(東・千代田区)を出馬して同国勝沼(東・青梅市)まで進撃したが、遠山直景・秩父次郎の陣屋で長尾憲長方の藤田業繁や小幡氏の仲介で上杉憲房と和睦し、同国毛呂城(埼・毛呂山町)は憲房が納め、武田信虎も和睦を求めたため応じたと伝える(上杉家文書・六五)。同日、北条氏綱が長尾為景に、牧渓和尚の絵を贈呈したが気に入られず返されたため、横絵を贈ると伝える。副状は遠山直景(同前・六六)。同日、北条氏綱が長尾為景に若鷹を所望する(同前・六七)。**28日** 北条氏綱が伊東祐員を江戸城下の下平川(東・千代田区)代官職に任命する(東京大学史料編纂所所蔵伊東文書・六八)。

12月

9日 相模国津久井城(神・相模原市緑区)内藤大和入道が青山村桜野(相模原市緑区)光明寺に、菜園と諸公事共に寄進する(津久井光明寺文書・六九)。

▼この年、相模国箱根権現(神・箱根町)別当海実(大森成頼の孫カ)が北条宗哲に別当職を譲る。この年、上総法眼長勒が武蔵国洲崎(神・横浜市金沢区)龍華寺の地蔵菩薩像を制作する(龍華寺所蔵)。この年、伊豆国一色(静・西伊豆町)三島神社の棟札に、山本□□入道と見える(豆州志稿三七六頁)。この年、太田資高が武蔵国江戸平川(東・千代田区)に、父資康の菩提寺として法恩寺を創建する(本化別頭仏祖統紀二四・新横須賀市史二‐二三八八)。

大永五年（一五二五）・乙酉

1月

28日 伊豆国河津筏場（静・河津町）天川梵天社を再興し、大工に湯峨野（河津町）の壬生吉宗が見える（明治大学地方研究所刊河津郷―上下河津一一〇）。

2月

6日 北条氏綱が両上杉氏との同盟を破り、太田資頼の武蔵国岩付城（埼・さいたま市岩槻区）を攻略して渋江三郎を入れ、資頼は同国石戸城（埼・北本市）に退去する。同国菖蒲城（埼・菖蒲町）金田佐々木氏が氏綱に従属する（年代記配合抄、本土寺過去帳）。**26日** 武田恕鑑（信清）が長尾為景に、北条氏綱は同盟を望むが上杉憲房と上杉朝興の意見で拒絶したと伝えて支援を依頼する。朝興の氏綱包囲作戦が激化（上杉家文書・新三―一―九四）。

3月

10日 北条氏綱が長尾為景に、武蔵国岩付城（埼・さいたま市岩槻区）を渋江三郎に与えた事や同国菖蒲城（埼・菖蒲町）金田佐々木氏への長尾憲寛（憲房の養子）の攻撃、岩付城や菖蒲城に援軍を差し向けた事、武田信虎が氏綱に反感を持っている事等を伝える（上杉家文書・七〇）。同日、北条氏綱が長尾為景に、若鷹贈呈の謝礼を述べ、牧渓和尚の絵を返却された代わりに寒山の横絵を用意して岩堀氏に届けさせ、和睦の条書を出羽山伏の口上で説明させる（同前・七一）。**23日** 上杉朝興が長尾為景に、関東では「他国の凶徒（北条氏綱）」が蜂起し、潰滅的な被害を受けていると報じて支援を依頼する（同前・新三―一―三二）。同日、三戸義宣が長尾為景に、関東の情勢を報じて近頃は北条氏綱が下総国葛西城（東・葛飾区）大石石見守を攻め上杉朝興が危機的と伝える（同前・新三―一―三四）。**25日** 関東管領の山内上杉憲房が死没する。五九歳。法名は龍洞院大成道憲（妙法寺記・武田史料集三五頁）。

4月

2日 京都の聖護院門跡道増の奉行人が相模国諸山伏中に、同国厚木（神・厚木市）熊野堂の先達職が退転したため鎌倉山崎（神・鎌倉市）の薩摩祐快に同職を任せると伝える（相州文書愛甲郡・神三下―六五九七）。**20日** 北条氏綱が長尾為景に、以前、幕府将軍家所蔵の寒山の横絵二幅を贈呈したが、鑑定書は能阿弥に任せたと伝える（上杉家文書・七二）。同日、北条氏綱が長尾為景に、榼五荷と両種を贈呈する。氏綱署名の箇所に「郡」黒印を捺印（同前・七三）。**26日** 堺和か氏尭が駿河国二岡権現社（静・御殿場市）禰宜の二岡左衛門大夫に、同国大沼鮎沢御厨（御殿場市）を通行する三山道者には二岡権現社前を通行させる（内海文書・静七―三―八六四）。

5月

18日 北条氏綱が長尾為景に、山内上杉氏の家宰長尾顕方の進退要請を受けて了承し、去年十一月に武田信虎に略奪された為景からの若鷹の処置につき意見を述べる（上杉家文書・七四～五）。**20日** 連歌師宗長が伊豆国古奈温泉（静・伊豆の国市）で、去年十月二十三日に焼失した同国三島大社（静・三島市）の再建を北条氏綱が行う事を願い和歌を詠む

5月	(天理図書館所蔵詠五十首和歌・静七-三-八六七)。
6月	**28日** 北条氏綱が伊豆国三島(静・三島市)三島大社の再建を計画し、総大工の橘宗近に部材の寸法と種類を決めて用意させ、造営奉行の清水綱吉と代官関甚左衛門に代金一六〇〇貫文を請求させる(井口文書・四〇〇)。
7月	**1日** 乗宥が伊豆国保善院(静・熱海市)住職に、来年から相模国最乗寺(神・南足柄市)報恩院院主職を輪番で務めるよう依頼する(保善院文書・静七-三-八六九)。
8月	**22日** 北条氏綱と上杉朝興が武蔵国白子原(埼・和光市)で合戦し、北条方の櫛間(福島)九郎(北条綱成の父カ)ほか八〇〇人が討死して朝興が勝利する(石川忠総留書・北区史二-一四三頁)。 ▼この月、相模国小田原城(神・小田原市)に下向した飛鳥井雅綱が、伊勢伊豆千代丸(北条氏康)に蹴鞠の伝授書を与える(内閣文庫所蔵文書・四七九〇)。
11月	**17日** 公家の中御門宣胤が死没する。八三歳。法名は乗光。**吉日** 相模国津久井(神・横須賀市)荘厳寺の木造十一面観音菩薩坐像を造立し、大旦那に永沢(横須賀市)住人の閑兵衛が見える(荘厳寺所蔵・新横須賀市史二-三九〇)。
閏11月	**5日** 垪和か氏尭が駿河国田中(静・御殿場市)宝持院に、駿東郡御厨内の田中の寺領を安堵し、諸寺役賦課と代官の干渉、竹木の伐採を禁止させる(宝持院文書・静七-三-八八九)。**21日** 伊豆国大沢里(静・西伊豆町)山神大明神を造営し、代官に須田広、大工に足川盛吉が見える(山神社旧蔵棟札・四八三)。
12月	**13日** 武蔵国下恩方村(東・八王子市)浄福寺を造営し、大旦那に大石道俊・子息憲重、大工に瀬沼左衛門允が見える(浄福寺所蔵棟札・武銘五六三)。**14日** 北条氏綱が相模国当麻(神・相模原市南区)関所に法度を掲げ、関役を規定する(関山文書・七六)。 ▼この年、北条氏綱と武田信虎が和睦し、氏綱が信虎に銭一〇〇〇貫文を届ける(妙法寺記)。この年、里見義弘が誕生する。この年、伊勢宗瑞と交流した幕府同朋衆の相阿弥が死没する。

大永六年(一五二六)・丙戌

2月	**9日** 連歌師宗長が今川氏親の母北川殿に会い、酒を汲み交わす(宗長手記・静七-三-九〇四)。
5月	**25日** 上杉朝興が北条方の武蔵国蕨城(埼・戸田市)を攻め、長堀某の忠節を賞して三河守の受領を与える(東京大学文学部所蔵文書・北区史一-三〇九)。**26日** 上総国真理谷城(千・木更津市)の武田恕鑑(信清)が、武蔵国品川(東・品

川区）方面に侵攻して妙国寺に禁制を掲げ、武田勢・甲乙人の乱暴を禁じる（天妙国寺文書・千四-五六二頁）。
▼この月、武田恕鑑が武蔵国橋場（東・台東区）総泉寺に禁制を掲げ、武田勢・甲乙人の乱暴を禁じる（武州文書御府内・千四-五六六頁）。この月、里見義豊の家臣正木通綱が武蔵国品川に侵攻して妙国寺に禁制を掲げ、里見勢・甲乙人の乱暴を禁じる（天妙国寺文書・千四-九六六頁）。この月、北条氏綱が蕨城を救援のため武蔵国高倉（埼・入間市）に着陣する（本朝通鑑続編・北区史二-一四九頁）。

6月

6日 上杉朝興が武蔵国蕨城（埼・戸田市）を攻略し、北条氏綱が撤退する。本土寺過去帳は七日とする（本朝通鑑続編・北区史二-一四九頁）。 **23日** 今川氏親が死没する。五六歳。法名は増善寺殿喬山紹僖大禅定門。嫡男氏輝が家督を継ぐ。

7月

7日 北条氏綱が小笠原元続に、相模国在宿中の馬の飼料として相模国飯積郷（神・小田原市）を宛行う（記録御用所本古文書二・一八八）。 **23日** 公家の冷泉為広が死没する。七六歳。法名は宗清。 **晦日** 今川氏親死没の隙を突いて武田信虎が駿河国駿東郡に侵攻し、今川氏輝を支援する北条氏綱方と信虎が甲斐国籠坂峠山麓の梨木平（静・小山町須走）で合戦し信虎が勝利する（妙法寺記・武田史料集三六頁）。

8月

この月、島田義助と伝える刀鍛冶が小田原城下で太刀を作刀する。

9月

8日 北条氏綱が伊豆国三島大社（静・三島市）の社人中に、同社造営の奉加を許可する（三島大社文書・七七）。 **9日** 北条氏綱に敵対する上杉憲寛が、上野国から武蔵国入間川（埼・狭山市）に着陣し、上杉朝興と共に同国小沢城（神・川崎市多摩区菅）を攻略する（本朝通鑑続編・北区史二-一五〇頁）。 **21日** 北条氏綱が小田原城下の小笠原元続知行の相模国飯積郷（神・小田原市）福田寺分に、検地を施行して年貢納法を定め検地書出を百姓中に与え、岡田某（入道宗遁カ）が検地奉行を務める。北条家検地書出の初見（記録御用所本古文書二上・七八）。

10月

13日 某が牛込勝行に、武蔵国日々谷村（東・千代田区日比谷）の陣夫・小屋夫を免除する。当文書、もしくは北条家朱印状写か（牛込文書・七九）。

11月

20日 北条氏綱が下総国の永勝院（現在地未詳）と大庭新次郎に過所を与え、相模国当麻関（神・相模原市南区）に一ヶ月馬二匹分の通行を許可する。袖に「調」朱印を捺印する。（染谷文書・八〇）。
▼この月、上杉憲寛と上杉朝興が相模国玉縄城（神・鎌倉市）を攻め北条勢に敗れ、同国鵠沼（神・藤沢市）に到る（本朝通鑑続編・北区史二-一五〇頁）。

12月

3日 伊豆国市之瀬（静・南伊豆町）高根大明神宮を造営し、本願に是村源次郎が見える（高根神社所蔵棟札・四八三四）。

12月
15日 里見義豊が房総から渡海して鎌倉に乱入し、鶴岡八幡宮が戦火で焼失する。北条方の大将は垪和・清水・内藤大和が戦う（北条記ほか）。
▼この年、のちの駿河国の葛山氏元室のちよ（北条氏綱の娘）が誕生する（兼右卿記）。この年、相模国丸島郷（神・平塚市）大権現和田宮を造営し、大旦那で代官の平井民部丞・山口小次郎が見える（駒形神社所蔵棟札・四九九）。

大永七年（一五二七）・丁亥

2月
吉日 武蔵国越畑（埼・嵐山町）薬師堂の木造薬師如来立像を覚仁が再興する（薬師堂所蔵・埼玉県立博物館刊美術工芸品（彫刻）所在緊急調査報告書Ⅱ-五六）。

3月
28日 伊豆国仁科庄本郷（静・西伊豆町沢田）総社の八幡大菩薩を再建し、代官に須田広、大工に芦川盛吉が見える（佐波神社所蔵棟札・四八三五）。

6月
3日 武田信虎と今川氏輝が和睦する（妙法寺記・武田史料集三六頁）。

7月
17日 北条氏綱正室の養珠院殿が死没する。法名は養珠院殿春花宗栄大禅定尼（伝心庵過去帳・小一-六〇五頁）。**19日** 垪和氏尭が駿河国の二岡権現（静・御殿場市）禰宜二岡左衛門大夫に、道者関を寄進すると伝える（内海文書・静七-三-九七八）。

8月
12日 北条氏綱が相模国前岡郷（神・横浜市戸塚区）百姓中に、鎌倉の東慶寺（神・鎌倉市山内）住持旭山法暘（足利義明の娘）領として諸公事を免除し、陣夫役は賦課する（東慶寺文書・八一）。**28日** 北条氏綱が東慶寺の瑞松院殿の請けにより、前岡郷の事はのちに北条家朱印状を与えると約束し、詳しくは遠山綱景の副状で伝えさせる（同前・八二）。

10月
5日 幕府管領の細川道永（高国）が箱根別当御坊（北条宗哲）に、将軍足利義晴を奉じて近江国への下国を伝える（箱根神社文書・四〇二）。**10日** 大石定重が死没する。法名は融山宗可。**吉日** 伊豆国筏場村上佐ヶ野（静・河津町川津筏場）阿闍梨宮を造営し、代官に加藤小太郎、大工に壬生吉宗が見える（土屋文書・四八三六）。

11月
2日 伊豆国川津筏場（静・河津町）大政威徳天満大自在天神宮を修築し、領主に藤原（清水）吉政と吉政の妾が見える（筏場神社所蔵棟札・八四～五）。**15日** 武蔵国引田（東・あきる野市）山王宮を創建し、大旦那に日奉（小宮氏カ）宗連が見える（蓮啓見聞集・武銘五六七）。**20日** 北条氏綱が三島代官の笠原綱信・清水綱吉に、鋳物師が伊豆国三島大社（静・三島市）の梵鐘を制作のため人足を三島東分・西分より出役させる（名古屋大学文学部所蔵真継文書・八六）。

12月 **5日** 長尾景英が死没する。四九歳。法名は洞然院殿明岩宗哲居士。**16日** 上野国総社城（群・前橋市）長尾顕景が長尾為景に、厩橋長野氏に攻められた総社城が落城に追い込まれ、救援を要請したが見放され、同盟した北条氏綱とも相談しているが上手くいかないので是非の援軍を懇願する（上杉家文書・新三-一-九五）。
▼この年、北条氏綱が七月に死没した正室養珠院殿の菩提を弔うため、相模国箱根湯本（神・箱根町）早雲寺に以天宗清を開山として養珠院を創建する。この年、千葉胤富が誕生する。

享禄元年（一五二八）・戊子

1月 **15日** 長尾景長が死没する。六〇歳。法名は笑岩禅香大居士。

2月 **6日** 相模国大谷郷（神・海老名市）神明社を造営し、旦那に井田入道浄源、地頭代に須田吉平が見える（新編相模高座郡・相風三-三一九頁）。**18日** 垪和氏尭が駿河国二岡権現（静・御殿場市）禰宜二岡左衛門大夫に、御厨田中（御殿場市）内の原野を屋敷地として寄進して年貢・諸役等を免除し、社殿修築の費用にさせる（二岡神社文書・静七-三-一〇〇二）。

7月 この月、北条氏綱が武蔵国金沢（神・横浜市金沢区）称名寺に、亡室養珠院殿の供養として宋板大日経を納める（金沢文庫所蔵・八七）。この月、北条氏綱が武蔵国王子神社（東・北区）に、亡室養珠院殿の供養として宋板大日経を納める（新編武蔵豊島郡・武銘五六九）。この月、北条氏綱が亡室養珠院殿の供養として六十六部聖に法華経を書写させ埋経する。経筒銘には先婦養珠院とあり、氏綱には既に後室（近衛尚通の娘）がいたと判明（島根県太田南八幡宮所蔵経筒、新潟県茂野氏所蔵経筒・四八三七～八）。

8月 **20日** 大永八年を享禄元年と改元する。

9月 **8日** 武蔵国世田谷城（東・世田谷区）の吉良成高が死没する。**25日** 武蔵国毛呂郷（埼・毛呂山町）毛呂明神社を再建し、毛呂顕繁が見える（出雲伊波比神社所蔵棟札・埼九-二-七頁）。

閏9月 **2日** 某が天十郎に、伊豆国韮山城下（静・伊豆の国市）四日町の屋敷地を安堵し、飛脚役を免除し舞々等から役銭徴収を命じる。ただし当文書は疑問点がある（相州文書足柄下郡・小一-六九二頁）。

11月 **吉日** 伊豆国小野郷（静・南伊豆町）三島大明神を造営し、旦那に盛国、大工に西河家次が見える（三島神社所蔵棟札・静七-三-一〇二七）。

12月 **19日** 上使某が相模国小八幡村（神・小田原市）の右馬四郎に、皮役を前々の如く免除する（相州文書足柄下郡・小一-

12月 七六三頁)。 **27日** 足利高基の嫡男晴氏が元服し、翌日に御判始を行う(古河歴史博物館寄託野田家文書・千五-六一四頁)。

▼この年、北条氏綱が伊豆国土肥(静・熱海市)保善院を小田原城下の早川(神・小田原市)に移転させ海蔵寺とする(日本洞上連灯録・小一-四三六頁)。

享禄二年(一五二九)・己丑

2月 **吉日** 市河秀満が相模国青山(神・相模原市緑区)光明寺に、先代に任せて畠年貢を寄進する。ただし当文書は疑問点がある(津久井光明寺文書・神三下-六六二六)。

5月 **12日** 北条氏時が伊豆国三島(静・三島市)三島大社護摩堂に、陣僧・飛脚役を免除して茶園・竹木を保護させる(小出文書・八八)。 **26日** 今川氏親の生母北川殿(伊勢宗瑞の姉妹)が死没する。法名は慈雲心月。のち得願寺殿慈雲妙愛大姉。

6月 **6日** 禅相が龍泰寺住持に、相模国最乗寺(神・南足柄市)住持職を天文二年から務めさせる(保善院文書・静七-三-一〇四二)。 **20日** 近衛尚通が上杉朝興の書状に返書し、種蔵主から朝興に伊勢物語と共に届けさせる(後法成寺関白記)。

7月 **27日** 里見義豊が里見実尭・正木通綱を討ち、実尭の嫡男義尭は上総国百首城(千・富津市)に籠もり、北条氏綱に支援を要請する(快元)。同日、玄岱が伊豆国熱海(静・熱海市)保善院住持に、天文元年(一五三二)から相模国最乗寺(神・南足柄市)住持職を輪番で務めさせる(保善院文書・静七-三-一〇四八)。

8月 **6日** 近衛尚通が北条氏綱に無沙汰を詫び、さらなる親交を求めて書状案を認め、詳しくは春松院の副状で述べさせる(後法成寺関白記紙背文書・四〇二)。 **19日** 北条氏時が相模国渡内(神・藤沢市)二伝寺に、寺家への諸公事賦課を永代免除し、竹木伐採を禁止させる(相州文書鎌倉郡・八九)。 **21日** 北条勢が安房国に侵攻し、里見義豊と合戦して義豊が敗北し真理谷武田恕鑑の許に逃れる。

9月 **24日** 相模国片瀬(神・藤沢市)江島神社本宮御旅所の弁財天扁額銘に、四度目の再興をし、願主は朝比奈宮内丞と記す(新編相模鎌倉郡・相風五-一九九頁)。

10月 **吉日** 相模国玉縄城(神・鎌倉市)城中の円光寺の毘沙門天立像に、旦那は北条氏時、作者は上総法眼長勒(後藤宗琢)とある(鎌倉円光寺所蔵・九〇)。

12月 **7日** 今川寿桂尼(今川氏親の後室)が後藤善右衛門に、駿河国沢田郷(静・沼津市)の善右衛門抱えの郷内西分の田畠屋敷の百姓職を故北川殿（伊勢宗瑞の姉妹）の時の検地で確定した貫高の通り安堵する（後藤文書・静七-三-一〇五一）。**13日** 武蔵国小机城（神・横浜市港北区）笠原信為が城下の雲昌院に、早雲寺殿（伊勢宗瑞）の供養料所として熊野堂五貫文を寄進し、代官に沼上藤右衛門尉を任命する（雲松院文書・九一）。

▼この月か、北条氏康が元服し、新九郎を授与される。この月から翌三年の頃、北条氏綱が左京大夫・従五位下に叙任される。この月、遠山直景が武蔵国秩父郡に出陣（石川忠総留書・北区史三-一四三頁）。

享禄三年（一五三〇）・庚寅

1月
3日 遠山直景と扇谷上杉朝興が武蔵国吾名蜆城（埼・飯能市）で合戦し、北条勢が敗走する（石川忠総留書・北区史三-一四三頁）。**6日** 上杉朝興が武蔵国小沢城（神・川崎市多摩区）・瀬田谷城（東・世田谷区）を攻略し、八日に江戸城（東・千代田区）根小屋に放火し河越城（埼・川越市）に帰る（同前）。**7日** 扇谷上杉方の武田信虎と北条氏綱が抗争し、武田方の小山田信有が国人衆を率いて甲斐国猿橋（山梨・大月市）に着陣する（妙法寺記・武田史料集三八頁）。**21日** 長尾景虎（のち上杉謙信）が誕生する。

2月
8日 武蔵国池辺郷（神・横浜市都筑区）医王寺薬師堂を造立し、大旦那に広田仲重、大工に好田秀宗が見える（新編武蔵都筑郡・四八四〇）。**17日** 近衛尚通が北条氏綱に春日野一〇〇反、春松院に五〇反を贈呈する（後法成寺関白記・小一-五九五頁）。**18日** 相模国中野（神・相模原市緑区）祥泉庵の熊野権現堂を造営し、地頭に内藤朝行、代官に大野正通、大工に山崎守重が見える（祥泉寺文書・九二）。**28日** 宅間上杉憲方が死没する。法名は勝楽院殿貴山胤公大禅定門。

3月
5日 正親町三条実望が死没する。六七歳。室は北川殿（伊勢宗瑞の姉妹）の娘。

4月
7日 北条氏綱が津田正満に、伊豆国狩野・田方両所で家一間に年間一〇〇文の藍瓶銭の徴収を許可する（相州西郡板橋村鑑・九三）。同日、相模国赤田村（神・大井町）八幡宮を造営し、関時長が見える（新編相模足柄上郡・九四）。**23日** 北条氏綱と小山田信有が甲斐国八坪坂（山梨・上野原市）で合戦し、小山田勢が敗れる（妙法寺記・武田史料集三八頁）。

5月
15日 某が武蔵国品川（東・品川区）妙国寺・妙蓮寺・本光寺に禁制を掲げ、竹木伐採を禁止させる（武州文書荏原郡・四六一二）。

6月
5日 清水綱吉・笠原綱信が伊豆国三島（静・三島市）鋳物師の斎藤九郎右衛門に、同国伊豆山権現（静・熱海市）梵鐘の鋳物師職に任命する（真継文書・九五）。同日、東胤氏（素純）が死没する。**12日** 北条氏康が武蔵国小沢原（神・

6月 川崎市多摩区）の合戦に初陣し、同国河越城（埼・川越市）の扇谷上杉朝興は難波田善銀・上田蔵人等を府中（東・府中市）に進撃させ、両軍は小沢原で激突し上杉方が敗北する。氏康は一六歳という（異本小田原記）。

9月 **19日** 大道寺盛昌が某寺の再建奉加につき意見を述べる（幼童抄紙背文書・四一四八）。

10月 **19日** 山角性徹・伊東家祐が大川守吉に、伊豆国重須（静・沼津市）百姓との相論を裁許し、前々の如く田や屋敷を抱える事を認める（国文学研究資料館所蔵大川文書・北条氏文書補遺三四頁）。

11月 **9日** 遠山綱景が連歌師柴屋軒（宗長）に、何事も自分に申し付けて欲しいと伝える（幼童抄紙背文書・四一六四）。**吉日** 武蔵国日野（神・横浜市港南区）春日宮を修造し、相模国鎌倉町（神・鎌倉市）の大工小次郎が見える（横浜市史稿）。▼この月、連歌師宗長が小田原城に来て湯治し、北条氏綱に奥州の岩城由隆から贈られた馬を贈呈する（宗長日記）。

12月 **1日** 連歌師宗長が伊豆国飼沢（静・函南町軽井沢）から同国熱海（静・熱海市）に来て湯治し、雪景色を和歌に詠む（宗長日記・静七-三-一〇九四）。

享禄四年（一五三一）・辛卯

3月 **28日** 北条氏綱が三条西実隆に、宗長を通して源氏物語桐壺巻の書写を依頼する（実隆公記・小一-五九五頁）。同日、北条氏綱が近衛尚通に、白紬等を贈呈する（後法成寺関白記・小一-五九五頁）。

4月 **2日** 大道寺盛昌が伊豆国江梨（静・沼津市）の鈴木繁宗父子に、同国韮山城（静・伊豆の国市）普請役について過分の普請人足を賦課した事等を述べ、詳しくは笠原越前と調整せよと伝える。当文書には伊勢宗瑞がかつて駿河国石脇城（静・焼津市）に居たと記され注目される。ただし当文書の年代推定には再考の余地がある（神奈川県立歴史博物館所蔵江梨鈴木文書・四一四五）。**吉日** 相模国西海地村（神・平塚市岡崎）山王社の神体鏡を制作し、願主に鶴寿丸が見える（新編相模大住郡・相風三-三頁）。

5月 **17日** 北条氏綱が円光坊に、相模国江ノ島（神・藤沢市）上之坊が退転したので跡職を相続させる（岩本院文書・九六）。

閏5月 **21日** 宇野定治が三条西実隆に、北条氏綱室から依頼の酒伝童子絵の奥書用紙を届ける（実隆公記・小一-五九五頁）。

6月 **1日** 鎌倉の光明寺（神・鎌倉市材木座）木造阿弥陀如来坐像を後藤繁能が彩色し直す（光明寺所蔵・鎌倉市文化財総合目録書跡絵画彫刻工芸編）。**8日** 細川道永（高国）が死没する。四七歳。**22日** 三条西実隆が北条氏綱室の北藤から依頼の酒伝童子絵の奥書を上洛中の宇野定治に渡す（実隆公記・小一-五九五頁）。

7月 **5日** 近衛尚通が宇野定治に北条氏綱への返書を託す（後法成寺関白記・小一-五九六頁）。**18日** 足利政氏が死没する。六六歳。法名は甘棠院殿吉山道長。**28日** 武蔵国勝沼城（東・青梅市）三田政定が小田原城の北条氏綱の許に参府し、連歌師宗長に会い帰城する。政定が氏綱に従属（宗長日記）。

8月 **18日** 北条氏時が死没する。法名は大虚院殿了翁宗達大禅定門（二伝寺所蔵位牌銘）。

9月 **3日** 山内上杉憲政が上杉憲寛に替わって関東管領に就任する（喜連川判鑑・群七-三-一九六八）。**10日** 連歌師宗長が小田原館に入り、重陽の節句に和歌を詠む（宗長日記・小一-六六七頁）。**24日** 太田資頼が武蔵国岩付城（埼・さいたま市岩槻区）を奪回し、北条方の渋江三郎が討死する。北条氏綱の勢力が入間川まで後退（年代記配合抄・北区史三-一四六頁）。

10月 **13日** 木村某が相模国依智郷（神・厚木市）妙伝寺に、狩野左衛門尉・大藤金谷斎との協約で陣僧・飛脚等の諸役を免除する（相州文書愛甲郡・九七）。

12月 **5日** 朝倉右京進が相模国板橋（神・小田原市）香林寺に、祖父播磨守が寄進した寺領を書上る（相州文書足柄下郡・九八）。**15日** 北条氏綱が相模国依智郷（神・厚木市）妙伝寺の諸点役・棟別役を免許する（穴八幡神社所蔵妙伝寺文書・九九）。

▼この年、太田康資が誕生する。この年、北川殿の娘栄保が駿河国羽鳥（静・静岡市葵区）に龍津寺を開基し、開山には小田原城下久野（神・小田原市）の総世寺鳥道を迎える。この年、小笠原康広が誕生する。

天文元年（一五三二）・壬辰

1月 **18日** 北条氏綱が鎌倉の鶴岡八幡宮造営を計画し、大道寺盛昌・笠原信為に事前調査として境内の古木を調査させる（快元・戦北補-九三頁）。同日、鶴岡八幡宮の大庭良能を小弓公方足利義明に派遣し、社殿造営の了承を得た事を真理谷武田恕鑑（信清）から知らさせる（快元・戦北補-九三頁）。

2月 **10日** 京都の清光が三条西実隆から宗長と住心院への書状を預かり十一日に出発し、相模国に下向する（実隆公記・小一-六六五頁）。

3月 **6日** 連歌師宗長が死没する。八五歳。**14日** 禅相が伊豆国泉（静・熱海市）保善院住職に、来年から相模国最乗寺（神・南足柄市）の住職を輪番で務める事を要請する（保善院文書・静七-三-一二四七）。

4月 **13日** 冷泉為和が駿河国の葛山氏広邸で歌会を開催する（為和集・静七-三-一一六〇）。**14日** 為和が駿河国から上洛する伊勢

4月 貞就・大和晴統等と別れを惜しむ（同前・静七-三-一一六二）。**26日** 北条氏綱が近衛尚通に黄金一〇両等、北条氏康から太刀等、ほか尚通家族に多くの贈答品を贈呈する（後法成寺関白記・小一-五九六頁）。

5月 **1日** 伊豆国城（静・伊豆市）来宮神社を大見三人衆の佐藤行広・佐藤貞能・梅原宣貞が再建する（来宮神社所蔵棟札・四八四二）。**3日** 北条氏綱が京都の東寺宝菩提院に、後奈良天皇綸旨での弘法大師七百年忌の奉加要請に応え、北条家分国中の門徒中にも奉加を要請する（東寺所蔵宝菩提院文書・一〇〇）。**21日** 千葉勝胤が死没する。六三歳。

6月 **2日** 北条氏綱が武蔵国六郷（東・大田区）宝塔院に旦那を安堵し、横合非分・諸役賦課を禁止させる（宝幢院文書・一〇一）。**6日** 清水綱吉・笠原綱信が鈴木入道（繁宗カ）に、平沢の源六を被官と認め忠節を尽くさせる（静岡市御穂神社文書・四六一三）。**13日** 相模国山西（神・小田原市、二宮町）薬師堂の聖徳太子像を再興し、旦那に宮戸臣朝が見える（新編相模淘綾郡・相風二-二九七頁）。**23日** 三条西実隆が北条氏に尺八を贈呈する（実隆公記・小一-五九六頁）。

7月 **23日** 北条為昌が相模国材木座（神・鎌倉市）浄土宗光明寺に、同国三浦郡南北の一向宗の旦那を同寺の旦那とする。為昌の「新」朱印の初見（光明寺文書・一〇二）。**29日** 享禄五年を天文元年と改元する。

9月 **3日** 鎌倉鶴岡八幡宮の相承院快元が頼範に八幡愚童訓を書写させる（群書類従正一輯）。**13日** 冷泉為和が駿河国の葛山氏広邸で歌会を開催する（為和集四・静七-三-一一八三）。**27日** 相模国今泉（神・鎌倉市）毘沙門堂の毘沙門天像等を再興し、仏師に大蔵長□が見える（相州文書鎌倉郡・相古五-一八五四）。**28日** 相模国今泉の毘沙門堂の毘沙門天像台座の修造銘に名主長島彦右衛門と見える（新編相模鎌倉郡・相風五-八三頁）。

10月 **2日** 謡曲師の観世長俊が伊豆国熱海（静・熱海市）に湯治し、謡曲江の島を作る（天理図書館所蔵江の島奥書・静七-三-一一八六）。**10日** 伊豆国大沢邑（静・伊豆市）子大権現を勧請し、氏子に星野・水口両氏が見える（子神社所蔵棟札・四八四三）。**吉日** 武蔵国原町田（東・町田市）勝楽寺の木造阿弥陀三尊立像を上杉憲房の供養に造立し、大願主に大石高仲、仏師に鎌倉大仏所下野法眼弟子の豊前円慶が見える（勝楽寺所蔵・造像銘記集成二一三）。

11月 **9日** 相模国鎌倉地方に地震が発生して光物が虚空を飛ぶ（快元・戦北補-九四頁）。**15日** 伊豆国槻瀬（静・伊豆市月ヶ瀬）聖宮大明神を勧請し、大工に高旡善右衛門が見える（聖神社所蔵棟札・静七-三-五七五）。

12月 **21日** 北条氏綱が近衛尚通に、鶴岡八幡宮造営のため大和国奈良（奈・奈良市）興福寺四恩院の大工と瓦職人の相模国派遣を要請し、尚通が弟の同寺一乗院門跡良尊に派遣を依頼する（後法成寺関白記・小一-六六六頁）。

▼この年、北条氏綱が相模国国府津（神・小田原市）真楽寺の一向宗徒を成敗し、真乗が他国に逃亡する。近衛尚通が法華宗に帰依し、一向宗と反目したため娘婿の氏綱も同調したのか（反古裏書・真宗史料集成二-二）。この年、福島左

衛門の知行の相模国沖之郷（神・小田原市栢山）を検地する（役帳・戦北別-五五頁）。

天文二年（一五三三）・癸巳

1月 **8日** 鶴岡八幡宮院家の会所執行が大道寺盛昌に、本殿仮殿建設開始の日取りは北条氏綱の意向に任すが、参考に別紙に昔の日取りを書き記して渡す（快元・四四〇四）。

2月 **9日** 鶴岡八幡宮神主の大伴時信が北条氏綱の使者として上野国に派遣され、国衆等に造営参加を要請して二十二日に帰国する（快元・戦北補-九五頁）。 **10日** 冷泉為和が葛山氏広邸で歌会を開催する（為和集・静七-三-一二〇二）。

3月 **2日** 武蔵国下柚木（東・八王子市）御嶽社を造営する（新編武蔵多摩郡・武銘五八二）。 **12日** 北条氏綱が里見義豊と原基胤に、大庭良能が鶴岡八幡宮の勧請への参加を依頼に行くと伝える（大庭文書・一〇三～四）。同日、鶴岡八幡宮の仮殿工事が開始され、大道寺盛昌等の奉行衆が所領役高に応じて普請役を務める（快元・戦北補-九六頁）。 **13日** 遠山直景が死没する。法名は延命寺殿節渓宗忠（延命寺位牌銘）。 **18日** 北条氏綱が武蔵国弘明寺村（神・横浜市南区）弘明寺に、仏供銭等と修造銭を寄進する。奉者は石巻家貞（弘明寺文書・一〇五）。 **晦日** 小田原城の北条氏綱邸で冷泉為和が歌会を開催する。歌題は藤見で氏綱室は近衛尚通の姉で名は北の藤殿との注記がある（為和集・小一-六六七頁）。

4月 **6日** 武蔵国塩船（東・青梅市）観音寺の木造仁王立像を修造し、大旦那に三田政定・嫡男綱定が見える（塩船観音寺所蔵・武銘六六三）。 **19日** 北条氏綱が家臣数百人を連れて鶴岡八幡宮を巡見する（快元・戦北補-九七頁）。 **21日** 伊豆国河内（静・下田市）向陽院を修築する（向陽院所蔵棟札・静七-三-七四四）。 **23日** 下野国日光山（栃・日光市）から常光院流歌人の高井尭慶が典薬頭の錦小路頼直に伴われ、三条西実隆に面会する。尭慶はのち小田原城下に住む（実隆公記）。

5月 **11日** 北条氏綱が鶴岡八幡宮の木屋奉行として蔭山家広・仙波久種・後藤繁能を、造営惣奉行に大道寺盛昌・太田正勝を任命する（快元・戦北補-九八頁）。

閏5月 **11日** 当日から十六日まで相模国に大雨が降り鎌倉地方が大洪水となる。『快元』は五月の記載を二回に分けて記載し、当記事は後の五月に記載され、三島暦ではこの年五月に閏月を入れているが京都暦には見えず（快元・戦北補-九九頁）。

6月 **2日** 相模国は連日の大雨で、大道寺盛昌は船で鎌倉から小田原城に帰る。鶴岡八幡宮仮殿の遷宮式も大雨で延期する（快元・戦北補-一〇〇頁）。 **5日** 参議の勧修寺尹豊が相模国に下向するため、後奈良天皇が伊豆国の朝廷御領回復のための文書を持たせ、北条氏綱に年貢を督促させる（御湯殿上日記・静七-三-一二二四）。 **17日** 北条為昌が鶴岡八幡宮に社参し、

6月

武蔵国金沢（神・横浜市金沢区）から相模国玉縄城（神・鎌倉市）に船で帰る。柏尾川の氾濫によるか（快元・戦北補-一〇〇頁）。**18日** 勧修寺尹豊が京都を出発して相模国に向かう（実隆公記・小一-五九七頁）。

27日 里見義豊が安房国稲村城（千・館山市）で北条方の里見実堯を殺害する。法名は延命寺殿一翁正源居士。正木通綱も殺害され、残った郎党は上総国百首城（千・富津市）に籠もり北条氏綱に支援を求める。房総の天文の内乱が勃発する（安房妙本寺日我一代記）。同日、勧修寺尹豊が小田原城に到着する（快元・戦北補-一〇〇頁）。

7月

▼この月、武蔵国大滝谷（埼・秩父市）三峯宮を造営し、藤田業繁が見える（三峰神社所蔵棟札・武銘五八六）。

8月

5日 武蔵国前久保（埼・毛呂山町）出雲祝神社を修築し、大旦那に毛呂顕繁が見える（出雲伊波比神社所蔵棟札・一〇六）。**7日** 上杉朝興が武蔵国河越城（埼・川越市）を出陣する（快元・戦北補-一〇一頁）。**16日** 大和国奈良（奈・奈良市）から大工与次郎が伴工一〇人を連れて相模国玉縄城（神・鎌倉市）に到り、十九日から鶴岡八幡宮の造営工事に参加する（同前）。**17日** 上杉朝興が武蔵国江戸城（東・千代田区）を攻め、北条氏綱と同国芝（東・港区）・原宿（東・渋谷区）で合戦し、氏綱が重田秀行の忠節を賞する（須藤并重田文書・一〇七）。**21日** 北条氏綱が安房国に侵攻して里見義豊勢と合戦し、里見勢が敗北して上総国の真理谷武田恕鑑（信清）の許に逃れる。**23日** 北条為昌が水軍の山本家次に、二十一日の安房国妙本寺砦（千・鋸南町）での戦いの忠節を賞し感状を与える（越前史料所収山本文書・一〇八）。**28日** 冷泉為和が駿河国の葛山氏広邸で歌会を開催する（為和集・静七-三-一二三）。

▼この月、上杉朝興が武蔵国品川（東・品川区）妙国寺に禁制を掲げ、上杉勢・甲乙人の乱暴狼藉を禁止させる（天妙国寺文書・北区史一-三五）。この月、難波田正直が妙国寺に禁制を掲げ、上杉勢・甲乙人の乱暴狼藉を禁止（同前・北区史一-三六）。この月、北条氏綱が里見義堯を支援して安房国に援軍を送り、敵対する上杉朝興は里見義豊を支援する。さらに朝興は甲斐国の武田信虎に援軍を要請し、武田軍が相模国津久井（神・相模原市緑区）方面に侵攻する。

9月

6日 里見義豊が里見義堯を支援する北条氏綱へ攻撃を仕掛けて江戸湾を渡海し、相模国津久井（神・横須賀市）に侵攻して北条勢と対陣し、翌日には里見勢は撤退する（快元・戦北補-一〇一頁）。**16日** 聖護院門跡道増の奉行人が小田原の教真坊に、安房・上総両国の本山派修験の年行事職に任命する（若王子文書）。**24日** 里見義堯が北条方の上総国百首城（千・富津市）里見義豊を攻め敗走させる（快元・戦北補-一〇一頁）。同日、伊豆国船原郷（静・伊豆市）助神社を建立し、大旦那に井出源衛門が見える（助神社所蔵棟札・四八四〜五）。**26日** 里見義堯が里見義豊方の安房国滝田城（千・南房総市）一色九郎を攻略し、義豊は真理谷武田信清の許に逃亡し没落する。程無く一色一族も滅ぶ（快元・戦北補-一〇一頁）。

10月

4日 春日景定が死没する。法名は一京院桂全林照居士(伊奈町桂全寺所蔵位牌・武銘五八七)。**29日** 北条氏綱と折衝した勧修寺尹豊が関東から京都に帰り、伊豆国の朝廷御領所分の年貢銭は五万疋(五〇〇貫文)、駿河国の今川領からは三万疋を運上と伝える(言継卿記、御湯殿上日記・静七-三-一三三四~五)。

▼この月、伊豆国逆河村(静・河津町)三島大明神を修造し、代官に清水吉政が見える(三島明神所蔵棟札・一〇九)。

11月

12日 里見義豊を支援する武蔵国河越城(埼・川越市)の上杉朝興が、十三日にかけて相模国南部に侵攻して大磯(神・大磯町)・平塚(神・平塚市)・一宮(神・寒川町)に放火し、被害は相模国中郡にも及ぶ(快元・戦北補-一〇三頁)。これに呼応して甲斐国の武田信虎が相模国津久井(神・相模原市緑区)方面に侵攻する。**18日** 連歌師の猪苗代宗春(兼載)がかつて小田原城下の妙光院(小田原市の浄永寺)に居住し、連歌作法書の連歌比況集を著し兼慄が書写して古河公方に進上する(国文学研究資料館所蔵連歌比況集奥書・小一-六七六頁)。**29日** 北条氏綱が相模国早川(神・小田原市)海蔵寺に制札を掲げ、草花竹木の伐採を禁じ、違反者は遠山綱景・狩野某に申告させる(相州文書足柄下郡・二〇)。

12月

1日 相模国岩瀬(神・鎌倉市)長勝寺に鰐口を奉納し、願主に小泉外木助が見える(長勝寺所蔵・四八二〇)。

▼この年、大道寺政繁が誕生する。

天文三年(一五三四)・甲午

閏1月

10日 小弓公方足利道哲(義明)が真理谷武田大夫(信応カ)に、下総筋に関する依頼を承諾した事を褒め、言上された武蔵国江戸城(東・千代田区)遠山綱景の進退についても承認すると答える(大藤文書・戦古一三六三)。

2月

2日 北条氏綱が鶴岡八幡宮造営の惣奉行衆の大道寺盛昌・狩野左衛門尉・太田正勝・笠原信為・石巻家貞・岡田宗遁・大草丹後守に、毎月の巡見として鎌倉に赴いて代官・諸細工人を監督し、職人等の賃金を確認させる(鶴岡御造営日記・一二)。**22日** 北条氏綱が鶴岡八幡宮上宮の廻廊奉行を定め、鎌倉番匠衆に朝倉与四郎・仙波久種・後藤繁能、奈良番匠衆に太田泰昌・地蔵院・田村与三兵衛尉、玉縄番匠衆に蔭山家広・渡部次郎三郎・神保了珊、伊豆番匠衆に山中彦次郎・窪田豊前入道・橋本九郎五郎が就任し、出陣の時には中間を残しておく事と申し渡す。ただし快元では田村与三左衛門尉とす(同前・一二二)。**23日** 北条氏綱が鶴岡八幡宮の鎌倉番匠衆奉行の関時長・山田彦太郎・良知清左衛門尉に、木屋内の規則を定め職人衆の監督励行と、朝は辰時から晩は酉時迄の執務と通達する(同前・一二三)。

4月

6日 武田朝信の支援を受けた里見義豊が安房国から上総国に侵攻、北条氏綱の援軍を得た里見義尭と安房国犬掛（千・南房総市）で合戦して討死し、首は小田原城に送られる。法名は高巌院殿長義居士。里見氏の天文の内乱が終息し家督は義尭が継ぐ（快元・戦北補-一〇九頁）。**9日** 北条氏綱が相模国二階堂（神・鎌倉市）覚園寺の諸役を免除し、竹木伐採を禁止させる（相州文書鎌倉郡・一二四）。**22日** 武蔵国練馬郷（東・練馬区）の上原雅楽助・上原孫九郎が、那智御師実報院と師檀契約を結ぶ（熊野那智大社所蔵米良文書・北区史一-三三二）。**28日** 伊豆国の朝廷御領所より一万疋（二〇〇貫文）の年貢銭が朝廷に、駿河国からも三〇〇〇疋が送られる（言継卿記、御湯殿上日記・小一-五九八頁）。

5月

1日 大石定久が鶴岡八幡宮に香合を寄進する（新編相模鎌倉郡・相風四-四九頁）。**16日** 真理谷武田氏に嫡子信応と庶兄信隆との家督相続で対立が起こり、上総国嶺上城（千・富津市）の真理谷武田信隆との抗争に発展。足利道哲が真理谷城（千・木更津市）の武田信応への支援として出馬する。鎌倉の鶴岡八幡宮では信隆を支援する北条氏綱の戦勝祈願として一切経を奉納する。以後は北条氏綱と足利道哲との抗争に発展（快元・戦北補-一一〇頁）。**20日** 足利道哲が武田信隆の上総衆を攻める（同前）。

6月

3日 北条氏綱が鶴岡八幡宮に社参し、将軍足利義晴の使者として下向した京都奉公衆の伊勢貞辰・伊勢貞就・伊勢又次郎・大和晴統・千秋高季と鎌倉由比ヶ浜で参会して魚介類を肴に宴会を開催する（快元・戦北補-一一〇頁）。**24日** 冷泉為和が駿河国の葛山氏広邸で歌会を開催する（為和集・静七-三-一二八三）。

▼この月、道春が鶴岡八幡宮境内の道路と下馬橋の架橋のため勧進状を認め、後藤繁能に文言の修正を依頼（快元）。

7月

1日 武田恕鑑（信清）が死没する。法名は寿星庵恕鑑。

8月

15日 冷泉為和が駿河国の葛山氏広邸で歌会を開催する（為和集・静七-三-一二九四）。**24日** 為和が葛山氏広邸で歌会を開催（同前・静七-三-一二九六）。**晦日** 武蔵国二ノ宮（埼・神川町）金鑽神社多宝塔を造営し、大旦那に阿保全隆（泰忠）が見える。全隆は御嶽城（神川町）城主（金鑽神社所蔵・武銘五八九）。

9月

16日 武蔵国茅ヶ崎（神・横浜市都筑区）杉山大明神を造営し、長沢源六、大工に直近丹六郎が見える（新編武蔵都筑郡・武銘五九二）。**23日** 大藤栄永・大藤景長が相模国西田原（神・秦野市）春窓院（のち香雲寺）に、知行地の北波多野内の羽根村（秦野市）の田畠を寄進する（新編相模大住郡・一一五）。同日、伊豆国檪山村（静・伊豆市）天神宮を造営し、地頭に石巻家貞、代官に上野孫左衛門、大工に室伏八郎右衛門が見える（市山神社所蔵棟札・四六二四）。**29日** 冷泉為和が駿河国の葛山氏広邸で歌会を開催する（為和集・静七-三-一三〇四）。**吉日** 伊豆国川津筏場上佐ヶ野（静・河津町）小河大明神を修築し、代官に清水吉政、大工に壬生吉宗が見える（土屋氏所蔵文書・一二六）。

10月

▼この月、武蔵国小坂下村（埼・小鹿野町）菊水寺に定春が鰐口を寄進する（高崎市高崎神社所蔵・武銘五九二）。

11月

8日 千葉昌胤が鶴岡八幡宮造営に参加を示し、銭一万疋を納める（快元・戦北補一一六頁）。**18日** 武蔵国大楽寺村（東・八王子市）法泉寺の位牌銘に、開基は関山昌清とある（法泉寺所蔵位牌・四八四六）。

3日 武蔵国上奈良橋郷（東・東大和市）鹿島大明神社を建立し、大施主に下総国の工藤入道が見える（新編武蔵多摩郡・武銘五九四）。**14日** 相模国遠藤村（神・藤沢市）藤元寺の本尊台座銘に、大工は鎌倉筑後と見える（宝泉寺記録・藤沢市史四-七九四頁）。**15日** 相模国に地震が続き、九月からは旱干で雨が降らず（快元・戦北補一一六頁）。**18日** 北条氏綱が鶴岡八幡宮の造営奉行に、寒中のため油断無く職人衆を監督せよと命ず（同前・一一七）。**20日** 北条氏綱の支援の許に、真理谷武田信隆が上総国椎津城（千・市原市）の武田信応方を攻め数百人を討ち取る（同前・戦北補一一七頁）。

▼この月、武蔵国河越城（埼・川越市）上杉朝興の娘が甲斐国の武田晴信に嫁ぐ。その室は翌年懐妊し死没する（妙法寺記・武田史料集四三頁）。この月、相模国荻窪（神・小田原市）寿昌寺の天祐宗根が画像に自賛を加える（新編相模足柄下郡・小一-一〇一五頁）。

12月

2日 駿河国の葛山氏広が同国大岡庄の日枝神社（静・沼津市平町）神主に、今川氏輝の寄進判物の如く被官人の社領での乱暴停止を約束させる（日枝神社文書・四三五一）。**4日** 冷泉為和が小田原城下の伊勢貞辰邸で歌会を開催する（為和集・小一-六六八頁）。**12日** 冷泉為和が小田原城内の北条氏綱邸で歌会を開催（為和集・小一-六六八頁）。**18日** 冷泉為和が箱根別当長綱（のち北条宗哲）邸で歌会を開催。法名長綱の初見（同前・小一-六六八頁）。

▼この年、石巻康敬が誕生する。この年、鋳物師の山田氏が河内国狭山（大阪・大阪狭山市）から小田原城下の新宿（神・小田原市浜町）に来住と伝える。のち山田二郎左衛門として北条氏の鋳物御用を務める。この年、北条氏綱が相模国東部から武蔵国南部で検地を施行する（新編武蔵多摩郡ほか）。

天文四年（一五三五）・乙未

2月

9日 下総国小弓城（千・千葉市中央区）原胤隆が、鶴岡八幡宮造営に協力する（快元・戦北補一一九頁）。**11日** 鶴岡八幡宮の造営に参加した奈良大工の与次郎（藤朝）が、大庭良能に同社若宮本殿前の灯籠の修補に当たって銭五〇〇疋（五貫文）・燃役者費用一〇〇疋を寄進する。この日、良能が与次郎に請文を出し灯籠の火を絶やさず管理する事を約束する（同前・戦北補一一九頁）。**16日** 相模国今里村（神・海老名市）東林寺の大日如来坐像を鋳造し、天命鋳物師の太田左衛門次郎が見える（新編相模高座郡・四八四七）。

3月

5日 宗感が鎌倉明月院に、相模国岩瀬郷（神・鎌倉市）内の孫四郎名田二反を寄進する（明月院文書・四六一五）。**21日** 聖護院門跡道増が小田原城下の玉滝坊に、相模国の修験の年行事職を安堵する（若王子文書・戦国史研究四一-二頁）。

5月

3日 玉運が鶴岡八幡宮に、同社大鳥居（神・鎌倉市由比ヶ浜）再建奉加の勧進状を納める（快元・戦北補-一二三頁）。

11日 相模国に旱干が続き、鶴岡八幡宮で雨乞の祈禱を行う。十五日から雨が降る（同前・戦北補-一二四頁）。

6月

1日 駿河国富士山に武蔵国佐谷田郷（埼・熊谷市）松寿等が懸仏を奉納する（天野政徳随筆・静七-三-一三四〇）。**6日** 上総国の真理谷武田信隆が鶴岡八幡宮に、造営奉加として銭五万疋（五〇〇貫文）を寄進する（快元・戦北補-一二五頁）。

7月

5日 甲斐国の武田信虎が駿河国に出陣し、敵対する今川氏輝も二十七日に出陣し、北条氏綱に支援を要請する（為和集・静七-三-一三四）。

8月

7日 遠山綱景が菩提寺の相模国松田郷（神・松田町）延命寺住職の順三に法度を下し、預けた什器類の他所への譲渡、竹木伐採を禁じ、什器類目録を提出させる（延命寺文書・一一八）。**16日** 北条氏綱が今川氏輝への支援として甲斐国に出陣するため鶴岡八幡宮造営奉行衆も参陣し、留守居役を窪田豊前入道・関時長・神尾治部入道に任命する（快元・戦北補-一二八頁）。**18日** 武蔵国浅草（東・台東区）浅草寺が焼失し、のち北条氏綱が再建する。伊丹政富の子忠海上人に替えて中善上人を同寺別当とし、以後は伊丹・遠山両家が別当職を相続する。ただし年代記配合抄では焼失を二十六日とする（江戸紀聞・北区史三-一五六頁）。**19日** 武田信虎と今川氏輝が駿甲国境の万沢口（山梨・南部町）で合戦する（為和集・静七-三-一三四）。今川家臣の孕石光尚が忠節を賞され感状を受ける（孕石文書・静七-三-一三五〇）。**20日** 北条氏綱父子・北条為昌・箱根別当長綱（宗哲）の軍勢一万が出馬し、二十二日に甲斐国山中（山梨・山中湖村）で武田方殿軍の小山田勢と合戦して氏綱が勝利し、二十四日に小田原城に帰国する（為和集、快元ほか・戦北補-一二九頁ほか）。この隙をついて河越城（埼・川越市）の上杉朝興勢が出馬する（快元・戦北補-一二九頁）。**26日** 相模国野地（神・横須賀市）最宝寺の木造薬師如来坐像を造仏し、大工は鎌倉扇谷（神・鎌倉市）大仏師と見える（最宝寺所蔵・造像銘記集成一一三〇）。

9月

5日 今川氏輝が北条家臣の太田泰昌に、先月二十二日の山中合戦での忠節を賞し感状を与え、副状は岡部親綱から出させる（感状写・四四〇五）。**11日** 武蔵国恒弘名（埼・越生町）安楽寺を修理し、大旦那に毛呂顕季が見える（越生町天神社所蔵棟札・一三〇）。**23日** 鶴岡八幡宮で建長寺・円覚寺僧侶が上杉朝興撃退の祈禱をし、二十七日まで大般若経を真読する（快元・戦北補-一二九頁）。**29日** 篠窪民部丞（カ）が相模国篠窪（神・大井町）根渡・三島・八幡三社合社（三島神社）百姓の宮座の座順を定め、違反者を追放させる（小島文書・一一九）。

10月

▼この月下旬、上杉朝興が武田信虎の要請で相模国南部に侵攻し、同国大磯（神・大磯町）・平塚（神・平塚市）・一宮（神・寒川町）・小和田（神・茅ヶ崎市）・知賀崎（同前）・鵠沼（神・藤沢市）に放火する（快元・戦北補一－一二九頁）。**6日** 上杉朝興が相模国鎌倉から帰国する（快元・戦北補一－一二九頁）。**8日** 古河公方足利高基が死没する。法名は千光院殿高山貴公。家督は晴氏が継ぐ。**9日** 里見義尭の軍勢が北条氏綱への援軍として鎌倉の鶴岡八幡宮に泥足で入る（同前・戦北補一－一二九頁）。**13日** 北条氏綱が房総・豆相武の軍勢を率いて武蔵国河越口（埼・川越市）に出馬する（同前・戦北補一－一三〇頁）。**14日** 鶴岡八幡宮で北条為昌の出馬の戦勝を祈って護摩を焚く（同前・戦北補一－一三〇頁）。同日、里見義尭が北条氏綱への援軍として河越方面に出撃するため、三浦半島に渡る正木時茂・時忠兄弟を見送りに安房国保田（千・鋸南町）観音寺に来る（尭我聞書、安房妙本寺文書）。**15日** 北条氏綱・氏康・為昌・箱根別当長綱（宗哲）の軍勢が、武蔵国河越の入間川河畔で上杉朝興と合戦し北条勢が勝利する（甲州山中武蔵河越入間川両合戦図・北区史二－一五六頁）。**27日** 北条氏綱が鶴岡八幡宮神主の大伴時信に、梅を神木として贈呈し、翌日時信が礼状で梅木は境内の座不冷間の前庭に植栽すると伝える（快元・戦北補一－一三一頁、四四〇六）。

11月

11日 北条氏綱が相模国箱根湯本（神・箱根町）早雲寺に、伊勢宗瑞の菩提料所として寺領を寄進する（早雲寺文書・一二二）。**26日** 北条氏綱が相模国徳延（神・平塚市）明王院に制札を掲げ、竹木伐採を禁止させる（相州文書大住郡・一二三）。**吉日** 武蔵国薄（埼・小鹿野町）法養寺の山神社に、願主鳥井孫七が鰐口を寄進する（法養寺旧蔵・武銘五九九）。

▼この月、武蔵国三峯中双里（埼・秩父市）諏訪社に、旦那の岩田吉春が鰐口を寄進する（諏訪社所蔵・武銘五九三）。

12月

11日 相模国千代村（神・小田原市）の地頭太田又三郎某が死没する。法名は円宗寺殿華公浄悦大禅定門（新編相模足柄下郡・相風二－三一頁）。

▼この年、相模国落合（神・秦野市）長徳寺の木造阿弥陀如来立像を造立し、藤田氏（大蔵丞カ）一族等が寄進する（長徳寺所蔵・四六一六）。

天文五年（一五三六）・丙申

2月

2日 北条氏綱が伊豆国那賀之郷（静・松崎町）百姓中に、今川氏輝来訪のために箱根竹を伐採し、相模国箱根山（神・箱根町）の道路普請に敷き延べさせる（土屋文書・一二四）。**5日** 北条氏綱が小田原城に今川氏輝を招き、冷泉為和が歌会を開催する。氏輝は一ヶ月程滞在（為和集・小一－六六七頁）。**13日** 冷泉為和が小田原城で、北条為昌を興行主と

2月	して歌会を開催（同前・小一-六六九頁）。**14日** 冷泉為和が小田原城の北条氏康邸で歌会を開催（同前・小一-六六九頁）。
3月	**7日** 千秋高季の弟瑞芳軒が摂津国石山本願寺（大阪・大阪市）の証如上人を来訪し、所領が下間頼盛に横領されており、その件で千秋高季が、かつて伊豆国韮山城（静・伊豆市）伊勢宗瑞の許に下向したと語る（証如上人日記・小一-六七〇頁）。**17日** 今川氏輝が駿府（静・静岡市葵区）で死没する。二四歳、法名は臨済寺殿用山玄公大居士。同日に今川彦五郎も死没する（為和集、快元、高白斎記・静七-三-一三六七〜九）。**18日** 今川氏輝の菩提を弔って鶴岡八幡宮で建長寺・円覚寺の僧侶が大般若経を読む（快元・戦北補-一三三頁）。**20日** 武蔵国羽村（東・羽村市）阿蘇神社を修造し、大旦那に三田定重と下宗定・南定清が見える（阿蘇神社所蔵棟札・四八四八）。 ▼この月、駿河国今川家で梅岳承芳（のち今川義元）と玄広恵探が家督相続問題から抗争して花蔵の乱が勃発、北条氏綱は梅岳承芳を支援。冷泉為和の為和集四では四月二十七日に乱初め也と記す（静七-三-一三七二）。
4月	**8日** 武蔵国山田（東・あきる野市）瑞雲寺観音堂を再建し、大旦那に小宮顕宗・小宮綱明、代官に萩原宗能が見える（新編武蔵多摩郡・四八四九）。**12日** 伊豆国から前典薬の錦小路（丹波）盛直が上洛し、議定所で後奈良天皇と対面する（御湯殿上日記・静七-三-一三七二）。**17日** 鶴岡八幡宮の神宮寺の造営に、本願の長泉が勧進状を認める（快元・戦北補-一三三頁）。**19日** 北条氏綱が鶴岡八幡宮に社参し、二十四日まで玉縄城（神・鎌倉市）に滞在する（同前・戦北補-一三四頁）。
5月	**3日** 大館晴光が今川五郎（義元）に、将軍足利義晴が家督相続を認めたと伝える。五郎は家督認証の謝礼として太刀・馬・銭五〇〇〇疋を義晴に贈呈する（大館記所収往古御内書案・静七-三-一三七三〜四）。**10日** 駿河国の花蔵の乱により鶴岡八幡宮仮殿遷宮への材木調達が不調となり、八月まで遷宮を延期する（快元・戦北補-一三五頁）。**20日** 北条氏綱が鶴岡八幡宮の屋根葺きを急がせ、神殿造営は神尾治部入道を奉行とする（鶴岡御造営日記・一二五）。**吉日** 相模国小田原城下の安楽寺の銅製三宝荒神懸仏には、元武蔵国太田庄小松神社（埼・羽生市）の懸仏で願主は木戸忠朝・広田直繁とある（小田原市安楽寺所蔵・小一-一〇一九頁）。
6月	**8日** 北条氏綱が駿河国の玄広恵探と福島一族を攻める（妙法寺記・武田史料集四四頁）。**10日** 駿河国瀬戸谷（静・藤枝市）普門庵で玄広恵探が自害する。
8月	**5日** 相模国津久井城（神・相模原市緑区）の内藤康行が同国青山（相模原市緑区）光明寺の寺家を前代の如く安堵する（津久井光明寺文書・一二六）。**10日** 北条幻庵が藤原定家の『藤川百首』注に、高井尭慶の所説により注釈を加える（藤川百首注奥書・小一-五五五頁）。**27日** 北条氏綱が相模国当麻（神・相模原市南区）関山弥五郎に過所を与え、一ヶ月に塩荷二駄分の当麻関通行を許可する（関山文書・一二七）。**28日** 相模国は大雨で洪水となる（快元・戦北補-一三六頁）。

9月

5日 武蔵国用土村（埼・寄居町）熊野神社の鰐口に用土業国が見える（熊野神社所蔵・埼九―一四九頁）。**14日** 北条為昌が鶴岡八幡宮に、祈禱料所として相模国太多和村（神・横須賀市）を寄進する（鶴岡八幡宮文書・二八）。**15日** 玉縄城（神・鎌倉市）の木村某が円覚寺（鎌倉市山内）雲頂庵に、相模国飯島（神・横浜市栄区）木部分の寺領の諸公事を赦免する（雲頂庵文書・二九）。**19日** 伊豆国松ヶ瀬（静・伊豆市）軽野神社を修造し、地頭の飯田泰長、大工に福井七郎兵衛が見える（軽野神社所蔵棟札・四八五〇）。**20日** 北条氏綱が伊東祐尚に、相模国温水郷（神・厚木市）、同国香山郷（神・小田原市栢山）の一部知行を宛行い、残り御領所の代官に任じる（東京大学史料編纂所所蔵伊東文書・一三〇）。

10月

6日 北川殿（伊勢宗瑞姉妹）の娘北向殿（今川氏親の姉・正親町三条実望室）が死没する。六八歳。法名は龍律寺殿仁齢栄保大姉。**13日** 北条氏綱が鶴岡八幡宮造営の銀奉行を東南と西北の二組に分け、銀細工制作を監視させる（鶴岡御造営日記・一三二）、ただし為和集では十三日とする。ただし快元は十二日とする。**吉日** 伊豆国茅原野村（静・下田市須原）子神宮を再興する（子之神社所蔵棟札・静七―三―一四〇四）。

閏10月

3日 鶴岡八幡宮の回廊普請役分担書上が作成され、一一組編成で多くの江戸衆や玉縄衆の家臣等が見える（鶴岡御造営日記・戦北補―八一頁）。**27日** 鶴岡八幡宮の惣奉行が五番編成となり、番頭に大道寺盛昌・大草丹後守・笠原信為・石巻家貞・狩野左衛門尉が任命される（快元・一三二）。同日、鶴岡八幡宮の惣奉行五番編成の番頭に二人ずつの奉行代が配置され、大道寺盛昌には後藤左京亮・中山木工助、大草丹後守には菊池掃部助・片岡、笠原信為には坂口民部丞・大村彦左衛門尉、石巻家貞には肥田助次郎・鈴木兵右衛門尉、狩野左衛門尉には大道寺帯刀助・賀茂宮某が任命され、来月一日から二〇日間番で神殿の造営を監督させる（鶴岡御造営日記・一三三）。

▼この月、武蔵国白鳥郷（埼・長瀞町本野上）総持寺に、下野村住人の島田満吉が宝篋印塔を建立する（総持寺所蔵・武銘六〇六）。

12月

24日 伊豆国仁科（静・西伊豆町）三島大明神を修理し、本願に須田隼人助、大工に足川九郎左衛門盛吉が見える（佐波神社所蔵棟札・四八五二）。

▼この年、北条綱成の嫡男康成（のち氏繁）が誕生する。母は北条氏綱の娘大頂院殿。この年、太田大膳亮の知行の一部を検地する（役帳）。この年、甲斐の国衆小林刑部左衛門が相模国青根（神・相模原市緑区）に侵攻し、足弱一〇〇人を捕獲する（妙法寺記・武田史料集四四頁）。

天文六年（一五三七）・丁酉

2月

10日 武田信虎の娘が今川義元と婚姻し甲駿同盟が成立。義元と同盟中の北条氏綱が妨害するが成果無く、信虎と断絶する。上杉・武田・今川三者による北条氏包囲網の完成（妙法寺記・武田史料集四四頁）。**18日** 北条氏綱が駿河国に出馬するため、祈禱僧として鶴岡八幡宮供僧の快元が小田原城に召され十九日まで祈禱する（快元・戦北補一四三頁）。**21日** 北条氏綱が駿河国に侵攻し、同国妙覚寺（静・沼津市）・大平（沼津市）之内星屋氏・大石寺（静・富士宮市）に制札を掲げ、北条勢・甲乙人の乱暴狼藉を禁止させる（妙覚寺文書ほか・一三四〜六）。**23日** 北条氏綱が大石寺に、再び制札を掲げる（大石寺文書・一三七）。**26日** 北条氏綱が駿河国富士郡に侵攻し、同国興津（静・静岡市清水区）まで放火。武田信虎は甲斐国籠坂峠を越えて須走口（静・小山町）に出馬（妙法寺記・武田史料集四四頁）。氏綱は実弟の葛山氏広や遠江国衆の堀越・井伊、三河国衆の戸田・奥平各氏を味方とし、今川義元への攻撃を展開。第一次河東一乱が勃発。

3月

3日 大道寺盛昌が高村三河守に、武蔵国中石田（埼・川越市カ）合戦における平井内膳の不法を認め、意見するように諭す（武州文書橘樹郡・一三八）。**4日** 鶴岡八幡宮の快元が北条氏綱への陣中祈願を二日に成就し、駿河国吉原（静・静岡市清水区）の氏綱の陣中に巻数を届け、氏綱から謝礼が来る（快元・戦北補一四三頁）。**7日** 北条氏綱が快元に巻数の謝礼を述べ、河東の状況は大道寺盛昌から聞いて欲しいと伝える（相承院文書・一三九）。**8日** 今川義元が富士信忠に、昨日の小泉（静・富士宮市）久遠寺上坊の戦いで北条勢を追い払う功績を賞し感状を与える（静岡県立中央図書館所蔵大宮司富士家文書・静七―三―一四三〇）。**25日** 北条氏綱が鶴岡八幡宮院家中に、家門・分国安泰の祈禱を謝礼し、今後の祈禱も依頼する（相承院文書・一四〇）。同日、北条氏綱が堀越氏家臣の野辺某・高橋彦四郎に、三河国に運上の銭は去年の同国相良庄（静・牧之原市）の年貢未進分で、笠原・清水両氏から届ける。同国田原城（愛知・田原市）戸田氏への使者分は、堀越氏延からの分で山中氏から届けると伝える。今川義元に敵対した堀越氏延の嫡男六郎の室は氏綱の娘山木大方（高橋文書・一四一）。**29日** 北条氏綱が奥平定勝に、遠江国が北条領となれば五〇〇貫文の知行を宛行うと約束し、氏綱に味方する井伊氏と相談して調整して欲しいと依頼する（松平奥平家古文書写・四六一七）。

4月

20日 駿河国の富士下方衆が、同国吉原（静・静岡市清水区）で北条勢と戦う（快元・四〇七）。**25日** 鶴岡八幡宮の快元が北条氏綱に、分国安泰の祈禱を開始した事を報じる（同前・戦北補一四四頁）。**27日** 上杉朝興が河越城（埼・川越市）で死没する。五〇歳。法名は法光院殿。嫡男朝定が跡を継ぐ。**28日** 北条氏綱が玉縄城（神・鎌倉市）から鶴岡八幡宮に社参する（快元・戦北補一四四頁）。同日、今川義元が大野虎景等に、二十六日に遠江国見付城（静・磐田市）堀越氏を攻め、端城を落とした忠節を賞し感状を与える（東京大学史料編纂所所蔵天野文書・静七－三－一四三三）。

▼この月下旬、相模国湯本（神・箱根町）早雲寺の以天宗清が宗佺に松裔の道号を授与（早雲寺文書・小一－七五頁）。

5月

1日 大道寺盛昌が駿河国へ侵攻し、吉原（静・静岡市清水区）に向かう（快元・戦北補－一四五頁）。**4日** 大道寺盛昌の軍勢が船で敵地に向かうが、風波のため難儀する（同前・戦北補－一四五頁）。**14日** 上総国の真理谷武田氏で内紛が起こり、新地（天神台城、千・木更津市）に籠もる武田信隆一派と真理谷城（木更津市）武田信応兄弟が抗争し錯乱となる。信隆は総領信応を城から追放すべく、信応と小弓公方との縁切りを望んだが果たせず。信隆派は峯上城（千・富津市）・百首城（富津市）・新地に蜂起する。小弓公方足利義明と里見義尭が信応方として出馬し、十六日に北条氏綱の支援する峯上城の信隆を攻め、信隆は大敗して降伏する。**17日** 北条氏綱が鎌倉の東慶寺渭継尼（足利政氏の娘）に、塔頭蔭凉軒（要山法関）の房総派遣に感謝し、足利義明と北条氏との和睦交渉を依頼する（東慶寺文書・一八六）。**18日** 北条氏綱が武田信隆への加勢に、大藤金谷斎を上総国天神台城（木更津市）に派遣するが足利義明に包囲されて難儀し、快元が無事帰国を祈念して観音修法を執行する（快元・戦北補－一四五頁）。**22日** 北条氏綱が東慶寺渭継尼に、足利義明との和睦成立に感謝し起請文を提出する（東慶寺文書・一八七）。**24日** 北条氏綱が渭継尼に、天神台城に籠る大藤人衆の件が露顕したため足利義明に、赦免して帰国承諾の交渉を依頼する（同前・一四二）。同日、北条氏綱が渭継尼に天神台城に居る大藤人衆の赦免を、蔭凉軒が重ねて足利義明に交渉する様に依頼する（同前・一四三）。**27日** 足利義明は降伏した武田信隆を赦免して追放する。里見義尭が北条氏綱と絶縁し、義明に従属する（快元ほか・戦北補－一四五頁）。**29日** 北条氏綱が鶴岡八幡宮で感謝の祈禱を執行する（快元・戦北補－一四六頁）。

6月

1日 鶴岡八幡宮の快元が桑原盛正に、北条氏綱から鶴岡八幡宮の修法の効果が無かったとの書状に返書し、先日の祈禱について言い訳を返答する（快元・四〇八）。**2日** 快元・尊雅が足利義明の家臣逸見祥仙に、上総国錯乱で鶴岡八幡宮造営用の材木が房総から搬入が滞っているため、神主大伴時信の代理を派遣する（同前・戦北補－一四六頁）。**5日** 北条為昌が矢野右馬助に、知行として武蔵国神奈川（神・横浜市神奈川区）を宛行う（藩中古文書一二・一四四）。**6日** 真理谷武田全芳（恕鑑の弟）が逸見祥仙に、北条氏綱から依頼の材木を調達する様に命じる（快元・戦北補－一四七頁）。同日、逸見祥仙が里見義尭に、義尭と北条氏綱との協定が成立したなら鶴岡八幡宮の大鳥居の材木を安房国丸庄（千・南房総市）から送って欲しいと依頼し、降伏した武田信隆を北条方として鶴岡八幡宮に参拝させると伝える（同前・戦北補－一四七頁）。**11日** 武田信隆が北条氏綱を頼り上総国から相模国に移り、鶴岡八幡宮に刀と銭二〇〇疋を寄進して謝罪し、翌日は相模国江島神社（神・藤沢市）にも参詣して謝罪する。以後は氏綱に従属し武蔵国金沢（神・横浜市金沢

6月 区）に隠遁する（同前・戦北補-一四八頁）。**13日** 北条氏綱が駿河国に出陣し、翌日には今川勢に勝利して数百人を討取る（同前・戦北補-一四八頁）。**25日** 北条氏綱が伊豆国久連（静・沼津市）先得庵の諸役を免除する（先得寺文書・一四五）。

7月 **1日** 相模国三浦郡の最宝寺の僧が上洛し、摂津国大坂（大阪・大阪市）石山本願寺に入る（天文日記・新横須賀市史三-一三二八）。**3日** 北条為昌が矢野右馬助に、笠原信為との相論で武蔵国神奈川（神・横浜市神奈川区）の代官夫役を小机衆が横領したのを違反として右馬助に返却を命じ、合わせて同国河越城（埼・川越市）上杉朝定が北条氏綱に反撃を開始して同国神太寺（東・調布市）古要害に陣着し、城を再興した事等を報じる（藩中古文書一二・一四七）。この月上旬、伊豆国横川（静・下田市）太梅寺の金江宗錬画像に、川庵宗鼎が賛を加える（太梅寺所蔵・静七-三-一四四五）。**11日** 北条氏綱が武蔵国に出陣し、三ツ木（埼・狭山市）で扇谷上杉方を撃破する（快元・戦北補-一四九頁）。**15日** 北条氏綱が進撃して武蔵国河越城を攻め、上杉朝定は同国松山城（埼・吉見町）に退去して本拠とする。氏綱が河越城を攻略して城代に北条為昌を据え、代わりに相模国玉縄城（神・鎌倉市）城代に北条綱成が就任する（赤城神社年代記録ほか・北区史二-一四八頁）。同日、備後国光照寺（広・福山市）の僧が、相模国三浦郡の最宝寺の末寺から脱する動きをするが成功せず（天文日記・新横須賀市史三-一三二八）。**20日** 北条氏綱が武蔵国松山城を攻め、上杉方の難波田善銀等が苦戦する（快元・戦北補-一四九頁）。**23日** 北条氏綱・氏康が鶴岡八幡宮に、戦勝祝儀として武蔵国佐々目郷（埼・戸田市、さいたま市周辺）を安堵する。北条氏康発給文書の初見（鶴岡八幡宮文書・一四八）。

8月 **7日** 関東管領上杉憲政が某次郎に、武蔵国松山城（埼・吉見町）の危機的状況を伝えて北条氏綱の動向が判明次第に出馬すると述べ、藤田業繁・成田長泰にも援軍を依頼し、その口の様子を長尾憲長に報告せよと命ず（藩中古文書一二・戦国期東国社会論三六頁）。**28日** 葛山氏広が吉野九郎左衛門尉に、下遠島（現在地未詳）での戦いの忠節を賞し感状を与える（吉野文書・四三五二）。

9月 **晦日** 伊豆国横川（静・下田市）諏訪上下大明神を再興し、地頭に吉田吉長、大工に壬生吉宗が見える（諏訪神社所蔵棟札・四六一八）。

10月 **2日** 後奈良天皇が相模国藤沢（神・藤沢市）清浄光寺の他阿上人（真寂）に、国家安全の祈禱を依頼する（清浄光寺文書・神三下-六七〇一）。**3日** 三条西実隆が死没する。八三歳。法名は逍遙院尭空耕隠。**13日** 北条氏綱が鎌倉の東慶寺（神・鎌倉市山内）蔭涼軒（要山法関）に、上総・安房両国に長らく滞在して調停に働いた苦労に感謝し、使者に石巻家貞の書状を持たすと述べる（東慶寺文書・八三）。**吉日** 伊豆国手石（静・南伊豆町）大日禅寺（正善寺）の大日如来坐像を再興し、仏師に鈴木勝□、本願旦那に藤井定□、仏像彩色に三橋左衛門五郎が見える（正善寺所蔵・四八五二）。

11月　20日 武蔵国宮内（神・川崎市中原区）常楽寺の十二神将像を修理し、午神には比島新左衛門、子神に田中弥太郎が見える（常楽寺所蔵・川崎市史通史編五六六頁）。▼この年、松田康長が誕生する。この年、相模国千代村（神・小田原市）円宗寺の本尊阿弥陀如来像の胎内銘に、太田又三郎の造立と見える（神奈川県皇国地誌残編下）。

天文七年（一五三八）・戊戌

1月　13日 北条氏康が相模国大山寺（神・伊勢原市）八大坊に制札を掲げ、御蔵の造営後は諸役を停止させる。氏康単独判物の初見（相州文書大住郡・一四九）。18日 高適斎道応が相模国二宮（神・二宮町）盛昏庵（大応寺）に、二宮庄内で蔵屋敷を寄進し、寺山や屋敷を永代安堵する（相州文書淘綾郡・一五〇）。

2月　▼この月、上杉朝定が武蔵国河越城（埼・川越市）の奪回を企て、山内上杉憲政と同城を攻め北条氏綱が迎撃する。2日 北条氏綱が扇谷上杉方の下総国葛西城（東・葛飾区）大石石見守を攻略する。氏綱が武蔵国をほぼ平定し終り房総方面への侵攻拠点を確保（快元・戦北補-一五一頁）。28日カ 刀鍛冶綱家が箱根別当長綱（北条宗哲）の所望で短刀を作刀する（小田原城天守閣所蔵・四六一九）。

3月　9日 北条氏綱が伊豆国長岡（静・伊豆の国市）革作九郎衛門に、伊豆国中の革職人に御用を命じ、不入地へ逃亡する職人は成敗すると伝え職人衆を統率させる（宮本文書・一五一）。

4月　16日 北条氏綱が某所に出陣して制札を掲げ、北条勢・甲乙人の乱暴狼藉を禁止させる（岡本文書・一五二）。

5月　16日 北条勢が甲斐国吉田新宿（山梨・富士吉田市）に侵攻し放火し吉田宿の乙名衆は下吉田の河原に避難する（妙法寺記・武田史料集四五頁）。22日 北条氏綱が小田原城下の京紺屋津田正満に、伊豆国の藍瓶役は今年三月の百姓からの訴えを拒否したので、不入の在所でも徴収させる（相州西郡板橋村鏡・一五三）。29日 北条氏綱が駿河国沼津郷（静・沼津市）塩座と妙覚寺に、竹木伐採と諸役賦課を免除し、北条氏の御用は石巻家貞から命じる（妙覚寺文書・一五四）。▼この月、北条氏綱と武田信虎が和睦する（妙法寺記・武田史料集四五頁）。

6月　28日 大石道俊が武蔵国由木（東・八王子市）永麟寺に、寺域山林の四隣を定め寺家の山として安堵する。ただし当文書は疑問点がある（武州文書多摩郡・一五五）。

7月　2日 北条氏綱が幕府政所代の蜷川親俊に、遠江国の件について伊勢貞孝から申してきた事に返書して事態を調整する

7月 よう依頼し、詳しくは小田原城の伊勢貞就・小笠原元続から副状させる（国立公文書館所蔵蜷川家古文書・一四六）。

8月 **1日** 北条氏綱が石巻帰部助を使者として、京都の蜷川親俊に書状を届けさせる（親俊日記・小一-六〇〇頁）。 **2日** 北条氏綱が刀鍛冶の綱広と綱家・康国に、太刀三腰を作刀させ鶴岡八幡宮へ奉納する（鶴岡八幡宮所蔵・四六二〇〜二二）。 **6日** 北条氏綱が駿河国富士北山（静・富士宮市）本門寺に、寺域を安堵し横合・狼藉を禁止させる（本門寺文書・一五六）。 **15日** 北条氏綱から鶴岡八幡宮神主に太刀が奉納される（快元・戦北補-一五四頁）。

9月 **3日** 北条氏綱が相模国東郡・中郡に、鶴岡八幡宮の獅子勧進として家一間に二銭ずつの賦課を許す（相州文書大住郡・一五七）。 **18日** 相模国長谷（神・鎌倉市）長谷寺の木造十一面観音立像の彩色を旦那の後藤忠成・鶴千代丸父子が行う（長谷寺所蔵・四六二三）。 **19日** 鶴岡八幡宮で葛山氏広への病気平癒の祈禱として、建長寺・円覚寺の僧が大般若経を転読し二十四日に結願する。氏広は北条氏綱の舎弟と記す（快元・戦北補-一五四頁）。

10月 **2日** 北条氏綱父子が内々に足利晴氏から敵対する足利義明の退治を依頼され、下総国に出馬する（快元・戦北補-一五四頁）。 **6日** 北条氏綱が武蔵国江戸城（東・千代田区）を出陣し、下総国国府台（千・市川市）で足利義明と対陣する（同前・戦北補-一五四頁）。 **7日** 足利義明が下総国松戸相模台（千・松戸市）で北条氏綱に攻撃を仕掛けて合戦となり、足利義明と一族等が討死して北条氏が大勝利する。同陣した里見勢は帰国する。小弓公方が滅亡する（同前・戦北補-一五四頁）。この直後に原胤清が旧領を回復して小弓城（千・千葉市中央区）に入り、下総国小金城（松戸市）には高城胤忠が入る。 **10日** 北条氏綱が小田原城に帰還。 **12日** 駿河国駿東郡の須走衆と北条方の垪和氏が、同国上吉田（山梨・富士吉田市）に夜襲をかけ上吉田衆が敗北する（妙法寺記・武田史料集四五頁）。 **15日** 足利義明の重臣逸見祥仙が討死する。同日、鶴岡八幡宮の快元が足利義明の滅亡、北条氏綱の駿河国半国・豆相武三ヶ国・両総州支配を八幡大菩薩の加護と記す（快元・戦北補-一五五頁）。 **21日** 足利晴氏が北条家臣の伊東祐尚に、国府台（千・市川市）合戦の忠節を認め感状を与える（東京大学史料編纂所所蔵伊東文書・四一〇）。 **26日** 足利晴氏が渋江徳陰斎に、国府台合戦で北条氏綱に忠節を尽くした功績を認め感状を与える（記録御用所本古文書一一・四一一）。この頃、相模国にいた真理谷武田信隆が上総国にもどり、再び内功が起こる。

11月 **3日** 相模国湯本（神・箱根町）早雲寺二世の大室宗碩が、京都の大徳寺に入院し九五世となる（鹿苑日録）。 **15日** 北条方の千葉昌胤が左衛門大夫に、当乱のため祈禱した功績を認め、下総国千葉（千・千葉市中央区）妙見社禰宜職に任命する（都立中央図書館所蔵千葉神社文書・千三-九一〇頁）。

▼この年、北条氏政・今川氏真が誕生する。

天文八年（一五三九）・己亥

2月

3日 北条氏綱が大藤金谷斎（栄永）に、知行として上案（埼・さいたま市カ）雑色分・中林（現在地未詳）を宛行う（大藤文書・一五八）。同日、北条氏綱が小田原城下の宇野定治に、武蔵国今成郷（埼・川越市）の代官所を預け百姓の定住と耕作を申し付ける（諸州古文書二四・一五九）。

4月

12日 葛山氏広後室（カ）が与七に、龍光院殿（葛山氏広＝北条氏綱の弟）の朱印状に任せて駿河国千福山（静・裾野市）他四ヶ所の山々から槻の木の伐採を許可する。氏広はすでに死没し龍光院殿大円登雲大居士と号す（御殿場市山田文書・静七―三―一四八九）。 **20日** 遠山綱景が下総国真間（千・市川市）弘法寺に、同国小弓城（千・千葉市中央区）原胤清の依頼により門前の手作地・畠等を改めて寄進する（弘法寺文書・一六〇）。 **28日** 原胤清が弘法寺に、遠山綱景の寄進に任せて門前の手作地を安堵する（同前・市川市史五―三四〇頁）。 **吉日** 伊豆国中条郷（静・伊豆の国市）霊松院に、村越弥二郎等が雲版を寄進する（真珠院所蔵祇樹林歴鑑録・韮山町史三中三五〇頁）。

5月

18日 武蔵国浅草（東・台東区）浅草寺を再建し、再建工事に島津長徳軒・大道寺盛昌・松田盛秀が参加する（江戸紀聞・北区史二―一五八頁）。 **28日** 北条氏綱が太田資貞に、知行地と同心太田宗真の知行分の陣夫役を定める（寺誌取調書上・一六一）。

6月

7日 鶴岡八幡宮で武蔵国世田谷城（東・世田谷区）吉良氏の子の安産を祈禱する。この後、嫡男頼貞が生まれ、天文十八年（一五四九）頃に頼康と改名（快元・戦北補―一五七頁）。 **28日** 上総国佐貫郷（千・富津市亀田）安国寺の木造不動明王坐像を修造し、鎌倉大仏所法眼が見える（安国寺所蔵・中世房総の政治と文化三六〇頁）。 **晦日** 将軍足利義晴が北条氏綱に、先年万一の時には援助して欲しいとの依頼事に、承諾の請書を貰い神妙と伝え、使者小林国家に大鷹を持たせて小田原城に下し、大館晴光が小田原城の小笠原元続に副状を出す（室町家御内書案下・四四二）。同日、足利義晴が北条氏綱に、義晴に忠節を尽くす事を再確認し、小林国家に大鷹を持たせ大館晴光の副状と共に氏綱に届けさせる（同前・四四三～六）。

閏6月

2日 大館常興（尚氏）の許に大館晴光が来て、小林国家を使者として大鷹と御内書を持参して北条氏綱に遣わした旨を報告する（大館常興日記・小一―六〇二頁）。

7月

10日 今川義元が小島又八郎に、八日の駿河国蒲原城（静・静岡市清水区）での北条勢との戦いでの戦功を賞し感状を与える（甲州古文集・戦今六二九）。 **25日** 大館晴光が北条氏康に、関東から将軍家に献上の馬（奥州産の馬）を預かり、

7月	使者の孝阿弥から氏康に謝礼させる（荒木文書・四二五）。**28日** 小山高朝が白川義綱に、下野国宇都宮家の内紛等の状況を伝え、古河公方足利晴氏と共に出陣予定の北条氏綱を警戒し、もはや両上杉氏は頼りにならないと伝える。結局は氏綱は出陣せず。足利晴氏・北条氏綱と関東管領山内上杉憲政・扇谷上杉朝定とが対立（東京大学文学部所蔵白川文書・福七-四六九頁）。**29日** 北条氏綱が小田原城下の松原大明神供僧西光院に、駿河方面への出陣勝利と富士川以東の領有確保への祈禱加護を謝礼して社領二〇貫文を寄進する（蓮上院所蔵西光院文書・一六二）。
8月	**13日** 北条氏綱が下総国関宿城（千・野田市）簗田高助に起請文を出し、大永初年から約束した氏綱娘（芳春院殿）と足利晴氏との婚姻成立を高助の尽力と認める。ここに氏綱が足利家の御一家衆となる（静嘉堂本集古文書シ・一六三）。
9月	**22日** 北条為昌の奉行衆の珠泉・西脇等が連署し、伊豆国泉（静・熱海市）保善院に前々の如く寺領二反半を検地して寄進する（保善院文書・四六二四）。**26日** 定祐が伊豆国松崎（静・松崎町）下宮禰宜に、前々の如く小船一隻を安堵し漁師役は免除する（伊奈下神社文書・四八五三）。
10月	**22日** 北条氏綱が相模国浄妙寺（神・鎌倉市）浄妙寺に禁制を掲げ、境内の竹木伐採や庶民の徘徊を禁止させる（浄妙寺文書・一六四）。
11月	**16日** 北条氏康が伊東祐尚に、右馬允の官途を与える。ただし当文書は疑問点がある（東京大学史料編纂所所蔵伊東文書・一六五）。**吉日** 武蔵国柴崎（東・立川市）普済寺の木造釈迦如来坐像を修造し、五十嵐政能と仏師に上総法眼後藤宗琢が見える（普済寺所蔵・造像銘記集成一三九）。
12月	**7日** 北条氏康が武蔵国六郷（東・大田区）宝塔院に、前々の如く僧が帰寺する事を認め、横合非分や諸役賦課を禁止させる（宝幢院文書・一六六）。**28日** 北条氏綱が鶴岡八幡宮院家中に、当社別当の進退について足利晴氏が足利義明を退治した以後も委細を知らず、来春には房総から帰国するので、詳しくは当社小別当の大庭良能から報告させる（大庭文書・一六七）。
天文九年（一五四〇）・庚子	
1月	**8日** 富永政辰が死没する。法名は一楽院殿日富（伊豆市清雲寺過去帳）。**21日** 某氏胤が伊東祐尚に、去年冬に官途の申請を受けて島紬（八丈紬）を贈呈された謝礼を述べる（東京大学史料編纂所所蔵伊東文書・四八五四）。
3月	**7日** 北条氏綱が鶴岡八幡宮造営の諸木屋並に社中見廻奉行を六番組に定め、朝倉与四郎・橋本九郎五郎・田村与三左

衛門尉・太田正勝・神保了珊・蔭山図書助の六人を任命して諸職人の監督を命ず（鶴岡御造営日記・一六九）。同日、北条氏綱が鶴岡八幡宮造営の木屋奉行を四番組に定め、一番は関時長・近藤弥三郎、二番は北条綱成代・山田彦太郎、三番は財川兵庫助・久瀬、四番は井出弥五郎・成見を任命し、毎日木屋の現場を巡回し番匠を監督させる（同前・一六八）。

29日 北条氏康が駿河国大平（静・沼津市）桃源院に禁制を掲げ、殺生と竹木伐採を禁じさせ、同国徳倉（静・清水町）・大平・伊豆国日守（静・函南町）三ヶ郷の百姓等にも寺域での狼藉を禁止させる（判物証文写今川四・一七〇）。

4月

3日 北条氏綱が上総国金谷城（千・富津市）攻めに出陣し、安房国吉浜（千・鋸南町）妙本寺に制札を掲げ、北条勢・甲乙人の乱暴狼藉を禁止させる（妙本寺文書・一七一）。**12日** 武蔵国永田村（神・横浜市南区）宝林寺の開基で、当村小代官の服部玄庵が死没する。法名は玄庵道甫居士（新編武蔵久良岐郡・武風四－一四九頁）。**14日** 遠山綱景が武蔵国北品川（東・品川区）清徳寺に制札を掲げ、寺内の諸役・棟別銭賦課、竹木伐採を禁止させる（清徳寺文書・一七二）。

5月

27日 足利晴氏が千葉八郎に、北条方の千葉昌胤と共に安房国に出陣させ、里見側へ逃れた足利義明の遺児を討伐させる（聚古文書ワ・千四－四七八頁）。

7月

17日 北条氏康を施主に、母養珠院殿の十三回忌大法要を相模国湯本（神・箱根町）早雲寺養珠院で営む（以天宗清語録）。同日、鶴岡八幡宮神主の大伴時信が死没する。号は道阿秋嶽大神儀。嫡男公時が継ぐ（快元ほか・戦北補－一六三頁）。**26日** 鶴岡八幡宮の造営工事に伊勢国山田（三・伊勢市）絵師の珠牧が参加し、正殿内陣の障子や板絵に彩色する（快元・戦北補－一六四頁）。

8月

11日 関東地方に大風が吹き、洪水も例年になく多く発生し、鎌倉の鶴岡八幡宮や建長寺が被害を受け、相模国中の寺社の堂塔を吹き倒す（快元ほか・戦北補－一六四頁）。

9月

22日 北条氏綱が玉縄城（神・鎌倉市）から鶴岡八幡宮に社参し、遷宮式の日取りを問う（快元・戦北補－一六五頁）。

10月

11日 鶴岡八幡宮小別当の大庭良能が死没する（快元・戦北補－一六六頁）。**13日** 北条氏綱が鶴岡八幡宮造営奉行の太田正勝に、当社棟札の書式について問い当社院家から提出の書式例を不可とし、相模国六所神社（神・大磯町）や伊豆国伊豆山権現（静・熱海市）の棟札写を参考に再度協議させる（同前・一七三）。**26日** 北条氏綱が中風のため鶴岡八幡宮で平癒の祈禱を行い、願主大道寺盛昌が公料と神馬を寄進する（快元・戦北補－一六七頁）。

11月

15日 関善左衛門尉清次が相模国山内（神・鎌倉市）円覚寺に鰐口を寄進し、大工（鋳物師）に千津島（神・南足柄市）の瀬戸永歓が見える（円覚寺所蔵・一七四）。**20日** 鶴岡八幡宮の造営工事が竣工して二十二日に遷宮式を挙行し、北条氏綱・氏康・長綱等が列席する（快元・戦北補－一八六頁）。**21日** 北条氏綱が鶴岡八幡宮に社中法度を下し、門の開閉時刻、

11月 銀装飾品の盗難防止、社中の清掃等十一か条の規則を定める（鶴岡御造営日記・一七五）。**28日** 足利晴氏室芳春院殿が鶴岡八幡宮に社参のため、路次安全の祈禱を座不冷間で行う。実は芳春院殿の安産の祈禱か（快元・戦北補-一六八頁）。
▼この月、それ以前に箱根別当長綱（北条宗哲）が箱根権現（神・箱根町）別当職を辞して小田原城に帰る。

12月 **5日** 北条氏綱が鶴岡八幡宮の銀装飾盗難の監視奉行に、小池新大夫・追川坂間大夫・石井六郎五郎を任命し、昼夜交代で監視させる（鶴岡御造営日記・一七六）。同日、北条氏綱が鶴岡八幡宮の銀番衆を改正し、神主大伴公時・小別当大庭良淳・石河掃部助を任命して毎月巡見し金物番衆を監督させる（同前・一七七）。同日、北条氏綱が鶴岡八幡宮の銀守漆番に、神主被官・小別当被官・賀茂太夫・行堂衆の四人を命じ昼夜交代で監視させる（同前・一七八）。
▼この年、松田康郷が誕生する。この年、北条氏照が誕生と伝える、幼名は藤菊丸（狭山藩北条家系図）。この年、富永康景が誕生と伝える。この年、小田原城下の道見が相模国日向（神・伊勢原市）宝城坊に太鼓胴を奉納する（宝城坊所蔵・相古五-二四九頁）。この年、伊豆暦には命禄元年と記す（年代記配合抄ほか・静七-三-一五三九）。

天文十年（一五四一）・辛丑

1月 **15日** 足利晴氏室の芳春院殿（北条氏綱の娘）が、小田原城で梅千代王丸（のち義氏）を出産する（下野足利家譜）。

2月 **22日** 北条氏綱が伊豆国伊豆山（静・熱海市）伊豆山権現に法度を下し、僧侶の還俗禁止、走湯山の温泉湯治の禁止、社域での諸役賦課の免除、道者役の違反禁止、他国の贋山伏の関所通行禁止を定める（伊豆順行記・一七九）。

4月 **17日** 上田蓮長が日現本尊を武蔵国本門寺（東・大田区）に寄進する（名古屋市本住寺所蔵・大田区史寺社三-一二九八頁）。
▼この月、夏頃から北条氏綱が病に罹る（異本小田原記）。

5月 **5日** 武蔵国金沢郷洲崎（神・横浜市金沢区）龍華寺の銅鐘を作成し、旦那に古尾谷重長が見える（新編武蔵久良岐郡・武銘六二六）。**21日** 北条氏綱が北条氏康に五ヶ条の置文を与える（宇留島常造氏所蔵文書・一八〇）。

6月 **6日** 北条氏綱が諸廻船中と朝比奈綱堯に、陸奥国岩城からの人と荷物を船載させる（白土文書・一八一）。**14日** 武田信玄が父信虎を今川義元の許に追放する（妙法寺記・武田史料集四七頁）。

7月 **4日** 北条氏綱が出家し春松院殿と号し、嫡男氏康が家督を継ぐ。二六歳（快元・戦北補-一七〇頁）。**16日** 北条氏康が駿河国御厨（静・御殿場市）領主の垪和又太郎（氏尭カ）に、葛山氏元からの件を承知した事を伝え、又太郎からは数度の起請文を受けた事を認めて以後は家臣として引立ると誓う（垪和氏古文書・一五三七）。**17日** 北条氏綱が死没する。五五歳。諡は春松院殿快翁宗活大居士（北条家過去名簿ほか）。

8月

初旬 伊豆国大賀茂（静・下田市）走湯権現を修造する（走湯神社所蔵棟札・静七-三-一五六〇）。

9月

吉日 相模国鎌倉の長谷寺の観音三十三応現身像を法眼泉円が作仏する（相州文書鎌倉郡・相古五-一七四）。

▼この月、鶴岡八幡宮相承院の快元が融元に供僧職を譲り、相模国大多和村（神・横須賀市）の寺領も譲渡する（相承院文書・神三下-六七四四）。

10月

この月、扇谷上杉朝定が武蔵国品川（東・品川区）妙国寺・本光寺に禁制を掲げ、上杉勢・甲乙人の乱暴狼藉を禁止させる（天妙国寺文書ほか・東古中三-八〇五～六）、この月、北条氏綱の死没により上杉朝定が武蔵国江戸（東・千代田区）周辺に侵攻し、ついで同国河越城（埼・川越市）を攻めるが北条勢に撃退される。

11月

2日 北条氏康が武蔵国河越城（埼・川越市）での扇谷上杉朝定との合戦で、大藤与次郎・竹本源三・篠窪出羽入道・重田杢之助・太田弾正忠・志村弥四郎の忠節を認め感状を与える（大藤文書ほか・一九八～二〇三）。 **27日** 相模国八菅山（神・愛川町）八菅山大権現を再建し、大旦那に遠山綱景、代官に志村昌瑞、当地頭に内藤康行が見える（八菅神社所蔵棟札・二〇四）。

12月

15日 北条氏康が武蔵国本庄（埼・本庄市）に制札を掲げ、北条勢・甲乙人の乱暴狼藉を禁止させる（福井県脇屋文書・四四〇六）。 **26日** 能楽師の今春大夫八郎が関東から上洛する（証如上人日記）。

▼この年、藤田泰邦の娘大福御前（のち北条氏邦正室）が誕生する。この年、千葉親胤が誕生する。

天文十一年（一五四二）・壬寅

1月

8日 町資将が伊豆国から上洛し、朝廷御領の伊豆国仁科郷（静・西伊豆町）は水損で年貢が納められず、太刀贈呈の謝礼に黄金一〇枚を納め、同国の錦小路盛直は鵠を献納する（御湯殿上日記・小一-六七五頁）。同日、陰陽師の勘解由小路在富が相模国から上洛する（言継卿記・小一-六七六頁）。 **10日** 北条氏康が伏見宮貞敦親王に、親王自筆の『紀貫之集』を所望され高辻長雅（町資将の兄）から謝礼の黄金一〇枚を渡す。貞敦親王の子邦輔親王は北条為昌に太刀と書状を贈呈する（貞敦親王御記・小一-六〇五頁）。

2月

3日 後奈良天皇が相模国湯本（神・箱根町）早雲寺の以天宗清に、正宗大隆禅師の禅師号を特贈する（早雲寺文書・小一-七一六頁）。 **15日** 大石道俊が武蔵国北野（埼・所沢市）北野宮神主に、神主職を安堵する（武州文書入間郡・二〇五）。

3月
26日 北条氏康（か）が鶴岡八幡宮の反橋架橋に、神保了珊と中間を奉行に任命して鍛冶職の監督と就業時間を定め、大鋸引職も監督させる（鶴岡御造営日記・二〇六）。

閏3月
26日 石巻家貞が相模国当麻宿（神・相模原市南区）の関山弥七郎に、同宿の道者坊について関山藤次郎との相論を裁定し、大藤栄永・進藤某の意見で道者坊を二分し、田畠は親の時の規定通りに所務させる（関山文書・二〇七）。

4月
6日 北条氏康が鎌倉の円覚寺・建長寺・東慶寺の行堂に、祖父伊勢宗瑞の時の如く諸公事を免除する（円覚寺文書・二〇八）。 **15日** 武蔵国池上（東・大田区）本門寺日現が尾張国本住寺（愛知・名古屋市東区）に、自筆裏書を与え上田正忠の寄進で純師様が武蔵国神奈川城（＝権現山城、神・横浜市神奈川区）へ教訓のために出向いた時の物と記す（本住寺文書・大田区史寺社二‐一〇七三頁）。 **28日** 北条氏康が小田原城下の松原神社別当玉滝坊に、当社修理料所として相模国今井と賀茂宮（神・小田原市）間の河原新田分を寄進する（新編相模足柄下郡・二〇九）。

5月
3日 北条為昌が死没する。二三歳。法名は本光寺殿龍淵宗鉄大禅定門（北条家過去帳）、遺領の玉縄城領は北条綱成、小机城領は北条宗哲、河越城領は大道寺盛昌が支配、三浦郡は北条氏康の直轄支配となる。 **7日** 武蔵国下恩方（東・八王子市）浄福寺の木造千手観音立像の台座銘に、相模国大山寺（神・伊勢原市）の住人が不動明王を作仏とあり、千手観音立像とは別の年紀銘（浄福寺所蔵・造像銘記集成二四一）。

6月
24日 後奈良天皇が相模国湯本（神・箱根町）早雲寺を勅願寺とする（早雲寺文書・神三下‐六七五七）。 **26日** 上総国嶺下郷（千・富津市長崎）白山権現に真理谷武田全芳が鰐口を寄進し、大工（鋳物師）に大野筑前守が見える（白山神社所蔵・千三‐一四〇頁）。同日、北条氏康が相模国当麻（神・相模原市南区）無量光寺に制札を掲げ、境内の御影堂と尼方（尼寮）に北条勢が陣所を取る事を禁止させる（無量光寺文書・二一三～四）。 **吉日** 山内上杉憲政が常陸国鹿島大明神（茨・鹿嶋市）に願文を掲げ、伊勢宗瑞から氏康迄の悪行を述べ北条氏の滅亡を祈願する（鹿島神宮文書・埼六‐二‐一五八）。

7月
2日 北条氏康が鎌倉本覚寺の陣僧・飛脚・諸公事を免除する（本覚寺文書・二一五）。 **10日** 葛山氏元が駿河国岡宮（静・沼津市）光長寺に、父龍光院（葛山氏広、北条氏綱の弟）の時からの忠節に対して同国上石田（沼津市）・長久保（静・長泉町）で寺領を寄進し、小田原城での調査で長久保は半済を行っていると記す（光長寺文書・静七‐三‐一五八六）。 **27日** 北条氏康が伊豆国三島（静・三島市）三島大社別当護摩堂に、横合を禁じ飛脚役を免除する（小出文書・二一六）。

9月
26日 北条氏康が垪和又太郎に、相模国渋谷庄（神・綾瀬市）と駿河国御厨（静・御殿場市、小山町）で知行を安堵し、反銭・懸銭、その他の国役賦課も免除する。北条文書での反銭の初見（垪和氏古文書・二一七）。

11月
2日 北条家検地奉行が連署して武蔵国石川村（神・横浜市南区）宝生寺に、好玄寺の意見の如く寺領を寄進する（堀

12月

之内村並木氏文書・二九）。同日、北条家検地奉行衆が宝生寺に、寄進寺領の坪付注文を与える（同前・二八）。**10日** 吉良家奉行の江戸浄仙・景福軒呂胤が、宝生寺門前の塩潟公事と諸公事を高源寺の依頼により赦免する（武州文書久良岐郡・三〇）。**15日** 武蔵国堀之内（神・横浜市南区）百姓が宝生寺に、検地以後に村内の田畠五枚を永代寄進する（宝生寺文書・三一）。**16日** 北条氏康が伊豆国長浜（静・沼津市）百姓中に舫丁船六隻の船役銭を定め、二十日までに山角某に届けさせる（国文学研究資料館所蔵長浜大川文書・三二）。**19日** 相模国沼代（神・小田原市）若一王子宮を造営（王子神社所蔵棟札・小一-一〇一七頁）。

20日 北条氏康が伊豆在庁に、収納年貢等を安堵して夫役等を免除する（伊達氏所蔵旧在庁文書・三三）。**23日** 北条氏康が伊東祐尚に、知行として相模国加山郷（神・小田原市栢山）を宛行う（東京大学史料編纂所所蔵伊東文書・三四）。**24日** 長尾為景が死没する。**26日** 松平竹千代（のち徳川家康）が誕生する。**大吉日** 伊豆国岩科（静・松崎町）神明社を造立し、地頭に朝比奈綱尭、代官に大石道善・同盛信、大工に伊勢国の河崎宗清が見える（国柱命神社所蔵棟札・三五）。**吉日** 相模国八菅山（神・愛川町）七社権現社に鰐口を奉納し、八菅山光勝寺と記す（新編相模愛甲郡・相風三-三六頁）。

▼この年、北条氏康が相模国中郡・東郡・津久井料、武蔵国南部の広い地域に北条為昌の遺領検地を施行する（役帳ほか）。この年、遠江国の堀越六郎の子貞朝（のち吉良氏朝）が誕生する。母は北条氏綱の娘崎姫（山木大方・高源院）。この年、遠山綱景の娘（のち太田康資室）が誕生する。この年、相模国岡津（神・横浜市戸塚区）永明寺の木造聖観音菩薩像の厨子を作成し、太田宗真が見える（永明寺所蔵厨子銘・四六二七）。

天文十二年（一五四三）・癸卯

1月

吉日 伊豆国沢田（静・西伊豆町）八幡大菩薩を修理し山本次盛、鈴木次郎左衛門が見える（佐波神社棟札・四八五五）。

▼この月、相模国曾我郷（神・小田原市）宗我都比古神社を再建し、大工に平中明王太郎、小田原城の普請奉行に松田六郎左衛門（康定カ）・中村小四郎が見える（宗我神社由来記・北条氏文書補遺三四頁）。

2月

3日 北条氏康が武蔵国戸部郷（神・横浜市西区）百姓中・代官に、陣夫役を当年は夫銭に定め、八貫文を納めたら帰郷して耕作に従事させる（上原文書・三六）。**25日** 伊豆国奈良本里（静・東伊豆町）鹿島明神社を再建し、大工に壬生吉宗が見える（鹿島神社所蔵棟札・四八五六）。**28日** 蜷川康親が相模国江ノ島（神・藤沢市）江島神社別当岩本院の弁才

2月 天に神馬を寄進する（岩本院文書・二二七）。

3月 **15日** 伊豆国上白岩（静・伊豆市）大宮大明神の遷宮式を施行し、南条綱良が見える（大宮神社所蔵棟札・四六二八）。

4月 **10日** 伊豆国入間（静・南伊豆町）三島大明神を修理し、大旦那に藤原森宗、大工に藤原宗清が見える（三島神社所蔵棟札・四八五七）。**14日** 北条氏康が相模国二階堂（神・鎌倉市）覚園寺に、修理費用勧進を許可し、昨年残した郷村にも奉加を要請させる（覚園寺文書・二二九）。**17日** 安房国石堂（千・南房総市）諏訪上下両社を建立し、鍛冶に相模国左島（神・横須賀市）の宮崎省衛門が見える（諏訪神社所蔵棟札・新横須賀市史二-二四二）。

5月 **18日** 相模国長谷（神・鎌倉市）長谷寺の木造観音三十三応現身像の内の五体を大仏所法眼泉円が作仏する（相州文書鎌倉郡・相古五-一七五）。

6月 **5日** 鹿苑院梅叔法霖が将軍足利義晴の命で、京都の西芳寺再興の奉加を今川義元に依頼し、相模国湯本（神・箱根町）早雲寺にも書状を出すと伝える（鹿苑日録・静七-三-一六二四）。**11日** 北条氏康が伊豆国南江間（静・伊豆の国市）宝成寺に、先の判物に任せ山林竹木・門前菜園等を安堵する（北条寺文書・二三〇）。**15日** 北条長綱（宗哲）が相模国小田原谷津（神・小田原市城山）願修寺薬師堂に禁制を掲げ、四壁の竹木伐採を禁じ、棟別銭と諸役賦課を免除する。長綱署名文書の初見（箱根七湯志二・四六二九）。**18日** 北条氏康が伊豆国三島（静・三島市）行学院に、先の判物に任せ飛脚役と諸役を免除する（本覚寺文書・二三一）。**26日** 鹿苑院梅叔法霖が今川義元・大原崇孚と早雲寺への書状を子建寿寅に託す（鹿苑日録・静七-三-一六二五）。

7月 **1日** 大石道俊が武蔵国白子（埼・飯能市）長念寺に、寺領からの年貢を完納すべく督令する（長念寺文書・二三二）。**吉日** 武蔵国金屋（埼・本庄市）の鋳物師中林常貞が、駿河国富士山山頂の石室に懸仏を奉納する（小山町高村氏所蔵・武銘六二一）。
▼この月、上総国で真理谷武田信隆が敵対する武田信茂を殺害し、武田氏の内訌が起こると北条氏康も介入する。千葉昌胤は北条氏を支援して軍勢を派遣し、信隆方の鶴見氏を笹子城（千・木更津市）に攻め滅ぼす（中尾落草紙・千葉県の歴史通史編中世八五三、九〇二頁）。

8月 **19日** 町資将が駿河国から上洛し、禁裏修理料として今川家から五万疋が献上され、北条家からは修理料は重ねて献上するとして太刀を贈呈すると伝える（御湯殿上日記・静七-三-一六四三）。**24日** 伊豆国雲見郷（静・松崎町）石部大明神宮を修築し、地頭に須田隼人助、大工に石河盛繁、鍛冶に斎藤道監入道が見える（伊志布神社所蔵棟札・四八五八）。**29日** 北条氏康が伊豆国三島（静・三島市）三島大社神主の矢田部盛繁に、詫言に任せて三島への還住を許し、神馬等の寄進物を納めさせる（矢田部文書・二三三）。

9月

6日 島津忠貞が武蔵国北品川（東・品川区）清徳寺に、岡地（現在地未詳、役帳の法林寺分カ）の寺領を安堵し、検地分を寄進する（清徳寺文書・二三四）。**7日** 北条氏康が伊豆国長浜（静・沼津市）に再度検地を施行し、田一町六反余・畠一町四反余を打出して四六筆の作人名を記した野帳を名主の大川氏に渡す（長浜大川文書・二三六）。**15日** 北条氏康が長浜の検地書出を作成し、田一町六反余の分銭八貫一二六文、畠一町四反余の分銭二貫九八七文と定め、田一反は五〇〇文、畠一反は二〇〇文計算と明示する。検地奉行は大草但馬・笠原玄蕃助・笠原代の加藤弥次郎・清水代の鈴木善左衛門尉・関善左衛門代の五人が連署（同前・二三五）。**24日** 北条宗哲が相模国日向（神・伊勢原市）石雲寺に、虎朱印に任せて伝役・諸役賦課や竹木伐採等を禁止させる（石雲寺文書・二三七）。**吉日** 松田六郎左衛門尉・中村小四郎が、相模国山下郷寺山（神・平塚市高根）検地分の田畠一反余を六所神社の寺山清三郎に寄進する（相州文書淘綾郡・二三八）。

10月

1日 上総国行川（千・いすみ市）妙泉寺の日山筆本尊裏書に、北条家臣遠山公景の名が見え、補絵は武蔵国杉田（神・横浜市磯子区）福源庵の辺見軒弟子の珠阿が描いたと記す（妙泉寺所蔵・大田区史寺社二-一二八〇頁）。**18日** 北条氏康が相模国坂間郷（神・平塚市）高麗寺分に、検地を施行し田分銭五六貫余を打出し、山下郷（平塚市）高根分一〇貫文の合計六六貫余を定納、諸役は以前の如くと定め、高麗寺別当坊に検地書出を渡す。連署した検地奉行は中村小四郎・関時長・関戸宗悦・岡田宗遁・松田六郎左衛門尉（皇国地誌高麗村・北条氏文書補遺二四頁）。**23日** 北条氏康が伊豆国城（静・伊豆市）城富院に、大見の内横山郷（伊豆市）での竹木伐採を禁じ、佐藤藤左衛門に付けた菜園田畠を安堵する（佐藤文書・二三九）。**24日** 北条氏康が相模国新戸村（神・相模原市）安藤与太郎を座間郷七ヶ村（神・座間市）名主職司に任命し、名主給として安藤氏賦課の反銭から五貫文を宛行い諸役を免除する（相州文書高座郡・二四〇）。

11月

6日 北条氏康が伊豆国仁科（静・西伊豆町）の須田隼人佑に、四板舟の舟役銭以外の諸役を免除し、北条氏御用の時は桑原盛正から申付けると伝える（伊豆順行記・二四一）。**21日** 北条氏康が簗田高助に起請文を出し、古河公方足利晴氏に異心ない事を誓う（千葉県立関宿城博物館寄託簗田家文書・二三八）。

12月

1日 北条氏康が伊豆国三島（静・三島市）三島大社別当護摩堂に、祈禱料を三島東分から寄進し、年三回の祈禱を依頼する（小出文書・二四三）。

▼この年、北条氏康が伊豆・相模・武蔵各国で広範囲な検地を施行する（役帳ほか）。この年、太田氏資が誕生する。この年、武田信玄の娘黄梅院殿（のち北条氏政室）が誕生。この年、足利晴氏の末子義氏が誕生。母は北条氏綱の娘芳春院殿。ただし、天文十年（一五四一）との説もある。

天文十三年（一五四四）・甲辰

1月 **2日** 甲斐国谷村（山梨・都留市）の小山田信有館近くで武田家臣の駒井高白斎（昌頼）が北条家臣の桑原盛正と会談し、武田信玄の進めている甲相和睦の推進につき相談する（高白斎記・武田史料集八三頁）。

2月 **8日** 相模国長谷（神・鎌倉市）長谷寺の木造観音三十三応現身像を作仏する（長谷寺所蔵・相古五-一七六）。 **22日** 北条氏康が伊豆国西浦・長浜（静・沼津市）百姓中に、火災につき網度の立網六帖分の番肴銭を四月まで免除する（伊豆木負大川文書・二四四）。

3月 ▼この春、北条氏康が初めて上野国に出陣する（武州文書）。

この月、武蔵国江戸城（東・千代田区）遠山綱景が連歌師宗牧を招き、太田宗真と連歌会を開催する（東国紀行）。

4月 **15日** 北条氏康が竹本源三・志村弥四郎に、扇谷上杉氏との荒川端での合戦の忠節を認め感状を与える（平之内文書、古今感状集・二四五、一五二九）。

6月 **4日** 北条氏康が太田又八・蔭山忠広・後藤忠成に鶴岡八幡宮の修理を命じ、費用は太田正勝から支給し、番匠の作料は小日記で申告させ、鎌倉中の番匠を集め今月中に仕上げさせ、河越（埼・川越市）番匠は除かせる（鶴岡御造営日記・二四六）。 **12日** 北条氏康が鶴岡八幡宮奉行の大道寺盛昌・蔭山家広・太田正勝に社中法度を下し、境内掃除の励行、建築物の修理や神主や供僧からの訴えは、当日中に北条氏に報告する事等の規則を定める（同前・二四七）。 **25日** 成田長泰が相模国江ノ島（神・藤沢市）江島神社別当下坊に、小田原城に参府する間に談合したいと伝える（相州文書鎌倉郡・埼六-二-一五九二）。

7月 **23日** 武蔵国乞田（東・多摩市）観音堂の聖観音菩薩像を作仏し、佐伯豊後・小林五郎兵衛、仏所の春山が見える（多摩市吉祥院所蔵・四八五九）。

8月 **26日** 近衛尚通（北条氏綱後室の父）が死没する。七三歳。法名は後法成寺殿。

9月 **15日** 北条氏の家臣長田・野村両氏が伊豆国長浜（静・沼津市）の代官佐藤氏と小屋氏に、棟別銭一三間分の分銭を一貫一五〇文（一間は五〇文）と確定し、三日の内に土屋氏に納めさせる（国文学研究資料館所蔵長浜大川文書・二四八）。 **22日** 伊豆国毛倉野（静・南伊豆町）高根大明神を造立し、大旦那に大河家次、番匠に河崎宗吉が見える（高根神社所蔵棟札・四八六〇）。 **24日** 北条綱成が安房国吉浜（千・鋸南町）妙本寺に禁制を掲げ、北条勢の乱暴を禁止させる（安房妙本寺文書・二四九）。この頃、綱成は上総国真理谷武田氏の内訌により海路で房総から安房国に侵攻し、里見方の妙本寺砦を攻略する。 **27日** 伊豆国下小野（静・南伊豆町）三島大明神を修築する（三島神社所蔵棟札・静七－三－一六九二）。 **吉日** 伊豆国一之瀬村（静・南伊豆町）高根宮を新造し、本願に菊池吉久入道が見える（高根神社所蔵棟札・四八六一）。

10月

5日 北条氏康が萩野九郎三郎に、安房国の江戸湾岸での海戦で殿軍を務めた忠節を認め感状を与える。この頃、房総に侵攻した氏康が里見方の上総国嶺上城（千・富津市）武田全芳を攻める（萩野文書・二五〇）。 **16日** 安藤道安が武蔵国衾（東・目黒区）東岡寺に、門前屋敷について規定する（武州文書荏原郡・二五一）。 **18日** 伊豆国矢野村（静・河津町川津筏場）三口明神を修築し、清水吉政・清水吉広が見える（天神社所蔵棟札・二五二）。 **28日** 北条氏康が蔭山家広を上総国かなや（千・富津市金谷カ）・みのわ（千・君津市箕輪カ）両郷の代官職とする（諸家古文書写・二五三）。

11月

27日 北条氏康が簗田高助に、夏の約束の如く足利晴氏との仲介料として知行一万疋を宛行い、太田宗真から副状を出させる（千葉県立関宿城博物館寄託簗田家文書・二四二）。

閏11月

3日 北条氏康が久米大膳亮に過所を出し、分国内諸関所に人足と荷駄一〇疋分の通行を許可する。氏康の支配が武蔵国児玉郡にも及ぶ（久米文書・二五四）。 **7日** 北条氏康が多米氏に、相模国飯田郷（神・横浜市戸塚区）の陣夫の代わりに同国鴨居郷（神・横須賀市）から夫銭六貫文を与え、総出馬の時は現夫を出して二〇日間の使役を許可する（三浦文書・二五五）。 **23日** 相模国江ノ島（神・藤沢市）江島神社別当岩本坊に、遷宮式のため玉縄城（神・鎌倉市）北条綱成や小田原城の松田盛秀等の家臣多数が、奉加・寄進する（岩本院文書・北条氏文書補遺三五頁）。

12月

1日 北条氏康が駿河国沼津（静・沼津市）妙海寺に、門前共に諸公事・陣僧・飛脚役を免除する（妙海寺文書・二五六）。 **8日** 某（小宮氏カ）康明が来住野大炊助に、上野国から公方様が帰国し、供をした忠節を賞し知行として武蔵国日影・落合（東・あきる野市乙津）を宛行う（武州文書多摩郡・二五七）。 **23日** 北条氏康が相模国国府本郷（神・大磯町）六所明神供僧・社人に、社領の配分を定め合計六五貫文余の内三〇貫文は去年の検地増分で、造営料として寄進し造営の進捗状況を報告させる（大磯町近藤文書・二五八）。 **27日** 北条氏康が相模国二階堂（神・鎌倉市）荏柄天神社に、造営費用として社前の関所を寄進し、商人・道者の関銭を定める（荏柄天神社文書・四六三〇）。

▼この月、北条氏康との和睦交渉に、武田方の小山田信有家臣の小林宮内助が小田原城に来る（妙法寺記・武田史料集四八頁）。

▼この年、相模国西郡が洪水に見舞われ田畠が不作となる（役帳・戦北別－六、三一頁）。

天文十四年（一五四五）・乙巳

1月

18日 連歌師宗牧が東国に旅立ち、この頃に駿豆国境に到着し、今川義元と北条氏康との抗争で交通が不通になるが、北条方の駿河国吉原城（静・富士市）城主の狩野介・松田弥次郎の差配で通行し、伊豆国三島大社（静・三島市）に参詣し熱海温泉（静・熱海市）に向かう。熱海では北条宗哲の母栖徳寺殿に会い、ついで小田原城では歌会の後に伊勢兵庫頭・伊勢八郎・大和信濃守と会い酒席を設ける。当時は河東一乱の最中（東国紀行・静七-三-一七一六）。**22日** 大石綱周が相模国座間郷（神・座間市）の刀鍛冶職の鈴木神左衛門尉に、周広の名を与える（鈴木文書・二五九）。

2月

25日 宗牧が小田原城中の北条氏康館での歌会に出席（宗牧独吟連歌集・小一-六八三頁）。**26日** 宗牧が小田原城下で北条宗哲から朝風呂に預かる（東国紀行・小一-六八二頁）。

3月

4日 宗牧が武蔵国江戸城（東・千代田区）遠山綱景を訪れ、六日に太田宗真主催の歌会が開催され城周辺の景色を詠む。江戸衆は明後日は上総国に出陣で多忙と記す（東国紀行・北区史二-一五八頁）。**8日** 北条幻庵（宗哲）が相模国底倉（神・箱根町）百姓中に禁制を掲げ、地下人に底倉温泉での湯治者へ薪炭等の提供役、材木役の人々への饗応役を賦課するを禁じ、虎朱印・幻庵朱印で命じる御用は勤めさせる（相州文書足柄下郡・二六〇）。**10日** 北条氏康が小笠原元続に孫増（のち康広）への家督相続に相模国飯泉郷（神・小田原市）を宛行う（記録御用所本古文書二・一五三五）。

▼この春、宗牧が鎌倉を訪れ小代官後藤氏宅を宿所に鶴岡八幡宮他の旧跡を探訪（東国紀行）。

4月

11日 武田信玄が信濃国箕輪城（＝福与城、長野・箕輪町）藤沢頼親を攻め、今川義元・北条氏康が加勢各々三〇〇人を送る。武田信玄と北条氏康とが一時的に同盟（大井大俣神社旧蔵歌仙板額・静七-三-一七三七）。

▼この月、相模国江ノ島（神・藤沢市）江島神社の木造八臂弁財天一具像を作仏する（藤沢市文化財総合調査報告書七）。この月、飛鳥井雅教が東国に下向する（御湯殿上日記）。

5月

27日 関東管領上杉憲政が小山高朝に、北条氏康の侵攻が続き成田長泰への攻撃に近日出陣すると伝える。既に成田長泰が北条氏に従属（小山文書・古河市史資料中世編七五七）。

6月

3日 北条氏康が武蔵国石河村（神・横浜市中区）宝生寺の長祐法印に、同寺門前の諸役賦課を停止し本牧郷（横浜市中区）内への不法を禁止する（宝生寺文書・二六一）。**4日** 某憲恵が下野国鑁阿寺（栃・足利市）千手院に、上杉憲政が武蔵国河越口（埼・川越市）に出陣したと伝える（鑁阿寺文書・古河市史資料中世編七五八）。**7日** 近衛稙家が北条氏康に、京都との連絡が途絶して困り今川義元との和談を仲介したいと述べる（東海大学図書館所蔵文書・北条氏文書補遺五〇頁)。 **11日** 北条氏康が江戸衆の匝瑳某に、里見氏から上杉憲政への使者を捕らえた忠節を賞し太刀と恩給二〇貫文を宛行う(保阪潤治氏所蔵文書・一五三四)。 **22日** 聖護院門跡道増が小田原城下の玉滝坊に、伊豆・相模両国の惣年行事職を与える(東京大学史料編纂所所蔵若王子文書)。 **25日** 北条氏康が伊豆国西浦長浜(静・沼津市)代官・百姓中に、去年の取帳の如く棟別銭二三間分を来月二十日迄に笠原某に納めさせる(国文学研究資料館所蔵大川文書・二六二)。

7月

7日 今川義元が聖護院門跡道増を仲介に、北条氏康と内々に和与の意向というが成功せず(為和集五・静七-三-一七四〇、一七四三)。 **24日** 今川義元が駿河国今泉(静・富士市)善得寺に着陣し、北条勢に備える(同前)。

▼秋の頃、足利晴氏・上杉憲政・同朝定が今川義元・武田信玄と結び、大軍で北条方の武蔵国河越城(埼・川越市)を囲み越年(年代記配合抄・北区史二-一四六頁)。

8月

1日 北条氏康が駿河国の石川某に、同国原之縄手(静・沼津市原カ)の戦いでの忠節を認め感状を与える(諸州古文書五・一五四〇)。 **10日** 駒井昌頼が駿河国今泉(静・富士市)善得寺で、武田信玄の書状を今川義元の重臣に渡し、信玄を仲介とする北条・今川同盟を推進するが結果は不調(高白斎記・武田史料集八四頁)。 **11日** 今川義元と武田信玄が善得寺で対面し和睦する(同前)。 **吉日** 武蔵国三峰(埼・秩父市)三峯大明神に、同国金屋(埼・本庄市)の中林次郎太郎(常貞カ)が懸仏を寄進する(三峰神社所蔵・武銘六二八)。

▼この月、今川義元が武田勢の加勢を受け北条氏康と駿河国吉原(静・富士市)で戦う(妙法寺記・武田史料集四九頁)。

9月

9日 武田信玄が駿河国富士郡に侵攻する(高白斎記・武田史料集八四頁)。 **14日** 武田信玄の陣中に北条氏康より書状が届く。今川との和睦の仲介依頼か(同前)。 **15日** 武蔵国太田郷(神・川崎市多摩区)威光寺の日光菩薩像を井田太郎左衛門が寄進する(多摩区妙楽寺所蔵・四八六二)。 **16日** 今川・武田勢の攻撃により北条方の駿河国吉原城(静・富士市)が自落し、北条勢は駿河国長窪城(静・長泉町)に後退する(高白斎記・武田史料集八四頁)。 **17日** 北条氏康が伊豆国河原谷(静・三島市)・金谷(静・伊豆市)・三島(三島市)の住人に、長窪城のたたら建設に集め鋳物師棟梁の斎藤氏の指揮で御用を勤めさせる(名古屋大学文学部所蔵真継文書・三七六四)。同日、連歌師宗牧が下野国佐野(栃・佐野市)で死没する。 **20日** 今川義元が長窪(長泉町)、武田信玄が岡宮(静・沼津市)付近に着陣し北条勢と対陣する(同前・武田史料集八五頁)。 **23日** 今川義元と葛山氏元が吉野郷三郎に、十九日の長窪城高橋での合戦の忠節を認め感状を与える(吉野文書ほか・静七-三-一七五〇〜一)。 **28日** 北条氏康が水軍大将の山本家次に、駿河国土腐原(長泉町)の戦いの忠節を認め感状を与える(越前史料所収山本文書・一五四五)。この月末、山内上杉憲政・扇谷上杉朝定連合軍が北条宗哲・北条綱成が守備する武蔵国河越城(埼・川越市)を包囲する。

9月

▼この月、里見義尭が北条氏康に和睦を請うが、真理谷武田信応が反対し、里見氏と北条氏との抗争が続く。

10月

10日 北条氏康が鶴岡八幡宮に、今川義元との抗争の勝利を祈願して願文を納め、三年間は毎月参詣する事、万度祓いを行う事を誓う（鶴岡八幡宮文書・二六三）。**初旬** 足利晴氏が北条氏康を離反して山内上杉憲政に味方し、武蔵国河越城（埼・川越市）に出陣する（法華経寺文書）。**15日** 武田氏重臣三人の連署状が北条氏康陣所の桑原盛正に届く（高白斎記・武田史料集八六頁）。**22日** 北条氏康と今川義元とが停戦する（同前）。**24日** 上杉憲政・今川義元・北条氏康の起請文が武田信玄に届く（同前）。**27日** 上杉憲政・足利晴氏が河越城を攻囲する（鎌倉九代後記）。**29日** 北条氏康と今川義元・武田信玄との和睦が成立。和睦条件に北条氏の天文六年（一五三七）以来の富士川以東の領有放棄がある。第一次河東一乱が終息。

11月

6日 北条氏康が駿河国長窪城（静・長泉町）から撤退。同城は今川義元の領有となり同国駿河郡（駿東郡）は北条領から今川領となる（高白斎記・武田史料集八五頁）。**9日** 武田信玄が今川家臣の松井貞宗に、北条・今川同盟の経過を報じ、この和睦には今川義元母の寿桂尼（北条氏康室の母）の意向もあると述べる（土佐国蠹簡集残編六・戦武一-一九五）。**11日** 北条氏康が伊豆国三島水上（静・三島市）三島大社別当心経寺に、寺内へ余人の宿泊、陣僧・飛脚の賦課、竹木伐採と寺家門前の棟別銭賦課を禁止させる（保古帖一・四六二）。同日、北条氏康が伊豆国三島大社神主の矢田部東大夫（盛繁）に前々の法度を遵守させ、違反者は三島奉行笠原・清水両氏に申告させる（矢田部文書・二六五）。

12月

1日 今川義元が駿河国沼津（静・沼津市）西光寺に、寺領は前々の桃源院殿（伊勢宗瑞の姉妹、北川殿）の寄進通りに寺務を任せ諸役を免除する（西光寺文書・静七-三-一七六九）。
▼この年、伊豆国田沢（静・伊豆市）天神社を造営する（豆州志稿一〇二頁）。この年、相模国三田郷（神・厚木市）越知源恵に永不作を認め、知行役免許の北条家朱印状を発する（役帳・戦北別-六三頁）。この年、北条氏規が誕生する。

天文十五年（一五四六）・丙午

1月

9日 北条氏康が鶴岡八幡宮の融元に、新年の祈禱に謝礼する（鶴岡八幡宮所蔵相承院文書・二六六）。**11日** 伊豆国横川（静・下田市）日吉山王宮・諏訪上下大明神、同国加増野（下田市）日吉山王宮・天照大神宮に大旦那の吉田吉長、寄付旦那に渡辺長広が田畠を寄進する（日枝、諏訪、神明各神社所蔵木札・四六三～五）。**27日** 千葉昌胤が死没する。五一歳。法名は常天。嫡男利胤が家督を相続する（千学集抜粋・千五-九七一頁）。

2月

9日 太田景資が高麗平右衛門に、武蔵国岩付城（埼・さいたま市岩槻区）太田資時の使者として江戸城（東・千代田区）の景資を訪問したが出陣中で不在の為に帰城した事を詫びる。平右衛門の来訪は太田資時と北条氏康との同盟交渉の件という（史籍雑纂三・埼六‐二‐付六）。**18日** 小笠原康広が相模国飯泉（神・小田原市）飯泉山別当坊に、前々の如く観音供僧分を寄進する（勝福寺文書・二六七）。

3月

1日 北条氏康が鎌倉の円覚寺伝宗庵に、前々の如く寺域を安堵する（黒田文書・二六八）。**7日** 北条氏康が扇谷上杉家臣の上原出羽守に、武蔵国岩付城（埼・さいたま市岩槻区）太田資時との同盟仲介を依頼。この頃に資時が氏康に従属（上原文書・二六九）。**吉日** 北条氏康が相模国一宮（神・寒川町）寒川神社を再興し、上杉憲政や足利晴氏との戦いの戦勝祈願を依頼する（寒川神社所蔵棟札・二七〇）。

▼この月、鶴岡八幡宮相承院の快元が大般涅槃経を真読し、同経の補修を行う（鶴岡八幡宮所蔵・相古三‐一〇二）。

4月

6日 北条氏康が小田原城下の京紺屋津田正満に、知行として前々の如く相模国三浦郡の藍瓶役を安堵する（相州西郡板橋村鏡・二七二）。**17日** 北条氏康が相模国江ノ島（神・藤沢市）江島神社別当岩本坊に、弁財天へ神馬を寄進し、武蔵国河越城（埼・川越市）での戦勝祈願を依頼する（岩本院文書・二七三）。**20日** 北条氏康が河越城に籠城する北条宗哲・大道寺盛昌を救援に着陣し、城外の砂窪（埼・川越市）で山内上杉憲政・扇谷上杉朝定・足利晴氏連合軍を撃破して即日に松山城（埼・吉見町）も攻略。朝定は戦死して扇谷上杉氏は滅亡、太田資頼・難波田正直（善銀）も討死。憲政・晴氏は敗走して本拠に退去し、氏康の支配圏が武蔵国北部に拡大する。河越城に大道寺盛昌、松山城に垪和氏続が入る。関東管領と古河公方連携体制が崩壊（年代記配合抄ほか）。**25日** 下総衆の高城胤忠が死没する。法名は輝叟玄榻。嫡男胤吉が家督を相続（本土寺過去帳）。**29日** 北条氏康が下総国関宿城（千・野田市）簗田高助に、中立宣言した足利晴氏が北条方を離反して上杉憲政に荷担した事を厳しく非難し、河越合戦の正当性を述べる。ここに古河公方権力が失墜し、氏康が名実共に関東管領職を継承（古証文五・二七四）。

5月

10日 北条氏康が伊豆国三島（静・三島市）三島大社の神主矢田部盛繁・社家大村刑部大夫に、神領として武蔵国小栗郷（埼・美里町）を寄進する（矢田部文書・二七五）。**15日** 石巻家貞が相模国小町（神・鎌倉市）宝戒寺に、寺家の棟別銭未進につき関善左衛門尉から大道寺盛昌に催促したが、免除地にも催促したと寺から訴えられて免除を確認し、催促の判物を返却させる（宝戒寺文書・二七六）。**吉日** 下総国村上（千・八千代市）正覚院の木造釈迦如来立像を作仏し、仏師に相模国の鎌倉法眼大蔵長盛が見える（正覚院所蔵・造像銘記集成二五二）。

6月

1日 足利晴氏が毛呂顕季に、武蔵国河越城（埼・川越市）に在城した時に鷹を贈呈された謝礼を伝える（山田吉令筆

6月

記所収家譜覚書・四一七）。 **27日** 北条宗哲が相模国谷津（神・小田原市）願修寺に、境内の薬師堂造営の勧進奉加者を募る事を許可する（箱根七湯志二一・二七七）。 **30日** 北条長綱（宗哲）が関善左衛門入道清次に、小田原城下の早川（神・小田原市）前心明院の屋敷地に久翁寺を創建するため年貢を免除し、竹木伐採を禁じて寺域を保護させる。法名長綱の終見（相州文書足柄下郡・二七九）。この日に清次が死没し、法名は久翁昌公庵主（久翁寺墓碑銘）。

7月

9日 北条氏康が垪和氏尭に、知行として武蔵国小沢郷（神・川崎市多摩区）で二一八貫文を宛行う（諸家所蔵文書・二八〇）。 **19日** 相模国長谷（神・鎌倉市）長谷寺の観音三十三応現身像を作仏し、大工は扇ヶ谷村（鎌倉市）加賀とある（長谷寺所蔵・相古五-一七七）。

8月

20日 武蔵国宮坂（東・世田谷区）八幡宮の建立が開始され、大旦那に吉良頼貞（のち頼康）、供養導者は鶴岡八幡宮供僧の快元、惣奉行に江戸浄仙、大工奉行に石渡戸常久が見える。工事完了は十二月十九日（新編武蔵荏原郡・二八一）。

9月

4日 関善左衛門が相模国小町（神・鎌倉市）宝戒寺に、石巻家貞の意向により棟別銭を免除する（宝戒寺文書・二八二）。
12日 北条方の千葉利胤が真理谷武田信応に、下総国臼井城（千・佐倉市）千葉胤寿攻めの時の援軍に謝礼する（相山文書・千三-七九九頁）。 **14日** 千葉利胤が豊前氏景に、知行として上総国武作之内本柏（千・山武市）を宛行う（鷲宮神社文書・武古下-三八七頁）。 **19日** 北条氏康が伊豆国田方郡代の笠原綱信と同国奥郡代の清水綱吉に、同国寺家（静・伊豆の国市）願成就院大御堂の修築に同国中の家別勧進を認め、棟別銭の紙袋を郷村に配付して奉加させる（願成就院文書・二八三）。 **21日** 久遠寺の日伝が薬師の宇野定治に、北条氏康の武蔵国一円の支配達成を祝儀し、さらに下野国に定治が滞在して心配したが、無事に小田原城下に帰国でき嬉しいと伝える（外郎文書・小一-六四頁）。 **28日** 相模国上宮田（神・三浦市）十却寺の木造不動明王坐像を造立し、仏師に鎌倉大仏師法眼泉円が見える（十却寺所蔵・新横須賀市史三-二四七）。同日、扇谷上杉方の太田資正が、北条方の武蔵国松山城（埼・吉見町）に夜襲をかけ奪回する。ために北条勢が十月初旬に里見義尭の上総国佐貫城（千・富津市）攻囲を解く（紀伊国古文書・千四-四一〇頁）。

11月

7日 後奈良天皇が武蔵国世田谷城（東・世田谷区）吉良頼貞（のち頼康）を左兵衛佐に叙任する（宮崎文書・四一八）。
10日 武蔵国平井（東・日の出町）千石大明神を造営し、大旦那に土沢顕乗、地頭に大向乗重、番匠大工に野口大炊介が見える（新編武蔵多摩郡・四八六三）。

12月

23日 北条氏康が笠原弥太郎に、父笠原信為から譲与の武蔵国師岡郷（神・横浜市港北区）を安堵する（雲松院所蔵西村金衛書状写・四六三六）。 **27日** 毛呂顕繁が死没する。 **晦日** 後奈良天皇が武蔵国世田谷城（東・世田谷区）吉良頼貞（のち頼康）を従四位下に任官する（宮崎文書・四一九）。

天文十六年（一五四七）・丁未

▼この年、北条氏が越知弾正忠（源恵カ）の知行地の相模国三田郷（神・厚木市）の知行役を定める北条家朱印状を発給する（役帳・戦北別-六三頁）。この年、堀越六郎の娘香沼姫が誕生する。母は北条氏綱の娘崎姫（山木大方）。この年、酒井康治が誕生する。翌年との説もある。この年、武田信玄の四男勝頼が誕生する。母は諏訪頼重の娘。

3月 **10日** 某局が鎌倉山内（神・鎌倉市）公文の小泉源左衛門に酒役を公方蔵並に赦免する（小泉文書・二六四）。**21日** 紀伊国那智山（和・那智勝浦町）の熊野先達職の泉蔵坊が、武蔵国・相模国等の檀那場名を御師の実報院に報告し、武蔵国河崎郷（神・川崎市川崎区）の飯島左京亮・同次郎衛門尉、相模国津久井（神・相模原市緑区）の波多野玄蕃、同国衣智郷（神・厚木市）の平井源衛門尉等の檀那が見える（米良文書・神三下-六一四）。

4月 **3日** 鎌倉代官の大道寺盛昌が円覚寺（神・鎌倉市山内）正続院に、大破し修築したいとの訴えで同院に代官分から修理料所を寄進する（仏日庵文書・四一四六）。**4日** 聖護院門跡道増が相模国山崎（神・鎌倉市）泉蔵坊の不法により、小田原城下の玉滝坊に武州南方年行事職を任せる（若王子文書・戦国史研究四四-二頁）。

6月 **11日** 関善左衛門が武蔵国品川（東・品川区）妙国寺に、寺中不入の書状が北条氏康に確認され、氏康判物で諸役免除とすると伝える（天妙国寺文書・二六五）。

7月 **12日** 千葉利胤が死没する。三〇歳。法名は辰賀。親胤が家督を相続。**24日** 太田資高が死没する。法名は春山院道悦。

閏7月 **4日** 北条氏康が桜井某・興津神次郎に、下総国相馬口（千葉県北東部）の戦いでの忠節を認め感状を与える（松江市桜井文書ほか・二六六～七）。**20日** 大道寺盛昌が相模国恩都寺（現在地未詳）に、前々の如く鎌倉山内（神・鎌倉市）瑞光庵の敷地を寄進する（相州文書鎌倉郡・二六八）。

8月 **7日** 北条氏康が上原出羽守に、太田左京亮との申合せ通り氏康に従属した事を感謝し、本領として武蔵国市郷（神・横浜市青葉区）を宛行う（武州文書都筑郡・二六九）。**15日** 後奈良天皇が武蔵国石神井（東・練馬区）三宝寺に、古来よりの旨に任せて祈願所とする（武州文書豊島郡・武古上-一七四頁）。**28日** 北条氏康が上原出羽守に、本領として七日に宛行った市郷の城米銭・押立夫・棟別銭・反銭を免除し、陣夫・大普請人足は賦課する（上原文書・二九〇）。

9月 **10日** 相模国丸島郷（神・平塚市）大権現和田宮を造営し、地頭に小野源太郎、大旦那に小野□民斎、代官に古屋新右衛門、名主に佐相神六が見える（駒形神社所蔵棟札写・二九一）。**16日** 伊豆国岩科（静・松崎町）某寺の薬師如来坐像を

9月

再興し、公文に渡辺行吉、仏師に鈴木吉権が見える（松崎町公民館保管・四六五）。**20日** 武蔵国日野郷（神・横浜市港南区）春日大明神を造営し、旦那に比木康泰、小代官に山田三郎左衛門が見える（横浜市史稿神社編・四三七）。**21日** 北条氏康が小田原城内の本光寺（北条為昌の菩提寺）に、相模国下中村（神・小田原市）上町で寺領を寄進する（早雲寺所蔵本光寺文章・二九二）。**晦日** 鶴岡八幡宮神主の大伴公時が死没する。三五歳。号は大悟一阿。

10月

2日 大道寺盛昌が鎌倉の円覚寺雲頂庵・浄明寺・宝戒寺光明院・宝戒寺大持院・浄光明寺・大行寺に、寺領を寄進する（雲頂庵文書ほか・二九三～八）。**3日** 大道寺盛昌が鎌倉の利知光寺慈恩院に寺領を寄進（浄光明寺文書・二九九）。**8日** 大道寺盛昌が鎌倉の光明寺・明月院に寺領を寄進（光明寺文書ほか・三〇〇～一）。**9日** 太田全鑑（資高）が死没する。**12日** 北条氏康が鎌倉の各寺社に、永正十七年（一五二〇）検地の旨に任せて鶴岡八幡宮・安養院・円覚寺帰源庵・光明寺・光明院・大持院・天寧寺・長谷寺・報国寺・本覚寺・明月院・円覚寺聴好庵・円覚寺養龍軒・蔵雲庵・大巧寺に社領・寺領を寄進（鶴岡神主家伝文書ほか・三〇二～一六）。**13日** 大道寺盛昌が鎌倉の建長寺宝珠庵に寺領を寄進（相州文書鎌倉郡・三一七）。**16日** 下総国本佐倉（千・酒々井町）愛宕神社別当文珠寺に、大旦那の千葉胤富が木造華鬘を寄進する（佐倉風土記）。**19日** 大道寺盛昌が鎌倉の鶴岡八幡宮社家の菩提所日金（松源寺）他に寺領を寄進（鶴岡八幡宮文書ほか・三一八～九）。同日、大道寺盛昌が鶴岡八幡宮小別当の大庭氏に、給借の質物田地について北条氏康に訴えて徳政赦免され、新たに氏康から同社に寄進されると伝う（大庭文書・三二〇）。**20日** 大道寺盛昌が鎌倉の光明寺に、その寄進地内に鐘突免があるため替地の別所を宛行う（光明寺文書・三二一）。**27日** 北条氏康が相模国上町（神・小田原市）百姓中に、本光寺領に隠田が有れば速やかに小田原城に申告させる（早雲寺所蔵本光寺文章・三二二）。

11月

19日 高麗正吉が武蔵国六所宮（東・府中市）の祭事に神楽・頭銭を奉納すべき各神社神主の名簿を作成する（野々宮神社文書・埼六-二-一七九）。**21日** 北条氏康が武蔵国三保谷（埼・川島町）養竹院の奇文禅才に、寺領として相模国須崎（神・鎌倉市）大慶寺分を寄進する（神奈川県立歴史博物館所蔵帰源院文書・三二三）。

12月

9日 太田資正が武蔵国岩付城（埼・さいたま市岩槻区）を攻略して同城に入り、同国松山城（埼・吉見町）には上田朝直を入れるが、直後に朝直は北条氏康に内応する（年代記配合抄・北区史二-一四六頁）。**13日** 北条氏康が六〇〇〇騎で岩付城を攻囲して年を越す（同前）。

▼この年、大石綱周の娘比左が誕生する。のち北条氏照の正室（宗閑寺記録）。この年、唐船が伊豆国八丈島（東・八丈町）に漂着する（八丈実記）。この年、酒井康治が誕生する。前年との説もある（寛永諸家系図伝）。この年、小田原城内の光円寺の聖徳太子立像が制作される（光円寺所蔵・小一-一〇〇〇頁）。

天文十七年（一五四八）・戊申

1月

18日 太田資正が養竹院（埼・川島町）奇文禅才の仲介により、北条氏康と講和し従属する（年代記配合抄・北区史二-一四六頁）。**21日** 北条氏康が遠山綱景に、岩付衆で北条氏に味方した者を厚遇する様に指示する（上原文書・三二五）。

▼この月、公家の錦小路盛直が相模国で死没する。五六歳（公卿補任・小一-六五頁）。

2月

24日 遠山綱景が武蔵国品川（東・品川区）本光寺に制札を掲げ、寺域を保護させる（武州文書荏原郡・三二六）。**28日** 北条氏康が相模国大神（神・平塚市）新芳寺に、寺用として周囲の薪草伐採を許可し、兎角申す者は小田原城に告発させる（真芳寺文書・三二七）。**吉日** 武蔵国山口（埼・所沢市）勝光寺の木造不動明王・両脇侍を作仏し、作者は相州大山（神・伊勢原市）若狭法眼賀竹とある（勝光寺過去帳抜粋・埼玉県立博物館美術工芸品所在緊急調査報告書Ⅱ-九）。

3月

11日 北条氏康が尾張国清須城（愛知・清須市）の織田信秀からの書状に返書し、今川義元とは一度は和睦したが義元の不信感から不十分な和睦と伝える（古証文六・三二八）。同日、北条氏康が織田信秀に、去年の織田勢の三河国今川領への侵攻は北条方としては異議無い事で、今後も信秀と同盟する意向と伝える（同前・三二九）。**22日** 蜷川康親が相模国江ノ島（神・藤沢市）江島神社別当岩本坊に、廃絶した下之坊の時の如く外護する事を約束する（岩本院文書・三三〇）。

4月

13日 遠山綱景が関善左衛門に、武蔵国品川（東・品川区）妙国寺の寺内で濁酒商売をする者の処遇について、綱景としては了承し難いが当地は古河公方領でもあるし、古河公方と折衝に当たった善左衛門の立場も考慮して許可する事、寺内の竹木保護等も守護不入と認める（天妙国寺文書・三三一）。

5月

1日 北条氏康が伊豆国西浦（静・沼津市）七ヶ所百姓中に、船役銭は去年の改定通り三六隻と決定し、以後は船数が増えても増加分の船役銭は免除する。百姓等は漁船を求めて漁獲物を稼ぐ様に指示し、今後の北条氏の御用は別に北条家朱印状で申し付けると伝える（国文学研究資料館所蔵長浜大川文書・三三二）。**7日** 北条氏康が上原出羽守に、岩付領から北条領内に移り屋敷を構える必要から、知行として武蔵国戸部郷（神・横浜市西区）を宛行う（上原文書・三三三）。**8日** 大石道俊が小田野新右衛門尉に、前々の如く武蔵国由来（東・八王子市）内の別所谷と堀之内分の手作地を安堵する（佐野家蔵文書・三三四）。**10日** 北条綱成が相模国岩瀬邑（神・鎌倉市）大頂寺に雲板を寄進する（新編相模鎌倉郡・北条氏文書補遺三七頁）。**15日** 遠山綱景が武蔵国品川（東・品川区）妙国寺に、寺家林に居る白鷺の子を公方御用として問宮氏が捕る事を許可する（天妙国寺文書・三三五）。**大吉日** 武蔵国世田谷郷（東・世田谷区）泉沢寺の阿弥陀如来像銘札に、吉良頼貞・江戸頼忠・円城寺頼長・松原綱高等が見える（豪徳寺旧蔵文書・三三六）。

8月

6日 遠山綱景が武蔵国品川（東・品川区）妙国寺に、寺内の酒屋三間への横合いを禁止し、北条氏の許可無く堂の鳩や鷺の子を捕る事を禁じる（天妙国寺文書・三三七）。同日、遠山綱景が関善左衛門に、妙国寺の酒役を承認したと伝え、酒役免許は北条氏としては迷惑であるが善左衛門からの申入れなので許可し、妙国寺への免除では無いと告げる（同前・三三八）。**10日** 北条氏康が上原出羽守に、武蔵国戸部郷（神・横浜市西区）の去年の年貢内に中村平四郎の給分があり、その一部の年貢未納分を徴収させる（上原文書・三三九）。同日、植草長家が妙国寺に、酒役免許について旦那（主君）の関善左衛門への折衝を渋る遠山綱景の了承を得たと報告し、鳩や鷺の件も書面に仕立てた事を満足して来春は寺に説明すると伝える（天妙国寺文書・三四〇）。**16日** 今川義元が駿河国向敷地（静・静岡市駿河区）得願寺に、同国大平郷（静・沼津市）内を慈雲心月（伊勢宗瑞姉妹、北川殿）への毎日霊供料所とし、父今川氏輝の寄進に任せて安堵し諸役を免除する（徳願寺文書・静七-三-一九一二）。**21日** 大道寺盛昌が鎌倉の建長寺法珠庵に、去年十月十二日に法泉寺（神・鎌倉市亀ヶ谷）へ敷地として北条氏から二〇〇疋、盛昌から一〇〇疋分を寄進したが、北条氏康が武田殿の請願で渡した事、その地は泉之谷（鎌倉市亀ヶ谷）で法泉寺の末寺があり、同寺の要請で替地を与え合計三〇〇疋相当の田畠を改めて寄進した事を大道寺周勝（盛昌の養嫡子）の副状で伝えさせる（相州文書鎌倉郡・三四一）。

9月

20日 吉良頼貞が武蔵国碑文谷（東・目黒区）法花寺に、寺家への諸役・諸公事を赦免し、同国池上（東・大田区）本門寺との相論を停止させ、違反については処罰すると伝える（法華寺文書・三四二）。

10月

2日 北条氏康が相模国大神（神・平塚市）新芳寺に、当寺の作事を担当する番匠で、希望する者は寺との自由契約で作事させる。北条氏が旧来の社寺が大工等を独占するのを禁じる（真芳寺文書・三四三）。**5日** 武蔵国池上（東・大田区）本門寺三解脱門を修築すると共に金剛神像を作仏し、発起旦那に上田朝直、旦那に岩本和泉守・同能化、大工に由木内匠助が見える（柳庵随筆・三四四）。

11月

7日 太田康資が武蔵国江戸平川（東・千代田区）法恩寺に、寺領として同国三田惣領（東・港区、目黒区）内を寄進する。ただし当文書は疑問点がある（本所寺社書上・三四五）。**15日** 相模国大貫中村（神・相模原市緑区）祥泉庵熊野権現の鳥居を修築し、地頭に内藤康行、代官に大野弥三郎、大工に山崎惣左衛門が見える（祥泉寺文書・三四六）。

▼この月、相模国煤ヶ谷村（神・清川村）不動堂の本尊不動明王の脇侍童子像を作仏し、飯山（神・厚木市）仏所慶源作とある（新編相模愛甲郡・相風三-二四四頁）。

12月

5日 上野国国峯城（群・甘楽町）の小幡憲重が北条氏康に従属し、同国平井城（群・藤岡市）上杉憲政を攻める（小林文書）。**14日** 鎌倉の町から出火し比企ヶ谷（神・鎌倉市）妙本寺大堂が焼失する（妙経寺文書・新五-三-三〇七一）。**23**

日 北条氏康が小田原城内の本光寺に、寺領内の相模国中村（神・小田原市）上町屋を守護不入として寄進し、来年の北条家朱印状で反銭・棟別銭は定めるが、陣夫・定夫は賦課させる（早雲寺所蔵本光寺文章・三四七）。この月末、越後国守護代の長尾晴景が引退し、弟景虎（のち上杉謙信）が家督を継ぎ春日山城（新・上越市）に入る。
▼この年、相模国南金目（神・平塚市）の藤間道安が死没する（法伝寺藤間家墓碑銘）。

天文十八年（一五四九）・己酉

2月 **2日** 埘和広基・某右衛門尉が連署して文書を発給する。当文書は裁断され内容が未詳（古文書花押写七・北条氏文書補遺五〇頁）。 **3日** 武蔵国長若村（埼・秩父市）法性寺の大般若経を書写し、大旦那に斎藤行定が見える（法性寺所蔵・四六三八）。

3月 **7日** 武田信玄が大石道俊に、向山又七郎への書状に返書して信濃国伊那郡に出馬し成敗した状況を記し、また北条氏康が和睦したい意思なので仲介して欲しいと伝え、又七郎から副状で述べさせる（玉英堂稀覯本書目二一二号・四六九二）。
28日 石巻家貞が相模国野場（神・横浜市港南区）・前岡（横浜市戸塚区）百姓中に、両郷は鎌倉の東慶寺寺領のため餌指が入り小鳥を捕る事を禁止させ、違反者は小田原城に申告すれば尋問のうえ成敗させる（東慶寺文書・三四八）。
▼この月、武蔵国吾野（埼・飯能市）吾野神社を造営し、大旦那に岡部泰忠、奉行に平沼忠政、大工に小室新三郎、鍛冶大工に中沢右衛門が見える（吾野神社所蔵棟札・三四九）。

4月 **14日** 甲斐国で夜中に大地震が発生し、明応七年（一四九八）八月の東海沖大地震に匹敵する規模という。相模国も郷村はじめ神社仏閣や城郭にも相当の被害を受ける（妙法寺記・武田史料集三三頁）。

5月 **15日** 武蔵国高幡（東・日野市）金剛寺に不動護摩供養成就の木札が納められる（金剛寺所蔵・武銘六四〇）。 **24日** 北条氏康が相模国山内（神・鎌倉市）建長寺宝珠庵に制札を掲げ、鎌倉泉ヶ谷の法泉寺再興につき泉谷山の森林竹木の伐採を禁止させる（相州文書鎌倉郡・三五〇）。

6月 **8日** 北条宗哲が相模国依智之郷（神・厚木市）妙伝寺に、北条家朱印状で諸役免除した事を伝える（穴八幡神社所蔵妙伝寺文書・三五一）。 **9日** 北条氏康が上総国真理谷城（千・木更津市）武田信応に、要望に応える旨を述べ使者の久米某から副状させる（本乗寺旧蔵文書・四六三九）。

7月 **10日** 冷泉為和が駿河国で死没する。六四歳。号は静清。 **21日** 北条氏康が大石道俊に、山内上杉勢の侵攻が予測され

7月 るため武蔵国松山城（埼・吉見町）の普請督励のため出馬する事、同国高松筋（埼・皆野町）に敵が策動し、藤田泰邦から救援を懇望され大石勢も出馬用意をして欲しい事、先月下旬に伊豆諸島の御蔵島（東・御蔵島村）に唐船が漂着して船載荷物を押収し、分国中の大社や六所神社への造営費用に分配するため岩本隼人に品目録を作成して管理させ、分配された神主は修理費用にせよと伝える（浄法寺文書・三五二）。**23日** 北条氏康が相模国江ノ島（神・藤沢市）江島神社別当岩本坊に、造営費として同社上下宮へ唐物の白糸二〇斤を寄進し、公方奉行と相談して使用方法を決めさせる（東京大学史料編纂所所蔵大坪文書・三五三）。**26日** 昨雨斎幸順が江ノ島衆徒中に、石巻家貞から唐船の船載品を弁財天へ寄進されるため、急ぎ小田原城に衆徒一人と北条綱成の代官が参府して荷物を受取り、石巻康保から何を申してきても我等から申す事を守り、明日には小田原城に参府させる（岩本院文書・四二六五）。

8月 ▼この月、大藤秀信が相模国富塚（神・横浜市戸塚区）新念寺に田畠を寄進（御茶の水図書館所蔵親縁寺文書・四六四〇）。**15日** 北条氏康が武蔵国三保谷（埼・川島町）養竹院の奇文禅才に、同国岩付城（埼・さいたま市岩槻区）太田資正との和談を仲介した功績を賞し、先年約束の通り相模国須崎（神・鎌倉市山崎）大慶寺分を寄進し、詳しくは龍源軒から伝えさせる（神奈川県立歴史博物館所蔵帰源院文書・三五四）。

9月 **3日** 太田資正が武蔵国慈恩寺（埼・さいたま市岩槻区）慈恩寺衆徒中に、渋江氏の支配下の十八坊も含め、六十六坊の支配を安堵する（慈恩寺文書・埼六‐一‐一九〇）。**18日** 相模国岩瀬（神・鎌倉市）大長寺に、福島九郎正室の朝倉氏が寿像を納め、自分の子には北条綱成、同弟綱房、息女に松田盛秀室がおり、老年になり逆修として寿像を作成し、仏師は上総法眼宗琢とある（大長寺所蔵・三五五）。**27日** 下野国の宇都宮尚綱が五月女坂（栃・さくら市）の合戦で那須高資に敗れて戦死する。高資方には北条氏康と芳賀高照・壬生綱雄・白川結城晴綱が加勢する。**29日** 北条氏康が鶴岡八幡宮院家中に、先規の如く門前を不入と定め、北条氏以外の者の諸役賦課を禁止させる（鶴岡八幡宮文書・三五六）。**晦日** 相模国山内（神・鎌倉市）円覚寺で、夢窓疎石二百年忌仏事が行われ、北条氏家臣で台村（鎌倉市）の領主の松石斎が助銭帳に見える（黄梅院文書・神三下‐六八〇）。**大吉日** 吉良頼康が祖先吉良頼高の菩提寺の泉沢寺（東・世田谷区）を多摩川対岸の武蔵国上小田中（神・川崎市中原区）に移転造営するため、当家徘徊諸人中に侍衆や地下人等に募縁を求め、松原常陸介・岡本新三郎の口上で説明させる（泉沢寺文書・三五七）。

10月 **7日** 公家の飛鳥井雅綱が北条西堂丸（のち景虎・北条氏康六男）・同松千代丸（のち北条氏政カ）に、蹴鞠の伝授書を与える（国立公文書館内閣文庫所蔵文書・五七九二〜三）。

11月 **5日** 北条氏康が下総国土氣城（千・千葉市緑区）酒井胤治に、安房国への軍事行動の忠節を認め前々から望みの二庄

（千・茂原市）を宛行う（酒井文書・三五八）。**7日** 北条綱成が鶴岡八幡宮院家中に、門前は不入と知りつつ鎌倉中の家別に玉縄城（神・鎌倉市）普請人足を賦課したため、奉行人が門前を調査して小田原城の神尾平左衛門と相談して対処させる（鶴岡八幡宮文書・三五九）。**9日** 北条氏康が庄虎千代に、知行の相模国小野郷（神・厚木市）を安堵し、左近将監女子（のち桑原又六室）への知行配分は虎千代の配慮に任せる（諸家文書・三六〇）。同日、北条氏康が庄虎千代に、小野郷内の一部を桑原又六に分配させる（同前・三六一）。**27日** 相模国吉浜本村（神・湯河原町）熊野三所大権現宮を造立し、大旦那に南条某（のち民部丞）、代官に山田若狭が見える（新編相模足柄下郡・三六二）。

12月

22日 北条氏康が刀鍛冶の山村某に、当陣中に太刀を贈呈された謝礼を述べる（山村文書・一五四九）。**吉日** 相模国森戸（神・葉山町）森戸大明神の牛玉宝印の版木を作成し、物部宗重が見える（森戸大明神所蔵・新横須賀市史三-一三五三）。

▼この年、山内上杉氏の家臣で武蔵国天神山城（埼・長瀞町）の藤田泰邦が北条氏康に従属する。

天文十九年（一五五〇）・庚戌

2月

19日 北条氏康が用土業国に、山内上杉家臣の高山氏知行内の上野国神田郷（群・藤岡市）・川除郷（藤岡市）を宛行う。氏康の勢力が武蔵国北西部から上野国南部に及ぶ（管窺武鑑二・三六三）。**吉日** 吉良頼康が武蔵国上小田中（神・川崎市中原区）泉沢寺に、移転造営が終わり寺家領として同国吉沢（東・世田谷区大蔵）の地を寄進する（泉沢寺文書・三六四）。

3月

20日 この日から七月まで砂が降り、天気が晴れず（海上年代記・千五-九七二頁）。**21日** 鎌倉の妙本寺、武蔵国池上（東・大田区）本門寺九世の日純が寂する。六九歳。**23日** 長尾憲長が死没する。四八歳。法名は嶺叟禅東大居士。**24日** 北条氏康が仁杉五郎三郎に、笠原綱信が北条氏綱後室の定めで調えた桶一三一個分の代金一〇貫文を諸郷に赦免させる（本朝武家諸姓分脈系図仁杉伊東・北条氏文書補遺二四頁）。同日、武蔵国高幡（東・日野市）高幡不動（金剛寺）不動堂の木柱に、大工の野田次郎左衛門が見える（金剛寺所蔵・武銘六四一）。**27日** 武蔵国池上（東・大田区）本門寺の日朗筆本尊を、日純から日現が受け継ぐ（本門寺所蔵・武銘六四二）。

4月

1日 北条氏康が国中諸郡の郷村が疲弊し、百姓が退転した事から税制改革を断行し、伊豆国西浦長浜（静・沼津市）・狩野内牧之郷（静・伊豆市）・相模国一色（神・小田原市）・磯辺郷（神・相模原市南区）・田名郷（相模原市中央区）・武蔵国本牧郷（神・横浜市中区）・南北品川（東・品川区）の諸郷村に、諸公事の代わりに懸銭を新設し、他の雑公事

4月

は免除する。ただし陣夫・廻陣夫・大普請人足・城米銭は賦課する。退転した百姓の還住者には借銭・借米を赦免し、北条家朱印状の無い郡代夫の賦課は不許可と通告する。昨年四月の大地震の被害が深刻なため、それへの対策か（国文学研究資料館所蔵長浜大川文書ほか・三六五～七二）。 **5日** 糟屋清承が相模国芦名郷佐島村（神・横須賀市）観妙寺を再建する（相州文書三浦郡・三六八）。

▼この月、雪村周継が小田原城に来訪し、以天宗清の画像を描き以天が着賛する（大徳寺龍泉庵所蔵・小一-七二八頁）。

5月

3日 葛山氏元が諏訪部惣兵衛に、駿河国大岡庄（静・沼津市）岡宮浅間社の社領の諸役を免除する。氏元室は北条氏康の妹（判物証文写今川三・静七-三-一九八五）。 **14日** 北条氏康が伊豆国雲金（静・伊豆市）妙光寺の創建に当たり、寺域の棟別銭と竹木賦課を免除する（妙本寺文書・四六四二）。 **18日** 相模国箱根（神・箱根町）箱根権現前別当融山が、小田原城下の松原大明神修築の遷宮記を記す（蓮上院所蔵西光院文書・小一-七一九頁）。

▼この月、武蔵国府中（東・府中市）普門寺の木造地蔵菩薩半跏像を作仏（普門寺所蔵・造像銘記集成一一六〇）。

閏5月

13日 北条氏康が相模国磯辺（神・相模原市南区）代官・百姓中に、懸銭は六月十五日迄に小田原城の関弥三郎に渡し、悪銭は一〇文に四文の混入率と規定し納入が六月晦日を過ぎたら百姓は死罪、地頭や代官にも責任を負わせる。ただし、懸銭は六月に半分、十月に半分の納入とする（富士浅間神社文書・三七三）。同日、糟屋清承が相模国芦名郷佐島村（神・横須賀市）観妙寺の本尊を奉り、仏師に鎌倉の大蔵法眼（長盛）が見える（相州文書三浦郡・三六八）。 **18日** 北条氏康が鎌倉の浄智寺の梵鐘を召上げ、伊豆国熱海（静・熱海市）東明寺に寄進し、鐘銘に追刻して大旦那は従四位・左京大夫氏康と署名。遠山綱景・太田宗真、奉行に笠原綱信、小奉行に窪田秀重が見える（東京国立博物館所蔵拓本・三七四）。 **21日** 北条氏康が鎌倉比企谷（神・鎌倉市）妙本寺に、寺側からの申入れに疎略無い事を約束し、詳しくは大道寺盛昌の副状で伝えさせる（妙本寺文書・三七五）。同日、大道寺盛昌が鎌倉の浄智寺蔵雲庵に、鐘突料として寺領を寄進し、もし問題が生ずれば鎌倉小代官の後藤宗琢を証人とさせる（相州文書鎌倉郡・三七六）。

6月

2日 武蔵国虎秀（埼・飯能市）吾那神社神輿を再興し、大旦那に岡部泰忠が見える（吾野神社所蔵・三七七）。 **9日** 北条氏康が用土業国に、上野国金井村（群・藤岡市）を宛行い、北条氏への従属の書留め書類を糾明して同村が無主なれば、村内の侍を同心として付属させる（管窺武鑑二・三七八）。 **18日** 北条氏康が相模国箱根（神・箱根町）箱根神社別当金剛王院に、鶴岡八幡宮相承院の融元の同院跡職の事は、北条氏の採決の及ばぬ事と大道寺盛昌や桑原盛正に伝える。相模国大多和郷（神・横須賀市）は前々から同院領で近年に検地し、北条家の直轄領として龍源軒が代官を務めたが龍源軒の死去で同院に返却すると伝え、融元の書状は盛昌に渡させる（鶴岡八幡宮所蔵相承院文書・三八〇）。同日、北条氏康が相承院に、大多和郷の検地の結果、本増合計一一七貫文で内六七貫文の増分は鶴岡八幡宮院家中の廻御影供料に配分し、残りは相承院に寄進する（同前・三七九）。

7月

6日 北条氏康が幕府申次衆の彦部晴直に、将軍との仲介の謝礼に太刀と馬を贈呈する（彦部家譜・四六九六）。**12日** 大道寺盛昌が死没するか。六二歳。法名は宗真。**17日** 北条氏康が小田原城内の本光寺に、寺領として相模国下中村（神・小田原市）上町分と小竹との係争地を寄進したため、改めて四貫文の地を検地施行し、確定して寄進し年貢を納めさせる（早雲寺所蔵本光寺文章・三八二）。同日、北条氏康が下中村上町分に検地を施行して検地帳を作成し、小竹との係争地を田八反余と確認して上町の内と定め、免除分を差引いた高の年貢分を納入させる（種徳寺文書・三八四）。同日、千葉親胤・原胤清が下総国千葉（千・千葉市中央区）妙見社の棟上式を行う（千学集抜粋・千五-九七二頁）。

8月

13日 武蔵国横沢（東・あきる野市）吉祥院（大悲願寺）本尊の不動明王坐像二童子立像を作仏し、大仏所に大山住法眼、旦那に来住野大蔵が見える（蓮啓見聞集・武銘六四四）。**23日** 北条氏康が太田氏資に、武蔵国松山城（埼・吉見町）に着城したら舎弟左衛門四郎を人質として差出させる事、人質を渋る事は従属への不忠とみなす事、その訳は北条氏と山内上杉氏との境界をなす利根川流域東西への作戦に影響すると伝える（由良文書・三八三）。

9月

14日 太田資高室（北条氏綱の娘）が死没する。法名は浄心院日海比丘尼。**16日** 吉良頼康が武蔵国上小田中（神・川崎市中原区）泉沢寺に、上小田中市場から泉沢寺堀際迄を門前町と認め、諸役・公事を免除させ志望者に居住許可を与えて市場を繁栄させる（泉沢寺文書・三八五）。**晦日** 簗田高助が死没する、五八歳。法名は富春院海日徳聚居士。嫡男晴助が家督を継ぐ。

11月

この月初め、北条氏康が上野国平井城（群・藤岡市）山内上杉憲政を攻め、攻略できず（小林文書・高崎市史資料編四-二八〇）。**5日** 武蔵国上奈良橋郷（東・東大和市）豊鹿島大明神を造立し、大旦那に工藤下総入道、大工にはた太郎右衛門が見える（豊鹿島神社所蔵棟札・武銘六四六）。**23日** 千葉親胤や原胤清の一門が下総国千葉（千・千葉市中央区）妙見社の遷宮式を行う（千学集抜粋・千五-九七二頁）。

12月

19日 北条氏康が狩野介・蜷川某・高橋郷左衛門尉に、その地の在番城の警護と火の用心を厳しく申しつけ、確認してから在所に帰国せよと指示する。その地とは松山城（埼・吉見町）を指すか（高橋文書・三八六）。**24日** 下総国米野井城（千・香取市）牛尾胤貞が、水陸交通の要衝の同国臼井城（千・佐倉市）に移り勢力を拡大する（海上年代記・千五-九七六頁）。**晦日** 上田宗調（朝直）が武蔵国御堂（埼・東秩父村）浄蓮寺に、寺領として斎藤氏の知行した大河原の地他を寄進する（浄蓮寺文書・三八七）。

12月 ▼この年、北条氏康が上野国平井城（群・藤岡市）を攻略し、山内上杉憲政は逃れて同国白井城（群・渋川市）に入る。この年、武蔵国鶴間村（埼・富士見市）妙賢寺の日現筆十界曼陀羅を上田朝直の創建した栖林院に納める（妙賢寺所蔵・三六九）。この年、相模国大田和郷（神・横須賀市）・鶴間（神・相模原市、大和市）で検地を施行（役帳）。

天文二十年（一五五一）・辛亥

1月 **22日** 那須高資が北条氏康に味方して弟資胤と争い、家臣の千本資俊に下野国千本城（栃・茂木町）で殺害される。

3月 **21日** 大藤金谷斎（栄永）が死没する。法名は旦公栄泉禅定門（高野山月牌帳）。

4月 **26日** 京都の南禅寺の東嶺智旺が関東に下向し、小田原城から鎌倉まで北条氏から伝馬使役の許可を受けて玉縄城（神・鎌倉市）に至り、城下の伊勢貞辰の被官宅で歓待される。ついで武蔵国金沢（神・横浜市金沢区）で副室・伊藤両氏に世話になり、のち鎌倉の建長寺・長谷寺・極楽寺・江ノ島弁財天等を見学（明叔録二・小一-六六頁）。 **27日** 東嶺智旺が遠山綱景とかつて対談したと美濃国禅昌寺（岐・下呂市）に伝える（同前・小一-六九頁）。

5月 **9日** 藤田康邦が斎藤行定に、忠節により屋敷分を宛行う（武州文書秩父郡・四三二）。 **26日** 北条綱成が相模国江ノ島（神・藤沢市）江島神社別当岩本坊に禁制を掲げ、江ノ島の岩屋で鳩を捕る事や殺生を禁止し、島全体を不入と定めて北条家中衆でも違反者は玉縄城（神・鎌倉市）に申告させる（岩本院文書・三九〇）。 **吉日** 武蔵国末野（埼・寄居町）少林寺の八幡大菩薩に、大旦那の黒沢政信が鰐口を奉納する（新編武蔵榛沢郡・四六四二）。

6月 **7日** 甲斐国の小山田信有が相模国江ノ島（神・藤沢市）江島神社別当下之坊に、江島神社へ参詣の道者は下之坊に告げてから参詣させる（相州文書鎌倉郡・四八六七）。 **10日** 北条氏康が伊豆国西浦（静・沼津市）代官・百姓中に、西浦五ヶ村で網場を抱えた百姓の子供や前々からの舟方は、地頭・代官に無断で他所の者の被官になる事を禁じ、子供を他人の被官に出す者は地頭・代官に断り認書を取らせる（国文学研究資料館所蔵木負大川文書・三九一）。

7月 **1日** 北条氏康が相模国箱根（神・箱根町）箱根神社別当金剛王院の融山に、相模国西・中・東三郡の天台・真言宗僧侶二〇〇人を小田原城に集めて祈禱をさせ、九日から同院での読経を依頼する（箱根神社文書・三八一）。同日、吉良頼康が武蔵国衾村（東・目黒区）東岡寺の僧侶寿楽斎に、同寺領の衾村内の芳窪が横領され改めて寄進する（東光寺文書・三九二）。 **2日** 北条氏康が小田原城内の本光寺に、修理料所として相模国下中村（神・小田原市）沼代分の年貢を寄進する（早雲寺所蔵本光寺文章・三九三）。 **11日** 足利晴氏室芳春院殿（北条氏綱の娘）が簗田晴助に二心ない事を誓い、北条氏康へもわが子の足利義氏が忠節を尽くすと誓う（静嘉堂本集古文書・神三下-七〇三八）。**17日** 北条氏康が駿河国沼津（静・沼津市）妙海寺に、小田原城下への移転後も諸公事・飛脚僧・陣僧を免除とする（妙海寺文書・三九四）。**25日** 北条氏康が清水康英に、伊豆国宇土金（静・下田市）を宛行い、借銭返済のために売却して借元の瑞泉庵に遣わす事を許可し、所領役は康英に負担させる（新井氏所蔵文書・三九五）。**26日** 今川義元が駿府で北条氏の使者遠山氏に対面する。北条・今川同盟の交渉か（高白斎記・武田史料集九六頁）。

8月

2日 真理谷武田信隆が死没する。法名は祥山全吉。**13日** 日弘が伊豆国雲金（静・伊豆市）妙本寺の常住物として、日顕に本尊を授与する（妙本寺所蔵・静七-三-二〇六六）。**15日** 後奈良天皇が永平寺の住職で相模国谷津（神・小田原市）興徳寺の悦叟宗忻上人に、紫衣着用を許可する（相州文書足柄下郡・小一-七三〇頁）。**26日** 北条氏康が清水康英に、伊豆国宇土金（静・下田市）に小浦之村（静・南伊豆町）も加えて借銭返済のために売却し、借元の瑞泉庵（韮山城下四日町の蔵本）に遣わす事を許可する（新井氏所蔵文書・三九六）。同日、清水康英が瑞泉庵に、宇土金郷と小浦村を北条家朱印状も添えて六三〇貫文で売却する事、宇土金の知行役は北条氏が半役を受けなければ全て康英が受ける事、小浦村については銭が用意でき次第一〇年過ぎれば本銭一五〇貫文で買い戻す事を約束する（同前・三九七）。同日、清水康英が瑞泉庵に、宇土金郷・小浦村の検地結果の所務状を提出し、年貢高と知行役高を確認する（同前・三九八）。

▼この月、武蔵国神奈川三ツ沢（神・横浜市西区）豊顕寺開山の日時筆十界図裏書に、日時から弟子の日有に譲渡したと記す。同寺は多米氏の菩提寺（新編武蔵橘樹郡・武風三-三〇二頁）。

9月

1日 北条氏康が武蔵国市宿新田（埼・鴻巣市）と小池長門守屋敷に、新田開発の者には諸役を免除とし、精を入れて開発する者には食料を与える（武州文書足立郡・三九九）。**6日** 大石道俊が武蔵国小和田（東・あきる野市）広徳寺に、寺領確認の書上を発給して年貢は別帳に記載するとし、袖位置に北条家の虎朱印を捺印して北条氏康の確認をとる。武蔵国多摩郡の支配権が大石氏から北条氏に移る過渡期（広徳寺文書・四〇〇）。**20日** 北条氏康が相模国宅間（神・鎌倉市）報国寺に、寺門内の棟別銭を免除して諸役を不入とし、門内の菜園の地子銭や竹木賦課も免除する（報国寺文書・四〇二）。同日、鎌倉の東慶寺僧侶が蔭凉軒（要山法関）に、国恩寺（鎌倉市山内）の住職は北条氏康の遺弟と記す（東慶寺文書・神三下-六九一八）。**27日** 藤田泰邦が相模国江ノ島（神・藤沢市）江島神社別当下之坊に、戦勝祈願の弁財天・摩利支天の御守を受取り謝礼を述べる（相州文書鎌倉郡・四二三）。**28日** 相模国下粕屋（神・伊勢原市）八幡大菩薩を造営し、大旦那で地頭に渡辺石見守、代官に築城太郎左衛門、大工に明王太郎が見える（新編相模大住郡・四六四三）。**吉日** 武蔵国木田見郷岩戸村（東・世田谷区）江戸重久夫妻が、紀伊国熊野本宮（和・那智勝浦町）に宝剣と鏡を奉納する

9月
(紀伊国古文書牟婁郡古文書八・四八六八)。

11月
15日 伊豆国上佐ヶ野(静・河津町川津筏場)阿闍梨霊神宮を造立する(土屋文書・静七-三-二〇七七)。

12月
7日 吉良頼康が大平清九郎に、武蔵国等々力村・小山郷(東・世田谷区)を宛行い開発を任せる(大平文書・四〇二)。同日、吉良頼康が大平清九郎に、等々力村・小山郷の開発に円城寺頼長の抱え百姓を付与し、詳しくは松原常陸介・同佐渡守から述べさせる(同前・四〇三)。 **11日** 北条氏康が下総国関宿城(千・野田市)の簗田晴助に五ヶ条に及ぶ起請文を発し、足利晴氏への忠誠を誓い、晴氏の離反に対しては厳しい態度を示す(静嘉堂本集古文書シ・四〇四)。 **23日** 清水康英が瑞泉庵(静・伊豆の国市)に、三島宿(静・三島市)屋敷の売却について詳しく説明する(新井氏所蔵文書・四〇五)。 **28日** 太田康資が武蔵国岩淵郷赤羽根(東・北区)赤羽八幡社の禰宜職朝日与五右衛門尉に、社領一貫文は私領と認め社殿修理を命じ、修理を怠る場合は所領を召上げるとした(黄梅院文書・四〇六)。
▼この冬、北条氏康が冬から翌年にかけて再び利根川左岸の小幡・高山氏等の河西衆、同右岸の那波氏等と糾合して上野国平井城(群・藤岡市)の上杉憲政を攻める。憲政は白井城(群・渋川市)から再び平井城に帰還していた(身延文庫所蔵仁王経科註見聞私奥書・埼玉県史研究三)。
▼この年、北条氏康が相模国江ノ島(神・藤沢市)江島神社上之宮に、三〇〇〇疋を奉加する(岩本院文書・四〇七)。

天文二十一年(一五五二)・壬子

1月
23日 今川義元が駿河国興国寺城(静・沼津市)を取立て、秋山三郎左衛門尉と高橋修理進が協力して普請役を務めさせる(秋山文書・静七-三-二〇九六)。同日、甲斐国の小山田信有が死没する。法名は長生寺殿前羽州太守契存大禅定門。

2月
11日 北条氏康が山内上杉憲政攻略のために武蔵国御嶽城(埼・神川町)安保全隆(泰忠)を攻め、三月初めに全隆父子は降伏する。上杉憲政が大打撃を受ける。 **26日** 長尾当長が下野国鑁阿寺(栃・足利市)に、御嶽城の戦いの戦勝祈願を依頼し寺領を寄進する(鑁阿寺文書・群七-二〇一五)。 **大吉日** 吉良頼康が武蔵国等々力(東・世田谷区)満願寺に、山・屋敷・手作分の田を安堵し、寺家再興に努め寺務に励むことを指示し、詳しくは松原佐渡守の副状で述べさせる(満願寺文書・四〇八)。

3月
14日 北条氏康が上野国国峯城(群・甘楽町)小幡憲重に、武蔵国今井村(埼・本庄市)の百姓が退転したので帰村させ、耕作に励ませる。憲重は天文十九年(一五五〇)に上杉憲政を離反し氏康に従属(鈴木弘氏所蔵文書・四〇九)。 **20日** 北条氏康が上野国北谷（群・藤岡市）百姓中に、三波川谷と北谷の百姓を早く退転先から帰村させ、耕作に励ませる（飯塚文書・四一〇）。 **21日** 北条氏康の嫡男新九郎（天用院殿）が死没する。法名は天用院殿雄岳宗栄大禅定門。次男氏政が家督を継ぐ（北条家過去名簿）。 **27日** 吉良頼康が大平清九郎に、武蔵国小山と等々力（東・世田谷区）の山野の境目が原野で他郷の開発地と混ざり、不分明で検分し入植者を置いて開拓させる（大平文書・四一一）。 **吉日** 真理谷武田信応が上総国高谷（千・袖ヶ浦市）延命寺に、末寺にいたるも疎略にしないと約束する（上総国古文書・千三-八〇〇頁）。

▼この月、北条氏康が上野国平井城（群・藤岡市）を攻略して上杉憲政を同国から撤退させ、上野衆の由良・足利長尾・大胡・長野・富岡・佐野氏等が氏康に従属。 この月、これ以前に氏康が従五位下・左京大夫に任官。

4月

3日 武蔵国妻沼（埼・熊谷市）聖天社の大堂を再建し、領主に成田長泰、大旦那に長泰母、地頭に手島高吉、大工に今井金吉が見える（新編武蔵幡羅郡・武風一一-二二頁）。 **10日** 北条氏康が上野国小泉城（群・大泉町）富岡主税助に、北条氏に従属した茂呂氏と昵懇にさせる（千葉市立郷土博物館所蔵原文書・四一二）。 **12日** 北条氏康の願いにより鶴岡八幡宮の大鳥居が相模国由比浜（神・鎌倉市）に再建される（鶴岡御造営日記・戦北補-八五頁）。 **晦日** 鶴岡八幡宮恵光院の尋恵が、北条氏康の意に反して番匠は八幡宮の望みの者が出仕しないと述べる（同前・戦北補-八七頁）。

▼この月、相模国酒匂（神・小田原市）大見寺の宝篋印塔に、酒匂郷の小島行西の名が見える、ただし当銘文は後刻の可能性もある（大見寺所蔵・小一-九三頁）。

5月

月初め 関東管領山内上杉憲政が家臣の謀叛により上野国平井城（群・藤岡市）から上杉謙信を頼って上越国境に没落する。 **17日** 北条氏康が喜久田新三郎に、前々から伊豆国狩野庄（静・伊豆市）内の岡田氏抱えの田畠・屋敷には年貢・反銭・棟別銭を賦課したが、今後は改めて諸役賦課を禁止させる（伊豆順行記・四一四）。

6月

4日 近衛稙家が北条氏康に、京都の医者半井明英を小田原城に下向させ、氏康から要望の書物を届けさせたと伝える（陽明文庫所蔵文書・北条氏文書補遺五一頁）。 **16日** 北条氏康が鎌倉小町（神・鎌倉市）大巧寺の秀芳に、鎌倉能成寺分の山中氏頼屋敷を宛行う（相州文書鎌倉郡・四一五）。

7月

21日 北条氏康が古河公方家臣の渋江景胤に、長年使者を務めた功績を認め真理谷武田氏領の上総国井ヶ尻郷（千・木更津市）を宛行う。これ以前に真理谷武田信応が死没し、支配地が氏康に収公されたと分かる（記録御用所本古文書一三・四一六）。 **27日** 京都の医者半井明英が小田原城から帰国する（言継卿記・小一-六九〇頁）。

8月

10日 北条氏康が相模国田名（神・相模原市中央区）百姓中に、反銭六貫文余を九月十日迄に小田原城の関弥三郎に納入させ、法度に任せ一〇文の内三文の悪銭の混入を認める（陶山氏所蔵江成文書・四一七）。 **19日** 大石道俊が武蔵国案下

8月

(東・八王子市)熊野宮の禰宜彦次郎に、禰宜役と屋敷分を永代安堵する(新編武蔵多摩郡・四一八)。**吉日** 遠山直景後室まつくすが武蔵国六所明神(=大国魂神社、東・府中市)本地仏釈迦像を修理し、夫と嫡男綱景、孫弥六郎(のち隼人佐)と自身の息災を祈願して台座にその旨を記す。文中に北条氏康夫妻の御意良く、北条幻庵(宗哲)の御意良くとある(新撰総社伝記考証附巻・四一九～二〇)。

▼この月、千葉憲胤が武蔵国赤塚郷(東・板橋区)松月院に泉福寺東別当の田地と平沼村を寄進(松月院文書・四二一)。

11月

7日 大藤兵部丞が死没する。法名は実渓宗真禅定門。**15日** 後奈良天皇が相模国大窪(神・小田原市)興徳寺の宗忻上人に、透源大通禅師の徽号を与える(善栄寺文書・神三下-六九二九)。同日、遠江国鷲津(静・湖西市)本興寺の仏殿を修復し、奉加者に多米時信と西郷右京亮が見え北条氏康の家臣と思われる(本興寺所蔵棟札・静七-三-二五二)。同日、伊豆国狩野庄松瀬村(静・伊豆市)笠離大明神を修造し、地頭に狩野介、大旦那に飯田泰長、大工に福井秀照、代官に小泉意春、本願旦那に飯田泰光、本願に大河吉広が見える(軽野神社所蔵棟札・四六四四)。同日、武蔵国江戸郷上平河村(東・千代田区)築土神社の遷宮式を執行する(築土神社所蔵桶墨書銘・四八六九)。**27日** 今川義元の娘(嶺松院殿)が武田義信に嫁ぐ(妙法寺記・武田史料集五五頁)。**吉日** 武蔵国新堀(埼・日高市)大宮を造立し、大旦那に某景信が見える(高麗神社所蔵棟札・埼九-三三五頁)。**吉日** 伊豆国那賀郷船田(静・松崎町)若宮権現を修築し、番匠大工に馬場行重が見える(若宮八幡神社所蔵棟札・四八七〇)。

12月

12日 足利晴氏が嫡男藤氏を廃嫡し、梅千代王丸(義氏=北条氏康の甥)に古河公方家の家督を相続させる。北条氏康の圧力による。その後、ほどなく梅千代王丸と晴氏は下総国葛西城(東・葛飾区)に移座する(さくらい市所蔵喜連川文書・戦古六七二)。**14日** 北条氏康が上総国真理谷(千・木更津市)妙泉寺に、同国小櫃(千・君津市)内の地を真理谷武田信応の時の寄進に任せて安堵し、信応の菩提料とさせる(上総国古文書・四二四)。**26日** 大道寺周勝が鎌倉の円覚寺正続院門徒中に、宗祖の座禅岩屋蔵を続灯庵が横領したとの訴えに対処し、続灯庵に問い合わせて年初めには回答が来ると北条氏康から聞いており、間宮宗甫(政光)から副状を出させる(仏日庵文書・四二五～六)。**吉日** 北条氏康が大藤与七に、大藤金谷斎の死没により養子与七に家督相続させ、家臣に武具を整備させ寄子・被官には良い者を人選する事、偽りなく触口等を勤めさせる事を指示する(大藤文書・四二七)。

▼この年、伊豆国大平村(静・伊豆市)神明社の棟札に旦那は源庵(北条幻庵=宗哲)と見える(大平神社所蔵棟札・四八七二)。この年、相模国今井郷(神・小田原市)で検地を施行する(役帳)。

天文二十二年（一五五三）・癸丑

1月

11日 北条氏康が武蔵国鷲宮神社（埼・鷲宮町）神主の大内晴泰に、年頭の祈禱と鯉を贈呈され返礼として太刀を贈る（鷲宮神社文書・四五七）。**17日** 北条氏康が庄新四郎に、康の一字を与え康正と名乗らせる（諸家文書・四二八）。同日、武田信玄の許に使者が来て小山田信茂と宮川将監が応対し、二十日に穴山信君に北条氏康の書状と紬一〇反が贈られる。氏康と信玄が相甲同盟の誓書を交換（高白斎記・武田史料集一〇三頁）。**吉日** 相模国河村郷（神・山北町湯触）三宮寺を造立し大旦那に松田康隆、向原政秀、番匠に遠藤新五郎、鍛冶に原次郎左衛門が見える（新編相模足柄上郡・四二九）。

▼この月、伊勢神宮外宮庁宣によれば、北条氏康に二所皇太神宮領の下総国葛西三十三郷（東・葛飾区、江戸川区）から神宮に年貢が入らず社務が滞っており、北条氏領内であるから新しく葛西三十三郷を寄進して欲しいと依頼（鏑矢伊勢宮方記・四二一）。

閏1月

11日 相模国大貫中之村（神・相模原市緑区）熊野堂を修理し、地頭に内藤康行、代官に大野行通、大工に山崎惣左衛門が見える（祥泉寺所蔵文書・四三〇）。**19日** 北条氏康が鎌倉の円覚寺正続院に、同寺続灯庵との境にある開山座禅岩蔵の帰属の相論で、正続院に帰属と決める。奉者は大道寺周勝（仏日庵文書・四三一）。同日、大道寺周勝が正続院に副状し、座禅岩蔵の件で同院に帰属と決まり北条家朱印状を発給すると伝える（同前・四三二）。

2月

2日 石巻家貞が天十郎大夫に、北条氏康からの命令で他国からの来客には天十郎と一人召し連れ奏者に断ってから小田原城に挨拶させ、他の者の挨拶を禁止させる（相州文書足柄下郡・四三三）。**3日** 間宮政光が鎌倉の円覚寺正続院門徒中に、同院の寺領が無く香油銭も断絶しており、大道寺周勝に訴えると伝える（仏日庵文書・四三四）。**9日** 北条氏康が伊豆衆の江川太郎右衛門尉に北条家朱印状を与える。当文書は前欠で内容は未詳（江川文書・四六四五）。**10日** 上杉謙信の兄長尾晴景が死没する。四五歳。法名は千巖寺殿花嶽光栄。**26日** 北条氏康が一櫟兵庫助に、先年の下向の時に伊勢神宮領の下総国葛西庄（東・葛飾区、江戸川区）について、房総が北条領になれば寄進すると答えたが、未だ抗争中であり、寄進には承服できないと答え、詳しくは石巻家貞・板部岡康雄から副状で述べさせる（鏑矢伊勢宮方記・三七八一）。**27日** 北条氏康が伊勢大神宮禰宜中に、御祓の箱を贈呈された謝礼を述べ、房総が氏康の支配になれば新しく神領を寄進すると約束し、詳しくは石巻父子から伝えさせる（同前・一五三三）。同日、石巻家貞が伊勢大神宮一神主に、先年の一櫟兵庫助が小田原城に来た時は、葛西庄は房州が北条領にならず寄進は断ったが、当座の御最花銭として五〇〇〇疋（五〇貫文）を寄進したので房総平定まで寄進を待って欲しいと伝える（同前・四〇六三）。

3月

18日 北条氏康が高山彦五郎に、山内上杉領を掌握して上野国平井城（群・藤岡市）近くの某市場の市日を定め、押買狼藉・喧嘩口論を禁止させ、違反者は小田原城に申告させる（藤岡市高山文書・四二六）。20日 北条氏康が結城政勝に、白川晴綱からの書状を受けた事を伝え白川や伊達・芦名各氏への仲介も依頼する。この頃に氏康は結城政勝・大掾慶幹と結び、小田氏治・佐竹義昭と対立する（白川文書・四六二）。22日 足利梅千代王丸（義氏）が下野国大中寺（栃・大平町）に、足利政氏の判物に任せて同国中泉荘西水代郷（栃・大平町、小山市）の寺領を安堵し不入とする。義氏文書の初見（大中寺文書・戦古七九六）。23日 北条綱成が陸奥国白河城（福島・白河市）白川晴綱に、外交交渉の開始を喜び、北条氏康に角鷹、綱成に刀を贈られた謝礼に定宗作の小刀と酒を贈答し、今後の親交の取次を約束する（白河証古文書・四六三）。同日、北条綱成が白川晴綱の重臣和知右馬助に、晴綱から北条氏康への書状到来を感謝して白川氏への取次役を務める事を伝え、啄木の墨絵を贈呈された謝礼に島田作の鉾鎌を贈答し、今後は常陸方面の状況が晴綱から寄せられるので右馬助からも知らせて欲しいと依頼する（武家雲箋・三〇九四）。

4月

1日 北条氏康が武蔵国市川（埼・東松山市）永福寺に制札を掲げ、寺内・門前の不入、殺生や竹木伐採の禁止、寺領からの年貢・諸役納入の難渋を禁止させる。同寺には同日付の木製の高札も保存（永福寺文書・四三七）。同日、石巻家貞が一櫟兵庫助に正月二十六日から相模国浦賀城（神・横須賀市）に在城中と知らせる（鏑矢伊勢宮方記・八五一）。2日 北条氏康が新石切五人を指定して扶持銭を支給し、急の御用を怠らず務める事を命じ、扶持銭は年末に西郷氏から支給させる（青木文書・四三八）。3日 北条綱成が安房国吉浜（千・鋸南町）妙本寺に制札を掲げ、相模国から里見攻めに渡海した北条勢・甲乙人の乱暴狼藉を禁止させ、北条氏康の命令で違反者を成敗させる。北条氏が里見攻めを開始（安房妙本寺文書・四三九）。22日 北条氏康が上野国小泉城（群・大泉町）富岡主税助に、同国館林城（群・館林市）に敵が侵攻したために急ぎ駆けつけて城下で防戦に努め、城内の赤井氏家臣を大切にした功績を褒め万事について氏康と富岡氏を仲介した茂呂因幡守と相談し、城を堅固に守る事を指示し、岩本定次の副状で述べさせる（千葉市立郷土博物館所蔵原文書・四二三）。27日 後奈良天皇が北条氏康・今川義元・武田信玄に、祐全上人を東国三か国に下国させ大和国東大寺（奈・奈良市）大仏殿や境内修築のため修築費用の奉加を求める。当文書には北条左京大夫とあり、氏康の官途左京大夫の初見。ただし当文書は前年に比定する説もある（京都大学総合博物館所蔵勧修寺家文書・四六四）。
▼この月、この頃に北条方が真理谷武田氏を攻める里見方を攻め、内房正木氏が北条氏康に従属する。

5月

10日 北条氏康が伊豆国韮山（静・伊豆の国市）願成就院大御堂十穀に、神主の要望で城下四日町の八幡宮池添の田を寄進する（願成就院文書・四四〇）。21日 聖護院門跡が武蔵国南下谷（埼・鴻巣市）大行院に、上足立伊勢熊野先達衆分壇那職を安堵し十玉坊からの訴えの証拠書類が発見されたら重ねて審議するとした（武州文書足立郡・武古上-四五三頁）。同日、聖護院門跡が武蔵国小仙波（埼・川越市）玉林坊に、下足立伊勢熊野先達衆分壇那職を安堵し、大行院と同様に伝える（饗庭文書・埼六-一一二〇）。**大吉日** 吉良頼康が大平清九郎に、武蔵国廻沢（東・世田谷区船橋周辺）他の原野を宛行い、諸公事・諸役を免除して開拓を奨励させる（大平文書・四二）。

▼この月、伊勢神宮外宮（三・伊勢市）神主の渡会備彦が造替正遷宮に当たり、諸国大名に費用奉加を依頼し、北条氏康にも奉加を依頼（神宮文庫所蔵外宮引付天文・北区史二-一五九頁）。この月、古河公方足利梅千代王丸（のち義氏）が御座所を下総国葛西城（東・葛飾区）に移す。

6月

11日 太田資正が武蔵国高岩（埼・白岡町）忠恩寺に、門前の人足役と棟別役を免除する（忠恩寺文書・埼六-一一二一）。**26日** 北条氏康が安房国吉浜（千・鋸南町）妙本寺に制札を掲げ、北条勢・甲乙人の乱暴狼藉を禁止させる（安房妙本寺文書・四二）。同日、北条氏康が上総国金谷城（千・富津市）への攻撃拠点として妙本寺砦（鋸南町）を占領する。同日、妙本寺の日我が里見氏に対する周辺の土豪蜂起に危険を感じ、重宝や聖経を持って正木時忠の金谷城に逃げ込む（富士宗学要集・安房妙本寺日我一代記六六頁）。

7月

2日 相模国酒匂郷（神・小田原市）駒形大権現に御正体の懸仏を寄進し、三田氏家臣で代官の岡部広定、旦那に小島正吉が見える（新編相模足柄下郡・四八二〜三）。**6日** 甲斐国の小山田信有が下口（相模国方面）宿中に、小田原城下の天十郎大夫の伝馬三疋の往復通行を許可する（相州文書足柄下郡・四八四）。**13日** 北条水軍が正木時忠の上総国金谷城（千・富津市）を攻撃して放火し、籠城していた妙本寺の日我は脱出して勝山（千・鋸南町）の浮島に避難する。房州逆乱が勃発（いろは字下奥書・安房妙本寺日我一代記六六頁）。**24日** 足利梅千代王丸（のち義氏）が簗田晴助に、知行として下野国名間井郷（栃・小山市）・武蔵国川藤郷（埼・吉川市）を宛行う（簗田家文書・戦古七九八）。

9月

7日 北条氏康が水軍の山本家次に、寄子一〇人を与え扶持給を支給する（越前史料所収山本文書・四六四六）。**11日** 北条氏康が上野衆の富岡主税助に、同国に出陣して河鮨（群・玉村町川井カ）に着陣し、佐野領・新田領に進攻する予定の事、富岡蔵人が茂呂弾正に援軍を差し向ける事、茂呂弾正の依頼で新田党の大谷藤太郎を派遣した事等を伝える（千葉市立郷土博物館所蔵原文書・四三）。**吉日** 伊豆国岩科（静・松崎町）小鷹大明神を新造し、本願に左衛門大夫、鍛冶に斎藤二郎左衛門が見える（国柱命神社所蔵棟札・静七-三-二〇七）。

▼この月、以天宗清が伊豆国清寺の存用首座の要望で大浦の道号を与える（早雲寺文書・神三下-六九四三）。

10月

13日 北条氏康が藤田安広に北条家朱印状を与える。当文書は断簡のため文意は未詳（宇都宮市藤田文書・四四三）。**21日**

10月

伊豆国落合（静・下田市）高根神社を修築し、地頭に仙波益千（益千代）が見える（高根神社所蔵棟札・四六四七）。

11月

9日 北条氏康が鎌倉鍛冶職の福本九郎二郎に、棟別銭二間分を赦免して御用職人とし、公方御用の時には虎朱印で申し付けるとした。奉者は大草康盛（西島氏所蔵福本文書・四四四）。**15日** 北条氏康が鎌倉の安養院・浄明寺・別願寺・本覚寺・補陀洛寺・帰命寺・大巧寺・浄智寺に、先年の検地（天文十九年カ）に半分赦免した棟別銭の残り半分も赦免し、これ以前に棟別銭の賦課率は一間五〇文から三五文に軽減される（安養院文書ほか・四五〜五二）。**17日** 大道寺周勝が鎌倉の浄明寺・大巧寺に、先年の棟別銭の赦免に加えて全額を赦免し、寺内の修理費用に当て修理完了の書類を鎌倉代官の周勝に提出して確認をとらせ、詳しくは鎌倉小代官の後藤宗琢から述べさせる（浄妙寺文書ほか・四五三〜四）。同日、大道寺周勝が鎌倉の補陀洛寺にも同様に伝える（相州文書鎌倉郡・四五八）。**27日** 大道寺周勝が鎌倉の浄智寺に、先年の棟別銭三貫文の赦免に加えて二貫文を赦免し、寺内の修理費用に当て修理完了の書類を周勝に提出して確認をとらせ、詳しくは後藤宗琢から述べさせる（相州文書鎌倉郡・四五五）。

▼この月、武蔵国子安大明神（東・八王子市）の銅造十一面観音懸仏を造立す（子安神社所蔵・造像銘記集成二一六七）。

12月

12日 北条氏康が安中源左衛門尉に、陣労の忠節を認め上野国上南雲（群・渋川市）を宛行う。上野衆の安中氏が氏康に従属（市谷八幡神社文書・四二三）。**吉日** 武蔵国下長房（東・八王子市）白山妙理大権現を造営し、大旦那に大石綱周、大工に小松番匠の秋間重秀が見える（新編武蔵多摩郡・四五六）。

▼この年、鎌倉の鶴岡八幡宮領のうち六七貫文を重ねて諸寺へ寄進する（本年十一月の事カ）（役帳・戦北別-一六四頁）。

天文二十三年（一五五四）・甲寅

1月

10日 大道寺周勝が鎌倉円覚寺に同寺帰源庵から浄智寺に意見して開山堂を修造する様にさせる（神奈川県立歴史博物館所蔵帰源院文書・四一五六）。**19日** 以天宗清（正宗大隆禅師）が示寂する。八三歳。**26日** 石巻康堅が相模国浦賀城（神・横須賀市）に北条氏康と出陣して在城する。同城は江戸湾から房総へ進撃の水軍基地となる（鏑矢記・八五一）。

2月

20日 近衛家家司の西洞院時秀が山科言継に、北条氏康から聖護院門跡道増の坊官の森坊に源氏物語一冊を道増に書写して欲しいと依頼したと伝える（言継卿記・小一-一〇六頁）。**27日** 北条氏康が上総国天神山城（千・富津市海良）正木時治の支配する湊川上流の嶺上城（富津市上後）尾崎曲輪の根小屋廿二人衆と吉原玄蕃助に、二ヶ月分の兵粮半分を送り、残り半分は三月中旬に搬入と約束する（館山市博物館所蔵鳥海文書・四五九）。同日、北条氏康が嶺上城尾崎曲輪上下小屋衆と吉原玄蕃助に、敵方の者を捕らえ情報を探った者には褒美を与えると約束する。嶺上城が北条方と見える初見。同城から南方の金谷城（富津市金谷）里見実尭を海上から攻撃する。すでに内房正木兵部大輔が里見方を離反して北条方に従属（同前・四六〇）。**吉日** 吉良頼康が武蔵国深沢（東・世田谷区）満願寺に、再建が終わるため永代諸役不入とし外護する（武州文書荏原郡・四六一）。

3月

3日 北条氏康が駿河国駿東郡から富士郡へ侵攻し、賀島・柳島（静・富士市）で今川義元の援軍の武田信玄と合戦になる（相州兵乱記四・静七-三-二二九）。**27日** 伊豆国横川（静・下田市）日枝神社を再建し、地頭に吉田吉長、政所に山崎平左衛門、大工に臼井正継が見える（日枝神社所蔵棟札・四七五）。

4月

5日 北条宗哲室の栖徳寺殿が死没する。法名は栖徳寺殿花巌宗信大禅定尼（伝心庵過去帳）。**8日** 太田資正が武蔵国清河寺（埼・さいたま市大宮区）蘆根斎に、昌書記の入寺を知らせ、門前の人の移住を禁止させる（清河寺文書・埼六-一-二二三〜四）。**21日** 武蔵国三ケ島（埼・所沢市）長宮社を造営し、大旦那に宮寺豊後入道芳金・向山高行、同国成木郷（東・青梅市）宮寺下野守が見える（中氷川神社所蔵棟札・四七六）。**大吉日** 吉良頼康が武蔵国等々力村（東・世田谷区）満願寺に、深沢村（世田谷区）満願寺分の諸役公事を免除する（満願寺文書・四六四）。

5月

26日 足利義輝が相模国箱根（神・箱根町）箱根別当融山に、北条氏へ馬を所望して孝阿弥を下向させ、馬を見付けて帰洛せよと命じ、詳しくは大館晴光の副状で述べさせる（箱根神社文書・小一-六〇七頁）。

6月

1日 北条氏康が幕府の大館晴光に、聖護院門跡道増を仲介に息子氏政を幕府相伴衆に推挙して欲しいと依頼し、今後は分国の事は氏政に申して欲しいとした（類従文書抄・四六五）。

7月

12日 北条氏康が武蔵国柴・金曾木（東・港区）船持中に船方中の法度を定め、船・家屋敷の売買、船方の欠落と下総筋への移動、船方への公事の賦課を郡代や地頭・主人にも禁止し、公方公事を怠り無く務めさせる。里見攻めの軍船確保が目的（武州文書御府内下・四六六）。**16日** 北条氏康が伊豆国西浦（静・沼津市）御領所船方と松下三郎左衛門・大川守吉・土屋左衛門太郎・相磯平二郎・大河四郎五郎に、今川氏真と北条氏康の娘早河殿との婚儀用の銭六六七貫文等を西浦から駿河国清水（静・静岡市清水区）まで届ける船と舟方を安藤良整に渡し、西浦の在郷被官が荷物を警護して届けさせる（国文学研究資料館所蔵大川文書・四六七）。**20日** 足利晴氏・藤氏父子が北条氏康から離反し、下総国葛西城（東・葛飾区）から同国古河城（茨・古河市）に無断で移り、葛西城の足利梅千代王丸（のち義氏）は北条方として残る。**24日** 北条氏綱後室の勝光院殿（近衛尚通の娘）が死没する。法名は勝光院殿妙安尊尼。小田原城下板橋（神・小田原市）の妙安寺墓碑銘、現在は二宮町二宮に所在。**晦日** 北条氏康が陸奥国白河城（福島・白河市）白川晴綱に音信

7月

を通じ、結城政勝と相談して常陸国の佐竹義昭を攻略したいと伝える（津市結城神社文書・四六八）。

▼この月、北条氏康の娘早河殿が今川氏真に輿入れし、伊豆国三島（静・三島市）で今川方に引き渡す。その後に北条氏規が人質として駿府（静・静岡市葵区）に送られる。駿甲相三国同盟への布石（妙法寺記・小一-六〇六頁）。

8月

2日 遠山綱景が武蔵国石浜（東・台東区）総泉寺に制札を掲げ、寺家に対し遠山配下の者の狼藉や竹木伐採を禁止させる（武州文書豊島郡・四七〇）。 **7日** 古河公方家臣の田代昌純が常陸国水戸城（茨・水戸市）江戸忠通に、足利晴氏が先月二十日に古河城に帰座し小山高朝や相馬氏等が普請している事、北条方の下総国葛西城（東・葛飾区）足利義氏の許には武蔵国・上野国の国衆達が忠節を誓ってきており、簗田晴助や一色直朝も人質を送ってきた事、昌純が小田氏治と大掾慶幹の紛争を調整すると伝える。晴氏の復権運動が起こる（静嘉堂文庫所蔵谷田部家譜・千四-五六三頁）。 **25日** 鶴岡八幡宮の賢恵等が鎌倉代官の大道寺周勝に、二十三日の大風で社殿が大破し被害状況を詳細に報告する（鶴岡御造営日記・戦北補-八七頁）。

9月

5日 時宗の他阿上人体光が今川義元に、子息氏真と北条氏康の娘早河殿との婚礼を祝福する（古筆類手鑑所収文書・藤沢市史研究二八-一三頁）。 **23日** 北条氏康が従属した下総国栗橋城（茨・五霞町）野田弘朝に条目を出し、北条方の葛西城（東・葛飾区）の足利義氏を護る事、離反した古河城（茨・古河市）足利晴氏との調儀を行う事、上野国桐生城（群・桐生市）佐野直綱には詫言に任せ北条氏に従属させる事を依頼し、忠節として弘朝に旧領三九ヶ所を安堵、新知行を一〇ヶ所宛行い、晴氏・藤氏父子が降伏したならその知行も全て与えると約束する（野田家文書・四九二）。 **26日** 武田信玄が陣中から大日方主税助に、小田原城の北条氏政と信玄娘黄梅院殿との婚儀のため帰国すると伝える（大日方文書・戦武一-四一四）。 **晦日** 石巻康堅が陸奥国白河城（福島・白河市）白川晴綱の重臣和知美濃守に、晴綱・白川義親と北条氏康との神文の交換を仲介した事に感謝し、康堅が北条氏と白河氏との取次役を務める事を伝え使者に唐人を遣わす（秋田県庁所蔵文書・北条氏文書補遺三七頁）。

▼この月、相模国佐島（神・横須賀市）領主の糟屋清承が死没。諡は釈影現大定（新編相模三浦郡・相風五-一四四頁）。

10月

4日 北条氏康が立ち退きを拒否する足利晴氏父子の下総国古河城（茨・古河市）を攻略し、降伏した晴氏は相模国波多野（神・秦野市）に幽閉され、藤氏は里見氏を頼る（年代記配合抄・北区史二-一四六頁）。 **5日** 北条氏康が内房総の真田弾正忠に、北条方のその地（現在地未詳）の在城人数は正木時治が治めて在城するので忠節を依頼し、詳しくは布施康能の口上で述べさせる（神奈川県立歴史博物館所蔵北条文書・四七二）。 **6日** 北条氏康が上野国一宮（群・富岡市）貫前神社神主に、同国漆窪（群・富士見村）長尾源六郎の知行内の勢内村（群・前橋市東善町）の相論に裁許し、勢内村

11月

を貫前神社に修理料所として寄進するため那波氏から受け取らせる。奉者は大道寺周勝（小幡文書・四七二）。**7日** 遠山綱景が陸奥国白河城（福島・白河市）白川晴綱の重臣和知美濃守に書状の取次の謝礼を述べ、常陸口の小田・大掾両氏への軍事行動の意見を求め、使者に唐人の穆橋を遣わす（秋田藩家蔵文書・五二八）。

5日 足利晴氏が北条家臣の太田泰昌に、忠節を認め感状を与える（感状写・四四二三）。**7日** 足利梅千代王丸（のち義氏）が簗田晴助に起請文を出し、忠節を尽くせば引き立てる事、足利晴氏や他の者が何と言おうと晴助を蔑ろにしない事、晴助の進退について細大洩らさず知らせる事を約束する（簗田家文書・戦古八〇三）。**13日** 足利晴氏が太田泰昌に、下総国古河城（茨・古河市）の戦いでの忠節を認め感状を与える（感状写・四四二四）。**18日** 足利晴氏が相模国大磯郷（神・大磯町）地福寺に、同郷内の坂田の須藤慶蓮の寄進田畠を安堵する。晴氏の終見文書（地福寺文書・戦古六七七）。同日、北条氏康が布施兵庫大夫に、音信不通の房総渡海以後の敵情を報せる事、その地（佐貫城カ）の警護と火の用心を指示する（早稲田大学中央図書館所蔵文書・四七三）。**27日** 北条氏康が下総国葛西城（東・葛飾区）足利梅千代王丸（のち義氏）の母芳春院殿（北条氏綱の娘）に、梅千代王丸に頼光寺の件の野田弘朝の訴えが聞き届けられる様に執成しを依頼する。北条方の義氏が古河公方の実権を握る（野田家文書・五六二）。**吉日** 伊豆国入間（静・南伊豆町）三島社の鳥居を新造する（三島神社所蔵棟札・静七―三―二六〇）。

12月

1日 千葉民部卿丸（のち親胤）が宍倉惣九郎の元服に加冠状を出す。親胤室は北条氏康の娘（茂原市宍倉家文書・千三―八三〇頁）。**15日** 北条氏康が某左近将監に、三島暦の分国内販売を許可する（岡田氏紹介文書）。**17日** 北条氏康が岡本平八に、天文十二年（一五四三）の定めの如く新御所方より厳しく催促して門松を受取らせる（岡本氏古文書写・四七四）。

▼この月、武田信玄の娘黄梅院殿が北条氏政に嫁ぎ、甲斐国上野原（山梨・上野原市）で北条方に引取られ、遠山綱景・桑原盛正・松田盛秀が警護奉行を務める（妙法寺記・武田史料集五七頁）。

▼この年、去る天文二十一年（一五五二）三月に北条氏の捕虜となった上杉龍若丸が、相模国山王原（神・小田原市）で殺害される。この年、北条氏康の六男三郎（のち上杉景虎）が誕生する。この年、北条氏が相模国吉岡（神・綾瀬市）・武蔵国府田郷（東・調布市）・深大寺（調布市）で検地を施行する（役帳）。

弘治元年（一五五五）・乙卯

1月

6日 北条氏康が牛込勝行に、大胡姓から牛込姓を名乗るを許可し宮内少輔の官途を与える（牛込文書・四七五）。**11日**

1月

松田盛秀が有山源右衛門尉に、武蔵国関戸宿（東・多摩市）の商人問屋役を命じて伝馬役以下の宿役を務めさせ、商人道者問屋の経営も任せる（有山文書・四七六）。**20日** 北条氏康が大館晴光に、将軍家から馬の献上を急がされ使者の孝阿弥から催促されたが奥州に名馬が見当たらず、名馬ではないが二頭を献上する（類従文書抄・五〇二）。**21日** 北条氏康が矢野右馬助に、子息与次郎との家督相続での相論を裁許し、父右馬助からの譲状も無く相論を起こすのは言語道断の不法として武蔵国神奈川郷（神・横浜市神奈川区）や所々の知行相続も含めて次男彦六に譲渡させる。評定衆は石巻家貞（藩中古文書一二・四七七）。

2月

5日 北条氏康が矢野彦六に、父右馬助の正月の公事が終わり右馬助からの家督相続の譲渡状を請けたので、知行相続を許可する（藩中古文書一二・四七八）。**23日** 北条氏康が伊豆国の舞々千代大夫に、陰陽者から直接の役銭徴収を厳しく規定し、陰陽者への役銭催促を停止させる。奉行は清水康英・笠原綱信（清水文書・四七九）。同日、相州の天十郎にも同様に命じる。奉行は狩野介・狩野泰光・山角康定・松田盛秀（相州文書足柄下郡・四八〇）。

3月

2日 武田信玄が向山源五左衛門尉に、小田原城の南殿（北条氏政室の黄梅院殿＝信玄娘）の奉公人（付家臣）として相模国から甲斐国への月に三疋分の伝馬の諸役を免除する。奏者は跡部長与（諸州古文書五・戦武一-六五五）。**13日** 北条氏康が伊豆国松崎（静・松崎町）船番匠の弥五郎に、年間三〇日分は北条氏の諸番匠並に御用を務め日当一七文を支払い、他の御用には一日五〇文の作料を支払う。北条氏の命令次第に分国中の何処で船作事をしようとも即時に帰り御用を務める事、棟別銭一間分を赦免して被官並の御用職人とする。職人衆の公用使役制の初見（松田文書・四八一）。**17日** 北条氏康が結城政勝に白川晴綱から書状到来を伝え、小田政治と佐竹義昭が親密である状況等を説明して晴綱から小田攻めの軍事作戦を問われていると告げ、政勝から氏康の返書写が晴綱へ送られる（東京大学文学部所蔵白川文書・五〇八）。同日、北条氏康が北条綱成に佐竹義昭との断絶を伝え、白川晴綱が義昭との同盟を望んでいる状況を説明して晴綱への返書を調えさせる（同前・五〇七）。同日、岩本定次が白川晴綱に、晴綱からの書状到来に感謝し北条綱成と相談して常陸・房総方面の情勢を知らせ、晴綱への取次役を定次が務め、詳しくは北条方への取次役の和知美濃介に伝える（伊達氏所蔵結城文書・五〇九）。同日、壬生綱房が死没する。法名は龍桂院殿雲山良瑞。**18日** 武蔵国荒川白久（埼・秩父市）宝雲寺に、同国山田村（秩父市）関口大学助ほか三〇余人の巡礼が秩父巡礼札所三〇番の同寺に納札を納める（宝雲寺所蔵木札・武銘六六二）。**20日** 北条綱成が白川晴綱に佐竹義昭との断絶等を伝える（東京大学文学部所蔵白川文書・五一三）。同日、北条綱成が結城政勝に、書状を小田原城で受けた謝礼を述べて佐竹義昭と北条氏康との同盟の噂を強く否定し、結城方の常陸国小栗城（茨・筑西市）の再興と番手派遣は氏康の関与しない事、小山高朝の事で足利義氏への申し分が氏康に伝わっているのか疑問だ等と述べ、今後も白川晴綱と政勝との仲介には努力すると伝える（同前・五二四）。　**21日** 北条氏康が舞々伊豆大夫と相模の舞々天十郎からの訴えに裁許し、占いをする移他家や唱聞師等の俗法師は大永八年（一五二八）の証文に任せ舞々の支配下とし役銭を賦課する事、他国から来た移他家や唱聞師で出所不審の者は奉行所に申告せよと命じる。伊豆大夫の評定衆は笠原綱信・清水康英、天十郎の評定衆は狩野泰光（清水文書ほか・四八二〜三）。　**26日** 結城政勝が白川晴綱に、飛脚が小田原城と政勝の間を往復して北条氏康の返書と北条綱成の書状を受けたと報告、去年攻略した小栗城には二月六日に番手を入れて守備しているから安心と述べる（熱海白川文書・福七-四八八頁）。

4月

2日 石巻家貞が伊勢神宮（三・伊勢市）外宮の一楪兵庫助に、年来退転している神宮領の下総国葛西御厨（東・葛飾区）についての年貢催促を家貞子息の康雄が奏者として断りを入れた事に、若輩の不始末と譴責したが北条側の意見は変わり無いと伝える（鏑矢伊勢宮方記・四〇六四）。　**3日** 北条氏康が武蔵国北野（埼・所沢市）北野天神社に禁制を掲げ、喧嘩口論、押買狼藉、郷質・国質を禁止させる（北野天神社文書・四八四）。　**4日** 北条氏康が太田資正に、白川晴綱からの書状を北条綱成を取次として受けた事を報告し、氏康と佐竹義昭との同盟の噂は事実無根で佐竹方から一度は申入れはあったが断っており、その旨を晴綱に返答して欲しいと伝える（遠藤白川文書・五一五）。　**5日** 北条氏尭が舞々の相州天十郎に、大永八年（一五二八）の証文の如く移他家・唱聞師等の俗法師は天十郎の許に属させ、役銭を徴収する事を許可する（相州文書足柄下郡・四八六）。同日、北条氏康が上総国嶺上城（千・富津市）吉原玄蕃助に、重ねて忠節を求め加増を約束する（館山市立博物館所蔵鳥海文書・四八五）。　**15日** 武蔵国坂戸（埼・坂戸市）薬師堂の木造釈迦如来立像に、同国塚越村（坂戸市）旦那の小河新右衛門尉法名善了が見える（坂戸薬師堂所蔵・武銘六六三）。　**吉日** 伊豆国峰輪（静・松崎町）箕勾社の棟札に番匠大工の馬場某が見える（箕勾神社所蔵・静補-二三四）。

▼この夏、結城政勝が小田原城に赴き、花見を見物して大石綱周と会合する。綱周の後継者（北条藤菊丸＝のち氏照）の養子問題か（異本小田原記二）。

5月

28日 北条氏康が相模国国府津（神・小田原市）地青寺（宝金剛寺）に、寺からの訴えにより国府津番匠を使役する掟を定め、同番匠は八幡宮・天神社（小田原市国府津）の修造には、請け次第に自由に番匠を雇って作事出来る事、地青寺・蓮台寺（小田原市国府津）の建立の作事も前々の如く出来る事、大工の事は棟梁八郎左衛門に任せる事を定め、掟に抵抗する寺付番匠は小田原城に申告させる。奉者は石巻家貞（宝金剛寺文書・四八七）。

6月

2日 北条氏康が従属した壬生綱雄の下野国宇都宮（栃・宇都宮市）城下の流通商人の庭林新二郎に過所を与え、蠟燭

6月

荷は春・冬二期の往復通行を合計六疋（馬六頭と人足六人）分と定め分国中の川関所と相模国当麻関所（神・相模原市南区）の通行を許可する（京都大学総合博物館所蔵渡辺氏蒐集文書・四八八）。**12日** 北条宗哲が武蔵国仁見（埼・深谷市）の長吏太郎左衛門に、北条氏に敵対する山内上杉方へ内通した上野国平井（群・藤岡市）城下の長吏頭源左衛門を国払いとし、太郎左衛門に跡職を任せる北条家朱印状を与える（深谷市平井文書・四八九）。同日、北条氏尭が仁見の長吏太郎左衛門に、長吏源左衛門の跡職を宛行い違反者は奏者の氏尭に断り成敗させる。氏尭が旧山内上杉方の平井城（群・藤岡市）の城領支配者となり北条宗哲が後見役を務める（同前・四九〇）。**13日** 北条氏康が伊豆国新井（静・伊東市）弘誓寺に制札を掲げ、横合非分・竹木伐採を禁止させ薬師堂も同様とする（弘誓寺文書・北条氏文書補遺二四頁）。**23日** 下総国小弓城（千・千葉市中央区）原胤貞が同国中山（千・市川市）法華経寺に、千田・北条両庄（千・多古町～匝瑳市）の門徒・出家への沙汰権を安堵する（中山法華経寺文書・千二-一三五頁）。

7月

5日 北条氏尭が安房国吉浜（千・鋸南町）妙本寺に、加陪所（外護寺）として制札を掲げ、北条勢の乱暴狼藉を禁止させる。北条氏康が妙本寺砦を拠点に上総国金谷城（千・富津市）里見義尭への攻勢を強める（安房妙本寺文書・四九二）。**17日** 北条氏康が上総国天神山城（千・富津市海良）正木弥五郎に、渡海した北条勢の状況調べに中村民部丞を派遣して陣所・城曲輪の状態を報告させる（上総国古文書・一五三九）。**22日** 北条綱成が陸奥国白河城（福島・白河市）白川晴綱に、五月二十六日の書状が到着した報告をし、春以来は房総へ侵攻して里見勢を押詰め、両国の平定は間もないと伝え、今後は氏康への書状は結城政勝を通さず直接綱成に渡して欲しい事、使者の唐人十一官は綱成も懇意の者等と伝える（東京大学文学部所蔵白川文書・五三三）。

8月

7日 北条氏康が相模国狩野庄（神・南足柄市）最乗寺に、紅燭を贈呈された謝礼を述べ、輪番僧侶の在寺の間は何事も護る事、松田盛秀を取次役と決める（武州文書御府内・一五四二）。同日、大蒲正睦が伊豆国熱海（静・熱海市）保善院僧侶に、来年から最乗寺に輪番として入院させる（保善院文書・静七-三-三八五）。

9月

23日 藤田康邦が死没する。三四歳。法名は祖繁大禅定門。**24日** 北条氏康が相模国鴨居郷（神・横須賀市）仏崎別当（観音寺）に、寺領の竹木伐採、北条方陣衆の狼藉非分を禁止させる。奏者は板部岡康雄（諸国高札二一・四六四八）。

▼この月、飛鳥井雅教が東国より京に帰洛する（御湯殿上日記）。

10月

10日 里見氏の重臣正木時茂が小弓原氏領の千葉（千・千葉市中央区）城下に乱入して放火し、原氏は里見氏に従属する姿勢を見せ、千葉親胤の元服式が十二月に日延べされる（千学集抜粋・千五-九八〇頁）。**16日** 足利義輝が近衛稙家に、足利晴氏の子息梅千代王丸に義輝からの偏諱を要望し、稙家を通して授ける（喜連川文書・古河市史資料九三二）。同日、近衛稙家が足利梅千代王丸に足利義輝からの偏諱授与の書状を渡し、謝礼に太刀と馬を贈呈され、今後も将軍家との取次役を務めると伝える。梅千代王丸は義氏と名乗る（同前・古河市史資料九二三）。**19日** 岩本定次が陸奥国白河城（福島・白河市）白川晴綱に、北条氏康に里見義尭の金谷城（千・富津市）を攻略した祝いの使者を遣わされ感謝し、来春は小田（茨・つくば市）への調儀を決めている事、結城政勝から知らせると思うが房総両国は追って北条領になる事は必定と述べ、詳しくは白石内記から伝えさせる（東北大学日本史研究室保管白川文書・四八〇）。**23日** 天文二十四年を弘治元年と改元する。**24日** 石巻家貞が一檪兵庫助に、伊勢神宮（三・伊勢市）の御祓の守到来に感謝して太刀を答礼し、伊勢神宮外宮領の下総国葛西御厨（東・葛飾区）の件は、先年も伝えた様に房総両国が北条領として平定されない限り祭礼銭の献納は断ると伝える（鏑矢伊勢宮方記・四〇六七）。**26日** 後奈良天皇が武蔵国山田（東・八王子市）広園寺に綸旨を下し、勅願寺として雲峯瀧興禅師に黄衣の着用を許可する（新編武蔵多摩郡・武古上－三九頁）。

閏10月

4日 今川義元が北条宗哲に、三河国へ出陣し西条城（愛知・西尾市）吉良義昭が離反したため西条庄内に侵攻したと伝える（走湯山什物・四四二六）。**15日** 今川義元の仲介で武田信玄と上杉謙信が和睦する（妙法寺記・武田史料集五八頁）。**17日** 北条氏康が陸奥国白河城（福島・白河市）白川晴綱に、去る秋に上総国金谷城（千・富津市）を攻略した事を報告し、敵対する常陸国の小田氏治への軍事行動も結城政勝と相談して行うと伝える。この日、北条氏政も晴綱に馬贈呈の謝礼を述べる。氏政文書の初見（白川証古文書・四九三〜四）。

▼この月、下総国小弓城（千・千葉市中央区）原胤貞が、佐倉城（千・酒々井町）千葉親胤に次男牛尾胤直を人質に出し従属。親胤の室は北条氏康の娘（井田氏家蔵文書）。

11月

2日 北条氏康が相模国本光寺領の下中村上町分（神・小田原市）の代官・百姓中に、年貢と反銭を年内に納入、未進分は来年二月を限度に完納させる（早雲寺文書・四九五）。**8日** 北条氏政と正室黄梅院殿の間に嫡男が誕生するが早世する（妙法寺記・武田史料集五八頁）。**12日** 相模国赤田村（神・大井町）八幡社を造営し、山中彦十郎と猪熊長重が見える（新編相模足柄上郡・四九六）。**15日** 千葉親胤が井田某に、美濃守の受領を与える。この頃に親胤は元服し、北条氏康の娘を正室とする。同日、武蔵国小室郷（埼・伊奈町）法光寺の本堂再建と阿弥陀三尊像を造立し、領主に内村兵庫助・同弥左衛門が見える（文政二年幕府への書上写・武銘六六七）。**22日** 足利義氏が元服し、上総国・安房国・常陸国に吉書始めの花押を据える（さくらい市教育委員会所蔵喜連川文書・戦古八一〇〜一）。義氏の元服式は下総国葛西城（東・葛飾区）で行われ、北条氏康が後見で加冠親を務め、古河公方重臣と北条藤菊丸（のち氏照）が出席。北条氏照の初見（鎌倉公方御社参次第・北区史二－一六四頁）。

12月

3日 北条氏康が岡本政秀に、岡本太郎左衛門に男子が無いため手代（名代）を命じ、相模国吉岡（神・綾瀬市）の今年の検地増分共に六〇貫文の内の二三貫文余を扶持給として支給し、残りは小田原城に納めさせる（岡本氏古文書写・四九七）。**17日** 北条氏康が簗田晴助に、足利義氏の元服を祝し晴助に初めて面会して満足と述べ、義氏の下総国古河城（茨・古河市）への移座も間近いと伝える（和学講談所本集古文書七一・四九八）。**23日** 北条氏康が相模国藤沢宿大鋸町（神・藤沢市）大鋸引の森弥五郎・同木工助に、訴えにより同宿の伝馬役を務める裏屋敷六間分の年貢は、当年から返却するが大鋸引の公方御用は務めさせる。奉者は大草康盛（森文書・四九九）。同日、千葉親胤が千葉妙見社で元服式を挙げる（千学集抜粋・千五-九八〇頁）。

▼この年、伊豆国月ヶ瀬村（静・伊豆市）聖神社棟札に、大工は神余中島高無口左衛門と見える（豆州志稿九〇頁）。この年、北条氏が武蔵国入間・比企両郡で集中検地を施行（役帳）。

弘治二年（一五五六）・丙辰

1月

10日 北条氏康が武蔵国仁見（埼・深谷市）長吏太郎左衛門に、上野国平井（群・藤岡市）長吏九郎左衛門の訴えで裁許して太郎左衛門の勝訴とし、九郎左衛門一類を上野国から所払いとして不法に抱える者を小田原城に申告させる。評定衆は石巻家貞（御府内備考・五〇〇）。**15日** 北条氏康が武蔵国蒔田（神・横浜市南区）吉良頼康に、頼康が大平清九郎へ万事申しつけた事を了解し、詳しくは山角某から副状で伝えさせる（大平文書・五三七）。**18日** 某永英が鏑木外記に、当年から武蔵国中延（東・品川区）山野を開拓させ八年は年貢免許にし、当村の人や他郷の人でも開拓に従事した者には永く年貢・諸役を免除すると約束する（新編武蔵荏原郡・五〇二）。**23日** 吉良頼康が武蔵国上小田中（神・川崎市中原区）泉沢寺に、同国世田谷郷（東・世田谷区）旋沢寺村の内の泉沢寺・民部谷は寺の元地で寺家分として寄進し、寺家の者が直務して万事処理して諸役・公事は他人の干渉を禁止させる（泉沢寺文書・五〇三）。**24日** 相模国台村（神・鎌倉市）東渓院の木造釈迦如来坐像を彩色し、仏所出雲が見える（光照寺所蔵・造像銘記集成一一七三）。**27日** 吉良頼康が大平清九郎に、田中三河守の依頼で江戸周防守父子の寄子の指南と奏者を任せる（大平文書・五〇四）。**28日** 武蔵国下恩方（東・八王子市）浄福寺の千手観音堂に、甲斐国の原次郎四郎処城が絵馬を奉納する（新編武蔵多摩郡・武銘六六八）。

2月

12日 原胤清が死没する。嫡男胤貞が家督を継ぐ。**24日** 北条氏康が大河神左衛門尉に、天文十九年（一五五〇）に伊豆国狩野山（天城山）の檜奉行に任命して同国佐野郷（静・三島市）助左衛門名一〇貫文を宛行い、役料として反銭の内か

3月

ら一貫文を同郷地頭の山中彦次郎に断って年々支給し、陣夫・内夫と諸役・大普請役は毎年賦課し、他の諸点役・万雑公事は赦免して檜奉行を務めさせ、毎年歳末に伐木した木の数や山林の成育状況を可直斎長純を通じて報告させる（天城湯ヶ島大川文書・五〇五）。**吉日** 伊豆国門野村（静・松崎町）三宝大荒神社を修築し、旦那に太郎左衛門尉吉長、番匠大工に四郎右衛門尉盛繁が見える（火産霊神社所蔵棟札・静七-三-二三六）。

▼この月、武蔵国府中本宿（東・府中市）稲荷大明神を造立する（新編武蔵多摩郡・武銘六七二）。

4月

5日 太田資正が武蔵国南下谷（埼・鴻巣市）大行院に、同国上足立三十三郷の伊勢熊野への先達衆分旦那職を安堵する（武州文書足立郡・埼六-二-二三八）。**8日** 北条氏康が伊波大学助・同修理亮の知行地四四三貫文を確定し、軍役着到を定める（相州文書大住郡・五〇六）。**16日** 足利義氏が簗田晴助に、知行地の百姓等が古河公方領に欠落したら還住させる（関宿城博物館寄託簗田文書・戦古八一六）。**19日** 北条氏康が相模国畑宿（神・箱根町）宿民三人に、地頭・代官が箱根木地師の在所に合器商売役を賦課する事、鱈買銭の賦課、畑宿への諸役賦課、箱根山中の半田役所の横合を禁止させる（相州文書足柄下郡・五一〇）。同日、石巻家貞も副状で箱根畑宿の宿民に、宿人が退転して糾明し伊勢宗瑞の諸役免許を受けているのに、近年は諸役を賦課されるので退転したとの理由で諸役を免許し、合器商売役も分国中で自由に許可する（同前・五一二）。同日、北条氏康が武蔵国浅草（東・台東区）浅草寺大木屋の忠善上人に、寺領への領主等の違乱、神馬や納物への他坊の違乱、寺中屋敷と寺家との交居、鐘突き免許の安堵への違反、寺中での殺生を禁止させる。奉者は中村平四郎（武州文書御府内・五一一）。

5日 北条氏康・太田資正・結城政勝連合軍が常陸国大島台（茨・つくば市）で合戦し、小田氏治が敗れて土浦城（茨・土浦市）に逃亡。同時に小田方の同国海老ヶ島城（茨・筑西市）も結城政勝・壬生綱雄が攻略する（年代記配合抄ほか・北区史二-一四六頁）。**8日** 北条氏康が正木弥五郎と同時盛に、五日の大島台合戦の経過を報告し、不慮の合戦で総勢が合わず遠山綱景・太田資正と結城政勝の軍勢のみで勝利したと伝える（静嘉堂文庫所蔵聚古文書リ・五一六）。**9日** 足利義氏が野田弘朝に、大島台合戦へ参陣し奮戦した忠節を賞し、小田城（つくば市）方面が静謐になり開陣になれば相馬方面に移動せよと指示する（野田家文書・戦古一〇五）。**12日** 太田資正が白川晴綱に、当方への書状を北条氏康に回送するのを止め直接届ける様に依頼する（白川文書・神三下-七〇一〇）。**18日** この日から二十四日まで小田原に地震が発生（龍淵寺年代記・小一-七六三頁）。**21日** 結城政勝が北条家臣大藤政信に、海老ヶ島城の合戦での忠節を賞し北条氏康にも報告する（大藤文書・四二七）。**晦日** 北条氏康が武蔵国明蓮社（埼・騎西町カ）に、御所陣の建立で寺家分として同国松郷・寺井郷（埼・川越市）内で田畠を寄進し、もし河越城（川越市）の御用の時は務めさせる（武州文書埼

4月

玉郡・五一七)。同日、伊豆国下田(静・下田市)清次郎と七郎太郎が法隆寺(現在地未詳)の年会五師御坊に鋳物の大釜が割れたので鋳直して進上し、もし三〇年内に割れたら急ぎ鋳直して進上すると約束する(金沢文庫文書・四八七七)。

5月

2日 相模国座間郷(神・座間市)鈴鹿大明神を修築し、大旦那に北条藤菊丸(のち氏照)、施主に若林大炊助が見える(鈴鹿神社所蔵棟札・五一八)。 **3日** 岡崎正長等が連署して宝生寺(神・横浜市南区)長清法印に、堂谷(南区蒔田)の畠を寄進し夏成と秋成の二回に分けて年貢を納めさせる。ただし当文書は疑問点がある(宝生寺文書・五一九)。 **13日** 北条氏康が大藤政信に、常陸国海老ヶ島城(茨・筑西市)の合戦での忠節を認め感状を与える(大藤文書・五二〇)。 **20日** 北条氏政が大平清九郎に、氏政の陣所に使者を立てて一荷三種を贈られ謝礼する(大平文書・五二一)。 **28日** 北条綱成が藤沢(神・藤沢市)の大鋸引の森弥五郎と同木工助に、北条氏綱の頃は相模国藤沢の客料(大鋸職)二五人の触口役は徳阿弥に任せ、その死没後は嫡男が若くて断絶したが、桑原正盛を頼り徳阿弥の血筋の者を任命するように小田原城に訴えたが成功せず、円阿弥に任命して三代目に至ることから北条氏康の指示で両人に触口役を安堵したと説明する(森文書・五二二)。 **大吉日** 武蔵国芋茎(埼・騎西町)医王寺の木造薬師如来坐像を再興・彩色し直し、鎌倉仏所長勒法眼が見える(医王寺所蔵・埼玉県立博物館刊美術工芸品所在緊急調査報告書Ⅱ一五七頁)。

▼この月、武蔵国鳩谷(埼・鳩ヶ谷市)富士浅間社に鈴木春済が鰐口を奉納し、江戸鋳物師の宇田川信重の制作と見える(新編武蔵足立郡・四八七八)。

6月

28日 上杉謙信が越後国長慶寺の天室光育に、今川義元の仲介で武田信玄と和睦したと報告(歴代古案・東古中二-八六八)。

7月

1日 太田資正が武蔵国小室(埼・伊奈町)赤井坊に制札を掲げ、寺山の木草伐採を禁止させる(明星院文書・埼六-一-二三六)。 **11日** 太田資正が武蔵国鷲宮神社(埼・鷲宮町)神主大内晴泰に、常陸国への出陣の状況を報告し鷲宮衆が下総国古河城(茨・古河市)の在番をしている事を同国葛西城(東・葛飾区)の足利義氏に知らせ、大変満足との返事を貰ったと謝礼する(豊前氏古文書抄・埼六-一-二三八)。 **22日** 大掾慶幹が陸奥国白河城(福島・白河市)白川晴綱に、去る夏に北条氏康と小田原城で直談し、別に足利義氏にも陸奥国の状況を説明し、氏康も結城政勝との当秋の小田氏への行動を了承している等を伝える(遠藤白川文書・福七-四七四四頁)。

8月

2日 北条氏康が鎌倉の東慶寺旭山法暘に、隠居して智岸寺(神・鎌倉市扇谷)に移るのを同意し、侍者等の移動も了承したので寺領を分配する事は随意にさせる(東慶寺文書・一五四二)。 **5日** 北条氏康(カ)が上総国高谷(千・袖ヶ浦市)談義所(延命寺)に制札を掲げ、寺家への軍勢の乱暴狼藉を禁止させる(上総国古文書・北条氏文書補遺二四頁)。 **6日** 北条氏康が遠山綱景・藤田安広に、上総国で安広に宛行った目黒・宅頭両郷(共に現在地未詳)は去年・今年も百姓の退転で収穫が無く、代わりに扶持給を支給し江戸筋の反銭で綱景から払わせる（宇都宮市藤田文書・五二四）。**10日** 北条氏康が北条三郎に、朝酒は三杯迄にし大酒は慎む事、命令以外に城の出口を出る者は即時に改易にし北条氏からの命令には即刻に対応する事、家中の者が他人の陣所で大酒を飲み喧嘩口論に及ぶ事を厳禁させ、この三ヶ条を守らず脇から違反が聞こえたならば永く親子の縁を絶つと訓示する。この頃に北条宗哲が隠居し嫡男三郎（法泉寺殿）が小机城（神・横浜市港北区）城主に就任か（神奈川県立歴史博物館所蔵北条文書・五二五）。**23日** 相模国に大風雨が襲い鶴岡八幡宮の鐘楼が倒壊（続本朝通鑑）。**24日** 常陸国土浦城（茨・土浦市）に避難していた小田氏治が本拠の同国小田城（茨・つくば市）に帰城する。

9月

11日 山科言継が駿河国に下向するに当たり、京都下京の小池与左衛門・前野与介・河合孫四郎等も相模国に向かうので同行させる（言継卿記・小一-六九二頁）。**14日** 北条氏康が小田原城内の本光寺代官・百姓中に、寺領の下中村（神・小田原市）前川分の年貢の内で先月の風損分を免除し、残り分を納入させる。奉者は板部岡康雄（早雲寺所蔵本光寺文章・五二六）。**23日** 小田氏治が陸奥国白河城（福島・白河市）白川晴綱に、北条氏康と和睦した事を伝えて今後の交渉を依頼し、佐竹義昭と氏康との和睦は未だ成らず常陸口では戦いが続いており、佐竹氏と当方との交渉は下野国の那須資胤にすると伝える（遠藤白川文書・神三下-七〇一九）。**25日** 山科言継と共に駿河国に到った小池与左衛門等は、言継と分かれ相模国に在国の松井法眼への書状を持って小田原城へ向かう（言継卿記・小一-六九二頁）。**晦日** 伊豆国稲沢郷横川村（静・下田市）諏訪上下大明神を修築し、大工に下田村（下田市）の臼井正次が見える（諏訪神社所蔵棟札・静七-三-二三六七）。

10月

2日 駿河国の今川寿桂尼が駿府に人質中の北条賀永（のち氏規）を連れ、同国湯山（静・静岡市葵区油山温泉）に湯治に行く（言継卿記・静七-三-二三六九）。**3日** 北条氏康が上野国小泉城（群・大泉町）富岡主税助に、さらなる忠節を求め岩本定次の副状を出す（千葉市立郷土博物館所蔵原文書・五二七）。**21日** 伊豆国湊（静・南伊豆町）若宮大権現を再興し、大旦那に山田次郎左衛門、伊勢大工の宗左衛門が見える（若宮神社所蔵棟札・四八七九）。**28日** 駿河国に滞在の山科言継が今川寿桂尼に対面し「がいえい（賀永＝のち北条氏規）」も同席して太刀と勅筆の短冊三枚を贈呈する（言継卿記・静七-三-二四〇二）。**大吉日** 吉良頼康が武蔵国上小田中（神・川崎市中原区）泉沢寺に、同国旋沢村（東・世田谷区）・民部谷共に来年春から諸役・公事を永代免除とするので、先ずは欠落百姓を帰村させ寺に年貢を納めてから来春の耕作を行わせる。吉良家朱印状の初見（泉沢寺文書・五二九）。

11月

7日 北条氏康が小野寺長綱に、足利長尾当長の代官として上野国に出陣した忠節を喜び太刀を贈呈し、北条綱成から

11月

副状を出す。既に足利長尾氏が氏康に従属（佐野市小野寺文書・五三〇）。**13日** 北条氏康が佐久間左近に、上野国で物見を務めた忠節を認め加増一〇〇貫文を宛行う。ただし当文書は疑問点がある（浅羽本系図一三・五三一）。**18日** 北条氏康が下野国大中寺（栃・大平町榎本）に制札を掲げ、去年には同寺を加敗所（守護不入地）と決め北条家朱印状を遣わしたので、今後も当方の軍勢・甲乙人等の乱暴狼藉を禁止させ、戦乱で近郷の者や他所からの荷物等を寺域内に避難させるのを禁止させる（大中寺文書・五三二）。**24日** 宇野定治が死没する（陳外郎家譜）。**26日** 里見義尭が下総国匝瑳郡に侵攻し、千葉親胤と篠本（千・横芝光町）で戦う（妙福寺過去帳）。**29日** 太田資正が武蔵国中尾（埼・さいたま市緑区）玉林坊に、下足立三十三郷の伊勢熊野先達職の旦那役を安堵する（武州文書足立郡・埼六-二-三二）。同日、結城政勝が六御寮（白川晴綱）に、小田氏治が八月二十四日に常陸国土浦城（茨・土浦市）から小田城（茨・つくば市）に帰城したので城周辺に放火して氏治を追い詰めており、海老ヶ島城（茨・筑西市）等は堅固に守備している事、北条氏康は七月から武蔵国江戸城（東・千代田区）に在陣している事等を伝える（東京大学文学部所蔵白川文書・千四-三二頁）。

12月

18日 吉良頼康が大平清九郎に、知行分の年貢を完納した事を証明する（大平文書・五三四）。同日、北条賀永（のち氏規）の祝言が駿河国駿府（静・静岡市葵区）で行われる。室は未詳（言継卿記・静七-三-二四五九）。**21日** 吉良頼康が武蔵国衾村（東・目黒区）東岡寺に、同村内の南在家の寺領を天文七年（一五三八）の寄進に任せて安堵して江戸与十郎と同百姓に知らせ、毎年の月牌料とさせる（東光寺文書・五三五）。**22日** 幕府奉行人の飯尾尭連等が北条氏康に、来年四月晦日に行われる足利尊氏二百年忌への費用を調達し、三月以前に届ける様に依頼する（室町家御内書案上・四二八）。**23日** 足利義氏の母芳春院殿が下総国古河（茨・古河市）城下の雀宮（雀大明神）に鰐口を寄進し、作者に青木信重が見える（古河志・四三五）。同日、今川寿桂尼・北条氏規が、駿河国滞在中の山科言継に雉羽を贈呈する（言継卿記・静七-三-二四六四）。
24日 北条氏規が山科言継を新光明寺（静・静岡市葵区伝馬町）に訪問する（同前・静七-三-二四六五）。
▼この年、北条氏康が佐竹義昭に三ヶ条の覚書を出し、以前の三ヶ条の事（内容は未詳）は了承した事、宇都宮広綱と壬生綱雄との和睦は足利義氏の仰せだが拒否した事、義昭が広綱に合力する時には太田資正と綱雄との合力を確実に押さえておく事を申し送る。当文書はもしくは弘治三年か（松藩随筆集古二二一・北条氏文書補遺三頁）。この年、伊豆国入間（静・南伊豆町）三島大明神を修理し、大旦那に藤原盛吉、地頭に仙波増千代が見える（三島神社所蔵棟札・四六四九）。この年、結城政勝の『結城氏新法度』に伊豆国の江川酒は酩酒と見える（結城氏新法度）。この年、伊豆国月ヶ瀬（静・伊豆市）で検地を施行（役帳）。この年、この頃には北条藤菊丸（のち氏照）が武蔵国滝山城（東・八王子市）の大石綱周の娘婿となり、大石氏を継ぐ。

弘治三年（一五五七）・丁巳

1月

2日 駿河国滞在中の山科言継が駿府（静・静岡市葵区）の今川寿桂尼邸を訪問し、北条氏規等が宴に列席する（言継卿記・静七-三-二四七六）。 **20日** 北条氏康・同氏政が那須資胤に、初めての来信と太刀・馬・銭の贈呈、北条氏に忠節を誓う起請文の申出に謝礼し、詳しくは資胤の使者蘆野盛泰の口上で伝えさせる。下野国衆の那須資胤と氏康が同盟する（栃木県立博物館所蔵那須文書・五三八～九）。

2月

4日 駿河国に滞在する山科言継が朝比奈泰能から謝礼に伊豆国の酩酒の江川酒五樽を贈呈される（言継卿記・静七-三-二五二一）。 **7日** 吉良頼康が大平清九郎に、知行として武蔵国大蔵村（東・世田谷区）を宛行う（大平文書・五四〇）。 **9日** 山科言継が継母中御門邸に今川寿桂尼・北条氏規を招いて十炷香を開催する（言継卿記・静七-三-二五一七）。 **16日** 上杉謙信が色部勝長に、今川義元の意見により武田信玄と和睦したと伝える（色部文書・静七-三-二五二六）。 **24日** 北条氏康が結城政勝に、下野国大中寺（栃・大平町榎本）寺領の件は政勝から聞いたが近年まで抱えていたので異議は無い。もし妹尾氏（同国真弓の法宣寺の開基で日蓮宗徒）が寺領を略奪する様なら筋目を説明し、それが古河公方領内と判明したなら直ちに報告させる（大中寺文書・五四一）。 **27日** 相模国に下った小池与三左衛門等が、京都に帰国途中の駿河国で山科言継に再会し、共に帰京する（言継卿記・小一-六九三頁）。 **29日** 山科言継が駿河国から帰京するため北条氏規から餞別として段子や紙を贈呈される（同前・静七-三-二五四一）。

3月

13日 北条氏康が北条綱成に、伊東氏の同心香坂某は甲斐衆で妻子を置いて北条方に参陣しているので、当陣では綱成に預けるが、他国衆なので特に気遣いする事と指示する。奉者は伊東某（森島本甲斐国志草稿・五四二）。同日、相模国渋沢（神・秦野市）若宮八幡宮を再建し、領主に河村菊千代、代官に稲毛越前守が見える（渋沢神社所蔵棟札・四六五二）。 **20日** 相模国芦名村（神・横須賀市）浄楽寺本堂と木造阿弥陀如来坐像を修理し、仏像内の木札に大仏師信濃快円法印が見える（芦名浄楽寺所蔵・新横須賀市史二-二三八二）。 **22日** 千葉胤富の嫡男邦胤が誕生する。 **26日** 北条氏康が富岡主税助に、上野国佐貫荘（群・明和町）に出陣した軍勢の苦労を察して酒を贈呈し、朝倉遠江守から副状を出させる（千葉市立郷土博物館所蔵原文書・五四三）。同日、結城政勝が足利義氏書状に副状して、下野国大中寺（栃・大平町）に西水代郷（栃・大平町、小山市）を寄進したと伝え、義氏書状と北条氏康書状を副えて渡すので寺領は安心と報告する（大中寺文書・神三下-七〇二九）。

4月

8日 太田資正が道祖土図書助に、武蔵国三尾谷郷（埼・川島町）伝馬出役につき百姓が田畠を差し出すのを禁止する

4月

(道祖土文書・埼六-二-一三四)。同日、太田資正が武蔵国小室(埼・伊奈町)赤井坊(無量寺)に、前代の旨に任せて新寄進分の寺領を安堵する(武州文書足立郡・埼六-二-一三五)。

5月

2日 北条氏康が東大和守に、里見氏との戦いで子息修理亮が秋元氏に属して忠節を尽くした賞に、知行として上総国周西庄中津美村(千・君津市)を宛行う(川辺氏旧記三・五四五)。 **8日** 上総国長南城(千・長南町)武田豊信が安房国清澄寺(千・鴨川市)に制札を掲げ、長南衆と池和田衆(千・市原市)の軍勢の乱暴狼藉を禁止させる。豊信が北条氏康に従属し里見氏攻めに参加(清澄寺文書・千三-七五八頁)。 **10日** 北条氏康が上野国長楽寺(群・太田市)に、深谷上杉憲賢から代々勅願寺で外護する寺院と聞き、氏康もそれを遵守すると伝え、詳しくは大道寺周勝の副状で述べさせる。奉者は大道寺周勝(長楽寺文書・五四六)。

6月

10日 北条宗哲が相模国小田原谷(神・小田原市谷津)願修寺薬師堂の坊主権首座に、薬師堂の修理を油断無く行わせ竹木伐採する狼藉者は申告させる(箱根七湯志二・四六五〇)。 **12日** 北条氏康が藤田安広に、先の判形に任せ知行を安堵する。奉者は藤田綱高(宇都宮市藤田文書・五四七)。 **16日** 武田信玄が市川藤若(信房カ)に、上杉謙信が信濃国飯山(長野・飯山市)に着陣し高梨政頼と和睦する様子の事、十八日には上野国の武田方が加勢として飯山方面に移る事、北条綱成が武田方への支援として信濃国上田筋(長野・上田市)に着陣し、上杉勢と対陣中の事等を知らせる(謙信公御代御書集・戦武一-五六二)。

7月

3日 北条氏康が垪和氏続に、父伊予守からの家督相続を許可し軍役を務めさせる(垪和氏古文書・五四八)。 **4日** 北条氏康が武蔵国小和田(東・あきる野市)広徳寺に、寺山の深沢山の萱を寺家修理用として育成し、他所者が伐採する事を禁止する。奉者は狩野又四郎(広徳寺文書・五四九)。 **8日** 笠原信為が死没する。法名は乾徳院殿雲松道慶庵主。ただし、六月八日との説もある。 **9日** 北条氏康が上総国真理谷(千・木更津市)妙泉寺に、先の判物に任せ同国小櫃(千・君津市)内の寺領を寄進する。奉者は遠山康光。氏康が久留里城(君津市)里見氏を攻める(上総国古文書・五五〇)。 **10日** 鎌倉東慶寺の旭山法暘(足利義明の娘)が死没する。 **26日** 武蔵国奈良梨(埼・小川町)諏訪大明神に、同国鉢形領の新井佐渡守が鰐口を寄進する(八和田神社所蔵・武銘六七八)。 **28日** 石巻家貞・狩野泰光が連署して三田綱定に判物を出す。当文書は断簡のため内容は未詳(法恩寺年譜・五五一)。 **大吉日** 吉良頼康が相模国佐介(神・鎌倉市)光明寺に、大乗方等阿弥如来根本秘密神呪経を于蘭盆会に施入する(古経題跋上・五五二)。

8月

6日 北条氏康が豊前氏景に禁制を掲げ、下野国梓村・中方村(栃・栃木市)での横合狼藉を禁止の事、年貢未納を禁止して催促しても納入しない百姓は逮捕し、遠山綱景に拘引する事、梓・中方両村に悪党・咎人が逃げ込んでも許容せず、また皆川俊宗に敵対する者の徘徊も止めさせ、足利義氏からの依頼で小代官に三ヶ条を披露する事と伝える。北条氏勢力が下野国衆の皆川氏領に進展（神奈川県立公文書館所蔵豊前文書・五五三）。**7日** 千葉親胤が家臣に殺害される。一七歳。法名は月窓常円眼阿弥陀仏。室は北条氏康の娘尾崎殿。胤富が家督を継ぐ（千学集抜粋・千五-九八一頁）。

▼この月、遊行上人体光が句集『石苔』を纏め、伊勢備中守・笠原佐渡守・成田氏長等との歌会が見える（愛知県称名寺所蔵・静七-三-二六八〇）。

9月

3日 山木大方が伊豆国修禅寺（静・伊豆市）明山憐察に、同寺正覚院を亡夫堀越六郎の菩提所とし、寺領に同国賀子・岩崎（静・三島市）を寄進して清水惣兵衛を代官に任命する（修禅寺文書・五五四）。**26日** 北条氏康が養真軒順首座（寂用英順）に、先規の如く伊豆国手石郷（静・南伊豆町）石門寺菜園の地を諸役免除として養真軒に寄進し、同地の修福寺も諸役免除とする。奉者は間宮宗甫（伊豆順行記・五五六）。

10月

12日 北条氏康が小林新助と船頭に、十六日頃に相模国浦賀湊（神・横須賀市）から下総国船橋湊（千・船橋市）に乗り付け、太田大膳亮代と須賀谷氏が買い整えた兵糧米の積船の警護を狩野代と須賀谷氏が務め、新助と船頭も加えて上総国天神山城（千・富津市）の南条玄蕃・大貝・富塚に渡し、狩野代と須賀谷氏は陣中まで兵糧米を守る事、船奉行の新助と船頭は天神山湊で玄蕃の請取書を貰い次第に船を浦賀湊に帰す事、天神山城に関わらず兵糧米は縄結して印を付けさす事と指示する（久保木文書・北条氏文書補遺二四頁）。

11月

6日 相模国大山寺（神・伊勢原市）実城房宗真が、京都の東寺宝菩提院の亮恵から西院流を受法する（亮恵僧正門弟名帳）。**9日** 亮恵が小田原城下の松原明神社別当西光院と箱根権現（神・箱根町）別当宝金剛寺を京都の東寺宝菩提院の末寺とする（箱根町川井文書・小一-七三一頁）。**11日** 北条氏康が鎌倉の本覚寺（神・鎌倉市小町）後坊主の玉林に、去年は上総国長南（千・長南町）への使者を務めた功績に寺領として一〇貫文の畠を寄進し、上総国でも寺領一ヶ所を寄進すると約束する（本覚寺文書・五五七）。**12日** 北条氏康が鎌倉の本覚寺後坊主の玉林に、棟別銭・飛脚役・陣僧役の免除、竹木伐採の禁止を伝える（同前・五五八）。**15日** 北条氏康が相模国国府津（神・小田原市）村野惣右衛門と同国落切（神・横須賀市東浦賀町）二見隼人佑に、氏康室瑞渓院殿の船役を規定し浦賀（横須賀市）定詰の舟方を年間半分免除、臨時の公事網の禁止、北条家朱印状による肴役賦課の免除、地頭・代官の御菜肴の免除、諸浦での地曳網と釣りの禁止を定め、代わりに瑞渓院殿御肴銭として一月に一五〇文を小田原城の由比代に納入させる（相州文書足柄下郡ほか・五五九〜六〇）。**19日** 武田信玄が甲斐国富士御室浅間大菩薩（山梨・富士河口湖町）に願文を掲げ、北条氏政室（信玄娘の黄梅院殿）の安産を祈願し、成就の時には来年六月から船津（富士河口湖町）関所を開放し関銭徴収を止めると誓

11月

う。のちに千葉邦胤室になる芳桂院殿の誕生か（富士御室浅間神社文書・戦武一-五七九）。**27日** 北条氏康が武蔵国多摩・入間両郡の広徳寺・高安寺・高乗寺・西蓮寺・出雲祝神社の棟別銭を免除する。広徳寺・高安寺・出雲祝神社の奉者は狩野泰光・庄式部少輔（広徳寺文書ほか・五六二〜六）。

12月

5日 北条康元が白井長尾氏の家臣赤見山城守に、上野国高山（群・高山村）から退去した時の使者として康元に従った忠節を北条氏康が賞賛していると伝え、安中越前守にも報告する（師岡家略系・五三三）。この月上旬、宇都宮伊勢寿丸（のち広綱）が足利義氏・那須資胤・佐竹義昭に支援されて壬生綱雄を破り、綱雄は宇都宮城（栃・宇都宮市）に退去する。**11日** 北条氏康が那須資胤に、壬生綱雄討伐への協力に謝礼を述べ、近日は下野国塩谷（栃・大平町）に侵攻した事にも感謝し、綱雄の降参で宇都宮と真岡（栃・真岡市）の旧領を北条氏に渡すとの申出については足利義氏に任せる（栃木県立博物館所蔵那須文書・五六七）。**20日** 北条氏康が新石切五人衆に、近年は無足との訴えを聞き当年から一人二貫文の扶持給を与える。奉者は可直斎長純（青木文書・五六八）。**23日** 壬生綱雄の下野国宇都宮城が攻略され、宇都宮伊勢寿丸と芳賀高定が同城に入る。**28日** 北条氏康が伊豆国養真軒（寂用英順）に、同国八丈島（東・八丈町）に紀伊国の船が漂着し、乗組員は養真軒に預け、荷物を首尾良く押収した功績を認めて船も養真軒に与え、修理して商船に使わせ諸役は免除する（諸州古文書二四・五六九）。同日、北条氏康が赤見山城守に、忠節を認めて上野国で望みの知行を与え、更に北条氏に従属したなら相模国でも望みの知行を宛行うと約束する（丹波赤見文書・五三六）。

▼この月、長尾当長が下野国鑁阿寺（栃・足利市）に禁制を掲げ、御堂衆の規定を指示（鑁阿寺文書・群七-三-二〇六四）。

▼この年、武蔵国椚田（東・八王子市）高乗寺の寺域絵図が作成される。ただし江戸期の作成との説もある（高乗寺文書）。この年、北条氏の分国中で天候不順による飢饉と疫病が流行し、死者が多く出たため北条氏康の当主としての進退問題となる。この年、北条氏康が相模国吉田島（神・開成町）で検地を施行（役帳）。

永禄元年（一五五八）・戊午

1月

16日 北条氏康が富岡主税助に、新年の祝儀に三種・三荷を贈呈され返礼として太刀を贈る（富岡家古文書・一五一七）。**22日** 北条氏政が那須資胤に、書状到来に謝礼して太刀・馬等を贈呈し、さらなる音信を依頼する（栃木県立博物館所蔵那須文書・五七〇）。**26日** 北条氏康が上野国天王社（群・高崎市進推神社）祠官の高井左衛門大夫に、先例に任せ上州天王大夫司職を安堵し、遠山綱景に副状を出させる（高井文書・五七二〜三）。

2月

2日 正親町天皇が足利義輝を通して足利義氏を従四位上に叙位し、右兵衛佐に任官する（東京国立博物館寄託妹尾文書・戦古八二四）。 **7日** 北条氏康が武蔵国鷲宮神社（埼・鷲宮町）神主大内晴泰に、新年の祈禱の巻数と鯉・一荷を贈られ返礼に太刀を贈る（若命氏所蔵鷲宮神社文書・一五一九）。 **8日** 武蔵国御嶽（東・青梅市）御嶽権現に、同国安松之村（埼・所沢市）の斎藤信広が正宗の太刀を奉納する（御嶽神社所蔵・武銘六八〇）。 **27日** 北条氏康が伊豆国長岡（静・伊豆の国市）革作七郎右衛門に、公方皮の納入方法について指示する。奉者は周阿弥（宮本文書・五七四）。 **28日** 弘治四年を永禄元年と改元する。

3月

10日 足利義輝が北条氏康父子に、去年から進めている武田信玄と上杉謙信との和睦の仲介を依頼し、詳しくは使者の悦西寺の持参する大館晴光の副状で述べさせる（大館記紙背文書・四三一）。同日、足利義輝が武田信玄父子に、去年に申し入れた上杉謙信との和睦を今川義元・北条氏康と相談して勧めさせ、詳しくは使者の悦西寺の持参する大館晴光副状で述べさせる（同前・戦武六－四〇九）。 **21日** 山木大方が水口氏に、北条氏が伊豆国滝山村（静・伊豆の国市）に同国韮山城（伊豆の国市）普請人足役を賦課したが、同村は散作で百姓が居らず前々から人足賦課を停止する様に伝えたが小田原城の沙汰も無く、重ねて普請奉行に申しておくと伝える（水口文書・五七六）。 **22日** 北条氏康が蔭山家広・後藤宗琢に、足利義氏が鎌倉の鶴岡八幡宮に社参するので当日の儀式の指示と翌日の芳春院殿の社参への供を命じ、この旨を同社院家中・神主・小別当に伝えさせる（後藤文書・五七七）。 **26日** 足利義氏が下野国鑁阿寺（栃・足利市）衆中に、鶴岡八幡宮に社参への祈禱を依頼し、巻数を贈呈された謝礼を述べる。同日に瑞雲院周興も副状し社参の路次中の安全祈禱に謝礼する（鑁阿寺文書・戦古八二六、一四〇四）。 **吉日** 伊豆国一之瀬村（静・南伊豆町）大明神の本地地蔵菩薩を造立し、仏子に鈴木出羽守が見える（高根神社所蔵木札・静七－三－二六一四）。

▼この月、白川晴綱が北条氏康父子、北条綱成、岩本定次に進物を贈呈（国学院大学文書・猿島町史資料編三〇二）。

4月

2日 足利義氏が鎌倉の鶴岡八幡宮に社参のため下総国葛西城（東・葛飾区）を発って武蔵国品川（東・品川区）妙国寺に滞在する（年代記配合抄・北区史二－一四六頁）。 **8日** 足利義氏が鎌倉由比浜を訪れ、十日に鶴岡八幡宮に参詣する。北条氏政以下の松田憲秀・笠原綱信・遠山隼人佐・石巻家貞・岩本定次が式に参加（鶴岡八幡宮社参記・北区史二－一六二頁）。十一日には鎌倉の建長寺・長谷大仏、十二日に江ノ島（神・藤沢市）から鎌倉の極楽寺を見物し、十三日に鶴岡八幡宮に入る。参詣の儀式に遠山綱景・同隼人佐・南条昌治・山中彦十郎・依田・北条氏政等が参加（鎌倉公方御社参次第・北区史二－一六四頁）。 **11日** 北条氏康が簗田晴助に起請文を出し、六月中に下総国関宿城（千・野田市）を足利義氏の御座所に提供するとの忠節に感謝し、晴助が居城に古河城（茨・古河市）を望むので提供する事、知行の事は旧領を

4月

安堵し城回りの新知行も用意する等の約束を交わす（簗田文書・五七八）。**28日** 足利義氏が小田原城の北条氏康邸に入り、その寝殿での宴会に臨み、酒宴の第一献で荷用は北条氏尭、手長は松田憲秀、二献で荷用は伊勢貞就、手長は遠山隼人佐、三献で荷用は北条三郎、手長は笠原綱信、他に北条氏信・清水康英・伊勢貞辰・松田盛秀・石巻家貞等が列席する（鶴岡八幡宮社参記・北区史二―一六〇頁）。

5月

11日 北条氏康が恒岡殿と長尾（神・川崎市多摩区）百姓中に、撰銭の規定を示して新銭の混合率を示し、古銭は破損貨幣の大欠・大ひびき・打平目の悪銭三種は捨て、他は古銭ならば地悪銭でも使用させ、古銭でも地悪銭ばかりを揃える事を禁止させ一〇〇文に一〇～二〇文の混入は認めるが三〇文もの混入は不法とする（井田文書・五八〇）。**24日** 北条氏康が瑞雲院周興に、足利義氏を簗田晴助の関宿城（千・野田市）に入城させるため、晴助を古河城（茨・古河市）へ退去させるのに反対する簗田右馬允を追放させ、関宿城の確保は一国を入手したのと同じ意味があるから、遠山綱景から右馬允を説得し西国に追放するのが良いと伝える（喜連川文書二・五八一）。**吉日** 武蔵国忍保大宮山（埼・熊谷市上之）雷電社の本殿扉に、大旦那に成田長泰が見える（上之神社所蔵・武銘六二）。

6月

1日 北条氏康が伊豆国修善寺（静・伊豆市）修禅寺に、山木大方の亡夫の堀越六郎の入牌料所として同国三島（静・三島市）内の賀子・岩崎で一五貫文を寄進する（修禅寺文書・五八二）。同日、足利義氏が簗田晴助に、関宿城（千・野田市）を進上し北条氏康に従属して古河城（茨・古河市）に移る事を急がせる（簗田家文書・戦古八三一）。同日、足利義氏が簗田晴助に、北条氏康に従属して関宿城の進上を忠節と感謝する（同前・戦古八三二）。同日、足利義氏が簗田晴助に、古河五ヶ村を望みの如く宛行いたいが、今は予定が無いので関宿城廻の進上の知行地を書上て申告すれば、検地を行い古河五ヶ村に見合う年貢の地を宛行う事は北条氏康からの申出である事、晴助の本領の山王山（茨・五霞町）他は安堵する事、晴助の親類等の知行の事は他から口を出させず晴助に任せる事、奏者の事は別紙に定めた通りに務める事、関宿城下の在府屋敷として横田氏屋敷を与えると申し渡す（同前・戦古八三三）。同日、足利義氏が簗田晴助に、五ヶ条の条目に追加して簗田名字の地の確保を許し、小田助三郎の扱いについても任せる（同前・戦古八三四）。**14日** 足利義氏が簗田晴助に、北条氏康に従属して関宿城を進上した忠節に感謝し、八幡大菩薩にも引立てを約束したから晴助も条目に違反せず奉公する様に申し渡す（同前・戦古八三五）。**19日** 北条氏康が甲相国境の東関所に、甲州からの僧侶等五人を分国中の川渡し関・諸関所の通行を一回だけ許可する。奉者は大草康盛（勧修寺文書・五八三）。同日、足利義氏が簗田晴助に、過所を与えて古河より利根川上流への古河公方の朱印船二隻の往復通行を許可する（簗田家文書・戦古八三六）。同日、足利義氏が簗田晴助に覚書を出し、晴助の知行分を不入とする事、年貢収納は町人以下の在地に任せる事、利根川の船路と古河城への商人船には関与せず、関宿の以前からの船役は晴助に管轄させる事、簗田領内と古河で船役を申しつける時は前々の筋目に任せる事、古河公方の御領所での知行人に関しては晴助の支配外とする事、晴助の知行内に他家の奉公人を置かない事を双方で確認する（同前・戦古八三七）。**20日** 北条氏康が簗田晴助に、郷村からの欠落人の召還について答え、北条氏綱の壁書では一〇ヵ年であったが、この度の武蔵国・上野国に出した掟には五ヵ年と定めて召還させ、簗田領に他領者や北条方の者が逃げ来たらば即刻申告させる。奉者は中村平四郎（同前・北条氏文書補遺三五頁）。**21日** 北条康成が東修理亮に、上総国での忠節を認め北条氏康に披露し、感状を出させると約束する（川辺氏旧記・五八四～五）。**23日** 北条氏康が豊前氏景に、皆川俊宗は古河公方の上意により去年八月から下野国梓・中方（栃・栃木市）に氏景の入部の事は了承したが、今度は違乱したので小代官の村山が堅く断り、今後は相違無くするとの証文を出したので氏景の支配に任せる。奉者は遠山隼人佐（豊前氏古文書抄・五八六）。**27日** 北条氏康が東修理亮に、上総国での三度の戦いの忠節を認め感状と太刀を贈呈する（川辺氏旧記・五八七）。同日、北条氏康が清水康英・同吉広に、伊豆国河津郷（静・河津町）の吉広知行分を検地し、手作地の田坪を西田他と大瑞で合計七町六反余、貫高三六貫五八一文と打出し、検地増分を確定し知行させる（河津町正木文書・五代文書補遺一九）。同日、足利義氏が那須資胤に、鶴岡八幡宮と小田原城への訪問祝儀に太刀と馬を贈呈され返礼に太刀を贈る。この書状に当地とあり義氏は小田原城に未だ滞在中（栃木県立博物館所蔵那須文書・戦古八三八）。

閏6月

7日 北条康成が東修理亮に、先月の忠節に北条氏康から感状と金覆輪太刀を贈呈した証文を与え、今後も一層の奉公を依頼し、詳しくは使者の木村民部丞から伝える（川辺氏旧記・五八八～九）。**10日** 北条氏康が豊前氏景に、小田原城内で芳春院殿立会いの許に武蔵国江戸城（東・千代田区）城下の仙波縫殿助屋敷と小宮屋敷を要望したので了承して屋敷の普請を急ぐ様に伝え、詳しくは遠山綱景の副状で述べさせる（豊前氏古文書抄・五九〇）。**18日** 北条氏康が小田原城から下総国の宿中に、大須賀式部丞に伝馬二匹の使役を許可し、北条氏から賃金を支払わせる。奉者は石巻家貞。北条家伝馬手形の初見（大須賀文書・五九一）。同日、北条氏康が安中重繁に、上野国北部の岩櫃城（群・東吾妻町）斎藤氏を攻めに吾妻谷（東吾妻町）に出馬した事を伝え、重繁にも出馬の用意をさせ、詳しくは遠山綱景の副状で述べさせる（井伊文書・四六五三）。

7月

1日 神保輝広が死没する。法名は海珍了珊庵主。**3日** 上杉成悦（憲政）が平子孫太郎に、自分は越後国におり孫太郎が調儀に尽力して上杉謙信と近日中にも上野国に侵攻すると伝える。この頃には既に成悦は北条氏康に攻められ越後国に逃亡したと判明（武州文書御府内下・埼六－二－二〇二）。**12日** 北条氏康が相模国湯本（神・箱根町）早雲寺住職に、小

7月

田原城内の本光寺住職の選任を依頼する（早雲寺所蔵本光寺文章・五九二）。**19日** 北条氏康が武蔵国天神山城（埼・長瀞町）藤田老母（藤田泰邦の室、北条氏邦の養母）に、同国小浜（埼・神川町）内で屋敷地を宛行う。奉者は三山綱定。既に北条氏邦が藤田泰邦の養子と判明（市谷八幡神社文書・五九三）。**22日** 北条氏康が早雲寺に、本光寺住職の選任は早雲寺の大室宗碩の徒弟衆が輪番で務める事を承認する（早雲寺所蔵本光寺文章・五九四）。

8月

1日 相模国津久井郷（神・横須賀市）往生院の木造阿弥陀三尊立像が造立され、大仏師長勒が見える（往生院所蔵・新横須賀市史二-二三八六）。**13日** 遊行上人体光が北条綱成に、自分は陸奥国白河（福島・白河市）において、北条氏康が相模国藤沢（神・藤沢市）旧遊行寺（清浄光寺）の給地を一〇〇〇貫文で買い奉加寄進する事を躊躇し、それに対応出来ず遅延しているのを残念に思い、氏康の奉加の判物を見たなら体光が藤沢に帰国して遊行寺の再興を神かけてすると伝える（高瀬文書・四四二九）。同日、遊行上人体光が陸奥国白河城の白川晴綱に、白河に滞在して越年し会津（福島・会津若松市）地方を遊行してから来年春には相模国に帰る予定と伝える（遠藤白川文書・福七-四六六頁）。**21日** 北条氏康が石井兼実に、横山蔵所として武蔵国小机（神・横浜市港北区）北向の大道寺氏の旧領二〇貫文の地を支配させる（世田谷領古文書・五九五）。

9月

7日 北条氏康が佐竹義昭に、岩城氏家臣の船尾隆直が本拠を追われた窮状を救い、所領を還付する様に依頼する（千秋文庫所蔵佐竹文書・五五五）。**10日** 北条綱成の正室（北条氏綱の娘）が死没する。法名は大頂院殿光誉耀雲大姉（鎌倉大長寺墓碑銘・相風五-八二頁）。**15日** 伊豆国三津浜（静・沼津市）気多大明神の由緒書を書き改め、筆者に箭部守真他一二人の在地土豪が署名（国文学研究資料館所蔵三津浜大川文書・四八八一）。**20日** 足利義輝が北条氏康に京都の情勢を述べて忠節を命じ、使者の孝阿弥を小田原城に遣わし詳しくは大館晴光に副状させる（尊経閣文庫所蔵文書・四四三〇）。

10月

9日 北条氏政が相模国一宮（神・一宮町）大応寺に禁制を掲げ、竹木伐採を禁止させる（相州文書淘綾郡・五九六）。

11月

1日 北条氏康が伊豆国長浜（静・沼津市）大川氏、同国韮山（静・伊豆の国市）大屋氏代に、同国西浦（沼津市）他の西海岸八か所の浦々から熊野新造船に乗組む船方三三人を徴用し、四日に伊東（静・伊東市）に集まり和田新介の管理する材木を駿河国清水（静・静岡市清水区カ）から網代（静・熱海市）まで届けさせる。奉者は大草康盛（木負大川文書・五九七）。**2日** 北条氏政が金子左衛門大夫と山角定勝に、足軽衆の人数不足を指摘し武蔵国河越城（埼・川越市）の定番には片時も逃亡の無い様にし、境目の城のために敵が攻撃して来るので油断無く務めさせ、蕪木刑部大輔を加勢に送るので良く守備させる（水月古簡三・四六五四）。**9日** 小幡憲重が武蔵国今井郷（埼・本庄市）百姓中に、河越城から往復の飛脚等が郷中に来て夫馬を申しつける事、郷中に宿泊させ食事を出す事を禁止する（鈴木弘文書・四八八二）。**10**

日 北条氏康が相模国小町（神・鎌倉市）宝戒寺に、前々の如く公方屋敷を返還する。奉者は大道寺周勝（宝戒寺文書・五九八）。**21日** 生田重吉が相模国久野（神・小田原市）総世寺の梵鐘に追刻し、同国六所宮（神・二宮町）の鐘を寄進したとある（総世寺所蔵・小一-一〇二七頁）。**吉日** 武蔵国下平井（東・日の出町）保泉院の閻魔王坐像を再興・彩色し、平井重直と鎌倉仏所長勒法眼弟子中将が見える（保泉院所蔵・四八八三）。

▼この年、吉月吉日に吉良頼康が武蔵国上小田中（神・川崎市中原区）泉沢寺に、多摩川対岸の同国旋沢村（東・世田谷区烏山）の寺家領の萱を寺屋根修理専用に確保する事を許可する（泉沢寺文書・五九九）。この年、武蔵国上小山田常盤（東・町田市）山王社の懸仏に、彦根勘十郎・同庄次郎が見える（新編武蔵多摩郡・武銘六八五）。この年、この頃に上野国沼田城（群・沼田市）の沼田氏に内訌があり、北条氏康が介入して沼田弥七郎を支援したが弥七郎が死没し、北条康元（北条綱成の次男）が家督を継ぎ沼田康元と名乗る。

永禄二年（一五五九）・己未

1月

26日 北条氏康が森康秀に、武蔵国局沢（東・千代田区皇居内）江戸明神司職を安堵し、先例に任せて北条氏康の北条家朱印状を与え、神領の田畑は江戸小三郎に支配させる。奉者は遠山綱方（花押）とあり遠山綱景か。ただし当文書は疑問点がある（慶元寺所蔵玉川文庫文書・六〇一）。

2月

3日 北条氏康が山奉行の大川甚左衛門尉に、法度の改定を通告し伊豆国狩野山（天城山）・大見山山林の管理を命じ、雑木でも他郷の者が秘密に伐採する事を禁止し山林を育成させる。奉者は可直斎長純（大川文書・六〇二）。**4日** 北条氏尭が相模国入野（神・平塚市）正林寺の大厳に、前々の寺領と門前の大藤信興の手作地の麦田等を寄進し、寺中の竹木賦課と棟別銭を免除する（少林寺文書・六〇三）。**10日** 相模国角田（神・愛川町）日月宮を造営し、地頭の内藤秀行が見える（新編相模愛甲郡・四六五五）。**12日** 北条氏康が小田原衆所領役帳を集大成する（役帳）。**17日** 北条氏康が江戸頼忠に、武蔵国局沢（東・千代田区）寺領とやはた（東・目黒区谷畑）在家の屋敷四間分の棟別銭を永代免除する。奉者は遠山綱方（花押）とあり遠山綱景か。ただし当文書は疑問点がある（慶元寺所蔵玉川文庫文書・六〇四）。同日、相模国下大槻（神・秦野市）牛頭天王社の棟札に、地主富永（康景）、原重政が見える（健速神社所蔵棟札・四六五六）。

▼この月、武田晴信が法号の信玄を称する。文書での初見は同年五月二日（清泰寺旧蔵文書・戦武一-六六二）。

3月

12日 北条氏康が上総国天神山城（千・富津市海良）正木時治に、同国金谷城（千・富津市）支援のため相模国浦賀城

3月
(神・横須賀市)には北条綱成父子・遠山康光・布施・笠原等、鎌倉には北条幻庵(宗哲)が在陣して固め、北条氏政は小田原城に居て房総の事は氏政に申して欲しい。敵地に目付を置いて敵情を報告させ、里見勢の事は時治に任せる。上野国には二〇日程滞在して帰国すると伝える(正木文書・五七五)。**17日** 相模国極楽寺(神・鎌倉市)極楽寺の十大弟子像を修復する(極楽寺所蔵・相古五-一七八四)。**24日** 太田資正が大島大炊助に、知行地の開拓は深井氏と相談して行わせる(大島文書・埼六-二-二四五)。**26日** 大館晴光が上野衆の由良成繁に、甲越相三国和睦の事で京都から使者の悦西堂を下向させるため路次の安全を依頼する(集古文書六七・神三下-七五三三)。

4月
14日 今川氏真が駿河国富士下方五社(静・富士市)別当東泉院に、僧侶が天文六年(一五三七)の河東一乱の時に北条方に人質に捕られたが帰還し、忠節を認め寺領を安堵する(富知六所浅間神社文書・静七-三-二六八五)。**18日** 北条氏康が上野衆の富岡主税助に、小田原城の普請が終了すれば出馬すると伝える(千葉市立郷土博物館所蔵原文書・五七九)。**27日** 上杉謙信が上洛して足利義輝から関東管領上杉憲政への補佐役を命じられ、関東越山の大義名分を獲得する(上杉家文書・新三-一-二七四)。

5月
7日 北条氏尭が病気になり、山伏不動房に京都の吉田兼右に黄金三〇〇〇疋を届けさせ病気回復の祈禱を依頼する(兼右卿記)。**10日** 吉田兼右が日記に、北条氏尭は「三十八歳、大永二年壬午三月十五日誕生」と記す(同前)。**16日** 吉田兼右が北条氏尭の祈禱依頼に応え、牧庵(清原喜賢)に氏尭への書状と神道御祓・鎮札を持たせて小田原城へ下向させる(同前)。同日、吉田兼右が北条氏尭に病気回復の祈禱を一七日間行って完了し、黄金三〇〇〇疋の謝礼に神道御祓・鎮札を牧庵に届けさせる(同前・四四三)。**24日** 上杉成悦(憲政)が長尾政景に、上杉謙信の使僧が上野国から越後国へ帰国し、上野国の情勢を聞いて急ぎ関東越山の準備をさせる(伊佐早文書・新五-三-三九二)。

6月
2日 北条乙千代丸(のち氏邦)が山口上総守に、武田信玄との戦いの忠節を認め戦死しても家督相続を保証し、当秋まで扶持給で我慢させる。ただし当文書は疑問点がある(山口文書・六〇五)。**10日** 某信茂が江戸頼忠に、屋敷四間分の棟別銭を免除し忠節を命じる(慶元寺文書・六〇六)。
▼この月、近衛前嗣が上洛中の上杉謙信に、北条氏康の事は噂が多く信用出来ないと伝える(上杉家文書・新三-一-九六八)。この月、北条氏康の介入により真壁久幹と大掾慶幹の領土紛争が解決する(真壁文書)。

7月
1日 武蔵国碑文谷村(東・目黒区)法華寺の木造金剛力士立像を造立し、仏所に鎌倉扇谷住の権大僧正大蔵法眼長盛、小仏師に上野が見える(碑文谷円融寺所蔵・造像銘記集成二八〇)。**11日** 日現が上総国平賀(千・松戸市)本土寺に、承教寺の建立には武蔵国江戸(東・千代田区)旦那衆の勧進があり、桑原右京亮の祖母から一万文の寄進を受けたと見える（本土寺文書・千三-六六頁）。**21日** 北条氏康が小田原城下の松原神社別当玉滝坊からの訴えに裁許し、武蔵国金蔵院（神・横浜市神奈川区）等の五ヶ寺の宗義上の所属につき、玉滝坊が修験の統括者で真言宗・天台宗でも修験の儀式を行う修験者がいれば玉滝坊に修験役の賦課を許可させる。評定衆は狩野泰光（古証文之写・六〇七）。同日、箱根権現（神・箱根町）別当金剛院の融山が可直斎長純に、玉滝坊と中武蔵五ヶ寺との相論の結果を聞き、京都の東寺門徒が陰陽道・七五三祓等を行う時には玉滝坊が修験役を負担すべきと北条氏康に披露させる（同前・四五九）。**29日** 聖護院門跡が武蔵国宝積坊（埼・美里町白石）と東林坊との年行事職の相論で、宝積坊と東林坊を京都に呼出して裁許するとしたが東林坊が上洛せず敗訴と決め、宝積坊に武蔵国榛沢郡内一〇ヶ村の年行事職に任命する（上田文書・埼六-一-二四八）。

8月

1日 結城政勝が死没する。五五歳。法名は安穏寺殿大雲藤長。**7日** 北条綱成の次男康元が上野国沼田城（群・沼田市）沼田氏の家督を継ぎ、城将となる（御府内備考）。同日、北条氏康が上野国の長吏太郎左衛門に、長吏源左衛門を国払いにし沼田（沼田市）周辺で不法を働くのを禁止させ、沼田孫次郎（北条康元）代の福島孫七郎に堅く申しつけておいた事、源左衛門が同国厩橋（群・前橋市）でも不法を働くので代官の早川に申して同国内を徘徊するなら成敗すると伝える。奉者は狩野泰光（同前・六〇八）。**10日** 島津長徳軒が死没する。法名は長徳軒龍堂泉公。**13日** 千葉胤富が某社の神主に、祈禱謝礼に下総国郡郷（千・東庄町）石出内で社領を寄進する（飯田文書・千三-九四七頁）。**18日** 北条氏康が相模国大磯（神・大磯町）地福寺に、修理費として毎年五貫文ずつ寄進し、桑原弥七郎から二宮（神・二宮町）六月関所の関銭で受け取らせる。奉者は可直斎長純（地福寺文書・六〇九）。

9月

7日 鎌倉大町（神・鎌倉市）本興寺堂宇を建立し、酒井胤治・政茂父子・同胤敏等が見える。上総衆の東金酒井氏が原氏から独立して北条氏康に従属（本興寺所蔵棟札・大田区史寺社三-一四五頁）。**11日** 垪和氏続が相模国玉宝寺（神・小田原市扇町）に、父伊予守が寄進した門前の地を祖母玉宝貞金の菩提料所として安堵する（相州文書足柄下郡・六一〇）。**21日** 伊豆国片瀬村奈良本里（静・東伊豆町）鹿島大明神を修理し、大工に壬生正宗が見える（鹿島神社所蔵棟札・静八-四-補三三）。**23日** 吉良頼康が武蔵国衾村（東・目黒区）東岡寺に、同村内八幡在家と増戸屋敷際の寺家四間分の棟別銭を永代免除する。朱印下部に森康秀の署名あり（東光寺文書・六一一）。

10月

2日 北条氏康が武蔵国白石（埼・美里町）宝積坊に、七月の聖護院門跡書出に任せて武蔵国榛沢郡内一〇ヶ村の年行事職を安堵する。奉者は大草康盛（上田文書・六一二）。**13日** 太田資正が武蔵国安行（埼・川口市）金剛寺に、寺家・門前共に不入とする（武州文書足立郡・埼六-一-二五〇）。**23日** 北条氏康が上野国岩櫃領（群・東吾妻町）・同国嶽山領（群・中之条町）の百姓に、還住し麦作に付く事、百姓は何処に欠落しても召し返し拒否者は名簿を提出させ、百姓は

10月

北条氏支配地へ参り田畠の開拓に従事させる。岩下城（東吾妻町）斎藤越前守が北条氏に従属（岩櫃城伝記・六二三）。

11月

2日 北条氏康が石切一右衛門に、番子の清七が一月で一〇日ずつの公方御用を務めず違法であると諫めさせる。奉者は伊東政世（片平氏所蔵青木文書・六二四）。**6日** 伊豆国小土肥（静・伊豆市）国玉神社を修築し、富永康景が見える（国玉神社所蔵棟札・四八八四）。**10日** 北条氏照が武蔵国戸倉（東・あきる野市）三島大明神の禰宜宮本六郎太郎に、前々の如く禰宜職を安堵する。奉者は布施蔵人佑・横地吉信。氏照文書の初見（宮本文書・六二五）。**16日** 北条氏康が伊豆国韮山（静・伊豆の国市）願成就院大御堂本願十穀に、修築費用の勧進に伊豆国中の家一間に榛原升で米一升宛てを寄進させる。伊豆国の家数は北条氏の本棟別取帳で八九五五間半になるので各郷に配分した文書を配付して賦課せよと指示する。奉者は狩野弥太郎（願成就院文書・六二六）。**17日** 北条氏康が小田原から上野国倉内（群・沼田市）の宿中に、沼田孫次郎に伝馬を出役させ公方御用とする。奉者は笠原康明（郵政研究所附属資料館所蔵文書・六二七）。**晦日** 北条氏政が相模国板橋（神・小田原市）香林寺に、竹木伐採の禁止、棟別銭の赦免、寺領の山畠共に杉崎分（現在地未詳）は伊波大学助・池田安芸守の寄進地で永代安堵等と決める。同寺は北条氏綱室養珠院殿の開基（相州文書足柄下郡・六二八）。

12月

6日 千葉胤富が下総国龍角寺（千・栄町）龍角寺に、同国大竹（千・成田市）安養坊抱分を寺領として寄進する（千葉勝胤氏所蔵文書・千三-八五二頁）。**16日** 千葉胤富が宮内清右衛門尉に、物資輸送の忠節により分国中での町役と殿役・村役を免許する（常陸誌料所収宮内文書・千五-六二〇頁）。**17日** 遠山隼人佑が父綱景の代行として武蔵国石浜（東・台東区）総泉寺に制札を掲げ、竹木伐採と寺内への陣取りを堅く禁止し、違反者を江戸城（東・千代田区）に申告させる（武州文書御府内・四一六五）。**18日** 武蔵国大久野（東・日の出町）天照皇大神の拝殿を新築し、神主に宮岡守久、大旦那に平山綱景、大工に落合七郎左衛門が見える（新編武蔵多摩郡・六二九）。**23日** 北条氏康が隠居し本城様と呼ばれ、次男氏政が家督を継ぎ四代目当主に就任（年代記配合抄・北区史二-一四六頁）。

▼この年、伊豆国田子（静・西伊豆町）三島大明神を修築する（豆州志稿三八四頁）。この年、北条氏勝が誕生する。父は氏繁、母は七曲殿。

永禄三年（一五六〇）・庚申

1月

21日 相模国早雲寺（神・箱根町）大室宗碩が本光寺（神・小田原市）初首座に、住持以下を定める（早雲寺所蔵本光寺文章・小一-七三五頁）。**22日** 大室宗碩が遺偈を書き、この日に寂する。六八歳（風祭宝泉寺文書・小一-七三六頁）。

2月

9日 北条氏政が小田原城内の本光寺と城下久野の栖徳寺衆徒に、本光寺住持は大室宗碩の遺言に任せて初首座とし、寺規則は栖徳寺の意見に従わせる（早雲寺所蔵本光寺文章・六二一）。 **10日** 由良成繁が高山文左衛門尉に、上野国田島郷（群・太田市）の年貢未進二年分を今月中に完納させる。成繁が北条氏に従属（武家書簡・戦国大名と外様国衆二九三頁）。 **18日** 北条氏康が古河公方家臣の佐々木近江守に、新年の挨拶に扇・鷹を贈呈され、返礼に太刀を贈る（岡本文書・一五二二）。 **23日** 北条氏政が相模国府津（神・小田原市）船主の村野宗右衛門に、北条氏康室瑞渓院殿の肴銭の納入方法を指示し、銭納を止め現物納で毎月上旬に二〜三回も二五〇文分の魚を新鮮な内に小田原城に納入させ、由比千菊・清五郎左衛門に渡す事と命じ、主な魚の種類の単価を表示する（相州文書足柄下郡・六二二）。 **晦日** 北条氏政が伊豆国牧之郷（静・伊豆市）百姓中に、百姓等の訴訟で秋から年貢は半分は米穀納に改め、半分は銭納とし精銭の混入率を規定した事、借銭等は徳政を認め破棄する事、妻子等の年季売りは年期を定めて取返す事、田畠の年紀売りは年期が経てば返還する事を徳政として認め、他に四か条の徳政不可条項を通告する（伊豆市修善寺町郷土資料館所蔵三須文書・六二三）。同日、佐野泰綱が死没する。七九歳。

3月

1日 千葉胤富が紀伊国高野山（和・高野町）蓮花三昧院御庵室に、千葉家からの高野山参拝者の宿坊契約を承認する（内藤文書・千四−八六六頁）。 **5日** 富永政辰室が死没する。法名は清雲院殿日永（清雲寺過去帳・大田区史寺社三−八四九頁）。 **9日** 遠山隼人佐室（北条綱成の次女）が死没する。法名は浄光院殿華陰宗順大禅定尼（御府内備考続編九七）。 **16日** 北条氏政が武蔵国網代（東・あきる野市）百姓中に、百姓等の訴訟で秋から年貢は半分は米穀納に改め、半分は銭納として精銭の混入率を規定した事、借銭等は徳政を認めて破棄するが、去年の春夏の間に三島（静・三島市）酉の市で質流れの俵物・質物の返却は不可とする事、田畠の年期売りは年期が経てば返還する事を徳政として認め、他に三か条の徳政不可条項を通告する（網代文書・六二四）。 **26日** 足利義氏が武蔵国子安郷（神・横浜市神奈川区）百姓等と代官に、この度の徳政令では当郷から他所へ売った下人は取り返し、他所から当郷に買い取った下人は返す必要は無いと定める（成仏寺文書・戦古八四五）。 **30日** 北条氏政が相模国小八幡（神・小田原市）小代官・百姓中に、鯛三枚を明日中に小田原城の南条代・大草康盛代に納入させる。奉者は南条某（箱根町教育委員会所蔵藤曲文書・六六九）。

4月

6日 上杉憲賢が死没する。法名は義竹庵殿雲岑静賢大居士。 **18日** 武田信玄が田辺清衛門尉に、甲斐国小田原の問屋役を認め道者や商人への不法を禁止する（山梨県立博物館準備室所蔵文書・戦武六−四八二）。 **21日** 上杉光哲（憲政）が長尾政景に、上杉謙信が越中国から帰国するので関東への越山を依頼したと伝える（伊佐早文書・群七−三−二〇九〇）。 **25日** 北条氏政が相模国藤沢（神・藤沢市）の客寮中に、須田蔵助からの訴えで客寮（時宗僧）を小田原城に召出して糾明

4月

し、須田の田畠・屋敷への負債は年期を定めて大鋸引の森氏に売却されている事は証文から真実と判明し、先の北条家朱印状の如く徳政を適用すると須田氏の勝訴とする。評定衆は狩野泰光（森文書・六三五）。

5月

2日 伊豆国大多古郷（静・西伊豆町田子）天満大自在天神を造営し、地頭に山本家次、代官に松井与三左衛門、仁科鍛冶の太郎左衛門尉広重が見える（多胡神社所蔵棟札・四六五七）。 **6日** 間宮宗甫が下野国足利学校（栃・足利市）庠主九華瑞璵に、庠主（校長職）を辞して大隅国に帰国するのを押留め、庠主を続ける様に懇願する（足利学校文書・六二七）。 **9日** 北条氏康が陸奥国白河城（福島・白河市）白川晴綱に、北条氏政の家督相続の祝儀に太刀・紅燭を贈呈された謝礼を述べ、上総国に侵攻して里見義堯の久留里城（千・君津市）に向城を築城し、普請が終わり軍勢を帰国させると伝え、岩本定次から副状させる（白川文書・六二八）。 **13日** 北条宗哲（か）が上総国高谷郷（千・袖ヶ浦市）延命寺に、寺中への横合を禁止し違反者を小田原城に申告させる。奉者は水主木工助（上総国古文書・六二九）。 **15日** 北条氏政が相模国酒匂（神・小田原市）代官の小島吉久に、相模国西郡一〇ヶ村の百姓が小島に対して訴訟を起こし、小島を小田原城に召して糾明し裁許した結果、年貢の担保に酒匂蔵に納めた俵物は直轄領の年貢米と同様に取り返すのは不法で、徳政も不入とすると小島の勝訴とする。評定衆は狩野泰光（小島文書・六三〇）。 **19日** 今川義元が尾張国田楽狭間（愛知・名古屋市緑区）で織田信長の襲撃を受け討死する。四二歳。法名は天沢寺殿秀峰宗哲。嫡男氏真が家督を継ぐ（信長公記ほか・静七-三-二七五三）。 **27日** 足利晴氏が死没する。五二歳か。法名は永仙院殿系山道統。 **28日** 北条氏康が栗橋城（茨・五霞町）野田左衛門大夫に、上総国に侵攻して里見義堯の久留里城に向城を築城し、普請が終わり軍勢を帰国させたと伝え、足利晴氏の死没への悔みも述べ、詳しくは岩本定次から副状させる（古河歴史博物館寄託野田家文書・六三一）。同日、上総国天神山城（千・富津市）正木時茂が甲斐国富士浅間神社（山梨・富士吉田市）御司房州宿に、同社に代官を派遣するので指南を依頼し、帰国の際には渡船場等の道案内の者を付ける事も頼み謝礼を約束する（刑部文書・山梨四-一四九〇）。 **29日** 北条氏政が相模国関本（神・南足柄市）通り関所に、上総国の正木兵部大輔の代官中居大炊助主従五人が北条領の各関所を通行するのを許可する。奉者は遠山康英（館山市立博物館所蔵鳥海文書・六三二）。

▼この月、今川氏真が北条氏政に援軍を派遣する。

6月

2日 北条氏政が横地監物小路奉行の久保孫兵衛・横地代八木に、撰銭令の確認と市場での取引規約を示して精銭と地悪銭（中銭）の混入率を七対三に確定し、混入率を厳守させて商売する事と申し渡し違反者は小田原城に拘引する事、小田原城下の横地監物小路での違反が発覚したら奉行を重罪に処すと伝える（相州文書淘綾郡・六三三）。同日、足利長尾政長が里見実尭に、上杉光哲からの依頼で秋には軍事行動を起こすので正木時茂から房総方面の状況を知らされ、里見氏と共に北条氏を攻めると伝える（藩中古文書所収正木文書・千四-四〇三頁）。**7日** 北条氏政が下野国足利学校（栃・足利市）庠主九華瑞璵に、庠主（校長職）を辞して大隅国に帰国するのを押留め、足利学校に金沢文庫所蔵の宋明州刊文選を寄進する。九華は六一歳の高齢のため帰国する事にし、小田原城を通過する時に城中で氏政に三略を講義する（足利市教育委員会所蔵宋明州刊文選巻三〇奥書・六三四）。**16日** 近藤万栄が下総国船橋（千・船橋市）大神宮神主に、遠山綱景が西船橋の九日市場の内の天王・谷原の地と塩場を改めて寄進すると伝える（船橋文書・四六六八）。**18日** 相模国三崎城（神・三浦市）北条綱成が同国上宮田（三浦市）の新左衛門尉に、新左衛門尉からの訴えで上宮田での竹木伐採を禁止し、船衆にも命じて違反者は三崎城に申告させる（相州文書三浦郡・六三五）。

7月

2日 北条氏尭が陸奥国米沢城（山形・米沢市）伊達晴宗に交渉を開始し、太刀・島田作の刀・唐硯を贈呈し、代わりに青鷹の返礼を要求して伊達家臣の中野宗時に詳しく伝える。ただし当文書の花押は氏尭とは別物（仙台市博物館所蔵伊達文書・六三六）。**4日** 北条氏康が那須氏家臣の蘆野盛泰に、交渉の祝儀として太刀・馬・黄金を贈呈され、謝礼として太刀・段子を贈り関宿城（千・野田市）足利義氏の仲介かと報告する（京都大学総合博物館所蔵古文書集・一五三六）。**5日** 北条氏政が武蔵国柴（東・港区）代官・百姓中に、相模国浦賀（神・横須賀市）番船方番銭の役務を規定し、柴から出す本船方は六人で、年一八貫文を毎月晦日に浦賀城の愛洲・山本家次・近藤の三人に納める事、浦賀詰船方を赦免とし番銭も半分赦免とし、半分は撰銭して七対三の混入率で納めさせる（武州文書御府内下・六三七）。**20日** 武蔵国小机城（神・横浜市港北区）北条三郎（宗哲の嫡男）が死没する。法名は宝泉寺殿大年宗用大禅定門。弟の氏信が家督を継ぎ一族の氏尭が小机城主となる。

8月

8日 北条氏康が陸奥国米沢城（山形・米沢市）の伊達晴宗に、初めて交渉する祝儀に太刀・金襴を贈呈し、詳しくは伊達家臣の中野宗時が京都に上洛する途中の小田原城で伝えるとした（仙台市博物館所蔵伊達文書・六三八）。**10日** 大草康盛が副状し、中野宗時と北条氏康父子の会談を喜び、晴宗と武田信玄とが昵懇なので伊達家と北条家とも同様に同盟交渉が出来るため氏康の書状を直接送り、祝儀に太刀・金襴を贈呈すると述べ、取次役は康盛が務めると伝える（同前・六三九）。同日、北条氏政が毛呂顕季に、初陣の子息太郎が先月二十日の下野国皆川表（栃・栃木市）合戦での忠節を認め感状を与える（新編武蔵入間郡・三八六三）。**29日** 上杉謙信が上杉光哲や佐竹義昭の要請で初めて関東に越山する。同調した北条方の太田資正・成田長泰等が北条氏政を離反し上杉方となる（龍淵寺年代記、関東幕注文）。

9月

1日 北条氏政が武蔵国谷上（神・川崎市幸区）代官・百姓中に、正木棟別銭の納法で一間四〇文の隔年納入を改定して毎年半額ずつの納入とし、当月晦日迄に小田原城に収め銭は撰銭令の混入率を守らせる（中山氏所蔵潮田文書・

9月

六四〇）。**3日**　北条氏康が武蔵国松山城（埼・吉見町）から白川晴綱に、晴綱と佐竹義昭との和睦仲介の事は一、二度意見を足利義昭に具申したが納得されず、遠いので我等の意見も届かず、また那須資胤との事は了承しているが氏康と資胤とは昵懇の間柄ではなく大まかな関係で、義氏の側近瑞雲院を頼るのが得策と思うと伝え、詳しくは使者の芳賀大蔵丞に伝える（東京大学文学部所蔵白川文書・六四一）。**5日**　上杉謙信が上杉光哲を擁して上野国沼田（群・沼田市）に着陣し、足利長尾当長が従属、ついで同国明間（群・安中市）・岩下（群・東吾妻町）、十五日には沼田の各城を攻略して沼田城将の北条康元を退去させる。岩下城の斎藤越前守、下総国古河城（茨・古河市）簗田晴助も北条氏を離反（歴代古案ほか）。**6日**　上杉光哲が上野国沼田に入部する（赤城神社年代記録）。**13日**　三条西実枝が小田原城に下向し、母の忌日につき和歌を詠む（心珠詠草・小一－六九四頁）。**15日**　北条氏政が上野国大戸城（群・東吾妻町）浦野（大戸）重成に、上杉謙信の来攻により忠節を求め、人質として実子を同国倉賀野城（群・高崎市）に入れさせる（新編会津風土記六・三八六六）。**19日**　武蔵国叶谷（東・八王子市）住吉神社の鰐口に、神主に小河吉信、大工に小野寺（東・町田市）の羽井正吉が見える（住吉神社所蔵・四八八五）。同日、上杉光哲が里見義尭に、上杉謙信を供（配下）に越山を知らせ、上野国衆が北条氏を離反して光哲方に味方したので、房総方面の手立てを尽くさせる（藩中古文書所収正木文書・千四－四〇四頁）。同日、北条氏康が佐竹義昭に、白川晴綱との合戦の様子を問い、関宿様（足利義氏）が両者を和睦させよと氏康に下知していると伝える（千秋文庫所蔵佐竹文書・六四二）。同日、京都の近衛前久が上杉謙信を頼って越後国に下向する（公卿補任）。**22日**　北条氏康が芦名盛氏に、足利義氏が白川晴綱と佐竹義昭との和睦を望んでおり、氏康から義昭に使者を立てたが拒絶された事、盛氏からも調停を依頼したいと伝え、太刀・大鷹を贈呈され謝礼を述べる（会津四家合考九・六四三）。**23日**　足利義氏が那須資胤に、上杉謙信の上野国での状況の通報に感謝し、佐竹義昭が義氏の下知に応じて開陣する様に意見して欲しいと依頼。北条氏康が上野国に出馬する予定で同国の事は安心して忠節を尽くさせる（栃木県立博物館所蔵那須文書・戦古八四九）。**24日**　伊豆国大平柿木（静・伊豆市）山神社を再建して本地仏を奉納し、大工に立野七郎左衛門が見える（柿木魂神社所蔵木札・静七－三－二八二九）。**26日**　上杉謙信が上野国赤石城（群・伊勢崎市）那波宗俊を攻める（赤城神社年代記録）。**28日**　北条氏康が常陸国真壁城（茨・桜川市）真壁宗幹に、上杉謙信への対応に武蔵国河越城（埼・川越市）に出馬すると報じ、備えを厳重にさせる（お茶の水図書館所蔵真壁文書・六四四）。

▼この月、上杉謙信の関東越山により、力を得た里見義弘が北条氏から上総国妙本寺砦（千・鋸南町）や金谷城（千・富津市）を奪回する。

10月

2日　正木時茂が上杉謙信に、北条氏政が里見義弘の上総国久留里城（千・君津市）を囲んでいる事を告げ、上野国の諸城を攻略して北条康元を沼田城(群・沼田市)から退去させ、白井長尾憲景・総社長尾景総・箕輪長野業正を味方に付けたのは本望と伝える(歴代古案五・千四‐一九四頁)。**3日** 足利義氏が小山秀綱・蘆野盛泰・那須資胤・烟田右衛門大夫に、上杉謙信の上野国侵攻を知らせ、北条方に味方して参陣する様に命じる(小山氏文書ほか・戦古六五〇～三)。**4日** 北条氏康が上野衆の富岡氏に、金山城(群・太田市)由良成繁が上杉攻めに出陣したため小泉(群・大泉町)方面が最初に上杉軍との交戦地になるから氏康に忠節を尽くさせ、鉄砲・火薬を送る(千葉市立郷土博物館所蔵原文書・六四五)。**6日** 北条氏康が野田右衛門大夫に、上野国館林(群・館林市)の下に船橋を架橋するため急いで諸材料を各人に集めさせ、不足分も五日の内に調えて奉行に渡させる(同前・六四六)。同日、北条氏康が富岡氏に、由良成繁へ軍議の使者を送るため道案内をさせる(高橋文書・六四七)。**9日** 北条氏康が太田資正に、古河公方の相伴衆に推挙する事を約束し、上杉謙信退治への協力を依頼する(歴代古案三・六四九)。**14日** 北条氏政が村上綱清に、望みに任せて上総国泉之郷(千・君津市)ほか同国内八ヶ郷の知行を守護不入とし、椎津城(千・市原市)の大普請役は賦課する。奉者は大草康盛(下総旧事五・六四八)。**15日** 北条氏康が富岡氏に、小泉城の普請を堅固にさせて上杉勢の大軍を防ぐ防備方法を相談し、個別の軍事行動は慎む事、那波宗俊の赤石城(群・伊勢崎市)は難儀に陥っている様子で、北条氏の本隊は遅れるから茂呂因幡守を救援に向かわせ、富岡氏の働きに期待すると伝える(千葉市立郷土博物館所蔵原文書・六五〇)。**17日** 武田信玄が越中国井波(富・南砺市)瑞泉寺侍頭の上田藤左衛門に、摂津国大坂(大阪・大阪市)石山本願寺に使者を派遣して一向一揆が越中国から越後国へ攻め込めば、北条氏康との共同作戦で上杉謙信は上野国から戻れず滅亡に追い込めると伝え、賛同した越中の神保良春が越後に侵攻する様に依頼する(仏厳寺文書・戦武一‐七一三)。**23日** 北条氏康が興津甚兵衛に、上野国総社城(群・前橋市)での戦いでの忠節を認め感状を与える(記録御用所本古文書三・六六二)。**24日** 千葉胤富が下総国松子城(千・成田市)大須賀薩摩丸に、里見義弘が上杉謙信に呼応して海路を下総国富田台(千・香取市)に上陸して付近を制圧し、胤富方の寺山(現在地未詳)の在番衆は長陣で苦労しているが、間もなく里見勢は退陣するから頑張って欲しいと依頼し、大須賀勢を胤富の陣所に来させる(秋山文書・千三‐九三三頁)。**25日** 足利義氏が芦名盛氏に、上杉謙信の越山と長尾氏三家が上杉方に味方した事、北条氏康は武蔵国松山城(埼・吉見町)に在城して備えている事を知らせ、佐竹義昭と白川晴綱との和睦を足利義昭が拒絶するので盛氏から晴綱へ義昭を説得して欲しいと依頼し、詳しくは瑞雲院周興から副状で述べさせる(楓軒文書纂九二・戦古六五四)。**29日** 上杉謙信が龍渓寺僧侶に、上杉光哲が上野国に入国し厩橋城(群・前橋市)に同陣しているが、常陸・下野両国の諸家に出陣を依頼しても中々応じて来ないため、諸家への説得を依頼し上野・武蔵の諸家は北条氏を離反して先忠を尽くしていると伝えさせる

10月

（三股文書・埼六-二-二七九）。 **吉日** 北条氏康が上野国小泉城の富岡主税助に、忠節の賞として同国曾野多七郷（群・太田市〜桐生市）と横瀬兵部丞跡地を宛行う（千葉市立郷土博物館所蔵原文書・七三）。

11月

7日 北条氏康が上野国小泉城（群・大泉町）富岡主税助に、氏康に従属の誓詞血判書の到来を忠節と認め、詳しくは岩本定次の副状で伝える（千葉市立郷土博物館所蔵原文書・六五二）。 **12日** 北条氏康が結城氏家臣の簗大蔵丞に、忠節を認め武蔵国江戸筋（東・千代田区）で知行を宛行うと約束する（早稲田大学中央図書館所蔵文書・六五三）。 **16日** 北条氏康が那須資胤に、白川晴綱と佐竹義昭との和睦成立の仲介の労に謝礼する（栃木県立博物館所蔵那須文書・六五四）。 **吉日** 相模国土肥本村（神・湯河原町）熊野三所大権現宮を造立し、大旦那に南条民部丞、小代官に大谷助左衛門が見える（新編相模足柄下郡・六五五）。

▼この月、北条氏康に武蔵国羽生城（埼・羽生市）を攻略され雌伏中の木戸忠朝が上杉謙信に従属して同城を奪回し、上杉方の拠点となる。

12月

2日 北条氏康父子が池田安芸守に、武蔵国河越城（埼・川越市）の籠城の忠節として借銭・借米に徳政を適用し負債を破棄する事、武蔵国忍領（埼・行田市）・岩付領（埼・さいたま市岩槻区）で望みの知行を宛行うと約束し、さらなる忠節を求める（相州文書大住郡・六五六）。 **7日** 上杉謙信が北条方の上野国赤石城（群・伊勢崎市）那波宗俊を攻略し、那波氏が没落し那波領は由良氏に宛行われる（赤城神社年代記録）。この月初旬、上杉謙信が武蔵国河越城や下総国古河城（茨・古河市）を攻囲し、北条氏康は武蔵国松山城（埼・吉見町）から小田原城に帰還する。 **11日** 足利義氏が北条家浪人の土肥中務大輔に、下総国関宿城（千・野田市）での忠節を認め家臣として引立てる事を約束する（古文書纂一・戦古八六六）。 **12日** 足利義氏が豊前氏景に、関宿城での忠節を認め引立てる事を約束する、氏景は北条方の古河公方家臣（豊前氏古文書抄・戦古八六七）。 **14日** 太田資正が江戸周辺に侵攻して石浜（東・台東区）総泉寺に制札を掲げ、太田勢の乱暴狼藉を禁止させる（武州文書御府内上・北区史一-三八三）。同日、上杉謙信が先に従属した上野国厩橋城（群・前橋市）の長野氏と大胡左馬允を北条方への謀叛の嫌疑で誅殺し、厩橋領と大胡領を接収する（赤城神社年代記）。 **21日** 北条氏照が武蔵国落合（東・八王子市高尾町）の番匠八郎左衛門尉に、番匠綾野氏との相論を裁許して八郎左衛門尉の勝訴と決め、年間の納入物と棟別銭の免除、横合非分の禁止を伝え、上杉勢の滝山城（八王子市）への侵攻への防戦に励ませる（落合文書・一七五五）。 **24日** 上杉謙信が太田資正に、房総方面では里見方の正木憲時と北条方の原胤貞とが対戦しているが、憲時とは交渉しており胤貞とは交渉が無いので援助は出来ないが、上杉光哲の意思で関東の平和維持の為には両者の対戦を止める様に調停を依頼する（上杉家文書・千四-一七六頁）。 **26日** 吉良頼康・氏朝父子が武蔵国衾村（東・目黒区）東岡寺と末寺七ヶ寺に寺領安堵を伝え、江戸・大平・高橋・周防・中地等の吉良家家臣からの諸役賦課を禁止させる。吉良氏朝文書の初見（東光寺文書・六五七）。**27日** 武蔵国松山城（埼・吉見町）上田宗調（朝直）が木呂子元忠に、同国大屋郷（埼・東松山市）を宛行い下細谷（吉見町）代官職に任命する（岡谷家譜・六五八）。**28日** 北条氏康が武蔵国高尾山（東・八王子市）薬師堂別当に、修理費として同国内で寺領を一ヶ所寄進し祈禱を依頼する（高尾山薬王院文書・六五九）。

▼この月、太田資正が武蔵国品川（東・品川区）妙国寺・本光寺に制札を掲げ、太田勢の乱暴狼藉を禁止させる（天妙国寺文書ほか・東古中三-九〇四〜五）。この月、上杉謙信が鎌倉比企谷（神・鎌倉市大町）の妙本寺に制札を掲げ、関越諸軍勢の乱暴狼藉を禁止させる。署名は北条高広・長尾藤景の連署（鎌倉妙本寺文書・新五-三-四〇七三）。この頃、北条方の下総国葛西城（東・葛飾区）が里見勢や岩付太田氏に攻略される（太田家記）。

▼この年、上杉謙信と里見義弘が房総に勢力を進展させ、長南武田豊信が北条氏を離反し義弘に従属する。

永禄四年（一五六一）・辛酉

1月

7日 千葉胤富が下総国東之庄村々の年寄中に、宮本（千・東庄町）王子大明神の造営には東庄三十三郷の氏子の人々に奉加させる。胤富黒印状の初見（飯田家文書・千三-九四七頁）。**20日** 足利義輝が北条氏康に、今川氏真と徳川家康との和睦の斡旋に三条西実枝・文次軒（孝阿弥）を下向させたと伝え、協力を依頼する（大館市立中央図書館所蔵真崎文庫文書・四三五）。**21日** 北条氏照が武蔵国上椚田（東・八王子市）栗原彦兵衛に、御家中炭焼の司に任命し諸役を免除する。奏者は一雲・福阿弥（新編武蔵多摩郡・六六一）。同日、北条氏照が小田野周定に、武蔵国由木（東・八王子市）上下の強人（武士カ）と相談して上杉勢を防ぎ、忠節を尽くせば恩賞は望みの如く宛行うと約束する。奏者は横地吉信（佐野家蔵文書・六六二）。

▼この月、この頃から三月の間に上杉謙信が味方した関東国衆等の幕紋を記した名簿の関東幕注文を作成する（上杉家文書・新三-一-三〇四）。

2月

3日 北条氏政が牛込勝行に、新年の祝儀に鯉・蛤を贈呈され謝礼を述べ、遠山綱景から副状を出す（牛込文書・三八四七）。**5日** 北条家奉行人が武蔵国品川（東・品川区）妙国寺に禁制を掲げ、北条家朱印状の旨に任せて寺域を守護不入とし、家中の者の乱暴狼藉を禁止させる。連署した奉行人は大草加賀入道・山中康豊・伊東祐尚・石巻康保・南条

2月

飛驒入道（天妙国寺文書・六六三）。**6日** 北条氏政が相模国千木良（神・相模原市緑区）善勝寺に、上杉勢への戦勝祈願を依頼し、板部岡融成・石巻康敬・朝倉因幡守を祈念奉行に三日三夜の祈願を監督させる（善勝寺文書・三七六）。同日、北条氏政が善勝寺に掟書を下し、祈禱中の加用衆（配膳係）を定め、三人の奉行衆の命令に服させる（同前・三七七）。**7日** 下総国土気城（千・千葉市緑区）酒井胤治が同国早船郷（千・山武市）に制札を掲げ、酒井軍の乱暴狼藉を禁止させる（平山文書・千三-八五〇頁）。**22日** 上杉謙信が武蔵国松山城（埼・吉見町）に着陣する（年代記配合抄・北区史二-一四六頁）。**24日** 北条氏政が相模国墟下村（神・南足柄市）高麗寺花水院に、一向宗の本寺であるから布施康能と相談して防戦させる。奉者は可直斎長純。ただし当文書には疑問点がある（新編相模足柄上郡・相風一-二五〇頁）。**25日** 北条氏康が高橋郷左衛門尉に、武蔵国蒔田城（神・横浜市南区）吉良頼康父子を相模国浦賀城（神・横須賀市）に移らせる予定が、同城には北条家の軍勢が江戸湾岸の里見勢への防備として詰める事となり、吉良家軍勢は同国玉縄城（神・鎌倉市）に籠もる様に変更したと告げ、三〇〇人の軍勢を騎馬仕立てにし、二十八日には兵糧も用意して着到する様に依頼する（高橋文書・六六四）。**27日** 上杉謙信が鎌倉の鶴岡八幡宮に願文を掲げ、自分は八幡宮創建の源氏一族の末裔で室町将軍から関東の治罰を許されたので越山し、近日には松山城から小田原城に向けて進撃すると報告、関東平定の暁には社領を寄進して造営すると約束し戦勝祈願を依頼する（安房妙本寺文書・千三-四一六頁）。**28日** 北条氏政が鎌倉の円覚寺に、里見勢の侵攻による騒動で、寺域に逃亡し横合非分の者は玉縄城の北条康成に申告させ、手に余るなら小田原城に連れて来させる（神奈川県立歴史博物館所蔵帰源院文書・六六五）。**晦日** 足利義氏が那須資胤に、上杉謙信との対戦を報せ北条氏康に恨む事もあろうが、今後も昵懇でいて欲しいと説得する。資胤が謙信に接近（栃木県立博物館所蔵那須文書・戦古八六〇）。同日、伊達晴宗が武田信玄に、関東や信濃国の状況を問い、上杉謙信に侵攻された北条氏康から窮状を聞いているが、事実を知りたいと述べる（仙台市伊達家文書・戦武六-四三四二）。**吉日** 吉良氏朝が江戸頼忠に、養父頼康の時の如く知行地を守護不入として安堵する（松平武修氏所蔵江戸文書・六六六）。

▼この月、上杉謙信が武蔵国椚田谷（東・八王子市）・小仏谷（八王子市）や相模国比企谷（神・鎌倉市）に制札を掲げ、関越諸軍勢の乱暴狼藉を禁止させる（高尾山薬王院文書ほか・新五-三-四〇二八～九、四〇七二）。この月、吉良頼康が養子氏朝に家督を譲る。この月、北条氏康が箱根権現（神・箱根町）別当の融山に、上杉謙信の侵攻に対処したいが、北条綱成と主な家臣は房総方面に出陣して手元に軍勢が無く籠城している不甲斐なさを嘆き、戦に勝利する方法を問い合わせる（諸州古文書二三・七四二）。

3月

2日 北条氏照が武蔵国高尾山（東・八王子市）薬王院に、寺領として椚田（八王子市）で三〇貫文の地を寄進して戦勝祈願を依頼する（高尾山薬王院文書・六六七）。同日、北条氏康が栗原彦兵衛に知行を宛行う。奉者は一雲・福阿弥（武州文書多摩郡・三七八三）。**3日** 北条氏康が吉良氏朝の家臣大平清九郎に、相模国玉縄城（神・鎌倉市）での忠節を期待し、武蔵国足立郡で望みの知行を宛行うと約束する（大平文書・六六八）。同日、北条氏照が武田氏家臣で甲斐国上野原城（山梨・上野原市）加藤虎景に、上杉謙信が相模川沿いに南下し相模国当麻（神・相模原市南区）に着陣との状況を説明し、先の約束通り武田信玄の加勢を早く同国千喜良口（相模原市緑区）に派遣する様に依頼する。氏照が大石源三氏照と署名（加藤家旧蔵文書・六七〇）。同日、北条氏照が武蔵国別所城（東・八王子市）小田野源太郎に、渋谷氏の跡職と知行を与える（佐野家蔵文書・六六九）。同日、上杉謙信に呼応する里見義尭が親北条方の下総国矢作城（千・香取市）国分胤憲を攻め撃退される（大虫岑和尚語集・千五-九九一頁）。**4日** 玉縄城の北条康成が相模国江ノ島（神・藤沢市）江島神社の坊中に、江ノ島は公界所であるから、たとえ上杉勢や里見勢が来襲しても政治的判断で解決せよと指示する（岩本院文書・六七一）。**5日** 北条康成が鎌倉の鶴岡八幡宮の院家中に、社域や門前で玉縄北条勢が横合非分を犯す事を禁止させる（鶴岡八幡宮文書・六七二）。**6日** 北条氏照の奉行人が武蔵国福生郷（東・福生市）代官・百姓中に制札を掲げ、北条勢の乱暴狼藉を禁止させる。奉行人は布施兵庫大夫・横地吉信・大石左馬助（石川文書・六七三）。**7日** 北条氏政が伊豆国三島町（静・三島市）商人問屋の瀬古氏に、小田原城に居た上野国新田金山城（群・太田市）由良成繁からの人質二人を三島に移送して預け、厳重に監視させ必要経費は書類で申告させる。奉者は大草康盛（世古文書・六七五）。**8日** 北条氏政が相模国大山寺（神・伊勢原市）に、上杉謙信が相模中筋に侵攻したため大山の山伏は同山域の防衛に忠節を尽くし、侍者中の兵糧米は敵勢の手の届かない所に保管させる。奉者は篠窪弥太郎（相州文書大住郡・六七六）。同日、北条康成が佐枝治部左衛門に、感状を与え鎌倉海岸での里見勢との戦いで忠節を尽くした賞として、先ずは康成知行分の相模国本郷（山内本郷カ＝神・横浜市港南区本郷台カ）か同国村岡（神・藤沢市）で望みの田地を宛行うと約束する（佐枝文書・北条氏文書補遺三七頁）。同日、北条家奉行人が武蔵国品川（東・品川区）本光寺に制札を掲げ、北条勢の寺域での竹木伐採や狼藉横合を禁止させる。奉行人は石巻康保・伊東裕尚（武州文書荏原郡・六七七）。**9日** 北条氏康が佐枝治部左衛門に、感状を与え里見水軍が鎌倉の腰越浦（神・鎌倉市）に上陸した時に迎撃した忠節を認め知行を一所宛行うと約束し北条康成にも伝える（佐枝文書・四六九五）。同日、北条氏政が箱根権現別当の僧正融山代理と公方奉行の石巻家貞に、前々の如く相模国箱根山（神・箱根町）での殺生を堅く禁止させる（箱根神社文書・六七八）。同日、里見義弘が鎌倉に侵攻し、比企谷（神・鎌倉市）妙本寺と山内（鎌倉市）禅興寺に制札を掲げ、寺域での里見勢や甲乙人の乱暴狼藉を禁止させる（妙本寺文書ほか・千四-八七八、八八〇頁）。**10日** 北条氏政が小幡泰清に、小田原城に籠城して上杉

3月

軍と戦うため忠節を期待し、忠節次第で望みの知行を約束する（諸氏家蔵文書・六七九）。同日、北条氏政が仁杉六郎に感状を与え、同様に知行を宛行うと約束（本朝武家諸姓分脈系図仁杉伊東・北条氏文書補遺三五頁）。同日、武田信玄が某に、北条氏への加勢に上野原城（山梨・上野原市）加藤景忠を武蔵国由井（東・八王子市）に派遣したが北条氏照から無用と申してきたので帰還させる事、跡部長与は小田原城に移り上口に出馬すると申している事等を伝える（思文閣古書資料目録一九一・戦武六-四一八四）。**12日** 北条氏康が小田野源太郎に、上杉勢が小田野屋敷（東・八王子市別所）に攻撃を仕掛けて防戦に努め、敵の首を津久井城（神・相模原市緑区）に持参した忠節を認め、今後の忠節次第で望みの褒美を約束する（佐野家蔵文書・六八〇）。**13日** 北条氏政が相模国風祭（神・小田原市）法泉寺に、北条勢の寺域での横合非分を禁止させる（宝泉寺文書・三七六七）。**14日** 北条氏政が大藤秀信（政信）に、相模国大槻（神・秦野市）合戦で上杉勢六人を討取る忠節を認め感状を与える（大藤文書・六八一）。**15日** 上杉謙信が下野衆の小山秀綱に、小田原侵攻を伝え参陣を感謝し、小田原城は攻略すると確約する（小山氏文書乾・小一-六三五頁）。**18日** 北条氏政が伊勢廻船中・問屋中に、伊勢船に積載の兵糧米は湊に搬入して北条氏に渡し、銭は伊豆国韮山城（静・伊豆の国市）で渡すか売却するか否かは安藤良整と相談させ今後は木折銭を永代免許とする（伊勢市大湊支所所蔵文書・六八二）。**19日** 北条氏尭が清田内蔵助に、十八日の武蔵国高麗郡での上杉勢との合戦での忠節を認め北条氏政に申告して褒美を与える（記録御用所本古文書一〇・六八三）。同日、北条氏尭が武田方の雨宮与十郎に、十八日の高麗郡の合戦での忠節に証文を与え、北条氏政に申告し感状を請求するが証拠として判物を出す（藻塩草五一・北条氏文書補遺三八頁）。**20日** 北条氏政が小田野周定・同新左衛門・同肥後守に、上杉方の陣中往復の小荷駄隊を襲撃し荷物を収奪した忠節を認め、望みの知行を約束する（静嘉堂本集古文書ア・六八四）。**22日** 上杉方の太田資正が鎌倉の鶴岡八幡宮に制札を掲げ、社域での太田勢の乱暴狼藉を禁止させる（鶴岡八幡宮文書・神三下-七二一〇）。**24日** 北条氏康が大藤政信に、相模国怒田山（神・南足柄市）での上杉勢との戦いで敵六人を討取る忠節を認め、感状を出したいが混乱しており合戦後に褒美を与えると約束し、敵陣へ斥候を出して状況を報告させ、敵が酒匂川を越えたら早速小田原城に移らせる（大藤文書・六八五）。同日、北条氏康が大藤政信に、二十二日の相模国曾我山（神・小田原市）の上杉勢との戦いで敵を多く討取る忠節を褒め、敵軍の矛先の水之尾（小田原市）に早く移れと指示する（同前・六八六）。同日、北条宗哲が大藤政信に、曾我山の戦いで敵を多数討取る忠節を聞き羨ましいと褒め、北条氏康父子が引き立てると内密に述べていると家臣達に伝えさせ、今川氏真も出馬し、武田信玄は富士吉田（山梨・富士吉田市）から一万人の大軍で相模国河村城（神・山北町）に五日の内には着陣の予定と報じ、小田原城には鉄砲五〇〇挺を用意して上杉勢は堀端へも近づけさせないと伝える（同前・六八七）。**27日** 北条氏繁が

閏3月

相模国江ノ島（神・藤沢市）江島神社房中に、島内での周辺民の乱暴を止めさせ、小屋の者を追払わせる（岩本院文書・六八八）。**30日** 北条氏政が相模国小八幡（神・小田原市）小代官・百姓中に、明日までに鯛を小田原城の南条代・大草康盛代に納入させる。奉者は南条某（箱根町所蔵藤曲文書・六八九）。

3日 里見方の正木時茂が鎌倉比企谷（神・鎌倉市）妙本寺に禁制を掲げ、里見勢の月行寺での乱暴狼藉を禁止させる（鎌倉妙本寺文書・新横須賀市史二－二四三）。**4日** 今川氏真が小倉内蔵助に、北条氏への加勢として武蔵国河越城（埼・川越市）に籠城して忠節を尽くした功績を褒め、上杉勢が小田原城近くの酒匂陣から撤退した事を報告する（古今消息集三・小一－六三六頁）。**9日** 武蔵国金沢（神・横浜市金沢区）称名寺の金沢文庫所蔵の吾妻鑑寛元二年記断簡は、上杉謙信乱入の時節に称名寺経蔵より見付けたと記す（金沢文庫所蔵・四六八八）。**10日** 北条氏康が小田野周定に、忠節を認め太刀と感状を与え、望みの知行を宛行うと約束する（佐野家蔵文書・六九〇）。同日、上杉謙信が関宿城（千・野田市）簗田晴助に起請文を出し、上杉憲当から関東管領職に補任された時の推挙に謝礼し、古河公方の件では足利義氏の家督に付いて晴助と良く相談して決める事、自分は関東の事は何も知らないので腹蔵無い意見を貫いたいと述べ、晴助を見放さないと誓う。謙信は上杉憲当の偏諱を請けて政虎と改名。当文書の日付はもしくは十六日か（関宿城博物館寄託簗田文書・千四－八九九頁）。**13日** 北条氏政・氏康が高橋郷左衛門尉に、大切な使者を命じ忠節を尽くせば知行を宛行い、たとえ途中で討取られても子供に家督を継がせると約束する（高橋文書・六九一）。**20日** 常陸国高岡（茨・土浦市）法雲寺の涅槃像縁由に、上杉謙信の相模国侵攻で玉縄城（神・鎌倉市）周辺が放火され焼野原となり、武蔵国金沢の龍華寺の涅槃像を筑波山（茨・つくば市）釈迦院に移し、この日に修復したと記す（法雲寺所蔵・群七－三－二二〇）。**22日** 北条氏尭が武蔵国小机城（神・横浜市港北区）城下の雲松院に制札を掲げ、寺域・門前での竹木伐採を禁止し、横合非分を犯す者は逮捕して城代の笠原平左衛門尉に渡させる。奉者は高井大炊助（雲松院文書・六九二）。**27日** 北条氏尭が今川氏真からの加勢の畑彦十郎に、武蔵国河越城（埼・川越市）籠城戦の忠節と今年正月の松山筋（埼・吉見町）での上杉勢との合戦に殿軍を務めた功績を認め、帰城のうえで北条氏政に感状を請求する証拠に当判物を出すと伝える（福田文書・六九三）。**28日** 北条氏政が相模国藤沢宿（神・藤沢市）の森木工助に、自身の訴えにより新規の商売を許可し、塩合物役を二年間免除、酒役は永代免許とする。奉者は大草康盛（森文書・六九四）。

▼この月、上杉謙信が関東管領に就任し、北条氏政の擁立する足利義氏に対抗して足利晴氏の嫡男藤氏を古河城（茨・古河市）に招き、古河公方に据える（集古文書）。

4月

2日 北条氏政が金子家長に、上杉方に従属した三田綱定に従わず北条方に味方した忠節を認め、武蔵国金子郷（埼・

4月

入間市）を宛行う。奉者は大道寺周勝（水月古簡三二・四六五九）。**3日** 北条氏政が小敷谷弾正忠に、里見勢に攻略された上総国嶺上城（千・富津市）証人衆に宛行われていた相模国宗源寺（神・横須賀市公郷カ）内の田畠を収公して知行として宛行い、その他に正木源七郎が摘出した隠田分も宛行う。奉者は遠山康英（相州文書三浦郡・六九五）。**8日** 北条氏政が今川氏家臣の畑彦十郎に、北条氏尭から武蔵国河越城（埼・川越市）で上杉勢相手の籠城戦での忠節を申告されて喜悦し、今川氏真に詳しく披露する（福田文書・六九六）。同日、北条氏政が今川家臣の小倉内蔵助に、同様に伝え太刀と河越庄内の網代郷（川越市）を恩賞として宛行う（小倉文書・六九七）。**13日** 武田信玄が某次郎に、北条氏康からの書状で武蔵国由井筋（東・八王子市）の事は知りえたが、上杉勢が小田原城から退去後の由井筋の様子を知りたい事、上杉謙信は上野国草津温泉（群・草津町）で湯治し、同国の国衆は同国倉賀野（群・高崎市）周辺に在陣していると伝え、上杉勢が行動を起こしたら早飛脚で知らせ参陣を依頼する（楓軒文書纂・戦武一‐七三五）。**22日** 今川氏真が畑彦十郎に、河越城での忠節を認めた北条氏政の感状を受け、自身も感状を与え以後の忠節を期待する（福田文書・児玉町史中世資料編三七二）。**24日** 宮川左近が座間弥三郎に、左近の知行内の武蔵国池辺（神・横浜市都筑区）の弥三郎屋敷の竹木は、座間豊後守の時に申し合わせた如く誰の横合違乱も禁止して保護し、違反する者は小机城（横浜市港北区）城代の笠原平左衛門尉に申告すれば小田原城に上申すると伝え、代官の小柳津外記にも報告する（武州文書都筑郡・六九八）。**25日** 北条氏康が下総国栗橋城（茨・五霞町）野田弘朝に、上杉勢の侵攻に足利義氏と共に関宿城（千・野田市）に籠城した忠節を賞し、氏康も早く出馬したいが両総の調停に問題が有り遅れている事、このうえは急ぎ出馬し同国葛西筋（東・葛飾区）へ侵攻したいと板橋氏に告げたところが、路次が不自由との報告で江戸城（東・千代田区）に止まっていると知らせる（大東急記念文庫所蔵野田家文書・六二六）。同日、今川氏真が小倉内蔵助に、北条方の加勢として河越城に籠城して忠節を尽くし、殊に沙窪口（埼・川越市）の合戦では先鋒として渡辺・三蔵両人と共に突撃して敵を討取り、三月十八日の高麗郡の合戦でも忠節を尽くした事は、北条氏政の感状から明白と認め感状を与える（小倉文書・静七‐三‐二九二六）。**晦日** 大道寺周勝が清田内蔵助に、武蔵国河越宿（埼・川越市）に町場法度を下し、河越城に籠城して忠節を尽くし軍役も勤めて活躍した賞に、当宿に来る商人と問屋の管理、欠落した町人の宿の管理、宿場の相論の裁定を任せる（浄光寺文書・六九九）。

▼この月、上杉謙信が上野国厩橋城（群・前橋市）に帰城する。

5月

1日 北条氏康が徳川氏家臣の三河国刈屋城（愛知・刈谷市）水野信元に、近年は徳川家康が今川氏真に謀叛を企て嘆かわしい。氏真から北条方へ出陣要請が来ているが氏康の出馬は無理で三河国の合戦には参画できない事、去年には今川と徳川との和睦について京都の三条西実澄から氏康にも書状が来ており、家康に意見があれば信元が受けて調停して欲しい事等を伝える（小田原編年録附録四・七〇〇）。同日、北条氏康が徳川氏家臣の酒井忠次に、徳川家康と今川氏真との和睦について小田原城下の玉滝坊を忠次の許に派遣し、和睦成就は氏康の念願なので調停を依頼する（里見氏蔵手鑑・三三）。**19日** 平山定衡が武蔵国丹三郎（東・奥多摩町）原島新三郎に、丹三郎屋敷分と同所野地を三田氏の時の如く安堵し、北条氏照の家臣に編入する（丹三郎原島文書・七〇一）。**25日** 相模国箱根（神・箱根町）金剛王院の融山が、北条氏康から関東管領として関東統治の正当性を質問され逐一回答する（安房妙本寺文書・四三七）。**26日** 北条氏康が武蔵国阿佐布（東・港区）善福寺に、上杉謙信の関東侵攻への背後攪乱として加賀国の一向宗門徒が、越中国に乱入した事を天徳院が摂津国大坂（大阪・大阪市）の石山本願寺門跡に知らせたところ、門跡の了解が得られた事に感謝し、北条領国の一向宗門徒も隆盛に向かうので関八州の一向宗門徒は上杉勢撃退に協力して欲しいと同寺に依頼し、遠山綱景から副状を出させる（本願寺文書・北条氏文書補遺三五頁）。**28日** 北条氏康が箱根金剛王院の融山に、同院からの質問状に回答し、如何に北条領国の統治の正当性に努力し郷村百姓への負担軽減や徳政の実施、朝廷領への年貢寄進、神仏への帰依・寄進など善政を敷いているかを述べる（安房妙本寺文書・七〇二）。**29日** 北条氏政が分国関所中に、黒沢右京亮が伊豆国三島（静・三島市）三島大社参詣に人馬五疋分の関所通行を許可する。奉者は藤田綱高（竹橋余筆別集八・三七六八）。

6月

3日 北条氏康が金子家長・同充忠に、武蔵国天神山城（埼・長瀞町）藤田泰邦との戦いで忠節を尽くせば同国入間郡・高麗郡の本領安堵の外、新恩給として高麗郡内で一五〇貫文を宛行うと約束する（山口県金子文書・七〇三）。**5日** 北条氏照が武蔵国福生郷（東・福生市）に制札を掲げ、北条勢や甲乙人の乱暴狼藉を禁止させる（石川文書・七〇四）。**28日** 足利義氏が豊前氏景に、下総国関宿城（千・野田市）籠城戦の忠節を認め感状を与える（古文書纂七所収豊前氏古文書・戦古八六四）。同日、上杉謙信が上野国厩橋城（群・前橋市）に帰着し、ついで越後国に帰国する。その直後、桐生佐野氏・下野佐野氏・武蔵成田氏・崎西小田氏・深谷上杉氏・下総高城氏等が上杉方を離反し北条氏に従属。

▼この月、徳川家康が今川氏真を離反して織田信長と同盟する。

7月

3日 横地吉信が三田綱定の旧臣の宮寺与七郎に、金子掃部助の跡職を宛行い、主君の北条氏照が滝山城（東・八王子市）に移れば氏照の判物を直接与え、忠節により望みの恩賞を与えると約束する（大江文書・七〇五）。同日、上杉謙信が那須資胤に、資胤からの書状に返書して三田綱定に武蔵国勝沼口（東・青梅市二俣尾）に新地（辛垣城）を築かせて堅固に防備せよと命じ安心と伝える。北条氏照の三田氏攻略戦への対応（栃木県立博物館所蔵那須文書・埼六-二-一三三）。

7月

6日 北条氏政が武蔵国真大寺（東・調布市深大寺）に、寺域での横合狼藉を禁止させる。奉者は山角定勝（深大寺文書・七〇六）。**7日** 北条氏政が小幡泰清に、知行として武蔵国大豆戸郷（神・横浜市港北区）を宛行う（小田原城天守閣所蔵文書・七〇七）。**9日** 足利晴氏の正室芳春院殿（北条氏綱の娘）が死没する。法名は芳春院殿雲岫宗怡大禅定尼（鎌倉殿并古河喜連川御所様御代之盃名帳）。**10日** 武田信玄が駒井昌直・加藤景忠に、敵対する三田氏が上杉謙信の要望で武蔵国三田（東・青梅市）に辛垣城を築いており、北条氏康は同国由井（東・八王子市）に在陣して敵との距離は三〇里程との報告で、昌直・景忠も由井に在陣しているので詳しい情勢を早飛脚で知らせよと依頼する（加藤家旧蔵文書ほか・戦武一‐七四六～七）。**15日** 北条氏康が野田弘朝に、足利義氏が下総国小金城（千・松戸市）に御座所を移した事を喜び、芳春院殿の死去には落胆した事、弘朝の関宿籠城の忠節を賞する事等を伝える（古河歴史博物館寄託野田家文書・七〇八）。**20日** 北条氏政が古敷谷弾正忠に、里見氏に攻略された上総国嶺上城（千・富津市）の人質五人分の知行四〇貫文を宛行い忠節を励ます。奉者は遠山康英（相州文書三浦郡・七〇九）。**25日** 北条氏政が石川十郎左衛門尉・清田内蔵助に、武蔵国的場之郷（埼・川越市）の戦いで敵を討取った忠節を認め感状を与える（諸州古文書四下ほか・七一〇～一）。**27日** 北条氏康が野田弘朝に、足利義氏より旧領拝領の証文を拝見して了承した旨を述べ、詳しくは瑞雲院（季龍周興）の口上で述べさせる（野田家文書・七一二）。同日、太田資正が道祖土図書助に、北条方との武蔵国赤浜之原（埼・寄居町）の戦いで上田宗調の家臣山田伊賀守を討取る功績を認めて感状を与える（道祖土文書・埼六‐一‐二三六）。

▼この月、太田資正が武蔵国岩付城から同国松山城（埼・吉見町）に入り永禄六年（一五六三）二月迄占拠する。

8月

6日 北条氏尭が市野善次郎に、知行として武蔵国木月之郷（神・川崎市中原区）中田彦七郎分と加藤分を宛行う（諸州古文書武州一二・七一三）。**11日** 北条氏政が中村平四郎に、飛脚使者の功績を賞し増給として大森知行の相模国平沢（神・秦野市）社家分を宛行う（諸家文書・七一四）。**26日** 足利義氏がもと芳春院殿の家臣土肥中務大輔に、二年に渡る下総国関宿城（千・野田市）籠城戦と出城の後も忠節を尽くした功績を認め感状を与え、家臣に加える（佐藤氏古文書土肥氏古文書・戦古八六八）。

▼この月、上杉謙信により古河公方に就任した足利藤氏が下総国古河城（茨・古河市）に入り、下旬には近衛前久も入り簗田晴助が藤氏の奏者を務める（鑁阿寺文書）。

9月

5日 北条氏康が用土業国に、上野国河南郷（群・藤岡市）と白石（藤岡市）の弥三郎跡を宛行う（管窺武鑑二一・七一五）。**初旬** 北条氏照が三田綱定を武蔵国三田谷（東・青梅市）勝沼城・辛垣城に攻め滅ぼす。**11日** 北条氏政が太田康資に、武蔵国唐貝山（辛垣城、青梅市二俣尾）を攻略して同国高坂（埼・東松山市）に陣取り、同国日尾城（埼・小鹿野町）

10月	11月

は南図書助が攻略して北条方に属したので軍勢を分けて荒川を越えたところ、天神山城（埼・長瀞町）藤田泰邦が自落した等の状況を説明し、康資には河越城（埼・川越市）に移り遠山綱景とよく相談して欲しい等を伝える（士林証文二・七二六）。 **17日** 北条氏政が武蔵国羽田（東・大田区）代官・百姓・船持中と奉行左衛門大夫（北条綱成）代に、出陣中留守の江戸湾海上警備は北条綱成に任せ、船と乗組員を一五日間徴用すると通告し、違反者は綱成が逮捕し処罰すると厳命する。奉者は大草康盛（森文書・七二七）。 **27日** 北条氏政が某に、当郷（現在地未詳）を諸役免許とし在郷の者を集めて忠節を尽くすなら知行一ヶ所を恩賞として宛行うと約束する。奉者は藤田綱高（高岸文書・七二八）。

5日 近衛前久が上杉謙信に、九月十日の武田信玄との信濃国川中島（長野・長野市）八幡原の合戦で自身が太刀を取って戦い勝利した事の祝儀として太刀と馬を贈呈し、関東の情勢は北条氏康が武蔵国松山口（埼・吉見町）に陣を張り下総国古河城（茨・古河市）も危ういから早々と越山して欲しいと依頼する（太田文書・埼六－一－三三〇）。 **11日** 北条氏政が大藤秀信・諸足軽衆に、武田信玄が北条氏への来援のために関東に越山し対談するので着到員数を軍役高に応じて調え、武具類も綺麗に整備して臨む事と厳命し、足軽大将の大藤秀信・富島彦左衛門・大谷彦次郎・多米新左衛門・荒川某・磯彦七郎・山田某の着到員数が合計五〇四人のところ一六七人も不足し、在郷被官を集めて員数を合わせる事、着到員数の中には甲も着けない者がいて見苦しいので騎馬や歩者に皮笠でも被せる事と申し渡す（小田原市立図書館所蔵桐生文書・三六一八）。 **17日** 北条氏康が斎藤八右衛門尉に、武蔵国秩父大宮（埼・秩父市）の越後勢との合戦での忠節、先日の南小二郎の帰路の時の同国三沢谷（埼・皆野町）での戦いの功績を認めて三沢谷で知行を宛行う（斎藤文書・七三二）。 **19日** 新藤頼安が死没する。法名は海樹院瑚月宗珊。 **22日** 北条氏政が松山衆の木呂子元忠に、武蔵国飯田村（埼・小鹿野町）での越後勢との戦いでの忠節を認め感状と太刀を贈呈する（岡谷家譜・七三〇）。

2日 武田信玄が信濃国松原上下大明神（長野・小海町）に願文を掲げ、北条氏の要請で西上野へ侵攻し同国西牧（群・下仁田町）・高田（群・富岡市）・諏訪（群・安中市）の三ヶ城を二〇日間で攻略する勝利を祈願させ太刀と馬を寄進する。信玄の関東出馬の開始（松原神社文書・戦武一－七六〇）。 **13日** 山中康豊が相模国乱橋材木座（神・鎌倉市）の蒔田彦五郎の元服式に豊の一字を与える（尊経閣文庫所蔵文書・四六六〇）。 **16日** 上杉謙信が上野国貫前神社（群・富岡市）神主の一宮氏忠に、戦勝祈願を依頼し、上野国に再度越山する（貫前神社文書・群七－三－二一三六）。 **19日** 上田宗調が関口帯刀助に、山田伊賀守の口添えで在所への立ち帰りと所領の安堵を認め、浄蓮寺からの預地も安堵する（関口文書・七三三）。 **20日** 相模国川村向原（神・山北町）第六天社を修造する（天社神社所蔵棟札・やまきたの棟札一五四頁）。 **22日** 北条氏政が大藤秀信・同寄子衆中に、陣夫を相模国岡崎（神・平塚市、伊勢原市）ほか一七ヶ所の郷村から三六

11月

疋を出役させ、出さない郷村に免除は許さないが、合戦の後ゆえ代官・領主・百姓と相談して暫定処置をつける事と指示する。奉者は宮川弥三郎（大藤文書・七二四）。 **28日** 北条氏政が桜井左近・小野藤八郎・良知弥二郎・小幡泰清・太田泰昌・小島勘左衛門・仁杉六郎に、昨日の武蔵国生山（埼・本庄市）での越後勢との戦いの忠節を認め感状を与える（松江市桜井文書ほか・七二五〜九、四六六一、北条氏文書補遺二五頁）。

12月

3日 北条氏政が武蔵国高松城（埼・皆野町）城衆中に、当地に進撃したため早々と城を明け渡すよう要求する（逸見文書・七三〇）。 **7日** 上杉謙信が橋爪若狭守に、上野国倉賀野城（群・高崎市）を攻撃する北条氏康と武田信玄の軍勢と戦う忠節を認め感状を与える（歴代古案四・神三下-七二六三）。 **9日** 上杉謙信が古河城（茨・古河市）の長尾満景に、武田信玄と北条氏康が攻めて来ても備えは充分で敵は敗北するから防備を厳しくする事、古河城の足利藤氏の進退は簗田政信に任せる事、敵が敗北したら翌日に下野国佐野城（栃・佐野市）に出馬する予定等を伝える。佐野昌綱が北条氏に従属、簗田政信が北条氏を離反し古河城内で内部対立が起きる（同前・神三下-七二六四）。 **14日** 甲斐国久遠寺（山梨・身延町）日叙が小田原城下の宇野定治に、先日の火災で屋敷を焼失した事に驚き詳細を知りたい事、上杉勢の侵攻では長陣で定治が苦労し、宇野氏一族の安否も知りたい事を伝える（小田原市外郎文書・四六八九）。 **15日** 上杉謙信が橋爪若狭守に、上野国倉賀野城（群・高崎市）を攻撃する北条・武田の軍勢に倉賀野直行の意見で堅固に同城を守備した忠節の賞として望みの原孫三郎分を宛行い、橋爪家臣への配分を決め若狭守の知行も安堵する（歴代古案四・群七-三-二一四五）。同日、吉良頼康が死没する。法名は勝光院殿脱山浄森大居士。 **18日** 藤田乙千代丸（のち北条氏邦）が秩父衆に、上杉謙信に味方して武蔵国高松城（埼・皆野町）に籠もった秩父衆が同城の開城により降伏して北条氏に属したので本領を安堵し、人質を千馬山城（皆野町）に出させ用土業国の配下とする。北条氏邦文書の初見（逸見文書ほか・七四〇〜一）。

▼この年、武蔵国松山城（埼・吉見町）上田宗調の娘蓮覚院（のち北条氏勝の正室）が誕生する。この年、太田康資の嫡男資綱が誕生する。母は北条氏康の養女法性院殿（遠山綱景の娘）。この年、伊豆国下船原（静・伊豆市）助神社の棟札に、本願に堀出雲守が見える（豆州志稿三七頁）。この年、天下大疫とあり、疫病が大流行する（年代記配合抄・北区史二-一四四頁）。

永禄五年（一五六二）・壬戌

1月

6日 上杉謙信が由良成繁と富岡重朝に、上野国館林城（群・館林市）の後詰めに付くように依頼する。富岡氏が北条

2月

氏を離反し再び上杉方となる（富岡家古文書・群七-三-二五六）。**12日** 酒井胤治が上総国高谷（千・袖ヶ浦市）延命寺寺家に制札を掲げ、酒井軍の乱暴狼藉と出家衆の往復路次への狼藉を禁止させる（上総国古文書・千三-八〇一頁）。**24日** 北条氏政が古敷谷弾正忠に、相模国公郷（神・横須賀市）寺方の給田の反銭・懸銭・棟別銭や諸役を免除し守護不入とする。奉者は遠山康英（相州文書三浦郡・七四三）。**29日** 藤田乙千代丸（のち北条氏邦）が秩父衆中に、武蔵国秩父郡の防備は秩父衆が相談して忠節を尽くさせ、詳しくは南図書助の指示に従わせる（武州文書秩父郡・七四四）。同日、北条氏康が武蔵国下足立に侵攻し太田資正と対陣する（氷川女体神社所蔵大般若経奥書）。

2日 北条氏康が武蔵国下足立に侵攻し同国蕨（埼・蕨市）や篠目（埼・さいたま市南区）に放火する（氷川女体神社所蔵大般若経奥書）。**18日** 酒井胤治が上総国高根郷（千・長生村）の流通商人の田中玄蕃助に、下総国小金口（千・松戸市）との往来を許可し過所を与える（上総国古文書・千三-八〇二頁）。**20日** 武蔵国蒔田郷（神・横浜市南区）百姓苅部主計助・小串新兵衛等が石川談義所宝生寺の□清法印に、蒔田郷花の木谷の田地を永代寄進する（宝生寺文書・武下-一九九頁）。**28日** 須田栄定が某政景に、九日に上杉謙信が北条方の上野国館林城（群・館林市）赤井文六を攻めて十七日に開城させ、大石綱周と由良成繁が説得して十七日には文六は城を出て忍城（埼・行田市）成田氏に匿われて没落し、館林領は足利長尾景長に与えられ東上野はほぼ上杉氏が平定したと述べる（上杉家文書・新三-一-二二二）。

▼この月、北条氏康が岩付太田氏の下総国葛西城（東・葛飾区）を攻略（氷川女体神社所蔵大般若経奥書）。この月、北条氏政が足利藤氏の下総国古河城（茨・古河市）を攻略。藤氏は里見方に逃れ、城主の簗田晴助は下総国関宿城（千・野田市）に復帰、古河城に居た上杉憲政と近衛前久は上杉謙信に引き取られる。

3月

2日 北条氏康が武蔵国鴻巣（埼・鴻巣市）小池長門守屋敷に制札を掲げ、北条軍や甲乙人の乱暴狼藉を禁止させる（武州文書足立郡・七四五）。**14日** 北条氏照が下野国佐野唐沢山城（栃・佐野市）佐野天徳寺（宝衍・房綱）に、上杉謙信の来攻に北条氏康の後詰が遅れた事を詫び、武蔵国忍城（埼・行田市）成田長泰から後詰が必要と聞いて杣谷（東・青梅市）へ移ったところ武田方の加勢が来たので上杉勢が退却し氏康も退去した。佐野唐沢山城に上杉勢が攻め寄せたら氏康も河越城（埼・川越市）に出馬し、上野国厩橋城（群・前橋市）の後詰に回る予定にしたが坂を隔てた和田川に陣取り出馬が遅れ敵は退却した。館林城の赤井文六は成田長泰の忍城に移ったが成田氏が引き取るのか等の六ヶ条について申し送る。成田長泰・佐野房綱が北条氏に従属（栃木県涌井文書・七四六）。**19日** 北条方の千葉胤富が下総国香取郡に進出した里見方の勝浦正木時忠の拠点の同国小見川城（千・香取市）を攻めるが撃退される（海上年代記・千五-九九二頁）。**20日** 北条氏康が高橋郷左衛門尉に、知行として武蔵国吉田郷（神・横浜市港北区）の検地増分共で本給六〇貫

3月

文を宛行い、増分の残りの年貢は小田原城への蔵納分とする（高橋文書・七四七）。**21日** 北条氏康が岩付城（埼・さいたま市岩槻区）太田氏家臣の本田正勝に、家臣共に内応して北条氏に従属したので郡代の不法を止めさせ、江戸城（東・千代田区）太田康資の配下として忠節を尽くさせる（本田文書・七四九）。同日、北条氏康が本田正勝に、無足なので忠節を尽くせば武蔵国江戸筋と足立郡で知行を宛行うと約束する（同前・七四八）。**22日** 北条氏康が本田正勝に、下総国葛西城（東・葛飾区）を忍者をもって乗っ取る事を命じ、攻略すれば知行として同国曲金（葛飾区高砂町）・両小松川（東・江戸川区）・金町（葛飾区）を宛行い、家臣達に扶持銭五〇〇貫文を与えると約束する（同前・七五〇）。**23日** 北条氏政が相模国中郡皮作触口の彦右衛門に、皮作が退転して平徳政を認め、郷村に還住させ公方御用を務める様に指示し、四月十五日以前に五郎衛門・三郎左衛門が退転した者を連れ、幸田与三に申告させる（横須賀市教育委員会所蔵浦島文書・七五一）。

4月

2日 藤田乙千代丸（のち北条氏邦）が用土業国に、上杉憲当と上杉謙信が越後国に帰国すると聞き上野国厩橋城（群・前橋市）が焼失したのでその処置に満足している事、業国は天神山城（埼・寄居町）の普請を完了させる事、秩父衆の人質は横地吉信と相談し館沢に置く事、御岳城（埼・神川町）が心配の事、昌龍寺（寄居町藤田）辺に上杉勢が出てくる心配があり藤田泰邦の母が昌龍寺へ避難したとは不思議で、何処か分からない所に避難させる事、高松城（埼・皆野町）の軍勢が北条方に忠節を尽くせば当年秋には扶持給を与える事等を伝え、詳しくは三山綱定から述べさせる（逸見文書・七五二）。**4日** 北条氏政が三浦衆の西脇外記の代官に、相模国林郷（神・横須賀市）内の伊東与九郎知行の三〇貫文を与九郎分とし、残りは山本家次の同心給に配分させる。奉者は狩野泰光（越前史料所収山本文書・四六六二）。**10日** 北条氏照が武蔵国一原（東・奥多摩町日原）原島右京亮に、三田綱定の時の如く今年も氏照用に巣はい鷹（若鷹）を納めさせる。奉者は横地吉信（斎藤文書・七五五）。**13日** 北条氏政が小長谷某に、相模国大井（神・大井町）山田村の郷村高を定め知行役・着到役高と陣夫銭を明示する。奉者は遠山康光（相州文書足柄上郡・七五六）。**14日** 北条氏政が豊前山城守に、武蔵国金曾木郷（東・文京区）を宛行う（記録御用所本古文書八・七五八）。同日、北条氏政が金曾木郷百姓中に、郷村大破により懸銭・棟別銭・反銭を三ヶ年免除し、郡代の横合を禁止させる。奉者は南条四郎左衛門（鷲宮神社文書・七五七）。**16日** 北条氏政が本田正勝に、下総国葛西城（東・葛飾区）を独力で攻略した戦功を認めて知行として葛西金町（葛飾区）・曲金（葛飾区高砂町）・両小松川（東・江戸川区）・飯倉（東・港区麻布台）を宛行い、同心衆に五〇〇貫文の扶持給を与える（本田文書・七五九）。**19日** 北条氏政が鎌倉の円覚寺僧に、夢窓疎石の法流に任せるとの足利義氏の御内書を了承する（仏日庵文書・七六一）。同日、北条氏政が一向宗門徒の武蔵国善福寺（東・港区麻布）と伊豆国成福寺（静・伊豆の国市四日町）に、成福寺僧が使者として摂津国大坂（大阪・大阪市）の石山本願寺に向かうため、上洛路銭として豆相武三ヶ国の門徒衆・旦那から出銭一〇〇〇疋（一〇貫文）を徴発させる。奉者は遠山綱景（成福寺文書・七六〇）。**20日** 北条氏政が鑑西堂・本光庵・吉祥寺に、鎌倉の浄妙寺番衆を勤番させる（浄妙寺文書・七六二）。同日、北条氏政が相首座・金首座に、伊豆国南江間（静・伊豆の国市）東漸院の番衆を勤番させる（東漸寺文書・七六三）。**21日** 北条氏政が鎌倉の建長寺禅居庵に、武蔵国石神井（東・練馬区）内の弘徳院門派道場寺分について、前々の如く不入とし反銭・懸銭以下を免除する（道場寺文書・七六四）。**24日** 太田康資等の北条勢が上杉・里見方の下総国葛西城を攻略（吉田文書・七六五）。**29日** 藤田康邦の室西福御前が死没する。法名は嶺梅芳春大姉（正龍寺墓碑銘・武銘六九八）。**晦日** 北条氏政が興津右近に、二十四日の下総国青戸の葛西城（葛飾区）攻略での忠節を認め感状を与える（吉田文書・七六五）。

5月

18日 相模国元箱根（神・箱根町）興福院の木造千手観音立像を造立し、作者に鎌倉仏師長勤が見える（興福院所蔵・造像銘記集成一八四）。**19日** 北条氏照が三田氏旧臣の宮寺与七郎に、前々の如く知行を安堵する（大江文書・七六六）。
▼この月、足利藤氏が北条氏の圧迫により兄弟と共に下総国古河城（茨・古河市）を追われ、里見義尭父子を頼り安房国那古寺（千・館山市）に退去する（小山文書ほか・戦古二六七〜八）。

6月

4日 北条氏政が武蔵国平井郷（東・日の出町）伝馬奉行に、伝馬掟を与え一日の出役は通常三疋、北条氏出馬の時は一〇疋迄、伝馬駄賃は馬一疋が二里三文、飛脚以下の公用は無賃と定める（田中文書・七六七）。**12日** 北条氏政が相模国の皮作五郎衛門等三人に、いた皮九枚を小田原城の幸田与三に納入させる（相州文書高座郡・七六八）。**20日** 北条氏照が武蔵国青梅（東・青梅市）金剛寺に、三田氏の時の如く寺領を安堵して塩船寺・青梅寺（梅岩寺）門内を不入とする（金剛寺文書・七六九）。同日、北条氏照が横地吉信に、某地の様子を心配し小田野周定と井上氏を滝山城（東・八王子市）に帰らせた事、上野衆は軍勢不足で出馬しており撃滅する好機と二十三日に一戦を構える相談をした事、加勢の武田勢は急遽駆けつける等と知らせる（佐野家蔵文書・三九〇六）。**21日** 北条氏照が武蔵国伊那（東・あきる野市）・平井（日の出町）両郷に、今月四日の平井郷の伝馬奉行宛の北条家朱印状の掟は、平井郷には過重で伊那郷との隔番で伝馬役を務める様に指示する（田中文書・七七〇）。**23日** 今川氏真が遠江国豊沢（静・袋井市）尊永寺に寺領を寄進し、その一部の同国浅羽庄（袋井市）には北条氏規の知行が六町七反とあり、今川氏の許に人質で居る氏規の知行地が見える（尊永寺文書・静七―三―三〇四二）。**28日** 北条氏政が伊豆国新井村（静・伊東市）弘誓寺に制札を掲げ、寺域での横合非分・竹木伐採を禁止し末寺の薬師堂も同前とする（弘誓寺文書・北条氏文書補遺二六頁）。

6月

▼この月、伊豆国大賀茂（静・下田市）走湯権現宮を再興し、代官に中村又郎が見える（走湯神社所蔵棟札・四八九〇）。

5日 北条氏照が武蔵国野蔦郷（東・町田市）百姓中に、郷民からの訴えで今年一年の年貢と諸公事を免除し、欠落した百姓を召し返して郷内の休耕田畠の再耕作を命じる。奉者は藤曲某・設楽某（河井文書・七七一）。 **9日** 鎌倉の円覚寺正続院で足利晴氏室の芳春院殿（北条氏綱の娘）一周忌法事が行われ、算用状に北条氏奉行衆の後藤右近・深谷玄蕃への謝礼金と小田原城への飛脚代等が見える（黄梅院文書・神三下-七二八〇）。

7月

▼この月、小田氏治が北条氏政と和睦し、小山秀綱も上杉方を離反し氏政に従属する。

8月

2日 北条氏康が水軍大将の梶原景宗に、夏の約束により知行として相模国小坪（神・逗子市）・岩戸村（神・横須賀市）を宛行い江戸湾の海上防備を任せる（紀伊国古文書所収在田郡古文書二・七七二）。同日、北条氏政が大窪与助に、先代から北条氏に仕えたが今度は武田信玄に従属したのは筋違いで、信玄に詫びを入れたのを氏政が了承し、甲斐国から帰参して軍役を務めさせ扶持給も与えると約束する。奉者は中村弥三（彦根城博物館所蔵井伊文書・四六六四）。 **3日** 北条氏政が行方与次郎・羽田百姓中に、郷民が武蔵国羽田浦（東・大田区）から退転したため今年・来年の船役・船方役を定め、船二艘・船方七人の出役の他は赦免し、永禄七年からの船役等は浦々の状態を調べて賦課すると伝える。奉者は遠山康英（中山氏所蔵潮田文書・七七三）。 **5日** 葛山氏元が駿河国神山（静・御殿場市）代官・名主武藤新左衛門尉に、当宿の伝馬役の相論に裁許し、年来の如く駿河国府中（静・静岡市葵区）や相模国小田原迄の伝馬役を勤めさせる（御殿場市武藤文書・静七-三-三〇五八）。 **12日** 北条氏政が本田正勝に、春からの忠節を認め宛行った下総国金町（東・葛飾区）について、同国小金城（千・松戸市）高城胤辰が自領と称するのは一時期の事と解釈し、正勝を知行地に入部させる（本田文書・七七四）。同日、南図書助が出浦小四郎に、北条氏に披露した武蔵国日尾城（埼・秩父市）での去年以来の忠節を認め知行を宛行い北条氏政からの判物が多いので一つにまとめて判物を出す（出浦文書・七七五）。 **14日** 太田資正が伊達輝宗に、北条氏康への使者の伊達家臣の小梁川親宗・中野崇時が帰国途中に武蔵国岩付城（埼・さいたま市岩槻区）の資正の許に立ち寄り、伊達氏との外交交渉を打合せ太刀を贈呈したと伝える。上杉謙信に従属した資正が周囲の国衆等が北条氏に従属する中で孤立していくための対応（伊達家文書・埼六-二-三四七）。 **15日** 北条氏照が座間（神・座間市）の鍛冶職の鈴木弥五郎に、大石綱周の時の如く屋敷分を安堵し、公方御用を務めさせる。奉者は藤曲（鈴木文書・七七六）。 **20日** 北条氏政が興津右近丞に前々の屋敷を安堵し、家財や武具の紛失については遠山氏に申告させ、代官所も安堵する。奉者は遠山康光（吉田文書・七七七）。同日、北条氏尭が伊豆国沢田（静・河津町）林際寺に、河津郷の年貢銭の内から瑞泉庵の菩提料として毎年五貫文余を寄進して村串・鳥沢・鈴木三氏から支給し、年間の供養行事の施行と毎日の法華経真読を依頼する。氏尭文書の終見（林際寺文書・七七八〜九）。**21日** 北条氏政が伊豆国江間郷（静・伊豆の国市）東漸院・宝成寺に、寺領検見の増分の半分は看主の扶持給とし、残りは両寺の修理料として寄進する（東漸寺文書ほか・七八〇〜一）。同日、北条氏政が伊豆国韮山（静・伊豆の国市）徳寿軒に、香山寺塔頭永明庵の諸役免許を定めて同庵再建のために寄宿する事を許可し、門前の棟別銭・諸役の免許、寺山山林の保護、仏殿維持の為の菜園の寄進、寺域への他国者と部外者の出入を禁止させる。奉者は問宮宗甫（香山寺文書・七八二）。**26日** 北条氏政が本田正勝に、武蔵国足立郡で知行を与えると約束したが、同郡越谷（埼・越谷市）・舎人（埼・桶川市）両郷は三月二十一日の留書に書いてないので与える事は出来ず、両郷は大郷であり重ねて忠節を尽くせば宛行うと約束する。奉者は遠山康光（本田文書・七八三）。**29日** 北条氏政が本田正勝に、武蔵国飯倉郷（東・港区）内の大草康盛分・公方領の計九九貫文を宛行う。奉者は石巻康保（本田文書・七八四）。

9月

3日 北条氏康が渋江好胤に、常陸国小田城（茨・つくば市）小田氏治との和睦の使者を務め纏めた褒美として武蔵国浦寺郷（埼・鳩ヶ谷市）を宛行う（記録御用所本古文書一三・七八六）。**6日** 北条氏政が小田原城内の本光寺に、天文二十年（一五五一）に修理銭として相模国下中村（神・小田原市）で一五貫文分の年貢銭を寄進したが、寺からの要望で沼代村（小田原市）岸分で一五貫文分の田畠を寄進し、代官の石垣氏と相談して下地を受け取らせる（早雲寺所蔵本光寺文章・七八七）。**11日** 北条氏政が上原出羽守に、武蔵国市郷（神・横浜市青葉区）に船橋架橋用の竹三〇本を賦課し、郷内の伝馬で十八日に江戸城（東・千代田区）に届け遠山綱景代の吉原氏に渡す様に命じる。奉者は山角定勝（上原文書・七八八）。同日、将軍家政所執事の伊勢貞孝が死没する。**15日** 那須資矩が陸奥国白河城（福島・白河市）白川晴綱に、小田氏治との交渉に満足し、武田信玄が西上野に侵攻して安中城（群・安中市）を攻略し、北条氏康父子が同調して今月四日には武蔵国石戸（埼・北本市）・川越（埼・川越市）両所に出馬し、関東中の国衆と相談して同国岩付城（埼・さいたま市岩槻区）で越年すると伝える（白川文書・埼六-二-一四一三）。**18日** 千葉胤富が石毛助九郎に、下総国海上八幡宮（千・銚子市）御神事銭の今年の三ヶ寺分は、山室兵部丞以下一五人から三貫一七〇文を徴収し撰銭して渡させる。奉者は馬場大膳亮（銚子市松本文書・千三-九七三頁）。同日、武田信玄が下野国衆の宇都宮広綱に、来月下旬には武田方の今川氏真と北条氏康が連合して侵攻し、利根川を越え東上野の上杉勢を駆逐する事は必定と述べ、協力を依頼する（宇都宮氏家蔵文書・戦武一-七九六）。**24日** 北条氏政が相模国田名之郷（神・相模原市中央区）小代官・百姓中に、今年の検見結果の役銭納入法を指示し、反銭は十月十日を期限に小田原城の山上氏、懸銭も同月十五日を期限に山上氏、城米銭は同月晦日を期限に米で小田原城の神保氏に納め、領収書を取って十一月二〜三日の間に小田原城の関弥三郎・安藤良整

9月

に申告させる（陶山氏所蔵江成文書・七六九）。**25日** 蔭山家広が死没する。法名は義山長公上座（円覚寺富陽庵位牌銘・相風四-一九四頁）。**吉日** 伊豆国宇久須郷（静・西伊豆町）熊野山三所大権現を造営し、地頭に富永康景、番匠に瀬尾清太郎が見える（別所神社所蔵棟札・四六六五）。

▼この月、上杉謙信が太田資正父子に、約束した相模国への越山は越中国の長陣で人馬が疲労して叶わず、来春には越山するので先陣として協力して欲しいと伝える（下総旧事三・埼六-一-三五三）。

10月

10日 北条氏政が成田氏家臣の手島高吉に、毎年の富士参詣の道者五〇人・馬五疋の北条領内の関所や渡し場通行を許可する。奉者は大草康盛（黒沢文書・七九〇）。同日、藤田乙千代丸（のち北条氏邦）が逸見蔵人に、去年以来の忠節を認め知行を与える（逸見文書・七九一）。**15日** 北条氏政が相模国大神（神・平塚市）新芳寺に、毎年の萱一〇束を大藤代から支給する。奉者は増阿弥（真芳寺文書・七九二）。**20日** 北条氏政が清田内蔵助に、十六日の武蔵国入間川台（埼・狭山市）合戦での忠節を認め感状を与える（記録御用所本古文書一〇・七九三）。**晦日** 伊豆国奈良本（静・東伊豆町）奈良本山神大明神を修復し、大工に壬生正宗、塩寄進者に毛呂七郎左衛門が見える（水神社所蔵棟札・四六九一）。

▼この月、伊豆国妻良（静・南伊豆町）高根神社を修理する（立岩高根神社所蔵棟札・静七-三-三〇九〇）。

11月

2日 江戸衆の太田資行が死没する。**9日** 武田信玄が上野衆の浦野中務少輔に、北条氏康への加勢に西上野へ出馬するため忠節を依頼する（新編会津風土記六・戦武一八〇七）。**10日** 江戸衆の太田景資が武蔵国江戸城（東・千代田区）城下平河の法恩寺に、日金（太田資行）の菩提料として同国三田（東・港区）箕匂分を永代寄進し、菩提寺を建立させる（寺誌取調書上・七九四）。**12日** 北条氏照が武蔵国西岩沢（埼・飯能市）ほか三ヶ郷百姓中に、陣夫を五日ずつ賦課して上野衆の安中丹後守に使役させる（市ヶ谷八幡神社文書・七九五）。**13日** 太田景資が武蔵国江戸城下の法恩寺に、日金の菩提料として太田康資が寄進した同国雪谷戸（東・大田区）が遠いので同地を池上（大田区）本門寺に寄進し、替え地を同国市ヶ谷（東・新宿区）梶原三河守の知行分から与える（寺誌取調書上・七九六）。**27日** 上杉家臣の河田長親が檜山城（秋・能代市）秋田実季に、関東仕置として二十四日上杉謙信と共に関東に越山し、二十七日に越後国柏崎（新・柏崎市）に到着したと知らせる（音喜多文書・新五-三-三八〇）。**吉日** 伊豆国沢田（静・西伊豆町）八幡大菩薩を修理し、大旦那に山本次盛、大工に渡辺新左衛門尉、鍛冶に鈴木次郎左衛門尉、ほか山本庄左衛門尉・墨田太郎左衛門尉が見える（佐波神社所蔵棟札・四六九二）。

▼この月、武蔵国江戸城（東・千代田区）城将の太田康資が約束した知行の不履行による不満から北条氏政を離反して里見氏に従属する。この月、武田信玄が信濃国の平定をほぼ終了し、西上野に出馬し北条氏康と共に武蔵国松山城

12月

（埼・吉見町）を攻囲する。

4日 遊行上人体光が出羽国大宝寺村（山形・鶴岡市）長泉寺で死没する。六八歳。法名は一花堂乗阿・専阿（遊行・藤沢両上人御歴代系譜）。10日 北条氏政が相模国飯泉山（神・小田原市）観音堂の門前市場に法度を下し、町奉行の小笠原康広代に諸役の賦課、押買・狼藉、喧嘩口論を禁止させる（相州文書足柄下郡・七七七）。16日 上杉謙信が上野衆の北条高広に、同国蔵内（群・沼田市）に越山して武蔵国松山城（埼・吉見町）を攻めると伝え、上杉方の諸国衆に参陣を依頼する（歴代古案・群七-三-二九）。18日 上杉謙信が那須資胤に、北条氏と武田氏が相談して武蔵国松山に陣を張ったと聞いて深雪を侵して越山した旨を告げ、関東仕置の安危はこの時と覚悟して参陣を促し、今後の情勢は由良成繁か太田資正から知らせると述べる（東京大学史料編纂所所蔵那須文書・群七-三-二八〇）。27日 遠山綱景が武蔵国平河（東・千代田区）法恩寺に、寺域内の屋敷地の年貢を免除する。江戸城（東・千代田区）城代の遠山綱景が太田康資に替わり江戸領の支配を行う（寺誌取調書上・七九八）。

▼この年、関東は大乱により大疫と大飢饉に見舞われる（年代記配合抄・北区史三-一四四頁）。この年か、大道寺周勝が死没する。この年、上杉謙信が上野国厩橋城（群・前橋市）の河田長親を武蔵国河越城（埼・川越市）の城将に据え、北条高広を厩橋城に入れて守らせる。この年、北条国王丸（のち氏直）が誕生する。父は北条氏政、母は黄梅院殿（武田信玄の娘）。この年、この頃に北条氏信（北条宗哲次男）が武蔵国小机城（神・横浜市港北区）城主となる。

永禄六年（一五六三）・癸亥

1月

2日 蜷川某が相模国江ノ島（神・藤沢市）に制札を掲げ、関所の関銭は江島神社に寄進するので参詣の衆から徴収させる（岩本院文書・八〇二）。8日 上杉謙信が簗田晴助に、武蔵国岩付城（埼・さいたま市岩槻区）に移り国人衆と松山城（埼・吉見町）への助成を行う事、謙信は昨日は同国深谷城（埼・深谷市）、今日は上野国高山（群・藤岡市）・小幡谷（群・甘楽町）を攻め、武田信玄・北条氏康の進路を塞ぐ為に中途に着陣するから急いで参陣させる（群馬大学付属図書館新田文庫所蔵文書・千四-三六四頁）。20日 板部岡康雄が相模国江ノ島下之坊に、康雄個人の戦勝祈願を依頼し祈禱料に同国用田郷（神・藤沢市）内で一〇〇疋分を寄進する（相州文書鎌倉郡・八〇三）。

▼この月、北条氏康が武蔵国松山城の太田資正を攻囲する（氷川女体神社所蔵大般若経識語）。

2月

1日 上杉謙信が富岡重朝に、上野国安中城（群・安中市）を攻めて勝利し五日に同国桐生城（群・桐生市）佐野直綱

2月

を攻めるので重朝の総力での参陣を督促する（富岡家古文書・新五-三-三九〇八）。同日、里見義尭が上杉謙信に、武蔵国岩付城（埼・さいたま市岩槻区）への参着に遅れた理由を述べ、書状が届き次第に出馬し下総国市川（千・市川市）に着陣すると伝える（上杉家文書・新三-一-七〇七）。**4日** 上杉方の武蔵国松山城（埼・吉見町）上杉憲勝が、北条・武田勢に攻められ落城する。上杉謙信が救援に向かうが間に合わず、帰路に武蔵国忍城の成田長泰、同国崎西城の小田伊賀守、上野国桐生城の佐野直綱、下野国藤岡城の茂呂因幡守、同国小山城の小山秀綱、下総国結城城の結城晴朝等を攻め従属させる（伊藤本文書・埼六-二-三七二）。**18日** 北条氏康が陸奥国白河城（福島・白河市）白川晴綱に、敵対する佐竹義昭が途中に出馬したので小田氏治・結城晴朝・那須資胤が協力して義昭に当たる様に仲介を依頼する。資胤が再び北条氏に従属（白川文書・八〇三）。**21日** 北条氏康が白川晴綱に起請文を出し、今後は共に昵懇である事を神懸けて誓う（早稲田大学中央図書館所蔵結城白川文書・八〇四）。同日、北条氏康が白川晴綱に、四日に松山城の上杉憲勝を攻略、十一日には上杉謙信が岩付城を退去して利根川端に張陣し、要害の地で武田・北条勢は攻めあぐねている事、佐竹義昭が謙信と同調して出馬し、その方面の白川氏の味方中に北条方に付いて義昭と対戦する様に依頼したい事、起請文を河村定真に届けさすと伝える（東北歴史資料館所蔵国分白川文書・八〇五）。**26日** 北条氏康父子が用土業国に、上杉勢との戦いの忠節を認め旧領を安堵し、武蔵国長浜郷（埼・上里町）ほか二ヶ村を宛行う（管窺武鑑二・八〇六）。

3月

2日 北条宗哲が小田原城下の蓮上院に、去年から相模国箱根（神・箱根町）権現別当融山を蓮上院勝恵坊住職に補任し、今年から小田原城下の花木に移住させ同坊の管理を依頼する（相州文書足柄下郡・三五三〇）。**7日** 大川守吉が伊豆国長浜（静・沼津市）の百姓に、同国重須（沼津市）の網度・田畠の扱いについて長浜の五人の所有者の訴訟中状を受ける（長浜大川文書・北条氏文書補遺三六頁）。**17日** 北条氏康が成田氏家臣の手島高吉に、成田長泰弟の小田伊賀守が守る武蔵国崎西城（埼・騎西町）の後詰に今朝出馬した旨を伝え、作戦の相談に布施康能・大草康盛を派遣する（羽前手島文書・八〇七）。**24日** 河越城代の大道寺資親が武蔵国藤波（埼・上尾市）密厳院に禁制を掲げ、寺域での河越城（埼・川越市）足軽が乱暴狼藉を働くのを禁止させ、寺域に着陣すれば北条家朱印状で保護すると伝える（武州文書足立郡・四一五七）。

4月

7日 武田信玄が北条氏照に、上杉謙信が利根川東から下野国小山城（栃・小山市）を攻めて小山秀綱を降参させたのは謙信の戦功ではなく、関東国衆が上杉方に未練があるための降伏で無念至極である事、十二日に出馬するから安心して欲しい事、次いで謙信は下野国佐野唐沢山城（栃・佐野市）を攻めるから氏照には佐野家に知人が居るので佐野氏の敵対を防ぐ様に調略させる（思文閣墨跡資料目録一七七・四三九）。**8日** 北条氏政が金子家長に、武蔵国河越城（埼・

川越市）への送迎の忠節を認めて屋敷共に棟別銭・反銭を免除し、伝馬手形の無い伝馬賦課を禁止する事、同国三田郡（東・青梅市、奥多摩町）の内は北条氏照の下知に従う事等を申し渡す。奉者は大道寺資親（水月古簡三・四六六）。同日、北条氏尭が死没する。法名は円通院殿花岳宗白大居士。同日、上杉謙信が越後国坂戸城（新・南魚沼市）長尾政景に、下野国小山秀綱が従属を願い出ており佐野唐沢山城の佐野氏は従属が半ば、上野国桐生の佐野氏は従属したと報告し、六日に上野国厩橋城（群・前橋市）に帰り今夕は沼田城（群・沼田市）に着城、明日は越後国に帰国と伝える（上杉輝虎公記所収楡井文書・群七―三―二二三九）。**12日** 北条氏照が上野衆の安中丹後守に、知行として武蔵国堤郷（埼・熊谷市）ほか二か所を宛行い、本領の替え地は氏照が北条氏政に申立てて別に宛行うと約束する（市谷八幡神社文書・八〇八）。**14日** 河村定真が白川晴綱に、武蔵国松山城（埼・吉見町）で整えた誓詞は病気のため届けるのが遅れた事、二十日に北条氏康父子が下総国結城（茨・結城市）に出馬する予定で小田氏治・結城晴朝の了承を得て氏康の整えた誓詞と条書を届ける事、氏康父子が二十日の内に利根川を越え上杉謙信と対陣する事、佐竹義昭への押さえは晴綱に任せるが両皆川・笠間・佐野・成田等は北条氏に従属し、崎西と小山だけ上杉方に従属したと伝える。皆川俊宗と忠宗・佐野・那須・小田・結城・成田各氏が北条氏に従属、小山・宇都宮・佐竹・崎西小田各氏が上杉氏に従属（伊勢結城文書・埼六―二―四〇〇）。**16日** 北条氏政が武蔵国大井郷（埼・ふじみ野市）百姓中に、何処に欠落しても郷村に帰して休耕田畠の耕作を再開させる。奉者は遠山康光（塩野文書・八〇九）。**24日** 北条氏康の局が小田原城下の誓願寺和尚に、阿弥陀如来像の造立に金銀一貫七〇〇文を寄進した旨の書状を仏像胎内に納めると記す。仏師は長勤法眼宗珠（新編相模足柄下郡・相風二―二九頁）。**25日** 芦名盛氏が河村定真に、北条氏康へ誓詞を送り回答を得た事を喜び、上杉謙信が松山城の攻略や崎西の様子を知り佐竹義昭・宇都宮広綱を連れて小山秀綱を攻めていると述べ、近日中に氏康が宇都宮に出馬する事に賛意を伝える（遠藤白川文書・神三下―七三二）。**26日** 北条氏政が渡辺孫八郎に、以前に伊豆国仁科郷（静・西伊豆町）に賦課した陣夫を北条康元に与え、代わりに後藤彦三郎に出役した武蔵国富岡大岡郷（神・横浜市金沢区）の陣夫を与える。奉者は南条四郎左衛門（渡辺文書・八一〇）。**27日** 北条氏政が古河公方旧臣の土肥中務大輔に、浪人身分なので武蔵国江戸城（東・千代田区）在城の扶持給として同国品川（東・品川区）の荒地を与え、新田開発の年貢は足利義氏の意思により宛行う。奉者は遠山綱景（佐藤氏古文書土肥氏古文書・三七三）。同日、北条氏政が水軍大将の愛洲兵部少輔代に、足利義氏の御乳人を伊豆国大見（静・伊豆市）から上総国佐貫城（千・富津市）義氏の許に船で呼び寄せ、飛脚船が有れば飛脚役も務めさせる。奉者は遠山綱景（渡辺文書・八一一）。**晦日** 北条氏政が伊豆衆の西原源太に、同国仁田郷（静・函南町）内で一〇貫文を宛行い、秋から耕作させる。奉者は大草康盛（西原文書・八一二）。**吉日** 相模

4月

国厚木郷（神・厚木市）最勝寺の阿弥陀如来像を修造し、仏所の大山吉久が願書を認め、上杉謙信の侵攻で郷村が潰滅的な被害を受け、当仏像も破損したので当郷旦那の溝呂木久吉が修造したと記す（相州文書愛甲郡・神三下-七三八）。

▼この月、北条方の武蔵国忍城（埼・行田市）成田長泰が上杉謙信に降伏して家政から引退し、嫡男氏長が登場し北条氏に敵対する（中山文書・埼六-二-四三〇）。

5月

10日 北条氏康父子が安保晴泰・同泰通に、武田信玄との約諾通り知行として神流川対岸の上野国足利領内で二七ヶ所の郷村を宛行う（埼玉県立文書館所蔵安保文書・八一三）。 **27日** 結城晴朝が白川義親に、北条氏康が利根川を越えたが小田原城には慶久院・多賀谷壱岐守が留め置かれ近日中に帰宅出来る事、武田信玄が当月中旬には西上野に出馬し、氏康も武蔵国岩付城（埼・さいたま市岩槻区）に進撃したと伝える（東京大学文学部所蔵白川文書・群七-三-二三四三）。

▼この月、足利義輝の相伴衆に北条氏康父子と北条氏規が見え、氏規は氏康次男とある（永禄六年諸役人附・静七-三-三一四〇）。

6月

10日 北条氏政が相模国田名（神・相模原市中央区）地頭・代官・百姓中に、同国玉縄城（神・鎌倉市）塀の普請役を相模国東郡・三浦郡、武蔵国久良岐郡の各郷村に賦課し、田名郷では中城の塀五間分の塀材料提供と大普請役人足二〇人で一日で仕上げる事と定め、北条康成の指示に従わせる（陶山氏所蔵江成文書・八一五）。 **11日** 北条氏照の家臣大石高仲が武蔵国根ヶ布（東・青梅市）虎柏神社神主に、社領が荒廃し神社が衰退したのを再建させ、毎月二回の祈禱を依頼する（虎柏神社文書・武古下二四一頁）。

▼この月、伊豆国大賀茂（静・下田市）走湯権現宮を再建し、代官に中村が見える（走湯神社所蔵棟札・静七-三-三一四三）。

7月

7日 北条氏康が遠山因幡入道・後藤右近将監に、鶴岡八幡宮の社中掟を下し、間断無き修築の事、毎月十五日と晦日に掃除する事、社人の不法行為の禁止、境内竹木の伐採を禁止し池の葦は社殿修築用に刈ってよいと通達する（鶴岡御造営日記・八一六）。 **9日** 北条氏政が伊東九郎三郎の元服に、政の一字を与え政世と名乗らせる（東京大学史料編纂所所蔵伊東文書・八一七）。 **11日** 北条氏政が小熊左近丞に、陣夫として中村平次左衛門に出役していた三浦夫を与える。奉者は大草康盛（井原文書・八一八）。 **18日** 上杉謙信が越後国飯塚八幡神社（新・柏崎市）に願文を掲げ、小田原攻めの経緯を述べ武田信玄・北条氏康の没命を祈願する（飯塚八幡神社文書・神三下-七三三五）。 **20日** 北条氏政が鶴岡八幡宮相承院に、先判形の筋目を安堵する（鶴岡八幡宮所蔵相承院文書・八二〇）。 **26日** 関東地方が大洪水で飢饉となり万民が死ぬ（年代記配合抄・北区史二-一四頁）。 **27日** 北条氏政が仁杉五郎左衛門に、相模国大井郷（神・大井町）宮分から出役した陣夫一疋は、仁杉・大野両人が使役していたが、大野氏が退転したため五郎左衛門に陣夫の使役を許可する。奉者は

8月

幸田与三（本朝武家諸姓分脈系図仁杉伊東・北条氏文書補遺三六頁）。

1日 北条氏政が相模国田名（神・相模原市中央区）百姓中に、去年九月の検見の郷高確定で懸反銭は四貫八〇〇文、今年の増分二貫四〇〇文の合計七貫二〇〇文を、今月晦日迄に小田原城の山上久忠に納入する事、当年も同郷に検見奉行衆を派遣したいが郷民が迷惑と聞いて検見を止め増分を徴収するとした。先月の飢饉による郷村の疲弊（陶山氏所蔵江成文書・八二二）。同日、北条氏政が武蔵国泉（東・杉並区）衆中に、例年の如く反銭の本増分三〇〇文を今月晦日迄に小田原城の良知河内守・吉原新兵衛両氏に納入させる（諸州古文書三下・八二四）。同日、北条氏政が武蔵国寺尾（神・横浜市神奈川区）百姓中に、去年の検見の郷高確定で懸反銭は二貫二〇〇文、今年の増分一貫一〇〇文の合計三貫三〇〇文を、今月晦日迄に小田原城の関新二郎に納入する事、当年も同郷に検見奉行衆を派遣したいが郷民が迷惑と聞いて検見を止め増分を徴収するとした（武州文書橘樹郡・八二三）。**4日** 太田泰昌が死没する。法名は宗清（天文五年高野山月牌帳）。**5日** 箱根権現前別当の融山が死没する。七四歳（興福院位牌銘）。**6日** 北条氏政が伊豆国三津（静・沼津市）代官・百姓中に、七〇銭棟別銭を毎年の如く五〇間の家数に賦課し、目銭共で三貫六〇八文を三日以内に納入させる（国文学研究資料館所蔵大川文書・三七四）。同日、武蔵国松山城（埼・吉見町）に居た小田氏治が白川義親に、北条氏康が利根川を越え七月二十六日には武蔵国大神（東・昭島市）まで出陣したが洪水で進撃できず、今川氏真は月末には小田原城に着陣して今月二日には氏康と対談した。武田信玄は西上野に出馬して上杉謙信に備え、謙信は今年は越山は出来ない等と伝える（東京大学文学部所蔵白川文書・神三下-七三九二）。**7日** 北条氏康が芦名盛氏に、常陸国小田城（茨・つくば市）小田氏治と下野国宇都宮城（栃・宇都宮市）宇都宮広綱とが北条氏康と相談し、結城晴朝・小山高朝・大掾貞国・那須資胤は小田氏と和睦の扱いとなるので白川晴綱と芦名盛氏が相談して佐竹義昭に対する作戦を立てて欲しい事、近日中にも佐竹義昭が結城晴朝との和睦交渉に臨むと聞いている、氏康は武田信玄と相談し五日の内には武蔵国岩付筋（埼・さいたま市岩槻区）に出馬すると伝える。当文書は永禄五年との説もある（千秋文庫所蔵佐竹文書・四六七）。**12日** 北条氏政が本田正勝に、先年の下総国葛西城（東・葛飾区）での忠節による北条氏康の判物二通を拝見するため小田原城に持参させる。奉者は山角定勝（本田文書・八二五）。**17日** 北条氏政が牛込勝行に、勝行の中間が去年の合戦で敵陣に突入し討死にした忠節を賞し、その子に勝行の知行地の武蔵国牛込村（東・新宿区）の棟別銭を扶持給として与え、将来は同国足立郡の内で知行を宛行うと約束し、その時は棟別銭を以前の如く北条氏に納入させる（牛込文書・八二六）。**29日** 北条氏政が下総国土気城（千・千葉市緑区）酒井政茂に、上総国須合之庄（千・木更津市）を宛行い、当方面の守備を依頼する（静嘉堂文庫所蔵酒井系図・八二七）。**吉日** 伊豆国中島郷（静・三島市）宝泉寺の旦

8月

那高橋妙経が、雲版を寄進する。大工は斎藤と追刻に見える（長野県上田市陽泰寺所蔵・四六九三）。

9月

11日 北条氏康が梶原景宗に、相模国小坪郷（神・逗子市）他で一三一貫文の本領安堵、他に本領として一一七貫文、現金で一〇〇貫文を宛行い合計知行高を三四八貫文と確定し、不足分は景宗知行分の検見結果で算出し武蔵国菅生（神・川崎市宮前区）・小沢（川崎市多摩区）年貢銭二〇〇貫文で補うとし、江戸湾の海上防衛を任せる（紀伊国古文書在田郡古文書二・八一九）。**18日** 武田信玄が宇都宮広綱に、西上野への侵攻を述べ上野国箕輪（群・高崎市）・惣社（群・前橋市）・倉賀野（高崎市）の郷村を荒らして先日帰国した事、来月下旬には今川氏真・北条氏康と申し合わせて必ず利根川を越えて進撃すると述べ、協力を依頼する。当文書は永禄五年との説もある（内閣文庫所蔵宇都宮氏家蔵文書・戦武一・七九六）。**28日** 武田信玄が上野国貫前神社（群・富岡市）神主の一宮氏忠に、当社修築について上杉憲政・北条氏康の文書類を拝見し崇敬の厚さを知り、自身も修築したいが上野国の箕輪や倉賀野が騒乱の最中で信越境も不安定で修築は不可能であるが、来年は必ず修築すると約束する（貫前神社文書・戦武一・八三七）。

▼この月、上総国大多喜城（千・大多喜町）正木信茂、一宮城（千・一宮町）正木時定、森山城（千・小見川町）原親幹が下総国海上長谷（千・香取市）に新城を築き、正木時定を入れて北条方の千葉胤富に敵対する（海上年代記・千五・九九五頁）。

10月

13日 北条氏照に敗北して武蔵国岩付城（埼・さいたま市岩槻区）に避難した三田綱定が死没する。法名は福禅寺殿前霜台高山浄源庵主（海禅寺位牌銘・武風六・一七頁）。同日、武田家臣の真田幸綱が上野国岩櫃城（群・西吾妻町）斎藤憲広を攻略し、武田信玄の吾妻郡支配が開始される（加沢記）。**下旬** 上杉謙信が越山したが深雪のため途中で止まる（豊岡文書・埼六・二・四五一）。

▼この月、相模国上山口（神・葉山町）西光寺の木造阿弥陀三尊立像を修造し、作者に鎌倉扇ヶ谷の大仏師三橋宗三が見える（西光寺所蔵・新横須賀市史二・二四三六）。

11月

9日 北条氏政が伊豆国三島（静・三島市）三島大社愛染院に、天文十二年（一五四三）に決着した護摩料領所に再び横合が入ったとの訴えで重ねて北条家朱印状を発給し、国家安全の祈禱を依頼し、毎月の祈禱が明確に分かる様に毎月晦日には巻数・札を小田原城に進上し、奏者の受取証をとらせる。奏者は石巻康保（小出文書・八一八）。同日、北条氏政が伊豆国三島大社（静・三島市）愛染院に、天文十二年の如く国家安全の祈禱護摩料として三島東分の内で一〇貫文の田地を安堵し、郡代・代官の横合を禁止させる。奏者は石巻康保（諸国文書・八二九）。**11日** 西園寺公朝の娘春渓宗輝が北条宗哲の次男氏信に嫁ぐ（厳助大僧正記・小一・五六三頁）。**12日** 北条氏照が武蔵国駒木野（東・青梅市）両分百姓中に、漆買銭として一貫四〇〇文を支給し漆七ツ分を来月十日迄に同国滝山城（東・八王子市）に納入させる（三田文書・八三〇）。**16日** 北条氏政が北条宗哲に、相模国根府川（神・小田原市）塩屋の用材として松木二本を小笠原康広の知行分の林に見つけ伐採するため、この北条家朱印状を康広に見せ奉行の了承の許に伐採させる。奉者は大草康盛（記録御用所本古文書二・八三一）。**21日** 上杉謙信が里見義尭に、越山の途中で深雪のために止まっていたが、武田信玄が西上野に侵攻との事で急ぎ進軍を再開し、間もなく上野国沼田城（群・沼田市）に到着すると報告し、北条氏康と決戦を交えるから義尭も配下の総勢を率いて参陣し武蔵国に進撃して欲しいと依頼する（豊岡文書・埼六-二-四五一）。**22日** 武蔵国大久野（東・日の出町）天照皇大神社を造営し、大旦那に平山綱景、大工に野口次郎四郎、禰宜に宮岡盛久、鍛冶に落合平蔵三郎が見える（新編武蔵多摩郡・八三三）。**28日** 北条氏政が伊豆国修善寺（静・伊豆市）修禅寺に、訴えで寺門前の番匠一人の公方役を免除する。奉者は南条民部丞（修禅寺文書・八一四）。

12月

9日 武田家臣の甘利昌忠が上野衆の浦野中務少輔に、武田信玄が五〜六日には上野国箕輪城（群・高崎市）を攻め、七日には木辺古城を再建し守備している事、近日は北条氏康が武蔵国御岳城（埼・本庄市）に着陣し越年するとの報告で喜ばしいと伝える（新編会津風土記六・戦武一-八四八）。**12日** 北条氏政が相模国公郷（神・横須賀市）寺方百姓中に、直轄領の年貢高を確定し、小敷谷氏・糟屋右衛門・橋本氏への給分は諸役を免除し、直轄領分の諸役は百姓中に賦課する（相州文書三浦郡・八三四）。**25日** 千葉胤富が慶増志摩守に、足利義氏が上総国佐貫城（千・富津市）に在城し、北条方の原胤貞や北条家臣の相模国の城々の衆を引き立てる事を決め、千葉胤富・高城胤辰・酒井胤治が二十六日に加勢に向かうと伝える（慶増文書・神三下-七一六二）。

閏12月

5日 上杉謙信が上野衆の富岡重朝に、武田・北条両軍が利根川を越えて東上野に侵攻して金山城（群・太田市）由良成繁を攻め、上杉勢が後詰して両軍を撃破するから早急に太田資正・成田氏長を武蔵国羽生（埼・羽生市）に移らせ、重朝に両氏への協力を依頼する（富岡家古文書・群七-三-二二〇七）。**11日** 上杉謙信が由良成繁に、武田・北条両軍が常陸国阿古（茨・笠間市）陣を撤退し、上野国佐貫（群・明和町）と下野国足利（栃・足利市）の間に陣取る情勢を述べ、上杉方の足利長尾景長の上野国館林城（群・館林市）と足利城は重要なので金山城の成繁への加勢を依頼する（保坂文書・神三下-七三四九）。**18日** 伊丹康信が死没する。法名は禅林寺霊巌宗悦大居士（新編武蔵坂本村禅林寺の条）。**27日** 上杉謙信が里見義尭父子に、先月二十日に武田・北条両軍が利根川を越えようとした事、謙信は越山して今月十九日に上野国厩橋城（群・前橋市）に進撃したが両軍は退散し、北条氏康は武蔵国松山城（埼・吉見町）に入り、武田信玄は西上野に在陣した事を述べ、共に北条氏を撃滅すべく協力しようと伝える（安房妙本寺文書・千三-四〇九頁）。**28日** 武田方

閏12月

の信濃衆の依田信蕃が柳沢宮内助に、北条勢は上野国沼田（群・沼田市）と我妻（群・東吾妻町）の間の中山（群・高山村）を攻略したと伝える（柳沢文書・群七-三-二三三）。**29日** 北条虎松丸が小曾河小五郎に、忠節を認め武蔵国亀戸（東・江東区）内の小村江備前守分を宛行う（武州文書埼玉郡・四六六八）。

永禄七年（一五六四）・甲子

1月

1日 北条氏康が太田康宗・恒岡弾正忠に、敵対する里見義尭父子が下総国葛西城（東・葛飾区）に進撃し、武蔵国江戸城（東・千代田区）太田康資が遠山綱景との反目から北条氏を離反して里見氏に寝返り、寄子達の動揺が激しく葛西城に紛れ込まない様に検査する事、もし里見勢が葛西を攻撃するなら両人の妻子と葛西衆の人質を北条康元に渡し、江戸城の中城に入れてから戦いに臨む事と指示する（楓軒文書纂五三・八三五）。**3日** 佐竹義昭が簗田晴助に、去る十九日に上杉謙信が上野国廐橋城（群・前橋市）に着城したので、自身は二十七日に利根川を越え武田方の和田城（群・高崎市）和田業繁を攻め、北条方の小田城（茨・つくば市）小田氏治の攻撃に向かうと伝える（白川証古文書・群七-三-三二四）。**4日** 北条氏康が伊豆衆の秩父次郎左衛門・西原次郎右衛門に、里見勢が五〜六〇〇騎で下総国市川（千・市川市）に着陣し、武蔵国岩付城（埼・さいたま市岩槻区）太田資正に兵糧を送りたいが値段の交渉が滞っている事、この時に江戸城の遠山衆や下総国小金城（千・松戸市）高城胤辰等から数度の注進があり、急速に出馬するため五日昼以前に必ず具足と腰兵糧を付け、騎馬で当地に駆けつけ参陣する事、兵糧は三日分を用意し、陣夫は連れず軍勢ばかりが馬上で槍を持ち明日昼以前に着陣する事、中間や小者も残らず引率し伊豆衆の土屋左衛門太郎や大見衆にも確実に伝えよと厳命する（沼津市西原文書・八三六）。**7日** 北条氏康父子が下総国国府台（市川市）で里見義尭父子と合戦に及び、最初は里見勢が勝利し、八日には油断した里見勢を北条勢が撃破して北条方の大勝利となる。北条方の戦死者は遠山綱景・隼人佑父子、富永康景・宅間房成・蔭山忠広・山角定吉・正木時茂等。この勝利で北条氏が下総国葛西領を領有。里見氏の宿老で勝浦城（千・勝浦市）正木時忠と東金城（千・東金市）酒井胤敏が北条氏に従属し同国香取郡も領有する。**14日** 北条氏政が下総国旧小金領の国分郷（市川市）に制札を掲げ、北条勢や甲乙人の乱暴狼藉を禁止させる。奉者は遠山康光（随得集・八三七）。**15日** 北条氏政が下総国葛飾八幡別当坊（市川市）に制札を掲げ、寺内での北条勢の乱暴狼藉・横合を禁止させる。奉者は山角弥十郎（成田参詣記二一・三七五五）。**16日** 北条氏政が下総国宮本（千・船橋市）意富比神社神主の戸見中務丞に制札を掲げ、社中の神主屋敷での北条勢の乱暴狼藉を禁止させる（船橋大神宮文書・

2月

八三八)。**24日** 上杉謙信が上野衆の富岡重朝に、二十六日に下野国佐野唐沢山城(栃・佐野市)に出馬するので参陣を依頼し、上野国館林城(群・館林市)から佐野房綱が北条氏に従属したと知らせる(富岡家古文書・新五-三-三九〇七)。**25日** 北条氏政が下総国中山(市川市)法華経寺に、寺域での横合非分を禁止させ不入とする(中山法華経寺文書・八三九)。**29日** 宇都宮広綱が上杉謙信・佐竹義昭と共に、北条方の常陸国小田城(茨・つくば市)小田氏治を攻めて攻略。氏治は同国土浦城(茨・土浦市)に敗走する(和光院和漢合運)。

▼この月、皆川俊宗が壬生義雄と同盟して北条氏政に従属し、宇都宮広綱・小山秀綱・日光山(栃・日光市)座禅院と敵対する(上杉家文書)。

3月

17日 北条氏政が武蔵国和田倉(東・千代田区)吉祥寺に禁制を掲げ、寺域での殺生・竹木伐採・横合非分を禁止させる。奉者は遠山康光(武州文書府内・八四一)。同日、上杉謙信が斎藤朝信に、下野国佐野唐沢山城(栃・佐野市)佐野房綱攻略の忠節を賞する(歴代古案四・佐野市史一-一一三)。**18日** 足利義氏が北条方に帰参した那須資胤に、前々の如くの忠節に感謝し、上総国池和田城(千・市原市)ほか三ケ城を攻略したと伝える(栃木県立博物館所蔵那須文書・戦古八七二)。**19日** 北条氏政が武蔵国上小田中郷(神・川崎市中原区)に制札を掲げ、当郷は同国世田谷城(東・世田谷区)吉良氏朝の蒔田領で、江戸城(東・千代田区)の諸軍勢が郷内で竹木伐採する事を禁止し、江戸城の御用の時には北条家朱印状で依頼すると申し渡す。奉者は岩本定次。吉良氏領が北条氏の直接支配となる(泉沢寺文書・八四二)。同日、高城胤辰が下総国八木郷柴崎村(千・流山市)吉野見徒けに、先代高城胤吉から宛行われた田地と屋敷地を安堵する(吉野文書・八四三)。**27日** 北条方の下野国佐野唐沢山城(栃・佐野市)佐野昌綱が同国鍋山城(栃・栃木市)小曾戸長門守に、上杉謙信に攻められ鍋山城にも侵攻したため加勢を依頼し、諸口での敵五〇人を討取る忠節に感謝する。昌綱は苦戦し佐竹義昭・宇都宮広綱の意見で謙信に降伏すべきとの事で、二十八日に大貫左衛門尉を遣わし降伏の交渉をすると伝える(下野島津文書・佐野市史一-一二五)。**28日** 北条氏照が小田野周定・神田将高・小針小次郎・菅沼六兵衛丞に、先月七・八日の下総国国府台(千・市川市)合戦での忠節を認め感状を与える(佐野家蔵文書ほか・八四四〜七)。

13日 上杉謙信が本庄実乃等に、七日から白井長尾憲景の案内で武田方の上野国和田城(群・高崎市)和田業繁を攻め、北条高広・長野業盛・由良成繁等が参陣したと報告する(三州寺社古文書・千四-四五五頁)。**14日** 武田信玄が某に、北条氏康父子から出馬の催促があり、今晩は甲斐国若神子(山梨・北杜市)に出馬すると伝える(東京古典会入札目録一九九年・戦武二-八八五)。**20日** 北条氏康が上総国勝浦城(千・勝浦市)正木時忠に、北条氏政が両総に出馬して早速の参陣に感謝し、時忠の知行地について昨年冬の約束と違う氏政判物と北条家朱印状を与えた事は氏康とも相談した結果と伝え、知行地はどれも半手郷で郷名を記しておらず寄子衆が混乱しているとの事で、幸にもこの度は氏政が陣中に居るので究明して知行の確定を行うと伝え、詳しくは北条氏照から述べさせる（正木武膳家譜所収文書・八四八）。**23日** 北条氏政が高橋帯刀に、武蔵国丸子村（神・川崎市宮前区ほか）内の手作分と屋敷地を千葉胤富母（千葉親胤室カ・北条氏康の娘）の堪忍分として残し、同国島根之村（東・足立区カ）を知行として宛行う。奉者は遠山康光。太田康資の離反で吉原新兵衛に宛行われた丸子村の替地（川崎市井田文書・八四九）。**24日** 北条方の太田氏資の家臣河目資好が大島大膳亮に刷之村（現在地未詳）を宛行う（武州文書足立郡・八五〇）。

4月

6日 正親町天皇が武蔵国石神井（東・練馬区）三宝寺住僧の賢珍を権大僧都に勅任する（武州文書豊島郡・東古中三一九八二）。**9日** 足利義氏が土肥次郎に、父中務大輔が下総国国府台（千・市川市）合戦で討死にした忠節を賞し、次郎が若輩のため今後の進退は瑞雲院周興から指示させる（湯屋文書・戦古八七三）。**10日** 太田資正が東氏に、北条氏政の軍勢は五日の内に帰国し、北条氏照勢は下野国小山祇園城（栃・小山市）付近に残っていると伝える（児島文書・戦国史研究七一一五頁）。

▼この月、上杉謙信が関東から越後国に帰国する。

5月

10日 北条氏政が西原源太に、秋から増給米として二〇俵を伊豆国仁田郷（静・函南町）善右衛門尉の代官所の年貢で支給する。奉者は大草康盛（西原文書・八五二）。**13日** 足利義輝が上杉謙信に、北条氏康との抗争を止め和睦する様に三月十日に大覚寺義俊を謙信に使者として遣わした。各人が相談して和睦に努力し、今回は大館藤安を遣わすと伝える（上杉家文書・新三一一九五四）。**16日** 上杉謙信が武蔵国岩付城（埼・さいたま市岩槻区）梶原政景に、父資正が安房国から帰国した事を喜び、北条氏に対する里見義弘の備えが充分で下総国土気城（千・千葉市緑区）酒井胤治を従属させた事を賞し、関東の戦闘が続いて国衆等が困惑の様子なので秋には越山すると約束する（青木文書・千四一九一六頁）。同日、松田憲秀が下総国小弓城（千・千葉市中央区）原胤貞に条書を与え、酒井胤敏の上総国東金城（千・東金市）への帰城は喜ばしい事、北条氏政が下総国多胡（千・多古町）・椎崎（千・山武市）の領有を認めている事、血判起請文は氏政の意向を受け疑い無い事、今回の合戦については酒井胤貞か子胤栄の何方かが北条氏と昵懇にしたいと伝える事が望ましい事、自分は胤貞を決して蔑ろにしないと約束し、高城胤吉や酒井胤敏とは今後も昵懇でいて欲しい等を伝える（西山本門寺文書・三九三八）。**22日** 北条氏政が相模国中郡の皮作触頭の彦右衛門に、具足用の皮を今月晦日迄に小田原城に納入させる。奉者は幸田定治（浦島文書・八五三）。**23日** 北条氏照が三田綱定の旧臣の三田治部少輔・師岡秀光に、武蔵国清戸番所（東・清瀬市）三番衆に編成した両人以下三九人の侍を二番衆に替わって、六月五日に三田谷（東・青梅市

6月

～埼・飯能市）を発って五ツ時（午前八時）に同国箱根ヶ崎（東・瑞穂町）に集まり、清戸で布施景尊の指示の許で一五日間の番所の警護に付く事、同国岩付城（埼・さいたま市岩槻区）との境目の大切な番所で、遅参の者は切腹させると申し渡す（和田文書・八五四）。**27日** 北条氏政が古河公方家臣の野田弘朝に、知行として武蔵国品川（東・品川区）内を宛行い、当郷代官の瑞雲院周興代で公方奉行の興津甚兵衛尉・中田修理亮から田地を受取らせる。奉者は中村宗晴（野田家文書・八五五）。

▼この月、鎌倉の円覚寺帰源庵（神・鎌倉市山内）第五世の奇文禅才が什宝の肖像画に自賛を加える（新編相模鎌倉郡・相風四－一九八頁）。この月、月末に武田信玄が再度西上野に侵攻して倉賀野城（群・高崎市）を攻め、武蔵国本庄（埼・本庄市）まで放火する。上野国碓氷郡を制圧し安中城と松井田城（群・安中市）も武田方となる。この月、下総衆の酒井胤治・政茂父子が北条氏政から離反して里見義弘に従属し、東金城（千・東金市）酒井胤敏は氏政に従属。

4日 上杉謙信が下野国梅沢城（栃・栃木市）梅沢正頼、同国鍋山城（栃木市）小曾戸図書助等の佐野衆に、北条氏政が同国佐野唐沢山城（栃・佐野市）に来攻し、防戦に努め撃退した功績を賞し、救援として途中まで越山したが敵は退散したので引き返したと伝える（下野島津文書ほか・神三下－七三七七～八二）。**6日** 上野衆の長尾景長が上杉家臣の沼田城（群・沼田市）城代河田長親に、北条氏康が不意に下総国関宿城（千・野田市）を攻め、簗田晴助が防戦に努めて北条勢は退却し、昨日からは武蔵国忍城（埼・行田市）と同国久下（埼・加須市）の間の清水（行田市）に着陣したと伝える（諸家古案・神三下－七三八二）。**9日** 織田信長が上杉家臣の直江景綱に、近年はしばしば上杉謙信が関東に出馬して平定している事を喜び、今後も外交交渉を続ける旨を申し送る（杉原文書・新五－三－一八六三）。**14日** 上杉方の上野衆の倉賀野直行が河田長親に、上杉謙信からの条目を承諾し、北条氏康が侵攻すれば味方の上野衆等と相談し忠節を約束する（伊佐早文書・新五－三－三二七）。**15日** 北条方の上総衆の武田豊信が同国高根郷（千・長生村）の流通商人の田中玄蕃と同平二郎に、領内は役無しで往復する事を許可する（上総国古文書・千三－七九九頁）。**18日** 北条氏邦が武蔵国児玉（埼・本庄市）久米大膳亮に、過所を与え氏邦の知行分では諸役を免除する。奉者は三山綱定。氏邦朱印状の初見（久米文書・八五六）。同日、北条氏邦が斎藤八右衛門に、綿役について間々田十郎太郎等の四名に賦課した四把分は武蔵国三沢（埼・皆野町）で四人に宛行った北条氏政からの扶持給の内であるが、相違しているとの訴えにより今年の四把分を免除する。奉者は三山綱定（斎藤文書・八五七）。**24日** 上杉謙信が越後国弥彦神社（新・弥彦村）に願文を掲げ、武田信玄と北条氏康の退治を祈願する（弥彦神社文書・新五－三－一八一五）。**27日** 上杉謙信が里見義弘に、下総国勝浦城（千・勝浦市）

6月

正木時忠が北条方に離反して正木時定が没落したのに驚き、土気城（千・千葉市緑区）酒井胤治は北条氏を離反して里見方となり喜ばしい事、上野国では倉賀野直行が武田信玄に攻略され、味方の上野衆は困っている事、武蔵国岩付城（埼・さいたま市岩槻区）が上杉方に付いたので常陸・下野両国の味方の軍勢と里見勢は太田資正と共に、上杉勢に呼応して来月八日に武蔵国へ進撃して欲しいと依頼する（反町文書・千四-四九六頁）。

7月

3日 遠山康光・大草康盛が武蔵国平川（東・千代田区）法恩寺に、前々の如く寺内の領有を安堵する（寺誌取調書上・八五八）。 **5日** 上杉謙信が下野国佐野唐沢山城（栃・佐野市）大芦雅楽助に、北条氏政の攻撃を撃退した功績を賞する（小曾戸文書・神三下-七三八六）。 **17日** 北条氏政が伊豆国韮山城（静・伊豆の国市）城下の香山寺徳寿軒に、塔頭の智覚庵が什器類を売却し建物も荒廃したので再興させ、前々の如く灯明料所と山王免で三反、周社屋敷を安堵する（香山寺文書・八五九）。 **18日** 上杉謙信が越後国相田（新・出雲崎町）薬師寺に、武田信玄・北条氏康の撃滅を祈願する（薬師寺文書・新五-三-二六四六）。 **中旬** 足利義氏が里見義弘に攻められ、上総国佐貫城（千・富津市）から相模国鎌倉に移座する。佐貫城には義弘が入城（上越市中島文書・戦古八七四）。 **23日** 太田資正が下野国宇都宮（栃・宇都宮市）に出陣中、太田氏資（北条氏政の妹婿）が北条氏政に内応し資正父子を岩付城（埼・さいたま市岩槻区）から追放する（杉原文書・群七-三-二二五七）。 **26日** 北条氏康が武蔵国大神（東・昭島市）迄出陣するが、洪水で進軍出来ず延期する（白川文書・埼六-二-四一〇）。 **27日** 北条氏政が上総国高根（千・長生村）に禁制を掲げ、北条勢・甲乙人の乱暴狼藉を禁止させる。奉者は山角定勝（和学講談所本集古文書三五・八六〇）。 **28日** 足利義氏が結城氏家臣の比楽治部大輔に、当月中旬に鎌倉に移座した事、関東の和平は偏に結城晴朝に懸かっていると伝え、詳しくは北条方の昌寿首座松嶺・豊前氏景の口上で伝えさせる（上越市中島文書・戦古八七四）。 **29日** 上杉謙信が富岡重朝に、岩付城での追放劇には驚くが太田資正は宇都宮城で無事に暮らし上杉方に忠節を尽くしている事、謙信は信濃国川中島（長野・長野市）に着陣、近日中には上信国境の碓氷峠に進撃し、重朝は武蔵国の味方中に防備を固める様に説得努力させる（富岡家古文書・埼六-二-四〇八）。

▼この月、北条氏政が従属した正木時忠への支援に上総国万喜城（千・いすみ市）を攻め、のち西上総の里見義弘の佐貫城を攻める。北条綱成は軍船二〇〇隻で安房国北条（千・館山市）に侵攻し、周辺の郷村に放火して里見勢に打撃を与える（館山市法蓮寺文書・千三-七一九頁）。

8月

1日 足利義氏が鶴岡八幡宮に、鎌倉に帰座したので関東の平安と房総の帰属を念願して修造すると約束する（鶴岡八幡宮文書・戦古八七五）。 **4日** 上杉謙信が佐竹義昭に、昨日は信濃国川中島（長野・長野市）に着陣し武田信玄と合戦の覚悟と伝え、義昭は上野・武蔵国境に出馬し、北条氏康の武田方への後詰の軍勢を牽制して欲しいと依頼する（佐竹文

9月

書・新五-三-三二五七)。同日、上杉謙信が幕府内談衆の大舘晴光に、将軍足利義輝から北条氏康との和睦についての御内書を拝領した謝礼を述べ、氏康は古河公方足利藤氏への不忠を尽くし、謙信が関東の副将軍職なのに関東へ進撃している。謙信は佐竹義昭・小田氏治・宇都宮広綱等と小田原城を攻め、鶴岡八幡宮社前で上杉憲政から病気が癒えるまで関東管領の名代職に任じられたと正当性を主張し、氏康が小田氏治や佐野昌綱を攻め足利晴氏・藤氏父子を伊豆国奥郡に押し込め、岩付城(埼・さいたま市岩槻区)太田資正を追放している状態を説明し、和睦について黙視している事に弁明する(蕪木文書・新五-三-三三二)。**6日** 太田氏資が花里与四郎に、武蔵国梅田村(埼・春日部市)と役所を副えて宛行い忠節を命じ、もしも同国松山城(埼・吉見町)の支配地に他人が入部すれば、当判物を氏資に返却する事と指示する(東洋文庫所蔵文書・四六九)。同日、松山城に出陣した小田氏治が陸奥国白河城(福島・白河市)白川義親に、北条氏康は今川氏真と武田信玄との共同で上杉謙信に備え、氏康は七月二十六日に武蔵国大神(東・昭島市)に出馬する予定が洪水で延期した事、氏真は二十四日に駿河国を出て月末には小田原城に着陣し、二日に氏康と対談した事、洪水が引けば氏康が出馬する等を伝え、協力を依頼する(白川文書・埼六-二-四一〇)。**15日** 足利義氏が鶴岡八幡宮に、弘法大師筆の大般若経を奉納して宿願の鎌倉移座を伝え、天下泰平・武運長久の祈禱を依頼する。当経の花押から足利義輝の花押に類似した形に変化し義氏が関東副将軍職への意識を持ったと推定(相州文書鶴岡八幡宮所蔵大般若経奥書写・戦古八七六)。**16日** 北条氏政が遠山康光に制札を与え、遠山惣九郎知行の相模国柳川(神・秦野市)の藪を育成させ北条氏の御用藪とし、御用の時は奉行に北条家朱印状で伐採を命じ、勝手に伐採する事を禁止させる。奉者は岡崎某(熊沢文書・八六一)。**28日** 里見方に離反した太田康資の子駒千代が伊豆国熱海(静・熱海市)医王寺で自刃する(太田家記・北区史一-三二〇頁)。

1日 北条氏政が鎌倉の円覚寺仏日庵に、相模国山内(神・鎌倉市)大徳寺の敷地を鎌倉代官の大道寺資親に預け仏日庵に安堵する。奉者は間宮宗甫(仏日庵文書・八六二)。**3日** 北条氏政が武蔵国品川南北(東・品川区)代官・百姓中に、諸公事の精銭での納入掟を掲示して悪銭との混入率を定め、棟別銭は以前の奉行に納め、懸銭は小田原城の長田源右衛門に納める事、百姓等は小田原城に来て撰銭の具合を相談し選び渡す事、反銭は当年から米で納入する穀反銭とし反銭奉行に渡す事、郷村での米の計り手は百姓頭にさせ、大銭は米か雑穀で納めさせる(武州文書荏原郡・八六三)。**6日** 上杉方の長尾景長が河田長親に、北条氏康が不意に下総国関宿城(千・野田市)を攻めたが簗田晴助が防戦し、氏康は退散して武蔵国成田筋(埼・行田市)に進陣し、昨日からは忍城(行田市)と久下(埼・加須市)の間の清水(行田市)に張陣している。当郡の状況は北条高広に報告しており上杉謙信にも伝えさせる(長岡市立科学博物館所蔵河田

9月

文書・千四-八六二頁）。**7日** 太田氏資が内山弥右衛門尉に、知行として武蔵国柴之郷（埼・川口市）内の沼尻、柳崎（川口市）内の原分を宛行う（内山文書・八六四）。**20日** 北条氏政が武蔵国入間川（埼・狭山市）に、三年間は諸役を免除し陣夫役は賦課する。奉者は岩本定次（青梅市郷土博物館所蔵宝林寺文書・八六五）。同日、北条氏政が武蔵国関戸郷（東・多摩市）の市場規定を定め、市日は月六日間の六斎市とし、今年・来年の伝馬役は一日三疋、北条氏出馬の時は一〇疋とし再来年から元に戻す事、濁酒役・塩合物役は赦免と決める。奉者は岩本定次（武州文書多摩郡・八六六）。同日、板部岡康雄が相模国江ノ島（神・藤沢市）下之坊に、同国用田郷（藤沢市）から毎年一〇〇疋を寄進し、名主の角田大和守から受け取らせ子孫繁栄の祈禱を依頼する（相州文書鎌倉郡・八六七）。**25日** 妙悟（蔭山氏広後室）が鎌倉の円覚寺富陽庵に、相模国岩瀬郷（神・鎌倉市）の田二反を蔭山家広の寄進に任せて安堵する（雲頂庵文書・八六八）。**26日** 足利義氏が下総国中山（千・市川市）法華経寺に、鎌倉移座について代官から祝いの言葉と沈香・練を贈呈され謝礼を述べ、瑞雲院周興から副状を出させる（中山法華経寺文書・戦古八七八）。

10月

3日 某綱秀が舞々天助十郎に、元服に当たって秀の一字を与える（相州文書足柄下郡・八六九）。**8日** 遠山政景が武蔵国平河（東・千代田区）法恩寺本乗坊に、島津長徳軒の奏上のため寺領の陣夫役を赦免する（寺誌取調書上・八七〇）。同日、足利義氏が下総国古河（茨・古河市）城下の安楽坊に、武蔵国品川（東・品川区）三〇貫文の内で寺領として二人扶持分を寄進する。奉者は瑞雲院周興（尊勝院文書・戦古八七九）。**9日** 足利義氏が鎌倉の円覚寺続灯庵（神・鎌倉市山内）の法葩西堂（揚宗）に、上総国佐貫城（千・富津市）から鎌倉に移座した時の祈禱に感謝し、今後は続灯庵を祈願所とする（相州文書鎌倉郡・戦古八八〇）。**15日** 太田氏資が武蔵国井草（埼・川島町）百姓中に、離村した百姓と脇百姓を還住させ一〇年間は諸役免除とし、休耕田畠を耕作させる（武州文書比企郡・八七一）。**16日** 上杉謙信が富岡重朝に、上野国厩橋城（群・前橋市）北条高広から油断禁物との出馬催促を受け、二十日には必ず越後国春日山城（新・上越市）を進発し越山するので重朝も参陣させる（富岡家古文書・群七-三-二二六三）。**19日** 北条氏政が伊豆国の狩野山奉行大川神左衛門尉に、山法度の改定を出して狩野山（天城山）の杉・檜の伐採を禁止させ、北条氏御用の材木伐採は北条家朱印状で申しつける事、他人に代金を取って不法に伐採した時には大川父子を死罪にするとした。奉者は可直斎長純（田沢大川文書・八七四）。同日、北条氏政が山奉行大川甚（神）左衛門尉に制札を掲げ、杉・檜を育成し不法に伐採した者は逮捕して小田原城に申告させる（諸州古文書二五・八七二）。同日、北条氏照が武蔵国分田金と長田（埼・飯能市）名主・百姓中に、逃散した百姓がいると聞き、以前から居る者に逃散場所を確かめて申告させ、脇から居場所を氏照が聞いた以後に申告した時は名主・百姓共に死罪にすると厳命する（細田文書・八七三）。**晦日** 小野長門守が相模国堀山下

（神・秦野市）八幡社に掟書を下し、毎年十一月一日の祭礼に堀郷山下分・斎藤分・河村分の三分の名主三人は、一分ずつ各年に分けて御幣を頂戴する事と領主から命じられたと伝える。八幡社は堀郷の総鎮守、長門守は三分の代官職（相州文書大住郡・八七五）。

11月

7日 北条氏政が武蔵国柴（東・港区）舟持中に、永禄四年（一五六一）の北条家朱印状の如く諸役免除とし、船方中には北条氏御用の他は郡代や地頭が船方役を申しつけても拒否させる。奉者は島津又二郎（武州文書御府内・八七六）。**9日** 太田氏資が鶴岡八幡宮荘厳院重誉に、先師の賢栄法印と岩付太田氏は昵懇の関係と述べ、重誉への院主相続を喜び氏資も毛頭疎略に扱わない事を誓い、武蔵国岩付城（埼・さいたま市岩槻区）堅固の祈禱を依頼する（相州文書鎌倉郡・八七七）。**10日** 北条氏政が相模国岩・真名鶴（神・真鶴町）小代官・百姓中に、両所からの肴・あわび・海老の小田原城下での売買は精銭で取引させると決め、小田原城の番所の掲示に撰銭方法を示し、悪銭での商取引を禁止させ、北条氏の撰銭法度に従わせ、領主等が北条家朱印状無くして無理に取引を行う事は固く禁止させる事、北条氏の御用は北条家朱印状で命じると指示する。奉者は大草康盛（真鶴町所蔵文書・八七八）。**24日** 足利義氏が江戸衆の中村宗晴に、義氏が上総国佐貫城（千・富津市）から鎌倉に移座する以前も武蔵国江戸城（東・千代田区）で奉公し、北条氏康の前でも忠節を尽くした謝礼を述べ、今後も鎌倉でのさらなる奉公を依頼する（集古文書四八下・四四二）。**28日** 太田氏資が武蔵国岩付城（埼・さいたま市岩槻区）城下の渋江鋳物師（斎藤氏）に、前々の如く諸公事を免除する（武州文書埼玉郡・八七九）。

12月

11日 北条氏政が伊豆国三島（静・三島市）三島大社神主の矢田部盛和と相模国六所神社（神・大磯町国府本郷）供僧中に、二十日迄に神領確認のため前々の神領書出を小田原城に提出させ、無い場合には年来の年行事等の致し様の書類をもって披露させる（矢田部文書ほか・八八一～二）。**13日** 上総国勝浦城（千・勝浦市）正木頼忠・時通父子が里見義弘を離反し、北条氏政に従属する。**19日** 北条氏政が岡本政秀に、正月用の松飾りを毎年用意させ、松の納入を郷村に催促させる（神田孝平氏所蔵文書・八八三）。同日、太田氏資が武蔵国清河寺（埼・さいたま市西区）清河寺に、代々の証文に任せて諸公事を免除する（清河寺文書・八八四）。**28日** 北条氏政が伊豆国八幡野（静・伊東市）百姓に、同国赤沢（伊東市）との境界相論での裁許で双方の訴状・弁明書を提出させて究明し、八幡野の百姓が境界の傍示に炭を埋設したと主張して検使に調査させ、土中から炭を検出したので境界と確定し、八幡野の勝訴とする。評定衆は狩野泰光（肥田氏由緒書・八八五）。

▼この年、北条氏政が足利氏家臣の豊前氏景に、鎌倉の足利義氏への奉公につき屋敷地を自由に選ぶ事を許可する（豊

12月

前氏古文書抄・八八六)。この年、武蔵国白子(埼・飯能市)白髭神社の棟札に、大石孫二郎が見える(新編武蔵入間郡・四六七〇)。この年、北条氏康の娘桂林院殿(のち武田勝頼室)が誕生する。この年、北条源五郎が誕生する。この年、郷村に鼠が大量に発生して作物を荒らし武蔵野まで被害は大(年代記配合抄・北区史二-一四六頁)。

永禄八年(一五六五)・乙丑

1月

7日 北条氏邦が用土新六郎に、武蔵国久長(埼・秩父市)天徳寺の門前から出す紙漉船の船役一隻分を免除する。奉者は三山綱定(天徳寺文書・八八七)。 **8日** 上杉謙信が松本景繁ほか四人の沼田衆に、北条氏の上野国新田(群・太田市)や館林城(群・館林市)への侵攻を報せ、武田信玄の上野国侵入、越後衆の下野国佐野唐沢山城(栃・佐野市)在城の様子、敵方の諸商人の出入り、沼田城(群・沼田市)の守備について上野国猿京(群・みなかみ町)・小河・森下各城の防備等に指示する(雙玄寺文書・新五-三-三七九〇)。 **15日** 北条氏邦が武蔵国野上(埼・長瀞町)足軽衆中に、三〇人の騎馬足軽を一〇騎ずつ三番編成にし中三日ずつの用意をさせ、同国西の入(埼・寄居町)へ越させ新井氏の下知に従わせる。奉者は三山綱定(逸見文書・八八八)。 **17日** 北条氏政が鎌倉の徳泉寺(神・鎌倉市山内)に、敷地について永正十七年(一五二〇)の寄進文書を焼失し、重ねて北条家朱印状を発給し安堵する。奉者は間宮宗甫(雲頂庵文書・八八九)。 **18日** 北条氏康が某に、扶持銭米が整わず一騎合衆の給米を支給できず訴えられているので、諸郡へ奉行人を派遣して調達している。伊豆国狩野郡はその方が奉行なので同郡へ移り、人を郷村に派遣して納期を守り役銭を整え、同国網代(静・熱海市)に出させる(国文学研究資料館所蔵大川文書・八九〇)。 **19日** 武蔵国石井土郷大蔵村(東・世田谷区)氷川大明神第四の宮を再建し、大旦那に石井兼実、庄屋に大野新兵衛、大工に石渡氏が見える(新編武蔵荏原郡・四六七一)。
28日 北条氏規が養真軒(寂了英順)に、伊豆国手石郷(静・南伊豆町)石門寺の菜園田畠二貫文を寄進し、同所の修福寺共に諸役を免除する。奉者は南条昌治。氏規文書の初見(伊豆順行記上・八九一)。

2月

1日 足利義氏が石川隠岐守に、上総国佐貫城(千・富津市)に御座所があった時に武蔵国江戸城(東・千代田区)で義氏に奉公し、北条氏康の前でも忠節を尽くした功績を褒め鎌倉移座後も忠節を命じる(国会本喜連川文書・戦古八八四)。 **2日** 北条氏政が伊豆衆の西原源太に、近年は衆夫を放し大藤源七郎の同心給に下されたが、源太から陣夫が無いと訴えられ、相模国坂間郷(神・平塚市)で陣夫一疋を宛行い当春から現夫として使役させる。奉者は幸田与三(西原文書・八九二)。 **10日** 北条氏政が相模国坂間郷代官・百姓中に、近年に大藤源七郎の寄子衆給(同心給)に出す夫銭は、今度は御馬廻衆（西原源太）から陣夫が無いとの訴えで、元来定めの如く現夫で使役させると二日に北条家朱印状で命じた。坂間郷からは前々から夫銭で納めており現夫賦課には応じられないとの訴えが来たので、かつての永代夫銭を命じる北条家朱印状を提出せよと命じ、証拠が無ければ二日の朱印状に違反する事になり、今後は現夫での出役を申し渡す。奉者は幸田与三（同前・八九三）。**11日** 北条氏邦が長吏太郎左衛門に、砥石商人からの訴えで北条家朱印状の如く氏邦領での砥石商支配を任せ、盗商人は人と荷馬共に押さえ取次人の関山氏に報告し、裁判で究明させる。奉者は三山綱定（深谷市平井文書・八九四）。**12日** 下総衆の高城胤吉が死没する。法名は伝昭玄心居士。嫡男胤辰が家督を継ぐ（高城家由来書）。**18日** 酒井胤治が沼田衆の河田重親に、十二日に北条氏政が下総国土気城（千・千葉市）胤治を攻めたが撃退した事、その時は里見勢の支援が無かった事、今後も里見氏に忠節を尽くすと誓い、上杉謙信に伝えて同国小金城（千・松戸市）高城胤辰を攻めて欲しいと依頼する（早稲田大学中央図書館所蔵文書・千四-五六六頁）。**20日** 太田氏資が武蔵国下谷（埼・鴻巣市）大行院に、聖護院門跡奉書に任せて同国上足立卅三郷の伊勢熊野先達衆の檀那職を安堵する（武州文書足立郡・八九五）。**24日** 北条氏邦が出浦左馬助に、武蔵国日尾城（埼・小鹿野町）での忠節を賞し、同国阿佐美（埼・本庄市）で知行を宛行う（出浦文書・八九六）。同日、上杉謙信が成田氏長に関東に越山すると伝える（中山文書・埼六-二-四三〇）。

▼この月、相模国長坂（神・横須賀市）妙印寺の木造日蓮上人坐像を造立し、鎌倉仏師の長勤が見える（妙印寺所蔵・新横須賀市史二-二四四二）。この月、北条氏政が上杉方の武蔵国深谷城（埼・深谷市）上杉憲盛を攻略し、憲盛が北条氏に従属（武州文書大里郡・八九八）。

3月

2日 北条氏政が下総国関宿城（千・野田市）簗田持助を攻めて城下に放火し、四日朝に退去する。第一次関宿合戦の開始（長楽寺永禄日記・千五-九九八頁）。**6日** 足利義氏が豊前氏景に、北条氏政から関宿城攻めに参陣した様子を報告され感状を与える（豊前氏古文書抄・戦古八八五）。同日、北条氏政が再び関宿城の簗田持助を攻める（長楽寺永禄日記・千五-九九九頁）。**7日** 簗田晴助が佐竹義重に、北条氏が太田氏資を先鋒として関宿城に攻め寄せた状況を報告し、北条勢は退去し下総国中戸（野田市）に陣取ったが夜中には退散したと伝える（古簡雑纂六・千四-二九二頁）。**9日** 上総衆の井田友胤が死没する。**20日** 北条氏照が武藤半六郎・専正軒に、武蔵国野蔦之郷（東・町田市）の郷民が用水路の本堰口が壊れて田畠に水が入らず、新堰を作りたいと上申して氏照が許可し、年貢から費用を捻出し新堰作事を命じる。奉者は一雲（河井文書・八九七）。**23日** 北条氏康が布施田山城守に、先月の武蔵国深谷城（埼・深谷市）上杉憲盛攻めの忠節を認め、知行として同国大里郡内で五〇〇貫文を与える（武州文書大里郡・八九八）。同日、足利義輝が上杉謙信に、去年は

3月

大館藤安を北条氏康との和睦のため越後国に遣わしたが、今年は氏康に使者を派遣し和睦の調整は使者の返答によってからと指示する。氏康の官途名の左京大夫の終見（上杉家文書・神三下-七四四~五）。**26日** 北条氏政が相模国中郡の皮作彦右衛門等三人に、皮作の特権を保証し彦右衛門に四月中に皮一五枚を具足師の左近士七郎兵衛に納めさせ代金を支払う。奉者は幸田与三（浦島文書・八九九~九〇〇）。

4月

1日 千葉胤富が海上中務少輔・石毛大和守に、本領を各人に返却するから領知させ、その間に替地として知行した田畠在家は残らず返納させる（設楽氏所蔵原文書・千葉県史中世史料県外八一九）。同日、相模国坂戸（神・藤沢市）常光寺の木像聖観音立像を造立し、鎌倉仏師の中納言宗翁の作とある（常光寺所蔵・藤沢市史研究三七-四四頁写真版）。**20日** 北条氏照が水口百姓の北島弥十郎に、永禄七年の裁許で用水路の水口は武蔵国長田（埼・飯能市）に設置と決めたが、百姓が年貢を納めず曲事で、未納の年貢二年分を納めさせる。奉者は専正軒（細田文書・九〇一）。**26日** 北条氏照が相模国入谷（神・座間市）星谷寺に制札を掲げ、寺山の竹木伐採を禁止させる（星谷寺文書・九〇二）。**28日** 北条氏照が武蔵国柏原（埼・狭山市）鍛冶の新居新左衛門尉に、一二間分の棟別銭と棟別諸役を諸不入として免除し、代わりに槍の穂先二〇丁を納入させ、それ以外の御用は氏照の朱印状で命じ賃金を払わせる。奉者は近藤綱秀（新井文書・九〇三）。**吉日** 岩付太田氏家臣の河目資好が大島大炊助に、知行として武蔵国宮内村（埼・北本市）で一〇貫五〇〇文を宛行う（武州文書足立郡・九〇四）。

5月

15日 北条氏政が小田原城内の本光寺に、唐椀等の什器物四種を寄進する（早雲寺所蔵本光寺文章・九〇五）。同日、太田氏資が宮城為業に、度々の忠節を賞し知行として武蔵国舎人郷（東・足立区）を宛行う（内閣文庫所蔵豊島宮城文書・九〇六）。同日、北条方の原胤貞が上総国木更津（千・木更津市）八劔神社神主の八劔左門に、病気平癒の祈禱で全快した事に感謝する（八劔八幡神社文書・千三-七六六頁）。**19日** 将軍足利義輝が死没する。三〇歳。法名は光源院殿融山道円。**24日** 北条氏政が下総国関宿城（千・野田市）簗田持助への攻囲を解き退去する（長楽寺永禄日記・千五-九九頁）。**25日** 北条氏政が武蔵国駒林郷（神・横浜市港北区日吉本町）と成瀬郷（東・町田市）小代官・百姓中に、正木棟別銭の納入法を指示し、三分の一は精銭、残りは麦で納め、精銭は小田原城、麦は玉縄城（神・鎌倉市）へ六月晦日迄に納入させる（武州文書橘樹郡ほか・九〇七~八）。**28日** 北条氏政が伊豆国南江間（静・伊豆の国市）宝成寺と東漸院に、永禄五年（一五六二）に修理免を寄進したのに塔頭の修理が行われず、検査のため同七年までの関係書類を提出させる。奉者は間宮宗甫（北条寺文書ほか・九〇九~一〇）。**吉日** 武田信玄が甲斐国吉田（山梨・富士吉田市）富士浅間大菩薩に願文を掲げ、娘の黄梅院殿（北条氏政室）の病気平癒を祈願させる（富士北口浅間神社旧蔵文書・戦武二-九四二）。

6月

8日 北条氏照が武蔵国長田（埼・飯能市）百姓神衛門・四郎衛門に、氏照に同国葛見（飯能市）と長田との相論で葛見の宮寺与七郎が訴訟を起こし、両人を同国滝山城（東・八王子市）に召還して説明させる。奉者は藤部某（細田文書・九一二）。 9日 北条氏政が太田氏旧臣の森遠江守に、武蔵国岩付城（埼・さいたま市岩槻区）支配が落着し、岩付の本領の替えとして同国河越卅三郷（埼・川越市）内の池辺郷を宛行う。奉者は幸田定治（大谷文書・九一三）。 12日 北条氏照が武蔵国府中（東・府中市）高安寺に、北条家朱印状の旨に任せて寺中の棟別役を免除する。奉者は近藤綱秀（高安寺文書・九一四）。 13日 北条氏政が宮城為業に、岩付城支配が落着し、武蔵国笠幡郷（埼・川越市）を返上させ替地として同国菅生郷（神・川崎市宮前区）を宛行う（内閣文庫所蔵豊島宮城文書・九一五）。 17日 北条氏政が鎌倉の建長寺仏日庵の鶴隠周音に、相模国山内（神・鎌倉市）鼻頭谷本の一雲屋敷と山林・屋敷添え畠の年貢を寄進し諸役を免除する。奉者は間宮宗甫（仏日庵文書・九一六）。 18日 北条氏政が伊豆国南江間（静・伊豆の国市）宝成寺と東漸院看坊に、寺領年貢の計算方法を示し、先月二十八日の書類提出の確認通り三か年分の年貢は修理費用として差し引く事、未納の年貢は現地に北条家朱印状を発給したから催促して納めさせ、今年の造営銭を加えて七・八月中には堂塔や塔頭を修築する事、今後は塔頭の修築に専念させる（東漸寺文書ほか・九一七〜八）。 21日 北条氏照が武蔵国半沢（東・福生市熊川）覚園坊に、本山派修験の先達旦那衆の紀伊国高野山（和・高野町）参詣には高野山金剛峯寺峯之坊を宿坊に指定する。ただし、当文書には疑問点がある（真福寺文書・九一九）。同日、某が相模国厚木（神・厚木市）熊野堂の跡職について東□坊が京都の聖護院門跡の証文をもって懇願し、某に先達職と衆分旦那を許可する（相州文書愛甲郡・九二〇）。 24日 上杉謙信が愛宕神社に願文を捧げ、関東越山、北信濃への進撃等の正当性を述べ、武田信玄・伊勢氏康の退治を祈願する。北条氏康を伊勢氏康と表記したのは鎌倉期の北条氏は関東の副将軍職＝関東管領職であり、それを謙信が拒否したため（歴代古案一〇・神三下-七四五三）。

▼この月、北条氏政が伊豆国南江間の北条寺に、仏殿造営銭を寄進する（北条寺文書・四六七二）。

7月

8日 北条氏政が伊豆国仁科（静・西伊豆町）船持中・奉行中村宗兵衛・奉行村田新左衛門尉・田（領主）蔵地代の源波・添奉行中村又右衛門・山口左馬助に、去年の船方番銭が未進のため、今月中に納付しない時には名主や百姓に厳罰を課し、奉行人の一人を成敗するとし過去四年間の番銭納入方法を小田原城に披露させる（三島明神文書・四六七三）。 9日 北条氏政が北条綱成に、伊豆国仁科郷の去年の船方番銭が未進の事を不法として当月中に納入させる（同前・九二一）。 13日 北条氏政が根本石見守に、この度の忠節を認めて淡志川（栃木県カ）代官職に補任する様に足利義氏に申告し、古河公方家朱印状の発給を依頼する（根本文書・九二三）。 20日 千葉胤富が石毛大和入道・原親幹に、塩釜の塩荷役未納

7月

の処置と塩船之出役・地摺之役に付いて規定する（千葉市立郷土博物館所蔵原文書・千葉県史史料中世編県外補遺二）。**21日** 北条氏照が武蔵国椚田（東・八王子市）高乗寺に、門前の棟別役五間分を免除する。奉者は布施景尊（高乗寺文書・九二三）。

8月

5日 板部岡康雄が相模国延沢（神・開成町）西福寺の慶哲に、道林庵と田地を相続させ横合非分を禁止させる（西福寺文書・九二四）。 **12日** 北条氏政が相模国田名（神・相模原市中央区）代官・百姓中に、同国玉縄城（神・鎌倉市）清水曲輪の塀普請を割当て塀の部材を持って五年に一度充ての出役と決め、一日に七人で務め三日間で仕上げる事と命じ、普請奉行に北条綱成の家臣望月伊予守を任命する（陶山氏所蔵江成文書・九二五）。 **16日** 大道寺資親が相模国極楽寺（神・鎌倉市）極楽寺革作中に、鎌倉の由井長大夫の極楽寺分の内から田畠一貫五〇〇文の地を安堵する（御府内備考二〇・九二六）。 **17日** 北条氏邦が武蔵国関山（埼・寄居町）に着き深谷城（埼・深谷市）上杉憲盛と談合し、上野国新田（群・太田市）へ進撃するという噂があり、また武蔵国成田（埼・行田市）へ進撃との意見も聞かれる（長楽寺永禄日記）。 **24日** 北条氏康が武蔵国鉢形城（埼・寄居町）に出陣し、武田信玄との了承で同国御嶽（埼・神川町）へ馬を進める。氏康の出馬の最終＝出馬停止（同前）。 **26日** 北条氏邦が出浦左馬助に、知行として武蔵国阿佐美之村（埼・本庄市）内で一〇貫文を宛行う（出浦文書・九二七）。 **28日** 北条氏政が伊豆国狩野（静・伊豆市）百姓中に、陣夫の事は天文十六年（一五四七）に通達した郷高二〇〇貫文に一疋宛の増夫は夫銭と定め、同十八年に同国狩野・田方両郡に通達した。今後もそれを守り一疋八貫文を春秋二回に分けて小田原城に納入させる（修善寺大川文書・九二八）。

9月

3日 北条氏政が相模国田名（神・相模原市中央区）百姓中に、毎年の如く二十日以前に玉縄城米銭を米で小田原城の安藤良整・神保両人に渡す事、これは駿河衆の葛山竹千代（氏元の次男）が参府時の飯米用の御用と記す。氏元が北条氏に従属（陶山氏所蔵江成文書・九二九）。 **26日** 千葉胤富が下総国柴崎（千・銚子市）海上八幡社社務代に、同国堀内村（銚子市）年貢銭内から毎年三〇〇疋を寄進する（松本文書・千三-九七三頁）。

10月

10日 駿河衆の葛山氏元が轆轤師某四郎に、先の印判状の旨に任せて同国堀内山（静・裾野市葛山カ）で木を伐採する事を許可し、棟別銭・点役・臨時の役等も免除したが、大工と号するには葛山氏の急の御用は脇の轆轤師にも手伝わせる（山田文書・静七-三-三二四）。 **21日** 足利義氏が御乳人に、今年秋は風損で国中の郷村が困窮し、北条氏康から国並みに一〇分の一の年貢赦免を指示されたが、御領所の百姓から重ねて訴えが来て一〇分の二の赦免を要求され、御乳人が代官の武蔵国子安郷（神・横浜市神奈川区）では二六貫文の赦免とするが、氏康からの指示で、これ以上の要求は百姓を成敗すると申し渡す（武州文書橘樹郡・戦古八九〇）。

11月

3日 佐竹義昭が死没する。三五歳。法名は浄安源真。嫡男義重が家督を継ぐ。**13日** 武田信玄と織田信長が同盟し、信長養女が武田勝頼に嫁ぐ。**吉日** 北条氏照家臣の師岡秀光が原島新右衛門に、今後の忠節を約して官途について相談する（奥多摩町原島文書・九三二）。

12月

3日 北条氏照が相模国座間（神・座間市）鈴木弥五郎に、御用鍛冶職として棟別銭・諸役を免除し、北条氏への御用に毎年鑓の穂先二丁を進納させる。奉者は近藤綱秀（鈴木文書・九三三）。**6日** 北条方の上総衆の正木時忠が下総国横根郷（千・旭市）に侵攻し、野中の長禅寺が戦火で焼失する（長禅寺所蔵愛染明王坐像銘・千葉県史料金石文編海上郡二六）。**10日** 京紺屋の津田正満が死没する。法名は久成院宗裕日栄。嫡男正輝が跡を継ぐ。**20日** 上杉謙信が越山して二十六日に上野国沼田城（群・沼田市）に着陣し越年する（矢野文書・群七―三―二八一）。

▼この月、常陸国土浦城（茨・土浦市）小田氏治が同国小田城（茨・つくば市）を奪回し、城将の佐竹義廉は逃亡し氏治が城主に復帰する。

▼この年、年末頃に里見義弘が房総全域で北条方に反撃を開始し、勝浦正木時忠を圧迫する。この年、伊豆国仁科（静・西伊豆町）伊勢天照大明神社を勧請する（浜築地神明神社所蔵棟札・静七―三―三三二）。この年、北条氏政の三男氏房が誕生する。母は黄梅院殿。この年、徳川家康の次女督姫（のち北条氏直室）が誕生する。母は側室の西郷の局。この年、寒立して作物に実が入らず木綿は吹かず（年代記配合抄・北区史二―一四七頁）。

永禄九年（一五六六）・丙寅

1月

13日 北条氏照が武蔵国白子（埼・飯能市）長念寺に、前々の如く寺領を安堵する（長念寺文書・九三四）。**14日** 北条氏康が豊前山城守に、新年の祝儀として酒と不老丸（強壮剤）を贈呈され返礼に箕巻を贈る（栗田氏所蔵豊前文書・二四三）。

▼この月、上杉謙信が北条方の常陸国小田城（茨・つくば市）小田氏治を攻め、結城晴朝・里見義弘・成田氏長・由良成繁・佐竹義重等が参陣。里見義弘は下総国小金城（千・松戸市）高城胤辰も攻める（謙信公御書・千四―一八七頁）。

2月

10日 上杉謙信が佐竹氏家臣の岡本禅哲に、小田氏治が結城晴朝に常陸国小田城（茨・つくば市）を破却して降伏すると伝える（松蘿随筆集古一・戦国史研究四五―二七頁）。**12日** 北条氏邦が大浜弥八郎に、知行として武蔵国贄川（埼・秩父市）内で二二貫文を宛行い軍役を務めさせる（武州文書秩父郡・三六四八）。**21日** 下野国佐野唐沢山城（栃・佐野市）の

2月

上杉謙信が、北条方の下総国臼井城（千・佐倉市）原胤貞を攻めるため上野国館林城（群・館林市）に移る（上杉家文書・新三-一-四三二頁）。同日、北条綱成が相模国金子（神・大井町）西明寺に、古来の筋目に任せて同郷内の寺領を永代寄進する（最明寺文書・九三五）。

3月

9日 上杉謙信が北条方の下総国臼井城（千・佐倉市）原胤貞を攻める（海上年代記・千五-一〇〇二頁）。**10日** 足利義秋（のち義昭）が上杉謙信に、北条氏康との和睦を勧め氏康に使者を遣わすと伝え、大覚寺義俊に副状で述べさせる（上杉家文書・新三-一-八三七）。**13日** 北条氏政が紀伊国高野山（和・高野町）高室院に、相模国との僧侶の往復を許可する。奉者は石巻家種（和学講談所本集古文書三一・九三六）。同日、石巻家種が高野山高室院に、去年のお礼に使者を平三郎に下されたが彼は死没したので家種が受けて北条氏政に伝え、先の筋目に任せ国中の諸旦那の事は了承するとの北条家朱印状を発給する（万私用覚帳・九三七）。同日、武田信玄が小田原城に居る安西伊賀守に、上野国への侵攻のため昨日は信濃国岩村田（長野・佐久市）に着陣し、この侵攻は北条氏康父子との共同作戦で北条氏政は約束通り十六日に小田原城を出馬し、二十二日には上杉方の上野国倉賀野城（群・高崎市）を囲むはずである。信玄は武蔵国まで進撃するが、氏政の出馬が遅れれば上杉謙信との一戦を逃す事になる。氏政には去る十日に出馬しておればこの様な失敗にならずに済んだと伝え、確実な出馬を要請する（古書逸品展示即売会出品目録昭和五〇年版・戦武二-九八二）。**14日** 北条氏政が伊豆国丹那郷（静・函南町）地頭大道寺資親・百姓中に、郷村からの詫言に裁許し、風損で百姓が退転したとの困窮を認め、伝馬員数を今来年は一日五疋に軽減し、一里一銭の徴収を厳密にする事、丹那郷の夫銭は八貫文が規定なのに一一貫文も出したと訴えており不法として八貫文に戻させ、きっと退転した百姓等を郷村に召し返し春の耕作に着かせる。奉者は遠山康光（川口文書・九三八）。**16日** 北条氏邦が大浜弥八郎に、知行分から欠落した百姓を召し返し春の耕作に着かせ、戸ほう役を赦免する。奉者は三山綱定（武州文書秩父郡・三六八三）。**20日** 上杉方の長尾景長が下野国鑁阿寺（栃・足利市）千手院に、上杉勢が下総国臼井城（千・佐倉市）原胤貞を攻めて本丸まで堀一重に迫り、陥落寸前と報じる。しかし胤貞が撃退する（鑁阿寺文書・千四-三五九頁）。**25日** 北条氏政が武田信玄に、二十三日に北条勢が下総国臼井城を救援し、上杉勢の敗北は必定で一日も早く後詰めの軍勢を出して欲しいと依頼し、里見勢と酒井胤治は退却したと状況を報告。詳しくは小田原城の武田方の使者の安西伊賀守から伝えさせる（諸州古文書一四・九三九）。同日、上杉謙信が臼井城から敗走し上野国厩橋城（群・前橋市）に向かう。この結果は以後の謙信の関東中心部への進撃が不可能となり北条氏の常陸・下野両国への有利な進撃を許す事となる（加賀本誓寺文書・戦古八九七）。**28日** 足利義氏が豊前山城守に、臼井城での忠節に感謝し、二十三日に上杉勢が五〇〇〇余人も死傷者を出して大敗した事を喜び、北条氏康父子が後詰めの一戦に出馬の予定でいたができず無念と伝える（松戸市立博物館所蔵豊前氏古文書・戦古八九二）。

▼この春、明国福建省の人五〇余人が相模国三崎（神・三浦市）に漂着し、三〇余人は帰国したが一〇余人は残留して小田原城下に住み着き、唐人村（神・小田原市浜町の唐人町）の地を北条氏から拝領したと伝える（慶七松海槎録上・小一-六九六頁）。

4月

3日 北条氏政が武蔵国金沢（神・横浜市金沢区）鍛治に、流通商人の伊東新左衛門に預けた船の修理を命じ、五日間は伊東氏の居所（神・横須賀市林カ）に来て細工させ、日当を新左衛門から支払わせる。奉者は遠山康英（武州文書久良岐郡・九四二）。同日、北条氏政が上総国勝浦城（千・勝浦市）正木時忠に、その方面に異常が生じればその時々に知らせて欲しいと伝え、詳しくは北条氏照の副状で述べさせ、人質で小田原城に来ている正木時長（のち頼忠）は成人して元気と伝える（和歌山市三浦文書・九四三）。同日、山木大方が伊豆国西浦（静・沼津市）在郷被官衆に、同国奥郡・中郡で兵糧米を集めるので、高橋・大浦両氏は若者が西浦の津端に居たなら舟方として協力させる。奉者は大浦某（室伏文書・北条氏文書補遺三八頁）。**12日** 北条氏政が松田康郷・蔭山氏広に、先月二十三日の下総国臼井城（千・佐倉市）での上杉勢との合戦での忠節を認め、感状と康郷には太刀を贈呈する（東京国立博物館所蔵文書ほか・九四三〜四）。**20日** 北条綱成が相模国金子（神・大井町）西明寺に、郷内の神田三貫文は神領であるが抱えの百姓は神社の修理もせず不法で、当年から改めて西明寺に神田を預け毎年神社を修築させる（最明寺文書・九四五）。

▼この月、相模国下荻野（神・厚木市）本照寺の鰐口に、小合（厚木市下荻野）大工の清次が見える（新編相模愛甲郡・相風三-一八六、二二〇頁）。この月、足利義氏・北条氏政と下総衆の簗田晴助とが相馬治胤の居城拝領を条件として和睦交渉を開始する。

5月

5日 北条氏邦が山口二郎五郎に、知行として武蔵国末野（埼・寄居町）少林寺門前分を宛行う。奉者は三山綱定（山口文書・九四六）。**9日** 足利義氏が鎌倉の円覚寺黄梅院の周璜西堂（輝貞）に院主職を任せ、横合非分の者は北条氏政に申せば対処すると述べ、詳しくは瑞雲院周興と相談させる（黄梅院文書・戦古八八四）。同日、上杉謙信が越後国春日山城（新・上越市）内の看経所に願文を掲げ、北条氏康との和睦が真実として結べる事、武田信玄は退治する事等を祈願する（上杉家文書・神三下-七四八三）。**10日** 北条氏政が下総国中山（千・市川市）法華経寺に、寺内の松に巣くう青鷺を弓・鉄砲で射る事を禁止する（中山法華経寺文書・九四七）。**13日** 北条氏照が上総衆の正木時忠に、上杉方の小田氏治・結城晴朝・小山秀綱・宇都宮広綱が悉く人質を北条氏に出して従属し、安心して欲しいと伝え、十一日には北条氏政の許に時忠の嫡男正木時通も着陣し氏政も喜んでいると述べる（楓軒文書纂六六・九四八）。**15日** 北条氏康が伊豆国狩野牧

5月

（静・伊豆市）百姓中に、当年の正木棟別銭は麦・黄金での納入としたが精銭が必要となり、今後は半分は麦、半分は精銭で納入と改正し、精銭は毎年韮山城（静・伊豆の国市）に持参して撰銭奉行の前で選び渡し、麦は一〇〇文で三斗の計算で納入させ、虎朱印が北条氏政と共に陣中に出ているから氏康の隠居印「武栄」の朱印で発給すると通達する。武栄印の初見（修善寺大川文書・九四九）。**22日** 北条氏康が相模国宮前下町（神・小田原市）奉行加藤氏と今宿町奉行の宇野吉治に、小田原城に居る人質の正木時長の監視役を北条氏政が出陣中のため町人に命じ、昼夜の一日当番を厳しく務めさせる。奉者は幸田与三（大井町三島神社文書ほか・九五〇～一）。**晦日** 足利義氏が北条氏康に、北条氏政が利根川を越えて出陣し諸家中の軍勢も在陣との報告に満足し、以前の談合の事は帰陣のうえで調整すると述べ、詳しくは豊前山城守から伝えさせる（服部文書・四四三）。**吉日** 武田信玄が甲斐国富士御室浅間神社（山梨・富士河口湖町）に、息女で北条氏政室（黄梅院殿）の安産祈願として願文を掲げる。四男直重の出産か（富士御室浅間神社文書・戦武二-九九二）。

6月

3日 大道寺資親が鎌倉の円覚寺続灯庵に、先の証文に任せて知行を寄進する（相州文書鎌倉郡・九五二）。**10日** 北条氏康が相模国国府津（神・小田原市）小代官・舟持中に、今夕の急用のため魚介類を八ツ（午後二時）以前に小田原城台所に届け、久保氏から代金を受取らせる。奉者は大草康盛（相州文書足柄下郡・九五三）。**11日** 北条氏政が石巻家種代・小触口に、普請役の人足一二二五人を使役するため十五日に小田原城下の柳小路に触口が人足を引率して集め普請させる（福住文書・九五四）。**13日** 北条氏邦が拼和又八郎に、一五〇貫文の知行を武蔵国秩父郡ほかで宛行う（平成四年十一月古典籍下見展観大入札会目録・四六七四）。**16日** 武田信玄が富士浅間大菩薩に、北条氏政室の黄梅院殿の安産を祈願して願文を掲げ、無事出産の時には来年から甲斐国黒駒（山梨・笛吹市）の第一関所を開放し、富士参詣人の関銭を免除すると約束する（諏訪家旧蔵文書・戦武二-九九五）。**21日** 北条氏照が来住野大炊助に、軍役着到を定め、装備では来秋から竹槍や前立の無い兜は禁止させる（武州文書多摩郡・九五六）。**晦日** 大道寺資親が鎌倉の円覚寺正続院・仏日庵・桂昌庵・養龍軒に、先規の如く敷地を安堵する（仏日庵文書ほか・九五七～六〇）。

7月

1日 足利義昭が上杉家臣の河田長親に、上杉謙信の上洛を勧め、北条氏康へも和睦の件で使者を遣わす（米沢市吉川文書・新五-三-三七〇三）。同日、幕臣の飯河信堅が上杉家臣の直江景綱に副状し、北条氏康との和睦を勧めたが返事が無く、この件は追々勧めると伝える（上杉家文書・新三-一-三八九）。**3日** 古河公方家臣の芳春院周興が鎌倉番匠の渋谷善右衛門尉に、御用細工職として永禄七年に下総国佐貫城（千・富津市）から鎌倉に御座所を移して以来の忠節を認め、二人分の扶持給を与える（渋谷文書・戦古一四一五）。**7日** 里見義弘の反撃が上総国勝浦城（千・勝浦市）正木時忠に及び、時忠は下総国香取郡支配から撤退する（香取文書）。 **10日** 北条氏政が相模国天十郎に、若大夫との相論に裁許し、去る天文二十四年（一五五五）三月二十一日の評定の結果通り移他家・唱聞師は天十郎の支配に任せ、若大夫が再度訴訟を起こすのは不法と伝える。評定衆は狩野泰光（相州文書足柄下郡・九六一）。同日、北条氏邦が津久井五郎太郎に、武蔵国六具（現在地未詳）への敵の侵攻に忠節を尽くして防戦した事を認め賞する。奉者は三山綱定（正龍寺文書・九六二）。 **12日** 北条氏規が相模国本光寺（神・小田原市）納所に、本光寺殿（北条為昌）の施餓鬼銭として同国土肥・吉浜（神・湯河原町）の年貢から二貫文を毎年寄進する（早雲寺所蔵本光寺文章・九六三）。 **22日** 北条氏政が鎌倉の円覚寺帰源庵に、先の証文に任せ寺領として相模国須崎（神・鎌倉市）大慶寺分を安堵する（神奈川県立歴史博物館所蔵帰源院文書・九六四）。 **25日** 足利義氏が芹沢定幹に、北条氏政が利根川を越えて常陸国・下野国方面に出陣し、結城晴朝等の国衆達は残らず着陣して人質を渡したと報告し、種々の薬を進上された謝礼を述べる（芹沢文書・戦古八九六）。 **28日** 上杉謙信が下総国栗橋城（茨・五霞町）野田景範に、越山して越後国小池屋（新・小千谷市）に到着し、程無く上野国倉内（群・沼田市）に着くと伝える（野田家文書・群七一三一三九二）。

8月

▼この月下旬、関東南部が大洪水に襲われる（会津四家合考四・九八〇）。

1日 大道寺資親が鎌倉の円覚寺帰源庵に、先の証文に任せ相模国須崎（神・鎌倉市）大慶寺分を寺領として寄進し、修築に専念させる（神奈川県立歴史博物館所蔵帰源院文書・九六六）。 **3日** 足利義氏が加賀国本誓寺（石・松任市）に、上杉謙信が永禄三年（一五六〇）以来、関東に越山し戦乱が絶え間無いが、北条氏康父子が堅固に防戦して過半は平穏であると伝え、秋も越山してくるので加賀国の一向宗徒は安養寺（福井・武生市）や瑞泉寺（富・南砺市）と相談して越後国を攪乱し、謙信の背後を脅かして欲しいと依頼して刀を贈呈する（本誓寺文書・戦古八九七）。 **5日** 大道寺資親が鎌倉の別願寺（神・鎌倉市大町）に、先の証文に任せて敷地を寄進し、修築に専念させる（別願寺文書・九六七）。 **15日** 北条方の下総衆の原胤貞が上総国高谷（千・袖ケ浦市）延命寺に、先規の如く門前を守護不入とする（上総国古文書・千三一七六八頁）。 **20日** 北条氏政が豊前山城守に、望みにより武蔵国江戸城（東・千代田区）城下の有滝屋敷（千代田区竹橋）を与える。奉者は中村宗晴（神奈川県立公文書館所蔵豊前氏文書・九六八）。同日、北条氏康が豊前山城守に、氏康の病気が山城守の投薬で全快したと医術の手腕を賞し、足利義氏に報告と共に謝礼として北条氏綱秘蔵の刀を贈呈する（豊前氏古文書抄・一〇九二）。 **23日** 北条氏政が浜野弥六郎に、下総国成田表（千・成田市）での合戦の忠節を認め感状を与える（武家雲箋・九七〇）。同日、北条氏政が相模国田名（神・相模原市中央区）小代官・名主・百姓中に、同国東郡の棟別銭と穀反銭の納法を指示し、棟別銭は精銭で納め閏八月十五日に玉縄城（神・鎌倉市）に持参し、撰銭奉行の福島肥後

8月

守に確認させ十月晦日迄に完納する事、当年から郷村に改めて名主と小代官を加え、地頭や代官に郷支配を任せてはいるが、精銭を厳密に調えるために百姓に力を合わせて完納させるためである。精銭が調わなければ代わりに黄金・米・漆・綿でも良い。穀反銭は昨年の如く米を以て玉縄城の奉行衆に十月晦日迄に完納する事と申し渡す（陶山氏所蔵江成文書・九六九）。**25日** 北条氏政が幕臣の細川藤孝に、足利義昭の御内書を受け、上杉・武田・北条の三者和睦には上杉謙信だけでなく武田信玄にも御内書を発すべきと伝える（上杉家文書・一〇三二）。**28日** 北条氏規が相模国不入斗（神・横須賀市）西来寺に、同国宝立寺（現在地未詳）寺務職について鎌倉の光明寺と西来寺との相論に双方を小田原城に召して先月十日に裁定したが、光明寺側は出頭せず西来寺の勝訴とする。月日下に三浦郡代の山中康豊の署名と証判（相州文書三浦郡・九七一）。**29日** 北条氏邦が武蔵国白石（埼・美里町）法積坊に、使僧役を賦課し、務めあげたら必ず扶助すると約束する。奉者は猪俣左衛門尉（上田文書・九七二）。

▼この月、伊豆国市之瀬（静・南伊豆町）高根神社の社殿を新規に造立し、大旦那に椎村曾衛門尉、鍛冶に小浦次郎右衛門が見える（高根神社所蔵棟札・四八九五）。

閏8月

2日 北条氏邦が斎藤八衛門尉に、忠節により先年の約束通り知行として武蔵国広木（埼・美里町）内の地を宛行う。奉者は三山綱定（斎藤文書・九七三）。**6日** 北条氏康が伊豆代官の山角康定・伊東政世に、伊豆国西浦（静・沼津市）重洲から欠落の百姓八人を欠落先の領主・代官に断って早々に召し返させる。奉者は幸田与三（土屋文書・九七四）。**7日** 北条氏康が伊豆国木負（静・沼津市）小代官・百姓中に、百姓が退転した訴えにより田の年貢は精銭で納入し、無ければ米でも良い、畠年貢は雑穀で納めさせたが塩年貢でも良い、二年分未進の年貢は塩で良いから納めよ。梶原番銭は生産物で納めさせたが値段で不法があり、今後は北条氏へ納める公定の値段にせよ。棟別銭賦課の家が退転したので規定通りの賦課にせず実際に郷村の困窮の状況を見てから賦課すると大幅な赦免を申し渡す。奉者は幸田与三（相磯文書・九七五）。**10日** 北条氏康が相模国田名（神・相模原市中央区）百姓中に、玉縄城米銭を米で納入させ、晦日迄に小田原城の安藤良整に渡し、この米は葛山竹千代（氏元の次男）の小田原城での飯米に使用すると記す（陶山氏所蔵江成文書・九七六）。**12日** 上杉謙信が上野衆の富岡重朝に、近日中には越山すると伝えて参陣を依頼する（毛利文書・新五-三-四〇二七）。**25日** 北条氏照が正木時忠に条書を与え、上総国への出馬が大洪水で遅延した事、上杉謙信が上野国境に出馬したので詳しい情報を知りたい事、下野・常陸方面は宇都宮広綱・両皆川（俊宗・忠宗）・新田（由良成繁）の各氏が上杉方を離反して北条方へ従属し、成田氏長も間もなく従属してくる事、上総国で動きが有れば知らせて欲しい事、上総国一宮（千・一宮町）一宮神社の守護不入の事は了承した事を報告し、詳しくは狩野泰光から副状させる（早稲田大学中央図

10月	9月

書館所蔵三浦文書・九七七）。　**29日**　北条氏政が北条氏照に、上杉謙信が上野国金山城（群・太田市）由良成繁を攻めに向かうので出陣の用意を命じる（神奈川県立歴史博物館所蔵北条文書・九七八）。

9月

2日　北条氏康が京都薬師の半井驢庵に、小田原城から無事に帰洛した事を喜び、今後も京都の確実な情勢を知らせて欲しいと依頼する（服部文書・一〇九三）。　**5日**　北条氏康父子が上野国金山城（群・太田市）由良成繁父子に起請文を出し、旧来の遺恨を忘れ未来永劫に渡り親密にする事、大敵が攻め寄せてきたら後詰を差し向ける事、不法な者は直ちに究明する事を誓う（東京大学文学部所蔵由良文書・九七九）。　**6日**　北条氏政が毛呂顕季に、洪水で出馬が遅れたが三日中には着陣し、知行の件は陣中で相談すると伝える（山田吉令雑抄八一・三八六五）。　**9日**　北条綱成が陸奥国会津（福島・会津若松市）芦名氏宿老中に、北条氏は今川氏真・武田信玄と相談して出馬する予定のところ七月下旬からの洪水で遅延し、十月中旬には利根川が通行可能になるので必ず北条・今川・武田の軍勢は下野から常陸方面に侵攻すると確約し、芦名盛氏には岩城親隆・田村清顕と相談し、我等に呼応して常陸方面に侵攻して欲しいと依頼する（会津四家合考一・九八〇）。　**13日**　足利義秋が上杉謙信に、京都周辺の情勢を報せ大覚寺義俊を謙信の許に派遣し、北条氏との和睦を推進するため協力を依頼する（上杉家文書・神三下-七五二六）。　**17日**　太田氏資が奉行中に、内山弥右衛門尉の知行地の武蔵国柴（埼・川口市）の棟別銭五間分を免除する。奉者は春日摂津守（内山文書・九八一）。　**22日**　北条氏政が相模国田名郷（神・相模原市中央区）百姓中に、今年分の穀反銭を米で小田原城に運び大蔵で幸田与三に納入させる（陶山氏所蔵江成文書・九八二）。　**26日**　北条氏邦が逸見蔵人・四方田源左衛門尉・大浜式部に、武蔵国広木（埼・美里町）五ヶ村の竹藪を管理育成し北条氏に竹の数を申告させる。奉者は三山綱定（逸見文書・九八三）。　**29日**　武田信玄が西上野に侵攻して箕輪城（群・高崎市）長野業氏を攻略し、内藤昌秀を城代とする（上野長年寺古書筆録）。　**吉日**　伊豆国加増野（静・下田市）天照大神宮を造営し、禰宜に村上藤右衛門、旦那に渡辺吉広が見える（神明神社所蔵棟札・四八九六）。

▼この月、上杉謙信が某に、上野国厩橋城（群・前橋市）北条高広が離反して北条氏に従属したと述べ、同城は無衆になり北条氏康も利根川を越えて迫っていると伝える。氏康は氏政の間違い（長岡市互尊文庫所蔵文書・新五-三-二四三）。

10月

2日　北条氏政が武蔵国阿佐布（東・港区）善福寺に掟書を下し、去年から今年は一向宗に対し他宗との宗旨問答が多発し、今後は禁止させる事、永禄三年（一五六〇）以来は上杉謙信が関東に攻め込むため大坂（大阪・大阪市）石山本願寺に一向宗徒が加賀国に攻め込む様に依頼したがその様子はないが、北条分国中に一向宗寺院を建立し保護するとの本願寺との合意に変わりは無い事を定める（善福寺文書・九八四）。　**4日**　上杉家臣の水原祐阿が京都雑掌の神余実綱に、二日に足利義秋と対面して相談したが、上杉謙信と北条氏政との和睦の件は継続しており、義秋は謙信の平定戦が暇になれ

10月

ば調停したい意向を上杉方に伝達させる（上杉家文書・神三下-七五一九）。**10日** 北条氏政が宇野源十郎に、某との麻役の相論の裁許を下す。評定衆は狩野泰光。当文書は断簡のため内容は未詳（古文書花押写六・北条氏文書補遺三六頁）。**11日** 北条氏政が豊前山城守に、大病を患い医者も匙を投げたので死ぬと覚悟したが、山城守の治療で全快したと喜び、常に愛用の正宗の刀と黄金を謝礼に贈呈し、詳しくは北条氏規から伝えさせる（豊前氏古文書抄・九六五）。**12日** 北条方の由良成繁が上野国三夜沢（群・前橋市）赤城神社に制札を掲げ、大胡領の三夜沢において乱暴狼藉を禁止させる（奈良原文書・群七-三-二三三〇）。**16日** 北条氏康が相模国須賀郷（神・平塚市）田中某に、小鳥の餌として鯵二〇〇尾を新鮮な内に小田原城に届けさせ、度々の御用なので精銭二〇〇文を支払う。奉者は増阿ミ（清田文書・九六六）。**21日** 太田氏資が武蔵国中尾（埼・さいたま市緑区）玉林坊に、聖護院門跡の指示の如く下足立卅三郷の本山派修験山伏の年行事職を安堵する（武州文書足立郡・九六七）。**24日** 太田氏資が内山弥右衛門尉に、知行として武蔵国原地（埼・川口市柳崎）と大串の内銀屋（埼・吉見町）で合計三〇貫文を宛行う（内山文書・九六八）。**下旬** 北条氏政が伊豆国韮山（静・伊豆の国市）成福寺に、伊豆国から成福寺僧を追放したのは違法で、公儀の判物の文言を奉行人がよく見届けないのが間違いで早々に帰寺する様に裁許し、成福寺の勝訴とする。評定衆は狩野泰光（宝徳寺文書・九六九）。

11月

10日 北条氏照が奉行向山甚五郎に制札を掲げ、武蔵国三ヶ島（埼・所沢市）中宮（長宮）氷川社での大神楽の執行で、見物衆が不法を行うのを禁止させる（中氷川神社文書・九七〇）。同日、上杉謙信が上野衆の富岡重朝に、越山して八日に同国大胡（群・前橋市）に着陣した。北条勢が在陣しているので利根川を越えて北は高山（群・藤岡市）から南は武蔵国深谷（埼・深谷市）まで放火して北条勢を多少討取り、小荷駄を多く略奪し本陣に帰還した。近日中に上野国金山城（群・太田市）由良氏攻めに進撃するので参陣して欲しいと依頼する（富岡家古文書・新五-三-三九一四）。**13日** 北条方の高城胤辰が鶴岡三郎左衛門尉に、望みに任せて下総国矢切（千・松戸市）内で四ヶ所の知行を宛行う（武州文書足立郡・九七一）。**18日** 太田氏資が武蔵国小室（埼・伊奈町）閼伽井坊（無量寺）に、前々の如く寺内と門前を不入とする（明星院文書・九七二）。**20日** 北条氏康が上野衆の富岡重朝に、再び北条氏に忠節を尽くせば恩賞は望みのままと述べ、近所なので万事は由良成繁と相談させ、詳しくは北条氏政から伝える。重朝が上杉方を離反して北条氏に従属（千葉市立郷土博物館所蔵原文書・九七三）。同日、北条氏政が富岡重朝に、上野国館林領（群・館林市）で五ヶ所の知行を宛行うと約束し、もしも館林領の長尾顕長も従属すれば下野国小山氏の榎本領（栃・大平町）で替地を与えると伝える（荒木氏所蔵原文書・九七四）。**21日** 北条氏照が武蔵国三沢（東・日野市）三沢衆に、この度の出陣で氏照の軍勢では甲の前立を装着しない者は改易にすると決め、華麗に軍装を調えて出陣させる（土方文書・九七五）。**23日** 太田氏資が武蔵国内野（埼・

郵便はがき

料金受取人払郵便

神田支店承認

1520

差出有効期間
平成23年10月
4日まで

101-8791

511

東京都千代田区
神田神保町1丁目17番地
東京堂出版 行

※本書以外の小社の出版物を購入申込みする場合にご使用下さい。

購入申込書

〔書　名〕	部数	部
〔書　名〕	部数	部

送本は、○印を付けた方法にして下さい。

イ．下記書店へ送本して下さい。
（直接書店にお渡し下さい）

（書店・取次帖合印）

書店様へ＝貴店帖合印を捺印の上ご投函下さい。

ロ．直接送本して下さい。

代金（書籍代＋手数料、冊数に関係なく1500円以上200円）は、お届けの際に現品と引換えにお支払い下さい。

＊お急ぎのご注文には電話、FAXもご利用下さい。
電話　03-3233-3741（代）
FAX　03-3233-3746

愛読者カード

本書の書名をご記入下さい。

（　　　　　　　　　　　　　　）

フリガナ ご芳名	年齢 歳	男 女

ご住所　（郵便番号　　　　　　　　）

電話番号　（　　　　）

電子メール　　　　　　@

ご職業	本書の発行を何でお知りになりましたか。 A 書店店頭　B 新聞・雑誌の広告　C 弊社ご案内 D 書評や紹介記事　E 知人・先生の紹介　F その他

本書のほかに弊社の出版物をお持ちでしたら、その書名をお書き下さい。

本書についてのご感想・ご希望

今後どのような図書の刊行をお望みですか。

ご協力ありがとうございました。ご記入いただきました愛読者情報は、弊社の新刊のご案内、及びご注文いただきました書籍の発送のためにのみ利用し、その目的以外での利用はいたしません。

12月

さいたま市西区）清河寺と飯塚（さいたま市岩槻区）法華寺に、門前の諸公事や棟別役・諸勧進の賦課を停止とする（清河寺文書ほか・九九六〜七）。**27日** 北条氏政が上野国小幡分に禁制を掲げ、北条勢や甲乙人の乱暴狼藉を禁止させ、寺林の竹木伐採は許可する。奉者は石巻康保。氏政が上野国国峯城（群・甘楽町）周辺に着陣中（加藤文書・九九九）。**28日** 太田氏資が武蔵国小室の閼伽井坊に、前々の如く寺領と係争中の田畠共に安堵する（明星院文書・一〇〇〇）。**吉日** 伊豆国仁科（静・西伊豆町）三島大明神を修理し、地頭に北条綱成、代官に角谷藤六、本願に須田盛吉、大工に榛原宗吉・鈴木二郎左衛門が見える（佐波神社所蔵棟札・四六七五）。

永禄十年（一五六七）・丁卯

1月

3日 上杉謙信が本庄実乃に、上野国惣社城（群・前橋市）の加勢として松本景繁を籠めていたが、長尾能登守の使者として景繁を同国厩橋城（前橋市）に遣わしたところ同城の北条高広に拘引され、高広と共に北条氏政の陣所に差し出されたと伝える。北条高広が北条氏に従属（県文書・群七―三―二三三八）。同日、足利義秋が武田信玄に、甲相越三国の和睦には信玄の決意次第と述べ、どの様な考えが有ろうとも同意して和睦し、義秋支援の出馬をして欲しいと依頼する（平成九年明治古典会七夕古書大入札会目録・戦武六―四〇三五）。**4日** 北条氏政が武蔵国今井郷（埼・本庄市）に禁制を掲げ、北条勢と甲乙人の乱暴狼藉を禁止させ、森林の竹木伐採は許可する（本庄市鈴木文書・一〇〇一）。**7日** 相模衆の内藤秀行が相模国田代（神・愛川町）永宝寺に、寺領を寄進し、田畠の開発分も寺領にする事を許可する（相州文書愛甲郡・一〇〇二）。**12日** 北条氏政が太田氏資に、先の印判状に任せて武蔵国鷲宮領（埼・鷲宮町）を鷲宮神社に安堵する。奉者は笠原康明（鷲宮神社文書・一〇〇三）。**25日** 北条氏照が人質の正木時長に、当座の知行として武蔵国小机領（神・横浜市港北区）の内で五ヶ所の地を宛行い、追々良い所を見つけるので我慢させる（正木武膳家譜・四六七六）。**28日** 上杉家臣の吉江忠景が下野国鑁阿寺（栃・足利市）千手院に、北条氏の館林領への侵攻により上野国館林城（群・館林市）長尾景長が北条氏政に従属した事は長年の懇意を無視する行為で、寺としても景長への取り成しを気にしなくてよいと述べる（鑁阿寺文書・新五―三―三七八二）。

▼この年、北条氏政の四男直重が誕生する。母は黄梅院殿。この年、足利藤氏が死没する。法名は放光院か（伊佐早文書・群七―三―二四七七）。この年、飢饉に入り万民死す（年代記配合抄・北区史二―一四頁）。

10日 北条氏政が古河公方家臣の豊前山城守に、北条氏照が大病で山城守に治療を頼みに使者を遣わし、一夜泊で来て

1月

診察し薬を投与して欲しいと依頼する。詳しくは島津弥七郎から述べさせる（神奈川県立公文書館所蔵豊前文書・一〇〇四）。**22日** 北条氏政が佐竹氏家臣の和田昭為に、佐竹義重が兼ねての約束通り氏政の出陣に合せて、下野口（栃・日光市カ）へ出陣して喜ばしいが、面会せずに帰国したのは残念と述べ、詳しくは小田原城に居る佐竹宗誉から伝えさせる（秋田藩家蔵文書一六・一〇〇五）。**28日** 上杉謙信が佐竹義重に、北条氏政と武田信玄が断絶して合戦が近いと報せ、第一の謀叛人の由良成繁を退治する事と忠告する（編年文書一二・神三下―七五二六）。**晦日** 北条氏康が相模国板橋（神・小田原市）香林寺に、かつて同寺が売却した什物類を探し求め買い集めて寄進し、灯明銭の寺領として同国国府津・田島（小田原市）を寄進して復興させる。同寺は氏康の母養珠院殿の開基（相州文書足柄下郡・一〇〇六）。

2月

1日 太田氏資が鎌倉の円覚寺帰源庵罕首座に、紛争が落着したので武蔵国八林（埼・川島町）内の三ヶ所を寺領として安堵し、検地を施行する（武州文書比企郡・一〇〇八）。同日、北条氏政が佐竹宗誉に、小田原城から上野国館林（群・館林市）経由で常陸国までの無賃伝馬の使役を許可する。奉者は石巻家貞（秋田藩家蔵文書四五・一〇〇七）。**11日** 北条氏規が相模国公郷（神・横須賀市）田津の助右衛門（永島正氏）に、改めて葛網の使用を認め、北条氏のために鯛を納入させ、残りの魚は助右衛門に与える。奉者は南条昌治（横須賀市立図書館所蔵永島文書・一〇〇九）。**23日** 北条氏規が上総国天神山城（千・富津市）城下の鋳物師の野中修理亮に、江戸湾対岸の武蔵国金沢（神・横浜市金沢区）・神奈川（横浜市神奈川区）両湊での鋳物師商売を許可し、難風で他の湊に着いても当朱印状を湊の代官か領主に見せ、商売の許可を得れば良いと指示する（上総国古文書・一〇一〇）。

3月

1日 相模国七沢（神・厚木市）八幡大菩薩を新造し、大工に真下源次郎、旦那に中村玄蕃・同源太郎が見える（新編相模愛甲郡・相風三―二四七頁）。**4日** 北条氏政が下総国中山（千・市川市）法華経寺に、昨年冬以来の上野国への出馬には同寺の使僧の世話になり、釜を贈呈された事に感謝し、詳しくは幸田定治の副状で述べさせる（中山法華経寺古文書・一〇一三）。**21日** 安藤良整が紀伊国高野山（和・高野町）高室院に、父親の菩提として塔の建立を依頼する（高野山高室院月牌帳・寒川町史一〇別編寺院三〇頁）。**25日** 北条氏規が相模国田津（神・横須賀市）舟持の助右衛門（永島正氏）に、葛網御用のため船一隻を仕立てる事を認め、諸点役を免除し、今後は葛網猟船は何隻仕立てても諸役は免除とする。奉者は南条昌治（横須賀市立図書館所蔵永島文書・一〇一四）。

▼この月、武田信玄の西上野侵攻が一段落し、同国箕輪城（群・高崎市）城代に内藤昌秀を配置する。

4月

1日 北条氏康が上野衆の富岡重朝に、同国白井城（群・渋川市）が武田勢に攻められて自落し、上杉謙信は長尾憲景が没落したため手の打ち様が無く、上杉方の下野国佐野唐沢山城（栃・佐野市）佐野昌綱の攻略を依頼し、岩本定次か

5月

ら副状を出させる（千葉市立郷土博物館所蔵原文書・九四〇）。**17日** 北条氏照が下総衆の簗田晴助父子に起請文を与え、足利義氏を助成する事、北条氏康父子は簗田父子を疎遠にしない事、氏政や義氏が裏切る様な時には晴助父子の進退は氏照が氏政に斡旋すると誓う。再び簗田晴助父子が上杉方を離反し北条氏に従属（千葉県立関宿城博物館寄託簗田家文書・一〇一五）。**18日** 北条氏政が簗田晴助に起請文を与え、世情が如何になろうとも懇ろにする事、不法な者が出た時には幾度も双方で確認し審議する事、下野国の相馬治胤の家督と守谷城（茨・守谷市）は晴助の意見に任せ、相馬氏から足利義氏への訴えには氏政が晴助に満足する様に取り成す事、簗田父子が大敵に攻められた時も見放さない事、簗田家家臣を分離して北条方に従属させない事、簗田父子は小田原城に人質を出さなくてよい事を誓う（同前・一〇一六）。同日、北条氏政が簗田持助に起請文を与え、前記同様に伝え、持助の本知行と今度の足利義氏からの新規拝領の一〇郷に氏政は干渉せず、境目相論には小田原城に双方の代理人を召して究明する事、関宿（千・野田市）と水海（茨・古河市）の地を北条氏が領有しない事、を新規誓約に加える（同前・一〇一七）。**20日** 北条氏政が富岡重朝に、横瀬国広と重朝との上野国佐貫庄（群・館林市、太田市など）領有をめぐる相論に裁許し、同庄内の上郷五郷は去年の由良成繁の北条氏への従属の時に国広が望むので本領として宛行った等と報せる。評定衆は欠落（越前原文書・一〇一八）。**21日** 足利義氏が簗田晴助父子に契状を出し、北条氏政に従属し進退について訴えられたが、氏政・氏照との起請文を了承し、義氏の守谷城への御座所の移転は氏政と相談して何時でも決める事と伝える（簗田家文書・戦古八九八）。**26日** 北条氏政が船奉行の南条彦七郎・菅野・鈴木源右衛門尉・小熊左近・吉原新兵衛に、今度の出馬の御用に諸浦の船改めを行い、他国船や他浦の船は奉行の判物を取って元の在所に戻させる（井原文書・一〇一九）。

5日 □山某が右京阿闍梨に、伊豆国大平郷（静・伊豆市）延命寺の仏像と寺屋敷を永代に渡り与える（宮内文書・四八九七）。**9日** 北条氏康が伊豆国南江間（静・伊豆の国市）東漸院看坊宗首座に、過去二年分の寺領から使った建築修理費の配分方法を指示し、残る費用は今年・来年分から取らせる。奉者は中将（東漸寺文書・一〇二一）。**10日** 北条氏康が下総衆の千葉胤富に、北条氏政が近日中に佐竹義重・宇都宮広綱・小田氏治との事で出馬するので参陣を依頼する（徴古雑抄三一・四八七七）。**11日** 相模国栗船（神・鎌倉市大船）常楽寺の文殊菩薩像を修理彩色し、同国津久井城（神・相模原市緑区）内藤綱秀、玉縄（鎌倉市）住の木村正直が見える。ただし当史料は疑問点がある（相州文書鎌倉郡・一〇二二）。**14日** 北条氏政が陸奥国の芦名盛氏に、上杉家臣の五十公野某が下野国佐野唐沢山城（栃・佐野市）を出て会津方面に侵攻して盛氏を頼り嬉しく思うと述べ、上杉謙信を関東から撃退して静謐になり、北条高広も北条氏に従属したと状況を説明し、詳しくは北条氏照から副状を出させる（会津四家合考九・一〇二三）。**16日** 北条氏政が清水康英に、

5月

小田原城の本城に木橋を架けるため番匠を召し寄せ、二番衆は伊豆国狩野（静・伊豆市）の左衛門五郎、五番衆は伊豆国下田（静・下田市）の小郎左衛門、同所の吉左衛門・神尾新左衛門の伊豆番匠に申しつけ、二十二日から作事に従事させる。奉者は大草康盛（下田年中行事一〇・一〇三四）。**18日** 相模国粟船（神・鎌倉市大船）常楽寺の木造文殊菩薩坐像を修理彩色し、矢野長吉、代官の宮寺定吉、大仏師の権大僧都法印長盛、大旦那の甘糟長俊が見える（大船常楽寺所蔵・四八九八）。

6月

13日 里村紹巴が富士山見物のため駿河国に下向し、三条西実澄に駿府（静・静岡市葵区）で北条氏からの酒肴を御馳走になり、名酒は伊豆の江川酒と見える（紹巴富士見道記・静七－三－三三九五）。**15日** 北条氏政が奥津（興津）・桜井両氏に、五日の内に武蔵国品川（東・品川区）で米を一五貫文買い入れ代金を支払わせる。上総国へ搬出の兵糧米か（中山氏所蔵潮田文書・一〇三五）。**24日** 北条氏康が相模国中島郷（神・小田原市）小代官・百姓中に、今年六月分の懸銭の納入方法を指示し、七月晦日迄に米で納入、夏の懸銭は精銭納入を停止し、代物として米・麦・黄金での納入の換算方法を示す（和田文書・一〇三六）。**26日** 足利義氏が豊前山城守に、相馬治胤の長老から書状が来て好都合にも瑞雲院周興が使者として小田原城に滞在中なので、よく北条氏に治胤の意向を伝え、赦免の事は森屋城（茨・守谷市）の公方への提供という忠義のため内密の書状で知らせるが安心して欲しい、同城への移座は事情により遅延すると伝える（豊前氏古文書抄・戦古九〇四）。**27日** 北条氏政が正木時忠父子に、伊豆浦の船が勝浦正木氏の許に着岸し、里見勢に侵攻されている上総国勝浦城（千・勝浦市）に時忠父子が何年籠城しても北条氏が船で海上から兵糧や武器を補給するので城兵さえ替われば安心である事、同城の番手衆は先ずは一〇〇人程を入れたが、酒井胤治・酒井胤敏にも時忠父子を見放す事無く里見勢の動きに注意させていると伝える（正木武膳家譜所収文書・四六七八）。同日、足利義氏が北条氏政に五ヶ条の条書を出し、森屋城の相馬治胤が氏政に従属して城を明け渡すと申し出ている事、同城の受取りは思いもしない吉事で武蔵国江戸城（東・千代田区）遠山衆が五〇〇人程、その他に北条家臣から一〇騎程出して森屋城を受け取って欲しい事、城受取の事が遅延すれば相馬氏の扱いも反故になり、義氏の面目も立たないから必ず北条勢を同城まで遣わす事、相馬領を接収したら当年中には義氏が古河城に御座所を移し、相馬領は簗田晴助に渡し、晴助も了承している事、今年四月に簗田氏の代官と狩野泰光が共に義氏の許に来て従属の証文を披露し氏政父子の意見に任せた。晴助が関宿城に居るには他に義氏の御座所を見つける事を氏政の忠節の第一としている事と伝える（簗田家文書・四四四四）。**28日** 薬師の芹沢定幹が死没する。

7月

1日 足利義秋が上杉家の直江景綱に、上杉謙信の上洛と北条氏康との和睦の件を推進させる（上杉家文書・新三－一－

九五九）。**17日** 千葉胤富が海上蔵人・石毛大和入道に、北条氏政が十九日に下総に出陣するので、参陣の用意をさせる（原文書・神三下三-七四五九）。**18日** 北条氏政が武蔵国金沢（神・横浜市金沢区）から同国浦賀（神・横須賀市）迄の宿中に、鍛銀番匠への伝馬使役を許可する（武州文書久良岐郡・一〇二八）。**19日** 北条氏政が愛洲兵部少輔に、浦賀城の大草康盛に急ぎ武蔵国金沢他三ヶ所の鍛冶職と六浦（横浜市金沢区）番匠の小三郎の番子を渡すため、伝馬を使役して明日には到着させる（同前・一〇二九）。**27日** 北条氏政が簗田晴助父子に、出馬を待ったが今日に至るも出馬が無く不安である事、そこで相馬氏の森屋城（茨・守谷市）に北条氏の軍勢を籠めた事は、高井孫三郎（相馬治胤）が同城を鎌倉の足利義氏に進上するので北条氏から軍勢を差し向けて欲しいと義氏から依頼された事、義氏が古河城（茨・古河市）に御座所を移せば即時に関宿城（千・野田市）を簗田父子に返却する事、詳しくは義氏から披露されると伝え、北条氏照から副状を出させる（静嘉堂本集古文書シ・九六五）。**28日** 芳春院殿（足利義氏母＝北条氏綱娘）七周忌仏事算用状に、相模国玉縄城（神・鎌倉市）から初米が来て奉行衆への酒飯代として一五〇文と見える（黄梅院文書・神三下-七五五二）。

8月

4日 結城晴朝が古河公方家臣の小笠原氏長に、相馬治胤の従属と森屋城（茨・守谷市）の進上を喜び、足利義氏が同城に御座所を移す事に同意する（野口文書・古河市史資料中世編一〇七九）。**8日** 足利義氏が簗田晴助に、相馬治胤の森屋城を受け取り一時的に同城に御座所を移す事、晴助から進上される古河城（茨・古河市）の仕置きを申しつけたと報せ、詳しくは豊前山城守の口上で述べさせる（千葉県立関宿城博物館寄託簗田家文書・戦古九〇六）。**11日** 芳春院周興が芹沢国幹に、相馬治胤から森屋城を進上され、北条勢をもって受け取り、周興も先月二十九日に着城したと伝える（芹沢文書・戦古一四一六）。**19日** 北条氏照が上総国真理谷（千・木更津市）妙泉寺に制札を掲げ、北条氏政の要望で当寺を保護すると定め、北条勢の乱暴狼藉を禁止させる（上総国古文書・一〇三一）。**23日** 北条氏政が上総国勝浦城（千・勝浦市）正木氏を救援し、同国佐貫城（千・富津市）里見義弘と同国三船台（富津市、君津市）で合戦に及び、北条方で武蔵国岩付城（埼・さいたま市岩槻区）主の太田氏資が大敗して北条勢は総退却し、氏資や恒岡越後守は討ち死にする。氏資は二五歳。法名は大崇院殿昌安道也大居士（芳林寺供養塔銘）。同日、太田家臣も討ち死にする。北条氏政が岩付城に入り直接支配地となる。**吉日** 武蔵国所沢（埼・所沢市）東光寺の木造薬師如来坐像を再興し、彩色の大旦那に関伊賀守と一族が見える（所沢市薬王寺所蔵・武銘七〇八）。

9月

1日 北条氏政が上総国真理谷（千・木更津市）妙泉寺に、同国久留里陣（千・久留里町）との往復の使僧を務めた忠節を褒める。奉者は松田憲秀（上総国古文書・一〇三四）。**3日** 今川氏真が上杉家臣の山吉豊守に、今後の友好を使者の大石氏の口上で伝える。今川氏と上杉氏との同盟交渉の初見（歴代古案一・静七-三-三四一二）。**8日** 里見義尭が次男義頼

9月

に、北条氏政が上総国から退散して満足と伝える（延命寺文書・中世房総の政治と文化二六頁）。**10日** 北条氏政が武蔵国平林寺（埼・新座市）安首座（泰翁宗安）に、上総国三船台（千・富津市、君津市）での里見義弘との合戦で太田氏資が敗死し、安首座（泰翁宗安）の兄恒岡越後守も討ち死にしたため、安首座に嫡男の無い越後守の家督を継がせる（平林寺文書・一〇三五）。同日、北条氏政が内田孫四郎に、三船台の合戦で父が討ち死にした忠節を認め家督を継がせる（小室氏所蔵屋代文書・一〇三六）。同日、北条氏政が賀藤源左衛門尉息女福・同源二郎に、三船台の合戦で伯父源左衛門尉が討ち死にした忠節を認め、息女福に家督を継がせ幼少の福の成人まで源二郎に名代を務めさせ、福には相当の娘婿を合わせると約束する（武州文書埼玉郡・一〇三七）。同日、北条氏政が武蔵国飯田郷（埼・さいたま市西区）領主・百姓中に禁制を掲げ、北条勢の乱暴狼藉を禁止させ田畠の苅田、竹木の伐採をした者は、たとえ北条氏の中間・小者でも捕らえて岩付城当番頭に披露し、況んや岩付衆の御一家衆や家老、何れの被官でも容赦無く告発させる。奉者は北条康成（武州文書入間郡・一〇三八）。**17日** 北条氏照が武蔵国宮寺郷（埼・入間市、所沢市）志村分・代官に、検地書出を与え本増合計は五二貫余文、諸役として二九貫文を前引き、残り二三貫余文を年貢高として同国滝山城（東・八王子市）御蔵に納めさせる（北野天神社文書・一〇三九）。**25日** 北条氏政が相模国上宮田（神・三浦市）松原新左衛門に、六日の風雨の夜に同国菊名浦（三浦市）に火を焚き小舟で北条綱成の大船に乗り移り、錨を修理した功績を認め褒美として一年分の年貢を与える（相州文書三浦郡・一〇四一）。**晦日** 北条氏政が平林寺の泰翁宗安に、太田氏資の時の如く武蔵国原宿（埼・上尾市原市）の代官職に任命する（平林寺文書・一〇四二）。同日、北条氏政が道祖土康兼に、以前の如く武蔵国三尾谷・戸森（埼・川島町）の代官職とする（道祖土文書・一〇四三）。

10月

2日 北条氏政が武蔵国野火止（埼・新座市）平林寺に禁制を掲げ、竹木伐採と田畠の苅田を禁止とし狼藉者を逮捕させる（平林寺文書・一〇四四）。同日、北条氏政が武蔵国多々久（神・横浜市南区）弘明寺に制札を掲げ、参詣人への横合非分、喧嘩口論、押買狼藉、諸商売の物役賦課、竹木伐採を禁止させる。奉者は石巻康敬（弘明寺文書・一〇四五）。**4日** 北条氏政が武田信玄に、在陣中の状況を知りたいと要求し、氏政の方は森屋城（茨・守谷市）の普請を完了、古河城（茨・古河市）の普請も行い、今月中旬に帰国すると伝える（武田神社文書・一〇四六）。**10日** 北条宗哲が娘鶴松院（吉良氏朝の室）の要望で太平記を書写する（尊経閣文庫所蔵相承院本太平記巻四〇奥書・四六七九）。**12日** 北条氏康が小田原城下の玉伝寺に、京都からの賓客三条西実枝の宿舎造営を命じる。奉者は石巻家種か（外郎氏所蔵玉伝寺文書・一〇四七）。同日、北条氏規が小田原城内の本光寺に、北条為昌の施餓鬼銭と御霊供米銭を寄進し、支払い方法を指示する。奉者は南条昌治（早雲寺所蔵本光寺文章・一〇四八）。**15日** 北条康成が武蔵国金沢（神・横浜市金沢区）鍛冶縫殿助に、望みにより三河守屋敷を与え、年貢は夏秋に分けて相模国玉縄城（神・鎌倉市）に、ついで半右衛門に納めさせる（武州文書久良岐郡・一〇四九）。**16日** 相模国須崎村（神・鎌倉市）大慶寺の木造釈迦如来像の胎内銘札に、永正九年（一五一二）に伊勢宗瑞が鎌倉に侵攻した時に同寺が全焼、永禄四年（一五六一）の上杉謙信の鎌倉侵攻に仏像は円覚寺仏殿裏に隠し、同六年十二月二十七日には円覚寺の大火で釈迦如来像が焼失。この度は新造し大仏所信濃快円法眼が作仏したと見える（帰源院所蔵・神三下‐七五七二）。**17日** 北条氏政が武蔵国小室（埼・伊奈町）閼伽井坊立野に禁制を掲げ、当郷の立野（御用林）にての竹木伐採を禁止させる（桶川市明星院文書・一〇五〇）。**18日** 細谷資満が高麗彦次郎に、武蔵国高幡（東・多摩市）高幡不動堂での正月十三日の宮座の座敷次第で高麗一族の左右座席順を決定する（史籍雑纂所収家伝史料・一〇五一）。同日、板部岡康雄が相模国延沢（神・開成町）西福寺に、父祖の菩提所再興のため三〇〇疋の寺領を寄進する（相州文書足柄下郡・一〇五二）。**19日** 武田信玄の嫡男義信が謀叛の嫌疑で自刃し、今川氏真が北条氏政を介して義信に嫁した今川義元の娘の帰国を求める。**20日** 宇野家治が死没する。**24日** 上杉謙信が游足庵（淳相）に、越山して上野国沼田城（群・沼田市）に着陣し、二十五日に上野国中に出馬し厩橋城（群・前橋市）を始め二十数ヶ所の城々を攻めて北条氏政の陣所近くに迫り、二十七日に北条勢は敗走したと報告する（歴代古案三・埼六‐二‐五〇八）。

11月

1日 北条氏邦が大森越前守・長谷部兵庫助に、武蔵国御前田（埼・深谷市）を来年から六年間は荒野と定めて年貢を免除し、百姓を集めて前々の如く田畠を開発させ、宿場の事は諸役を免除する。奉者は三山綱定（町田文書・一〇五三）。**4日** 足利義氏が豊前山城守に、上杉謙信が離反した下野国佐野唐沢山城（栃・佐野市）佐野昌綱や上野国衆を攻め、先月二十七日には昌綱の居る同国藤岡城（群・藤岡市）を攻略。援軍の大道寺資親は武蔵国岩付城（埼・さいたま市岩槻区）に退去したので北条氏政が出馬し、上野国に向かうのか聞いているか。相馬治胤の森屋城（栃・守谷市）は困っていると伝える（豊前氏古文書抄・戦古九〇九）。**9日** 北条氏康が梶原景宗・愛州兵部少輔・橋本四郎左衛門・安宅紀伊守・武田又太郎の紀伊国からの傭兵水軍に、昨日の里見勢の相模国三崎（神・三浦市）への来襲に防戦して撃退し、龍崎兄弟ほか二〇余人を討ち取る功績を認め、明日には北条氏政から感状を出させると約束する（紀伊続風土記附録一〇・一五四八）。同日、北条氏政が伊豆国三島（静・三島市）三島鋳物師屋に、同国伊東（静・伊東市）で重ねて鉄生産のたたら吹きに出役して二回を吹き終わるまで従事し、山角弥十郎の指図に服し、毎日の賃金を支給させる（名古屋大学文学部所蔵真継文書・三七六一）。**10日** 足利家国が里見義尭に、八日に里見義弘が相模国三浦（神・三浦市）へ侵攻した忠節を賞し、龍崎縫殿頭兄弟の討ち死にを悼む（高橋文書・戦古一三〇六）。**12日** 吉田泰盛が伊豆国横川（静・下田市）深居庵に、寺領三貫文を寄進して諸公事銭と飛脚役を免除し、寺域での乱暴狼藉、竹木賦課の横合禁止を申し渡す（大

11月

梅寺文書・一〇五四)。同日、北条氏照が武蔵国大幡(東・八王子市)宝生寺に、同国滝山城(八王子市)城下に伽藍を移転し新造させるため末寺信徒等の協力を依頼する(宝生寺文書・一〇五六)。同日、北条氏政が大草康盛に、上杉謙信の上野国沼田城(群・沼田市)への退散を報せ、上野衆の北条高広や由良成繁の報告も同様であり、武蔵国岩付城(埼・さいたま市岩槻区)の支配を城衆に申しつけ、昨日は岩淵(東・北区カ)、今日は江戸城(東・千代田区)に帰着したが、御料人(太田氏資室、北条氏康の娘)を連れているので康盛から氏康に安心して欲しいと伝えさせる(群馬県立歴史博物館所蔵文書・一〇五五)。**21日** 北条氏康が伊豆国長岡(静・伊豆の国市)皮屋七郎右衛門・同孫九郎に、ふすべ皮の御用を申しつけ毎年二月・十月の二回に分けて小田原城に納めさせ、ふすべ銭を反銭から支払う。奉者は丹後と増阿弥(宮本文書・一〇五七)。**23日** 北条氏照が武蔵国北野(埼・所沢市)北野神社神主の栗原某に、伊賀守の受領を与える(北野天神社文書・一〇五八)。**25日** 北条氏康が上野衆の富岡重朝に、北条氏政の下野口への出馬を報せて酒肴を贈呈され、詳しくは岩本定次から伝えさせる(千葉市立郷土博物館所蔵原文書・九九八)。**29日** 北条氏康が伊豆国南江間(静・伊豆の国市)東漸寺看坊宗首座に、龍源軒の七周忌を行う費用に五〇〇文を寄進し、今年の造営費から差し引かせる。奉者は中将(東漸寺文書・一〇五九)。

12月

2日 上杉謙信が游足庵(淳相)に、下野国佐野唐沢山城(栃・佐野市)佐野昌綱を攻め昌綱を同城に残し、二十一日に帰国すると述べる。上杉謙信の佐野領支配が終息し、昌綱は北条氏に従属(歴代古案三・神三下-七四一八)。**3日** 北条氏康が江戸湾内房方面に勢力を張る宇部彦太郎に、康の一字を与え康次と名乗らせる(里見家永正元亀中書札留抜書・一〇六〇)。**9日** 足利義氏が鎌倉の円覚寺続灯庵法葩西堂(揚宗)に、同庵々主職を与え祈願所とする事を伝え、たとえ北条氏康父子が何と申しても義氏が説得すると約束する(相州文書鎌倉郡・戦古九一〇)。**10日** 北条氏政が分国役所(関所)中に、下総国臼井(千・佐倉市)から紀伊国高野山(和・高野町)に登る僧と銭一〇貫文が通行する事を許可する。奉者は松田憲秀(西門院文書・一〇六一)。**17日** 北条氏邦が上野国の長吏太郎左衛門に、前々の北条家朱印状の如く長吏職を安堵する。奉者は依田康信(平井文書・一〇六二)。**19日** 北条氏照が上杉氏に、今川氏真と武田信玄が断絶し、氏真が上杉氏と内通しているとのことで、北条氏も上杉氏との同盟を願っていると伝える(春日文書・一二七)。**21日** 今川氏真が上杉謙信に、父義元の時の如く使僧の要明寺を派遣してくれた事に感謝し、今後も友好関係を了承して使者として朝比奈泰朝・三浦氏満を派遣する(上杉家文書・新三-一-六七一)。**23日** 北条氏政が岩付衆の内山弥右衛門尉に、太田氏資の証文の如く知行として武蔵国原地(埼・草加市)・大串(埼・吉見町)内の銀屋不作分の合計二〇貫文を宛行う。奉者は笠原康明(内山文書・一〇六三)。同日、北条氏政が武蔵国原宿(埼・上尾市)代官恒岡越後代・百姓中に、検見書出を与え、年貢納法と免除分を指示する（平林寺文書・一〇六四）。**28日** 北条氏康が千葉胤富に、土気酒井氏の下総国本納城（千・大網白里町）外曲輪が里見勢に攻められたと報せがあり、北条氏政が出馬せんとしたところ敵は退散したと知らされ延期したが、後詰として胤富が出馬すれば、北条氏規や遠山衆が下総国船橋（千・船橋市）に出陣すると伝える（小田原編年録首巻下・一三六八）。

▼この年、去年から北条氏直が躍（踊り）と能楽を好み、一門衆や家老衆も参加する（当代記・小一-六一四頁）。

永禄十一年（一五六八）・戊辰

1月

10日 上杉謙信が武蔵衆の広田直繁に、北条氏政が下野国佐野唐沢山城（栃・佐野市）を攻めたが撃退し、謙信も出馬せんとしたが北条勢は退散し越山せず恥ずかしい。越後勢は途中まで着陣し、今月下旬には関東に越山するので参陣させる（歴代古案一・神三下-七三五五）。**28日** 北条氏政が相模国大井（神・大井町）大井宮神主円泉坊に条目を下し、境内での竹木伐採を禁止し、手に負えない者は訴状で小田原城に訴える事、牛馬は境内に入れず、放つ者は牛馬を社人に渡す事、近年の如く神主屋敷と神田は相違無い事と命じる。奉者は可直斎長純（三島神社文書・一〇六五）。

2月

4日 遠山政景が相模国松田（神・松田町）道場に、前々の如く阿弥陀免一貫文を寄進する（延命寺文書・一〇六六）。**8日** 京都の吉田神社神主の吉田兼右が北条氏康父子に、国家安全・武運長久の神道秘法の祓と鳥子紙・南蛮物の水滴を贈呈し、氏康への書状をもたせて弟牧庵（清原喜賢）を小田原城に下向させる（兼右卿記・四四五～六）。**10日** 北条氏政が山角同心の小窪六右衛門尉に、同人からの訴えに裁許し、先年の上杉謙信の武蔵国石戸（埼・北本市）に侵攻した時の忠節を認め、褒美として同国萱方（埼・坂戸市）で知行を宛行い、山角定勝の同心にして騎馬武者に仕立て、軍役を務めさせる。評定衆は狩野泰光（武州文書高麗郡・一〇六七）。**21日** 北条氏政が清水康英に、伊豆国三島（静・三島市）の御新造（今川義元娘）の宿所を三島大社護摩堂に定め、相応の普請を監督させる（小出文書・一〇一〇）。

3月

6日 足利義秋が上杉謙信に、越甲相三ヶ国の和睦について謙信と北条氏政が同意したので早く上洛する様に依頼して太刀と腹巻を贈呈する（上杉家文書・神三下-七六八七）。同日、足利義秋の老臣一色藤長等が上杉謙信に条目を出し、三ヶ国の和睦について越相両国の同意を得たので何事も義秋の意向に従う事と伝える（吉川文書・神三下-七六八九）。同日、将軍家家臣の杉原裕阿が上杉家臣の直江政綱・河田長親・神余親綱に、三ヶ国の和睦には上杉謙信に不安があり、足利義秋の御内書・太刀・腹巻を持って柳沢氏を越後国に派遣した。越相両国は内々で承諾しているが、今後両国に使節を遣

3月

わした時に和睦拒否では如何ともし難いので、上杉家中でよく相談して和睦の意思を整えて欲しいと依頼する（早稲田大学中央図書館所蔵河田文書・新五―三―四〇四一）。**13日** 上杉氏家臣の河田長親が徳川氏家臣の酒井忠次・石川家成に、和睦の交渉を開始し、徳川家康の許に使者を派遣する（本光寺所蔵田島文書・静七―三―三六六二）。**24日** 駿河国の今川寿桂尼が死没する。法名は龍雲寺殿峰林寿桂大禅定尼。同日、北条氏政が小田原城下の修蔵院に、地蔵堂の建立を許可する。奉者は板部岡融成（相州文書足柄下郡・一〇六九）。**27日** 北条氏政が恒岡安首座（泰翁宗安）に、武蔵国野本（埼・東松山市）小山田方は太田氏資の時に上田朝直に宛行われたので、それを除く野本鎌倉方の代官職に任命する。奉者は笠原康明（平林寺文書・一〇七〇）。

4月

10日 北条氏政が伊勢東海乗組当番衆・同船頭に、船方の不参分の船方番銭の納入方法を指示し、相模国土肥（神・湯河原町）・武蔵国金沢（神・横浜市金沢区）・相模国国府津（神・小田原市）・伊豆国網代（静・熱海市）からの不参四人分は、欠落状況から半分を赦免、残りは当月中に笠原康明・近藤隼人佐に納入させる。奉行は笠原康明（神奈川県立金沢文庫所蔵文書・一〇七一）。**15日** 今川氏家臣の朝比奈泰朝・三浦氏満が上杉氏家臣の直江景綱・柿崎景家に、北条氏康父子からの申入れで武田義信の自刃により正室の今川義元娘を帰国させたが、今川氏真の誓約書が無いので武田信玄が誓約書を要請したと知らせる（歴代古案二・静七―三―三四五五）。**18日** 北条氏康が伊東代小屋・山角代山田・木負村（静・沼津市）百姓中に、年貢の納入方法を指示し、百姓の退転により訴えがあったので半分は米、半分は三年間は塩の納入とし、田畠を耕作させる（伊豆木負大川文書・一〇七二）。同日、相模国丸島郷（神・平塚市）大権現和田宮を修築し、地頭で大旦那に小野藤八郎、代官に内藤監物丞、名主に佐蔵尾彦左衛門、大工に秋山郷の明王太郎が見える（駒形神社所蔵棟札・一〇七三）。**24日** 今川氏家臣の宗是が今林寺方丈に、上杉・北条・武田三和の事を噂で知り、今川家からも人質を出すとよいと伝える（上杉家文書・新三―一―五六五）。

5月

8日 北条氏照が下総衆の野田政朝に起請文を出し、訴え事は足利義氏の眼前で取りなす事、政朝には将来も別心を抱かぬ事、北条氏は同国栗橋（茨・五霞町）の地を領有しないと誓う（野田家文書・一〇二〇）。同日、北条右衛門尉が死没する。法名は真如寺殿前予州守月船性海（高野山高室院月牌帳・寒川町史別編寺社三四六頁）。**14日** 北条氏政が豊前山城守に、下野国網戸（栃・小山市）領有の件で野田左衛門大夫が山城守に訴えてきたが、領有の事は当方は一切知らず、古河公方家の事は足利義氏に任せている。知行拝領の義氏の証文を拝見したなら北条氏からも一札を出すと伝える（豊前氏古文書抄・一〇七四）。**18日** 足利義氏が豊前山城守に、長年の忠節を賞し、特に永禄三年（一五六〇）以来の功績を認め、下野国網戸一跡と馬場（栃・小山市）・柞木（現在地未詳）両郷を新恩として宛行う（神奈川県立公文書館所蔵豊前氏古文書・戦古九一四)。**26日** 北条氏政が足利義氏の奏者に、下総国古河城（茨・古河市）と森屋城（茨・守谷市）普請を義氏の依頼通りに堅固に申しつけて帰陣した事、詳しくは豊前山城守から報告させる事、山城守に網戸一跡を宛行ったのは義氏の意向で、了承した事を義氏へ披露させる（栗田文書・一〇七五）。

▼この月、北条氏照が十一月の間に栗橋城主となり、関宿城の簗田氏攻撃を用意する。

6月

6日 北条氏康が伊豆国江間（静・伊豆の国市）八郎左衛門に、改めて番鍛冶を命じて一年で三〇日の公用を務めさせ細工物の依頼には賃金を支払う事、居屋敷分の棟別銭は秋から免除の事、当年は土肥（神・湯河原町）御殿の作事として釘の制作を命じ、二十日に小田原城の大屋氏の所に来て鉄炭の費用と釘の員数の文書を受取らせる（浜村文書・一〇七六）。**17日** 北条氏康が江間の八郎右衛門に、土肥御殿の作事用の釘の炭・鉄の量と釘の寸法を指示し、材料と制作費を大屋氏から支払う。この員数は小田原城の須藤盛永が計算して示し、丈夫な釘を伊豆国韮山城（静・伊豆の国市）城内に鍛冶屋を設えて大屋氏の命令通りに制作させる（同前・一〇七七）。**23日** 北条氏政が武蔵国福盛寺（埼・川口市）に、同国古尾谷庄（川口市）を同寺知楽庵に寄進し、先の太田氏資の証文の通り諸公事を免除する（知楽院由緒一件所収文書・一〇七八）。同日、北条氏政が恒岡代の安首座（泰翁宗安）に、私領の武蔵国加倉（埼・さいたま市岩槻区）一〇分一は太田氏代々の証文が無く、北条氏が恒岡越後守の討死への忠節で宛行った知行で、訴えにより諸役を免除した。野本（埼・東松山市）鎌倉方の事は、遠山政景に断ったので政景からの干渉は無く、安首座から年貢を納入させる。奉者は笠原康明（平林寺文書・一〇七九）。**24日** 関東南部に大水が出る（年代記配合抄・北区史二―一四四頁）。**28日** 北条氏政が石切の左衛門五郎に、訴訟の裁許の結果で石切棟梁に任命し、父一右衛門の時の如く忠節を尽くさせる。評定衆は石巻家種（片平氏所蔵青木文書・一〇八〇）。**29日** 北条氏邦が井上雅楽助に、先の判物に任せ二貫余文の知行を宛行う。奉者は桑原某（井上文書・一〇八一）。**30日** 北条氏邦の検地奉行衆が町田雅楽助・百姓中に、武蔵国小園（埼・寄居町）白岩惣次郎分を検地し、田畠面積と毎年の年貢高を確定する。検地奉行は横山雅楽助・八木甚七郎と三山綱定代の奥源右衛門（新編武蔵榛沢郡・一〇八三）。**晦日** 北条氏康が鎌倉の円覚寺仏日庵に、鎌倉中の家別に足利義氏の屋敷普請人足を賦課するが、先の北条家朱印状で寺院は普請役を免除すると決めており、仏日庵の被官三人衆は免除とする。奉者は中将（仏日庵文書・一〇八二）。

7月

5日 北条氏政が岩本定次に、相模国早川（神・小田原市）海蔵寺僧の上洛に路銭一〇〇〇疋を支給し、小田原城の関為清から黄金で与える。奉者は板部岡融成（相州文書足柄下郡・一〇八四）。**6日** 北条氏政が万仭座元禅師（宗松）に、輪番で来年八月から一年間を相模国湯本（神・箱根町）早雲寺住職に任命する（早雲寺文書・一〇八五）。**9日** 北条氏政

7月

が小田原から甲斐国甲府（山梨・甲府市）迄の関本（神・南足柄市）通り宿中に、海蔵寺僧が伝馬五疋を使役する許可を与え相模国内は無賃とする。奉者は岩本定次（相州文書足柄下郡・一〇八六）。**13日** 武田信玄が信州木曾（長野・木曾町）通り宿中に、相模国海蔵寺の僧に伝馬七疋の使役を許可する（同前・神三下-七六〇八）。**14日** 遠山康光が梶原景宗に、紀伊国に帰国したいとの訴えに、北条氏と里見氏の房総を巡る戦いも今来年の事であるから、来年中は北条氏の水軍を務め在国して欲しいと懇願する。ただし当文書は疑問点がある（紀伊国古文書在田郡古文書二・一〇八七）。

▼この月、笠間利長が川上里吉の内室に、十二日に北条勢との合戦で里吉が討死し、妻子の悲嘆を癒すため柿沼加賀守を召出し、里吉の頸を故郷へ帰させる（安得虎子一〇・神三下-七六一三）。

8月

5日 簗田晴助が里見義尭に、足利義氏が下総国古河城（茨・古河市）に侵攻して晴助の関宿城（千・野田市）が困窮し、里見方に離反した簗田持助の知行へも小金城（千・松戸市）や武蔵国岩付城（埼・さいたま市岩槻区）から北条勢が入り無念である。従属した同国東金城（千・東金市）・土気城（千・千葉市緑区）両酒井氏も困惑し、北条氏政は武蔵国羽生城（埼・羽生市）に出馬した等と伝える（千葉県立関宿城博物館寄託簗田家文書・千四-九〇四頁）。**7日** 上杉謙信が常陸国片野城（茨・石岡市）太田資正に、北条氏政が多島氏の在所に攻め込んだが撃退したのは忠節と褒め、武田信玄の侵攻で遅れたが必ず越山すると述べ、上野国沼田（群・沼田市）から下野国佐野唐沢山城（栃・佐野市）へ直行すると伝える（謙信公御代御書集一四・埼六-二-五一九）。**8日** 北条氏政が下総国葛西（東・葛飾区）新宿に、伝馬は伝手形の日付順に一日に四疋を限度に出役させる。奉者は遠山政景（早稲田大学中央図書館所蔵遠山文書・一〇八八）。同日、藤田綱高・関為清が小笠原康広に、相模国飯泉（神・小田原市）の本反銭内の一〇余貫文を宛行い、目銭は斎藤若狭守に下されたが四か年も納入されず訴えられ、康広に北条家朱印状で目銭共に宛行うと見えなければ、未納分は若狭守に納入させる（記録御用所本古文書三・四〇五七）。**10日** 北条氏康が相模国田名之郷（神・相模原市中央区）小代官・百姓中に、本年度分の棟別銭・穀反銭の納法を指示し、棟別銭は精銭で九月晦日を限度に同国玉縄城（神・鎌倉市）に納め、精銭が無ければ黄金や米でも良く、穀反銭は米で十月晦日を限度に小田原城に納めさせる（陶山氏所蔵江成文書・一〇九〇）。同日、北条氏康が武蔵国小川（東・町田市）小代官・百姓中に、棟別銭・穀反銭の納法を指示し、棟別銭は精銭で九月晦日を限度に武蔵国小机城（神・横浜市港北区）に、精銭が無ければ米でも良く、穀反銭は米で十月晦日を限度に小机城に納めさせる（新編武蔵多摩郡・一〇九一）。同日、北条氏政が行方左馬允に、武蔵国羽田浦（東・大田区）磯辺での漁猟を許可し、沖合への出漁や他郷へ船を出す事は禁止し、違反は左馬允の罪とする。奉者は笠原康明（中山氏所蔵潮田文書・一〇八九）。**15日** 北条氏康が京都の吉田神社神主の吉田兼右に、春の書状以来は音信不通の無礼を詫び、この度は武運長久・国家安全の祈禱の祓と南蛮水滴を贈呈された謝礼を述べて太刀を贈答し、詳しくは小田原城に使者で来た弟牧庵に伝える（堀江文書・二九八）。**25日** 足利義氏が豊前山城守に、遠山康光が無断で小田原城に帰国してしまい北条氏康父子からも近日は音信が無い。古河城（茨・古河市）への移座について芳春院周興が帰参したら相談したいが、場合によれば山城守に小田原城への使者を頼むので支度しておく事、内々には先日豊前孫四郎と相談しておいたので話し合おうと伝える。この頃から義氏への後見役が遠山康光から北条氏照に替わる（豊前氏古文書抄・戦古九一九）。**26日** 北条氏照が越後国村上城（新・村上市）本庄氏家臣の斎藤刑部丞に、本庄繁長が上杉謙信から離反し、北条氏との同盟を願っているのを了承し、北条氏政から使者を派遣して交渉させる（後撰芸葉一〇・三九一四）。

9月

5日 北条氏康が石切左衛門五郎・同善左衛門に、相模国土肥（神・湯河原町）の屋敷の裏山の石を土蔵の根石に使用させ、南条四郎左衛門尉・幸田与三の指図通りに切取り、賃金は両人から支払う。奉者は丹後（片平氏所蔵青木文書・一〇九四）。同日、北条氏康が小田原伝馬中と相模国土肥迄の宿中に、石切左衛門五郎・同善左衛門に伝馬二疋の使役を許可し、公用の無賃伝馬とする。奉者は丹後（同前・一〇九五）。**6日** 北条氏政が遠山康英に、今朝井上氏が信濃国から帰国したので当陣に寄越させる（神奈川県立歴史博物館所蔵北条文書・一〇九六）。**7日** 千葉胤富が下総国大佐倉（千・佐倉市）宝珠院に、冬季以前に付属神社三社の修築を完了させる（宝珠院文書・千三-九二七頁）。**23日** 北条氏政が足利義氏の奏者に、下総国幸島荘（茨・坂東市）の敵を撃退して某城（逆井城カ＝茨・坂東市）普請を開始し、やがては完了する。古河城（茨・古河市）在番の事は義氏が申したので野田景範を同城の番衆から外し、当方へ栗橋城（茨・五霞町）普請について渡して欲しいと義氏への披露を依頼する（清水氏所蔵小沼文書・一〇九七）。**吉祥日** 武蔵国世田谷（東・世田谷区）勝光院の梵鐘に、開基に吉良頼康、冶工に武蔵国八王子（東・八王子市）住の加藤吉高が見える（新編武蔵多摩郡・武風二-三四九頁）。

10月

2日 北条氏康が相模国藤沢（神・藤沢市）大鋸引頭の森木工助に、御用で大鋸引二組で三〇日を使役し、日当・手間賃を福島肥後守・神保両人から支払わせる。奉者は中将。北条氏繁による下総国逆井城（茨・坂東市）の築城のため（森文書・一〇九八）。**3日** 伊豆国大賀茂（静・下田市吉佐見）走湯権現を修造し、代官に中村弥三郎、大工に臼井二郎左衛門、鍛冶大工に六郎左衛門が見え、裏墨書は十一月三日とある（走湯神社所蔵棟札・四九〇二）。**16日** 北条氏康が石切左衛門五郎・善左衛門に、石切番子七人を引率して十八日に相模国土肥（神・湯河原町）に来て土蔵の石切り使役を三日間命じ、南条四郎左衛門・幸田与三の指示で働かせる（片平氏所蔵青木文書・一〇九九）。**17日** 北条氏政が野田政朝に、北条氏照に下総国栗橋城（茨・五霞町）を明け渡し古河城（茨・古河市）頼政曲輪に移らせたが、同曲輪が狭くて承知

10月

せず鴻巣城（古河市）に居住させる事に変更し、詳しくは氏照から副状を出させる（野田家文書・二一〇〇）。同日、北条氏政が白川義親に、前々の如く協力を依頼し、関東では関宿城（千・野田市）簗田晴助が北条氏に謀叛を企て上杉謙信に味方し、同城への向城に山王山砦（五霞町）と不動山砦を構築したと知らせる。第二次関宿合戦の開始（歴代古案一五・二一〇一）。 **18日** 北条氏政が上総衆の正木時忠父子に、関宿城合戦が間近なので里見氏との合戦が済んだら帰国し、同国勝浦城（千・勝浦市）の防備を厳重にさせる（正木武膳家譜・四六八〇）。 **21日** 北条氏康が相模国藤沢（神・藤沢市）大鋸引頭の森木工助・大鋸引中に、大鋸職人二組の御用を命じて二十三日に同国楢沢（神・厚木市七沢）に来て板材を制作させ、西蓮寺氏の命令通り働かせる。奉者は中将（福原氏所蔵森文書・一五四七）。 **23日** 北条氏邦が武蔵国阿佐美郷（埼・本庄市）井上孫七郎に、敵（上杉勢カ）が侵攻したので命令無くして他所に兵糧を運ぶ事を厳禁し、発見したなら兵糧は足軽に与え孫七郎は磔とする事、砦を氏邦の居城の同国天神山城（埼・長瀞町）近くの金尾（埼・寄居町）・風夫（長瀞町、寄居町）・鉢形（寄居町）・西之入（寄居町）に構築するため郷内の成人男子を兵員として徴用するので名簿を提出させる。奉者は三山綱定（井上文書・二一〇二）。 **29日** 北条氏政が相模国鎌倉から小田原迄の宿中に、鎌倉番匠一人を召し寄せるので、道具を届ける押立人足一人に伝馬役を許可する。奉者は興津筑後（相州文書鎌倉郡・二一〇三）。

11月

2日 北条氏政が上総衆の井田胤徳に、武蔵国岩付城（埼・さいたま市岩槻区）での在番の苦労を感謝し、今後も忠節を依頼し蜜柑と酒を贈呈する。同国江戸城（東・千代田区）遠山政景から副状を出させる。岩付衆が関宿城（千・野田市）攻めに出陣し、江戸衆が岩付城を守備し胤徳が江戸城代遠山氏の指南に入る（井田氏家蔵文書・二一〇四）。 **3日** 武田信玄が駿河攻めを開始する（寿徳寺文書ほか・戦武二-一三三七）。 **7日** 越後衆の本庄繁長が北条氏照に、七日に上杉謙信に同国村上城（新・村上市）を攻められた事を述べ、氏照には同盟通りに五日に加勢として上野国沼田城（群・沼田市）まで出馬した事に謝礼する（歴代古案三・埼六-二-五二四）。 **10日** 相模国屋賀村（神・山北町八ケ）白幡大明神を造立し、地頭に松田憲秀が見える（新編相模足柄上郡・二一〇五）。 **15日** 遠山か景秀が下総国本所（東・墨田区）最勝寺に、隅田川須崎堤の外島一八〇文の地は前々から牛御前社（墨田区向島）社領のため諸役を免除する。同寺は牛御前社の別当（武州文書葛飾郡・二一〇六）。 **17日** 北条氏政が上野衆の富岡秀親に、蜜柑を贈呈し上野方面の情勢を報告させる（大宮神社文書・二一〇七）。 **19日** 北条氏照が武蔵国富部郷（神・横浜市西区）船方中に、魚介類を居城する下総国栗橋城（茨・五霞町）に月末迄に届けさせる（武州文書久良岐郡・二一〇八）。 **23日** 北条氏政が相模国当麻（神・相模原市南区）無量光寺に、横合非分の者を小田原城に訴えさせ厳密に裁許し処罰する事、時衆聖人の定める期間は時衆僧の勤行を怠

12月

りなく勤めさせる（無量光寺文書・二〇九）。**25日** 今川氏家臣の朝比奈泰朝・三浦氏満が上杉氏家臣の直江景綱・柿崎景家に、今川氏真に使者の要明寺からの話を伝え、上杉謙信の信濃国出馬を喜び、今後も協力したいと述べ、両人に謙信への取次を依頼する（歴代古案二・静七-三-三四九二）。**26日** 北条氏政が毛呂顕季に、武蔵国吉田郷（埼・坂戸市）南北の陣夫二人の使役は安堵するが、岩付領では凡そ地子は不入で出陣以前に北条家朱印状を出して命じ、出たらば早くに陣夫を使役する事と申し渡す。奉者は幸田某（山田吉令筆記所収文書・二一〇）。同日、北条氏政が遠山康光に、皆川俊宗の人質はよこつる氏を付けて先番の長江左近と交代させる。奉者は石巻康敬（栃木県庁採集文書六・二一一）。

6日 北条氏邦が武蔵国定峯谷（埼・秩父市）炭焼中と触口の斎藤八衛門尉に、炭焼職人の諸役・関津料木口を免除する。奉者は三山綱定（秩父市斎藤文書・二一二）。同日、武田信玄が今川氏真の駿河国に侵攻。北条氏政は氏真支援のため信玄と断交し、上杉謙信と同盟交渉を開始する。**9日** 北条氏邦が山口二郎五郎に、知行として武蔵国末野（埼・寄居町）検地増分を宛行う。奉者は三山綱定（山口文書・二一三）。**12日** 北条氏政が豊前山城守に、足利義氏からの下野国網戸（栃・小山市）一跡の拝領を了承する（豊前氏古文書抄・二一四）。同日、北条氏政が小田原城を出馬し伊豆国三島（静・三島市）に着陣（上杉家文書・小一-五七〇頁）。同日、北条氏政が駿河国八幡郷（静・清水町）に禁制を掲げ、北条勢や甲乙人の乱暴狼藉を禁止させる。奉者は石巻康敬（八幡神社文書・二一五）。**13日** 武田信玄が今川氏真の駿河国駿府城（静・静岡市葵区）を攻略し、氏真は遠江国懸河城（静・掛川市）に後退（歴代古案一・一二三四）。**14日** 北条氏政が駿河国蒲原城（静・静岡市清水区）在城衆に、今川氏真を駿河国から無事に脱出させる事、北条方の加勢衆は必要な曲輪に配備する事、在郷の強人への差配を申し渡す（御感状之写并書翰上・二一六）。同日、北条氏政が駿河国口野五ヶ村（静・沼津市）両代官に禁制を掲げ、北条勢や甲乙人の乱暴狼藉を禁止させる。奉者は石巻康敬（増田文書・二一七）。同日、北条氏政が駿河国久見沢郷（静・御殿場市）に禁制を掲げ、同様に禁止させる。奉者は垪和氏続（芹沢文書・二一八）。同日、北条氏の先鋒が富士川を越えて蒲原城に入り、当月中に北条氏信が守将となり防備を固める。**15日** 北条氏政が駿河国大平（静・沼津市）桃源院に、天文九年（一五四〇）三月の北条氏康禁制に任せて北条勢の乱暴狼藉等を禁止させる（判物証文写今川二・二二〇）。同日、北条氏政が駿河国久米田（静・清水町）杉本弥二郎に、渡辺右衛門尉分と北条氏蔵納分の兵糧五八俵を預ける。奉者は笠原康明（杉本文書・二二一）。同日、北条氏規が駿河国多肥（静・沼津市）龍雲院に制札を掲げ、北条方加勢衆の乱暴狼藉を禁止させる。奉者は朝比奈甚内（龍雲寺文書・二二二）。**16日** 今川氏真が伊豆衆の西原源太に、遠江国懸河城に移る時に北条家臣の西原善衛門尉が氏真に同心して忠節を尽くした事を認め、北条氏康に報告すると伝える（西原文書・四四四七）。**17日** 北条氏政が遠山康英に、武蔵国岩付城（埼・

さいたま市岩槻区）の防備の事、氏政の駿河方面の出陣が長引けば里見義弘が下総国へ侵攻するであろうが、その儘にして同国小金城（千・松戸市）高城胤辰を武蔵国河越城（埼・川越市）大橋宿に移す事、遠山衆の太田四郎兵衛を岩付城の本丸・二の丸の守将に任命すると指示する（早稲田大学中央図書館所蔵遠山文書・一三五六）。**18日** 北条氏規が駿河国須津（静・富士市）八幡別当多門坊・宿中に制札を掲げ、北条方加勢衆の乱暴狼藉を禁止させる。奉者は岡部和泉守（多聞坊文書・一二三四）。同日、北条氏政が清水康英・布施康能・大藤政信・杉山周防守に、斥候役は康英・政信に任せ、他の者が出ないよう検使に康能を遣わし監視させる（小沼氏所蔵文書・一二三三）。**19日** 北条氏政が今川方の富士信忠に、信忠からの申告で大宮籠城衆では無足の者が格別の忠節を尽くし恩賞を与えると約束し、今川氏真が遠江国懸河城へ移った後の信忠の忠節は氏政に報告させる（静岡県立中央図書館所蔵富士文書・一二三六）。同日、北条氏政が大宮城（静・富士宮市）富士信忠に、籠城家臣の知行地は今川氏真の判物に任せて安堵し、忠節による恩賞は伊豆国で与え、信忠の本領の富士上方（富士宮市）も申告通りに安堵する（同前・一二三五）。**20日** 北条氏政が今川家臣の大森猿千代に、知行は今川氏真の判物の筋目に任せて安堵する（沼津市日枝神社文書・一二三八）。**23日** 武田信玄が徳川家康に、駿河国への侵攻に同調して侵攻した事に感謝し、遠江国へは三日の内に侵攻し懸河城へ陣を進めると伝える（恵林寺文書・戦武二-一三四三）。同日、北条氏政が清水新七郎・板部岡康雄に、今川氏真夫妻の救援のため海上経由で遠江国懸河城へ派遣し、万一にも討死や水没しても家督の件や妻子の事は扶助し、家臣も安堵すると確約する（古証文五ほか・一二二九～三〇）。**24日** 北条氏政が矢部将監・渡辺兵庫助・鈴木善右衛門尉・石巻代市川氏・山角代鈴木彈右衛門に、二十八日迄に築城部材を駿河国富士郡から徴発して潤井川東の吉原（静・富士市）に集積し管理させる。奉者は石巻康敬（矢部文書・一二三一）。同日、山崎秀仙・北条高定が上野国沼田城（群・沼田市）城将の河田重親・小中家成・松本景繁に、上杉謙信と北条氏政との越相同盟に関する北条氏照の書状が届き、越後国春日山城（新・上越市）留守役の直江景綱に転送する使者の通行許可を依頼する（伊佐早文書・神三下-七六四八）。同日、越後衆の本庄繁長が北条氏照に、上杉謙信が先月七日に村上城に攻め来たり通行が不能となり、使者が同国猿沢（新・朝日村）に足止めになっている。五日に氏照が上野国沼田に向けて出馬したのに感謝すると述べる（歴代古案三・四四四八）。**25日** 今川氏真が上杉謙信に、約束通りに支援して欲しいと依頼し、北条氏康父子からも謙信に同盟交渉が来ると伝える（別本歴代古案一四・静七-三-三五三七）。**28日** 上杉方の上野衆の由良成繁が沼田城の松本景繁に、八ヶ条の覚書を提示し、北条幻庵の息子氏信の陣所（支配地）は蒲原城から富士川を越えている事、北条氏照が上杉謙信に同盟交渉の直札を出している事、北条氏政は十二日に小田原城を出馬した事、武田勢と今川勢の合戦が十三日に有り武田勢が四〇〇人も討ち取られた事、氏政の陣所は沼津（静・沼津市）である事、武田信玄の陣所は駿府で葛山（静・裾野市）の替わりである事、今川氏真の軍勢は健在である事、北条氏邦は今月二十三日に駿河国に出馬した事、葛山要害と興国寺城（沼津市）を北条方が乗っ取った事を伝える（上杉家文書・小一-五七〇頁）。**29日** 北条氏政が駿河国富士村山（静・富士宮市）興法寺に禁制を掲げ、北条勢の乱暴狼藉を禁止させる。奉者は石巻康敬（葛山文書・一一三一）。同日、今川方の朝比奈泰朝が遠江衆の天野藤秀に、武田勢の侵攻で居城を堅固に防備した忠節に感謝し、昨日は北条氏からの援軍が懸河城へ一〇〇〇余人も船で入城し、防備はいよいよ堅固と伝える（東京大学史料編纂所所蔵天野文書・静七-三-三五四八）。

▼この年、武蔵国檜原城（東・檜原村）平山氏重が土屋小七郎に、一字を与え重吉と名乗らせる（斎藤真指所蔵文書・一一三三）。この年、吉良氏朝の嫡男氏広（のち頼久）が誕生する。母は北条宗哲の娘。

永禄十二年（一五六九）・己巳

1月

2日 北条氏康が上杉家臣の上野国沼田城（群・沼田市）城将の松本景繁・河田重親・上野家成に、北条氏邦から越相一和を伝え、武田信玄と北条氏政との合戦は信玄が長年に渡り北条氏と昵懇で数枚の誓詞を交わしながら、去る十二月に駿河国に突然に侵攻し、今川氏真を攻略して懸河城（静・掛川市）に追い、氏康息女の今川夫人は乗物も無く辱めを受けた。今川家を救うには上杉謙信を頼る以外に無いとの氏康父子の意見で三ヶ条の条目を届けたと説明し、謙信に承諾を取りなす様に依頼する（歴代古案一・一一三四）。**5日** 今川氏真が大藤政信に、氏真と共に懸河城に移り忠節を尽くした事を北条氏康父子に報告する（大藤文書・四四九）。**6日** 北条氏康が上総衆の正木時忠父子に、織田信長の情況の事、上総国勝浦城（千・勝浦市）の諸侍の困窮は北条氏政の合力が遅れたのが原因で、伊豆国三島（静・三島市）に人を派遣して氏政との協力体制を調えると約束し、房総の様子を飛脚で報告させる（正木文書・一一三五）。**7日** 北条氏照が上杉謙信に、越相和睦の依頼状は深雪のため幾筋からも出したが届いたか不安な事、今川氏真は武田信玄に攻められ駿府館（静・静岡市葵区）から懸河城に移り、援軍三〇〇人程を船で送り堅固に護られている。信玄からの書状には永年に氏真と謙信が相談して信玄滅亡の企てをしたため、深雪で越信国境が不通の時に駿河国に侵攻したと述べ、謙信は北条氏と同盟して信玄への恨みを晴らす時と思い同盟を推進したいと伝える（上杉家文書・一一三六）。同日、北条氏照が直江景綱に、同盟に同意すれば氏照が北条氏へ取次し景綱が上杉謙信への取次役を務めて欲しい。他の輩の事は無視して氏照に和睦の件を任せて欲しいと伝える（同前・一一三七）。**8日** 北条氏政が北条康成に、代官として十日に武蔵国岩

1月

付城（埼・さいたま市岩槻区）から南条氏を鎌倉へ参上させる（伊藤文書・三八四二）。**11日** 北条氏康が興津摂津守に、忠節を認め今川氏真からの褒美を約束する（諸家文書纂八・一二三九）。**12日** 北条氏政が駿河衆の矢部大膳亮に、武田方に逆心した渡辺右衛門尉の兵糧が杉本弥二郎の許に有るのを知り大膳亮に与える（杉本文書・一二四〇）。**13日** 北条氏政が高橋郷左衛門尉に、使者を命じ死没すれば嫡男源七郎への家督相続を約束する（高橋文書・一二四一）。**14日** 越後国赤谷（新・新発田市）の後藤勝元が直江景綱に、本庄繁長攻めと芦名盛氏との関係を述べ、北条氏照が越相同盟を望むのはめでたいと伝える。氏照が本庄繁長との同盟を破棄し、越相同盟の方針に変える（上杉家文書・新三-一-三九五）。**16日** 芦名盛氏が田村清顕に、下総国山王山砦（茨・五霞町）の北条氏照の軍勢が小田原城に退散し、昨日は佐竹義重が結城晴朝・小田氏治攻めに出馬したのであろう事、北条・武田同盟が崩れれば上杉方に敵対する本庄繁長は追い込まれる事、清顕からの鷹は北条綱成に贈る等と伝える（新編会津風土記一五・千四-四八六頁）。同日、由良成繁が沼田城将の河田重親に、武田信玄の駿河攻めに北条氏政が今川氏への支援として伊豆国三島（静・三島市）に着陣、駿河方面では蒲原（静・静岡市清水区）・興国寺（静・沼津市）・長久保（静・長泉町）・吉原（静・富士市）各城には伊豆・相模の北条勢が守備を固めたと報告。越相同盟の交渉は去年冬から成繁から上杉方の沼田在城三人衆と内々に進め、松本景繁と重親と共に上杉謙信に上申し、その結果を書状で返書して欲しいと伝える（歴代古案一・神三下-七六六五）。同日、徳川勢が懸河城を攻め、十七日に徳川家康が天王山砦（静・掛川市）に着陣する（松平記四ほか・静七-三-三五七八〜九）。**17日** 北条氏政が下総国矢作城（千・佐原市）の国分兵部大輔に、武田信玄との合戦準備が整ったと報せ、下総口での忠節を依頼する（歴代古案三・一二四三）。**19日** 北条方の興国寺城の垪和氏続が駿河国中里（静・富士市）多聞坊に、須津庄の中里八幡社の山に、同城の木橋の用材を求め、先ずは今川氏真判物の旨に任せて伐採し、用木が無いなら別当多聞坊に改めて断り伐採させる（多聞坊文書・一二四四）。**20日** 北条氏康が某に、房総の里見義弘との和睦を今川氏真の仲介により安房国妙本寺（千・鋸南町）に依頼して進めんと、北条氏規に副状させる（安房妙本寺文書・一二四五）。**26日** 駿河国薩埵山（静・静岡市清水区）で北条氏政と武田信玄が激突し四月末まで断続する。**27日** 今川氏真が北条家臣の太田十郎に、懸河城での戦いへの北条氏の支援に感謝と述べる（感状写・四四五〇）。**晦日** 北条氏政が太田四郎兵衛・鈴木彈右衛門尉・矢部将監に、明日は吉原川（静・富士市）東に兵糧を船で集積するため船を総て石巻康敬代に渡す事、武田勢は一〇〇〇人程が興津（静岡市清水区）から富士口へ移動かと思われ、当陣城は堅固なので明日は富士川端へ軍勢を遣わす事、吉原の海際では船渡しを止めさせる。奉者は石巻康敬（矢部文書・一二四六）。

2月

2日 遠山康英が沼田（群・沼田市）三人衆の松本景繁・河田重親・上野家成に覚書を出し、使僧天用院が北条氏康父子の誓詞を届ける事、武田・北条の合戦が近づき沼田在城衆は武田方の上野国青戸（群・東吾妻町）・岩櫃（東吾妻町）筋へ出撃し、北条勢は上杉勢に合わせて行動する事、飛脚は十四日頃には帰国し、十六日頃には遠山康光・康英父子が同国金山城（群・太田市）由良成繁に遣わされるので三人と途中で対面し、その日取りを調整したいと伝える（上杉家文書・一二四七）。**5日** 佐竹家臣の多賀谷政経が河田重親に、先月十二日の上杉謙信の書状が到着し、北条氏との和睦に反対して、佐竹勢は先月十五日には小田氏の常陸国海老島城（茨・筑西市）を攻めて平塚刑部大輔を降伏させ、二十一日には同国小田城（茨・つくば市）を攻めて周辺に放火し軍勢を引いた。早く越山すれば関東国衆は上杉方に味方し、北条氏に攻められる下総国関宿城（千・野田市）簗田晴助を救援する事になる、と返書する（同前・神三下-七六七四）。**6日** 北条氏康が石切左衛門五郎・同善左衛門に、一〇人の石切番子を連れ七日から相模国足柄城（神・南足柄市）の肥田某・二宮播磨守の下知のもと普請に従事させる（片平氏所蔵青木文書・一二四八）。同日、北条氏政が越後国春日山城（新・上越市）の直江景綱・柿崎景家に、初めて書状を出して越相同盟の推進に協力を依頼し、詳しくは使者の天用院から伝えさせる（北海道柿崎文書・四六八二）。同日、北条氏康が由良成繁に、天用院に誓詞・条目を持たせ和睦条件を詳しく報せて越後国に派遣した事、先ず上杉謙信に意図を伝える書状を沼田三人衆と春日山城の直江景綱・柿崎景家に出し了承させて欲しい事、成繁は天用院から聞いて助言する事、今川氏真から使僧の善徳寺茄首座が小田原城に来て天用院と共に越後に向かうから案内する事、詳しくは由良氏への使者の柳下・内海両人から述べると伝える（上杉家文書・一二四九）。同日、北条氏康が沼田城の松本景繁に、北条氏邦の越相和睦の書状を預かった事に感謝し、起請文を氏政から上杉謙信に出すので同意を得る様に調義して欲しいと依頼。和睦内容は天用院から聞いて景繁も同道し謙信への取次を依頼する（歴代古案三・一二五〇）。同日、駿河国薩埵山（静・静岡市清水区）陣の北条氏政が由良成繁に、和睦交渉は半分以上は終わったかと問い合わせ、沼田からの使者が薩埵山陣に参着し、成繁の働きで情況がうまくいくと聞き満足と述べ、氏政は先月二十六日に三島（静・三島市）を出陣し、薩埵山の嶺に陣場を据え、武田勢と北条勢は一里の距離で対陣、この時に越後勢が信濃国に侵攻し武田勢を背後から牽制すれば上杉・北条の本意は達せられる。氏政は武田勢を退散させず撃滅させる作戦であるが、退路の道筋が多く迷っていると報告し、松本景繁からの依頼で起請文を謙信に届けさせる（上杉家文書・一二五一）。**7日** 北条氏康が今川家臣の三浦元政に、遠江国懸河城（静・掛川市）へ籠もり昼夜の忠節を認め、詳しくは西原源太の口上で伝えさせる（静嘉堂本三浦文書・一二五二）。同日、由良成繁が沼田三人衆に、先日の北条氏への使者が北条氏政の陣中に滞在しているので、先ず北条氏康が方々へ直札を出して申入れ、成繁の許には志津野一左衛門が使者として派遣されたと説明。二十六日に氏政が薩埵山へ陣を進め武田信玄と対陣、この時に急い

2月

で信濃国に上杉勢が出陣すれば信甲両国の平定も疑いなく、上野式部少輔を使者として上杉謙信の許に遣わした。遠山康光父子が氏康父子の起請文を沼田城に持参するから越後国地川（新・小千谷市土川カ）迄届けて欲しいと述べる（歴代古案一・静七-三-三六二二）。**11日** 佐竹方の太田資正が山吉豊守に、北条氏照の佐竹義重への書状内容を知り、近日は北条氏から佐竹氏には音信が無いので常陸方面の情況を伝え、上杉謙信は北条氏から誘いがあっても常陸方面の国衆等を見捨てず支援すると伝えられ安心した。謙信から里見義弘への書状が下総衆の簗田晴助に知らされ、資正にも義弘から報告された。何はともあれ早く越山して欲しい。佐竹方からも使節を派遣して申し入れ、北条方に攻められて関宿城は危険に陥っており、詳しくは石井拾左衛門尉の口から述べさせる（神奈川県立公文書館所蔵山吉文書・神三下-七六八二）。同日、太田資正が重ねて山吉豊守に、上杉謙信が北条氏からの和睦の誘いを真実と認識して芦名盛氏に伝え、上杉勢が本庄繁長を攻めた事は常陸方面の情況を無視した作戦で、武田信玄と北条氏政への合戦も大切なので少人数の軍勢でも関宿城が健在の内に越山しなければ来月中には同城は陥落するとの危機的な情況を伝える（同前・神三下-七六八三）。同日、武田信玄が上野衆の小幡憲重に、嫡男信貞の着陣を報せ、駿河国興津城（静・静岡市清水区）の普請が終わり、北条氏政への対陣の段取りを立てたら早々に帰国させると報告する（信濃寺社文書・戦武二-一三六三）。**12日** 駿河在陣中の北条氏政が上野衆の富岡秀親に、使者からの報告を了承したと伝える（今治市河野美術館所蔵文書・一一五三）。**13日** 北条氏康が野口喜兵衛・矢部新三・井上三郎衛門と内藤一騎合衆に、相模衆の内藤康行の家臣は着到数を確定して申告させ、城普請役に専念して遠山康英に普請情況を報告させる（富士山本宮浅間大社文書・一一五四）。同日、足利義氏が野田政朝に、武田勢が相模国足柄筋（神・南足柄市）に侵攻する様子で、氏康の命令で下総衆を集め政朝の徒歩弓衆も参加させ、遠方なので早々と出発させ、詳しくは芳春院周興から述べさせる（野田文書・戦古九二〇）。**16日** 北条氏政が矢部将監に、北条氏規に船橋用の杉板を渡す様に命じる。奉者は山角定勝（矢部文書・一一五五）。同日、北条氏康が上野国黒川谷（群・桐生市）神梅城の阿久沢左馬助に、由良成繁への使者送迎の忠節を喜び、使者に志津野氏を派遣する（目黒文書・一五三〇）。同日、由良成繁が越後衆の本庄実乃に、北条氏康父子から度々武田信玄を討って恨みを晴らしてはとの書状が来て無視したが、北条氏邦から頼りにするとの書状が来て沼田三人衆に成繁の書状を届けたところ内々で披露し、松本景繁からの条目を氏康父子に申したら、条目に任せるとの起請文を届けてきたと上杉謙信に披露させる（志賀文書・新五-三-三四六二）。同日、武田信玄が徳川家康に、同盟成立の起請文に謝礼し、自身も起請文写に血判して送り届ける（武徳編年集成・戦武二-一三六七）。**18日** 駿河国の安部一揆衆の海野宗定等が北条家臣の伊波大隅守に、武田勢との合戦で援軍を求める（南条文書・静七-三-三六一七）。同日、徳川家康が河田重親に、駿河方面の情況を報せ、遠江国に侵攻し懸河城を攻め陥落も間近と述べ、石川家成が副状を出す（上杉家文書ほか・静七-三-三六八～九）。**19日** 武田信玄が佐竹方の太田資正に、駿河方面の戦況を報せ、使者の鷹尾氏の言葉を信じ北条氏への戦いに参加させる（報徳博物館所蔵名将古筆録・戦武二-一三四二）。同日、里見義弘が下総国真間（千・市川市）弘法寺に制札を掲げ、里見勢と甲乙人の乱暴狼藉を禁止させる（弘法寺文書・市川市史五-一三四〇頁）。**20日** 北条氏康が駿河国東田中（静・御殿場市）宝持院に制札を掲げ、寺域での北条勢の乱暴狼藉や竹木伐採、末寺迄も諸役の賦課を禁止させる。奉者は南条四郎左衛門尉（宝持院文書・一一五六）。**21日** 北条方の上野衆の由良成繁が上杉方の沼田三人衆に、昨夜今川氏の使者が小田原城から金山城に到着して沼田城に向かわせ取次の事を依頼、駿河国薩埵山の北条氏政に遣わした由良氏の使者は、陣中に七日間逗留されて昨日に帰還し、報告では未だに張陣中というが武田勢は退散すると報告、また越相和睦の交渉を途中で談合したく遠山康英を遣わされたが、十七日に薩埵山の氏政陣に父康光が呼ばれて康英は若輩者とて康光を派遣せよと命じられ、小田原城に帰国し、今後の方策を検討するため三将は途中で面会する日取りを相談して欲しいと伝える（伊佐早文書・静七-三-三六三）。**22日** 細川藤孝が北条家臣の伊勢貞就に、相越和睦について北条氏康父子に申し入れ、足利義昭の御内書を持って使者の森坊を小田原城に下向させ調義を依頼する（保阪文書・四四五二）。**23日** 武田家臣の山県昌景が徳川家臣の酒井忠次に、懸河城の情況を報告して付城を六ヶ所も築城し陥落は目前と伝え、また徳川と武田の離反の噂で迷惑している事、駿府では安部一揆衆の反乱が勃発したが降伏した等と伝える（酒井家文書・戦武二-一三六九）。**24日** 北条氏康が武蔵深谷城（埼・深谷市）上杉憲盛に、武田勢が同国児玉筋（埼・本庄市）へ侵攻し、北条氏邦勢が防戦して撃破、手早く軍勢を出して同国榛沢郡で武田勢を多数討ち取ったと三山綱定から報告が入り忠節に感謝し、氏邦や味方中と相談して児玉方面の守備は任せると伝える（深谷市鈴木文書・一一五七）。同日、武田信玄が芋川親正に、徳川家康が遠江国懸河城（静・掛川市）を攻めて織田信長も支援し、近日中に出馬と伝える（芋川文書・戦武二-一三七〇）。**25日** 北条氏康が下総国葛西城（東・葛飾区）に籠もる会田中務丞・窪寺大蔵丞に、里見勢が同国市川（千・市川市）方面へ侵攻、葛西城の加勢に江戸衆を派遣し、遠山家臣の近藤万栄から鉄砲と弾薬を支給する。武蔵国江戸城（東・千代田区）には岩付城（埼・さいたま市岩槻区）城衆が入ると伝える（六八幡神社文書・一一五八）。同日、北条氏康が駿河衆の富士信忠に、武田勢に包囲され昼夜の苦労に感謝し、如何に苦労でも確実な情況を知らせよと依頼し、某十郎兵衛を指向け目付とする（静岡県立中央図書館所蔵大宮司富士家文書・一一五九）。**26日** 北条氏邦が井上雅楽助・四方田源左衛門尉に、今日は武田方の駿河国興津城（静・静岡市清水区）を攻めて敵を討ち取る忠節を認め感状を与える（井上文書ほか・一一六〇～一）。**27日** 北条氏康が相模津久井衆内藤代の野口喜兵衛・同衆中・安藤右近・同十左衛門に、某城の普請に人足四〇人を使

2月

役して不完全な曲輪普請をしたと譴責し、一揆衆を五〇人も一〇〇人も追加して普請をやり直させる（富士山本宮浅間大社文書・一五三）。同日、飛驒国守の三木良頼が上杉謙信に、北条氏政が懸河城に後詰して武田信玄が退路を絶たれ、甲斐国甲府（山梨・甲府市）から新道を開削して通路は確保したが不自由で、懸河城に夜討ちを掛けたが敗北した事、織田信長が信玄と同盟の使者を遣わしたことは、信長が今川氏真に恨みを抱いた結果で、謙信とは同等の立場でよい事等を伝え、良頼と謙信の取次役の村上国清にも伝える（上杉家文書ほか・静七-三-三六三六、新五-三-四一七三）。**28日** 北条氏政が玉縄衆の間宮康信に、今日武田勢が駿河国薩埵山に伏兵を置き、北条氏繁勢が柵木を破って追い上げ康信等が敵を多数討ち取った功績を認め感状を与える（記録御用所本古文書九・一一六二）。同日、北条氏政が伊豆国四日町（静・伊豆の国市）成福寺に掟を下し、同寺門徒に武田領の甲信の出家衆がいるか詳しく調査し、速やかに上野国筋から摂津国大坂（大阪・大阪市）石山本願寺に名簿を送付する事、もし門派の僧で武田方に通報する者がいたなら堅く調査させる（成福寺文書・北条氏文書補遺三六頁）。同日、北条氏邦が四方田源五郎に、駿河国興津松山（静・静岡市清水区）での武田勢との合戦の忠節を認め感状を与える（諸州古文書武州一二・一一六三）。**29日** 北条氏康が沼田三人衆の河田重親・上野家成に、今川方の使者の善徳寺茄首座と北条方の天用院を派遣し丁寧な扱いに謝礼し、殊に松本景繁が沼田城から春日山城への参府には豪雪で難儀と思い大変に感謝している。薩埵山の陣中の情況は、北条勢は薩埵山から中腹まで下りて二十六日には北条氏邦の軍勢五〜六〇騎が興津河原（静岡市清水区）まで出撃し、武田方の小荷駄隊を襲撃し五〇余人を討ち取った。上杉謙信は一日も早く信濃国飯山（長野・飯山市）に軍勢を出して欲しく、詳しくは由良成繁から伝えさせ、松本景繁にも書状を出したので届ける様に依頼する（上杉家文書・一一六四）。同日、北条方の千葉胤富が豊前山城守に、里見勢が下総国松戸（千・松戸市）から市川（千・市川市）迄荒らし、二十六日に原氏の臼井（千・佐倉市）方面の郷村に放火して二十八日に椎津城（千・市原市）に退散した事は小田原城へ報告した。常陸方面の情況は変わらず昨日は小田氏治から書状が来た等と伝える（松戸市立博物館所蔵間宮文書・千三-八八〇頁）。同日、上杉謙信が太田資正に、関宿城の簗田晴助から使者が来て返書し、北条氏政から数度に渡り和睦の梱望が来ているが、味方の諸氏を見捨てられず放置している。北条方が如何なる誘いを巡らそうと信じない。先年も北条高広を通して様々言訳してきたが悉く偽りで、和睦は拒否すると伝え、和睦は里見義弘や佐竹義重に相談せずには無事に済まないと伝える（東京大学史料編纂所所蔵太田文書・千四-三九二頁）。同日、上杉謙信が里見義弘に、太田資正と同様に伝え、北条氏政は偽善者で、里見方に様々に言ってきても信用してはならず北条氏政の書状写を送る。もし和睦の交渉になろうと義弘に相談せずして進める事はないと伝える（和歌山市中村文書・千五-三九三頁）。同日、上杉謙信が三潴右近大夫・鮎川盛長に、武田信玄が退き

3月

際の一戦で北条氏政に大敗したと伝える（色部文書・神三下-七〇三）。**吉日** 相模国太田和（神・横須賀市）本住寺の木造日蓮上人坐像を造立し、仏所に法眼長勤が見える（本住寺所蔵・新横須賀市史二-二四七三）。

1日 北条氏政が沼田三人衆に、松本景繁が北条氏の起請文を越府に届け、謙信の起請文が到来次第に越山との事を喜び、いよいよ手抜き無く越山の事を勧めて欲しい。駿河方面では二十八日に薩埵山で武田方の本郷八郎右衛門を始め、二日前には北条氏邦が興津河原（静・静岡市清水区）で敵を二〇人程討ち取り、連続して勝利している。信濃衆の事は謙信の作戦に任せると伝える（歴代古案四・一二六五）。**3日** 北条氏康が上杉謙信に、天用院に和睦の起請文を持たせて届けた。北条氏政の薩埵陣は武田信玄と対陣中で、謙信はこの時こそ信濃国飯山（長野・飯山市）へ出馬して欲しいと念願し、もし北条氏政が勝利を失うなれば後悔すると伝える（上杉家文書・一二六六）。同日、北条氏康が沼田三人衆に、越相和睦の交渉には旧冬以来は北条氏照・氏邦の二人で様々進めてきた。氏邦には由良成繁を取次とし、氏照の事にも懸命の努力をしたが、放って置けず天用院に起請文を持たせる時には氏照と氏邦の交渉筋を一つにし、両人連署の副状を用意させた。陣中からなので三日遅れの二月十三日に小田原城に到着し、天用院は十日に起請文を持たせてすでに小田原城を出発し、連署副状は氏康が預かりこれから届ける。今後は氏照・氏邦両人でか、どちらか一人が交渉するのかは謙信の思慮に任せるが、氏康は両人で交渉するのが良いと思うので決めて欲しいと伝え、氏照の取次も成繁に申し入れるので沼田三人衆は混乱しない様にと申し添える（歴代古案三・一二六七）。同日、北条氏康が柿崎景家に、先月十日に善徳寺・天用院を派遣したが、両人を沼田城に留め松本景繁一人が越府に向かい、それ以来の音信が無いため猿若八右衛門を由良氏に派遣した。薩埵山では武田方の本郷八郎左衛門ほか一〇〇人余りも討ち取った。この時こそ一日も早く信濃国飯山口（長野・飯山市）に出馬して欲しいと伝える（別本歴代古案五・一二六八）。同日、北条氏康が由良成繁に、使者の勝田（猿若）八右衛門を派遣し、条目の事で八右衛門に助言して欲しいと依頼する（御書集八・一二七〇）。同日、北条氏康が由良成繁に、松本景繁が越府から起請文の返答を持って沼田城に帰着したら、武田信玄との手切れとして上杉謙信の出馬以前でも沼田衆は上野国吾妻筋に侵攻し、沼田三人衆は謙信の出馬が遅れても急いで信濃境に出馬して欲しいと説得を依頼する（御書集八・一二七二）。同日、北条氏康が由良成繁に五ヶ条の覚書を出し、一、松本景繁が帰国の時に北条方から勝田八右衛門を使者として派遣する、一、天用院が上杉謙信に起請文を差上げ嘘偽りは無い、既に武田信玄との戦いも火急に成り、謙信にも伝えたが沼田衆に押しつけては何事も成しがたい、八右衛門は沼田で帰す様にして欲しい、一、後詰めの催促では謙信に信濃国飯山筋への出馬を要請して欲しい、一、武田勢との戦いには度々勝利している、一、信濃衆の軍勢の動きを知りたいと伝える（謙信公御書集八・一二六九）。**5日** 徳川家康が懸河城の今川氏真

3月

を攻める（家忠日記増補追加・静七-三-三六五二）。 **7日** 北条氏政が上杉謙信に、起請文で伝えた如く、また遠山康光からも早く出馬して欲しいと述べ、氏康も書状で依頼すると伝える（上杉家文書・一三八八）。同日、北条氏政が沼田城の河田重親・上野家成に、武田信玄との抗争の経過を述べ、越後に天用院と善徳寺を和睦交渉のため派遣し謙信の出馬を待っている。両人からも謙信を説得して欲しい。松本景繁は越府へ行っているので書状は出していないと伝える（同前・一一七三）。同日、上野衆の白井長尾憲景が上杉謙信に、北条氏照からの書状写を拝見し和睦を拒否していると知り、今川・北条が武田に勝利した後の越山では効果が無く早くして欲しい。常陸衆も越山が遅いと小田氏治への攻撃も揃わず、下総国関宿城では向城の不動山砦の北条勢が日増しに攻撃を強め、落城も間近く救出には上杉勢の越山のみと伝える（歴代古案一・静七-三-三六五五）。 **8日** 北条氏政が今川家臣の井出正次に、今月二日の駿河国上野筋（静・富士宮市）での武田勢との合戦での忠節を認め感状を与え、今川氏真に披露し恩賞を申請する（井出文書・一一七四）。同日、徳川家康が懸河城の今川氏真に、家康の遠江国領有を条件として和睦を申入れ、氏真が了承し伊豆国三島（静・三島市）に居る北条氏政に伝える（松平記四・静七-三-三六五八）。 **9日** 北条氏照が直江景綱に、上杉謙信から越相和睦の回答を得て満足し、沼田三人衆の河田・松本両氏の三ヶ条の条目は北条氏康父子が了解し、両人へ詳しく報告するので謙信に披露して欲しい。既に天用院から二十日以前に氏政の起請文を謙信に届けており、疑いを晴らし早急に同盟締結に漕ぎ着け、信濃国への越山を懇願する（歴代古案二・一一七五）。 **10日** 遠山康光が由良成繁に、北条氏政の書状を沼田城の河田・松本両氏に届け感謝し、以前の康光への沼田三人衆の書状は了承したが以後は音信不通である。この度は幸い河田・松本両氏に書状を届けたが、松本景繁は越府に行って不在と知り重ねて書状を出した。何れも納得して両氏に披露して欲しい。詳しくは成繁と面会し説明すると伝える（歴代古案一・一一七六）。 **13日** 北条氏康が上杉家臣の小中家成に、越相和睦への協力と天用院への親切に感謝し、今度は遠山康光を使者とするので宜しく頼むと伝える（小田原城天守閣所蔵文書・一一七七）。同日、北条氏康が沼田三人衆に、北条氏政の陣中から上杉謙信の越山の催促に遠山康光・垪和康忠を使者として派遣し、和睦の詰めに入るので武田信玄との勝負が着く以前の越山を念願すると伝える（河田文書・北条氏文書補遺二七頁）。同日、武田信玄が下総衆の簗田晴助に、北条氏政との決戦間近を報せ、北条氏に攻められている同城の運を開く時と感じ、西上野の味方国衆と相談して武蔵国へ侵攻するのが必要と思われ、信玄と同盟し協力させる（本間美術館所蔵文書・戦武二-一三七七）。同日、河田重親が徳川家臣の酒井忠次・石川家成に、初めての交渉に感謝し、今川氏真と徳川家康との和睦を使者から知り、上杉・徳川の交渉にも期待すると伝える（本光寺所蔵田島文書・静七-三-三六六一）。
14日 北条氏康が相模国田名（神・相模原市中央区）百姓中に、人馬四疋を賦課し二十日に小田原城に来て荷物を受け取り、伊豆国西浦（静・沼津市）まで運送させる（陶山氏所蔵江成文書・二一七八）。同日、北条氏政が清田内蔵佐・多田新十郎に、昨晩の駿河国薩埵山での武田勢の夜襲に忠節を尽くし、敵を討ち取る功績を認め感状を与える（多田文書ほか・二一七九〜八〇）。同日、北条氏政が遠山康英に、今晩深夜に武田勢が薩埵山の陣所の北条氏邦・大道寺資親の先手の陣場に夜襲をかけてきたが撃退し、敵の首注文を送り、氏邦の家臣本郷越前守が一人討死にと報告する（小田原城天守閣所蔵文書・二一八一）。**15日** 山吉豊守・河田重親が進藤家清に、遠山康光・北条氏邦の出陣日が由良成繁の申出と違っているなど三ヶ条を問合わせる（御書集八・埼六-二-五四七）。**17日** 北条氏政が上総衆の正木時忠に、里見義弘との和睦経過を問い、断絶ならば里見勢は北条領の下総国へ侵攻するから北条氏は時忠を支援すると伝える（正木武膳家譜・四六八三）。同日、北条氏邦が駿河国興津陣所から幕府奉公衆の細川藤孝に、足利義昭の入洛を祝し、北条氏政も我等も幕府に忠節を尽くすが、興津陣中で御内書を受け取り、藤孝には黄金三両を贈呈すると伝える（永青文庫所蔵細川文書・二一八二）。**18日** 北条氏康が沼田城に居る善徳寺・天用院に、十四日の書状が到来して越相交渉が無事に進展し満足と述べ、北条氏政の陣中に早速知らせた。松本景繁が越府に帰国し使者の遠山康光・垪和康忠も沼田城に参着するから上杉謙信の越山を急がせる催促を康光と相談して沼田三人衆へ申入れる事、謙信から起請文の返事を受け取ったら夜中でも書写し、康光が早馬で氏康に届ける事、和睦交渉が了承されれば康光に血判誓詞の交換を命じたので三人衆と相談して良ければ、使僧の善徳寺・天用院が沼田城に逗留し証人となる。松本景繁の越府での様子を聞き書状で報告させる（上杉家文書・二一八三）。同日、千葉胤富家臣の原胤長が伊勢神宮（三・伊勢市）の龍大夫に、北条方として甲駿方面へ出馬していたと伝える（神宮文庫所蔵龍大夫古文書・千五-三五頁）。**20日** 北条氏康が相模国須賀之郷（神・平塚市）清田氏に、他郷に欠落した百姓二人を帰村させる。奉者は幸田与三（清田文書・二一八四）。**21日** 北条氏康が細川藤孝に、足利義昭の御内書を頂戴し、義昭の入京の事を奥羽の者に知らせるため森坊が小田原城に下向し、北条氏政の書状を添えて義昭の意向に答えたので森坊から報告させ将軍に披露を依頼する（福山市承天寺文書・二一八五）。同日、北条氏康が細川藤孝に、足利義昭の入京の祝儀に代官を上洛させようとしたが、駿甲との抗争で北条氏政が伊豆国に出馬し、正月二十七日から駿河国興津山へ侵攻して武田勢と対陣して暇が無く許して欲しい。上杉謙信との和睦は半ば落着し、今夏中には必ず代官を上洛させ謝礼を申し上げるので、義昭にこの趣を披露して欲しいと依頼する（綿考輯録一・二一八六）。**23日** 北条氏政が鈴木助一に、正月十八日の駿河国遊野（静・芝川町）の合戦で武田方の者を討ち取る忠節を認め、今川氏真に披露して感状を出させる（静嘉堂本集古文書タ・二一八八）。同日、北条氏政が井出正直に、三月二日の駿河国上野（静・富士宮市）での武田勢との合戦で二人を討ち取る忠節を認め、今川氏真に感状を出させる（井出文書・二一八七）。同日、北条

3月

氏康が須藤盛永に、石切職一人を相模国足柄城（神・南足柄市）から小田原城に召還させる（片平氏所蔵青木文書・二八九）。同日、北条氏康が相模津久井衆の内藤廿騎衆に、同国藤沢（神・藤沢市）に集まり三浦方面への防備に同国三崎城の宝蔵寺砦（神・三浦市）に着到し、三日間の在番を務め帰国して良い。必ず今夜中に肥田某が同行して宝蔵寺砦に入り山中康豊と相談して在番する事、兵糧は三崎城で康豊から受け取り小荷駄は必要無いと申し渡す（富士山本宮浅間大社文書・二九〇）。同日、武田信玄が京都の家臣の市川十郎右衛門に、織田信長を仲介して上杉謙信との同盟を進めさせ、今川氏真と徳川家康の同盟について不審の意見を述べ、織田と武田との同盟は大切で持続させると伝える（古今消息集三・戦武二-一三七九）。**24日** 北条氏政が常陸衆の江戸氏家臣の谷内（田）部重種に、駿河方面では正月二十六日から武田勢と合戦が続いている。佐竹義重が北条氏を見放したのは不審で、以前の如く江戸重通に佐竹との仲介を依頼する（安得虎子一〇・二九一）。**26日** 北条氏康が上野衆の阿久沢左馬助に、相越和睦の使者を送迎した功績に感謝する（阿久沢文書・二九二）。同日、北条氏政が細川藤孝に、足利義昭の御内書を頂戴して感謝し、奥羽方面への御内書なので使者の森坊に将軍の意向について意見を述べ、藤孝から披露させる（綿考輯録一・二九三〜四）。同日、里見義弘が太田資正父子に三ヶ条の覚書を出し、今川氏と武田氏との同盟が崩れ北条氏康父子が今川氏真に同心した事、上杉謙信は越山する事が必要な事、北条氏からの誘いの事とある（謙信公御書集八・千四-四三七頁）。**27日** 沼田三人衆が春日山城の山吉豊守に、松本景繁が沼田に帰宅して報告し、善徳寺・天用院を二十六日に春日山城に向かわせ近日中には参着する。北条氏から連続して御切書が到来し総て持参させた。遠山康光・垪和康忠が金山城に来て十六日以来は当三人衆と相談したいと懇願するので小川夏昌斎が日限を来月七日頃と決めて帰国させた。謙信の定めもあるから三人衆の思慮もあろうが由良成繁は日限通りに沼田城に来ると報告する。ついで上野国倉賀野城（群・高崎市）の武田勢は退散したと成繁が報告したとある（上杉家文書・新三-一四七七）。**30日** 遠山康光が発智右馬亮に、北条氏康父子から上杉謙信への和睦の交渉過程で世話になり、康光が参上して説明すべきを松本景繁の沼田城への帰宅が遅れ、金山城に留まり遅くなったと詫び、近日中には参上するが、まずは北条氏政の書状を康光の使者の上野式部・志津野一左衛門に持たせ派遣すると伝える（発智文書・二九五）。**晦日** 由良成繁が山吉豊守に、北条氏からの和睦交渉に直江景綱と相談して上杉謙信への取り成しに感謝し、北条氏康父子・北条氏邦も感謝しており、謙信に急ぎ越山の説得を依頼する（上杉家文書・新三-一四七五）。

4月

1日 可直斎長純が細川藤孝に、足利義昭からの御内書に謝礼し、去年に隠居した身なので格別な奉公も出来ないが、何かあれば藤孝を頼ると伝え、詳しくは森坊から述べさせる。奉公とは古義真言宗の御用か（永青文庫所蔵細川文書・

二九六)。同日、小田原城下の玉滝坊乗与が細川藤孝に、足利義昭の御内書に謝礼し、森坊からの依頼の事を了承し、今
後も御用取次を承ると伝える(綿考輯録一・一九七)。**6日** 武田信玄が佐竹義重に、北条氏の全軍が駿河国に出陣し、
佐竹方の国衆は小田原城に進撃し、駿河国懸河城(静・掛川市)へは徳川家康が攻撃し近日中には陥落する。殊に先月
下旬に織田信長が京都から帰国し、今月末には必ず徳川方への加勢として侵攻するので懸河城攻めは任せ、信玄は小田
原城を攻めると述べ、越相和睦の粉砕を計画し協力を求める(昭和五十年弘文荘展観入札目録・戦武二-一三八七)。**7日**
武田信玄が徳川家康に三ヶ条の条目を出し、徳川勢の懸河城攻めには向城を構築して攻める事、信玄の甲越和睦は将軍
足利義昭の命令で織田信長を仲介として成立させる事、信玄は佐竹義重・里見義弘・宇都宮広綱等の関東国衆の過半を
味方にして小田原城を攻めると伝える(山梨市山県文書・戦武二-一三八九)。**11日** 武田家臣の山県昌景が荻原豊前守に、
武蔵国檜原(東・檜原村)に侵攻して北条方の兵を多数討ち取る忠節を喜び、甲斐国上野原城(山梨・上野原市)加藤
景忠と相談して軍事行動せよ等と伝える(河野文書・戦武二-一三九〇)。**17日** 本田正勝が死没する。四〇歳。法名は紹香。
20日 北条氏政が某に、通りの御荷奉行に任命して小田原城の関為清から荷物・人足を受け取り、四五人の人足で二十
三日真夜中に出発して駿河国佐野(静・裾野市)に届け、帰国のための通行証書を取って帰還させる(平本文書・
三七九七)。**21日** 太田資正父子が上野国沼田城の河田長親に七ヶ条の覚書を出し、先ずは上杉謙信が越山を果たす事、北
条氏康からの和睦締結と国分け方法の事、佐竹義重との和睦について資正父子も参画する事、武蔵・上野・常陸・下野
各国は上杉領とする事、関宿城簗田晴助の扱いの事、資正父子の今後の事で既に家臣が知行注文を提出し、無事に和睦
締結させる事と伝える(長岡市立科学博物館所蔵河田文書・千四-八六二頁)。同日、太田資正が河田長親・山吉豊守に、五
ヶ条の覚書を出し、古河公方の御座所は古河城(茨・古河市)にする事、古河公方の関東公方への承認の事、武蔵・上
野・常陸・下野各国を上杉領とする事、宇都宮氏を離反した西方河内守を引き立てる事、これら条目には起請文を出す
事と伝える(上杉家文書・埼六-二-五五二)。同日、梶原政景が某に、北条氏政が佐竹義重との和睦を願い、上杉謙信が味方
中に尋ねて大石芳綱を派遣したと述べる(別本歴代古案一四・埼六-二-五五〇)。**23日** 北条氏政が伊達輝宗に、駿河方面の
状況報告に使僧玉滝坊と使者を付けて派遣し、武田信玄との抗争と上杉方から伊達氏への和睦を述べ、今後も懇ろにと
伝える(仙台市博物館所蔵伊達文書・一一九九)。同日、山吉豊守が遠山康光に、七ヶ条の覚書を出し、武蔵国松山城
(埼・吉見町)の帰属調停を急ぎ落着させる事、里見氏と房総の国衆は上杉方とする事、二十四日に上杉謙信が出馬す
る予定が遠山方の遅延で二十六日に春日山城を出馬するので康光の越山は延ばさない事、越相の対談で上杉勢はどの方
面から甲信に侵攻するのか北条父子の本意を知りたい事、陣中でも気遣い無く謙信の本心を聞く事、今度の和睦は武田

信玄への対応であり、秋中には信玄を討ち取ると我々は認識している事、北条氏康父子の書状への返答は返書が遅れるので春日山城の豊守の役所で先ずは認め返書する事と述べる。上杉方と北条方との具体的な和睦交渉が始まる（上杉家文書・四五四）。**24日** 北条氏康父子が上杉謙信に、北条氏は松山城を上田朝直の本拠と認識し、永禄三年（一五六〇）の上杉氏との合戦の時も朝直父子は小田原城に在府した。この事をよく認識され相違無く松山領を朝直に返還して欲しい。今朝早朝に武田信玄が敗北したので、越後から一報有り次第に北条方は甲斐国に侵攻する。この時に同時に上杉勢は信濃国に出馬して欲しいと伝える（同前・一二〇〇）。同日、武田信玄が退却路を閉鎖されるのを警戒し、駿河国興津横山城（静・静岡市清水区）と久野城（静岡市駿河区）に在城衆を残し早朝に帰国する。**25日** 北条氏政が駿河衆の矢部将監に、明日は吉原（静・富士市）の船一〇余隻を総て昼以前に富士川の出瀬に必ず廻しておき、水泳の達者な者も悉く集め御用を務めさせる。奉者は山角定勝（矢部文書・一二〇二）。**27日** 北条氏政が駿河衆の杉本八郎左衛門・秋山善右衛門に、前々の如く同国泉之郷（静・清水町）井領免と定使給を安堵し田畠の耕作を命じる。奉者は山角定勝（秋山文書・一二〇三）。同日、北条氏康が上杉謙信に、途中での越相使者の対談での国分けに意義があり、聞き届けて欲しいと伝える（上杉家文書・一二〇四）。同日、北条氏康が松本景繁に、北条氏政の苦心の交渉内容を氏康も了承したが一ヶ条だけ不安があり、上野一国を上杉方に譲るのは半国にして欲しいと伝え、武田信玄が敗北し謙信が信濃に侵攻すれば、氏政は甲斐国に侵攻する。遠江国懸河城は兵糧が尽きて来月上旬迄は持たないと使者が見届け、和睦交渉で越山を催促しており、神かけて嘘は無く、今川氏真が滅亡した後では意味が無いと伝える。上野国半分とは由良氏と厩橋北条氏の領域を除く事か（同前・一二〇五）。同日、北条氏康が上杉謙信に、三種三荷を賜呈する（御書集八・一二〇六）。同日、北条氏康が山吉豊守に、北条方で上野衆の北条高広の扱いには越相和睦が成立したら赦免して欲しいと懇願し、詳しくは北条氏照から述べさせる（同前・一二〇七）。同日、北条氏康父子が上杉謙信に、和睦につき一〇ヶ条の覚書を出し、利根川の内側と西上野は上杉領、ほかに武蔵国藤田・秩父・成田・岩付・松山・深谷・埴生の各領、下総関宿の簗田氏、房総の里見氏の各国衆の進退保障と上杉方への割譲問題が交渉の主題となる（上杉家文書・一二一〇）。**28日** 北条氏政が今川家臣の岡部和泉守に、懸河城に移り早々に遠江国の状況を報告させ、和泉守の一報で出馬すると伝える（土佐国蠧簡集残編六、七・一二〇八）。同日、今川氏真が北条家臣の大藤政信に、武田信玄の退散を喜び、長期在陣の苦労を感謝して今後も忠節を依頼し、詳しくは御厨伯耆入道から述べさせる（大藤文書・四五五）。同日、武田信玄が駿河国から甲斐国に帰着する（王代記・武田史料集三五五頁）。**晦日** 北条氏康が小田原城から足柄（神・南足柄市）迄の宿中に、石切一〇人に伝馬一疋の使役を認め公方伝馬とする。奉者は幸田与三（片平氏所蔵青木文書・一二〇九）。

5月

▼この月、北条氏康が上杉謙信に条書を出し、一、天文七年（一五三八）に足利晴氏の発令で北条氏綱が下総国国府台（千・市川市）の合戦に出馬して小弓公方父子三人を討ち取る勲功として関東管領職に就任し、御内書二通を頂戴し、既に北条氏政の実子がその名跡を継ぐと決まっており申す事は無い、二、以前から氏政に随伴した上野国の利根川西域の数ヶ所の国衆が北条氏の手を離れるのは聞こえが悪いが、上杉方へ随伴したら引き立てて欲しい。遠山康光・垪和康忠が松本景繁に六ヶ所の国衆（藤田・成田・岩付・松山・深谷・埴生の事）を書上げたのは永禄三年（一五六〇）に上杉方に随伴した国衆で、越相和睦に味方した者で武蔵国に入る。豆相武三ヶ国は北条氏の戦功で抱えた本領と了承して欲しい、三、景繁が古河公方足利藤氏の御座所の件を申したが遠国で知らず、藤氏は永禄九年に死没し晴氏から足利義氏へ家督が相続されて義氏の公方就任は間違いなく、和睦成立後も斟酌して欲しいと申し渡す（庄司氏所蔵伊佐早文書・一二二一）。この月か、北条氏政が上杉謙信に、和睦について一〇ヶ条の覚書を出し、氏政の息子を上杉方に人質に出す事、書札礼の事、武田信玄への対応、小田氏治・佐竹義重への対応、小弓公方足利義明の一族の事等も和睦交渉の題目とさせる（歴代古案三・一二七二）。

1日 北条氏政が太田四郎兵衛・矢部将監・鈴木弾右衛門に、氏政の駿河退去に当たり諸軍勢を富士川以西に残すので、吉原（静・富士市）の船橋は五〜七日間は撤去せず各人が相談して守備し、船橋を破壊せぬ様に設営しておく事、大切な軍勢を川西に残すから船の管理が重要で、油断し妨害する者は三人の責任とし、家臣共に処罰すると厳命する。奉者は石巻康保・山角定勝（矢部文書・一二二二）。**2日** 北条氏康が表御番之番匠で鎌倉の源左衛門に、相模国三浦郡で矢来を組む急用の御用のため三日間の使役を命じ、日当は肥田助七郎から受け取る事、この氏康朱印状が参着次第に夜通しで就役させる（相州文書鎌倉郡・一二二四）。**7日** 北条氏照が柿崎景家・山吉豊守に、越相同盟が起請文の交換で成立すれば下総国関宿城（千・野田市）の向城の山王山砦（茨・五霞町）の北条勢は退去する事が、上杉謙信からの内意であると沼田三人衆から遠山康光・垪和康忠への書状で北条氏康父子が知り了承し、氏康から氏照に同砦は関宿城の簗田晴助に遺恨を残すので、城衆を退去させ破却すると伝える（歴代古案四ほか・一二二六〜七）。**8日** 北条氏康が岩付当番衆の富永政家に、下総衆の大須賀信濃守が武蔵国岩付城（埼・さいたま市岩槻区）に移るので、着いたら即刻同城を出馬し江戸城（東・千代田区）に帰らず同国滝山城（東・八王子市）に直行して由井・八日市（八王子市）に着陣させ、八王子筋に武田勢が侵攻しても北条勢は一切居ないため不安で、一刻も早く着陣せよと厳命する（横浜市森文書・一二二八）。**9日** 伊豆に在陣中の北条氏政が小田原城からの使者の南条四郎左衛門に、北条氏康から四郎左衛門への伝言は了承した、懸河城は北条・徳川和睦が無事に落着したとの使者の報告で氏康の疑いは晴れたであろう。武田勢は相模国津久井

5月

口（神・相模原市緑区）に侵攻するは必定と津久井城の内藤綱秀が書状で知らせて来たが、伊豆方面の事は知らせずにおいた。四郎左衛門を小田原城に返すので詳しく報告させる（古今消息集一〇・一二二九）。同日、武田信玄が某に、伊豆国三島（静・三島市）と北条氏照の武蔵国滝山口（東・八王子市）の両方面に侵攻する予定が、帰国して病気になり遅延して無念である。間もなく回復するので三日の内に出馬する。特に京都の足利義昭からは甲越和睦が過半完了して喜ばしいと伝えられ、近日には北条攻めの軍勢を両方面に入れるので忠節を期待すると伝える（埼玉県陽雲寺文書・戦武二-一四〇三）。同日、北条氏政と徳川家康が和睦する。**11日** 北条綱成が今川家臣の三浦元政に、今川氏真を迎えに使者を懸河城へ派遣すると伝え、徳川家康との和睦も人質の交換が済んだと報告され、詳しくは御厨伯耆入道から伝える（三浦文書・一二三〇）。**15日** 今川氏真が徳川方に懸河城を開城して北条氏に引き取られ、駿河国蒲原城（静・静岡市清水区）に向かう。**16日** 北条氏政が矢部将監に、富士川の船橋の筵を調達して太田四郎兵衛に渡し、代金を支払うので筵の供出者を寄越させる。奉者は石巻康敬（矢部文書・一二三一）。**17日** 武田信玄が上野衆の高山定重に、武上国境に砦を構築し上野国箕輪城（群・高崎市）浅利信種と相談して在城し、郷村から員数を集めて同心とさせる（高山系図所収文書・戦武二-一四〇八）。**18日** 北条氏政が北条幻庵・久野殿に、駿河国で武田信玄が敗北し、昨日は今川氏真夫妻を無事に駿河国蒲原城に引取り満足している。また三浦氏員の新造（幻庵姉の長松院殿）も同城に着城したので安心と伝える（色々証文・一二三二）。同日、上杉家臣の進藤家清が直江景綱・河田長親に、十八日に北条氏の使者が越後国塩沢（新・南魚沼市）に到着し、天用院は五〇絡みの人で北条氏家臣の石巻家貞の弟で大酒飲みで一〇人程の従者を連れている。枕流斎は北条氏照の使者で五人連れの俗人、志津野一左衛門は北条氏邦の家臣で天用院の案内人と思える。勝田八右衛門は五人連れ、小川夏昌斎は六人連れ、氏康から酒を贈呈されたが、この度は他の進物品は無く、由良成繁から具足を贈呈された。当地では歓迎に意を用い、二十四日には柿崎（新・上越市）に到着すると行程を詳細に報告する（伊佐早文書・新五-三-三二九）。**19日** 北条氏政が遠山康英に、先日は駿河国薩埵山陣の時に酒井入道に伝馬朱印でない北条氏康の隠居印を捺印した伝馬手形が出されたが書き誤りと見過した。しかし、今度は板倉氏にも同様の氏康印を捺印した伝馬手形が出され間違いない。先に定めた規定と相違し、一応は康英に知らせるが氏康へ披露には及ばない。両通共に康英の奉者であるから知らせた迄で、もしも伝馬印の規定の変更があれば氏政にも披露されるのか。この儘では伝馬負担者が混乱するので知らせたと述べる（長府毛利文書・一二三三）。**20日** 北条氏照が伊達輝宗に、駿甲相同盟の崩壊、駿河国薩埵山陣の勝利、越相和睦が半ばまで進行した事を伝え、今後も誼を通じたいと念願して玉滝坊を派遣し、狩野の筆になる扇を贈呈する（伊達家文書・一二三五）。**23日** 北条氏政が石巻伊賀守・近藤孫六・清水新七郎に、懸河城での長期籠城戦

閏5月

と今川氏真夫妻の相模国への帰国への忠節を認め太刀と知行を宛行う（大森氏保管文書ほか・一三六〜八）。同日、今川氏真が某（三浦氏カ）に、北条国王丸（のち氏直）を養子とし、駿河国を北条氏に譲渡すると述べる（三浦文書・静七-三-三七五三）。同日、千葉胤富が井田胤徳に、去る合戦以来は平穏と述べ、北条氏政が伊豆国三島を開陣したら帰国せよと命じる（井田氏家蔵文書・神三下-七七六九）。**24日** 北条氏政が徳川家臣の酒井忠次に、今川氏真の帰国の際に徳川家康に起請文をもって和睦を申し入れたところ返答の起請文が届き本望である。懸河城の出城の時には忠次が途中まで来て証人になってくれた事に感謝し、今後も家康とは協力したく仲介を依頼して馬を贈呈し、詳しくは北条氏規から書状を出させる（致道博物館所蔵酒井文書・一二二九）。**28日** 北条氏政が駿河衆の富士信忠に、駿河国が北条氏の支配になった事を告げ、信忠の引き立てを約束する（静岡県立中央図書館所蔵大宮司富士文書・一二三〇）。

▼この月、原胤貞が死没する。嫡男胤栄が跡を継ぐ。

3日 北条氏政が垪和氏続に、駿河国に侵攻した間は興国寺城（静・沼津市）在番として番や普請などで昼夜忠節を尽くした賞として武田方の駿河衆の欠所地で三〇〇貫文の地を宛行う（垪和氏古文書・一二三一）。同日、北条氏政が太田十郎に、駿河衆の欠所地で二〇〇貫文の地を宛行う（感状写・一二三二）。同日、北条氏政が清水新七郎に、賞として駿河国葛山領で二一七四貫文を宛行い、父康英とは別に寄親として家臣を手配し軍勢を仕立てさせる（高崎市清水文書・一二三三）。同日、北条氏康が今川家臣の岡部大和守に、今川氏真夫妻が無事に沼津（静・沼津市）に到着したと報告し、懸河城（静・掛川市）に於ける忠節と薩埵山での岡部和泉守の活躍を認め、氏真が早々に対面した事を喜ぶ（岡部文書・一二三四）。同日、北条氏政が駿河衆の富士信忠に、今度の駿河国錯乱では駿河衆の大半が武田方に味方したが、信忠は今川・北条方に属して大宮城（静・富士宮市）を堅固に守り忠節を尽くした事に感謝し、北条氏が氏真から駿河国の守護職を継いだので信忠を引き立てると約束し、同国富士上下方の一騎合衆の元の寄親を探して配下に組み込み、それ迄は同領は信忠の指南に任せる（静岡県立中央図書館所蔵大宮司富士文書・一二三五）。同日、上杉謙信が北条氏照に、越相和睦の件で北条氏康父子から使僧が来て謙信の真意を天用院に伝えた。既に神名誓詞に血判を据えた起請文を交換し少しも不安は無い。今後は然るべく取り成しを任せる。甲斐への出馬は了承したと伝える。越相同盟が成立（真田宝物館所蔵真田文書・四四五六）。**4日** 北条氏康が松本景繁に、今川氏真が上杉謙信に使僧を遣わして懸河城出城の様子を報告し、謙信に頼る他は方法が無いと告げ、詳しくは使僧の東泉院快円から述べさせ、天用院の帰国が遅れ不安である。北条氏政は伊豆国に出馬中で、氏康からも謙信への取り成しを依頼すると伝える（歴代古案二・一二三八）。同日、北条氏康が上野衆の由良成繁に、今川氏真から越後国へ使僧の富士東泉院の快円を派遣するので、小田原城から上野国金山城

閏5月

（群・太田市）迄は北条家臣の市川半右衛門が同行するが、金山城から同国沼田城（群・沼田市）迄の案内を依頼し、詳しくは遠山康光から副状を出させる（別本歴代古案一三・一二三九）。同日、北条氏政が伊豆国三島（静・三島市）三島大社神主の矢田部盛和に、北条氏が駿河国守護職になったので同国土狩郷（静・長泉町）内の三島大社の神領を今川氏の時の如く寄進する（三島大社文書・一二三七）。同日、北条氏政が伊豆国稲取・片瀬（静・東伊豆町）代官・百姓中に、三島大社の神事銭は伊勢宗瑞の時から賦課されていたが今度は滞納していると聞いた。究明に及ばず代官・百姓は死罪にするところ、当地領主の北条高広は上野国の他国衆で、新任の代官は知らない事と思い今回は赦免し、古来の如く五日以内に納める事、この上の滞納は重罪とすると命じる。奉者は山角某（伊豆三島宮文書・一二三六）。同日、遠山康光が松本景繁に、先月十八日の越後国塩沢（新・南魚沼市）からの景繁書状を晦日に小田原城で拝見し、天用院と同行して越府へ行った事に感謝して上杉謙信への取り成しを依頼し、今川氏真も使僧を越後府中（新・上越市）に派遣し北条氏康の添状を持参した。氏真と徳川家康とが和睦して懸河城を開城し、先月十五日に城を出て今は駿河国沼津に着陣、総ては北条氏政が調停して薩埵・蒲原城（静・静岡市清水区）を始めとして駿河国の警護を申しつけ氏真から駿河国守護職を譲られている。氏真の使僧の富士別当東泉院の快円から述べる等と伝える（歴代古案三・一二四〇）。**5日** 簗田晴助父子が直江景綱・山吉豊守に、先達て大石右馬丞を養子として派遣し、その証拠として先ずは下総国山王山砦（茨・五霞町）から北条勢が退去し、昨日に破却したと伝える（謙信公御書集八・千四-四三八頁）。**6日** 北条氏政が駿河国東田中（静・御殿場市）宝持院に禁制を掲げ、北条勢や甲乙人の乱暴狼藉と寺中門前共に竹木伐採を禁止させる。奉者は板部岡融成（宝持院文書・一二四一）。同日、上杉謙信が武蔵国羽生城（埼・羽生市）広田直繁に、越相同盟の成立を報じ、関東国衆が皆北条氏に随伴しているのに直繁は上杉方であるのを感謝し、今後の忠節を期待する（森山文書・新五-三-二八三六）。同日、小田氏治が那須資胤に、越相同盟を伝え、佐竹義重に侵攻されているが小田城（茨・つくば市）の守りは堅く、伊豆在陣中の北条氏政からも懇ろにしてもらっていると伝える（那須文書・静八-四-七）。**7日** 北条氏照が上杉謙信に、沼田衆の越相同盟の内意に従い下総国山王山砦を破却し、北条氏康父子に報告し感謝されたと伝える（上杉家文書・一二四二）。**10日** 上杉謙信が某（宇都宮広綱カ）に五ヶ条の覚書を出し、一、広綱の意見に任せ北条氏へ返答した書状写を送る事、一、今後は武田信玄から上杉への使者は追い払う事、一、北条氏との同盟締結には起請文を交換した事、一、相越同盟を締結すれば必ず関東国衆の離反・随伴が起こるし、佐竹義重と謙信との間を妨げる者も出る事に注意する事、一、謙信の関東越山には義重も直ちに出馬する事と伝える（宇都宮氏家蔵文書・神三下-七七九二）。**13日** 北条氏政が那須資胤に、駿河国での軍事行動が終了したので武田勢に対して砦を構築し、完了したので五日の内には帰国す

6月

ると述べ、詳しくは北条康成から伝えさせる（栃木県立博物館所蔵那須文書・一二四五）。同日、北条氏政が岡部和泉守に、駿河国薩埵山の状況を問い合わせ、駿河衆の員数が不足と聞き、偽り無く報告させる（岡部文書・一二四四）。同日、北条氏政が岡部和泉守に、父親が死没のため帰国を許可し、一日だけで帰る事と命じ、大藤政信と駿河衆が相談して諸事を決めさせる（同前・一二四三）。同日、駿河国蒲原城（静・静岡市清水区）北条氏信が岡部和泉守に、同国興津（静岡市清水区）の様子を報告させ、武田勢が侵攻したら夜中でも急報させる（孕石文書・一二四六）。**14日** 北条氏政が武藤新右衛門尉に、葛山氏の証文に任せて棟別役と点役を赦免し、政所給は安堵し忠節を命じる。奉者は板部岡融成（武藤文書・一二四七）。同日、北条氏政が駿河国の轆轤師与四郎に、葛山氏の証文に任せて棟別役三間分を赦免する。奉者は大草康盛（御殿場市山田文書・一二四八）。同日、北条氏政が植松右京亮に、葛山氏元の証文に任せて知行五〇貫文を宛行い軍役を務め、忠節によって恩賞を与えると約束する（獅子浜植松文書・一二四九）。**15日** 北条氏康が三山綱定に判物を出す。当文書は断簡のため内容は未詳（平沼文書・北条氏文書補遺三七頁）。同日、北条氏政が駿河国吉原（静・富士市）矢部将監に、鈴木氏が村に帰還したと聞き、彼の親は武田方に離反したと聞き、真実を確かめる間は他領に居よと命じる事を同国大平城（静・沼津市）今川氏真に申し渡す。奉者は石巻康敬（矢部文書・一二五〇）。**16日** 武田信玄が上野衆の浦野宮内左衛門尉に、駿河国に侵攻するため武蔵国方面の手立てとして浅利信種を上野国箕輪城（群・高崎市）に派遣し、その指揮の許で忠節を尽くさせる（尊経閣文庫所蔵小幡文書・戦武一四一三）。**18日** 北条氏政が浜野弥六郎と恒岡某に、去年から二〇〇日も駿河国薩埵山（静・静岡市清水区、由比町）に在陣した忠節の恩賞として同国内で知行を宛行うと約束する（古文状写ほか・四六八四～五）。**20日** 北条氏政が本田熊寿（のち正家）に、父正勝の家督を相続させ、幼少のため二年間は伯父甚十郎に名代を命じ、二年後には父の名跡を継いで軍役を務めさせる。奉者は山角定勝（本田文書・一二五一）。**21日** 今川氏真が上杉謙信に、去年から駿河国懸河城に籠城、徳川家康と和睦して同城を家康に渡し、十五日に同国沼津に入った。此処は北条氏政の陣所の伊豆国三島の近在で諸事を相談し、甲斐国への侵攻も考えていると伝え、その方面への上杉勢の侵攻を急いで貰いたく使者の東泉院快円から詳しく述べさせる（歴代古案一・静八－四－二四）。**25日** 北条氏政が牛込勝行に、武蔵国比々谷（東・千代田区）の陣夫銭六貫文を近年は江戸衆の中村宗晴に与えていたが、訴えにより赦免とする。奉者は秩父孫四郎（牛込文書・一二五二）。

2日 上杉謙信が北条方使者の天用院に、先日は遠路を越府まで来たのに多忙で充分な対応を欠いた事を詫び、同盟締結の条件は家中衆に申したので早速に北条氏康父子に条件を履行する様に伝えて欲しい。上杉方使者の広泰寺昌派への指南も任せると述べる（旧後権鎰取鎖是氏文書・四五七）。**3日** 北条氏康が水軍大将の山本正直に、武蔵国金沢（神・

6月

横浜市金沢区）の船三隻が海賊に奪われ、海上の途中で奪還したが里見方の軍船と出会い、勝利して上総国風津浦（千・富津市）に追い上げた功績と忠節を認め北条氏規に感状を申請する（越前史料所収山本文書・一五三二）。同日、北条氏規が山本正直に、北条氏康の申請により感状を与える（同前・四〇一九）。**5日** 武田勢が武蔵国御嶽城（埼・神川町）を攻略。この頃から武田信玄が佐竹義重・里見義弘と同盟交渉を開始する。**9日** 北条氏政が上杉謙信に、起請文に血判を据えて送られた謝礼を述べ、北条氏康・氏政も血判を据えた起請文を出し、小田原城に居る上杉方使者の広泰寺昌派に渡す（上杉家文書・一二五四）。同日、北条氏康父子が上杉謙信に、同盟締結の条件として養子を氏政の次男国増丸（のち太田源五郎）を指定され了承し、小田原城に居る広泰寺昌派・進藤家清に伝える（同前・一二五三）。同日、北条氏照が上杉謙信に、同盟締結の祝儀として刀を贈呈された答礼に太刀を贈る（同前・一二五五）。同日、北条氏照が山吉豊守に、小田原城に使者の広泰寺昌派・進藤家清を派遣し持参した上杉謙信の書状を受けて謝礼し、今後も上杉方の使者の取り成しをすると伝える（謙信公御書集一〇・一二五七）。同日、北条氏照が山吉豊守に、使者の天用院と交渉して速やかに上杉謙信の起請文に血判を据えて送られ謝礼する。謙信からも北条氏康父子の血判の起請文を要望され、広泰寺昌派・進藤家清の前で血判を据えて渡し、次いで氏照の起請文に血判を据えて渡すと伝える（同前・一二五六）。同日、武田信玄が上総衆の正木憲時に、甲相の抗争を報告し、里見義弘父子との同盟で北条氏を退治する事を念願と伝える（千葉県文書館寄託神保文書・戦武二-一四一八）。同日、北条康成が上杉謙信に、越相同盟の締結に祝儀を述べ、使者の広泰寺昌派から北条氏康父子と康成へも起請文の血判を要望されて了承する（謙信公御書集一〇・一二五八）。**10日** 北条氏康が上杉謙信に、書状到来と起請文に血判を据えて早速に返送されて感謝し、使者の広泰寺昌派が持参した謙信の起請文の案文に血判を据えて昌派に持たせ、北条氏政の書状も副えたと伝える（上杉家文書・一二六〇）。同日、北条氏康が上杉謙信に、昆布・鱈・干鮭・酒を贈呈され、当地では珍品と謝礼を述べ、特に酩酒に感激したと返答する（同前・一二六一）。同日、北条氏政が伊豆国三島（静・三島市）愛染院に、同院からの訴えに裁許して三島大社別当の大光院が武田方に味方して甲斐国に出奔し、伊豆国内で大光院の抱える寺領と末寺を愛染院に管理させ、前々の如く国家長久の祈禱を依頼する。評定衆は石巻康保（小出文書・一二五九）。**11日** 北条氏邦が山吉豊守に、先月下旬に北条使者の天用院が帰国の途につき、同盟の件は上杉使者の広泰寺昌派・進藤家清に任せている。血判の起請文を拝見し北条氏康父子も喜悦し、氏邦も感謝している。氏康父子も起請文を出し使者に渡した。この上は上杉勢の信濃国への出馬を待つばかりで氏邦から使者を出すと伝える（謙信公御書集一〇・一二六二）。**12日** 武田信玄が佐竹方の梶原政景に、来秋は小田原城に攻撃を仕掛ける談合のため里見義弘に玄東斎（日向宗立）を使者に派遣し、通路の安全を依頼する（東大阪市専宗寺文書・戦武六-四二一九）。

16日 北条氏政が上杉謙信に、十六日に甲信の武田勢が全軍で駿河国古沢（静・御殿場市）新地（深沢城）に侵攻し、北条勢は籠城して防戦している。武田勢の動きの様子は重ねて報告するが、早急に後詰めの出馬を要請する。上信の国衆は総て武田方に着陣している様子で、北条方の由良成繁や長尾顕長への加勢は断り、今や謙信の下知が必要と伝える（上杉家文書・一二六四）。同日、北条氏政が由良成繁に、武田勢が十六日に深沢（静・御殿場市）新地に侵攻し、北条綱成や松田憲秀が籠城して防戦している。ただし今頃の侵攻はどの様な理由であろうか。今明日の武田勢の動きを見て重ねて報告する。小幡氏等の上野衆の軍勢が働いているので北条氏邦に命じて西上野に向けて出馬させた。せめて成繁父子の内の一人でも出陣し、氏邦と相談すれば軍略も思いのままであろう。もし妨害する者が有れば軍勢を多数加勢に向かわせる。何としても二十日頃には出馬して欲しく、詳しくは氏邦から聞いて欲しい。上杉謙信へも飛脚を差し向けるので案内等は任せると伝える（同前・一二六五）。同日、北条氏康が上杉謙信に、武田信玄の侵攻を北条氏政からの飛脚で知り、十六日に武田勢の大軍が古沢新地に侵攻したが防戦に努めている。この頃は武田方が盛んに駿河国駿東郡に新城を構築していると噂され、北条氏政が出陣すべきかどうか、大切な所なので対陣させている。後詰めを依頼し重ねて報告すると伝える（同前・一二六三）。同日、広泰寺昌派・進藤家清が山吉豊守に、上杉謙信からの書状を受けて感謝し、小田原城の対応を早急に報告すべきところ同盟交渉が遅れてお詫びする。十日の様子は書状を出したが到着したと思う。上杉方の飛脚は路次において交渉過程を誤ってはと、上野国金山城（群・太田市）の由良成繁が留めて置いた。十五日に我等が金山城に到着し謙信の定めを申し受けた等と知らせる（同前・神三下－七八一七）。**17日** 甲斐国に帰されていた北条氏政の正室黄梅院殿（武田信玄の娘）が死没する。二七歳。法名は黄梅院殿春林宗芳大禅定尼（北条家過去帳・小一－六二四頁）。**18日** 由良成繁が上杉謙信に、北条氏からの早飛脚で知らされたが武田信玄が十六日に信甲の全軍を率いて駿河国古沢新地に侵攻し、謙信は信濃国に後詰めの軍勢を出して貰いたいとの要請で、詳しく河田長親・直江景綱・山吉豊守に報告したと伝える（上杉家文書・静八－四－三）。**24日** 北条氏康が上野衆の富岡氏に、武田信玄の武蔵国への進撃を報せ、北条氏政が迎撃の合戦を遂げると決めたので参陣し、忠節を尽くして欲しいと伝える。詳しくは岩本定次から副状させる（千葉市立郷土博物館所蔵原文書・一四二五）。同日、北条氏政が伊豆国三島（静・三島市）三島大社神主の矢田部盛和・同刑部大夫に、同社造営中の仮殿完成までは三島大明神を本地堂に移させる事、造営費用が少ないので社領から転用して造営せよと命じる。奉者は笠原康明（矢田部文書・一二六六）。同日、正親町天皇が武蔵国牛頭山寺（＝宗関寺、東・八王子市）を勅願寺とする（宗関寺文書・東古中三－一〇三八）。**25日** 今川氏真が大藤政信に、二十一日に武田勢の塩荷運送の者を捕らえた功績を讃え、北条氏政に披露すると伝える（大藤文書・四四五八）。同日、武田信玄が駿河国

6月

の富士屋敷（静・富士市大宮）に侵攻する（野田家文書・一二七〇）。**26日** 今川氏真が駿河国大宮城（富士市）の城衆中に、武田勢に攻められ堅固に守備している事に感謝し、忠節を励まし甲越和睦も進行していると報せる（思文閣古書資料目録四三・静八-四-三七）。**27日** 遠山康光が由良成繁に、北条氏政と小川夏昌斎の書状を持参して二十八日に小田原城を発ち、七月一日に上野国金山城由良氏の許に到着する。自分は越後国への使者に派遣されたが老体で猛暑の山道を遠路行くので、北条氏や自分の為に大儀であるが同道して欲しいと依頼し、北条側からは自分一人が派遣され迷惑と断ろうとしたが北条氏政が恐怖の状態で断れず使者に立った。伝馬を金山城から沼田城（群・沼田市）まで五〇疋ばかり出して欲しい。一日に金山城に着いて二日には出発する予定と伝える（上杉家文書・一二六七）。**28日** 北条氏康が山吉豊守に、先頃は上杉方の使者の広泰寺昌派・進藤家清を小田原城から越後国に帰国させる時に遠山康光を同行させると命じたが、武田信玄が駿河国御厨郡（静・御殿場市）に侵攻したため康光も在陣し遅延した。この度は康光を派遣するので指南を任せると伝える（神奈川県立公文書館所蔵山吉文書・一二六八）。同日、北条氏康が進藤家清に、遠山康光を今日越後国に派遣するので指南を依頼する（謙信公御書集九・一二六九）。同日、北条氏照が下総衆の野田景範に、長期の小田原城在府の苦労に感謝し、越相同盟が整い上杉謙信が放生会以前には信濃国に出馬して甲斐国に侵攻するから、北条勢は駿河から甲斐へ進撃する計画で三日前に遠山康光を越後国へ派遣した。関東中の事で謙信から様々と言ってきたが上野国は上杉氏の本国のために渡した。古河（茨・古河市）・栗橋の事で妨害する者は多いが野田氏の本領と承知しており、景範に返還する算段をしている事は認識して欲しい。武田勢が駿河国富士屋敷に二十五日に侵攻して城下を攻め崩し、武田信玄は途中に在陣していると報告し、詳しくは浅海左京亮から伝えさせる。前年には北条氏照が栗橋城主となり景範は鴻巣（古河市）に移る（野田家文書・一二七〇）。同日、鎌倉の円覚寺什物等并雑記に、心江妙悟大姉（蔭山家広後家）が香合一つ、天用院殿（石巻家種の弟）が法華経を寄付と見える（円覚寺富陽庵文書・相古三-一〇二二）。同日、足利義氏が鎌倉から下総国古河城（茨・古河市）に移座する（常陸宍戸家文書・戦古九三二）。

▼この月、北条氏の他国衆の北条高広が越相同盟の成立で上野国厩橋城（群・前橋市）に帰り、上杉謙信に帰参して許され城代となる。

7月

1日 北条氏康が安保泰通に、駿河国薩埵山陣での忠節に感謝し、上野衆の小幡信尚・長根某を北条方に引きつけた事の功績も認めるが浄法寺某が証拠や証文も無いと申し出た。氏康はそれを拒否して証拠も無くしてこの様な戦功を述べられず、念のため泰通は武蔵国鉢形城（埼・寄居町）に老母を人質に出し、安保氏の同国御嶽城（埼・神川町）本丸・中城に北条家臣を籠めて忠節は一点の疑念も無く、北条氏邦の家臣を同城に置いてよいであろう。浄法寺某は証拠もなく申し出たので北条家を追放したと伝える。児玉町史中世資料編では当文書の宛所は平沢左衛門尉と書き直したかと注記する（埼玉県立文書館所蔵安保文書・一二七一）。同日、北条氏政が古河公方家臣の野田景範に、駿河国に武田信玄が侵攻し、出馬するので、武蔵国由井（東・八王子市）の留守居役として北条氏照の下総国栗橋城（茨・五霞町）の城衆を召し寄せる。北条勢の行動中は栗橋城の留守居役を依頼し、詳しくは氏照から伝えさせる（野田家文書・一二七二）。同日、北条綱成が野田景範に、栗橋城の留守居役を依頼し、同城の番手の物主に綱成家臣の高田左衛門尉を任命する（同前・一二七三）。同日、武田信玄が某に、北条方の駿河衆の富士信忠が武田家臣の穴山信君に属したと知らせる（菅田天神社文書・戦武二-一四二三）。**2日** 北条氏康が伊豆国桑原郷（静・函南町）小代官・百姓中に、箱根竹の供出を賦課して三日中に調え大屋氏に渡し、代金を永楽銭で支払う。奉者は幸田与三（函南町森文書・一二七四）。同日、武田信玄が玉井石見守に、伊豆国三島（静・三島市）に攻め込んで撃破し、先鋒隊は北条（静・伊豆の国市）に進撃して北条氏規兄弟と戦い勝利し多数を討ち取った。すぐに小田原城を攻めんと進撃したが、足柄と箱根（神・南足柄市、箱根町）両坂は要害で越せず、駿河国富士郡に進撃。大宮城（静・富士宮市）の富士信忠が穴山信君に降伏して今日・明日にも城を明け渡すと相談が纏まり、詳しくは土屋昌続から伝えさせる（玉井文書・戦武二-一四二七）。**4日** 駿河国蒲原城（静・静岡市清水区）北条氏信が同国中里（静・富士市）多門坊・実相坊・大鏡坊・須津小屋中に、小麦石砦（富士市江尾）の管理を命じ、忠節により北条氏政や今川氏真にも報告すると伝える。奉者は二宮織部丞・長谷川八郎左衛門尉（多聞坊文書・一二七五）。同日、北条氏信が駿河国須津之庄（静・富士市）内の須津八幡・愛鷹・別当屋敷の竹木伐採を禁止する。奉者は二宮織部丞・長谷川八郎左衛門尉（同前・一二七六）。同日、北条氏照が野田景範に、駿河国の富士屋敷に武田信玄が攻撃を仕掛け、北条氏政が出馬して合戦と決め、氏照も全軍を召し連れて出陣し、栗橋衆に由井（東・八王子市）の留守居役を依頼し、氏政が駿河国では陣所を移動する事もあると申していると述べ、詳しくは山本某から伝えさせる（野田家文書・一二七七）。**5日** 北条氏照が下善六郎・南神六郎に、武蔵国御嶽城（東・青梅市）の在番を命じ、三田治部少輔・藤橋小三郎から氏照に忠節を尽くしていると申告され、恩賞を約束する（斎藤真指所蔵文書・一二七八）。**7日** 北条氏政が武蔵国戸部（神・横浜市西区）大経寺・百姓中に、相模国玉縄城（神・鎌倉市）城塀普請を命じ二日間で一二人の人足出役と部材を供出させ、五年に一度の出役と定め北条康成の指揮で作事させる（武州文書久良岐郡・一二八〇）。**9日** 北条氏政が大藤政信に、年来の忠節を認めて駿河国東部で知行一五〇〇貫文を宛行う（大藤文書・一二八一）。**11日** 北条氏政が岡本政秀に、知行として三浦氏知行の梅津村（現在地未詳）を宛行い忠節を尽くさせる（安得虎子一〇・一二八二）。同日、北条氏政が松田康長に判物を出す。当文書は断簡で内容は未詳。次項に関係する

7月

か（茂原市立郷土資料館所蔵文書・北条氏文書補遺二七頁）。同日、北条氏政が某に、十日に相模国円能口（神・山北町都夫良野）に武田勢が侵攻して防戦し、五人を討ち取る忠節を認め感状と刀を贈呈する（海老原文書・北条氏文書補遺二七頁）。同日、北条氏邦が出浦左馬助・多比良将監・斎藤右衛門尉五郎に、武蔵国三山谷（埼・小鹿野町）での武田勢との合戦での忠節を認め感状を与える（出浦文書ほか・一二八三～五）。**15日** 長尾景長が死没する。四三歳。法名は心通禅空大居士（高野山過去帳）。同日、北条方の上杉憲盛が河田長親に、木戸忠朝・広田直繁の使者が来て上野国を領有した上杉謙信に従属する様に説得され、長親から北条氏政にも取り成して上杉方への従属を認めさせる（早稲田大学中央図書館所蔵河田文書・埼六－二－五八六）。**17日** 北条氏照が上杉謙信に、越相同盟の取次は当初から北条氏邦と氏照で推進し、今春に北条氏康から命じられて承諾していたが、この度は使者の広泰寺昌派・進藤家清が小田原城に来訪した時には氏邦一人が対応し、謙信に不審の念を抱かせた。由良成繁への手筋のためで氏照も同盟推進の努力はしており無沙汰をしたのではなく、この旨を両使者にも伝えて欲しい。詳しくは山吉豊守にも知らせ披露を依頼する（上杉家文書・一二八七）。**18日** 今川氏真と共に小田原城に避難していた京都の山科言継の養母唯心院（氏真の伯母）が、相模国早川（神・小田原市）で死没する（言継卿記・小一－七六六頁）。**19日** 北条氏政が布施康能に、駿河国蒲原城（静・静岡市清水区）在城を命じ、二〇騎を預けて扶持給は編成が整った時に宛行うと述べ、二〇騎は弓・鉄砲の上手い者を選び、人によって歩侍、身分によって騎馬とさせる。奉者は山角定勝（静岡市増善寺文書・一二八八）。**20日** 北条氏政が小田原城下の新宿（神・小田原）鋳物師の山田二郎左衛門に、北条家分国中の鋳物師商売の自由活動を許可する。奉者は万阿ミ（相州文書足柄下郡・一二八九）。同日、北条氏政が相模国大磯（神・大磯町）から小田原迄の宿中に、鋳物師に伝馬五疋の使役を許可して大磯の士を届けさせ、伝馬賃を免除する。奉者は万阿ミ（田辺本甲斐国志草稿・四九〇二）。**22日** 今川家臣の蒲原真房・由比光綱が伊勢御師の亀田大夫に、今川氏真へ祓・矢・長鮑・筆等の贈呈と氏真夫人早河殿と娘に書状で状況を問い合わせてくれた謝礼を述べる（伊勢御師亀田大夫文書・戦国史研究二七－三〇頁）。**27日** 北条氏康が清水新七郎に、今川氏真夫妻を遠江国懸河城（静・掛川市）から海路で遠路を救出した功績を褒め太刀を与える（古証文五・一二九〇）。**吉日** 武蔵国猪俣村（埼・美里町）聖天社の鰐口に大旦那の源信是が見える（新編武蔵那賀郡・武風一一－三〇一頁）。

8月

1日 北条氏邦家臣の斎藤元盛が長越（長尾越後守カ）に、武田勢が武蔵国鉢形筋（埼・寄居町）に侵攻し、同国滝山城（東・八王子市）の守備として即刻帰国せよとの事で昨日に帰宅した。先日の書状への返書を出し、美作守殿へこの事を知らせて欲しいと依頼する。武田信玄の小田原攻めが開始される（集古文書七一・一二九一）。**4日** 北条氏政が奥州石川（福島・石川町）熊野参詣先達御房に、諸旦那が順礼等で陸奥国から北条領への通行で関所・川関等は旧例に任せ往来を許可する。奉者は石巻康敬（石川町石川文書・一二九三）。同日、北条氏政が五十余騎之給人衆中に、駿河国富士上方（静・富士市）給人衆五十余騎は、以前の富士信忠家臣の時の寄親を確認して代表二人を小田原城に来させ、今後の軍役を命ずると伝える（静岡県立中央図書館所蔵大宮司富士文書・一二九二）。**5日** 北条氏政が上杉謙信に、武蔵国松山城（埼・吉見町）の件で由良成繁から申してきた。四月に北条方の使者の天用院が詳しく申した様に、最初から当城主の上田朝直の本拠で本領と謙信に伝えており、この度も上杉方の広泰寺昌派・進藤家清に伝え、了承しない者は謙信が処理して欲しいと伝える（上杉家文書・一二九四）。**7日** 北条氏政が上野衆の富岡秀親に、越相同盟が締結され使者の遠山康光は未だ帰国しないが心配は無い。同国上郷の件は先年の事を失念した訳では無く、同国は上杉謙信に割譲され上杉方に任せた。同国の訴訟問題は北条方が思考して上杉方へ申したので異議は無いであろう。詳しくは岩本定次から副状を出させる（富岡家古文書・一二九五）。**9日** 北条氏政が相模国徳延（神・平塚市）百姓中に、大普請役を賦課し人足三人を十四日に小田原城下の柳小路に集め、七日間の出役を命じる。臨時の出役で郷村は迷惑と思うが、武田勢の侵攻で第一には国家のため、第二には自分達のために働いて欲しいと依頼する（武井文書・一二九六）。同日、上野衆の由良成繁が上杉謙信の近臣達に、二十四日の書状を拝見して武蔵国松山城の件で北条氏政の扱いが相違しているとあり、驚いて北条氏康父子に尋ねたところ、去る四月に天用院に詳しく申しつけ、この前は広泰寺昌派・進藤家清に申しておいたし、今度の遠山康光にも前からの意向を伝えておいたが謙信の納得を得られなかった。この上は御意に任せると答え氏康父子から自分への返書も謙信へ内密に届けた。この上は早速に出馬して信甲を平定するのが得策と思い、その旨を披露させる（諸家古案・神三下-七八四九）。**12日** 足利義氏が相模国大山寺（神・伊勢原市）若満坊に、古河城へ御座所を移した祝儀の贈呈品に謝礼し、今後も武運長久の祈禱を依頼する（喜連川家文書案一・戦古九二三）。**13日** 北条氏政が上野衆の阿久沢氏に、越府への使者天用院の同国沼田（群・沼田市）への道案内を依頼する（目黒文書・一二九七）。**15日** 足利義氏が江戸城（東・千代田区）城下の吉祥寺宗関長老に、古河城への御座所の移転祝儀に謝礼し、母芳春院殿の菩提を弔う事を依頼し、遠山源五郎から副状を出させる（喜連川家文書案一・戦古九二四）。**18日** 北条氏政が千葉胤富に、越相和睦について相談したいので房総の半手郷に詳しい者を派遣させ、上杉謙信は去る六日に越府を出馬する事は必定で五日の内には上野国沼田城に着陣すると伝えてきた。越相和睦は相違無く整い、遠山康光は新田金山城まで帰国した。しかし、松山城の一ヶ条だけは越相共に言い分が有り、使者を五日以内には派遣する。それが済めば越相同盟は確実に締結されると報告する（千葉市立郷土博物館所蔵蜂須賀文書・一二九九）。**20日** 北条氏康が相模国田名（神・相模原市中

8月

央区）小代官・百姓中に、役銭の納法を示し棟別銭は九月晦日までに玉縄城（神・鎌倉市）、穀反銭は十月晦日までに小田原城へ米で納入させる（陶山氏所蔵江成文書・一三〇〇）。**24日** 北条氏政が岡部和泉守・三浦元政に初鮭を贈呈する（岡部文書ほか・一三〇一～二）。同日、武田信玄が北条氏を攻めんと甲斐国甲府（山梨・甲府市）を出馬する。**26日** 北条氏政が垪和氏続に、駿河国興国寺城（静・沼津市）城主に任命し、在城の支度をさせる（垪和氏古文書・一三〇三）。同日、北条氏政が由良成繁父子に、越相同盟の事で上杉謙信から種々の要望が来て氏政を困らせており、承諾出来ない申出に氏政と共に浮沈を共にするとの成繁父子の起請文に感激し、この上は上野国の烏川以南（北条氏邦の支配地）を除く大半を上杉方に割譲すると伝える（和学講談所本集古文書七〇・一三〇四）。**28日** 北条氏康が相模国田名の小代官・百姓中に、玉縄城米銭を米で九月十五日迄に小田原城に納入し安藤良整に渡させる（陶山氏所蔵江成文書・一三〇五）。**29日** 北条氏政が浜野弥六郎に、岩付城の春日摂津守が勤める奉行職を任せる。奉者は北条康成（武家雲箋・三七六三）。同日、北条氏康が伊豆国宝成寺（静・伊豆の国市）看坊・鑑西堂に、改めて宝成寺の看坊に任命し、兵糧米の件は徳寿軒の不法と通達する。奉者は南条四郎左衛門・幸田与三（北条寺文書・一三〇六）。

▼この月、今川氏真と夫人早河殿が駿河国駿東郡から小田原城下の早川に移る。

9月

1日 北条氏邦が吉橋大膳亮に、二月二十日の武田信玄の武蔵国鉢形城（埼・寄居町）攻撃での忠節を認め知行を宛行う（武州文書那賀郡・一三〇七）。**7日** 北条氏康・氏政が上杉謙信に、未だ先月下旬の上野国沼田城（群・沼田市）に出陣の約束が無く不安である。今は駿甲境は無事だが、注進によれば上信の武田方軍勢が甲斐国甲府（山梨・甲府市）に集結していると伝える（上杉家文書ほか・一三〇八～九）。同日、北条氏政が山吉豊守にも同様に伝え、謙信に関東越山を催促させる（山吉文書・一三一〇）。同日、遠山康光が山吉豊守に、先月二十日頃には沼田に着馬と聞いたが、音信が無く不安で、越府の状況を報告させる（歴代古案六・一三一一）。**9日** 武田信玄が西上野から武蔵国に侵攻し、北条方の御嶽城（埼・神川町）を攻める。**10日** 北条氏邦が山吉豊守に、武田信玄が侵攻し昨九日に御嶽城に攻め寄せ、五〇〇余人を討ち取り首は小田原城に送った。今日は鉢形城に来襲して外曲輪で合戦し、武田勢を撃退し安心と述べ、早く越山して欲しいと懇願する（上杉家文書・一三一二）。**16日** 北条氏政が駿河国口野五ヶ村（静・沼津市）両代官・百姓中に、年貢米は間宮氏の扶持給に与え、国法の如く年貢米は百姓が計量して渡す事、間宮氏が百姓に催促しても両代官に責任を採らせ、仮初にも饗応等はせぬ事と命じる。奉者は山角定勝（植松文書・一三一三）。**17日** 北条氏政が某に、駿河国薩埵山の陣所から大藤政信を召し寄せ、武田信玄が相模国中筋に深々と侵攻するとの噂で防戦するために召し寄せたと説明し、薩埵山の陣留守役の各軍勢はどの方面が放火され洪水になろうとも取り合わず、自分の守備位置を動かず固く守備せよと命じ、どの方向で凶事が起ころうともその地を動かず小田原城に来る事を禁止させ、人足を出して陣城普請に努めさせ、武田勢は武蔵国から退散するであろうと述べる（諸州古文書二四・一三三四）。**18日** 足利義氏が紀伊国高野山（和・高野町）養智院に、母芳春院殿の菩提の弔いに感謝し、高弥四郎から謝礼させる（高野山桜池院文書・戦古九二六）。**20日** 上杉謙信が上野衆の北条高広に覚書を出し、北条氏政は房相和睦の交渉で里見氏の扱い条件として上総国は任せ、下総国も里見領と認めている。氏政に仲介者の謙信が下総割譲の条件として北条方の千葉胤富・原胤貞・酒井胤治・酒井敏房・高城胤辰以下はそのまま居城に置き、人質を謙信に預ける様に要求し、氏政は里見氏に安房・上総・下総三ヶ国を安堵するとしたが承服しなかった。里見義弘は書札礼の書き方が悪く無礼と咎め、房相和睦を拒否しているが口実であり、その実は武田信玄と同盟すると聞いている。氏政は義弘と断交すれば足利義氏の身辺が不安なのであろうと伝える（歴代古案六・神三下‐七八六六）。同日、北条氏規が鎌倉の円覚寺続灯庵に、祈願所として前々の如く不入とし、諸人の狼藉を禁止させる（相州文書鎌倉郡・一三二五）。**22日** 北条氏邦が逸見蔵人佐に、訴えにより増給として武蔵国末野（埼・寄居町）内を宛行う。奉者は三山綱定（逸見文書・一三二六）。**27日** 北条氏康父子が上杉謙信に、書状到来に感謝し武田信玄が不意に武蔵国御嶽城から相模国へ進撃し、北条勢は取り乱れて遅れを取り、既に武田勢は相模国中筋に襲来した。勝敗を省みず合戦に至るので五日から七日の間には勝負が決すると伝える（謙信公御書集九・一三二七）。同日、上杉謙信が後藤勝元に、小田原城から大石芳綱の報告では、北条氏康が上杉勢の来援を待っても仕方無いので同陣を拒否している。そのうえ謙信に差し出す人質も渡さないと言い芳綱を二十一日に追い返した。この様に怒っているので、この上は上杉方の使者から北条氏邦を経て申し入れるが、既に同陣のつもりで謙信は越後国上田（新・南魚沼市）まで着陣している。同陣を拒否されたので上杉方から重ねて使者を小田原城に出すのは如何かと思い、勝元に意見を伺い返事を勘案して氏邦に伝える。勝元は鉢形城へ飛脚を遣わして氏邦の意見を充分に聞いてから謙信は小田原城に参上する。また厩橋城（群・前橋市）を通行する時には鉢形城の氏邦にこれらを伝え、氏邦からの小田原城への挨拶を聞いてから小田原城へ行く事とする等の出馬遅延の言い訳を伝え、調儀を依頼する。実はこの時には謙信は越中国に遠征中（真田宝物館所蔵真田文書・新五‐三‐四二三二）。**28日** 武田信玄の大軍が小田原城に来襲し酒匂（神・小田原市）に着陣。十月一日には小田原城蓮池門を攻めて城下に放火する（諏訪明神社棟札銘・戦武四‐一八九八）。**晦日** 北条氏康が上杉謙信に重ねて申入れ、思慮の足りない事ではあるが越中国松倉城（富・魚津市）椎名康胤を早く赦免し、越後勢に年内の軍事行動を申しつければ信甲の武田勢をたちまち退治でき、武田信玄を押し詰める事が出来ると伝える（上杉年譜一四・一三二八）。同日、北条氏康が山吉豊守に、小田原城に居た大石芳綱を帰国させ、詳しくは芳綱から聞いて欲しいが、遠山康光が上

9月

野国沼田城（群・沼田市）に逗留しており、上杉謙信からの返答を康光に伝えさせ、もし途中まで謙信が出馬して来たら使者を陣中から小田原城に派遣して欲しいと依頼する（歴代古案六・一三一九）。**吉日** 甲斐国都留郡の国衆の小山田信茂が別働隊として相模国への出陣に際し、富士浅間神社に武運長久の願文を掲げ、武田信玄の本隊は武蔵国御嶽城・鉢形城を攻め滝山城（東・八王子市）を攻撃するのは必定で、信茂も郡内の軍勢を呼集して武蔵国に侵攻すると報告し馬を寄進する（諏訪家旧蔵文書・戦武二―一四五六）。

10月

4日 武田信玄が小田原城から退去して鎌倉方面に向かい、五日には相模国大神（神・平塚市）に着陣する。同日、北条氏政が上杉謙信に、武田信玄が小田原城に襲来し北条勢は籠城したため合戦に及ばず無念である。今日は武田勢が退散したので明日は出馬し、武相の国中で合戦し決着をつけると報告する（上杉家文書・一三三〇）。**6日** 北条氏照・氏邦等が武田信玄を相模国津久井領から帰国途中に補足し、同国三増峠（神・愛川町）と志田峠一帯で激戦を展開して北条勢は大敗、武田勢は小荷駄隊を捨てて道志川に到着し甲斐国に帰還する。合戦で古河公方と北条氏との取次役の豊前山城守が討ち死（豊前氏古文書抄・戦古九二七）。**7日** 佐竹義重が芦名家臣の金上盛備に、甲相両軍が伊豆国で対陣し、北条氏からの使者からの和睦要請を伝える（金上文書・新五―三―三〇三）。**8日** 北条氏康が上杉謙信に、武田信玄が上野国から小田原城まで侵攻し、退路を討ち取ろうと相武境の三増山に進陣したが武田勢が早くも山を越し、北条氏の旗本勢が一日の遅れをとり取り逃がしたのは誠に無念千万である。これは約束した上杉方の加勢が無かったためで、詳しくは北条氏政から報告させる（上杉家文書・一三三二）。**9日** 足利義氏が豊前山城守後家に、三増峠で夫の山城守が討ち死にを遂げたのを慰め、家督の名代を定めて特に引き立てると約束する（豊前氏古文書抄・戦古九二七）。**15日** 武田信玄が美濃国苗木城（岐・中津川市）遠山直廉に、小田原城攻めを報告し、氏政館を焼き払い帰国途中の三増峠で北条氏照・氏邦・氏規の軍勢七〇〇〇人を相手に戦い、二〇〇〇人余りを討ち取り信玄が勝利した。詳しくは山県昌景から述べさせる（平成十一年古裂会目録所収文書・戦武二―一四六四）。**16日** 北条氏康が上杉謙信に、四日に武田勢は退散したが今度の相模国攻めでは必ず武田信玄を討ち取ろうとしたが、手違いで討ち洩らし無念千万である。謙信には途中まで出馬と二回も書状で知らされたが、それからの手立てはどうしたのか。寒い季節であるが信濃国に出馬すれば北条勢は甲斐国へ侵攻すると述べ、詳しくは北条氏政から伝えさせる（上杉家文書・一三三三）。同日、北条氏政が由良成繁・北条親富に、上杉謙信から要求の西上野への同陣のことは変わらず、豆相甲境は山一つで、武蔵国へは距離が長く進撃できない。謙信にはどの様な考えかを知りたい。氏政が嘘をついて出陣しないのではと思うならば、証拠に起請文に血判を据えて出す。その上で側近を派遣して駿豆の城々の様子を見て貰いたい。養子の件は最前から詫びている様に五、六歳の子供

11月

（北条国増丸）を渡すのは親子の憐愍があってなし難く延ばして欲しい。謙信からの書状には養子に上杉家伝来の甲冑を着せて大なる功績を立てさせ、家督を譲らせるとあり感謝している。反対している北条氏康に頼み込むので助言を頼みたい。氏康父子の起請文には血判を据え、なんで違反があろうか。広泰寺昌派・進藤家清と数回相談し納得のうえで書き記した。このうえは謙信の意見に任せ、反対に謙信からの起請文に何か内心で思う事があれば申してもらい、こちらの誤りと解釈しないで欲しい。この三ヶ条を遠山康光の口から成繁・親富に伝えるので謙信への披露を依頼する（江口氏所蔵北条文書・一三三三）。**20日** 足利義氏が豊前山城守後家に、山城守名代と家督については豊前孫四郎に安西隼人佑娘を嫁にとり相続させる（豊前氏古文書抄・戦古九六八）。**24日** 北条氏照が山吉豊守・河田重親に、武田信玄の相模国攻めと三増峠の合戦の状況を説明し、上杉方の使者の枕流斎に持たせた条目書の内容は総て了解し返答するが、上杉謙信が越中国に出馬するなら先ずは豊守に内々に伝え知らせて欲しく、謙信への取り成しを依頼する（上杉家文書ほか・一三三四〜五）。**26日** 北条氏政が武蔵国戸部郷（神・横浜市西区）に、当郷の年貢は三増峠の合戦で上原甚次郎に宛行われ、年貢の残余分を書き立て来月三日に小田原城に申告させる。奉者は山角定勝・大草康盛（武州文書久良岐郡・一三三六）。**28日** 上杉謙信が佐竹方の梶原政景に、昨日は越中国から越後に帰国したが、関東の国衆から武田信玄が関東に侵攻したのは謙信の油断からと言われて面目を失い、即日に出馬し来月十日の内には上野国倉内（群・沼田市）に着陣する。太田資正父子にも倉内に着陣し、武蔵国岩付城（埼・さいたま市岩槻区）・松山城（埼・吉見町）の仕置きをして後に資正父子を岩付城に帰城させるので、資正父子の近在の佐竹義重・宇都宮衆・多賀谷重経の軍勢を参陣させる事、上野国金山城（群・太田市）に味方の上野衆を集めさせると伝える（太田文書・埼六-二-六〇二）。同日、上杉謙信が金山城の由良成繁父子に、北条氏からの数通の起請文の内容が相違していると聞き、里見義弘への名前の書き違い等を怒り、八〇日間の越中出陣で軍勢は疲労しているが明後日には関東に越山するので北条氏への取り成しを依頼する（歴代古案七・群七-三-二四三二）。同日、遠山康光が山吉豊守に、上杉謙信に越山の様子が無く状況を聞きたいが、康光は急に上野国新田（群・太田市）まで派遣され謙信の許に使者を務める事になり、そのための助力を依頼する（謙信公御書集九・一三三七）。**29日** 笠原綱信（カ）が伊豆国三島（静・三島市）三島大社別当護摩堂に制札を掲げ、他人の竹木伐採と築地石の盗難を禁止させる（小出文書・一三三八）。

4日 伊豆国奈良本（静・東伊豆町）大水神大明神の社殿を再建し、神主に吉間六郎左衛門、匠工に壬生正宗、鍛冶に後藤二郎左衛門が見える（奈良本水神社所蔵棟札・四九〇三）。**7日** 北条氏照が落合（東・日の出町大久野）の番匠の四郎左衛門に、知行として大久野で一貫七〇〇文を宛行う。奉者は狩野一庵宗円（新編武蔵多摩郡・一三三九）。**8日** 北条

11月

氏政が武蔵国六郷（東・大田区）宝幢院に、先の証文の如く横合非分・諸役賦課を禁止する。奉者は板部岡融成（宝幢院文書・一三三〇）。**9日** 武田信玄が信濃国諏訪神社・飯綱神社に起請文を掲げ、駿河国に出馬し北条方の同国蒲原城（静・静岡市清水区）と興国寺城（静・沼津市）の攻略を願い、越後国に錯乱が起こり信上両国に出馬せずに駿豆両国が武田領になれば信濃国諏訪郡を両社に寄進、来年には飯綱神社を甲斐国に勧請すると約束する（上里町陽雲寺文書・戦武二一四七二）。**12日** 由良成繁が沼田城（群・沼田市）の上野家成・河田重親に、上杉謙信が急速に越山するから佐竹義重等の常陸の国衆に伝えよと申している。近年は国衆等は別の思慮があって音信が絶えており、成繁から越山に参陣すべしと伝えるには謙信の直書と山吉豊守の書状を預かれば申し届ける。今年秋に里見義弘から越後国へ派遣された使僧が未だ帰国しないのが不安で、詳しい報告を待つと伝える（歴代古案一二・千四一九八頁）。**13日** 北条氏政が駿河国今泉（静・富士市）下方五社別当東泉院の快円に、今川氏真の証文を見て武田方へ味方せず始終今川方の使者として忠節を尽くした事を認め寺領を安堵する（六所文書・一三三一）。同日、北条氏康が上杉謙信に、使者からの書状を拝見し越中国出馬で越山が遅延したのは偽り無いとの起請文を受領し、北条氏政も感謝している。謙信が越中国を平定し越後国堺を安定した事は信濃国への長陣を可能にし、今は深雪で武田勢が動きにくい時なので同国に出馬して欲しく、先日も由良成繁を頼って書状を届け返答を待つと伝える（上杉家文書・一三三二）。同日、北条氏政が由良成繁に、謙信からの書状で深雪の中を信濃国に越山してくれる事を知り感謝し、重ねて成繁に使者を派遣して取り成しを依頼する。また、駿河国の事も国衆等から申して来ており備えを厳にすると伝える（本間美術館所蔵伊佐早文書・一三三三）。**14日** 遠山康光が山吉豊守に、越中国への出馬の様子を使者からの書状で知り北条氏康父子も感謝している。先月下旬には康光が上野国新田まで来て由良成繁と相談して使者を上杉謙信に出そうと計画した。越中国の平定が済み信濃国への越山は寒天の季節で大儀と思うが北条氏は念願しており、詳しくは氏康父子から書状で謙信に依頼する。里見氏の事は別の書状で豊守に知らせるので確認して謙信に取次いで欲しいと伝える（上杉家文書・一三三五）。同日、遠山康光が山吉豊守に、越中国への出馬は北条氏康父子も満足している。殊に深雪の時に信濃国へ越山して武田勢五〇人も討ち取る成果に氏康父子は感謝していると伝える（同前・一三三四）。同日、蜷川親俊が死没する。**18日** 北条氏政が岡部和泉守に、駿河国での在陣地の移動について相談した事と異変があるか問い合わせる（岡部文書・一三三六）。**20日** 北条氏邦が山吉豊守に、北条氏からの客僧に上杉方の使者の小林氏を添えた起請文を受け取り北条氏康父子も喜悦している。越中国の平定が済み信濃国への出馬にも感謝し、重ねて氏康父子からも使者を立てると述べており上杉方からの取次は任せて欲しい。信越境に出馬した報告の書状を拝見し、早々と越山した事にも感謝すると伝える（山吉文書・一三三七）。同日、上杉謙信が佐竹方の梶原政景に、今日は上野国倉内に着城したと報告し、佐竹義重と相談したいのでその方父子から催促して欲しい。一〇〇日の越中陣で軍勢は疲れ果て途中での滞在は出来ないから、父子は倉内へ参陣し、再び常陸国片野城（茨・石岡市）に帰り軍勢を引率する事の無い様に一度に用意して着陣して欲しい。これが忠節の証で、近辺の国衆への参陣も促して欲しいと伝える（安得虎子一〇・埼六-二-六〇五）。**21日** 北条家奉行人の垪和氏続・山角康定・松田康長・伊東助十郎が連署して伊豆国三島（静・三島市）護摩堂に、寺領の藪の竹木伐採を禁止させる（小出文書・四〇五八）。**23日** 北条氏政が北条氏邦に、三山綱定が帰り報告により武田勢が駿河国富士郡に侵攻したと知り、同国興国寺城（静・沼津市）垪和氏続・笠原綱信からの注進状を氏邦に送付し、氏続の書状は由良成繁の許に届ける事、上杉謙信には武田勢の動きをよく確かめて申し届ける。北条勢も明日か明後日には伊豆国へ出馬するので、必ず氏続の書状を夜通しでも成繁に届ける事、使者の玄蔵主を早速に派遣する事を由良氏に伝え、上野国沼田城の謙信からの返事を聞いた玄蔵主の帰国を夜通し待つと伝える（松田文書・一三三八）。同日、北条氏政が神尾善四郎に、分国中の境目の城々の普請役を豆相武の寺社領に賦課すると説明し、相模国田名（神・相模原市中央区）人足四人に小田原城の普請への一〇日間の出役を命じる。奉者は安藤良整（陶山氏所蔵江成文書・一三三九）。同日、北条氏政が野口遠江守に同様に伝え、相模国磯辺（神・相模原市南区）人足三人に小田原城の普請への出役を命じる。奉者は安藤良整（富士山本宮浅間大社文書・一三四〇）。同日、足利義氏が小山秀綱に、北条氏政が武蔵国滝山城（東・八王子市）・相模国津久井城（神・相模原市緑区）の普請を申し付け六日に帰陣したと報せ、下総国小山（栃・小山市）方面で新たな軍事行動があれば知らせて欲しいと依頼し、昌伊首座三伯から詳しく述べさせる（小山氏文書・戦古九三〇）。同日、上杉謙信が北条氏康父子に覚書を出し、二十日に上野国倉内に着陣した事、これからの調儀の筋をどうするか、仕切りに同陣の事を氏康父子から要望されているが、別の考えもあると述べているので北条氏邦と遠山康光に相談して欲しいと伝える（謙信公御書集九・四五九）。同日、北条方の小田氏治が佐竹方の常陸国片野城の太田資正を攻め、救援に出馬した梶原政景と真壁久幹との手這坂合戦で敗北し、佐竹義重に攻略された小田城（茨・つくば市）を出城し同国土浦城（茨・土浦市）に退去する（歴代古案一・埼六-二-六二五）。**24日** 北条氏康が山吉豊守に、十四日の書状が到着したと報じ、越後国塩沢（新・南魚沼市）まで着陣した報せに喜び深雪の季節の越山に感謝し、北条氏政から使者の鶴木氏を派遣し詳しく述べさせる。また北条氏規・北条氏忠が伊豆国韮山城（静・伊豆の国市）に出陣、使者に遠山康光を上杉方へ差し向けたとも伝える（神奈川県立公文書館所蔵山吉文書・一三四一）。同日、松田憲秀が山口重明に、代替り（誰の代替りかは未詳）の判物を与えて武蔵国横手村（埼・日高市）の松田領の代官職に任命し、村内を不入とした事を心得て百姓の退転が無い様に申しつけ、人馬の御用には憲秀の印判

11月

状で申しつけると伝える（大江氏文書・一三四二）。同日、由良成繁が山吉豊守に、先月二十八日の越府からの飛脚が今月十一日に上野国金山城（群・太田市）の成繁の許に到着し書状を拝見した。即刻に北条氏康父子へ副状して送り届け、その返書が来たので上杉謙信に届ける。二十日に倉内に着陣の事は即刻小田原城に知らせたと伝える（歴代古案一〇・神三下-七六九三）。**25日** 北条氏康が鎌倉の円覚寺に、太平寺（神・鎌倉市西御門）の客殿を円覚寺正続院へ移築する事を承認し、大道寺資親から述べさせる（円覚寺文書・一三四三）。**26日** 北条氏康が上杉謙信に、由良成繁・北条氏邦から二十日に倉内に着城したと知らされ感謝し、北条氏政から即刻に使者へ氏政の書状を持たせよと言われ、客僧を向けると伝える（歴代古案一・一三四四）。**28日** 北条氏政が駿河国岡宮（静・沼津市）神主・百姓中に、武田信玄との合戦の間は岡宮浅間神社領と朝比奈泰忠領分は同国興国寺城（沼津市）城領と定め、駿河衆の年貢催促は一切許容されず、興国寺城に納める事と命じる。奉者は板部岡融成（岡宮浅間神社文書・一三四五）。同日、当日早朝に北条氏政が由良成繁に、武田信玄の駿河国侵攻は必然で、昨日までは本陣を同国富士（静・富士市）に据えていたが必ず駿豆両国へ進撃し、村々支配を隈なく行うか砦を構築する。この時に上杉謙信が軍勢を動かしてくれれば、信濃衆は全軍が武田方に攻撃を仕掛けると申している。興国寺城からの注進状を成繁に見せたく届ける。夜通し上野国倉内（群・沼田市）の謙信の許に注進して欲しい。この飛脚が疲労したなら続けて新たに飛脚を派遣すると緊急事態の程を伝える（上杉家文書・一三四六）。**29日** 北条氏政が上杉謙信に蜜柑と江川酒を贈呈する（同前・一三四七）。同日、北条氏邦が山吉豊守に、上杉謙信が倉内に着城したと聞いて早く参上して挨拶する覚悟で、先ずは代官の黒沢右馬助から祝辞を申させ、酒三〇樽・肴五種を贈呈する（謙信公御書集九・一三四八）。同日、武蔵国熊井（埼・鳩山町）妙光寺の木造龕笠蓋銘に木下新左衛門・島田与三左衛門・松本二郎左衛門が見える（妙光寺所蔵・武銘七一五）。**晦日** 遠山康英が近藤左衛門尉に、上野国倉内の上杉謙信の陣中に蜜柑・干海鼠・干物各一合と酒三荷を届けさせる（上杉家文書・一三五〇）。同日、北条氏邦が山吉豊守に、上杉方の進藤家清と須田弥兵衛尉の使者が二十九日に武蔵国鉢形城（埼・寄居町）に参着して豊守からの書状を受け取り、大まかな返答では如何かと思い、両人も同行して小田原城へ今日向うので了解して欲しいと伝える（歴代古案六・一三四九）。同日、武田信玄が太田資正父子に、上杉謙信が利根川を越えたと聞き自身も出馬するが、佐竹義重にはせめて常陸国小田城（茨・つくば市）の辺まで出馬して欲しいと斡旋を依頼する（太田家文書・戦武二-一四七七）。

12月

1日 上杉謙信が大石芳綱に、多賀谷政経が小田氏治を攻略し常陸国小田城（茨・つくば市）を乗っ取った事を褒めるが、佐竹義重を小田城に引き出しはしたが宇都宮広綱・多賀谷政経を始め東方の国衆は悉く佐竹方に参陣して謙信に味方する者は一人もいない。自身の事を次として小田氏への仕置きばかりにかかりきり、本来の目的を捨てて片野城

（茨・石岡市）や小田城に目を向けているなら上杉勢は早々に越後国に引き上げる。また太田資正が武蔵国岩付城（埼・さいたま市岩槻区）や松山城（埼・吉見町）に帰る悲願を持ち続けるなら義重を小田城から引き立て早々に上杉勢と同陣させる様にして欲しい。とにかく上杉勢は疲労しており倉内に滞在しておれない。松山城・岩付城の引渡しにも難しい事情があり、資正が安易に考えると後悔すると叱責する。また、北条氏邦からは武田信玄が駿河に侵攻したと知らされたため、謙信は武上の軍勢をつれて侵攻するから、その後で資正が参陣しても何の役にも立たないと述べる（歴代古案一・埼六‐二‐六二五）。**5日** 北条氏康が豊前山城守後室に、山城守の遺品の梅の絵一軸を贈られた謝礼を述べ、大山城守は足利義氏の命令で三増峠（神・愛川町）に参陣し討ち死にした事は北条氏政も忠節と認め、詳しくは遠山康英から伝えさせる（神奈川県立公文書館所蔵豊前文書・一三五二）。**6日** 北条方の駿河国蒲原城（静・静岡市清水区）が武田勝頼・武田豊信等の猛攻を受け、城主の北条氏信（北条宗哲次男）ほか融深（宗哲三男）・狩野介・清水新七郎・笠原等の殆どが討ち死にして落城する。氏信の法号は少林院殿鉄恵宗心居士、また常楽寺殿衝天朗大居士。信玄は同城の本城には山県昌景を籠める（福井市真田家文書・戦武二‐一四八〇）。同日、武田信玄が孕石元泰に、蒲原城の合戦で清水新七郎を討ち取った忠節を認め感状を与える（孕石家文書・戦武二‐一四七九）。同日、北条氏政が北条氏邦に、上野国沼田城から鉢形城に上杉方の使者が到着したので蜜柑と江川酒を贈呈させる（志賀氏文書・一三七二）。**8日** 北条氏康が由良成繁に、山吉豊守から成繁への書状を転送してもらい感謝し、上杉謙信に上野国倉内で越年して欲しいと先の三人の使者に申し含めたが、成繁からも豊守に伝えさせる（山吉文書・一三五三）。同日、上杉謙信が北条方の成田氏長家臣の手島左馬助に、成田氏へ使僧を派遣したが返事が無く不安で、今後も父手島高吉の時の如く協力すると申し送る（歴代古案四・埼六‐二‐六二六）。同日、北条氏政が由良成繁に、上杉方の使者には話をよく聞いて吟味して答え、丁寧な応対を依頼する（謙信公御書集八・三八七六）。**9日** 北条氏政が由良成繁に、上杉謙信の出陣には約束通り成繁も参陣し、相当な働きをして欲しいと頼み、詳しくは使者の松甫氏の口上で伝えさせる（上杉家文書・一三五四）。同日、上杉謙信が会津の芦名盛興に、越中国から北条氏の加勢として関東に越山し二十日に倉内に着いた。関東の諸国衆を参陣させ、氏政と共に武田信玄を押し詰める兵談を進めており安心して欲しい。詳しくは父盛氏に伝えると述べる（昭和四十二年展覧入札目録所収文書・神三下‐七九〇五）。**10日** 武田信玄が織田信長に、上杉謙信は上野国沼田に出張したが、自分は足利義昭との策謀で甲越和睦半ばのため同国の上杉領には侵攻せず、信濃国へは城々の備えを固めている。将軍の上意であり遠慮して駿河国に出張して六日に蒲原城を攻略し、駿府（静・静岡市葵区）へ移ると報せる（寸金雑録二・戦武二‐一四八二）。**12日** 駿河国蒲原城の失陥で武田方への最前線である同国薩埵山（静・静岡市清水区、由比町）の北条方の陣所も自落する

12月

（矢崎氏文書・静八-四-一三一）。13日 武田信玄が駿河国駿府館を再び占領する。17日 北条氏政が武田信玄に攻められて駿河国大宮城（静・富士市）から退去した富士信忠に、知行書立てを出し大宮城に復帰したら知行は安堵すると約束する（静岡県立中央図書館所蔵大宮司富士家文書・一三五五）。同日、北条氏政が富士信忠に、富士屋敷（大宮城）に復帰するまでの居住地として伊豆国河津（静・河津町）符河名を宛行う（古今消息集四・一三五七）。18日 北条氏邦が由良成繁に、返書を上野国倉内の上杉謙信に早急に届けさせ、北条氏政が同陣し難い事、昌甫には蒲原城の合戦の詳報を伝え、謙信の出馬には遠山康光も参陣し、北条方は蒲原城以来は分国中の軍備を調え中で察して欲しい。氏邦の軍勢は武蔵国鉢形城（埼・寄居町）に帰還させたと伝える（謙信公御書集一〇・四〇三）。同日、今川氏真が興津摂津守に、駿河国戸倉城（静・清水町）に移る時の忠節を認めて本領を安堵し、知行の加増を約束する。ただし氏真の移った城は同国大平城（静・沼津市）との説もある（諸家文書纂所収興津文書・静八-四-一三五）。21日 北条氏政が豊前山城守後家に、三増峠（神・愛川町）合戦で討ち死にした夫山城守の忠節を認め、北条氏から山城守に宛行った知行の事は後家の差配に任せると伝える。奉者は中村宗晴（神奈川県立公文書館所蔵豊前文書・一三五九）。同日、江戸衆の中村宗晴が小田原城から豊前孫四郎に、武蔵国江戸城（東・千代田区）城下の仙波・小宮両屋敷の取得には北条家朱印状を所望との事で、亡父山城守と北条氏との約束で江戸城下に在宿を許可し、詳しく足利義氏と江戸城代の遠山政景とに相談させると伝える（豊前氏古文書抄・一三六〇）。22日 北条氏邦が遠山康光に、二十日に鉢形城を発ち翌日に小田原城に到着。緊急事態で沼田城の上杉謙信からの起請文案が山吉豊守の書状と共に小田原城に来て拝見した。使者の又六・安富が帰る以前に氏邦の意見を起請文案に足して欲しいとの北条氏政の意見で急遽参府した。氏政書状を飛脚で康光に届け、沼田城で謙信が小田原城の様子を聞かれ了解したのは満足である。遠山康英に使者の又六・安富を添えて川辺（新・長岡市カ）に行くので豊守の家臣が途中まで出迎えて欲しい。北条側としても康英一人では不味いので大道寺資親を同行させる。康光の隠居のことは中止とのことで安堵している。自分も大切な越相同盟の交渉なので使者や飛脚に頼らず懸命に昼夜働くと豊守に伝えさせ、自分は二十五日には鉢形城に帰ると伝える（謙信公御書集九・一三六一）。同日、北条氏邦重臣の三山綱定が由良成繁に、進藤家清が越後国に帰国の時に上杉謙信の書状を小田原城に届け、その返書が昨晩に鉢形城に届けられ、今朝に飛脚をもって金山城に届けた。詳しくは北条氏政の書状で知らせる。北条方使者の篠窪治部から十九日付けの書状が鉢形城に来て、氏政が二十四日に西上野に出馬と知らされ、北条氏照・氏邦も参陣せよと命じられ、金山城の由良氏にも篠窪氏から参陣依頼が行くが、氏邦は未だ鉢形城に帰城しておらず、帰城したら重ねて申し述べると伝える（上杉家文書・一三六二）。24日 越後衆の本庄繁長が北条氏照に、先月七日に上杉謙信が本庄城（新・村上市）に攻撃を仕掛けて通路を塞ぎ、北条方の使者は同国猿沢（村上市）に留まり氏照の書状が遅延し、自分が書状を出したと説明。氏照の書状に今月五日に上野国沼田（群・沼田市）まで出馬とあり感謝している。本庄城は謙信に攻められて城の外郭は昼夜攻撃に晒されているが城は防備が固く安心して欲しい。越後国衆は総て当城を攻め、上田庄（新・南魚沼市）迄の出馬では後詰の意味がなく、一日も急いで進撃して欲しいと依頼する（歴代古案三・埼六-二-五二四）。**26日** 北条氏政が沼田城の上杉謙信に、歳暮の挨拶に酒・肴を贈呈し、詳しくは来春に挨拶すると伝える（上杉家文書・一三六五）。**27日** 北条氏政が相模国磯辺・田名（神・相模原市南区、中央区）小代官・百姓中に、郷内の人改めを命じ、来年も武田信玄が北条領に侵攻したなら防戦に努めるので、合戦の間は最寄りの城々の留守番に農兵を徴用するため、壮健な農民の名簿を出させる（富士山本宮浅間大社文書ほか・一三六六〜七）。同日、武田信玄が駿河衆の御宿友綱に、友綱の活躍で相模国円尾（神・山北町都夫良野）の合戦で砦を陥落させ、北条勢を多数討ち取る忠節を褒める（古今消息集八・戦武二-一四八八）。**29日** 北条氏政が伊豆衆の佐野新八郎に、同心の宇野主水を騎馬武者に昇格させ、扶持給の四貫文を与え安藤良整から支給する（宇野文書・三五九六）。**吉日** 武蔵国二の宮（埼・神川町）大光普照寺の金鑽五宮に鰐口を寄進し、大旦那に千□松王丸が見える（新編武蔵児玉郡・武銘七二六）。

▼この月、下総衆の野田景範が北条氏照に、野田氏領と一色氏領との境相論で北条氏に裁許を依頼する（古河歴史博物館寄託野田文書・千五-六一六頁）。

▼この年、北条氏が相模国斑目郷（神・南足柄市）に、風損で年貢等を軽減して欲しいとの訴えで検見を施行し、二一一貫文の郷高に対し七四貫文を免除し、残りの年貢は武蔵国河越城（埼・川越市）に納入せず一七人の給人に納めさせる（相州文書足柄上郡・一三六九）。

元亀元年（一五七〇）・庚午

1月

4日 北条氏政が上杉謙信に、西上野に軍勢を進ませるとの連絡を待ち、上杉勢は下野国佐野（栃・佐野市）佐野昌綱攻めへの軍事行動をしており約束とは合わないと述べ、早々に約束を守って武田領の西上野へ軍勢を進めて欲しい、詳しくは上杉方の進藤家清の帰国の際に述べると伝える（謙信公御書集一〇・一三七四）。**11日** 武蔵国岩付城（埼・さいたま市岩槻区）蔵奉行の某行憲が同国井草（埼・川島町）百姓中に、昨年分の年貢・兵糧・諸色等の納入を確認して受取証文を発行する（武州文書比企郡・一三七五）。**15日** 遠山康光が山吉豊守に、上杉謙信は信甲両国に進発とあるのに下野

1月

国佐野に向かい、氏康父子が約束と相違し恐怖であると申している。書状に越相同盟の条件として北条側から上杉方の関東分国は攻め取るものと申したとあるが、その様な事を申した覚えは一切無く、康光にも先の書状で申したとあり、北条氏邦に尋ねたが、申し入れた事は無いと言う事で不審に思う。謙信の佐野出馬に氏康父子は不安に思い、再度使者を立て佐野昌綱に謙信へ離反の詫状を書かせ、それへの助言をすると申している。豊守はその事を理解し、何で謙信を見放す事などする筈も無い等と伝える（上杉家文書・一三七六）。**20日** 松本景繁が越府の山吉豊守に、上野国館林領（群・館林市）から下野国足利領（栃・足利市）に移された長尾顕長について、北条氏への使者の返書で報告させる（同前・新三－一－四八二）。**26日** この頃に佐竹義重・皆川俊宗が上杉謙信から離反する（太田文書・埼六－二－四八六）。**29日** 北条氏康が進藤家清に、来訪が遅延しているので遠山康光を明日には途中まで派遣する。家清は武蔵国鉢形城（埼・寄居町）に必ず向かう事と伝える（本間美術館所蔵伊佐早文書・一三七七）。

2月

1日 武田信玄が常陸国柿岡城（茨・石岡市）梶原政景に、新年の祝儀に太刀を贈呈された謝礼に太刀を贈答。昨冬から駿河国富士郡に出陣し北条方の城を数ヶ所落とし、この状況は父の太田資正に書状で知らせた。政景が武蔵国岩付城（埼・さいたま市岩槻区）に帰城の宿願を果たすには、今春から油断無く岩付城内への根回しが必要と伝える（太田文書・戦武三－一四九八）。**2日** 北条氏政が武蔵国寺尾（神・横浜市神奈川区）百姓中に、当年の大普請役を賦課し、人足は六日に小田原城に来て八日間の普請を命じる（武州文書橘樹郡・一三〇二）。**3日** 遠山康光が上野衆の由良成繁に、三日に小田原城を発って必ず六日には鉢形城（埼・寄居町）に到着すると述べ、佐野陣（栃・佐野市）の上杉謙信には進藤家清に必ず鉢形城に来る事と伝えたので、先頃からの様々の意見を調整したく家清が金山城（群・太田市）に来たら、家清に由良氏の代官を添え鉢形城に来させる。三回目の誓詞の交換の交渉（歴代古案六・一三七八）。同日、進藤家清が佐野陣の堀江玄蕃に、遅延して上杉謙信は立腹しておろうが途中の国境に来ている。小田原城から次郎殿へ飛脚が派遣され家清にも知らされ、鉢形城に向かうのか否かを知らせよと伝える（上杉家文書・埼六－二－六二八）。同日、由良成繁が山吉豊守に、遠山康光が昨日に小田原城を発って六日に鉢形城に着城と報せ、進藤家清を鉢形城に来させて良いか決めかね、北条氏康・氏邦・遠山康光の書状を届け、見てから謙信に披露を依頼する（同前・埼六－二－六二七）。**6日** 鉢形城の遠山康光が由良成繁に五ヶ条の条書を出し、一、小田原城からの書状と玄蔵主の口上が相違して不審と思うだろうが西上野の武田方への調儀がつけば岩付城を太田資正父子に返還する事、一、武蔵国松山城（埼・吉見町）の帰属については未定の事、一、北条氏から上杉氏に出す養子引渡しは上杉方の柿崎景家・晴家父子から一人を小田原城に出す事、一、岩付城を太田資正へ返還には梶原政景を人質として小田原城に二年間は在府させる事とするかは進藤家清に相談しても決着は出来ない事、一、山吉豊守から遠山康光は上杉謙信の佐野陣に参陣せよと要請されたが灸治療のために参陣出来ず、用が有れば書状で鉢形城に知らせて欲しいと伝える（同前・一三七九）。**12日** 北条氏規が相模国鴨井（神・横須賀市）観音寺別当に、寺中での竹木伐採と飛脚の強制的な賦課や出家役を禁止し、違反者を申告させる。奉者は朝比奈泰寄（諸国高札二・四六六）。同日、北条氏邦が進藤家清に、上杉方へ出す養子は上杉謙信の佐野陣に急ぎ来させるのは不可能と述べ、先ずは岩付城明渡しの交渉を佐野陣で済ませた後であれば養子の北条三郎（北条氏康六男）の用意もでき、西上野への侵攻のうちに着陣させると伝える（上杉家文書・一三八〇）。**15日** 北条氏政が相模国虫窪（神・大磯町）小代官に、武田勢の侵攻に備えて城々の普請役を命じ、人足を二十五日に小田原城に集めて一〇日間の普請をさせ、この人足の内から駿河国深沢城（静・御殿場市）北条綱成に米四俵を届けさせる。奉者は安藤良整（二宮文書・一三八一）。**18日** 北条氏康父子が上杉謙信に起請文を出し、篠窪治部が上杉方の山吉豊守から条目を聞き、重ねて上杉方の進藤家清・須田弥兵衛が小田原城に来着したので氏康父子の偽り無い起請文を出すと述べ、岩付城の事は佐野陣で渡すとしたが、去秋の申合せ通り信濃国と西上野の武田勢凋落後まで保留とし、太田資正は武田方の様に思え、その事を承知なれば岩付城を渡し、氏政と資正との間の疑いを晴らして欲しい。それには梶原政景を小田原城に暫く止めておく事。養子受渡しは柿崎景家か子の晴家を小田原城に差し越せば、西上野で渡すと神かけて誓約する（上杉家文書・一三八二）。**20日** 岩付城将の北条康成が武蔵国百間（埼・宮代町）西光院に、寺家中への岩付当番衆の狼藉を禁止し、違反者は小田原城に申告させる（西光院文書・一三八三）。**23日** 相模国扇ヶ谷（神・鎌倉市）寿福寺の木造観音菩薩坐像を造立し、大仏所に信濃快円法印が見える（寿福寺所蔵・造像銘記集成二一九九）。**27日** 北条氏政が某に、武田信玄の侵攻を予想して郷村の人改めを行い、在郷の武芸者を北条氏の軍勢として徴用し、北条家朱印状で陣触れを発したら参陣させる。奉行は二見右馬助・松井織部助・玉井孫三郎（高岸文書・一三八四）。同日、北条氏政が相模国今泉郷（神・秦野市）名主小林惣右衛門に、同様に命じる。奉行は横地助四郎・久保惣左衛門尉・大藤代の横溝太郎右衛門尉（秦野市清水文書・一三八五）。**28日** 北条氏政が上杉謙信に、二十六日に使者の玉滝坊が小田原城に帰着し謙信の越山は確実と聞いて感謝し、上野国沼田城に着陣次第に北条氏邦・遠山康光を派遣して真意を報せると伝え、氏政は二十三日に帰陣したとある（荒木氏所蔵伊佐早文書・一三八六）。同日、武田信玄が信濃国の諏訪神社（長野・諏訪市）智昌院に、関東に出馬する方面の吉凶を占わせ、上野国と相模国津久井（神・相模原市緑区）方面は今日占いが終わり、伊豆国方面は明日に占いをして欲しいと依頼する（諏訪家旧蔵文書・戦武三-一五一七）。同日、上杉謙信が武蔵衆の広田直繁に、下野国佐野（栃・佐野市）陣にいち早く参陣した忠節を褒め、上野国館林（群・館林市）城領とその内の佐野領・足利領を除いた地と館林城を与え、領内の羽

2月

根田郷（佐野市）・飯富郷（現在地未詳）は家臣に宛行う（歴代古案一・群七―三―二五八〇）。**吉日** 足利義氏が鎌倉の鶴岡八幡宮に、仏牙舎利・牛玉を奉納する（鶴岡八幡宮文書・戦古九三二）。

▼この月、常陸国土浦城（茨・土浦市）小田氏治が小田城（茨・つくば市）の佐竹勢に圧迫され、同国木田余城（土浦市）に移る。

3月

4日 北条氏政が由良成繁に、由良方の使者大沢政信が小田原城に来着して上杉謙信が越相和睦の件を早急に決着したいと要望していると述べ、氏政も同意し詳しくは政信から伝えさせる（志賀氏文書・一一七二）。**5日** 北条氏康が由良成繁に、上杉家臣の後藤勝元・須田弥兵衛尉からの申し出で成繁が大沢政信を小田原城に派遣させ、越相和睦を早急に決着する様に要望している事を了承し、北条三郎を養子に出すについては五～六日の内に番明けになるので、昨日迎えの人を上杉方から派遣されたが支度の間は北条氏邦を上杉謙信の佐野陣に派遣すると決めており、詳しくは政信の口上で述べさせる（同前・一三八七）。同日、上杉謙信が北条氏康父子に覚書を出し、謙信への養子北条三郎の支度の間は北条氏邦を佐野陣に差し越すとの事、北条方から柿崎景家父子の一人を人質に所望との事は了承した。氏邦の在陣中に三郎を鉢形城（埼・寄居町）に寄越す事、氏邦と柿崎晴家とを交換し、西上野の武田方と断絶して後に晴家を小田原城に置き、鉢形城で三郎と氏邦を取り替えて三郎を上杉方へ渡すと北条氏は申しているが、晴家は末代迄も小田原城に止めて置く事になる。それでは三郎を謙信の養子には出来ないのではないか。氏康父子に異存が無ければ氏邦と晴家を交換してから武田信玄に向かい、断絶する以前に佐野陣で三郎と氏邦を交換して欲しい。それが氏康父子の真意であろう。詳しくは北条使者の篠窪治部と上杉使者の須田弥兵衛尉に分けて伝えた。更に晴家と氏邦を佐野陣で取替え三郎を寄越して貰えば謙信には来世迄の面目が立つと懇願する（上杉家文書・四四六〇）。**8日** 北条氏康が沼田城（群・沼田市）の河田重親に五ヶ条の覚書を出し、一、北条氏邦の替わりに柿崎晴家が小田原城に来る事を望んでいる事、それには晴家の御輿が一～二月の間に小田原城に着くから着府するまで重親は小田原城に逗留して欲しい事、一、氏康父子はこの人質交換を国家の浮沈と考えており、起請文を出すので、同時に上杉方の血判の証人も置いておき目前で血判を据える覚悟で、上杉謙信からも未来永劫の和睦を誓う起請文となるため案文を申し請けたい事、一、武上両国の国衆には後日に異議を挟まぬ様に調停して欲しい事、一、上杉謙信と房総の里見義弘との和睦については先に申し入れた条件で進めて欲しい事、一、先に上杉使者の大石芳綱に申し入れた西上野の武田方への調停には、越中出陣後の疲労した軍勢なので村々を限なく押さえる事は出来ないと思われるが謙信の存念が早く知りたい事。付けたりで今川氏と北条氏との駿河国仕置きについての存念が知りたいと伝える（同前・一三八九）。**9日** 北条氏政が上杉謙信に、北条氏邦を佐野陣に派遣し、柿崎晴家を小田原城に差し出して欲しいと本心から願っている。この様に人質交換が行われれば未来永劫の越相和睦が計れるので遠山康光を使者に立て氏政の真意を詳しく報告させ、同意して欲しいと伝える（同前・一三九〇）。同日、上杉謙信が大石芳綱に、去る頃に太田資正に内密の書状を出したが資正は佐竹方の国衆に披露し、書状写を由良成繁と河田重親にも送っている。謙信としては資正を心中では見限っている。この様に心を砕いて申し送るのも味方中の国衆の忠節の覚悟を変えさせない配慮で、資正の岩付城帰還の配慮をしているからである。しかし、この様に秘密を暴露されては昨日芳綱に申し含めた事も場合によって伝えるべきで、今後はこの事を厳重に断っておく。今日は沼田から書状が来たので追って届ける。資正の事は天罰を受けた者で、今日まで頼もしく思っていたが今後はどうなるか知らないと子息の梶原政景に伝えておく事。謙信の不審を買っている事を資正父子に伝え、忠節を尽くす起請文等を提出させ本音を聞きたいと伝えさせる（上杉神社文書・新五-一-三四八）。**11日** 武蔵国栢間村（埼・菖蒲町）正法院熊野那智山権現を造営し、大旦那に鳩井息女鍋が見える（新編武蔵埼玉郡・武銘七一八）。**13日** 北条氏政が上杉謙信に、西上野での村々への押さえの状況を知りたい。七月には大調儀を行うと書状に見えたが、労兵では殆ど不可能であろうが北条氏邦からは西上野の調儀は必定と申しており感謝している。氏政も内々では西上野の調儀を心掛けて軍勢を集め、近日中に出馬して向城を構築する。条目には来月上旬中に西上野に出馬と見え、返事を待つと伝える（謙信公御書集一〇・一三九一）。**16日** 北条氏政が北条氏邦に、十日の書状を見て遠山康光を早速出発させるべきところ北条三郎が散々に嫌がり、やっと説得して今日は康光が出立したと伝える（正龍寺文書・一三九二）。**17日** 北条氏政が駿河国菅沼村（静・小山町）岩田惣右衛門・同三郎左衛門に、当郷に帰住させ、乱後の事なので諸役を総て免除する（小山町岩田文書・一三九三）。同日、北条氏政が某に、駿河国竹下村（静・小山町）に帰住させ、同様に伝える（御殿場市鈴木文書・一三九四）。**19日** 武田信玄が佐竹家臣の江馬重氏に、佐竹義重との和睦に奔走させる（江間文書・戦武三-一五三三）。**21日** 大道寺資親が死没する。法名は広照院殿実相道順大居士。**23日** 北条氏政が鎌倉の東慶寺に、前々の証文の如く安堵し、寺領への狼藉者は小田原城に申告させる。奏者は山角定勝（東慶寺文書・一三九五）。**26日** 北条氏康父子が上杉謙信に七ヶ条の条書を出し、一、遠山康光の前で越相和睦の起請文に血判を据え満足の事、一、北条三郎は五日に小田原城を出発するが、日取りはかなり流布し、途中で武田信玄に出馬されるのが不安なので利根川端まで当方で厳重に警護し、倉内衆・厩橋衆は利根川端で受け取って警護して欲しい事、一、北条氏と里見氏との和睦は、先日の上杉方との約束を違えぬ様にし、状況は書状で知らせるので上杉方の使者を里見義弘に派遣して充分に交渉して欲しい事、一、七月の西上野の国衆の調儀は北条氏と協議してとの事で満足し、ただし今は上杉勢は疲労して武田信玄と戦うのは不可能と思い、上杉方の進藤家清、北条方

3月

の垪和康忠に委細を伝えておくので防備の様子を記して返書して欲しい事、一、北条氏康父子の条書の内に武上の国衆の異議の無い様に定めるべしとした事は具体的に遠山康光に伝えているが、謙信に通じて無いのは落ち度である、武上両国の事とは武蔵国忍城（埼・行田市）成田氏長と同国松山城（埼・吉見町）上田朝直の事で大筋は合っている。両氏は一度は上杉勢の退治を受けると覚悟しており、上杉と北条が同盟すれば北条氏の攻撃も受ける事になり、その様な時には彼らは信玄を頼らざるを得なくなると申したのであり、信玄からの度々の誘いがあればそれに乗る事は必定である。信玄への内通を止めるには謙信から先ずは起請文を出して忍と松山から人質を取り、彼らに起請文を出させる事で、垪和康忠にもこの様に伝えている事、一、北条氏邦への条書には氏康父子の欺瞞があると指摘された。既に前々の起請文を改め一ヶ条だけ無理やりに改定し血判を据えて申し上げた通り、欺瞞は無く起請文に偽りは無いから不審の義は何度も指摘して欲しい。人質の北条氏邦と北条三郎の両人を上杉方へ渡した事で納得して欲しい。同盟成立後は相互に遠慮なく相談していくために起請文を交わすのである事、一、この度の三郎の越後国への路次以下の事を由良成繁に働かせると命じた事に感謝していると伝える（上杉家文書・一三九七）。同日、北条氏政が北条氏照に、書状を拝見し垪和康忠へ伝える内容は了承した。氏照が病気で今日は小田原城に来られずと聞き、北条三郎の送り衆の責任者であるため、日数が無いので小田原城に来る必要は無く、詳しくは進藤家清から伝えさせる（根津文書・一三九六）。**27日** 武田信玄が古河公方家臣の木戸氏胤に、北条氏との合戦で連絡が遅れた謝罪をし、去年以来の軍議は里見義弘と相談し、足利輝氏の鎌倉帰座についても義弘への仲介を依頼すると伝える（水月古鑑四・戦武三‐一五二七）。**28日** 北条氏政が相模国西郡の鋳物師に、訴えにより中郡鋳物師を召し出して究明し、西郡鋳物師の主張が正しいと判明。ただし中郡鋳物師は伊勢宗瑞の時から相模国の鋳物師司に任命されており、同国中・東郡の鋳物師商売は鋳物師司の支配範囲で、その他の北条氏分国内での鋳物師商売は認めると裁許する。評定衆は石巻康保（公用永代書留牒・一三九八）。

▼この月、武蔵国忍城（埼・行田市）成田氏長が北条氏政に従属。

4月

7日 北条氏康が小田原城下の西光院に、祈禱料米として諏訪部・中村両人から二〇貫文分を寄進させる（相州文書足柄下郡・一三九九）。**9日** 北条氏政が垪和氏続に、駿河国興国寺城（静・沼津市）在城の寄子への恩給として相模国千束・七木（神・藤沢市）四五貫文を宛行う（垪和氏古文書・一四〇〇）。同日、北条氏政が鎌倉の大工太郎左衛門尉に、番匠衆の御用を命じ相模国国府津（神・小田原市）八郎左衛門・太郎左衛門尉、同国花水（神・平塚市）善二郎・木工助・惣右衛門、同国鎌倉の源二三郎、武蔵国金沢（神・横浜市金沢区）小三郎の七人を召し連れて相模国湯本（神・箱根町）に十二日に到着し当年の番細工に従事させる。奉行は南条山城・興津筑後（相州文書鎌倉郡・一四〇一）。同日、北条氏康が伊東政世に、永禄十一年（一五六八）から伊豆国西浦（静・沼津市）重須の百姓五郎二郎が同国大沢郷（静・伊豆市）に欠落し、重須は御領所のため、この氏康朱印状に任せて五郎二郎を逮捕して重須に戻し、代官の土屋左衛門太郎に渡させる（土屋文書・一四〇二）。同日、上杉謙信が山吉豊守に、今月中に北条三郎が上野国厩橋城（群・前橋市）に着城すると報せ、夜中や暴風雨でも必ず厩橋城へ豊守が守護する事、着城したら早馬で謙信に知らせる事、総て北条高広と相談し自分勝手に判断しない事と命じる（歴代古案・群七―三―二五九三）。**10日** 北条氏政が渡辺蔵人佐に、去年七月迄は駿河国水窪（静・裾野市）は御領所のため同国土狩（静・長泉町）を宛行った。現在は武田勢が引いたので水窪を給地として諸人に与えている。蔵人佐からの訴えで水窪で一八貫文を宛行う替わり土狩の一八貫文は所肥後守に渡す事。葛山衆として武田方に味方した時の以前の蔵人佐と肥後守の上下関係を知らず、さりとて肥後守の同心に付ける訳にもいかない。時が来れば寄親も決まるから、それ迄は蔵人佐に葛山衆の指南を頼みたく、肥後守が不法をするなら、その時には別々に奉公させる事で処置すると伝える。奉者は石巻康敬（判物証文写今川二・一四〇三）。同日、北条氏政が石切の左衛門五郎に、武蔵国での石切支配を命じて相模国に居る事を厳禁し、武蔵国江戸（東・千代田区）・河越（埼・川越市）・岩付（埼・さいたま市岩槻区）等の城々が多数有り、これらの切石の仕事に従事させる。奉者は石巻康敬（片平氏所蔵青木文書・一四〇四）。同日、北条氏政が小田原から武蔵国江戸迄の宿中に、石切の左衛門五郎に伝馬一疋の使役を許可し、無賃伝馬とする。奉者は山角定勝（同前・一四〇五）。同日、大藤政信が文良に、相模国岡崎（神・伊勢原市）に小庵を抱える事から屋敷畠二反を寄進する（二見文書・一四〇六）。同日、武田信玄が足利義昭の家臣一色藤長に条目を出し、条目の最後に越相両国から色々と将軍に言上してると思うが、今後は分別をもって返答すべきと記す（松平文書・戦武三―一五三五）。**13日** 上杉謙信が上野国館林城（群・館林市）の広田直繁に、去年から足利義氏が謙信に色々と悃望してきたが、筋目も交渉も無く無視してきた。直繁兄弟からの要請で以後は義氏と交渉を持つと伝える（上杉家編年文書一三・埼六―二―六四七）。**14日** 武田信玄が春日虎綱に、上杉謙信は五日の内に沼田城（群・沼田市）から帰国するのは必定で、同城から上杉勢が退去したら出馬する。その間に上信の軍勢を集めて伊豆国に侵攻すると伝え参陣を促す（歴代古案四・戦武三―一五三九）。**15日** 北条氏康が山吉豊守に、北条三郎が十日に上野国倉内（群・沼田市）に到着、翌日には上杉謙信と対面した事に満足し、豊守が同国堀口（群・伊勢崎市）・渡瀬（群・館林市）まで同道した事にも感謝して遠山康光から謝礼させる（歴代古案六・一四〇七）。同日、北条氏政が吉良氏家臣の江戸頼忠・大平右衛門尉・江戸頼年に、武田勢が急に侵攻して来るため、急ぎ軍勢を集めて二十一日には駿河国興国寺城（静・沼津市）まで着陣する事と命じ、普請も寸暇無く苦労だが武田勢が攻め懸かるので仕方がなく、吉良氏朝にも重ねて依頼すると伝える（大平文書・

4月

一四〇八）。**16日** 遠山康英が山吉豊守に、上杉謙信から書状と刀を贈呈されて感謝し、直接謙信に謝礼したいが恐れ多くて出来ず豊守に仲介を依頼する。使者の堀江玄蕃が小田原城に参着し北条氏康父子も満足し、返答も申すので玄蕃から聞いて欲しいと伝える（上杉家文書・一四〇九）。**17日** 北条氏政が鎌倉の東慶寺に法度を下し、寺領の百姓が他に主取りする事を禁止し、定められた年貢は年内に納めさせる。奉者は山角定勝（東慶寺文書・一四一〇）。**19日** 北条氏康が上杉謙信に、北条三郎が越府に到着して無事に過ごしていると聞く。こちらも変化は無いが、武田信玄が十六日に軍勢を集めて急速に出馬と聞いている。しかし相駿国境には今日までその気配は無く、武蔵口には北条氏邦から即日連絡が入るし伊豆方面とは常に連絡している。謙信も油断無く後詰めの支度を整えて欲しい。近日中には使者を遣わして報告すると伝える（上杉家文書・一四一一）。**20日** 北条氏政が上杉謙信に、夕方に駿河国興国寺城からの報せで、武田勢が同国富士口（静・富士市）に侵攻して興国寺城か伊豆方面に進撃すると思われるが備えは固く安心して欲しい。兼ねての約束通り信濃口に出馬して欲しい。そうすれば武田勢は長陣が出来ず、進撃の模様は重ねて報告すると伝える（同前・一四一二）。同日、北条氏康が武蔵国寺尾（神・横浜市神奈川区）百姓中に、今年の正木棟別の納法を指示し、五月晦日迄に麦で五六俵を納めさせる（武州文書橘樹郡・一四一三）。**21日** 北条氏康が笠原綱信に、伊豆国三島大社（静・三島市）の当月の祭礼には供僧役の事は、前々は牧野（静・伊豆市）の大光院が抱えた寺領が勤めたが、今度は武田方へ出奔し謀叛を企てている。幸いに護摩堂（愛染院）の祈禱所は安全で代わりに供僧役を勤めさせるので駿河国興国寺城の北条氏政の了解を求める事と申し渡す（小出文書・一一九八）。**23日** 武田信玄が駿河国富士浅間大菩薩（静・富士宮市）に願文を掲げ、北条氏康父子を滅亡させる事を祈願する（大宮本宮浅間神社文書・戦武三―一五四四）。同日、永禄十三年を元亀元年と改元する。**25日** 北条三郎が越後国春日山城（新・上越市）の城内で長尾政景の娘と祝言を挙げ、上杉景虎と名乗る（上杉年譜一五）。**26日** 北条氏康が相模国早川（神・小田原市）海蔵寺に禁制を掲げ、寺内・近辺の菜園を荒らす事、山林の伐採と竹の子を抜取る事、非儀・非分をする事を禁止させ、違反者は富士常陸守に申告し、常陸守がいい加減に扱うなら小田原城に出納僧を寄越して訴え出よ。寺への宿取り衆が狼藉に及び脇から聞いた場合には住職の罰にするとした。奉者は南条四郎左衛門尉・幸田与三（相州文書足柄下郡・一四一四）。同日、北条氏康が相模国早川（神・小田原市）久翁寺に禁制を掲げ、前項同様な事を禁止、違反者は甘利佐渡守・久保新左衛門尉に申告し、同様の不法を脇から聞いた場合には住職の罰とした。奉者は南条四郎左衛門尉・幸田与三（同前・一四一五）。**27日** 武蔵国中丸郷喜田見（東・世田谷区）氷河大明神を再興し、別当宮本坊代官に香取新兵衛、大旦那に江戸頼忠、大工に石渡正吉、本願に斎藤道善と一族が見える（氷川神社所蔵棟札・一四一六）。

5月

5日 北条氏邦が高柳源左衛門に、武田勢の来攻に備えて武蔵国木部村（埼・美里町）の屋敷地内を寄居（砦）に取立て、一円を不入とする。奉者は中村某（木部文書・一四一七）。**12日** 北条氏康が上杉謙信に、二十五日に春日山城（新・上越市）で北条三郎（上杉景虎）が祝言を遂げた事を喜び、近日中には使者を以て祝儀を述べると伝え、北条氏政は武田勢が駿河東部に侵攻したので対陣しており、この度は返書が出来ずお詫びする。やがて使者をもって謝礼すると伝える（上杉家文書・一四一八）。**15日** 上杉謙信が芦名氏家臣の游足庵淳相に、芦名盛氏父子からの書状に感謝し、相越同盟が落着して北条氏康の実子三郎を謙信の養子として寄越した事を報せ、奥羽方面の状況を詳しく知りたいと伝え、今後の友好を依頼する（楓軒文書纂六五・神三下-七九六四）。**20日** 北条氏政が荒川善次郎に、十四日の駿河国沼津表（静・沼津市）の武田勢との合戦で、富島同心の河口弥兵衛と共に敵を討ち取る忠節を認め感状を与える（新編会津風土記四・三三四）。**22日** 北条氏忠が伊豆衆の西原源太に、武田勢の来襲で小屋（静・函南町大仙山城）に籠城した忠節を認め、北条氏康に申告して引き立てると伝える。氏忠文書の初見（西原文書・一四一九）。同日、今川氏真が町田縫殿丞に、十四日の駿河国吉原（静・富士市）での合戦で武田方の首を討ち取る忠節を認め感状を与える（町田文書・静八-四-二〇九）。**23日** 北条氏政が吉良氏家臣の江戸頼忠・大平右衛門尉・江戸頼年に、駿河国興国寺城（静・沼津市）の先番衆と替わり当番を勤めさせ、二十五日に同城に在番し太田十郎と笠原助三郎も相番させると伝える（大平文書・一四二〇）。**26日** 北条方の相馬治胤が古河公方家臣の芳春院周興・一源に、海賊が足利義氏の古河城（茨・古河市）近辺に放火し不安に思うと伝え、武田信玄の伊豆国への侵攻はさしたる心配も無く退散したと聞く。常陸国の佐竹氏の事は同国小田城（茨・つくば市）城主に太田資正が任命され、いよいよ土浦城（茨・土浦市）小田氏治が危うい状況と報告する（武州文書埼玉郡・埼六-二-六五六）。

▼この月、相模国下溝村（神・相模原市南区）日宮が山中頼元の後室（北条氏照の娘）貞心尼により造営され、棟札に井上図書・同三郎左衛門が見える（新編相模高座郡・相風三-三五九頁）。

6月

1日 北条氏政が笠原助三郎・太田十郎・大平右衛門尉・江戸頼年に、駿河国興国寺城（静・沼津市）在番衆から同城の当番衆の員数が不足との報告で、飛脚を差し向け城将の垪和氏続を検使として軍役着到を調べ、確実な員数を報告させる（大平文書・一四二一）。**6日** 北条氏政が橋本外記に、駿河国大平（静・沼津市）の植松右京亮の給田を調査し報告させる。奉者は山角定勝（六所文書・一四二二）。**9日** 北条氏政が内山弥右衛門尉に、武蔵国大串郷（埼・吉見町）を同国松山城（吉見町）上田朝直に渡すので、替地として間室窪在家分（吉見町カ）で一一貫文を宛行い、残り六貫文は今年は岩付城（埼・さいたま市岩槻区）から蔵出で与え、来年から知行として田畠で宛行うと約束。陣夫は松山へは遣わ

6月

さず弥右衛門尉に使役させる。奉者は笠原康明（内山文書・一四三三）。15日 北条氏政が橋本外記に、知行として駿河国大平の植松右京亮分の給田三〇余貫文を宛行う。奉者は山角定勝（六所文書・一四二四）。26日 北条氏政が岩瀬丹波守に、二十日に上野国倉内（群・沼田市）に使者として赴き、上杉方から由良成繁への書状が昨日到着し拝見した。二十五日に武田勢が駿河国富士（静・富士市）に侵攻し軍勢の動きは重ねて報告すると伝える（歴代古案四・一四二六）。27日 武田信玄が太田資正に、五日に武蔵国御岳城（埼・神川町）の永井政実を攻めて降伏させ、居城の普請を行い武具と兵糧を移して甲信の軍勢一〇〇〇人程を在城させたので関東への出馬を開始すると述べ、味方中への調儀を依頼する（太田文書・戦武三―一五六二）。29日 北条氏康が北条氏邦に、武田勢が武蔵国大滝（埼・秩父市）方面から日尾城（埼・小鹿野町）に進撃するは確実で、小競り合いは要害に郷人を集めて待てば勝利するから普請を確実にする事、武田信玄は大軍で駿河国富士大宮（静・富士市）に陣取り大滝口への侵攻は嘘であり、あたかも敵軍がいる様に触れ回っているだけの事、大宮口への侵攻は虚説ではない。御岳城の永井政実の事は当面は宥めておき、政実と浄法寺氏とは和融する様に懇ろに扱い、そのやり方を使者から指示させる（群馬大学図書館所蔵新田文庫文書・一四二八）。同日、北条氏政が岡本政秀に、相模国戸塚郷（神・横浜市戸塚区）の陣夫銭の半分四貫文を三人の同心に与える。奉者は板部岡融成（早稲田大学中央図書館所蔵文書・一四二七）。同日、千葉胤富が豊前山城守後家に、足利義氏が忍びで鎌倉から下総国古河城（茨・古河市）に移り豊前孫四郎に供をさせると伝え、江戸城（東・千代田区）の遠山政景にも書状で知らせる（豊前氏古文書抄・四九八二）。同日、長尾顕景が死没する。法名は光岳元昶。

▼この月、徳川家康が遠江国見附城（静・磐田市）から同国浜松城（静・浜松市中区）に移る（当代記一）。

7月

7日 道祖土康成が死没する。法名は浄心院殿高月秋山大居士。12日 北条氏政が鎌倉の大巧寺（神・鎌倉市小町）坊主能化に、鎌倉能成寺分と山中近江屋敷を秀芳から永代買得した事を認め安堵する。奉者は可直斎長純（相州文書鎌倉郡・一四二九）。19日 山吉豊守が北条氏邦に五ヶ条の覚書を出し、一、北条氏政と上杉謙信の同陣についてはきっと使者を立てて申し入れる事、一、上杉氏の家臣は上下共に北条家に気遣いしている事、一、上杉方への武田方の使僧は成敗する事、一、互いに途中に人を出し相談して落着の上で日取りを決め出馬する事、一、当年秋に同陣が無ければ上野国の北条氏への味方中が恐怖し関東統治に後悔する事になると思う事、篠窪治部を相模国に帰し子細を報告させると述べる（上杉家文書・四四六二）。20日 北条氏政が相模国須賀郷（神・平塚市）代官・船持中に、麦一三〇俵を須賀から伊豆国熱海（静・熱海市）へ届けさせ、船と船方を富士氏代・依田氏代に渡し、速やかに船方の賃金を運送奉行から支払わせる。奉者は石巻康敬（平塚市清田文書・一四三〇）。

8月

3日 足利義氏が鎌倉の相承院（神・鎌倉市雪之下）融元に、鶴岡八幡宮に下総国古河城（茨・古河市）の堅固な護りと関東諸氏の忠節を祈禱する様に依頼する（相承院文書・戦古九三三）。 **4日** 北条氏政が山吉豊守に、武田信玄が伊豆国に侵攻したので上杉謙信の後詰めを依頼し、早急な出馬を要請する（神奈川県立公文書館所蔵山吉文書・一四三一）。 **6日** 安藤良整・板部岡融成が鎌倉の円覚寺仏日庵の鶴隠周音に、北条氏康の病気平癒の祈禱として鶴岡八幡宮に大般若経の真読を依頼する（仏日庵文書・一五〇二）。 **9日** 北条氏政が富島平次郎・大谷善右衛門尉に、出馬につき明日の払暁迄に当方に帰還させる（東京大学史料編纂所所蔵文書・一五〇三）。同日、越後国の上杉景虎が直江景綱に、武田信玄が伊豆国に侵攻したとの事だが、この時節の侵攻は不審であり、北条方も油断して敵を討ち求めえないであろう。上杉・北条同陣の事は去年から相談して決めるとしたが、その様な事も無く油断していた。北条氏から篠窪治部をもって申し込まれた事も仕方のない事だ。伊勢右衛門佐・幸田定治から北条氏康父子へ申した件も両人が失念して景虎に申してこず、迷惑している等と伝え、北条氏の油断を危険な行動と忠告する（本間美術館所蔵伊佐早文書・四三六一）。 **10日** 北条氏政が橋本図書助に、駿河国獅子浜（静・沼津市）で町田氏が前々から使役していた陣夫の半分が明け夫になり、半夫を与える。奉者は山角定勝（六所文書・一四三二）。同日、北条氏邦が武田領の武蔵国高柳（埼・本庄市）長泉寺に制札を掲げ、寺中門前と末寺広斎寺（本庄市小平）での殺生、竹木伐採を禁止させ、不入地として長泉寺に寄進する。奉者は三山綱定（長泉寺文書・一四三三）。 **12日** 北条氏政が北条高広に、上杉方の注進状が小田原城に到着し拝見した。高広から越府への使者の派遣を度々してもらい感謝し、武田信玄は去年の駿河国黄瀬川（静・沼津市大岡）に陣取り毎日にわたり韮山城（静・伊豆の国市）や興国寺城（沼津市）に軍勢を動かしているが、韮山城は城下の外宿も堅固に守備し要害の地なので安心して欲しい。北条方は軍勢が整わず攻撃できずに残念である。たとえ武田勢が退散しても早々と上杉謙信が越山しないと北条方の体制も整わず越相同盟の意味も無く、只今の行動は危険であると注意を促し謙信への披露を依頼する（尊経閣文庫所蔵尊経閣古文書纂三・一四三四）。同日、山角康定が北条高広に、武田信玄が伊豆国韮山城に進撃して合戦となり、軍勢を悉く集め物主衆は駆けつけてきたが、軍勢が調わず二日間は日延べとなり十八・九日には必ず合戦に及ぶ。武田勢は八〇〇〇騎程で北条勢も城々に籠城する軍勢の外に小田原城から七～八〇〇〇騎ほどが出馬する。韮山城や支砦に軍勢を配置して信玄を討ち取るのも間もなくで、同城には北条氏規・北条氏忠、その他、清水康英・大藤政信・山中・倉地・大屋の軍勢が支砦に籠城して堅固に守備し安心して欲しい。去る九日には韮山城外の町庭口に武田方の山県昌景・小山田信茂・武田勝頼を大将として五～六手の軍勢が攻め寄せたが撃退した。北条氏照から詳しく報告させると述べる（尊経閣文庫所蔵古蹟文徴六・一四三五）。 **13日** 北条氏政が小田原城に来た上杉方の大石芳綱・須

8月

田弥兵衛尉に三ヶ条の条書を出し、一、使者から伝えたが西上野に出馬して上信国境の碓氷峠に上るなら、後備として軍勢が無くとも急遽駆けつけて同陣する。一、峠を越えないならば西上野を捨てても出馬するのはどの様なものか。軍勢を進ませるべきか、もしくは甲斐国へ打ち出すべきかは上杉謙信の作戦に従う。一、北条氏邦と越山について調整の相談が有れば供を加えて派遣する。一、国家の浮沈に係わるので一刻も早く越山して欲しい。既に武田勢は氏政とは山一つ隔てて伊豆北部に張陣していると報せ、両人へ返答して欲しいと伝える（上杉家文書・一四三六）。同日、北条氏邦が山吉豊守に、同陣の事で大石芳綱・須田弥兵衛尉を派遣されたので北条氏政の条書を伝え返答して欲しい。一刻も早く越山して碓氷峠を越えると決定すれば、氏政は急遽同陣すると伝え、謙信への披露を依頼する（同前・一四三七）。同日、大石芳綱が山吉豊守に、十日に小田原城に到着したが、遠山康光父子四人は韮山城に在城し、北条氏邦は鉢形城（埼・寄居町）に居て留守で、別の奏者に書状や条目を渡すなとの命令で氏邦の小田原城への来城を待ち、氏邦・山角康定・岩本定次の三人に書状を渡し、返事を貰った。同陣については北条・上杉双方から家老一人を途中まで出して日取りを決めるか、また途中まで人を出すは如何かと言うので、氏邦に松田憲秀なりとも、一人の供を付けて利根川端へ出て相談してはと様々な意見が出た。武田信玄が伊豆に張陣して人手が無い時に途中で相談等といって日を費やすれば、伊豆国は焼け野原になり詮ない事になると拒否された。では上杉謙信が越山して厩橋城に入った間に北条氏照・氏邦兄弟の一人を倉内に来させてはと述べたところ、人質として長く留めるのかと疑いをもたれ、その様な事は起請文に謙信の手の全指を血に染めてもさせないと豊守が申していると説得したが、これも拒否された。また、北条綱成の子の一人を倉内に来させるか松田憲秀の子を来させればと述べたが納得されない。越山には北条家の家老の子か兄弟を謙信の陣下に置き、上杉家からも家老の子を出して武蔵国滝山城（東・八王子市）か鉢形城に置く様に要求された。北条氏康は大病で会話も叶わぬから、当主の事は何も判らない状況である。遠山康光が居ないのは危険な事で、自分は小田原城に留まり須田弥兵衛尉を先に帰国させる。北条氏政は用が無ければ帰国せよと言うが何か有る時のために滞在し、弥兵衛尉から詳しく報告させる。武田信玄は黄瀬川に陣取り毎日韮山城に進撃して柵木を剝取る等していると報告し、帰国命令を待つと伝える。追伸にも氏康の病気が重く、信玄の伊豆侵攻も知らないと記す（同前・神三下―七九〇）。同日、武田方の徳川家康が中村満千代に、伊豆国江間（静・伊豆の国市）の合戦で父定安が討死した忠節を認め、知行相続を許可する（古文書集・静八―四―二四八）。**15日** 大道寺政繁が御両寺（円覚寺・建長寺カ）に、春に当地（鎌倉カ）で行われた大般若経の真読の布施が未納のため、安藤良整に断って半分は鎌倉で、残りは武蔵国小机（神・横浜市港北区）で支給し、俵物は郷内の馬で届けさせる。政繁の初見（円覚寺文書・一四三八）。**17日** 北条氏規が水軍の山本正次に、注進状を見て房総方面での忠節を認め感状を与える（越前史料所収山本文書・四〇三二）。**19日** 北条氏政が玉滝坊乗与に、聖護院門跡の定書に任せて年行事を確認し、相模国の何れの真言・天台の宗派の修験者からも修験役を徴収させる。奉者は可直斎長純（年行事古書之写・文書補遺二九頁）。**22日** 上杉謙信が徳川家臣の酒井忠次に、初めて徳川家康から使僧を派遣されて感謝し、今後の取次も依頼する（田島文書・新五-三-四三三）。同日、直江景綱が徳川家臣の石川家成に覚書を出し、武田信玄は信用出来ない人物で、越相同盟は信玄を討つ作戦である事、織田信長にも同様の対処をさすべきで、越三同盟を締結させる事等を申し伝える（謙信公御書全・長岡市史資料編二-三九二）。**26日** 北条氏康が武蔵国寺尾（神・横浜市神奈川区）代官・百姓中に、今年の諸役銭の納法を指示し、米穀で納め棟別銭は九月十日、穀反銭は九月晦日迄に玉縄城（神・鎌倉市）奉行人に納入させる（武州文書橘樹郡・一四四一）。

▼この月、下総国小弓城（千・千葉市中央区）原胤栄が里見義弘に攻略され、同国臼井城（千・佐倉市）に本拠を移す。

9月

7日 北条高広が山吉豊守に、上杉謙信は五日に越府を出馬、越後国上田（新・南魚沼市）に進軍したと知らされ、北条氏政と味方中は勇気が出る事は間違いなく小田原城にも知らせる。武田信玄は信濃国岩村田（長野・佐久市）に着陣し、上野国箕輪城（群・高崎市）内藤昌豊が迎えに出たと聞く。上杉勢の碓氷峠への越山はどの様になるのか詳しく謙信から聞いて知らせて欲しい。信玄の岩村田への着陣は上野国小幡谷（群・甘楽町）から武蔵国御嶽筋（埼・神川町）への侵攻かと思うと伝える（米沢図書館寄託山吉文書・群七-三-二六二三）。**9日** 武蔵国金沢（神・横浜市金沢区）八幡社を修築し、神官に渡辺十郎左衛門、寺前村（横浜市金沢区）代官に渡辺与助、町屋村（金沢区）代官に大須賀藤助が見える（富岡八幡宮保管金沢八幡神社棟札・横浜市歴史博物館刊中世の棟札九〇～一）。**17日** 北条氏康が小田原城下の西光院に、戦勝祈願の護摩料として米二一俵を寄進する。奉者は南条四郎左衛門尉（蓮上院所蔵西光院文書・一四四二）。同日、北条氏規が水軍の山本家次に、嫡男正次の房総方面での忠節に感謝し、里見義弘への警戒を命じる。氏規の籠もる伊豆国韮山城（静・伊豆の国市）に毎日武田勢が来襲し、激しく攻められたが堅固に防戦した。氏規の守備する同城の和田島砦も堅固で安心せよと伝える（越前史料所収山本文書・四〇三三）。同日、京都の吉田兼見が北条氏康父子に祓等を贈り、奏者の幸田定治には扇を贈呈し、上洛中の左近士某が使者を務める（兼見卿記・小一-六七頁）。**吉日** 伊豆国井田庄（静・沼津市）大明神を造営し、大旦那に富永政家が見える（妙田寺所蔵大明神棟札写・四九〇四）。**吉日** 伊豆国一色（静・西伊豆町）熊野三所大権現を修理し、大旦那に北条綱成、代官に角谷因幡守、鍛冶に鈴木二郎左衛門、番匠に瀬尾惣左衛門が見える（熊野神社所蔵棟札・四九〇五）。

10月

8日 徳川家康が上杉謙信に起請文を出し、武田信玄と絶縁し決して裏切らない事、織田信長と謙信との和睦が成るよう調停する事を誓う（上杉家文書・新三-一-九二〇）。**13日** 大道寺政繁が鎌倉の理智光寺慈恩院に制札を掲げ、寺山での横合非分を禁止させる（浄光明寺文書・一四四三）。**16日** 北条氏照が武蔵国小山田（東・町田市）八ヶ郷・狩野一庵宗円に、武田勢が同国入間川（埼・狭山市）まで侵攻したが防戦して落着した。小山田八ヶ郷の名の有る武将は勿論、郷民で男程の者は出家までも軍勢として参陣させ、拒否する者は磔にする。十八日未明に滝山城（東・八王子市）に武器を持って集まり、武器の無い者は手ぶらでも構わないとした。狩野一庵は小山田八ヶ郷の代官か（新編武蔵多摩郡・一四四四）。**24日** 上杉謙信が某（北条高広カ）に覚書を出し、武田信玄が上野国に侵攻したので二十日に越山したが程無く敵は退散し、この上は北条氏政との同陣が必要かどうか問い、上杉景虎を信越の仕置きとして越府に残していると述べる（北条文書・群七-三-二六一七）。**25日** 北条氏政が武蔵国成木（東・青梅市）愛染院に禁制を掲げ、寺内での北条勢や甲乙人の乱暴狼藉を禁止させる。奉者は垪和康忠（安楽寺文書・一四四五）。

11月

15日 千葉胤富が回船業で流通商人の宮内孫三郎に、元服に当たり加冠状を与える（常陸誌料所収宮内文書・千五-六二〇頁）。**27日** 北条氏政が岩付衆の内山弥右衛門尉に、前々の如く武蔵国大串（埼・吉見町）内の銀屋から使役する陣夫を安堵する。奉者は笠原康明（内山文書・一四四六）。

▼この月、伊豆国川津筏場（静・河津町）威徳大自在天神を再興し、本願に鳥沢二郎左衛門尉、大工に壬生政宗が見える（天神社所蔵棟札・四九〇六）。

12月

1日 武田信玄が甲斐国甲府（山梨・甲府市）大泉寺に、娘黄梅院殿（もと北条氏政正室）の菩提料として同国南湖（山梨・南アルプス市）で一六貫文余を寄進し、菩提寺として塔頭を同国龍地郷（山梨・甲斐市）に建立させ黄梅院と号させる（大泉寺文書・戦武三-一六二〇）。**2日** 北条氏康が小田原城下の鋳物師棟梁の山田氏に、中村宗兵衛の扶持給二人分を与え安藤良整から支給させる。奉者は増阿ミ（相州文書足柄下郡・一四四七）。**7日** 武田信玄が下総衆の簗田晴助に起請文を出し、里見義弘との連携を促し軍事同盟を勧める（関宿城博物館寄託簗田文書・戦武三-一六三〇）。同日、某が尾崎彦左衛門に、屋敷地を安堵し御用を務めさせる。奉者は江戸民部少輔（正田文書・一四四八）。**10日** 小田原城の今川氏真が伊豆国泉（静・熱海市）保善院に、寺領として生一五右衛門尉の泉之郷内知行分六貫文の買得を認め、証人として北条家臣の山角弥十郎・安藤良整が確認する（保善院文書・四四六二）。**11日** 北条氏邦が武蔵国小前田（埼・深谷市）衆中に、足軽の長谷部兵庫助・関口又三郎・関根郷左衛門尉・保津見雅楽助・松本助三郎は馬上、福島平三郎以下五人は歩衆と規定し、忠節を認め小前田郷を不入とする。奉者は三山綱定（長谷部文書・一四四九）。**12日** 北条氏光が蘆沢半左衛門尉に、駿河国深沢城（静・御殿場市）城際の武田勢との合戦での忠節を認め感状を与える。氏光の初見（東京大学史料編纂所所蔵文書・一四五〇）。**18日** 北条氏康が岡部和泉守・大藤政信に、武田信玄が本陣を移し駿河国滝之沢（静・小山町）を越えて阿多野原（小山町）に進出、北条康成と北条康元は同国小足柄（小山町）へ上り軍勢が固めている。信玄の本陣は何処かは判らず地蔵堂（小山町）の辺かと想像される。よく見届け北条氏政に報告する事。深沢城への後詰めとして坂中辺に一～三〇〇〇の軍勢配備が出来るのかを聞きたい等を伝える。氏康の病気が一時回復し書状を発給（岡部文書・一三六八）。**22日** 北条氏邦が大道寺政繁に、岩付城（埼・さいたま市岩槻区）の当番が明けて三日前には河越城（埼・川越市）に帰国したが、河越方面に武田勢が侵攻し十九日には退散、氏邦等加勢の軍勢も帰国するので政繁も早々に軍勢を納め、来春の調儀は正月松の内に小田原城で行われるのでそれに備えさせる（安居文書・一四五一）。**24日** 北条氏康が岡部和泉守に、武田信玄の陣場の様子を報告させ深沢城への後詰めについては敵陣に聞こえぬ様に指示し、北条氏光にも同様に意見させる（岡部文書・一三六三）。同日、北条氏康が上野衆の富岡秀親に、下野衆の長尾顕長に武田勢との合戦の様子を伝え、北条氏政が吉日を定めて出馬するから秀親にも共に参陣を依頼する（千葉市立郷土博物館所蔵原文書・一三六四）。**28日** 某行憲が武蔵国井草（埼・川島町）百姓中に、書出の通り当年の年貢と検地増分も田口外記の取次により完納した事を認め受領証文を与える（武州文書比企郡・一四五二）。**吉日** 鈴木頼重が半右衛門尉に、加冠状を出す（相州文書高座郡・一四五三）。**吉日** 相模国大矢部（神・横須賀市）満昌寺の木造源頼朝像台座を造立し、鎌倉の鶴岡八幡宮浄国院の賢立が見える（満昌寺所蔵・新横須賀市史二‐二四九一）。

▼この年、武蔵国寺山（埼・川越市）八口大明神社を修造し、発功主に大道寺政繁、代官に鈴木某が見える（八口神社所蔵棟札写・四六八七）。

元亀二年（一五七一）・辛未

1月

3日 下総衆の千葉氏の軍勢が駿河国へ出陣する（海上年代記・千五‐一〇〇三頁）。同日、武田信玄が駿河国深沢城（静・御殿場市）北条綱成に開城を迫り矢文を送る。ただし当文書は疑問点がある（歴代古案一八・戦武三‐一六三九）。**6日** 北条氏政が江戸頼忠に、武田信玄との戦いにさらなる忠節を尽くせば恩賞を与えると約束し、家臣にも戦功次第で引き立てると申し渡す（江戸文書・一四五四）。**7日** 北条氏政が荒川善左衛門尉・小倉内蔵助に、さらなる忠節を尽くせば恩賞を与えると約束する（新編会津風土記四ほか・一四五六～七）。同日、北条氏政が相模国酒匂（神・小田原市）に、下総衆の千

1月

葉邦胤の軍勢が陣取るので陣屋等の用意を命じる（相州文書足柄下郡・二四七八）。**8日** 北条氏康が小田原城下の松原神社別当の蓮昌院・西光院に、渡辺五郎左衛門から祈禱の護摩料として米二一俵を今日中に受取らせ、明日から祈禱を行わせる。奉者は南条四郎左衛門尉（蓮上院所蔵西光院文書・一五一五）。**10日** 北条氏政が小田原城を出馬し駿河国深沢城の近くに着陣する。同日、北条氏政が駿河国興国寺城（静・沼津市）の垪和氏続に、相模国箱根（神・箱根町）で書状を見て武田勢との戦いの忠節を感謝し、合戦の門出が上手くいった事に満足して、以後も引き立てると約束する（垪和氏古文書・一二三八）。**11日** 北条氏政が伊豆国三島大社（静・三島市）神主に、武田勢に攻められている深沢城への後詰の一戦に勝利したら当年中に同社造営を行うと約束する（三島大社文書・一四五八）。**12日** 北条氏政が興国寺城の垪和氏続に、武田勢が城内に乱入し、氏続自身が本丸で太刀をかざして防戦し、撃退した忠節を認めて刀と感状を与える（垪和氏古文書・一四五九）。同日、北条氏政が垪和善次郎に、興国寺城での忠節を認め感状を与える（同前・一四六〇）。**13日** 北条氏康が相模国大山寺（神・伊勢原市）児捨中に、深沢城への後詰の一戦での戦勝祈願を依頼する。奉者は南条四郎左衛門尉（相州文書大住郡・一四六一）。**16日** 武田勢が深沢城の北条綱成を降伏させ開城し、綱成は小田原城に帰国する。**20日** 北条氏政が上杉謙信・上杉景虎に、書状を駿河国御厨（静・小山町ほか）で拝見し感謝し、深沢城の事は後詰の出馬をするから開城は待てと打ち合わせたが地形が悪く、三〇日余も武田勢に攻められ曲輪一つになり、後詰のため十日に小田原城を出馬、敵陣まで五里の距離に進撃した。敵は金掘人足を入れて本丸外郭まで掘り崩し、北条綱成が後詰を待たず十六日に開城したのは氏政は知らなかった。武田方は同城を再興し在陣している。深雪ではあるが早く越山して欲しいと依頼する（高岡市新田文書・一四六二）。**24日** 武田信玄が某に、北条氏政が武蔵国羽生城（埼・羽生市）に進軍したと伝える（古河志・戦武三-一六四四）。

▼この月、小田原城の本城（北条氏康）局が相模国江ノ島（神・藤沢市）岩本院に、北条氏政・氏照・今川氏真・北条氏規・氏忠・氏邦・氏光が出馬し、北条氏康が戦勝祈願を依頼して小袖を寄進する（岩本院文書・四九二）。

2月

3日 武蔵国赤沢（埼・飯能市）妙見大菩薩宮を創建し、施主に加治修理大夫・岡部小次郎・久林民部が見える（星宮神社所蔵棟札・四六八八）。**6日** 北条氏康が石切棟梁の善左衛門・善七郎に、配下の番子で命令に従わない者がいると訴えるので厳しく統括させ、それでも従わない者は名前を記し、小田原城に申告させ遠島の刑に処すと通告する。奉者は幸田与三（青木文書・一五一八）。**8日** 武蔵国峯村（埼・入間市南峯）の名主加藤家墓地の墓碑銘に、三浦氏旧臣の加藤政胤・同政次が見える。加藤政胤がこの日に死没（新編武蔵入間郡・武銘七三二）。**15日** 北条氏政が紅林八兵衛に、十三日夜中に武田勢の陣所に忍び込み松長左大夫と共に敵を討ち取る忠節を認め感状と太刀を与える（紅林文書・一四六三）。

3月

17日 上杉謙信が佐竹義廉に、佐竹義重からの書状に感謝して和睦の事を了承し、下野国小山城(栃・小山市)小山秀綱が同城を開城して義重を頼る事を認め、今後も秀綱への支援を依頼する(川原田文書・新五-三-三五六)。**20日** 武蔵国松山城(埼・吉見町)上田朝直が発願した法華経一千部の真読が完了し、記念に城下下沼(埼・東松山市)の経塚に塔婆を建立する(清正大神境内所在青石塔婆銘・一四六四)。**23日** 武田信玄が下条讃岐守に、深沢城が武田方に開城して北条勢が退散したため信玄は図らずも遠江国に出馬する予定等を伝える(橘文書・戦武三-一六五七)。**27日** 上杉謙信が越後衆の栗林政頼に、急ぎ上杉景勝を連れて上野国沼田城(群・沼田市)に参陣し、この北条氏康への書状を直江景綱と大石芳綱に届け、さらに上田の者が武蔵国鉢形城(埼・寄居町)北条氏邦にも届けさせる(栗林文書・新五-三-三九八〇、三九八七)。**28日** 上杉謙信が栗林政頼に、昨日の書状には上杉景勝を沼田城に移せと述べたが上野国厩橋城(群・前橋市)北条高広から武田勢は退散したと知り変更し、上田の者は早急に越府に来る事。越中国に出馬するので不足無く軍勢を引き連れ、関東へ越山の軍勢も固く命じて留めておく事。昨日の北条氏康への書状は上杉景勝から飛脚で小田原城に届ける事。謙信から遠山康光への書状では景勝を代理として沼田城に移らせようとしたが北条高広から武田勢は退散したとの通報で帰国させるので、越府から氏康へ直書を届けると伝える(同前・新五-三-三九七五)。

1日 京都の聖護院門跡の道増(北条氏綱後室の弟)が安芸国で死没する。**3日** 春日弥吉が武蔵国吉野村(埼・さいたま市大宮区)名主の十三郎に、同村の荒地を開拓させ年貢を三年間は無税とし、その後は年貢を収納させる(武州文書足立郡・埼六-二-六七六)。**7日** 北条氏政が武蔵国富部(神・横浜市西区)両分の小代官・名主に、郷内の人改めを命じ、武田信玄の侵攻を警戒して城々の留守番衆に郷民を徴用し、名簿を提出させる。奉者は安藤良整(武州文書久良岐郡・一四六五)。**11日** 北条氏政が相模国津久井(神・相模原市緑区)衆の井上・野口遠江守に、駿河国深沢城(静・御殿場市)が武田方であるため、相模国河村(神・山北町)・足柄(神・南足柄市)両城の普請役を命じ、同国磯辺(神・相模原市南区)の人足二人を今年の大普請役から五日間を使役し、十六日に足柄城に集め奉行の山角・石巻代に渡し普請に従事させる。奉者は安藤良整(富士山本宮浅間大社文書・一四六六)。同日、北条宗哲が紅林八兵衛尉に、駿河国御厨(静・小山町ほか)陣の時に忠節を尽くして北条氏政から感状と太刀を贈呈され、宗哲も太刀を贈呈(紅林文書・一四六七)。**22日** 北条氏政が岡本政秀に、棟別役五間分を免除し、普請役は賦課する。奉者は秩父右近(岡本氏古文書写・一四六八)。**25日** 北条氏政が上杉謙信に、武田信玄が退散し上杉勢も帰国したと使者の本庄彦七から書状で知った。信玄は重ねて北条領に侵攻すると方々から注進されており、謙信の越山が無ければ北条氏は滅亡の道を歩む事になり、上野国か信濃国へ越山して欲しいと上杉景虎から懇願され、伊勢右衛門佐から伝えさせる(上杉輝虎公記・一四六九)。

4月

2日 里見義弘が武蔵国金沢郷（神・横浜市金沢区）龍華寺に制札を掲げ、里見勢と甲乙人の乱暴狼藉を禁止させる（郊遊漫録所収文書・千四-四三八頁）。 **7日** 北条氏邦が高岸対馬守に、武田勢が二月二十七日に武蔵国石間谷（埼・秩父市）に侵攻して防戦に務めた忠節を認め綿・漆・舟・人足の諸役を永代免除する。奉者は三山綱定（高岸文書・一四七〇）。同日、北条氏邦が山口上総守に、子息孫五郎の討死の忠節を認め褒美として上武国境の神流川域の麻生村（群・神流町）など三ヶ村を宛行う。奉者は三山綱定（山口文書・一四七一）。 **10日** 北条氏政が伊豆衆の西原源太に、同国仁田郷（静・函南町）で給田を与え倉地源太左衛門尉代の原神左衛門・名主藤左衛門から田畠を受け取らせる（西原文書・一四七二）。同日、北条氏政が多呂玄蕃亮に、伊豆国仁田郷で三島大社の祭礼銭三月分を給田として与え、倉地源太左衛門尉代の原神左衛門・名主藤左衛門から田畠を受け取らせる（伊達氏所蔵旧伊豆在庁文書・一四七三）。 **11日** 北条氏政が上杉謙信に、越中国への出馬と平定の進捗に満足と述べ、武田信玄が北条領に侵攻したなら即刻後詰めの越山を依頼し、雇い使者の伊勢右衛門佐に書状を届けさせる（上杉家文書・一四七四）。 **15日** 北条氏康が上杉謙信に条書を出し、一、北条方の者は和睦以来は謙信の威光で急速に関東平定が達成されると思い、戦局が不利になると国衆たちは北条氏政を見限り分国支配が成り立たない。必ず七月上旬には出馬して北条家を引き立てて欲しい、一、北条と武田が和睦すると言う者がいて起請文を取ったとの事だが、迷惑な事で何で越山の難儀を知りながら虚言を申せようか。よくよく究明して欲しく、氏康父子が謙信との和睦を遵守する事は伊勢右衛門佐から聞いて欲しい、一、国境の城々の防備について申され感謝し、甲相同盟の間は安心していたが信玄との断絶の後は豆相国境の城々の普請や防備は堅固にしているが、図らずも駿河国に武田勢が侵攻し合戦に及び苦労している、一、上杉方の後詰めに期待する他に手立てが無く、氏政の書状でも知らせたが七月の越山を逃せば味方の国衆等は氏政を見捨てる事は必定である、一、北条氏への味方国衆の人質は越山の時には上杉方へ渡すと伝えており、氏政も約束を守るので疑念の無い様にして欲しい。和睦により一度国分けを定め、甲信両国を討つと覚悟したからには人質の引渡し惜しみは一切せず、仮にも小田原城に人質を召し寄せても謙信が上野国沼田城（群・沼田市）に越山したら一人残さず引渡す、一、初夏には信玄が出張するので謙信には即刻に後詰めの出馬をして西上野か信濃国へ進撃して欲しいと伊勢右衛門佐に申しており、敵の進撃は迅速であるから早急の出勢が必要と伝える。当文書には氏康が病気のため花押が据えられず「機」と刻字した壺形朱印を捺印（上杉家文書・一四七五）。 **18日** 北条康成が鎌倉の円覚寺仏日庵の鶴隠周音に、鎌倉扇谷（神・鎌倉市）の瑞心屋敷を所望と聞いて与え、作人を使役して開拓させる（仏日庵文書・一四七六）。 **20日** 北条氏政が庄康正に、駿河国泉郷（静・長泉町）百姓の窪田十郎左衛門の抱える百姓七人が他国五ヶ所に欠落し、国法に任せて領主・代官に断って召し返させる。奉者は板部岡融

5月

成（判物証文写今川二・一四七七）。**26日** 北条氏邦が某に、長年の忠節を認め官途を与える。奉者は三山綱定（武州文書秩父郡・一四七八）。**28日** 上杉謙信が越後衆の栗林政頼に、上野国厩橋城（群・前橋市）北条景広からの注進で、北条・武田勢が侵攻したので地下人を促し参陣を依頼する。北条氏を凶徒と記し、越相同盟が崩壊しつつあると判る（栗林文書・新五－三－三九七二）。**晦日** 北条氏政が相模国酒匂・柳下（神・小田原市）に、当年の正木棟別役は麦で三八俵を五月晦日迄に小田原城に納めさせる（諸州古文書二四・一四七九）。同日、北条氏光が駿河衆の植松右京亮に三ヶ条の掟を出し、獅子浜（静・沼津市）百姓が退転し、前々の役を放棄したため舟改め役を命じ、同国口野（沼津市）五ヶ村に出入りの舟を臨検し、塩硝・鉛・鉄砲が有れば申告せよ。口野四ヶ村の舟は立網猟の舟で釣舟への転用は固く禁止させる。奉者は真田某（獅子浜植松文書・一四八〇）。

10日 北条氏康が鎌倉の円覚寺仏日庵の鶴隠周音に、鎌倉扇谷（神・鎌倉市）の瑞心屋敷三貫目を北条康成が与えたのを了承し山共に安堵する。奉者は中将（仏日庵文書・一四八一）。**16日** 北条氏政が相模国岩（神・真鶴町）百姓中に、鮫追船二隻の新造を認めて諸役を免除し、横合非分の者は小田原城に申告させる。奉者は万阿ミ（真鶴町教育委員会所蔵文書・一四八三）。同日、北条氏邦が武蔵国小前田（埼・深谷市）長谷部兵庫助の率いる小前田衆一一人に、知行として小前田の地を宛行い、諸役と普請役を免除する。一一人の内の六人の徒歩衆には馬を求めて馬上衆に昇格させ、扶持給として当年の麦五〇俵を鉢形城（埼・寄居町）に納入させる。奉者は三山綱定（長谷部文書・一四八二）。**17日** 武田信玄が岡周防守に、遠江・三河国へ出馬すると伝え、足利義昭が織田信長に恨みを持ち、討伐せよと申しているので忠節を尽くすために上洛すると説明する。越相同盟の崩壊で武田信玄が上洛作戦を開始（荒尾文書・戦武三－一七一〇）。**24日** 壬生周長が芦名盛隆に、二十日に北条勢が下総国山川（千・香取市）・戸張（千・柏市）両城を攻めたと知らせる（歴代古案七・神三下－八〇四三）。**25日** 佐竹義重が赤松美作守に、北条勢が常陸国諸口に侵攻し下総国古沢表（千・酒々井町）での合戦の忠節を喜ぶ（常総遺文八・神三下－八〇四四）。**27日** 大藤政信が相模国中郡名主・百姓中に、同国江ノ島（神・藤沢市）弁財天の下宮造営には中郡の者の麦秋（初夏）の勧進を許可する（相州文書鎌倉郡・一四八五）。**29日** 北条康成が堀内康親に、駿河国深沢城（静・御殿場市）籠城の忠節を認め賞として大道寺屋敷を宛行う（堀内文書・一四八六）。

6月

1日 北条綱成が森杢助に、玉縄城（神・鎌倉市）の建物の造作に大鋸引一手の御用を命じ、綱成が雇って中二日を出役させる（森文書・一四八七）。同日、武蔵国多西郡北谷中野村（東・日の出町大久野）斑峯富士浅間神社を再建し、大旦那に北条氏照、神主に宮岡守之、代官に秋山新五郎・細谷新十郎、大工に落合（日の出町大久野）の四郎左衛門が見える（武蔵名勝図会一〇・四六八九）。同日、武蔵国下村（埼・和光市）東明寺観音堂に河村弥二郎が鰐口を寄進し、大工に

6月

飯田弥七が見える（東明寺所蔵・四六九〇）。 **4日** 北条氏政が安西彦兵衛尉に、駿河国深沢城（静・御殿場市）城下の武田勢との戦いでの忠節を認め感状を与える（第五回西武古書大即売展目録所収文書・一四八八）。 **10日** 北条氏政が武蔵国松山本郷（埼・東松山市）町人に詫言による六ヶ条の定書を出し、一、如何なる借銭・借米にも市の日に来た商人への催促を禁止させ荷馬等を取る者は処罰する、一、濁酒の家に不法をする者は逮捕して申告せよ、一、市の日に少しの売り物を持ち来たって宿中の下人を使役する者は違法とする、一、宿中の陣夫は三疋三人で北条氏の着陣の時のみ務める事、一、飛脚役は免除するが緊急の時には町人に賦課する、一、塗物役と炭役は宿中の者には免除すると申し渡し、市場での押買・狼藉は厳禁させ何処の足軽・小者・中間でも違反の者は罪科に処すとした（新編武蔵比企郡・一四八九）。 **12日** 武田信玄が武蔵国久喜（埼・久喜市）甘棠院に高札を掲げ、武田方の甲乙の軍勢の寺中での乱暴狼藉を禁止させる（甘棠院文書・戦武三‐一七三二）。 **21日** 北条氏政が佐枝治部に、岩付城（埼・さいたま市岩槻区）北条康成の家臣として忠節を尽くさせる（佐枝文書・北条氏文書補遺二八頁）。 **22日** 北条氏政が清水新七郎に、駿河国葛山郷（静・裾野市）除沢は武田領ではないが、新規築城の同国平山城（裾野市千福）の城下に入り、武田領に近いために田畠の手作が不可能で、松田憲秀も詫言を申している。氏政としては平山城の支配下に置きたいと伝え、新七郎から下知に任せると知らされ、それにより新七郎を当面は伊豆国田代郷（静・伊豆市）三〇〇貫文の代官職に任命して葛山郷除沢の程の年貢を収納させ、残りは平山城の蔵納とし、来年は武田領との境が確定すれば返却するとした（高崎市清水文書・一四九一）。 **28日** 北条氏政が岡本政秀に、新酒部屋一間分の諸役を免除する。奉者は海保長玄（安得虎子一〇・一四九二）。

7月

1日 北条氏政が垪和氏続に、知行役銭の事は駿河国興国寺城（静・沼津市）に在城して武田勢に荒らされた知行の再建を任せ、同国富士（静・富士市）・蒲原（静・静岡市清水区）両城を奪還したなら同国東部の支配は氏続に任せる。同国平山城（静・裾野市）にもこの事を伝え、この判物がその証文となる。諸役銭は給分として免除し、触口が北条家朱印状が無くして郷内に諸役賦課を命じたなら、即刻に申告し究明すると申し渡す。奉者は幸田定治（垪和氏古文書・一四九三）。 **3日** 千葉胤富が下総衆の井田胤徳に、北条氏政から至急の出陣命令が来て同国中の国衆が参陣するが、去年の井田衆は見苦しく軍勢とはみなし難いので、この度の出陣には軍装を整える支度をして欲しい。特に鉄砲衆と歩弓衆には揃いの小旗を装着させ軍勢らしくする事。盆の前後には出馬するので油断無く用意させよと伝える（井田氏家蔵文書・神三下‐七四六〇）。 **12日** 武蔵国椚田郷（東・八王子市）高尾山有喜寺の薬師堂に、野口照房が金の釣灯籠を寄進する（高尾山薬王院所蔵・一四九四）。 **15日** 朝比奈泰寄が水軍の山本家次父子に、伊豆国韮山城（静・伊豆の国市）北条氏規から父子には特別の戦功と激賞され、今後は江戸湾の海上防備は父子に総て任せるとの事で我々三浦衆も満足し、今後も忠節を尽くして欲しい。北条氏康の病は重く回復の見込みは無いが、昼夜北条氏政等が詰めており業務に差し障りは無い。自分は韮山城に当番衆として詰めており、御用のために十三日に相模国三崎城（神・三浦市）に帰国したが十七日には韮山城に戻るので用があれば息子朝比奈泰之に申して欲しい。詳しくは近内（近藤内匠カ）の口上で述べさせる（越前史料所収山本文書・四〇五九）。**16日** 北条氏政が北条綱成に、石巻康敬への書状を拝見して返答し、去る一日に北条氏光と綱成の軍勢が相模国足柄城（神・南足柄市）に駆け着けて在番し五日には帰城した。中四日の在番規定で大藤政信が一日間を当番替えに遅刻した。二十一日に軍勢を出馬させ二十二日に足柄城で先番衆の名簿と書き換える事が必要である。足柄城は広大なので綱成の当番衆では員数不足と判っているが、引継ぎの軍勢が無く理解して欲しい。同城は小田原城から近いので短時間で駆け着けるから無衆にしていると伝える（岡本文書・一四九五）。同日、原胤栄が下総国院内（千・千葉市中央区）千葉神社神主の左衛門大夫に、先代の原胤貞からの通り大夫司を安堵する（千葉神社文書・四六九二）。同日、武田信玄が相模国藤沢（神・藤沢市）清浄光寺に、藤沢周辺で三〇〇貫文の寺領を寄進すると約束する（清浄光寺文書・戦武三―一七二九）。**27日** 北条氏邦が山口物主・上吉田（埼・秩父市）壱騎衆・その外衆中に、諏訪部定勝から武蔵国日尾城（埼・小鹿野町）で野武士に参陣を命じたら忠節を尽くして活躍したと報告されて感謝し、鉢形城（埼・寄居町）に帰城の上で褒美を与えると伝える（山口文書・一四九六）。**28日** 北条氏政が岡本政秀に、軍役着到を定め相模国吉岡（神・綾瀬市）五九貫文の知行から七人の着到、小田原城からの扶持給二九貫六〇〇文の分は侍の武庄左衛門尉・鈴木半右衛門・杉山惣次郎・大庭弥七郎、足軽四人の合計一五人と確定し軍役を務めさせる（岡本氏古文書写・一四九七）。同日、北条氏政が岡本政秀に、知行として下総国木積（千・八日市場市）他七ヶ所で合計四五貫文を宛行う（下総旧事一・四九〇八）。同日、北条氏邦が紀伊国高野山（和・高野町）高室院に、月窓祖印からの志で灯爐銭として今年から四年間に一二〇貫文を黄金で一〇両を支払い、黄金一両は一二〇貫文（一二貫文の間違い）の価値と伝える（集古文書七〇・一四九八）。同日、遠山政景が武蔵国江戸城（東・千代田区）城下の吉祥寺看栄天海和尚に、同寺の寺領三〇貫文を検地し増分二一貫余分の書立を出し、同国飯倉郷（東・港区）は箕輪大蔵から、同国鳥越村（東・台東区）は御小屋から、下平川（千代田区）は遠山直景から合計二一貫文を寄進。同所内の三〇貫文は会田氏からの買得地で政景が寄進し、この他の四貫文は菜園分として遠山綱景から寄進と配分する（武州文書御府内・一四九九）。**29日** 北条氏政が岡本政秀に、年来の奉公を賞して知行として相模国吉岡郷（神・綾瀬市）全域を宛行い、小田原城での扶持給の一騎合四人の寄子には別に知行を与える。奉者は幸田定治（安得虎子一〇・一五〇〇）。

8月

1日 上田朝直（安独斎宗調）が死没する。法名は蓮好（東秩父村浄蓮寺墓碑銘・武銘七三五）。**15日** 板部岡康雄が幸松

8月

善兵衛に、いおう村（現在地未詳）河原に屋敷地を与える（相州文書足柄上郡・一五〇四）。**16日** 北条氏政が北条綱成に、二日に北条氏光・綱成の軍勢が箱根（神・箱根町）と足柄城（神・南足柄市）に急ぎ駆けつけ即日帰城した。大藤政信は八日の当番替えで二十二日に軍勢を発し、先番衆の名簿を当番衆と書き換える事、足柄城は広いので当番衆は不足と判っている。小田原城から程近いので敵の小旗が見えたら半時の内に駆けつけると申し渡す。当文書は七月十六日の氏政書状と殆ど同文で問題点がある（志方文書・一五〇五）。**19日** 北条氏政が武蔵国白子郷（埼・飯能市）小代官・百姓中に、反銭・棟別銭の納法を指示し、反銭は米穀で三回に分けて江戸城（東・千代田区）反銭請取奉行の良知河内守・吉原新兵衛に、棟別銭も米穀で二回に分けて小田原城の請取奉行の吉田平右衛門・西沢三右衛門に納めさせる（新編武蔵新座郡・一五〇六）。同日、北条氏政が相模国大山（神・伊勢原市）に、棟別銭の納法を指示し、秋に米穀で二回に分け小田原城の請取奉行の安藤清広・中某に納めさせる（佐藤文書・一五〇八）。**20日** 北条氏政が小田原城下の畳職棟梁の弥左衛門・同番子に、扶持給一三貫余文の受取り方法を指示し、相模国西郡の懸銭で小田原城の安藤良整・松井織部から支給させる（相州文書足柄下郡・一五〇七）。**21日** 上杉謙信が下総国小弓城（千・千葉市中央区）を攻める（海上年代記・千五-一〇〇四頁）。**22日** 夜間に大風が吹き家が悉く破れ大木や枯木が皆吹き折れる（年代記配合抄・北区史三-一四七頁）。**27日** 上野国世良田（群・太田市）長楽寺真言院の尊慶が武蔵国河越城（埼・川越市）大道寺政繁に、同国中尾（埼・さいたま市緑区）吉祥寺が背いて仏法を我が儘にする不法を訴え、北条家分国中を追放する様に依頼する（仙波中院文書・四四六三）。**28日** 千葉胤富が家臣の石毛・海上氏に、今日は北条氏政が武蔵国江戸城（東・千代田区）に着陣し、早急な出馬要請をされ、海上衆は総勢で参陣し来月一日には必ず上総国菱田（千・芝山町）に着陣せよと申し渡すが、円城寺兵庫助は断ったと伝える（原文書・神三下-七七二）。

▼この月、布施康貞が死没する。法名は芳全。

9月

2日 北条氏政が下総国浜村（千・千葉市中央区）本行寺に禁制を掲げ、北条勢と甲乙人の乱暴狼藉を禁止させる。奉者は遠山政景（千葉市本行寺文書・一五〇九）。同日、遠山政景が下総国浜村の本行寺僧に六ヶ条の条書形式の副状を出し、先月は同寺の修復に従事し完了した事に感謝し、北条氏康は病気で回復せず褒美を申告したが返答が無いと断り、一、両地（土気・東金）から本行寺に寄進した菜園は相違無いか心配である、一、寺域内を往還する人々の狼藉を心配して制札を持参する、一、制札を板に書写したので御堂に掲げ諸人に見せる事、一、北条家朱印状の原本は寺の什宝として保存し、旦那衆に見せる事、一、土気城（千葉市緑区）・東金城（千・東金市）に制札写と政景書状とを文袋に入れて代官の宍倉氏に届けさせる事と指示する。当文書は海保長玄の書状との説もある（同前・四一〇八）。**5日** 今川氏真が奥州石川郡（福島・石川町周辺）先達御房（石川別当）に、先規に任せて紀伊国熊野神社（和・那智勝浦町）への参詣者と諸旦那の領内通行を許可する（石川文書・静八-四-三五二）。**15日** 北条氏政が吉田政重・吉橋大膳亮に、この度は武田信玄の侵攻に斥候を務め、武蔵国榛沢郡での忠節を認め感状を与える（吉田文書ほか・一五一〇～一）。同日、北条氏政が桑原又七に、武田信玄の出張に斥候を務め、武蔵国榛沢郡で敵を多く討ち取る忠節を認め感状と太刀を贈呈する（雑録追加八・四六九二）。**20日** 北条氏規が大病中の北条氏康の追慕として紀伊国高野山（和・高野町）高室院に逆修日牌を依頼する（北条家過去名簿・北条早雲二三頁）。**23日** 北条氏邦がさいと三郎右衛門・高谷三郎左衛門に、武田勢が武蔵国秩父郡に侵攻し、郷人と野武士を集めて防戦させ、忠節を認めたら褒美を約束する（高岸文書・三九六）。同日、武蔵国片柳郷（埼・坂戸市）休台寺に、同国松山城（埼・吉見町）上田氏家臣の恒岡入道（大林軒道会日勢）が三十番神を勧請する（新編武蔵入間郡・四六九三）。**25日** 北条氏照が小田野周定に、詫言につき年来の忠節を認め武蔵国内牧之郷（埼・春日部市）で知行を宛行い、近年は不作につき一〇年間は知行役を免除する（佐野家蔵文書・一五一二）。同日、今川氏真が富永右馬助に、軍歴を列記した暇状を与えて主従関係を解き、もし氏真の領国支配が復活したら早々に仕官させると約束する（浜田市江木文書・四九一〇）。**26日** 北条氏政が相模国田名（神・相模原市中央区）百姓中に、武田勢の侵攻に備えた同国河村城（神・山北町）普請施工が未熟のため人足を田名から雇い、晦日に同城に集まり一日から二日間の普請を命じ、雇賃を米で同城の安藤清広代から支払わせる（陶山氏所蔵江成文書・一五一三）。同日、北条氏忠が伊豆衆の西原源太に、同国の給田は武田勢の乱入による不作で生活が成り立たないとの詫言で一騎合分の扶持給米を与え、今月から一ヶ月分を篠窪弥太郎から支給する（西原文書・一五一四）。同日、武田信玄が野呂弾正に、武蔵国深谷領（埼・深谷市）と藤田領を荒し回り、明日は同国秩父郡へ侵攻して北条方を撃砕すると伝える。当文書は元亀元年との説もある（野呂家文書・戦武三-一七四〇）。

10月

1日 武田信玄が武蔵国阿熊（埼・秩父市）に高札を掲げ、武田勢と甲乙人の乱暴狼藉を禁止させる。奉者は内藤昌秀（武州文書秩父郡・戦武三-一七四二）。**3日** 北条氏康が死没する。五七歳。法名は大聖寺殿東陽宗岱大居士（北条家過去名簿）。同日、北条氏康夫人瑞渓寺殿が夫の死没により紀伊国高野山（和・高野町）に灯籠を寄進。取次は北条氏照が務める（同前・小一-六八頁）。同日、上杉景虎が山吉豊守に、北条氏から飛脚が来て北条氏へと遠山康光への書状を届け、返書を戴きたい。もし内容が上杉謙信の意見と合わない時は景虎に案文を届けさせ書直し、北条氏に転送させる（山吉文書・四三六三）。同日、北条氏康の死没による北条氏政と武田信玄との和睦を早河殿が怒り、夫の今川氏真と共に小田原城下の早川から船で遠江国に逃れ徳川家康を頼る（家忠日記増補）。**12日** 武田信玄が下野衆の佐野昌綱に、武蔵国藤

10月

田（埼・寄居町）・秩父（埼・秩父市）・深谷（埼・深谷市）各領の田畠を荒らし、上野国漆原（群・吉岡町）に陣取り厩橋領（群・前橋市）に放火すると伝える（甲斐国志一二一・戦武三‐一七四三）。**27日** 武田信玄が古河公方家臣の一色義直に、上野国沼田（群・沼田市）・厩橋（群・前橋市）領内を撃砕し、十九日から二十六日までは武蔵国秩父郡に在陣して郷村を荒し回り、次いで鎌倉に着陣して義直に面談したいと考えたが、先ずは帰国し、来月は直ちに小田原城へ侵攻し江戸城（東・千代田区）辺りで面会したいと述べる（武田神社文書・戦武三‐一七四四）。

11月

6日 北条氏政が大藤政信に、着到・武具の整備について指示し、寄子・同心に心を配り撫育させる（大藤文書・一五五五）。**10日** 上杉謙信が上野衆の北条高広に、甲相が同盟しても北条氏の滅亡は申すに及ばず小田原城を信玄が狙い、たとえ明日にも上杉と武田が断絶しても先ず相豆両国を信玄は討つであろうから北条と上杉は運比べである。この様な馬鹿者（北条氏康父子）と知りつつ里見義弘・佐竹義重・太田資正と断絶したのは後悔している等と伝える。謙信が北条氏政との断絶を宣言（新潟県立図書館所蔵三上文書・静八‐四‐三六三）。**20日** 北条氏照が父氏康の追善として瑞渓院殿（北条氏康正室）が高野山奥院に灯籠を寄進し、同山高室院に逆修日牌二膳を納めると伝える（国立国会図書館所蔵集古文書七三・一五五七）。同日、大道寺政繁が次原新兵衛・金谷彦右衛門尉・内村将監・清田庄左衛門尉に、武蔵国河越城（埼・川越市）城下の唐人小路奉行に任命し、町衆による道路の整備、小路と溝の清掃、火の用心を命じる（武州文書入間郡・三九三五）。**23日** 足利義氏室の浄光院殿（円桂宗明）が父氏康の追慕として高野山高室院に逆修日牌を依頼する。取次は北条氏照（同前・小一‐六一九頁）。**26日** 高城胤辰が下総国船橋（千・船橋市）意富比神社神主の富中務丞に、高城氏代々の外護社と認め、社中掟に任せて諸事を施行させる（意富比神社文書・一五五八）。**晦日** 北条氏政が内山弥右衛門に、給分の武蔵国柿木（埼・草加市）・川戸（埼・松伏町）の年貢未進のため、知行の上銭として六貫文を岩付城（埼・さいたま市岩槻区）の立川式部から支払わせる。奉者は海保長玄（内山文書・一五六〇）。同日、北条康成が興津弥四郎に、望みの知行一ヶ所を宛行い来年の春作の前に引き渡すと約束する（諸家文書纂所収興津文書・一五五九）。

▼この月、千葉邦胤が下総国佐倉（千・佐倉市）妙見宮で元服する（千学集抜粋・千五‐一〇〇四頁）。

12月

1日 北条氏政が小田原城から上総国東金（千・東金市）迄の宿中に、東金の本漸寺僧に伝馬三疋の使役を許可し、無賃伝馬とする。奉者は海保入道長玄（本漸寺文書・一五六一）。**2日** 北条康成が相模国村岡（神・藤沢市）両代官に、同地の夫銭から三〇〇疋を興津弥四郎に支給させる（諸家文書纂所収興津文書・一五六二）。**3日** 北条氏邦が高岸対馬守・栗原宮内左衛門尉・新井新二郎に、武田信玄が武蔵国秩父郡に侵攻し、日尾城（埼・小鹿野町）諏訪部定勝が彼らの忠節を氏邦に申告し感状を与える（高岸文書ほか・一五六三～五）。**14日** 奇文禅才が死没する。七九歳。**17日** 武田家臣の跡部勝資が上野衆の北条高広父子との交渉を開始する（高橋文書・戦武三-一七六二）。同日、今川氏真夫妻が遠江国浜松城（静・浜松市中区）徳川家康に身を寄せる（略譜今川）。**中旬** 北条氏政と武田信玄が相甲同盟を締結。**24日** 武蔵国岩付城（埼・さいたま市岩槻区）の根岸・大谷・守賀各氏が同国井草（埼・川島町）代官・同百姓中に、当年の棟別銭を納入され受取証文を与える（武州文書比企郡・一五六七）。**27日** 極秘に進めた相甲同盟成立が北条氏政から御一家衆や家老等に公表される。**吉日** 武蔵国麻生郷（神・川崎市麻生区）王禅寺に、小田原城下の西光院僧の円盛が鰐口を寄進する（新編武蔵多摩郡・武風四-二四〇頁）。月末、相甲同盟の復活により武田信玄の武蔵国侵攻が終息する。

▼この年、鎌倉仏師の後藤宗琢が死没する。八七歳。

元亀三年（一五七二）・壬申

1月

8日 武田信玄が上野衆の小幡憲重父子に、同国厩橋城（群・前橋市）方面に出馬したが上杉勢は退散した。北条氏政と和睦して駿河国興国寺城（静・沼津市）を北条方から受け取り、同国平山城（静・裾野市）を破却し駿河国を平定したと知らせる（東京大学史料編纂所所蔵中村氏採集文書・戦武三-一七六九）。**9日** 北条氏政が岩付衆の道祖土康兼・宮城泰業・鈴木雅楽助に、軍役着到の改定を行い忠節を求める（道祖土文書ほか・一五六九〜七一）。**11日** 伊豆国南江馬（静・伊豆の国市）宝成寺の住職慶鑑が置文し、寺の修築に心掛ける事等を述べ、前々からの文書類・菜園場の所務帳簿を次代の者に預ける（北条寺文書・静八-四-三七九）。**15日** 北条氏政が上野衆の由良成繁父子に五ヶ条の条書を出し、一、昨年十二月二十七日に敵方への手当ての事を北条氏邦に申しつけて書状を届け、返書が今日届いた。兼ねてから相甲和睦の交渉を成繁父子が知らないで面目を失ったと書面にあるが秘密交渉のため止むを得ない。北条家の御一家衆や家老にも二十七日に初めて知らせ、成繁父子を疎略に扱ったと恨むのは迷惑で前々の如く懇意にしたい、一、相甲和睦の締結は上杉謙信からの断絶の書状と北条家から武田家への書状写も届ける、一、武田信玄との国分けの事は以前から氏邦に信玄から書状で尋ねられ、信玄は関東八ヶ国の事に干渉せず、西上野だけは前々から武田領と認め北条家は干渉しない事と伝える（東京大学文学部所蔵由良文書・一五七二）。**19日** 遠江国浜松城（静・浜松市中区）今川氏真が三浦元政に、甲相和睦が成立したので氏真の駿河国の相続は不可能になり家臣の奉公を切り、何方の大名に仕官する事を許可する暇状を渡す（三浦文書・静八-四-三八二）。**24日** 武蔵国平井（東・日の出町）千石大明神を造営し、大旦那に大向乗重、旦那に森田乗吉、野口四郎左衛門尉・野口乗信ほか一族、大福田が見える（日の出町春日神社所蔵棟札・四九二二）。**26日** 北条

1月

氏繁（もと康成）が興津左近助に官途を与える（諸家文書纂八・一五七四）。同日、北条氏繁が武蔵国岡村（神・横浜市磯子区）龍珠院に、寺領と寺内の竹木伐採、地頭・代官・百姓の横合を禁止し、与楽庵を末寺と認める（龍珠院文書・一五七三）。**27日** 足利義氏が鎌倉鍛冶職の福本孫次郎に、九郎左衛門尉の官途を与える（福本文書・戦古九三五）。**28日** 武田信玄が武井夕庵に、甲相和睦の成立を報せ徳川家康から贋情報が入ってはいないか、織田信長とは疎略にしない。近日は上杉謙信が甲相越三国同盟を希望するが相手にしないと伝える（武家事紀三三・戦武三-一七五五）。

閏1月

4日 上杉謙信が山川晴重に、武田方の上野国石倉城（群・前橋市）を攻略し、六日には厩橋城（前橋市）に帰城したと伝える（山川文書・新五-三-三七六八）。**5日** 北条氏政が武蔵国丸の内（埼・伊奈町）閼伽井坊に、江戸御娘人の祈願所により寺内の棟別役を赦免して横合非分を禁止し、不法者は小田原城に申告させる。奉者は笠原康明（明星院文書・一五七五）。**6日** 上杉謙信が武蔵国深谷城（埼・深谷市）岡谷清英に、加勢を送って城主上杉憲盛から感謝され、憲盛の上野国倉賀野（群・高崎市）筋での勝利を賞し、北条勢は北条氏照・大道寺政繁等の武主ばかりで、北条氏政は上杉・武田勢との選別がつかず困っていると述べ、武田・北条勢への備えを堅固にさせる（飯綱考古博物館所蔵岡谷文書・神三下-八〇九五）。**8日** 北条氏政が駿河国上条（静・富士宮市）大石寺に、新年の祝儀に海苔を贈呈され謝礼する（大石寺文書・一五七六）。**10日** 北条氏光が市野善次郎に、武蔵国駒林（神・横浜市神奈川区）知行分の着到改定を行い、着到不足は知行没収と通告する（諸州古文書武州一二・一五七七）。同日、武田信玄が北条家臣の大藤政信に、遠江国二俣城（静・浜松市天竜区）に出陣した苦労に感謝し、甲相同盟を喜び北条氏政と相談して上杉謙信を滅亡させると伝える（京都府湯浅文書・四四六五）。**16日** 北条氏規が伊豆国修善寺（静・伊豆市）修禅寺天蕙院に、天蕙院殿（北条為昌カ）の菩提料として同国平井郷（静・函南町）一五貫余文を寄進し諸役を免許する。奉者は南条昌治（修禅寺文書・一五七八）。
17日 北条氏政が上野衆の由良氏重臣の林伊賀守に、越相断絶でも由良成繁父子が北条氏に味方した事に感謝し、今後も親密な関係を依頼する（致道博物館所蔵林文書・三八四六）。同日、北条氏政が二見景俊に、紅林助右衛門給と伊豆国三島（静・三島市）麻役銭を給分として与える。奉者は山角定勝（川匂神社文書・一五七九）。**19日** 武田方の駿河先方衆の朝比奈信置が貫名是道に、子息三衛門尉が武田方に奉公したいと望み甲斐国に来ると聞いたが、武田・北条は同盟して昵懇の仲であり、北条氏政も納得すれば、武田家臣として抱え知行二万疋を約束する（相州文書大住郡・戦武三-一七八一）。

2月

8日 武田信玄が上総衆の武田豊信に、越相断絶と甲相同盟を伝え上杉謙信を滅ぼす事は北条氏政も同意し、この様な状況で里見義弘と氏政が和親する事を希望すると伝える（鋸南町妙本寺文書・戦武三-一七九〇）。**9日** 武蔵国岩付城（埼・さいたま市岩槻区）当番衆の北条氏繁が同国大相模（埼・越谷市）不動院に、古来から岩付城の祈願所であり、

3月

諸役を免除し、横合いを禁止させ、前々の如く同城の武運長久を祈願させる（大聖寺文書・一五八〇）。同日、穴山信君が小田原城下の石切左衛門五郎に、駿河国へ追放になり穴山氏に仕えたので御用石工に任命し、今後は同国江尻城（静・静岡市清水区）の普請役を免除する（片平氏所蔵青木文書・戦武三-一七九二）。**12日** 北条氏政が相模国湯本（神・箱根町）早雲寺の真首座・覚蔵主に、才域検校と真首座からの借銭・借米には徳政を適用しない事、屋敷と畠共に横合非分を懸けさせない事を真首座から弟子の覚蔵主への譲渡に際して保証する。奉者は山角定勝（早雲寺文書・一五八一）。**13日** 北条氏政が上野衆の由良国繁に、先日は石巻康敬の眼前で起請文に血判を据えて誓約した事に満足し、氏政も大沢下総守の眼前で起請文に血判を据えて北条・由良和睦を誓約して今後の誼を確約する（和学講談所本集古文書七〇・一五八二）。**16日** 上杉謙信が栗林政頼に、上野衆の北条高広からの注進で北条勢が利根川を越えて厩橋（群・前橋市）に向かって陣取と伝え、早急に上杉景勝を同国倉内（群・沼田市）に移らせる（栗林文書・新五-三-三四〇七）。**27日** 北条氏邦が町田雅楽助に、武蔵国白岩分（埼・寄居町小園）九貫文を手作地として宛行い、上杉方の同国深谷城（埼・深谷市）上杉憲盛を攻略のうえは存分の扶持を与えると約束する（新編武蔵榛沢郡・一五八三）。

16日 北条氏政が岡部和泉入道に、当座の扶持料として武蔵国小机筋の麻生郷（神・川崎市麻生区）を宛行う（岡部文書・一五八五）。**21日** 北条氏政が大納言尊良に、鎌倉の鶴岡八幡宮我覚院院主の事で尊良と永善代戸川善三郎との相論を裁許し、尊良に証拠書類が有り、我覚院院主を継承させる。評定衆は山角康定（相州文書鎌倉郡・一五八六）。同日、武蔵国長野（埼・行田市）長久寺の絹本着色両界曼陀羅軸裏書に、施主の平島佐渡守道範が寄進と見える（長久寺所蔵・武銘七三八）。**24日** 北条氏照が鎌倉の円覚寺続灯庵主の揚宗法葩に、続灯庵派の桂昌庵は前々の如く続灯庵主の管理と認める（相州文書鎌倉郡・一五八七）。同日、上杉謙信が上野国沼田城（群・沼田市）城代の河田重親に、同国での北条・武田両軍の動きに注意し、何回も報告させる（歴代古案・群七-三-二七〇三）。**吉日** 小山田信茂が刑部新七郎に、甲相和睦で富士参詣の信徒と導者が増え、今後は甲斐国都留郡の諸関を半関とさせる（刑部文書・戦武三-一八一二）。

4月

1日 北条氏政が武蔵国大宮（埼・さいたま市大宮区）足立大宮（氷川神社）に掟を下し、社中・寺家・社家での横合非分を禁止させ、違反者を小田原城に申告させる。奉者は板部岡融成（東角井文書・一五八八）。**2日** 武田信玄が原昌胤に、北条方の駿河衆の富士信忠が信玄に参上するため路次の安全を確保させる（静岡県立中央図書館所蔵大宮司富士家文書・戦武三-一八一三）。**5日** 北条氏繁が鎌倉の鶴岡八幡宮香象院に、相模国星野（現在地未詳）は前々から鶴岡八幡宮領であるが近年は百姓に略奪され、今後は香象院の直務とする事を北条氏政から証文を出させる（香山文書・一五八九）。**7日** 北条氏政が結城氏家臣の多賀谷政広に、従来通り今後も協力を求める（橋本文書・一五九〇）。**9日** 北条氏繁が鎌倉

4月

の円覚寺仏日庵の鶴隠周音に、居所として垂木屋敷を寄進する（仏日庵文書・一五九〇）。**12日** 北条宗哲が相模国風祭（神・小田原市）宝泉寺の代僧利首座に、嫡男北条三郎の菩提寺の同寺境内三ヶ所に制札を立てる場所を指示し、宗哲の奏者大草康盛の署名と、表面には寺域確定の図面を描いて制札を立てる場所を明示する（宝泉寺文書・一五九一）。**16日** 上杉謙信が上野衆の北条高広に、里見義弘・佐竹義昭からの返書を送られて感謝し、北条氏と武田氏は変わらず、北条方の由良成繁がどの様に考えようと差して問題では無く、謙信と信玄の和睦については織田信長・朝倉義景について信玄も色々と工夫している等と伝える（京都国立博物館寄託妙満寺文書・新五-三-四二四七）。**18日** 北条氏政が鈴木弥三に、相模国大井（神・大井町）宮分で五〇貫文を宛行い、弓衆として忠節を尽くさせる（大磯町鈴木文書・一五九二）。**21日** 北条氏政が相模国当麻（神・相模原市南区）無量光寺に禁制を掲げ、竹木伐採・田畠抜取りを禁止させ違反者を申告させる。奉者は石巻康敬（無量光寺文書・一五九三）。同日、北条氏政が当麻三人衆に、先の北条家朱印状の如く北条勢の同地への着陣に馬の糟・藁、薪以下の徴発を禁止させ、北条家朱印状を持たずに徴発する者は信用せず、北条家一家衆でも許容せず、横合非分の者は小田原城に訴状を出させる。奉者は笠原康明（新編武蔵多摩郡・一五九四）。

5月

7日 北条氏政が岩付衆の岩井弥右衛門尉・中村宮内丞・足立又三郎・浜野将監・立川藤左衛門尉に、風間が七月まで六ヶ村（現在地未詳）に滞在するので宿の用意を命じ、万一知行分に狼藉をする者は風間に断って禁止させ、承知しない者は小田原城に訴状を提出せよ。馬の草薪は相違なく致させる事と命じる。奉者は笠原康明（新編武蔵多摩郡・一五九五）。**14日** 上杉謙信が上野衆の北条高広に、先衆を同国倉内（群・沼田市）に着陣させたところ敵は七日に退散したので越山は秋まで止めると報せ、武蔵国羽生口（埼・羽生市）と深谷口（埼・深谷市）は堅固に護る様に指示し、上野衆の由良成繁は北条氏政と武田信玄の指示で居城に籠城していると伝える（上杉輝虎公記・埼六-二-七三五）。**16日** 北条氏政が小田原城下の松原神社別当の西光院・玉滝坊に、欄干橋と船方村（神・小田原市本町）の宿中に人足一〇〇人を出して掃除を命じ、今後は毎月の日を定めて小田原城の惣曲輪の掃除役を務めさせ、毎朝夕の城下の掃除にも留意させる（蓮上院所蔵西光院文書・一五九六）。同日、武田信玄が北条家臣の依田康信・垪和康忠に、甲相同盟の祝儀に使者を派遣したうえ疎略ない指南に感謝して具足を贈呈し、詳しくは長延寺実了の口上で述べさせる（古文状六・四六六）。**17日** 北条氏政が小田原城下の松原神社別当の西光院・玉滝坊と検使の岡本政秀に、同社境内の掃除人足の使役について指示し、四方の土塁の雑草や池の藻も取る事と申し渡す（蓮上院所蔵西光院文書・四七〇二）。**19日** 景筠が今川義元の十三回忌を小田原城下早川の久翁寺で執り行う（記事緒余）。

6月

6日 北条氏政が駿河国伏見（静・清水町）・竹原（静・長泉町）・土狩（長泉町）百姓中に、同国泉郷（清水町）の築

堤用の芝の伐採を許可する。奉者は安藤清広（杉本文書・一五九七）。 **7日** 上杉謙信が常陸衆の真壁氏幹父子に、結城晴朝が北条氏政と断絶し、上杉方に味方したいと言ってきており国衆と相談して欲しいと伝える（集古文書七一・神三下―八一二七）。 **11日** 北条氏邦が吉田真重に、本給と父政重分の合計二〇貫文を宛行う。奉者は桑原右馬之助（吉田系図・三九八六）。 **21日** 北条氏政が宮城泰業に、尾崎常陸守との相論で裁許を遂げ、泰業の寄子尾崎大膳が討ち死にし、家督を娘の時宗が相続すると先に決まっており今後も相違は無く、時宗の母が去年死没したので時宗の夫の事は親類と寄親が相談し、北条氏に忠節を尽くす者の妻にすると確約させる。評定衆は石巻康保（内閣文庫所蔵豊島宮城文書・一五九八）。

晦日 北条氏繁が武蔵国下谷（埼・鴻巣市）大行院に、同国上足立三十三郷の伊勢熊野先達職衆分の旦那職を聖護院門跡奉書や両奉行衆の証文に任せて岩付城（埼・さいたま市岩槻区）太田氏資もかつて証文で安堵しており、氏繁も認めて北条氏政に取り成すと伝える（武州文書足立郡・一六〇〇）。

▼この月、下野国那須資胤と常陸国佐竹義重が同盟し反北条方となる。

7月

5日 摂津国大坂（大阪・大阪市）石山本願寺坊官の下間頼充が北条宗哲に、武蔵国麻布（東・港区）善福寺僧の下着を感謝し、本願寺顕如光佐に北条氏政・宗哲の書状を披露して返書した。北条氏が上杉謙信への対応に以後も越中国の一向宗徒の様子を善福寺に下向した本願寺僧に尋ね、小田原城に居る武田氏の使者の長延寺実了に伝えており相談する事。本願寺は北条家と昵懇と考え安心して欲しい。氏政が分国中の一向宗徒について先の規定に沿って再興すると善福寺に申した事に光佐も歓喜し、殊に伊豆国韮山（静・伊豆の国市）成福寺への懇意について光佐が満足し、今後も一層の友好を仲介して欲しいと伝える（箱根神社文書・四五三六）。 **19日** 北条氏政が岡本政秀に、寄子衆一〇人への扶持給に二七貫文余を清水氏の年貢分と相模国小中郡の懸銭で中村五次郎から支給し、配付の仕方は去年七月の文書の如くにさせる（安得虎子一〇・一六〇一）。 **23日** 北条氏光が駿河国獅子浜（静・沼津市）植松右京亮・口野（沼津市）五ヶ村百姓・舟方中に、立物の掟を出し、一、鮪・海鹿は発見次第に捕獲する事、一、網船は早朝から日没まで巡回して網場を護る事、一、この度は改めて立物奉行として菊地氏を派遣するので命令通りに働き、下知に背いて船を出さず乗組員に油断させる事を厳禁する（稲村氏蔵植松文書・一六〇二）。 **25日** 北条氏照が武蔵国戸倉（東・あきる野市）中村弥五郎・岩田神十郎・石川・宮本各氏の御走衆中に、御用のため明日早朝に同国滝山城（東・八王子市）に来させる（五日市郷土博物館寄託宮本文書・一六〇三）。 **26日** 北条氏邦が斎藤八右衛門に、忠節により増給として六貫一七〇文を武蔵国定峯（埼・秩父市）間々田分を宛行い、百姓等が欠落したら逮捕して申告させる。この日、知行配付を指示し間々田分は六貫文、三把は綿役、同国広木（埼・美里町）黒沢新右衛門分で三貫八〇〇文を増給分とする。またこの日、若林木工助

7月

分で本給三貫五〇〇文、増給三貫七一二文の代官職に任命し、年貢は同国鉢形城（埼・寄居町）御蔵に納入させる（秩父市斎藤文書・一六〇四〜六）。同日、武蔵国河越城（埼・川越市）井出入道以三が大野縫殿助に、河越本郷の当年の検地指出を与え、五三貫文から諸色分八貫余文を差引き、残り四四貫余文を年貢定納分と定め、縫殿助が検地時に案内した田畠境を確定、他の荒地は一〇年間は無税として開拓させる（大野文書・一六〇七）。

8月

10日 上杉謙信が栗林政頼に、越中国へ出馬したが武田・北条勢が上野国厩橋城（群・前橋市）に侵攻したため上杉景勝を越中陣から帰し、関東に越山させると知らせる（栗林文書・新五‐三‐三九七〇）。**15日** 千葉胤富が豊前孫四郎に、下総国神崎庄（千・神崎町）神崎上総介と同国助崎城（千・成田市）大須賀信濃守との抗争を止めさせ、北条氏政が武蔵勢を派遣すると言って内心不安に思ったが武蔵国羽生城（埼・羽生市）に北条氏照が着陣したので了解し、その方面は安定したと伝える（静嘉堂文庫所蔵下総文書・千四‐四七六頁）。**18日** この日、武蔵国横沢（東・あきる野市）大悲願寺仏殿の再建起工をして十月二十一日に棟上式を行い、大檀越に小宮清綱が見える（蓮啓見聞集・武銘七二九）。同日、上杉謙信が河田重親に、上条政繁から北条氏政が羽生城に向かい出陣したとの報告を伝える（歴代古案一・神三下‐八一三）。**20日** 某房兼が西又十郎に、蘇原（現在地未詳）の戦いでの忠節を認め代官所の内で一〇〇〇疋の扶持給を与え、明け地が有れば知行地を遣わすと約束する（武州文書多摩郡・一六〇八）。**28日** 北条氏照が武蔵衆の成田氏長に、羽生城木戸勢を討ち散らした事に感謝し、上杉方の深谷衆の上杉憲盛は二十三日に帰陣したと伝える（吉羽文書・一六〇九）。

9月

2日 北条氏政が北条宗哲家臣の大草康盛に、相模国箱根（神・箱根町）湯本山で櫓建設用の木材を伐採させる事とし、底倉（箱根町）の山造五人を使役して一〇日間の材木切出しを命じ、日当は安藤良整から支払わせる（諸氏家蔵文書・一六一〇）。　**3日** 北条氏政が早雲寺（神・箱根町）明叟和尚に、大聖院（北条氏康）の菩提寺を早雲寺に建立するため住職を選任させ、寺領として相模国飯泉郷（神・小田原市）肥田分で一〇〇貫文の地を寄進し、諸役を永代免除とする（早雲寺文書・一六一一）。**14日** 北条氏政が石切善左衛門・同善七郎に、知行獲得の訴えに任せて駿河国喜瀬川（静・沼津市）東摂衆小路の内で一一貫文余を宛行い、知行分の御用細工を務めさせる。奉者は海保定広（青木文書・一六一二）。**15日** 北条氏規が相模国三崎城（神・三浦市）城下の法満寺に、寺屋敷と脇坊共に諸役免許とし、寺域は南条昌治の陣屋で誰にも下されないと保証し、殊に寺屋敷は古来から同寺の内であると確定しており、この文書を証拠として横合非分の者は氏規に申告させる。奉者は南条昌治（円照寺文書・一六一三）。**20日** 千葉胤富が宍倉某に官途を与える（茂原市宍倉文書・千三‐八三一頁）。**22日** 武蔵国山田（神・横浜市都筑区）妙見社の棟札に石井・野口・栗原の名が見える（新編武蔵都筑郡・武銘七三〇）。**24日** 北条氏政が岩付衆の内山弥右衛門に、同城蔵奉行から扶持給六貫文を三ヶ月三等分して支

10月

給する。奉者は海保長玄（内山文書・一六一四）。**吉日** 武蔵国金子郷木蓮枝峯（埼・入間市南峯）白髪神社の十一面観音懸仏に、金子家定と一族衆が見える（白髪神社所蔵・一六一五）。**5日** 北条氏政が大藤政信に、陣夫の使役法を指示し、落合氏の夫替えとして伊豆国仁田（静・函南町）他三ヶ所から二疋二人を五番に分け、一番宛を一〇日間の使役として輪番させる（大藤文書・一六一六）。**6日** 北条氏政が某に、小田原城から駿河国竹下（静・小山町）通り甲斐国迄の伝馬一疋の使役を許可し、無賃伝馬とする。奉者は板部岡融成（北口本宮富士浅間神社文書・一六一七）。**16日** 北条氏政が武蔵国三保谷（埼・川島町）鈴木（カ）に、代官に対して訴訟を起こした事は証拠が無く、訴えは却下されたと伝える。評定衆は石巻康保（鴻巣市鈴木文書・一六一九）。**21日** 北条氏政が武蔵国三室（埼・さいたま市緑区）女躰宮神主に、北条家朱印状無くして竹木伐採を禁止し、先規の如く社領の諸役を免除する。奉者は海保長玄（氷川女体神社文書・一六二〇）。**23日** 北条氏光が本能寺（現在地未詳）に、前々の如く門前寺家中を安堵し、寺山の竹木伐採を禁止する。奉者は深沢監物（本能寺由緒書上帳・北条氏文書補遺三九頁）。**25日** 北条氏政が上野衆の由良成繁父子に、上杉方の武蔵国深谷城（埼・深谷市）上杉憲盛が北条方に味方しないため攻撃すると伝え、二十九日に出馬して時を移さず攻撃する。この時は北条氏邦の軍勢に砦の構築を命じるので、兼ねての約束通り由良父子も構築の支度をして欲しい。氏政は必ず深谷城に攻撃を仕掛けるので当日には利根川端への出陣が必要で、その上で陣中で戦略を協議すると申し送る（群馬県立歴史博物館所蔵豊芝文書・三八七二）。同日、武蔵国北野（埼・所沢市）北野天神社の菅公一代記図絵に、同国岩付城（埼・さいたま市岩槻区）城下の浄安寺居住の冨雪斎唯称が描き、願人に山口平次郎、勧進に島田左近が見える（北野天神社所蔵・武銘七三三）。**吉日** 武蔵国上川崎（埼・鷲宮町）正蓮寺の銅造阿弥陀如来立像を作仏し、願主に坂木神左衛門が見える（正蓮寺所蔵・埼玉県立博物館刊美術工芸品所在緊急調査報告書Ⅰ－一七四頁）。

11月

1日 北条氏光の検地奉行の久米玄蕃助・武図書助・中田加賀守が武蔵国小机（神・横浜市港北区）雲松院領代官・百姓中に、寺領の同国鳥山（横浜市港北区）内の神台地の検地書出を与え田数は二町一反余、畠数は七反余、貫高は合計一二貫余文と確定する（雲松院文書・一六二二）。**8日** 北条方の由良成繁が上野国館林城（群・館林市）長尾顕長に、深谷城（埼・深谷市）の攻略は明日には決着すると述べ、羽生城（埼・羽生市）の調義も近いと知らせ武蔵国御嶽城（埼・神川町）が六日には武田方から北条氏に譲られた事、北条氏康の死没後は北条氏政が鷹狩りを行っていないが氏康の一周忌が済んだら行って欲しいし大鷹三羽の内の一羽を貰い受けたいと伝える。武田信玄と氏政との間で国分けが行われる（中院家古文書類・群七－三－二六七二）。**28日** 大藤政信が武田信玄への援軍を務め、徳川勢との遠江国二俣城

11月

（静・浜松市天竜区）の戦闘で戦死する。法名は昌翁宗繁禅定門。

▼この月、某が佐竹義重に、北条氏政が武蔵国羽生（埼・羽生市）・深谷（埼・深谷市）に出張し上野衆の新田（群・太田市）、下野国足利（栃・足利市）、上野国館林（群・館林市）、下野国佐野（栃・佐野市）の各衆も同陣し、下総国関宿城（千・野田市）の事は武田信玄と相談すれば氏政も同意すると述べる（黒羽町瀬谷文書・千四-三五三頁）。

12月

8日 北条氏政が由良成繁に、下総国栗橋城（茨・五霞町）を二日から攻め七日に攻略した、野田景範が城主の命は妻が簗田持助の妹なので助け、同国関宿城（千・野田市）に送ったと報告し、栗橋城の普請を行い三日の内には完成する。武蔵国深谷城（埼・深谷市）と羽生城（埼・羽生市）の砦は築城し終わった。清水氏から遠江国二俣城（静・浜松市天竜区）の様子なども報告があったと知らせる（雪の出羽路所収文書・四九一四）。**12日** 北条氏光が駿河衆の植松右京亮に、同国口野五ヶ村（静・沼津市）の年貢五貫文を与え、同浜の立物網を守らせる。奉者は菊池某（稲村氏蔵植松文書・一六二三）。同日、北条氏光が植松右京亮・獅子浜（沼津市）百姓中に、立物網の守役を命じ、役料として立物年貢方の三分の一を与える。奉者は菊池某（同前・一六二三）。**15日** 北条氏邦が武蔵国藤田（埼・寄居町）正乗坊に、河内の富士山を来年から聖天宮（現、宗像神社）に寄進して藤田郷の祈禱を依頼し、社殿の造営に励ませる（極楽寺文書・一六二四）。**20日** 北条氏政が相模国当麻（神・相模原市南区）衆中に、先規の如く無量光寺入用の草木・萱の刈り取りは宝樹院・知光院の証文で溝原・淵辺原・矢部原・田名野（共に相模原市）の原野からと指定する。奉者は岩本定次（無量光寺文書・一六二五）。**26日** 里見義弘が武田家臣の土屋昌続に、里見氏と北条氏との同盟は未だ成就せず、武田信玄の意見もあろうと下総国に軍事行動は起こしておらず、北条方の千葉胤富が夜討ち等を仕掛けたので里見方は同国に軍勢を派遣したい事、同国小弓城（千・千葉市中央区）原胤栄により半手郷数ヶ所が奪われたので攻撃を仕掛けて半手郷を撃砕したいと伝える（鴨川市田中文書・千三-七三八頁）。**吉日** 武蔵国柏原（埼・狭山市）円光寺の銅造聖観音菩薩立像を造立し、大工（鋳物師）に神田某が見える（円光寺所蔵・埼玉県立博物館刊美術工芸品（彫刻）所在緊急調査報告書Ⅱ-三六頁）。

▼この年、相模国追浜（神・横須賀市）正光寺の木造阿弥陀如来立像が修理され、本願に良心寺第六世寛誉が見える（正光寺所蔵・新横須賀市史二-二五〇三）。

天正元年（一五七三）・癸酉

1月

1日 武蔵国忍城（埼・行田市）成田氏長（カ）が小林某に、雅楽助の官途を与える（武州文書足立郡・一六二七）。10日 京都の吉田神社神主の吉田兼右が死没する。五八歳。

2月

1日 北条氏光が駿河衆の植松右京亮に、前々の如く同国口野五ヶ村（静・沼津市）での鰯の配分権を安堵する。奉者は二宮織部丞（稲村氏蔵植松文書・一六二八）。4日 武蔵国岩付城（埼・さいたま市岩槻区）北条氏繁が関根宗重に、下総国関宿城（千・野田市）簗田晴助攻めに武蔵国糟ヶ辺（埼・春日部市）合戦での忠節を認め感状と官途を約束する（関根文書・一六二九）。6日 岩付衆の細谷資満が武蔵国井草郷（埼・川島町）の百姓に、如何に抵抗しても不作の田畠を開拓させ、代官の不法を許さず不法者は岩付城に申告させ、荒野開拓には一〇年間は無税とする（武州文書比企郡・一六三〇）。7日 北条氏政が武田信玄に、新年の挨拶として太刀と三種・一荷を贈呈され、返礼に太刀と一荷・三種を贈呈し、詳しくは市川十郎右衛門尉から伝えさせる（飯田文書・一六三一）。同日、北条宗哲が三浦義次に、知行として三〇貫文を宛行う（記録御用所本古文書一二・一六三二）。17日 北条氏政が芦名盛氏に、佐竹義重・宇都宮広綱が下野国皆川（栃・栃木市）に張陣し、氏政は十日に芦名方への後詰として岩付城に出馬したが敵は退散し、討ち洩らして無念と述べ、約束通り来月下旬には佐竹攻めに出馬するので同調して欲しいと伝え、詳しくは北条氏照から副状させる（古案・北条氏文書補遺六八頁）。23日 北条氏規が相模国田津（神・横須賀市公郷）永島正氏・正朝父子に、毎年の如く葛網を安堵したが、今年は菅谷織部丞が北条氏政と共に出陣し、代わりに山本隼人・御厨一助に命じ、両人と相談して葛網猟を稼がせる。奉者は南条昌治（永島文書・一六三四）。24日 岩付衆の細谷資満が武蔵国井草（埼・川島町）百姓中に、開拓者が年月かけて復旧した田畠への百姓衆の干渉を禁止し、開拓に必要な木草の郷中伐採を許可する（武州文書比企郡・一六三五）。29日 北条氏政が皆川氏への後詰めとして出馬し、佐竹義重・宇都宮広綱・東方衆等と下野国多功原（栃・上三川町）で合戦して大敗し、単騎で武蔵国岩付城に逃げ込む（上杉家文書・新三‐一‐二六八）。

▼この月、小田原城下の刀鍛冶の綱広が脇差を作刀する（刀剣と歴史 平成一三年九月号）。この月、駿河衆の葛山氏元が信濃国諏訪湖で溺れて死没する。五一歳。法名は瑞栄居士。正室は北条氏綱の娘ちよ。

3月

1日 北条氏邦が町田雅楽助に、武蔵国小園（埼・寄居町）内で二〇貫文の知行を与え軍役を務めさせる（町田文書・一六三六）。5日 武蔵国恩田（神・横浜市青葉区）の糟屋閑春清印が父道印の十三回忌に、法華経千部の読誦成就として供養塔を建立する（新編武蔵都筑郡・四九一五）。6日 北条氏政が安藤清広に、駿河国八幡郷（静・清水町）の欠落百姓

3月

の二三人が伊豆・相模・武蔵各地に逃亡したため現地の領主や代官に断って召し返させ、難渋する者は小田原城に申告させる（駿河清水八幡神社文書・一六三九）。 **12日** 由良成繁が上野国桐生城（群・桐生市）を攻略する（赤城神社年代記録）。 **13日** 北条綱成が相模国上宮田（神・三浦市）松原某に、和泉守の受領を与える（相州文書三浦郡・一六四〇）。 **15日** 武蔵国赤沢（埼・飯能市）白髪神社に鰐口を奉納し、上野国女淵郷（群・前橋市）の赤右馬佐が見える（白髪神社所蔵・武銘七三六）。 **17日** 北条氏政が休徹斎に、前々から使役した伊豆国大沢（静・下田市）の陣夫は大沢郷が退転したので替わりの陣夫を与えたが意に添わず、元の陣夫の使役を認める。奉者は山角定勝（記録御用所本古文書三・一六四一）。 **20日** 北条氏邦が長谷部肥前守・田中（埼・川本市）百姓中に、郷中から欠落し帰村しない者を不法者として三日以内に帰村させ、もし帰村しない者を許容すれば重罪に処すと申し渡す（武州文書榛沢郡・一六四二）。 **22日** 北条氏政が芦名盛氏に、兼ねての約束で初夏の頃には下野口に出馬するとしたので近日中には出張する。使者から伝えようとしたが路次が不自由で伝えられず、願わくば四月中旬には佐竹義重に向けて出張して欲しいと伝え、詳しくは北条氏照から副状させる（歴代古案七・一六四三）。 **23日** 鎌倉の円覚寺の仏殿設計図の裏書に、大工の高階次泰、棟梁の渋屋盛次、棟梁弟子の山井為定が見える（高階文書・神三下―八二五八～九）。 **晦日** 北条氏政が伊豆国三島（静・三島市）三島大社神主の矢田部盛和に、造営について旧規に基づいて究明し、秋から合戦の合間に行うと計画したが出陣前で余裕が無く、帰国したら行うと約束する。奉者は笠原康明（矢田部文書・一六四四）。同日、北条氏政が某に四ヶ条の条書を出し、一、駿河国水窪（静・裾野市）の替地について他人が文句を言うなら、訴状を掲げて訴えれば裁許する事、一、敵への砦の事は、西方の者が境目の守備で忠節を尽くすのは当然で懸命に守備して欲しい事、一、何処の境目に派遣されても妻子の安居は必要で、黒谷（埼・秩父市）の内に妻子を移らせる事、一、先年、遠江国懸河（静・掛川市）に派遣した時に褒美銭の未進を告げられ、当年と来年で支払うと伝える。奉者は板部岡融成（海老原文書・北条氏文書補遺二八頁）。

4月

1日 北条氏政が荒川善左衛門尉に、去年冬に武田信玄の遠江・三河への侵攻に加勢として派遣され、今年春まで在陣した忠節を認め感状を与える（新編会津風土記四・一六四五）。同日、武蔵国麹屋（東・大田区）八幡神社の棟札に、行方望千代、代官の斎藤賢吉、大工の野村治部丞が見える（新編武蔵荏原郡・一六四六）。 **2日** 北条氏政が駿河国泉郷（静・清水町）御領所・私領百姓中に六ヶ条の法度を下し、池での漁獲、鵜網の仕掛け、牛馬の放牧、竹木草の伐採を禁止させ、川堤を毎日見回り小破の所も修理する事、大風雨の時には水門を上げて早口を外し水避けさせ堤の破損を防ぐ事と申し渡す。奉者は安藤清広（杉本文書・一六四七）。 **5日** 上田長則が武蔵国松山本郷（埼・東松山市）町人・岩崎与三郎に、訴えにより一五年間は屋敷から出す伝馬・諸公事、兵糧一駄の無税往復等を免許する（新編武蔵比企郡・一六四八）。

7日 北条宗哲が三浦義次・大草次郎左衛門尉に、相模国菱沼郷（神・茅ヶ崎市）から使役する夫銭未納を指摘し、春夫銭は三月、秋夫銭は九月を限度に受け取らせ、難渋の者には利息を課税する。奉者は大草康盛（記録御用所本古文書一二・一六四九）。10日 北条氏邦が逸見平右衛門に、新舟又五郎が毎度の在番以下を着到の如く務めず、代理人を出す等の怠慢を重罪と認め、知行を没収し斎藤右馬允に与える。奉者は大好寺某（山口文書・一六五二）。12日 武田信玄が信濃国で死没する。五二歳。法名は機山玄公大居士。19日 結城晴朝が北条景広に、北条氏政が武蔵国深谷城（埼・深谷市）・羽生城（埼・羽生市）に攻撃を仕掛けていると報せ、武田信玄が美濃国から帰国したと噂されていると伝える（上杉家文書・新三-一-四六九）。24日 上杉謙信が小田守治に、武田信玄が遠江・三河に侵攻し、徳川家康と織田信長が同盟して信玄と断交し、謙信に和睦を求めているので北条氏政も困り果てるだろうと報せる（歴代古案六・静八-四-六二八）。

5月

17日 小笠原元続が死没する。法名は広岳院殿月渓宗光。

6月

21日 武田勝頼が大藤政信に、父式部丞政信が遠江国二俣城（静・浜松市天竜区）で鉄砲に狙撃され討ち死にした事を悼み、北条氏政の下知で武田方に加勢に来て武田信玄に忠節を尽くした事を賞し香典を贈る。当文書が発せられた時には武田信玄は死没していたが秘匿され「信玄」の朱印を捺印（諸州古文書五・四四六九）。同日、武田勝頼が大藤政信に、父式部丞政信の忠節を賞して馬介二つを贈る。当文書は信玄とあり朱印を捺印（大藤文書・四四六八）。

7月

8日 北条氏照が紅林八兵衛に、武蔵国宮寺（埼・入間市）等で寄子給等を与え寄親の久木氏の配下に組入れ、久木氏に不法があれば別人に配置替えすると申し渡す。奉者は狩野一庵宗円（紅林文書・一六五三）。9日 北条氏光が駿河衆の植松右京亮に、着到改定を行い、同国土狩（静・長泉町）・神山（静・御殿場市）知行分の四〇貫余文に五人の軍役を賦課し忠節を求める（稲村氏蔵植松文書・一六五四）。14日 北条氏政が武田方の使者の甲斐国甲府（山梨・甲府市）長延寺に、越中国で加賀の一向宗門徒を蜂起させた功績に感謝し、上杉謙信と一向宗門徒が越中国で対陣中との報告に喜悦した事、武田信玄が遠江・三河両国へ侵攻し北条氏からも大将格を加勢として派遣したと報告し、武田勝頼への家督相続を認め、新たに起請文を交換して和睦を再確認すると述べ、近年は武田・北条共に合戦が続き、摂津国大坂（大阪・大阪市）石山本願寺とも疎遠になったので疎通を計り、勝頼とも相談して当口の守りを固めると伝える（秦野市秋山文書・一六五五）。16日 北条氏政が北条氏光と駿河国口野五ヶ村（静・沼津市）に三ヶ条の法度を下し、一、当浦から発船する船に便乗する事を禁止し、北条家朱印状の許可した者は便乗させる事、一、他国から入船した船は何の船でも臨検し、荷物や乗船者の員数を即刻に大平城（沼津市）の氏光の許に申告する事、一、万一にも商売と称して敵地に向かう者は即刻に報告する事と申し渡す。奉者は幸田定治（稲村氏蔵植松文書・一六五六）。同日、北条氏政が同文の法度を伊豆

7月

国田子（静・松崎町）山本家次と同国江梨五ヶ村（沼津市）鈴木丹後守に下し、奉者は家次のは安藤良整、丹後守のは石巻康敬が務める（山本文書ほか・一六五七〜八）。**17日** 北条氏光が獅子浜（沼津市）の植松右京亮に、前々の如く同国口野五ヶ村の陣夫を当陣から使役する事を許可する。奉者は二宮織部（稲村氏蔵植松文書・一六五九）。**23日** 北条氏政が芦名盛興に、二十六・七日には出馬するが、兼ねて約束の下野国宇都宮（栃・宇都宮市）への侵攻は、上杉謙信が織田信長と相談して秋には甲相両国に侵攻するとの報告で、北条・武田勢は盆の前には全軍が駿河国に出陣し、遠駿国境に砦を構築するために出馬を引き延ばしたと釈明し、余りに遅延したので先ずは利根川端に出馬して上野国の味方衆と相談し、来月中旬まで西北が無事であれば盛興に相談すると伝え、佐竹義重と断交する様に依頼し、詳しくは北条氏照の副状で伝える（小田原城天守閣所蔵文書・一六六〇）。**26日** 北条氏繁が鎌倉の円覚寺帰源庵に、寺領の相模国須崎（神・鎌倉市）大慶寺分に前々の諸役以外に賦課する者が出て禁止させ、やむをえぬ役の賦課は氏繁から命じ、以前の役賦課以外は拒否させる（神奈川県立歴史博物館所蔵帰源院文書・一六六一）。**27日** 北条氏政・氏照が下総国関宿城（千・野田市）簗田晴助父子を攻め、第三次関宿合戦が起こる。**28日** 元亀四年を天正元年と改元する。**29日** 北条氏政が武蔵国与野（埼・さいたま市浦和区）立石甚左衛門・百姓中に、今年分の兵糧米一〇分の一を八月晦日までに岩付城（さいたま市岩槻区）の立川藤左衛門・佐枝信宗・恒岡資宗に納めさせる（立石文書・一六六二）。

8月

3日 成田氏長が稲村内蔵助に、武蔵国今井（埼・熊谷市）で七貫文の百姓職と居屋敷を安堵する（稲村文書・一六六三）。**6日** 千葉胤富が与三郎に、去年の如く笹川（千・東庄町）の鮭を安堵し、宮内清右衛門方から網材の麻二〇把を納めさせる（常陸誌料所収宮内文書・千五-六二二頁）。**9日** 下野衆の小山秀綱が那須資胤に、同国関宿城（千・野田市）から先月二十八日に北条氏政が出馬し武蔵国忍城（埼・行田市）と羽生城（埼・羽生市）の間の小松（羽生市）に在陣したと知らされ、間もなく利根川を越えるので資胤の加勢を依頼する（常陸遺文・千四-五二二頁）。**10日** 北条氏政が小田原城下の鋳物師の山田二郎左衛門尉に、祝言の道具の制作を命じ、安藤良整の申す日限の如く仕上げさせる。奉者は中将（相州文書足柄下郡・一六六五）。**14日** 千葉胤富が下総国高田（千・銚子市）・野尻（銚子市）商人衆各中に、向郷の百姓の詫言に任せ、没収した鮭の残りを返却させる（常陸誌料所収宮内文書・千五-六二二頁）。

9月

1日 皆川俊宗が死没する。四八歳。法名は従峯文勝。**7日** 織田信長が毛利輝元・小早川隆景に、武田信玄が病没した事や今川氏真が北条氏政に囲われて伊豆国にいた後、織田氏の許に走り込んだと伝える（乃美文書正写・静八-四-六六八）。**17日** 安藤良整が伊豆国長浜（静・沼津市）の大川氏、重須（沼津市）の土屋氏、退転之網所三帖之衆に、重須の網所が退転して衰退したため滞納された番肴の返済と漁場の復興を同国三津・長浜・小海・重寺（共に沼津市）の者

10月

に相談させる(長浜大川文書・一六六六)。**20日** 下総衆の高城胤辰が同国宮本(千・船橋市)天照大神宮神主に、船橋六郷の人民は同社の祭礼田への横合非分を禁止させる(船橋大神宮文書・一六六七)。**吉日** 伊豆国加増野(静・下田市)日吉山王七社宮を再興し、大旦那に平沢吉平、大工に徳林が見える(神明神社所蔵棟札・四九一六)。

11日 北条氏政が内山弥右衛門尉に、今年分の扶持給の六貫文を十一月二十日迄に岩付城(埼・さいたま市岩槻区)蔵奉行から受け取らせる(内山文書・一六六八)。**18日** 吉良氏朝が武蔵国世田谷(東・世田谷区)浄徳庵に、観音の仏供免として二〇〇疋の地を寄進する。奉者は中地山城守(常徳院文書・一六六九〜七〇)。**19日** 北条氏政が鎌倉の円覚寺仏日庵の鶴隠周音に、鎌倉の建長寺の九成僧菊に寄進した東勝寺分(神・鎌倉市西ヶ谷)が明け地になり預け置く。奉者は中将(仏日庵文書・一六七一)。**20日** 師岡山城守が死没する。法名は雲渓道照居士(青梅市雲慶院所蔵位牌銘写・武銘七三九)。

23日 北条氏邦が武蔵国末野(埼・寄居町)鐘打中・鐘阿弥に、鉢形領の鐘打司に任命し、飛脚役は一月に五度宛と定め、その上の飛脚役を勤めれば屋敷分を与えると申し渡す。奉者は薗田某(武州文書榛沢郡・一六七二)。**24日** 織田信長が伊勢国大湊(三・伊勢市)廻船中に、関東へ向け大船一隻を派遣する御用を命じ早々に発船させる(大湊町役場所蔵文書・織田信長文書の研究上‐四一六)。**25日** 足利義氏が上総国の鞍作職の村上胤遠に、上杉謙信が関東に出張し上野国桐生(群・桐生市)に着陣したとの報告に謝礼を述べ、一荷・両種を贈呈する(古今消息集一〇・戦古九四二)。

▼この月、北条氏照が相模国座間之郷(神・座間市)と当奉行中に制札を掲げ、同郷内の星谷寺の千部読経法会の初日から最終日まで見物衆の横合非分を禁止させる(星谷寺文書・一六七三)。

11月

15日 相模国土肥鍛冶屋村(神・湯河原町)第六天社の棟札に、本願に加賀守、大句九郎が見える(新編相模足柄下郡・相風二‐一七〇頁)。**20日** 北条氏政が梶原景宗に、当年の扶持給の配付を指示し、二九〇貫文の扶持給の内訳は自身の増給が一〇〇貫文、他に梶原雅楽助・湯川又兵衛・宮本二郎三郎・河畑某の増給分、この増給分は武蔵国小机筋(神・横浜市港北区)の反銭で斎藤新右衛門・大村右近から渡す分、相模国中郡の反銭で安藤清広・山上某・中村惣右衛門から出させ元亀二年(一五七一)七月の配付の如くと申し渡す(紀伊国古文書在田郡古文書二一・一六七四)。**28日** 大道寺政繁が次原新三郎に、繁の一字を与える(武州文書入間郡・一六七五)。**吉日** 伊豆国小下田村(静・伊豆市)浅間明神の棟札に、地頭に富永政家、代官に清(清水カ)定吉が見える(豆州志稿八上・一六七六)。

12月

10日 北条氏政がすな原(埼・鴻巣市カ)百姓中に、風間(忍者)の在所に指定された事に反対したため退去を認めたが、未だに在宿し百姓が迷惑していると訴訟を起こされて裁許し、今後は風間の在宿を認めないと百姓中に勝訴を伝える。評定衆は石巻康保(武州文書足立郡・一六七七)。**11日** 南条昌治が小田原城内の本光寺に、北条為昌の霊供銭を伊豆

12月

国平井郷（静・函南町）内で寄進したが同郷は退転し、当年は半分を寄進し、北条氏規の朱印状を来春に発給すると伝える（早雲寺所蔵本光寺文章・四一九六）。**17日** 成田長泰が死没する。法名は晴雲院殿自天宗湖大居士。**18日** 北条氏規が小田原城内の本光寺に、今年は北条為昌の霊供銭と施餓鬼銭を伊豆国平井郷内で半分の五貫文を寄進し、来年から相模国中村下岩倉（神・中井町）で寄進すると申し渡す。奉者は南条昌治（早雲寺所蔵本光寺文章・一六七八）。**26日** 北条氏政が伊豆国三島（静・三島市）三島大社神主の矢田部盛和に、先規の如く神事銭と祭銭・造営銭を安堵し、未納の時は催促し不法の者は訴状を出せば、来春の評定会で裁許すると約束する。奉者は清水太郎左衛門尉（三島大社文書・一六七九）。**27日** 北条氏政が養真軒に、先の如く伊豆国奥郡手石郷（静・南伊豆町）石門寺菜園の諸役を免除して永代に渡り養真軒に寄進し、同所にある修福寺の諸役も免除する（伊豆順行記・一六八〇）。**28日** 織田信長が出羽国の伊達輝宗に、畿内と周辺の状況を報告し、来年は甲斐国に侵攻し関東を征伐すると伝える（伊達家文書・織田信長文書の研究上-四三二）。同日、田村清顕が白河城（福島・白河市）白川義親に、関東口の情勢で下総国関宿城（千・野田市）・常陸国下妻城（茨・下妻市）の防備は堅固かと問い、明春には北条氏政が侵攻すると述べる（東北歴史博物館所蔵国分文書・千四-二二九頁）。**晦日** 小山高朝が死没する。六七歳。法名は天翁孝運。

▼この月、北条氏政が相模国煤ヶ谷（神・清川村）から小田原城迄の宿中に伝馬一三疋を許可し、煤ヶ谷の炭を五〇俵搬入させる。奉者は江雲（清川村山田文書・一六八一）。

▼この年、相模国早川（神・小田原市）紀伊宮権現社の鰐口に小田原住の平政秀が寄進と見え、岡本政秀と思われる（新編相模足柄下郡・相風二-一三六頁）。この年、伊豆国北江間（静・伊豆の国市）珍場神社の大六天絵馬版木が制作される（珍場神社所蔵・静八-四-七四二）。

天正二年（一五七四）・甲戌

1月

3日 北条氏邦が町田某に、土佐守の受領を与える（町田文書・一六八二）。同日、北条氏邦が町田某に、雅楽助の官途を与える（同前・一六八三）。同日、北条氏邦が吉田直重に、新左衛門尉の官途を与える（吉田系図・一六八四）。**16日** 足利輝氏が太田資正に、里見義弘父子との仲介を請け負い、下総国関宿城（千・野田市）・水海城（茨・古河市）が北条氏政に攻められ簗田晴助父子からは去年から合力を依頼され、義弘にも再三援軍依頼をした。氏政は近日は関宿城を盛んに攻撃し、佐竹義重も関宿城に援軍を差し向けるが如何ともし難いと伝える（さいたま市立博物館寄託潮田文書・戦古三九九）。

24日 北条氏政が相模国須賀（神・平塚市）田中某・清田某に、勢楼の建築部材を同国津久井（神・相模原市緑区）・七沢（神・厚木市）から出し、相模川を下し須賀湊の両人に舟が来次第渡し安藤良整に書立書類を提出させる。奉者は安藤良整（平塚市清田文書・一六八五）。

2月

初日 赤松源太左衛門が武蔵国多摩郡の新井市郎兵衛に、来月二十八日に小田原城で評定会を開催するため、北条氏照も今月十四日には諸家寄合い評定を開催すると知らせる（新編武蔵多摩郡・一六八六）。**5日** 上杉謙信が後藤勝元父子に、上野衆の由良成繁を攻めて敵の首を同国厩橋城（群・前橋市）北条高広に差し出したと報告され感謝し、北条氏政は成繁攻めを計画している。謙信は先月二十六日に越山すると陣触れし、間もなく着陣と伝える（後藤文書・新五−三−三四一四）。同日、武蔵国廻田（東・東村山市）薬師堂を造立し、高橋又兵衛が見える（小町氏所蔵棟札・武銘七四〇）。**7日** 簗田晴助が佐竹氏家臣の梅江斎（岡本禅哲）に、昨年冬に下総国栗橋城（茨・五霞町）に足利義氏が御座所を移し、北条氏照が同城に居るのは不審で、北条氏政の同城への出張を待っていると伝える（秋田藩家蔵文書・千四−一六二頁）。同日、三浦義次が死没する。五三歳。法名は堅覚。**10日** 北条氏邦が武蔵国上吉田（埼・秩父市）代官・百姓中に、谷中の者が欠落するので夜待ちして逮捕し還住させる（山口文書・一六八七）。**12日** 北条氏政が佐竹義久に、陸奥国白河城（福島・白河市）に向けて出馬したと聞き不安であると佐竹義重に伝え、白川義親と義重との和睦を斡旋させて、北条氏は義親とは古くから昵懇の間柄で、白川・佐竹同盟を念願している。詳しくは北条氏照から副状させる。当文書は天正三年との説もある（諸家文書・一七六二）。同日、津久井衆の井上綱行が死没する。法名は実相院殿仁叟浄観居士。**16日** 北条氏繁が武蔵国鷲宮神社（埼・鷲宮町）神主の大内晴泰に、同国深谷城（埼・深谷市）の攻撃は終息したが、北条氏政は成田氏長の依頼で同国羽生城（埼・羽生市）に侵攻、氏繁は岩付領（埼・さいたま市岩槻区）の守備を命じられ、今日は前木（現在地未詳）まで進撃し明日は鷲宮領の口から羽生領に侵攻するため道案内を依頼し、鷲宮領と羽生領との境を尋ねるから羽生領内で攻撃せず庇う郷村の書立を提出すれば、今夕には庇いの制札を出すと述べ、羽生領口の事を聞きたいと伝える（結城寺文書・一六二三）。**19日** 北条氏政が小笠原康広に、子息孫増への家督譲渡を承認し、相模国飯泉郷（神・小田原市）・矢畑郷（神・茅ヶ崎市）の知行譲渡も認める（記録御用所本古文書三・一六八八）。**20日** 小田原城下の玉滝坊乗与が紀伊国高野山（和・高野町）高室院に、先の西光院乗円・玉滝坊乗泉の判物でも玉滝坊の年行事職配下の先達二七人の旦那衆達は高室院に属すと述べて安堵し、相模国にも通達すると伝える（高室院文書・一六八九）。**21日** 北条氏政が武蔵国釜利谷（神・横浜市金沢区）の徳寿軒に、伊豆国韮山（静・伊豆の国市）城下の香山寺永明庵に寄進した田畠を笠原某が横領したと訴えられ、究明したが一切知らないとの事で訴えを却下し、今後は横合の者の名簿を提出

2月

させる。また武蔵国釜利谷の事は徳寿軒からの訴状をもって伊丹氏に聞いたが、北条宗哲が帰陣したら糾明すると伝え、約束の普請役も帰陣したら申しつけると知らせる。奉者は幸田定治（韮山町役場所蔵香山寺文書写・一六九〇）。同日、松田憲秀が下総衆の原胤栄に、上総国大坪城（千・市原市）を里見方の正木時忠が再興したと聞いたが、同城は北条方であるが武田勝頼の指示でこの様になったのは致し方ないと諦め、上杉謙信が上野国厩橋城（群・前橋市）近くに越山し、北条勢は急いで出馬した。その方面の情況は追って知らせるが季節柄さしたる事も無いと思われる。今は上杉勢の様子を見ており、五月以前には北口の事は決着すると思われ、追って相談したいと伝える（西山本門寺文書・三九三七）。

22日 北条氏照が陸奥国の田村清顕に、佐竹義重が白河城の白川義親を攻めたので会津黒川城（福島・会津若松市）芦名氏に加勢を求め、佐竹勢が敗走したのは歓喜に堪えないと伝える（会津四家合考九・一六九一）。**25日** 北条氏照が古河公方家臣の一色氏久に、上杉謙信が上野国に越山して赤石城（群・伊勢崎市）に着陣したと聞き、氏照は小田原城から出馬して二十三日に下総国栗橋城（茨・五霞町）に着城し、氏久が同国古河城（茨・古河市）に籠城した事は肝要と認める。古河城は氏照の支配下で足利義氏の意見を聞いて不足無く忠節を尽くすと約束し、北条氏政には古河城への危険性を伝え、やがて着城すると述べ、詳しくは伊首座から伝えさせる（永野氏所蔵岩本院文書・一六九二）。**26日** 北条氏秀が武蔵国石神井（東・練馬区）三宝寺に、住職が死去し跡職の事と寺領は、先師の判物に任せて安堵する（武州文書豊島郡・一六九三）。

▼この月、壬生周長が北条方の壬生綱雄の子息義雄に殺害される。

3月

3日 北条氏政が上杉謙信に攻められている上野衆の由良成繁父子に、重ねて使者の近藤某を遣わし、詳しく口上で述べさせ鉄砲の玉薬を贈呈する（武州文書埼玉郡・一六九四）。**5日** 武田信虎が死没する。八一歳。法名は大泉寺殿泰雲存公庵主。 **6日** 武蔵国栗原（東・足立区）正八幡大菩薩社を再建し、旦那に藤次新左衛門・木島宗左衛門が見える（栗原八幡社所蔵棟札・四九一七）。**10日** 北条高広が下野国小俣（栃・足利市）鶏足寺金剛院に、由良方の上野国赤堀（群・伊勢崎市）・善（群・前橋市）・山上（群・桐生市）・女淵（前橋市）の赤城山南麓の各城が上杉方となり、今日は桐生領の深沢城（桐生市）へ進撃し同城も上杉方に従属したと伝える（鶏足寺文書・新五‐三‐三七三）。**13日** 上杉謙信が木戸忠朝父子・菅原直則に、上野国善・山上・女淵の各城は上杉勢が攻略したが、未だ女淵城の沼田平八郎が由良成繁に従属しているため上杉勢が占拠した。深沢城も攻めて阿久沢兄弟が降伏し、同国御覧田城（群・伊勢崎市）も攻略し不要なので破却したと報告し、さらに忠朝の武蔵国羽生城（埼・羽生市）方面に侵攻するので佐竹方の太田資正父子や簗田政信にも参陣の催促をさせる（西沢文書・群七‐三‐二七五五）。**16日** 足利義氏が由良国繁に、上杉謙信が深沢城に来攻した

4月

と聞いて不安に思い、北条氏照は下総国古河城（茨・古河市）普請で暇が無く出馬が遅れるから居城の上野国金山城（群・太田市）の守備を堅固にし、敵陣の情況を由良成繁と相談して報告させ、詳しくは町野備中守から伝える（東京大学文学部所蔵由良文書・戦古一六九四）。**18日** 北条氏政が上原出羽守に、船橋材に武蔵国市郷（神・横浜市青葉区）の竹五〇本を進上させ、二十二日に郷内の伝馬で同国江戸城（東・千代田区）に届け遠山政景代の吉原新兵衛に納入させる。奉者は山角弥三（武州文書都筑郡・一六九五）。**20日** 北条氏邦が逸見与一郎に四ヶ条の法度を下し、一、兵糧米を日頃から用意し、急の籠城などで市場で買い求める事は禁止する、一、一騎合衆の着衣は質素にさせる事、一、一騎合衆は給恩の額の三分の一の馬に乗り、贅沢な馬は不要で今乗る馬を肥す事、一、武具は手蓋・佩楯迄も装着し中間・小者迄も黒色で統一し、具足は雨に濡れても破損しない様にし、羽織は黒木綿にする事、切れた小旗や錆びた鑓を禁止させ、陣番普請が多くなるため質素倹約に留意させ、黄金や銭を貯め込む者を密告すれば褒美を与えると申し渡す（逸見文書・一六九六）。**25日** 原胤栄が下総国坂尾（千・千葉市若葉区大宮町）栄福寺の金銅透彫六角釣灯籠を臼井庄本城（千・佐倉市）妙見堂に寄進する（栄福寺所蔵・四七〇三）。**27日** 北条氏政が上野衆の富岡秀親に、上杉謙信は同国桐生（群・桐生市）を陣払いし、武蔵国羽生口（埼・羽生市）に侵攻すると知らされ、今日出馬して明日には上野国小泉城（群・大泉町）の近くに着陣するので加勢を依頼し、居城を堅く守備させ氏政が出馬したので安心せよと伝える（富岡家古文書・一六九七）。**28日** 上杉謙信が羽生城将の木戸忠朝父子・菅原直則に、上野国金山城（群・太田市）攻めに二十六日に同国藤阿久（太田市）に着陣と報せ、四月一日には忠朝父子にも参陣させる（中山文書・新五-三-三四九）。**下旬** 北条氏繁が上杉方の前線拠点の羽生城を攻め、北条氏政は小山川を挟んで上杉勢と対陣。

1日 上杉謙信が武蔵国羽生城（埼・羽生市）木戸忠朝・菅原直則に、北条氏政との合戦は利根川の増水で北条勢は川が渡れず攻めて来られないと伝える（秋元文書・埼六-二-八〇三）。**3日** 北条氏政が北条綱成に、十日に陣夫を集めて早速に出馬せよと命じ、綱成自身は病気のため出馬を止めて留守を守り、軍勢の内一〇〇人は相模国足柄城（神・南足柄市）、二〇〇人は綱成に付け、残り二〇〇人を参陣させる事と指示して全員の名簿を六日に提出させる。この度の出馬は関東平定の際の大切な出馬で、留守衆と参陣衆に着到の員数を守り軍法通りの武具を用意させる（武州文書都筑郡・三七九一）。**16日** 上杉謙信が羽生城将の菅原直則に、利根川端での北条氏政との対陣を諦めて上野国赤石（群・伊勢崎市）に退却し、氏政は武蔵国本庄（埼・本庄市）へ着陣、昨日は同国本田（埼・深谷市）に引上げたと伝える（歴代古案一・埼六-二-八〇六）。**25日** 北条氏政が上野国金山城（群・太田市）の由良国繁に、上杉勢の侵攻に桐生・金山城での数日の対陣で堅固に城を防御し、上杉謙信を早々に退散させた武勇を伊勢兵庫頭に託して賞し愛蔵の差刀を贈呈する（東京

4月

大学文学部所蔵由良文書・一六九八）。 **27日** 由良成繁が上野衆の藤生紀伊守に、二十五日に小田原の北条勢が出馬して先ず下総国関宿城（千・野田市）に着城するから、その地の者に油断無く陣場の用意をさせる（桐生市藤生文書・群七-三-二七六八）。 **29日** 北条氏繁が小沢左馬允に、常陸から下総国にかけて北条氏領国内の水運での流通商売を許可し、北条氏に味方する者達の不法があれば北条氏政に披露すると保証する（安得虎子一〇・一六九九）。同日、高城胤辰が下総国小金城（千・松戸市）金（小金）領改衆に、相模国玉縄城（神・鎌倉市）北条氏繁から奥衆一五人が富士参詣について路次中の安全を命じられたと伝える（水府志料・一七〇〇）。

5月

2日 北条氏繁が岩崎（芦名盛氏）に、書状と鷹の到来に感謝し、今は下総国水海（茨・古河市）に在陣、今月中は同国幸島口に張陣すると伝え、盛氏の様子を知りたく懇願し氏繁が北条氏政への取次をすると知らせる（福島県立博物館寄託簗田文書・一七〇一）。同日、足利義氏が由良国繁に、上杉謙信が出張したため長期の在陣への忠節を認め、北条氏政は利根川を越えて佐竹領への仕置きをするから今後も忠節を期待すると告げる（群馬県立歴史博物館所蔵園田文書・戦古九九五）。 **3日** 現立院日言が布施康則に、相模国寺田縄（神・平塚市）蓮勝寺の日弁門流から両山門流への宗派替えを認め、康則を中興開山とする（新編相模大住郡・相風三-三九頁）。 **4日** 北条氏繁が陸奥衆の白川義親に、上杉謙信が東上野に侵攻し、先月十日には同国桐生城（群・桐生市）に兵糧米を入れようとしたので出馬し、翌朝には退散させた。利根川が満水で渡河できず川上に廻って合戦を遂げるつもりが、上杉勢は沼田城（群・沼田市）に引き籠もったので一戦に及ばず無念である。次いで武蔵国羽生城（埼・羽生市）に進撃して同国岩付城（埼・さいたま市岩槻区）への向城である花崎城（埼・加須市）を自落させ、今月二日には下総国関宿城（千・野田市）近くに進軍して作毛を刈り取り、明日は利根川を渡河して同国幸島郡の郷村を荒し回り下野国小山城（栃・小山市）に入り、宇都宮表（栃・宇都宮市）へ侵攻する予定と報せる（山武町並木文書・一七〇二）。 **10日** 北条氏政が遠山政景に、武蔵国に上杉謙信・佐竹義重が出馬したため、政景に出陣して急ぎ着陣すべしと命じ、詳しくは松田憲秀から副状させる（早雲寺文書・一七〇三）。 **17日** 北条氏政が旗本からの検使の二見景俊・新田日向守に、下総国関宿（千・野田市）渡しの法度を下し、陣所から帰る人足・飛脚には「通過」の朱印状の手判を渡すので良く吟味して不審の者は逮捕して申告させ、手判の無い者は通行を差し止める事、在所から現在の陣所へ来る者は大小・上下の者、替わりの人足も検査する事無く自由に通行させる（二見文書・一七〇四）。 **18日** 須（須田カ）貞秀が平田源左衛門に、北条氏政が下総国関宿城を攻撃し簗田持助が近日中には北条氏に属し、小山秀綱も従属すると伝える（新編会津風土記八・千四-四八七頁）。同日、大道寺政繁の甥と伝える感誉存貞が死没する（浄土伝灯総系譜中）。

6月

1日 里見義尭が死没する。六八歳。法名は東陽院殿岱叟正五沙弥。嫡男義弘が継ぐ。 **5日** 北条氏政が武蔵国平沢(埼・日高市)百姓中に、明日には未進の麦八俵を必ず陣所に届けさせ、無沙汰すれば足軽衆に配分すると威嚇する(青梅市三田文書・三七〇)。 **7日** 北条氏政が相模国公郷(神・横須賀市)寺方百姓中に、大普請人足三人を使役して十四日に小田原城に来て十五日から一〇日間の普請役を命じる(石渡文書・四九一八)。同日、北条氏秀が武蔵国石神井(東・練馬区)三宝寺に三ヶ条の寺内法度を下し、殺生・竹木伐採・狼藉を禁止させる(武州文書豊島郡・一七〇五)。 **9日** 北条氏邦が高柳源左衛門に、知行として一五貫余文を宛行い軍役を賦課する。奉者は桑原左馬助(木部文書・一七〇六)。 **21日** 北条氏政が武蔵国大宮(埼・さいたま市大宮区)大宮社人中に、潮田左馬允との相論に裁許し、宮山年中祭礼の伐採木は潮田氏の奉行の了解を得て伐採する事、御子山の事は潮田出羽守の証文に任せて左馬允にも同社に寄進する様に伝え、左馬允は領主であるからよく相談して当社の修築や祭礼を行わせる。評定衆は石巻康保(大宮区氷川神社文書・一七〇七)。 **23日** 北条氏政が駿河衆の植松右京亮に、北条家朱印状が無くして法度に背き他国へ出した兵糧米を押さえて申告した功績を認め、右京亮に一〇四俵を与える。奉者は清水某(稲村氏蔵植松文書・一七〇八)。 **29日** 成田氏長が正木丹波守に、武蔵国柏間(埼・菖蒲町)他で知行を宛行う(知新集三・一七〇四)。

7月

4日 北条氏政が吉良氏家臣の大平右衛門尉・江戸頼忠に、北条家の存亡に係わる合戦につき吉良氏朝の了承を得て出陣の準備を急がせ、日頃の出陣とは違い軍勢の数を多く整え無足衆までも引率して参陣させる(大平文書ほか・一七〇九～一〇)。同日、北条氏政が北条氏秀に、上野国厩橋城(群・前橋市)への攻撃のため出陣の準備を命じ、軍勢を最高に集めて参陣させ、盆前後には出馬すると申し渡す(大阪府森田文書・四七〇五)。同日、北条氏光が駿河衆の植松右京亮に、召し上げた兵糧米一〇四俵を御直与一郎に同国口野五ヶ村(静・沼津市)から渡させる。奉者は二宮織部丞(稲村氏蔵植松文書・一七一一)。 **5日** 伊勢宗瑞後室の善修寺殿梅嶺宗意大姉が死没する(金龍院位牌銘・小一-五六六頁)。 **10日** 北条氏政が駿河国口野五ヶ村と北条氏光に、武田勝頼からの船手形の朱印見本が到来し、それを北条家朱印状の袖に添付して駿河からの船はこの手形を所持していると周知させ、不審船を臨検させる(稲村氏蔵植松文書・一七一三)。同日、同国江梨(沼津市)・鈴木丹後守にも同内容の命令を下す。奉者は笠原某(神奈川県立歴史博物館所蔵鈴木文書・一七一四)。同日、伊豆国子浦(静・松崎町)・八木某にも同内容の命令を下す。奉者は清水某(御殿場市松崎文書・一七一五)。 **15日** 北条氏繁(カ)が内田孫四郎に、太田資正の判物に任せて武蔵国砂原(現在地未詳)の開拓地を宛行い、違反者は申告させる(小室氏所蔵屋代文書・一七一六)。同日、北条氏政・氏照が上野国に出馬し、北条高広の同国厩橋城(群・前橋市)を攻める。 **26日** 上杉謙信が武蔵衆の木戸忠朝父子・菅原直則に、上野国厩橋城(群・前橋市)に北条氏政が出張した

7月

ため二十六日に出馬して越山し、先勢は同国倉内（群・沼田市）に着陣すると伝える（歴代古案・群五-三-二七九）。

▼この月、上野国厩橋城の北条高広が、嫡男景広に家督を譲渡する。

8月

1日 武田勝頼が上野衆の小幡信真に、北条氏政の上野国厩橋城（群・前橋市）への侵攻を伝えて同陣する様に依頼し、同国箕輪城（群・高崎市）に出陣し工藤長門守と相談して利根川の染原之瀬（現在地未詳）に着陣させる（東京大学史料編纂所所蔵中村不能斎採集文書・戦武三-二三二四）。 **3日** 上杉謙信が上条政繁・上杉景信・本庄秀綱・松本代に、北条氏政の出馬を厩橋城から知らせてきたので早々に越後国塩津（新・南魚沼市塩沢カ）に出馬し、彼等も上野国倉内（群・沼田市）に着城すべしと伝える（歴代古案一・神三下-八三二）。 **10日** 簗田持助が宇都宮広綱に、佐竹義重が陸奥国に出陣した大切な時に当たり、当方は先月二十七日に北条氏照が下総・武蔵の軍勢で下総国関宿城（千・野田市）に攻撃を仕掛けてきたが撃退し、北条勢は捨てた道具類を毎日集めに来ている。城内の者を糾明したところ横田孫七郎・山崎彈正忠・植野主計助・森監物・石塚小次郎等が氏照に内応してると判明し全員を処刑した。家中の仕置きも厳重にし守備しているが数年の籠城で疲労しており上杉謙信と相談して早速の援助を依頼する（小田部文書・千四-三九七頁）。 **11日** 北条氏政が古尾谷治部左衛門に、鎌倉の鶴岡八幡宮放生会の祭りの神馬銭三貫文を毎年の如く鎌倉の年貢の内から同社神主に納めさせる。奉者は石巻康敬（鶴岡神主家伝文書・一七一七）。 **12日** 北条氏政が代官の道祖土康兼、訴人の梅沢将監・鈴木隼人、公方検使の守賀新兵衛と治部少輔（北条氏秀）衆の小熊左近将監に、武蔵国三保谷郷（埼・川島町）の訴訟を裁許し、先年の同郷の検地は賄賂があって不正との梅沢・鈴木からの訴えで再検地を認め、道祖土康兼ほか前記四人と相談し、再度検地させる。奉者は板部岡融成（新編会津風土記七・一七一九）。同日、北条氏照が会津の芦名盛隆に、宇都宮広綱と皆川広勝が合戦し広勝から書状が三通届いた事、芦名盛興の死没を悼み、当秋には上野衆の由良成繁からの要望で去る十五日に上野国に出張し、一〇日ばかり在陣して大胡（群・前橋市）領・厩橋（前橋市）領の郷村を荒らして帰国した。近日中には再び上野国に出張するが常陸方面の情況が心配と知らせ、大平・小関・新井の各氏が来る時には是非共に下総国栗橋城（茨・五霞町）の氏照の許に来させて欲しいと依頼する（名古屋大学文学部所蔵文書・一七一八）。 **17日** 北条氏政が鎌倉の東慶寺領の相模国野葉郷（神・横浜市港南区）・同国前岡郷（横浜市戸塚区）に、年貢納法を指示し検地増分を確定し、野葉郷の陣夫は井出兵部に二疋、前岡郷は多米某に五疋の使役と申し渡す。奉者は板部岡融成・中将・江雲・安藤良整（東慶寺文書・一七二〇〜一）。同日、北条氏邦が武蔵国上吉田（埼・秩父市）代官・百姓中に、えびす銭四貫文の借用の返済方法について指示し、月五分の利息を認め一〇ヶ月で五割の利息と計算し、もしも返済せずに欠落した者には郷内で出合の時に本利共に返済させる（諸州古文書一二武州・一七二三）。 **22日** 相模国酒匂郷（神・小田原市）大見寺の宝塔銘に、酒匂郷の小島治部少輔と見える、ただし当銘文は後刻の可能性もある（大見寺所蔵・小一-九五頁）。**25日** 北条氏政が日比弥次郎に、去る七日の書状を二十三日に下総国幸島で受け取り、上杉謙信が下総国関宿城（千・野田市）方面に侵攻したが七月二十二〜二十四日の戦いで勝利した忠節を認め、詳しくは小岩井治部左衛門から述べさせる（川辺氏旧記三・一七三三）。**28日** 宇都宮氏家臣の芳賀高継が佐竹氏家臣の小田野大和守に、関宿城の簗田晴助から北条氏政の軍勢が利根川を越えて侵攻したと再三知らせてきており、宇都宮広綱も使者を佐竹方に派遣したと返答する（黒羽町瀬谷文書・千四-三五三頁）。

9月

1日 北条氏邦が武蔵国定峯谷（埼・秩父市）炭焼司の斎藤八右衛門に、炭役を定め一三〇俵分の炭役を二六人に賦課し、おこし炭は全阿ミ、鍛冶炭は黒沢某の各炭奉行に毎年納入させる（斎藤文書・一七二四）。**2日** 北条氏政が武蔵国鷲宮神社（埼・鷲宮町）神主の大内晴泰に、前々の如く社領を安堵する（武州文書埼玉郡・一七二五）。**3日** 北条氏照が武蔵国品川（東・品川区）町人・百姓中に、当郷から欠落の者を還住させ違反の者は小田原城へ申告させる（武州文書荏原郡・一七二六）。**7日** 下野国鹿沼城（栃・鹿沼市）壬生周長が佐竹義重に、北条氏の軍勢が間近の粟志川に侵攻したため援軍を依頼し、太田資正にも連絡させる（白河証古文書・岩槻市史一下-一〇〇九）。**10日** 北条氏政が武蔵国里村（埼・鳩ケ谷市）保正寺に裁許を下し、同寺領が先年の検地で御領所に紛れ込んだ事が判明し、前々の如く寺領を確定し寄進する。評定衆は山角康定（武州文書足立郡・一七二八）。同日、北条氏政が武蔵国小室（埼・桶川市）閼伽井坊に、内田新二郎との相論に裁許を下し、太田氏資の証文に任せて寺領を安堵する。評定衆は山角康定（明星院文書・一七二七）。**13日** 北条氏政が武蔵国渋江（埼・さいたま市岩槻区村国）鋳物師に、太田氏資の証文に任せて鋳物師職を安堵する。奉者は笠原康明（武州文書埼玉郡・一七二九）。**23日** 武蔵衆の上杉憲盛が上野国倉内（群・沼田市）の上杉勢陣所に、北条勢は今朝は陣払いして条々河原（現在地未詳）まで引き上げ、武蔵国鉢形城（埼・寄居町）北条氏邦勢の事は安心して欲しく、重ねて北条勢の動きは知らせると伝える（鈴木文書・埼六-二-八三〇）。**24日** 伊豆国毛倉野（静・南伊豆町）高根大明神を造営し、大旦那に伊賀守□吉が見える（高根神社所蔵棟札・静八-四-八三二）。**吉日** 武蔵国脚折（埼・鶴ヶ島市）白髭大明神の本地十一面観音は、七ヶ村の惣鎮守と見える（白髭神社所蔵・埼九-二三四頁）。

10月

3日 遠山康英が相模国栗原（神・伊勢原市三の宮）万松寺を大聖院殿（北条氏康）の位牌所とし、新規に同国白根之郷（伊勢原市）で二〇〇疋の地を茶銭の寺領として寄進し什器類も寄進する（相州文書大住郡・一七三〇）。**7日** 大藤政信が武蔵国石浜（東・台東区）総泉寺に禁制を掲げ、門前での狼藉、会下領での屋敷地の狼藉、寺域と郷内での竹木伐採を禁止させる（武州文書府内・一七三一）。**15日** 足利義氏が上野衆の由良国繁に、北条氏政が同国金山城（群・太田市）

10月

方面に出馬し、国繁も同調して出馬した忠節を賞賛する（集古文書七四・戦古九四八）。**18日** 足利義氏が由良国繁に、古河公方家臣の芳春院周興に属して上杉勢の動きを知らせた忠節に感謝し、同時に由良氏方の上野国谷山城（群・桐生市）の落城を心配し籠城の兵士の安全を依頼する。北条氏照は下総国栗橋城（茨・五霞町）に在城し北条氏政が後詰しており安心と伝える（園田文書・戦古九四九）。**19日** 上杉謙信が佐竹方の太田資正に、下総国関宿城（千・野田市）への後詰として越山したと告げ、沼田衆の守る上杉方の上野国桐生領の仁田山城（桐生市）への向城の谷山城を十三日に攻めて十五日に陥落させ、由良氏方の全員をなで切りにした。仁田山城の普請を命じ沖中（群・太田市カ）に侵攻する予定と佐竹義重へ知らせると述べ、以前に資正が里見義弘に書状を出したと聞いたが、未だに謙信に音信が無いのは不安と伝える（太田文書・埼六-二-八三四）。**24日** 北条氏照が武蔵国小川（東・町田市）百姓中に、隠田四貫四〇〇文、百姓九人分を摘発し、近年の未進分は免除するが当年の年貢分は収納すると通告し、それでも未納の時には鉄砲衆の知行給分として配分させる（新編武蔵多摩郡・一七三二）。

▼この月、北条氏政が下総国関宿城を攻めて千葉次郎が戦死し、北条氏繁の三男が婿養子として家督を継ぎ千葉直胤と名乗る。

11月

4日 北条綱成が下総国香取神宮（千・佐原市）禰宜某に、去る夏に面会して本望と述べ、今後は息子の北条氏繁が取次を務める事、北条氏政が同国関宿城（千・野田市）を攻め城衆は城普請をしていると知らせる（香取大禰宜家文書・一七三三）。同日、武田勝頼が下野衆の天徳寺（佐野房綱）に、徳川家康を攻め遠江国浜松城（静・浜松市中区）はじめ郷村を放火して荒し回り、同国久野城（静・袋井市）や懸川城（静・掛川市）を攻め帰国する。水村政村が出陣の時に甲府（山梨・甲府市）に来て小田原城に北条・佐竹同盟を伝えて返答を待ち、未だに在府している。氏政は関宿城を攻め詳細を知らせて欲しい等と伝える（滝口家文書・戦武三-二三七四）。**8日** 足利義氏が由良国繁に、上杉謙信が利根川を越えたとの報告で早速北条氏政に伝え防備を固めた。下総国古河城（茨・古河市）の普請を命じられ三日から同城に移り普請は過半は完了すると伝える（東京大学文学部所蔵由良文書・戦古九五〇）。**11日** のちの某年に小田原城内の本光寺所持の印判状の文書目録を作成し、合計一三通と天正二年十一月十一日付けの古検地帳一冊、僧侶の印判状三通、その他は借状が無数と記す（早雲寺所蔵本光寺文章・一七三四）。**12日** 下野衆の小山秀綱が岩上筑前守に、北条氏政の陣の様子を知りたいと告げ、大道寺政繁から芹沢主水をもって届けられた書状には変わりないとあり、昨日は勝田八右衛門が結城から来たが変わりないとの事である。在番の日数は一五日間なので十九日には替わり番衆を派遣すると伝える。さらに書状を認めている最中に報告が入り、氏政は下総国中幸島に陣を寄せ水海城（茨・古河市）に向かって砦を三ヶ所築

閏11月

城し、先月二十六日に水海城を攻めた。関宿城の簗田持助には油断無き様に述べた等と伝える（岩上文書・千四-二七三頁）。同日、北条方の成田氏長が小倉図書助に、上杉謙信との当地の合戦での忠節を認め感状を与える（楓軒文書纂五四・一七三五）。**15日** 上総国天神山岩坂（千・富津市）牛頭天王宮を建立し、神主に杉山家継、大工に鈴木隼人佐、裏面には奉加者に野中遠江守の他二八人が見える（八雲神社所蔵棟札・新横須賀市史二-二五一五）。**19日** 武田勝頼が禰津常安・石雲斎・小山田菅右衛門尉に、北条氏邦から上野衆の金井淡路守への書状を拝読し、その後の上杉勢の動向が知りたく、詳しく報告させる（思文閣墨跡資料目録三二一・戦武三-二三七七）。**23日** 北条氏政が武蔵国鷲宮（埼・鷲宮町）鷲宮神主（大内晴泰）に掟書を下し、境内で弓・鉄砲で鳥を撃つことを禁止させる。奉者は北条氏繁（鷲宮神社文書・一七三七）。**24日** 上杉謙信が佐竹義重に、十四日の書状では三日の間に同陣するとあったので謙信は二十日には下野国多田木山（栃・足利市）に着陣、二十二日には沼尻（栃・藤岡町）に到着して小山秀綱と簗田晴助を招いて相談し、明日は同国小山城（栃・小山市）を攻めると報せ、義重が参陣しないのは悔しい事で、必ず小山に同陣して北条氏を撃退する様に懇願する（小田部文書・千四-二九三頁）。同日、上杉謙信が那須資胤に、北条氏政が下総国関宿城を攻撃して簗田氏が難儀している。後詰として越山し、七日には利根川を越えて武蔵国鉢形（埼・寄居町）城下や成田・上田領に放火すべく出陣する時、深谷城（埼・深谷市）上杉憲盛から氏政は敗北したと知らされ、利根川から返して上野国新田領を放火しようと金山城（群・太田市）に向けて陣取る予定が、簗田晴助からは関宿城が北条勢に攻略されそうな報告で足利・館林・新田領を悉く放火し、二十二日には左井名沼（現在地未詳）に陣取り、昨日は小山秀綱・簗田晴助を招いて相談、明日は小山城に陣を進めると決め、北条勢との一戦は必定で早々の出陣を依頼する（栃木県立博物館保管那須文書・千四-三五四頁）。**27日** 千葉邦胤が押田与一郎の元服に加冠状を与える。千葉胤富が隠居し邦胤が当主となる（押田家文書・四七〇六）。同日、上杉謙信が荻原主膳亮・山崎秀仙に、佐竹義重が同陣を拒否し、関宿城は北条氏政に攻められ落城寸前で、簗田晴助父子や小山秀綱・宇都宮広綱も滅亡は間違いないと危機感を伝える（上杉家文書・千四-一八四頁）。**29日** 上杉謙信が佐竹義重に、二十九日には下野国宇都宮城（栃・宇都宮市）を出馬して同陣するとの報に歓喜し、以前から約束の誓詞への血判は梶原政景・河井堅忠を陣場に招いてから据えて渡すから関宿城の救援に急ぎ参陣して欲しいと依頼する（千秋文庫所蔵佐竹文書・千四-四五二頁）。

3日 北条氏政が高塚大夫三郎に、下総国水海城（茨・古河市）で今日敵船を攻撃した忠節を認め感状を与える（小田原市役所文化室所蔵奥田文書・三六七四）。同日、北条氏政が下総衆の相馬治胤に、上杉勢が同国幸島口に侵攻したとの情報で、当陣の守備は安心なのだが遠方ではあるが幸島口の事が不安であり、治胤は軍勢を返して居城を堅固に守備して

閏11月

欲しいと依頼し、もし上杉勢がこちらの思惑とは別に当方に進撃したなら追って知らせると伝える（取手市広瀬文書・一七三九）。同日、北条氏政が岩付衆の内山弥右衛門尉に、当年の扶持給六貫文を二十日迄に武蔵国岩付城（埼・さいたま市岩槻区）の蔵奉行から支給する（内山文書・一七三八）。**4日** 北条氏政が鎌倉の鶴岡八幡宮院家中に、武蔵国佐々目郷（埼・戸田市）を先規に任せて同社に寄進し、違法者は申告させる（鶴岡八幡宮文書・一七四〇）。同日、北条氏政が下総国関宿城（千・野田市）攻めの戦勝祝儀に、雄剣（作は来国俊）一振を鎌倉の鶴岡八幡宮の白山大権現に奉納する（鶴岡八幡宮神主大伴家譜・一七四一）。**5日** 北条氏繁が鎌倉の鶴岡八幡宮に、先規に任せて武蔵国佐々目郷を寄進すると申し渡し、諸役を免除する。またこの日、神鏡雲盤七面を同社境内の各神社に一面ずつ寄進する（同前ほか・一七四二〜五）。同日、北条氏繁が鎌倉の鶴岡八幡宮内の鷺谷（神・鎌倉市雪ノ下）神主屋敷の内道場に、祭修具の鉢を寄進する（稲垣氏所蔵・四七〇七）。**9日** 武田勝頼が上野国大戸城（群・東吾妻町）浦野宮内左衛門尉に、北条氏政から同国沼田（群・沼田市）と厩橋（群・前橋市）との間に軍勢を出して欲しいとの依頼で、内藤昌秀と相談して利根川東に出馬させる（尊経閣文庫所蔵小幡文書・戦武三-二三九五）。**10日** 北条氏照が結城晴朝に、書状を拝見し越後・関東の状況を知らされた事に感謝し、関宿城は攻め落とすと決めており簗田晴助がどの様な行動に出ようとも驚かないから安心して欲しい。上杉勢が利根川を越えて上野国新田口（群・太田市）に侵攻しようと覚悟していると伝える。結城晴朝が北条氏政に従属し北条氏照が取次を務める（高橋文書・一七四六）。**18日** 北条氏政が小田氏治に、上杉謙信が敗北して武蔵国羽生城（埼・羽生市）が自落、下総国関宿城も落城して明日には出城と決まり完全に本意を遂げた。それと共に佐竹義重が和睦を申し出たので了承し、十六日に佐竹勢は陣払いして退散したと報じる。上杉勢が関東から駆逐され簗田晴助父子が北条氏政に従属する（賜蘆文庫文書四五・一七四七）。**19日** 簗田晴助父子が下総国関宿城を開城して同国水海城に移り、関宿城は北条氏政の直接支配下となり、古河城と共に古河公方の拠点が北条氏の支配となる。**20日** 相模国逸見村（神・横須賀市）鹿島社を建立し、大旦那に朝比奈泰之、大工に山内六郎左衛門、鍛治に小松原満五郎が見える（新編相模三浦郡・一七四八）。同日、上杉謙信が芦名盛氏に、関宿城の陥落と関東の情勢を報告し、羽生城を破却して十九日に上野国厩橋城（群・前橋市）に帰陣した。羽生衆は同国金山城（群・太田市）に向けて築城した砦に置き北条勢に備えさせ、佐竹義重に関宿城の事を任せたが動向が判然としない等と伝える（名将之消息録・千四-三一〇頁）。この頃、深谷上杉憲盛が北条氏政に従属する。**中旬** 上杉謙信が関東から越後国に帰国し、以後は一切関東への越山を止める（年代記配合抄）。**24日** 千葉邦胤が椎名某に、左馬允の官途を与える（下総旧事六・四七〇八）。**25日** 足利義氏が由良国繁に、古河城の事を心配して書状を度々出された事に感謝し、北条氏政が関宿城を攻撃し上杉謙信と佐竹義重が後詰したが、堅固な守備に

12月

阻まれて羽生城も退散した。義重と宇都宮広綱の要請で関宿城を開城させ関東静謐の基となったと伝える（東京大学文学部所蔵由良文書ほか・戦古九五一〜二）。

▼この月、三崎衆の山中康豊が長島正朝に、左京亮の官途を与える（相州文書三浦郡・一七四九）。

2日 古河公方重臣の芳春院周興・寿首座昌寿が埣和康忠に、下総国関宿城（千・野田市）が落居したため、北条氏政の陣中に古河公方の御領所と給人の名簿を提出し、以後の郷村支配は足利義氏と北条家朱印状や制札で行う様に依頼する（国会図書館本喜連川文書・四四七〇）。**9日** 北条氏康後室の局が相模国江ノ島（神・藤沢市）岩本坊に、岩屋での弁財天の遷宮式に着物類を寄進し、無病息災の祈禱を依頼する（岩本院文書・北条氏文書補遺三九頁）。**11日** 北条氏政が関宿領を摂収し下総国さる山（茨・境町）・大和田（茨・古河市）・西泉田（境町）・柴崎（千・流山市）に北条家朱印状を出し、簗田持助に郷内の竹木は関宿城の用材以外には北条家朱印状無くして伐採を禁止させる。奉者は北条氏照（楓軒文書纂六〇ほか・一七五〇〜三）。**16日** 北条氏政が簗田持助に覚書を出し、北条氏照から十四日に古河公方足利義氏を赦免すると伝えた事、持助は軍事行動が終わり帰陣する事、簗田氏とは未来永劫に渡り友好を保つ事を約束する（簗田系図・一七五四）。**18日** 足利義氏が昌寿首座（松嶺）に、知行安堵と甘棠院（埼・久喜市）の看主について指示し、知行の酒井郷（茨・境町）については北条氏政と相談し替地を与えると伝える（国会本喜連川文書・戦古九六二）。**21日** 職人奉行の須藤盛永が死没する。八〇歳。法名は法舜。

▼この年、伊豆国徳永（静・伊豆市）山神社の棟札に、地頭の勝部新六郎が見える（豆州志稿三四五頁）。この年、千葉邦胤の嫡男亀王丸（のち重胤）が誕生する。この年、足利義氏の娘の氏姫が誕生する。

天正三年（一五七五）・乙亥

1月

10日 北条道感（綱成）が白川義親に、先月十二日の書状を昨日拝見し、昨年冬の下総国関宿城（千・野田市）攻めに、佐竹義重・宇都宮広綱との事で北条氏政の懇願により義親に書状で知らせたが、子息の北条氏繁にもよく申しつけた。幸に佐竹と宇都宮が和睦したので北条氏がその方面の事に口出しする事は止めると理解し、十日に道感父子が小田原城に参府して氏政にも伝えておく。義重には用心する事が必要である等と知らせる（古案・北条氏文書補遺四〇頁）。**16日** 北条氏政が鎌倉の鶴岡八幡宮小別当の大庭某に、新年の祝儀として巻数・筆を贈呈され謝礼を述べる。当文書はもしくは天正四年か（大庭文書・一八二九）。**25日** 千葉邦胤が下総国香取宮（千・香取市）に禁制を掲げ、社中・社領において

1月

千葉勢・甲乙人の乱暴狼藉を禁止させる。奉者は原胤長・海保与九郎・設楽助太郎（香取文書・四七〇九）。**28日** 北条道感が相模国金子（神・大井町）西明寺に、次郎左衛門分の山林での竹木伐採を禁止し、違法者を代官の向原次郎左衛門に申告させる（最明寺文書・一七五八）。

▼この月、里見義弘が下総国矢作城（千・香取市）国分胤政を攻めて城下に放火する（大虫岑和尚語集・千五-一〇二頁）。

▼春頃、この頃から北条氏政が下野国小山祇園城（栃・小山市）小山秀綱を攻撃する。

2月

5日 徳川家臣の松平貞政・大久保忠泰が上杉家客将の村上国清に、上杉景虎から北条氏政に伝えた事を徳川家康に申してきたが、上杉謙信が上洛予定のため、家康からは謙信が東海道を通行して京都に向かう時に、馬等の便宜を図る様に命じられた。北国道を通行の時には状況を知らないので前々から国清にその旨を知らせて欲しいと命じられたと伝える（村上家伝・徳川家康文書の研究上三三頁）。**6日** 北条氏政が武蔵国王子（東・北区）王子別当坊に三ヶ条の掟書を下し、境内での竹木伐採の禁止、供僧中への横合非分の禁止、社領の安堵を申し渡す（武州文書豊島郡・一七五九）。**7日** 上杉謙信が酒井忠次に、徳川家康が武田方の遠江国二俣城（静・浜松市天竜区）を攻め、自身は後詰として関東に越山し五日に上野国沼田城（群・沼田市）に着馬し、十六日には西上野に放火し武田勢を攻撃すると伝える（徳川黎明会所蔵文書・静八-四-七四四）。**10日** 織田信長が小笠原貞慶に、上杉謙信との共同作戦を了承し、武田勝頼を攻撃せんと武田領に侵攻するため北条幻庵・北条氏規・北条氏繁に書状を出し協力を求めると伝える（唐津小笠原家宮内省呈譜・織豊政権と東国大名一四五頁）。**14日** 北条氏邦が武蔵国二宮（埼・神川町）金鑽寺に、寺領五貫文を安堵する。奉者は長田石見守（大光普照寺文書・一七六二）。**15日** 北条氏光が伊豆国那賀郷（静・松崎町）の薮主与三左衛門・又二郎に、同国韮山城（静・伊豆の国市）の城用に竹の納入と竹林の育成を命じる（掛川誌稿一四・一七六三〜四）。**16日** 簗田持助が下総国野田（千・野田市）に、当年より七ヶ年間は守護不入とし、早々に欠落百姓の還住を命じる（興風会図書館所蔵文書・一七六五）。**17日** 北条氏秀が武蔵国平河（東・千代田区）法恩寺に、寺領の同国三田郷（東・港区）惣領分の城米賦課を永代免除する（寺誌取調書上・一七六六）。同日、浜名時成が相模国大町（神・鎌倉市）大巧寺に、同国森崎郷（神・横須賀市）の買得分を北条家朱印状・証文・坪帳を副えて永代寄進し、子孫繁栄の仏前祈禱を依頼する（相州文書鎌倉郡・一七六七）。**18日** 北条氏政が常陸国玄勝院（茨・笠間市）の義翁盛訓に、下総国関宿網代（千・野田市）の地を与え、総寧寺を創建させ外護すると約束する（諸国文書・一七六八）。**21日** 北条氏政が武蔵国大谷郷（埼・上尾市）給衆の岡田新五郎・友光新三郎・同将監に、各給田について柏原某との相論に裁許し、柏原某の訴えを却下して勝訴とし、先の証文の如く安堵する。評定衆は笠原康明（武州文書足立郡・一七六九）。同日、松田憲秀が相模国塚原（神・南足柄市）犬峠の

3月

長泉院に、同院周辺の木草刈取りの通行路を本道のみと定め、寺山での松木伐採を禁止させる（相州文書足柄上郡・一七〇）。　**吉日**　相模国林之郷（神・厚木市）鹿島三島住吉合社の古神殿柱の銘に、長野業秀が見える（新編相模愛甲郡・相風三‐一八八頁）。

▼この月、北条氏政が下野国小山祇園城（栃・小山市）小山秀綱を攻略し、大石照基を城代とする。

1日　笠原康明が武蔵国中尾（埼・さいたま市緑区）玉林坊に、北条国増丸（のち太田源五郎）への年頭の挨拶を喜び、子息笠原助八郎が国増丸に披露したと伝え、北条氏繁と康明は義絶状況にあるが、助八郎を通して岩付城（さいたま市岩槻区）の春日摂津守との奏者関係は維持しており、助八郎が北条家と岩付衆との奏者を務めると報せ、当年中には国増丸が岩付城に移る等を伝える（武州文書足立郡・四二〇）。　**2日**　北条氏政が松田政尭に、笠原千松が幼少につき陣代を命じ、当年から九ヶ年は千松の寄子・同心の寄親として軍役を務めさせ、その後は北条氏の承認を経て千松に寄親を引渡す事。その間は代官所・同心衆・知行を厳密に管理し、特に伊豆郡代は先規の如く改めて掟を守り厳密に務めさせる（松田文書・一七七一）。同日、北条氏邦が四方田土佐守に、知行として武蔵国野上（埼・長瀞町）金井分で一五貫文を宛行い、同地は散田で百姓が居らず、新規に百姓を集めて開墾させ諸役を免除する（武州文書秩父郡・一七七二）。同日、北条氏光が駿河衆の植松右京亮に、同国口野五ヶ村（静・沼津市）で代官給として五貫文を与え、また、同日、郷中の新造諸船の諸役を免除する。奉者は珍阿ミ（植松文書・一七七三〜四）。　**5日**　北条氏政が相模国座間（神・座間市）星谷寺別当に禁制を掲げ、寺域での竹木伐採を禁止させる。奉者は江雲（星谷寺文書・一七七五）。　**7日**　北条氏政が布施康能に、鎌倉の御領所内の経師谷（神・鎌倉市材木座）尊養院の屋敷分につき、同院を康能の子息康朝に渡し、替地は康能から出させる事として尊養院への年貢催促を止めさせ、この北条家朱印状を代官に示して断る事。替地は小田原城で岩本定次の一騎合の給分に出させ、次の給分は小田原城から渡す事を康能に伝える。奉者は垪和康忠（鎌倉市妙本寺文書・一七七六）。同日、北条氏政が石切善左衛門・善七郎に、分国中の石切職の棟梁に任命し、子孫で当職において技術未了の者は棟梁職を外すと申し渡す。奉者は海保入道長玄（小田原市青木文書・一七七七）。　**13日**　千葉邦胤が原親幹・海保与九郎、下総国香取神社（千・香取市）に三ヶ条の条目を下し、一、千葉胤富の証文の旨を安堵する事、一、社領以外の者が俵物や軽物を社中に入れる事を禁止する、一、国分兵部大輔の家中の知行が社領と混じっているので陣役を停止し、知行払いにすると定める（賜蘆文庫本香取文書一・四七一〇）。　**15日**　下総国多古城（千・多古町）牛尾胤仲が郡司三四郎に、太刀を贈呈する（香取郡小誌・北条氏文書補遺四〇頁）。同日、武蔵国中山（埼・川島町）金剛寺の木造阿弥陀如来坐像を修理し、旦那に比企宗則が見える（金剛寺所蔵・埼玉県立博物館刊美術工芸品所在緊急調査報告書II‐九三頁）。同

3月

日、簗田持助が戸張将監に、武蔵国吉川宿（埼・吉川市）に七年間の不入を認め、宿人を還住させる。同日、持助が将監に恩賞として吉川宿を宛行い、奉公役を務めさせる（埼玉県立文書館寄託戸張文書・一七七八～九）。**16日** 北条氏政が遠山政景に、前々から富永政家に申しつけた武蔵国江戸城（東・千代田区）本城の番は軍勢不足との事から、当番衆を政景に替えるが、情況が治まれば元の如く政家に本城を守備させる。奉者は山角定勝（土佐国蠹簡集残編五・一七八〇）。**19日** 足利義氏が佐竹義重・宇都宮国綱に、北条氏政と相談して忠節を尽くさせ、祝儀として太刀・馬・青銭の贈呈に感謝し、返礼に太刀を贈呈。詳しくは北条氏照から副状を出させる（喜連川文書案一・戦古九六六）。**22日** 北条氏政が北条氏忠に、相模国新城（神・山北町）小曲輪の城掟を出し、城門の開閉の時刻、小曲輪の毎日の掃除、番衆の管理、夜中の警備、武具の管理、日中の番衆の休息等につき規定する（相州文書高座郡・一七八一）。**25日** 北条氏政が梶原景宗に、当年暮から早船四隻と乗組衆四〇人の扶持給二四〇貫文を支給する。奉者は安藤良整（紀伊続風土記附録一〇・一七八二）。**26日** 北条氏政が相模国中郡皮作彦衛門に、板目皮一七枚を納入させ代金五貫余文を岩井某から支払い、五枚は四月三日、一〇枚は十五日迄に岩井に納入させる。奉者は海保長玄（浦島文書・一七八三）。同日、北条氏照が相模国江ノ島（神・藤沢市）岩本坊に、岩屋への遷宮について盆・香合を寄進し、武運長久の祈禱を依頼する（岩本院文書・一七八四）。**28日** 上杉憲盛が死没する。法名は伴松軒要山静簡（深谷市昌福寺蔵宝篋印塔銘・武銘七四八）。

4月

4日 北条氏政が北条氏規に、伊勢国角屋船に愛宕・伊勢への参詣者四人を便乗させる。奉者は間宮宗甫（角屋文書・一七八五）。**24日** 上杉謙信が多聞天に、北条氏政の非法を述べ撃滅を祈願する（上杉家文書・新三‐一‐八八七）。▼この月、北条方の正木時忠が下総国矢作城（千・香取市）国分胤政を攻める（大忠岑和尚語集・千五‐一〇二三頁）。

5月

17日 北条氏忠が相模国江ノ島（神・藤沢市）岩本坊に、岩屋造営の祝儀に刀を寄進し、武運長久の祈禱を依頼する（岩本院文書・四〇三五）。**20日** 北条氏政が下総国関宿（千・野田市）総寧寺に三ヶ条の掟を下し、一、寺内・門前での竹木伐採、一、寺内の堀の内に軍勢の陣取り、一、寺域での狼藉を禁止する。奉者は遠山弥次郎（総寧寺文書・一七八六）。**21日** 織田・徳川連合軍が三河国長篠（愛知・新庄市）で武田勝頼を撃破。**29日** 北条氏照が富士役所・奉行中に、常陸国真壁衆の大関雅楽助の上下二人の富士道中の通行を許可する。奉者は狩野一庵宗円（真壁文書・一七八七）。

6月

21日 北条氏政が鈴木藤三郎に、先月から催促していた相手方の挨拶を了承して来月上旬に小田原城まで参府させ、二・三ヶ条の条目を口上で伝えると述べる（鴻巣市鈴木文書・一七八八）。**22日** 足利義氏が上総衆の村上綱清に、小山秀綱が十二日と十六日に下総国古河城（茨・古河市）を攻めたが撃退した事、十六日に下総国土気城（千・千葉市）が北条氏に攻められ、北条方の酒井康治が勝利した等を伝える（秋葉文書・戦古九六八）。同日、北条氏政が下野国榎本城

（栃・大平町）を攻略する（吉備雑書抄書）。**23日** 北条氏政が清水康英に、氏政母の瑞渓院殿（今川氏親の娘）が大病で、特に夏の土用の季節は養生させる様に伝える（開善寺文書・四七二）。同日、正親町天皇が武蔵国二俣尾（東・青梅市）福禅寺（のち海禅寺）を勅願寺とし、万里小路充房が福禅寺に副状を出し、朝廷と国家の安全祈願を依頼する（海禅寺文書・武古上-四〇四頁）。**25日** 北条氏政が武蔵衆の上田宗調に、氏政母の瑞渓院殿の大病の全快を願い、なんとか延命する様に保養を伝え、また武田勝頼が三河国長篠（愛知・新庄市）の合戦で敗北はしたが、武田領の境目は変わりないと報告する（中野区大野文書・一七八九）。

7月

8日 北条氏政が毛呂顕季に、下野国榎本城（栃・大平町）小山高綱の攻略と小山城（栃・小山市）も間もなく落城する状況に満足と述べ、顕季の子息左衛門丞の病気は回復したが出陣前なので保養させ、また氏政母の瑞渓院殿の大病は多少は快方に向かっていると伝える（林文書・一七二）。**10日** 北条氏政が相模国湯本（神・箱根町）早雲寺塔頭の養珠院に、同寺塔頭の黄梅院の住持職と寺領を任せる（早雲寺文書・一七九一）。同日、上田長則が勝宮内少輔に定書を下し、望みに任せて武蔵国竹沢之郷（埼・小川町）若林新右衛門尉の知行分と惣右衛門の開拓地も宛行い不入とし、木呂子元忠・鈴木修理進に伝えさせる（木呂子文書・一七九二）。**19日** 武田信豊・小山田信茂が美濃国岩村城（岐・恵那市）秋山虎繁に、織田信長に攻められて危ういため北条氏政と相談して甲斐国を守り、後詰めに向かうので頑張って守備させる（諸州古文書七・戦武四-二五〇八）。

8月

8日 北条氏邦が吉田真重・足軽衆中に、留守中に陣触れが発せられたら郷中の足軽や地下人等は悉く出陣させ黒沢篠蔵に任せる事、下知に背いて不参の者は真重の落度とすると申し渡す（吉田系図・一七九三）。**12日** 北条氏政が上総国八幡（千・市原市）飯香岡八幡宮に禁制を掲げ、北条勢と甲乙人の乱暴狼藉を禁止し、違反者は旗本に申告させる。奉者は遠山政景（成田参詣記二・一七九四）。この頃、氏政は一宮城（千・一宮町）正木種茂や万喜城（千・いすみ市）土岐為頼の救援に上総国に侵攻。**13日** 北条氏政が下総国府中（千・市川市）六所神社（須和田神社）・同神主屋敷に禁制を掲げ、前項同様に命じる。奉者は山角定勝（下総六所神社文書・一七九五〜六）。**16日** 北条氏繁が下総国浜野（千・千葉市中央区）本形寺に、浜野に着陣したが早々と使僧に預かり感謝し、近年は常陸口に北条氏政が侵攻したため当地の情報を求め、上総国藻原（千・茂原市）妙光寺とは父綱成の時から懇意で、この度は氏政が里見勢を攻めるので下知により氏繁は相模国三浦口（神・三浦市）から渡海して浜野に上陸したと報告し、父綱成と同様の懇意を本形寺に求め、藻原の妙光寺にも知らせた。明後日には上総国本納（茂原市）付近に進軍するので手配を依頼する（本行寺文書・一七九七）。
18日 北条氏政が下総国作倉領（千・酒々井町）某所に禁制を掲げ、北条勢と甲乙人の乱暴狼藉を禁止させ、作倉から

8月

敵対する酒井胤治・政辰の土気城（千・千葉市緑区）迄の距離が判らず、郷民の申請により先ずは禁制を出したが、同郷に陣を進めた時に改めて糾明すると申し渡す。奉者は遠山政景（茂原市宍倉文書・一七九八）。**23日** 北条氏政が桑原嘉高に、里見義弘に攻められている上総国一宮城正木種茂への救援に、兵糧米三俵を二十六日に松田憲秀の代官に渡し種茂へ届けさせる（相州文書足柄下郡・一七九九）。同日、北条氏政が北条氏繁に、一宮城の正木種茂が逼迫し、救援として兵糧米一四〇俵を四日間で用意させ二十六日に一宮城に届け、種茂の代官で小田原城からの旗本検使二人の受取証を受け取らせる（伊藤文書・一八〇〇）。**28日** 北条氏政が清水康英に、下総方面の戦況を報告し、十九日に東金（千・東金市）に進撃して酒井胤治・政辰の土気（千・千葉市緑区）・東金両地の郷村を荒らして敵の兵糧を刈り取り、明日には一宮城に搬入する予定で、この方面は平穏になったので家老等と相談して支配を安定させる。康英からは伊豆方面は平穏との事で満足と伝える（練馬区清水文書・一八〇二）。同日、武蔵国御園村（東・大田区）日蓮宗徒の月村家の三宝尊像台座銘に、施主の月村宗観が見える（照栄院所蔵・大田区の文化財三―一八頁）。同日、月村家の供養板札に、祖先の月輪越後守入道宗観、施主に月村庄助が見える（藤沢市月村文書・大田区史寺社二―一五六頁）。**29日** 北条氏政が上総国茂原（千・茂原市）妙光寺に禁制を掲げ、北条勢と甲乙人の乱暴狼藉を禁止し、違反者を逮捕し申告させ、里見方の男女や雑物の寺内への避難を禁止する。奉者は松田憲秀（藻原寺文書・四七二三）。

▼この月、武蔵国下原（東・八王子市横川）刀鍛冶の山本照重が、北条氏照の依頼で槍穂先を制作する（青梅市福島家所蔵・武銘七五一）。この月、上杉謙信が再び佐竹義重・宇都宮広綱と同盟する。

9月

3日 足利義氏が簗田持助に、寿首座昌寿から利根川の洪水を知らされ、北条氏照は持助の居城の下総国水海城（茨・古河市）に在城し普請を命じられたが、当曲輪は安全と聞き安心したと伝える（簗田家文書・戦古二一六九）。**9日** 北条氏政が相模国田名（神・相模原市中央区）代官・百姓中に、相模川の洪水のため役銭を免除し、反銭・懸銭は今年は半分免除、残りを小田原城の山上久忠に納めさせる（陶山氏所蔵江成文書・一八〇三）。**12日** 武蔵国中神（埼・入間市）豊泉寺の墓地に、当寺開基の豊泉左近将監の墓があり、法名は豊泉院名山大誉居士と見える（豊泉寺所蔵・武銘七五二）。**14日** 古河公方家臣の芳春院周興が由良国繁に、上野国五覧田城（群・桐生市）を再興し藤生紀伊守に守備させた事を了承し、沼田（群・沼田市）から沼田勢が黒河谷（桐生市）に侵攻した時に寄居の衆も共に撃破し、十四日に首注文を足利義氏に披露して喜悦された。義氏の書状には北条氏政は上総陣の最中なので殊の外の喜びとあり、上総陣の様子は村上胤遠から知らされ、その書状を国繁に転送する。敵対する酒井胤治の土気城（千・千葉市中央区）・東金城（千・東金市）・本納城（千・茂原市）は陥落寸前で、兵糧一万俵を北条氏が万喜城（千・いすみ市）へ送り味方も力を得て

10月

いる。周興自身は七月二十七日から小田原城に参府し先月末に帰国した等と伝える（東京大学文学部所蔵由良文書・戦古一四二二）。**21日** 佐竹義重が里見義弘の要請で関東に越山した上杉謙信に、上野国新田（群・太田市）の由良国繁を攻めている状況と当秋の調儀の事を問い合わせる（上杉家文書・群七‐三‐二七八六）。**29日** 京都の東寺院家の僧六人が小田原城下の蓮乗院ほか六ヶ寺の相模国真言宗寺院に、衆徒法度を下し諸規則を守らせる（平塚市金剛頂寺文書・小一‐七四二頁）。**吉辰日** 伊豆国北江間（静・伊豆の国市）珍場神社の棟札に、江間郷池場の田畠開拓は小野・小沢両家の開発が最初と見える（珍場神社所蔵・四九一九）。

11月

1日 芦川景盛が紀伊国高野山（和・高野町）高室院に、大藤政信兄の娘が昨年閏十一月二十三日に死去したと報せ、日牌料に一三貫文を寄進、戒名は覚了妙智尼と申告する（高室院文書・一八〇五）。**6日** 北条氏忠が相模国江ノ島（神・藤沢市）岩本坊に、岩屋の遷宮式の祝儀に太刀と馬を寄進し、弁財天に武運長久の祈禱を依頼する（岩本院文書・四〇四一）。**9日** 上杉家臣の北条高定が里見方の太田康資に、里見義弘と北条氏政が対陣していると知らされて感謝し、上杉謙信が義弘の後詰に越山し、上野国新田（群・太田市）方面に進陣したから北条勢は退散すると報せ、今後の友好と仲介を依頼する（高橋文書・新五‐三‐三八三九）。**13日** 上杉謙信が上野国沼田衆の守る同国仁田山城（群・桐生市）の向城の由良氏方の谷山城（桐生市）を攻略し、十五日に南方の猿窪城（桐生市）も陥落させる（太田文書）。**16日** 北条氏政が内山弥右衛門に、来月二十日を期限として当年の扶持給六貫文を武蔵国岩付城（埼・さいたま市岩槻区）蔵奉行から支給する（内山文書・一八〇六）。**23日** 清水吉政が死没する。法名は三養院殿喜翁祖歓居士。**29日** 北条氏政が岡本政秀に、織取懸馬と御輿かき（馬疋人足）一四疋の使役について規定し、織取懸馬は松田憲秀・笠原康明・南条右京亮・蜷川・遠山千代菊・大道寺彦五郎・布施康明・同康能・板部岡彦太郎に、御輿かきは垪和氏続・山角康定・安藤良整に配分して使役させ、明日の七ツ（午前四時）太鼓に集めて北条氏忠の下知に従う事と命じる（岡本氏古文書写・三八二三）。

▼この月、北条氏政と里見義弘が対陣し、のちに停戦して撤退する。

5日 北条氏政が伊豆国土肥（静・熱海市）保善院に、天文九年（同八年九月の誤り＝四六二四）の証文の如く寺領を安堵する。奉者は安藤良整（保善院文書・一八〇七）。同日、安藤良整が副状して保善院に、寺領二反半を寄進した天文八年（一五三九）九月の検地奉行連署状、棟別役五間分の虎朱印免許状（所在未詳）の二通を北条氏政に披露し、前々の如く寺領を安堵する（同前・一八〇八）。**7日** 北条綱成が舞々天十郎に、天文二十四年（一五五五）三月の北条家朱印状の裁許の旨に任せて移他家・唱聞師を違反無く統括させる（相州文書足柄下郡・一八〇九）。同日、佐竹義重が上杉謙信に、越山の事を了承し途中まで出馬した時に使僧に預かり感謝し、上杉勢が上野衆の由良国繁の新田・金山（群・太田市）を悉く攻め散らし、同国猿窪城（群・桐生市）を陥落させ、男女共に悉く討ち取った勝利を賞する（上杉家文書・新三－一－七〇九）。**8日** 正木時通が死没する。法名は勝栄院日運。**9日** 北条氏政が安藤良整に、梶原景宗からの知行不足の訴えに、知行地の算段がつかず待ってもらい、房総の合戦が再開しているので景宗の知行等も懇切に考慮すると約束する。奉者は江雲（紀伊国古文書所収在田郡古文書二・一八一〇）。同日、足利義氏が由良国繁に、上杉謙信が上野国赤堀（群・伊勢崎市）陣所から撤退したのは国繁の戦功と褒め称える。以後は謙信の関東越山は資料には見られなくなる（東京大学文学部所蔵由良文書・戦古九七二）。**14日** 北条氏政が小田原城下の蓮上院に、二十八日から同寺の灌頂を五日間に渡り執行する事を承認し、横合非分の者は厳罰に処すと申し渡す。奉者は板部岡融成（相州文書足柄下郡・一八一一）。同日、蜷川帯刀左衛門尉が相模国江ノ島（神・藤沢市）岩本坊に、同坊から雇う人馬は弁財天に永代寄進し、祝儀として既に兵糧米六五俵を受け取った事を確認し、それ以前には人馬の永代寄進は無いので、今後は人馬の徴用は末代まで赦免する。どの様な横合いが入ろうとも後代においてもこの赦免を認め、たとえ江ノ島を別人に売渡し、又は別人の申出でも、この様に寄進したので違える事は無い。殊に天下一同の徳政や帯刀左衛門尉の徳政申請でも適応しないと保証する（岩本院文書・一八一三）。**15日** 斎藤胤次が下総国野呂（千・千葉市若葉区）妙興寺に、所望により野呂内のはか山を屋敷地として寄進する（野呂妙興寺文書・一八一四）。同日、下総衆の豊島貞継が府川津（茨・利根町）に、常陸国久慈郡の小沢左馬允の荷物一〇駄分の諸役を免除して過所を与える（水府志料五・一八一五）。**19日** 北条氏政が下総国関宿（千・野田市）吉祥寺に、太鼓堂香油銭・扶持給等で九貫六〇〇文を寄進し、武蔵国岩付城（埼・さいたま市岩槻区）奉行の佐枝信宗・恒岡資宗から支給する（下総旧事三・一八一六）。同日、北条氏照が島村図書助・吉田某に制札を掲げ、武蔵国久下分（埼・飯能市）内の長尾根山から深沢山の植林を命じ、下草等を伐採する者は逮捕して同国滝山城（東・八王子市）の氏照に拘引させる。奉者は長野某（武州文書高麗郡・一八一七）。**21日** 北条氏照が武蔵国高尾山（東・八王子市）薬王院に制札を掲げ、本尊開帳に参詣人の押買狼藉・喧嘩口論を禁止し、違反者を処罰させる（高尾山薬王院文書・一八一八）。**23日** 足利義氏が鎌倉の鶴岡八幡宮相承院に、今月（来月の誤記カ）八日が吉日について参詣するので、前々の如く神前での祈禱を依頼して祝儀に両種を贈呈し、詳しくは高修理亮から伝えさせる（相承院文書・戦古九七三）。**28日** 北条氏政が駿河衆の星屋修理亮に、被官屋敷一二間分を与え軍役等を命じる。奉者は安藤良整（判物証文写北条・一八二〇）。同日、織田信長が佐竹義重・田村清顕・小山秀綱に、五月に三河国長篠（愛知・新城市）で武田勝頼を撃破した事を報告し、勝頼を討ち洩らしたため甲斐国に侵攻すると予告して加勢を依頼し、詳しくは小笠原貞慶から伝えさせる（白土文

12月

書ほか・静八-四-九五〇ほか)。
5日 北条氏光が武蔵国小机(神・横浜市港北区)雲松院に、寺領を他寺に奪われない様に注意させる。奉者は沼上某(雲松院文書・一八二二)。**10日** 北条氏政が相模国岡崎(神・平塚市)金剛頂寺と同国沼目郷(神・伊勢原市)真福寺との宗派末寺の訴訟に裁許し、京都の本山の東寺宝菩提院の裁定に従わせ、使者が上洛して本山の証文を入手し、今後は北条氏分国の真言宗諸寺は、九月二十九日の法度を厳重に守らせる。評定衆は石巻康保(金剛頂寺文書・一八二三)。同日、布施康能・同康朝が相模国比企谷(神・鎌倉市大町)常住院に、同寺地は北条氏の御領所で、布施氏領の同国板戸郷(神・伊勢原市)と替えると伝え、永代寄進して同寺を再建させる(鎌倉妙本寺文書・一八二四)。**11日** 上田宗調(朝直)が武蔵国岩殿山(埼・東松山市)護摩堂に制札を掲げ、八王子山での木草伐採を禁止させる(東松山市正法寺文書・一八二五)。**23日** 上田長則が武蔵国比企岩殿(埼・東松山市)別当坊僧の栄俊に、岩殿衆徒中の大堂賽銭を再建費用に使用させる(武州文書比企郡・一八二六)。**24日** 佐竹賢哲(義斯)が里見方の太田康資に、正木憲時が北条方の上総国万喜城(千・いすみ市)土岐為頼を攻めて砦を構築し、前々の如く上杉謙信と里見義弘が懇意になる様に仲介させる(館山市立博物館所蔵上野文書・千三-六五頁)。**25日** 某が井田太刀脇(帯刀)に、安田某から帯刀の知行内に隠田が有るとの密告で、来春には双方の意見を聞いて明白に裁許すると約束する(川崎市井田文書・一八二七)。
▼この月、里見義頼が武蔵国金沢湊(神・横浜市金沢区)廻船商人の山口越後守に、江戸湾(東京湾)の北条方への往来を許可し、房総方面との交易を認める(桑名市竹内文書・千五-二二頁)。
▼この年、北条氏尭の娘智光院と正木時長との間の娘養珠院殿(お万=のち徳川家康側室)が生誕する。

天正四年(一五七六)・丙子

1月

11日 北条氏照が武蔵国長田之村(埼・飯能市)藤七郎・弥十郎に、長田山での植林を命じ、下草でも刈取る者は同国滝山城(東・八王子市)に連行させる。奉者は長野某(細田文書・一八二八)。**20日** 北条氏政が上野衆の富岡秀長に、養子秀高の家督相続の祝儀に太刀・刀と三種・一荷の贈呈に返礼して太刀を贈呈し、石巻康敬から副状させる(富岡家古文書・一八三〇)。**27日** 下総衆の原胤栄が同国南中村(千・多古町)嶺妙興寺に禁制を掲げ、寺域を不入とし横合狼藉を禁止させる(峯妙興寺文書・一八三一)。

2月

2日 北条氏光が上野越後・三須孫二郎に、伊豆国牧之郷(静・伊豆市)内の大野境の山野を開拓させる(三須文書・

一八三二)。 **11日** 北条氏政が北条氏邦に、長尾顕長・成田氏長・深谷上杉氏憲からの返答を了承し、由良国繁が上野国膳(群・前橋市)方面に軍勢を出して敵を多く討ち取ったのは緒戦の忠節と感謝し、今日から利根川の満水は引くかと問い長雨の後の普請を依頼する(本多氏保管黒沢文書・一八三三)。 **14日** 高城胤辰が下総国真間(千・市川市)弘法寺に、大法要の期間は人々の狼藉を禁止させる(弘法寺文書・一八三四)。同日、武田勝頼が駿河国棠沢郷(静・御殿場市)他の駿東郡の宿場に、伝馬掟を出し小田原城からの伝馬は相違無く務めさせる。奉者は長坂光堅(御殿場市芹沢文書ほか・戦武四-二五八二~四)。 **16日** 北条氏政が鎌倉代官の大道寺政繁代に、二十日に鎌倉の番匠源次三郎ほか五人の番匠衆を小田原城に集め、公用細工を命じる。奉者は安藤良整(相州文書鎌倉郡・一八三五)。 **17日** 上杉謙信が佐竹義重に、武田勝頼と北条氏政が深く協力し、織田信長が義重との同盟を意思表示している事を喜び、東海道方面に侵攻すべきと述べ、小山秀綱が義重を頼るのは当然と認め、今後の友好を伝える(佐竹文書・神三下-八一〇九)。 **初申日** 伊豆国大沢里(静・西伊豆町)白川山之神の祭礼に、山本荘左衛門が銭一〇〇文を寄進する(山神社所蔵木札・四九三二)。

▼この月、飛鳥井重雅が小田原城下の玉伝寺に、小田原城内の蹴鞠の庭に木を植え、損傷無いよう注意させる(外郎氏所蔵玉伝寺文書・小一-六九九頁)。この月、三浦衆の長島正氏が死没する。この月、北条氏政が下野国小山城(栃・小山市)を北条氏照に与え、氏照が同城に入る。

2月

3月

16日 北条氏光が武蔵国小机(神・横浜市港北区)城下の雲松院に、祭礼の聴衆の寺中での狼藉を禁止させ、違反者は名簿を小机城に提出し、喧嘩口論の者は小机四人衆に申告させる(雲松院文書・一八三六)。 **18日** 北条氏政が近藤越前守に、武蔵国浦和(埼・さいたま市浦和区)の百姓一人を岩付城(さいたま市岩槻区)城主に断って召し出させ、掟を申し渡す。奉者は笠原康明(埼玉県立文書館所蔵浦和宿本陣文書・三七八八)。 **28日** 北条氏規が水軍大将の山本正次に、新たなる上総国の江戸湾岸の里見氏との半手郷支配の者は、野中氏の支配が不手際な事から野中修理亮一人から小林・半助・杉山・勘助・蒔田の六人に分担させ、年貢等の納入を円滑にし、納入の仕方により半手地を郷に取り立てるか、破棄するかを決めると申し渡す。奉者は朝比奈右衛門尉(越前史料所収山本文書・四〇〇七)。 **29日** 北条氏邦が武蔵国くつかけ(埼・深谷市)谷主の宮内左衛門・同清七郎・岡谷隼人佐に三ヵ条の掟を出し、出陣の留守に足軽や郷中の者が遠くに宿泊する事、他領の者が当郷の知人と交流する事や見舞い事は禁止させ、郷中の作場に荒地や腐れ木等があるのは見苦しいので百姓の得分でなくても開拓させ、郷内を整備させる(北条氏文書写・三九七三)。 **晦日** 北条氏政が武蔵国阿佐ヶ谷(東・杉並区)小代官・百姓中に、永代の郷請けで同国江戸城(東・千代田区)中城の塀四間分の普請役を命じ、四月晦日迄に仕上げ、その他、大風の時には島津主水・小野兵庫助・太田四郎兵衛の出役触れ次第、三日中に修復

4月

させる（宝仙寺所蔵堀江文書・一八三七）。**10日** 北条氏光が駿河衆の植松右京亮に、前々の如く同国獅子浜（静・沼津市）五ヶ村の鰯漁場を安堵する。同日、植松右京亮に、訴えにより今年は右京亮のかつこ船一隻分の船役銭を免除。同日、植松右京亮に、伊戸氏に被官の籾山氏所有の舫艇船一隻分の船役銭を賦課するのは迷惑と認め、右京亮に負担させる（稲村氏蔵植松文書・一八三九〜四一）。**11日** 北条氏邦が武蔵国横瀬（埼・横瀬町）守屋兵部大夫に、前々の如く馬一疋を陣場に届け働かせる。奉者は桑原能登守（新編武蔵秩父郡・一八四二）。**19日** 北条氏政が相模国中郡の皮作彦衛門に、板目皮一九枚を納入させて左近士・岩井両氏から代金を支払い、皮は二回に分け三人の奉行に納入させる。奉者は幸田与三（浦島文書・一八四三）。**21日** 高城胤辰が下総国平賀（千・松戸市）本土寺本覚坊に、前々の如く本土寺の後住職にも同寺を崇敬すると約束する（本土寺文書・一八四四）。**28日** 北条氏政が相模国大井郷（神・小田原市、大井町）番匠勘解由に、石巻康敬の同心斎藤某との相論に裁許し、前の領主の岡部彦四郎の証文に百姓屋敷への年貢は免除と有り、返済すべき額を定めて返済させ、現領主の斎藤某の馬を取るのを返却させる。評定衆は山角康定（小田原市和田文書・一八四五）。同日、北条氏政が中村八郎左衛門に、相論に裁許し、替地を宛行うと申し渡す。評定衆は山角康定（駿河志料八一・一八四六）。同日、北条氏照が某に、北条氏政が当秋に出馬するので軍勢を出させる（色部文書・一八四七）。**吉日** 武蔵国西之入（埼・寄居町）東光寺薬師堂に鰐口を寄進し、大旦那に北条氏邦が見え、武運長久と鉢形城（寄居町）の守護を祈念する（新編武蔵大里郡・一八四八）。

5月

2日 北条氏政が梶原景宗に、年来の詫言に任せて知行を不入とし、日頃賦課する役は北条家朱印状で命じると申し渡す（紀伊国古文書在田郡古文書二・一八四九）。同日、北条氏規が伊豆国手石郷（静・南伊豆町）修福寺に、養真軒に同郷内の石門寺菜園を寄進し、同所の修福寺の諸役を免除する（伊豆順行記・一八五〇）。**5日** 飛鳥井重雅が足利義氏と対面し、北条氏照が奏者を務める（義氏公御代の中御書案之書留）。**10日** 北条氏政が安芸国の毛利輝元に、三月十六日の書状が昨日に届き感謝し、将軍足利義昭が入洛し輝元が播磨国に出馬したと知り喜び、呼応して北条方も織田攻めに出馬するが、武田勝頼と相談して行動すると伝える（長府毛利文書・一八五一）。**15日** 武蔵国田木（埼・東松山市）妙安寺の木造日蓮坐像を造立し、願主に上田周防守が見える（妙安寺所蔵・四七一三）。**17日** 北条氏照が芹沢定幹に、丸薬二種を贈呈され感謝し、白血薬・万病円の効用と呑方を問い、下総国関宿城（千・野田市）の普請で多忙と伝える（石岡市芹沢文書・一八五二）。同日、武蔵国笛吹（東・檜原村）涌泉寺の位牌銘に、涌泉院清涼義政大居士・中村大膳正と見える（涌泉寺所蔵・武銘七五六）。**18日** 北条氏政が下野国藤岡城（栃・藤岡町）茂呂右衛門佐に、同国榎本城（栃・大平町）での忠節を認め、今後は討取首を小田原城まで届けず、下総国関宿城の当番衆に届ける事、榎本城の事を熟知している

5月

者を小田原城まで寄越させ、処刑するまでも無い者もいると伝える（藤岡町平間文書・一六五三）。**19日** 北条氏政が北条氏繁に、上野国新田（群・太田市）への鉄砲衆の援軍は明後日に鉄砲五挺と上手な射撃手を付けて派遣し、小田原城の馬廻衆島津左衛門を派遣するから同心とする事、掟書はこれから詳しく書上げて送ると伝える（小田原編年録附録四・一九二一）。**22日** 北条氏政が勝田武滋に、先の太田氏資の証文に任せ武蔵国岩付領（埼・さいたま市岩槻区）における連雀公事と棟別役を免除する（岩槻区勝田文書・一八五四）。同日、飛鳥井重雅が板部岡江雪（融成）に、藤原為家の和歌詠草写本を贈呈する（北海学園大学付属図書館所蔵・四九二〇）。**27日** 足利義氏が梶原美作守に、北条氏政が下野国小山城（栃・小山市）・榎本城（栃・大平町）に侵攻したのに同調して出陣し、先陣を務めた忠節を認める（集古文書七〇・戦古九七七）。

6月

9日 下総国臼井城（千・佐倉市）の妙見堂に二六歳の原胤栄が妙見像を寄進し、仏師に士気（千・千葉市緑区）の葛岡治良が見える（栄福寺所蔵・四七一四）。**12日** 前将軍の足利義昭が北条氏規に、備後国に御座所を移し、毛利輝元の庇護下にあると知らせ、北条氏政には遺恨もあろうが武田・上杉との三和を遂げて忠節を依頼し、詳しくは真木島昭光から副状させる（北条文書・四四七二）。同日、毛利家臣の吉川元春等が甲斐国の武田信豊に、武田勝頼に北条・上杉との三和の仲介を依頼し、真木島昭光が副状を出す（古今消息集一・戦武六-四〇八一、四〇八三）。同日、真木島昭光が上杉謙信に副状を出し、足利義昭が北条・武田との三和を望んでいると伝える（上杉年譜・神三下-八三三五）。同日、毛利輝元が武田信豊に、足利義昭が三者の和睦を願い、忠節を念願すると伝える（京都市三浦文書・戦武六-四〇八二）。**13日** 北条氏邦が出浦左馬助・山口雅楽助に七ヶ条の軍法を出し、一、指物を新しくし四角の黒地とする、一、甲の前立は金か銀の箔で塗装する、一、鑓かつぎは脛当を装着し皮の陣笠を被らせ、童子は連れてこない事、一、鑓は金物の間を一尺五寸ずつ開けて銀の箔を付ける事、一、手甲を装着する事、一、指物を竿に巻く事は厳禁とし外す度に革籠に入れ、持手は平生から黒の羽織を着用させる事、一、矢楯は横七寸・厚さ五分・長さ二尺五寸とする事と定め、来月七夕以前に用意し、七夕の軍勢揃いの時に氏邦の軍装査閲を請けさせる（出浦文書ほか・一八六六〜七）。**20日** 北条氏政が酒井康治に、康治からの計策状に満足し、忠節を認めて秘蔵の脇差を贈呈し、詳しくは松田憲秀から副状させる（記録御用所本古文書一一・三八五九）。**23日** 北条氏政が武蔵国井草（埼・川島町）百姓中に、下総国関宿城（千・野田市）の大普請役を命じ、今年の大普請役一〇日分の内の四日分は春に伊勢氏が使役し、残り六日分を使役するので七月一日に関宿城に集め、翌日から七日まで普請工事に従事させる（武州文書比企郡・一八六八）。

7月

2日 北条氏繁が武蔵国本牧（神・横浜市中区）から上総国木佐良津（千・木更津市）迄の海上中に、本牧郷から向地

8月

の房総の半手郷に半分の年貢を納める事の申請を北条氏政が却下し、代わりに過所を与え江戸湾海上の安全を保障する（横浜市堤文書・一八五九）。**3日** 北条氏政が岡本政秀に、相模国吉岡郷（神・綾瀬市）の森林の植林を行わせ、北条家朱印状無くして竹木伐採を禁止させる。奉者は海保長玄（安得虎子一〇・一八六〇）。**4日** 北条氏光が駿河衆の植松佐渡守に、同国口野五ヶ村（静・沼津市）に賦課した国棟別役は佐渡守屋敷と被官屋敷共に五間分を赦免とする（稲村氏蔵植松文書・一八六一）。**12日** 上田長則が武蔵国比企岩殿（埼・東松山市）別当坊に定書を出し、別当職の栄俊が円光坊・知善庵の敷地と田五反余を相続、観音堂の管理を務めさせ、青木坊抱えの坊敷地は源良に相続させると竹長丹後守が申しており承認する（正法寺文書・一八六二）。**27日** 吉川元春が直江景綱に、畿内における織田信長の行動を報告し、摂津国大坂（大阪・大阪市）石山本願寺と毛利氏が協力して上杉謙信・武田勝頼・北条氏政を和睦させ、足利義昭を援助して欲しいと依頼する（上杉家文書・新三一一二八八）。**29日** 北条氏忠が伊豆国田中山（静・伊豆の国市）に、富永衆の六疋・一五人が八月二十六日まで薪取りで入山するを許可する（矢田部文書・一八六三）。

9月

1日 正木時忠が死没する。五六歳。法名は威武殿正文目出居士。**6日** 北条氏政が足利義昭家臣の真木島昭光に、義昭の入京には武田勝頼も協力して軍事行動を起こし、氏政も協力すると伝える（小田原城天守閣所蔵文書・一八六四）。同日、北条氏政が真木島昭光に、甲越相三和について使者の大和淡路守から足利義昭の御内書を頂戴した謝礼を述べ、これについては去春に使者の陽春軒をもって伝えられた通り了承し、協力すると伝える（南行雑録・一八六五〜七）。同日、北条氏政が真木島昭光に、足利義昭から関東静謐を希望する御内書と刀を贈呈された謝礼を述べ、義昭への披露を依頼する（同前・四七一五）。**9日** 北条氏政が上野国長楽寺（群・太田市尾島町）に、北条領になったため寺領を宛行い保護を約束する。奉者は大道寺政繁（長楽寺文書・一八六七）。**10日** 京都の聖護院門跡道澄が武蔵国越生（埼・越生市）山本坊に、同国秩父六十六郷の熊野参詣先達職を安堵する（相馬文書・埼六－二－八七九）。**11日** 聖護院門跡道澄が武蔵国白石（埼・美里町）宝積坊に、同国那珂郡と榛沢郡内一〇ヶ村の熊野参詣先達職等を安堵する（武州文書那賀郡・埼六－二－八八〇）。**吉日** 下野国山内（栃・日光市）輪王寺の木造文殊菩薩騎獅像を同国天命鋳物師の飯塚対馬入道が寄進し、作者に小工の大田近江守が見える（日光山輪王寺所蔵・造像銘記集成三〇六）。

▼この月、北条氏に攻められ、東金（千・東金市）・土気（千・千葉市緑区）の酒井康治・政辰が北条氏政に従属する。

12日 北条氏政が遠山政景に、去年の如く中村宗晴から舟橋綱の代金三〇貫文を受け取らせる。奉者は山角定勝（早稲田大学中央図書館所蔵遠山文書・一八六八）。**13日** 安房国法蓮寺（千・館山市）日学が、永禄七年（一五六四）に上総国一宮城（千・一宮町）正木大炊助が正木時忠に滅ぼされた事、当時、北条勢は西上総

9月

から佐貫城（千・富津市）を攻め、安房国には北条綱成が舟二〇〇艘で北条（千・館山市）西荒井の島に着舟して近郷を荒らした等の房総の大乱を記す（法蓮寺文書・千三-七一九頁）。**16日** 武田勝頼が毛利輝元に誼を通じ、越相甲三和の締結を進める事等を知らせる（万代家手鑑・戦武四-二七三二）。**19日** 成田氏長が福田幸十郎に、本領一四貫文、畠六貫余文の合計二〇貫八〇〇文弱を宛行う（福田文書・一八六九）。**23日** 北条氏政が梶原景宗に、北条氏規との了解の許で相模国三浦郡公郷（神・横須賀市）の陣夫役を同郡鴨居郷（横須賀市）他の陣夫役と替えると通告する（紀伊国古文書在田郡古文書二・一八七〇）。同日、北条氏照が下総国関宿（千・野田市）城下商人頭の会田氏に、船一隻を氏照の被官船に指定し、同国佐倉（千・酒々井町）から関宿、葛西（東・葛飾区）から栗橋（茨・五霞町）迄の往来の過所を与える（下総旧事三・一八七一）。同日、松田憲秀が有山源衛門に、従来通りに武蔵国関戸関（東・多摩市）の関銭徴収を安堵する（武州文書多摩郡・三三七三）。同日、足利義氏の嫡男梅千代王丸が誕生する。母は北条氏康の娘浄光院殿。ただしこの子は夭逝。**24日** 上田長則が武蔵国松山本郷（埼・東松山市）町人に五ヶ条の定書を出し、上・下宿地や宿内の竹木伐採、伝馬の使役、押買狼藉について規定する（武州文書比企郡・一八七二）。**26日** 北条氏照が芳春院周興に、氏照が急いで古河公方足利義氏の許に参上する事、北条氏政は三日の内に出馬すると告げ、義氏への披露を依頼する（さくらい市教育委員会所蔵喜連川文書・一八七三）。同日、北条氏照が古河公方の奏者に、若君の誕生への祝儀に太刀・馬を贈呈すると伝え、義氏への披露を依頼する（武州文書榛沢郡・一八七四）。**27日** 北条氏政が北条綱成に、鷹・鶴の贈呈を感謝し、北条氏規に軍勢の様子を詳しく認めた書状を渡し、相模国三浦（神・三浦市）で両人に見て欲しいと伝える（藤沢市堀内文書・一八七五）。**28日** 武田勝頼が足利義昭の家臣一色藤長に、義昭の提唱する越相甲三和が進まず難儀していると伝える（東京都高橋家文書・戦武四-二七一五）。**29日** 足利義氏が簗田持助に、若君誕生の祝儀に太刀と馬等を贈呈された謝礼を述べ、持助が北条氏政と共に出馬したため帰陣の上で参上させる（喜連川家文書案一・戦古九八〇）。**吉日** 原胤栄が上総国飯香岡八幡宮（千・市原市）に、諸郷に造営銭の賦課を許可する。奏者は斎藤胤次（飯香岡八幡宮文書・一八七六）。**吉日** 相模国谷ヶ村（神・山北町）第六天社を再建し、施主に細谷源右衛門、川西村（山北町）の西左衛門が見える（細谷家文書・山北町史史料編原始古代中世七六五頁）。

10月

8日 京都の吉田兼和が左近士某に、北条氏政への返書を託す。奏者は幸田定治（兼見卿記・小一-六一九頁）。**13日** 壬生周長が小田原城下の宇野吉治に、北条家朱印状に任せて下野国日光町（栃・日光市）での外郎丸薬の専売権を認めて日光山座禅院の中納言昌忠に知らせ、詳しくは大門資中から伝えさせる（諸州古文書二四・神三下-八三五七～八）。**21日** 北条氏邦が持田四郎左衛門に、着到を九人と定め軍法を申し渡す（持田文書・一八七八）。**晦日** 清水康英が清水吉広代の村串

11月

和泉に、伊豆国三島（静・三島市）三島大社の祭礼銭を元亀三年（一五七二）から納めない毛利丹後（北条高広）知行地の同国片瀬・稲取（静・東伊豆町）の不法を叱責し、五日以内に収納させる（三島市伊達文書・一八七九）。**2日** 伊豆国入間（静・南伊豆町）三島大明神を修築し、大旦那に織部粥吉、大工に丹丸が見える（三島神社所蔵棟札・静八‐四‐一〇一九）。**19日** 北条氏邦が中四郎兵衛に、武蔵国飯塚之原（埼・深谷市武蔵野）大串雅楽助分の開拓を命じ、天正五年から七年間は諸役不入とし、他所者も招いて田畠の開墾を行わせる。奉者は園田某（根岸文書・一八八〇）。**20日** 北条氏邦が新井新二郎に、普請人足を一三人中で三人賦課し、これ以上は賦課しないと約束して春秋五日ずつを使役させる（武州文書秩父郡・一八八一）。**22日** 武蔵国茅ヶ崎（神・横浜市都筑区）杉山大明神の鳥居を造営し、大旦那に領主の深沢備後守、代官に下山新介、禰宜に金子秀長、大工に原勝正が見える（新編武蔵都筑郡・一八八二）。

12月

20日 北条氏政が内山弥右衛門に、二十五日迄に当年の扶持給六貫文を武蔵国岩付城（埼・さいたま市岩槻区）蔵奉行から支給する（内山文書・一八八三）。**25日** 北条氏政が芳春院周興に、足利義氏の書状到来に感謝し、氏政が下野国小山城（栃・小山市）・榎本城（栃・大平町）を攻略して郷村を平定した事、昨日は同国宇都宮（栃・宇都宮市）を攻めた事を義氏に披露させる（岡本文書・一七五六）。**26日** 大道寺政繁が武蔵国河越（埼・川越市）仙波の修験僧の万人に、祈禱を依頼した人に守を発給する事を許可し、守発給に対して違法の者は申告させる（市川文書・一八八四）。**29日** 北条氏光が植松佐渡守・駿河国口野五ヶ村（静・沼津市）百姓中に、五ヶ村百姓からの訴えで年貢を半減し、懸鯛を半分赦免、伊豆国那賀郷（静・松崎町）漁師の小田原城への魚介類献納の赦免を認め、また北条氏蔵米からの去年の借金の利息を支払う事と命じる（稲村氏蔵植松文書・一八八五）。この年末、北条氏政が下野国小山城の小山秀綱を攻め、秀綱は佐竹義重領内の常陸国古内宿（茨・城里町）に避難する。

▼この年、伊豆国白川（静・西伊豆町）山神社の祭礼に、山本荘左衛門が祭木を寄進する（大沢里の山神社所蔵木札・静八‐四‐九六九）。この年、この頃に正木時忠の死没により、その子時長は妻（北条氏尭の娘智光院殿）と離別して小田原城から上総国に帰国し、二男・一女は小田原城に残る。この年、北条氏繁の五男繁広が生誕する。

天正五年（一五七七）・丁丑

1月

6日 北条氏照が大道寺政繁に、下総国関宿城（千・野田市）の破損状況を書上げさせて北条氏政に披露し、在番衆替えを命じて帰国させ、小田原城で報告させる（愛知県大道寺文書・一八八七）。**9日** 北条氏照が下総国古河宿（茨・古河

1月

市）奉行衆に、同国小山領の四ヶ郷から古河宿に何回も入れた米麦の請取書を与える。奉者は布施景尊（池沢文書・三八九〇）。**19日** 笠原康明が武蔵国仙波（埼・川越市）玉林坊に、笠原助八郎から北条国増丸（のち太田源五郎）に年頭の挨拶を送り、酒代と茶を贈呈されたと報告し、康明からは海苔と串柿を贈呈する（武州文書足立郡・四一〇九）。**20日** 里見方の正木憲時が上野衆の北条高広父子に、上杉謙信の当春夏の間の越山を要請し、噂を聞いた北条氏政が調義を見合わせるであろうから、必ず謙信に伝えさせる（上杉家文書・千四一八五頁）。**22日** 北条氏政が相模国当麻（神・相模原市南区）無量光寺に、新年の挨拶に茶を贈呈され謝礼する（無量光寺文書・一八八九）。同日、武田勝頼が北条氏政妹の桂林院殿を正室に迎える。

▼この月、足利義氏への年頭祝儀に成田氏長・千葉邦胤・高城胤辰・北条氏政（代官の大石照基）・北条氏照・太田越前守・長尾顕長等が挨拶に参上する（喜連川家文書案・古河市史資料中世編一三三〇）。

2月

3日 富永政家が高田安千代丸に、父兵庫助からの家督相続を認め、幼少のため九年間は高田木工助が手代を務め後見させる（沼津市高田文書・一八九〇）。**9日** 武蔵国古尾谷（埼・川越市）新八幡宮の別当の四天王像を造立し、領主に中資信、代官に次名信明、番匠大工に遊馬包儀、鍛冶に榎本重吉、大工鍛冶目付に吉川兼岡が見える（古尾谷八幡社所蔵棟札・一八九一）。**初旬** 北条氏照が下野国小山城（栃・小山市）小山氏家臣の抵抗を退けて同城に入城し、修築を施す。また、この頃には同国壬生城（栃・壬生町）・鹿沼城（栃・鹿沼市）の壬生義雄や同国日光山（栃・日光市）が北条氏に従属する。**11日** 北条氏政が内田孫四郎に、風間（忍者）同心の渡辺新三から二騎の軍役知行を抱えながら一騎分の軍役しか務めていないと訴えられ裁許を遂げ、北条家の軍役帳では孫四郎の弁明に間違い無いと判明、新三の訴えを却下する。評定衆は依田康信（小室氏所蔵屋代文書・一八九二）。**26日** 里見義弘が柿崎景家に、去年は北条氏政が房総方面に侵攻して有木城（千・市原市）を取立て、椎津氏を物主に下総衆を番手として加え、北条氏が領有したため酒井康治・政辰が北条氏政に従属し領有した。上杉謙信に越山を依頼したが越中への手当てで暇が無く、この春には越山して両酒井氏と有木城を攻め、氏政を追い詰めると伝え、急いで関東に越山して上野国厩橋城（群・前橋市）に着陣して欲しいと懇願する（厚岸町柿崎文書・千四一三九頁）。同日、里見義弘が直江景綱にも同様に伝え、関東への越山を懇願する（吉川文書・千四一九一頁）。

3月

3日 信濃国下諏訪社（長野・諏訪市）神宮寺の宝塔を再建し、武田勝頼の後室桂林院殿（北条氏康の娘）が見える（諏訪史料叢書二九・四三五九）。**5日** 上杉重臣の直江景綱が死没する（諸士略系譜）。**9日** 成田氏長が今村源左衛門に、仕官の申請を内諾して知行五〇貫文を与える（松本文書・四九三三）。**10日** 北条氏政が駿河国泉郷（静・清水町）と竹原

4月

村（静・長泉町）との泉川藻の相論を裁許し、元亀元年（一五七〇）の今川氏真の証文に任せて泉郷の領有と認める。評定衆は依田康信（杉本文書・一八九三）。**11日** 太田助次郎が武蔵国鴻巣宮内村・別所村（埼・鴻巣市）百姓中に、休耕地の開拓を命じ、五ヶ年間は諸役を免除する（武州文書足立郡・一八九四〜五）。**14日** 成田氏長が青木兵庫助に、本給一五貫文に加恩として武蔵国荒木（埼・行田市）で五貫文を宛行う（百家系図・四七一七）。**16日** 千葉邦胤が紀伊国高野山（和・高野町）蓮花三昧院に、先規の如く同院を千葉家と配下国衆の参詣者の宿坊と定め契約を結ぶ（厚木市内藤文書・四七一八）。**17日** 足利義氏が北条氏政父子に、北条氏照・氏直から元服式の祝儀を言上され太刀・刀・馬を贈呈された謝礼を述べ、詳しくは氏照の副状で伝える（喜連川家文書案三・四四七三〜四）。**19日** 北条氏政が西原与太郎に、借米の返済法を指示し、借米本利合計四六六俵を折半し、二年間で返済させる。理由は父善右衛門が先年の北条・武田との駿河錯乱の時に北条氏康の使者を務め遠江国まで供をした功績と述べ、知行五〇貫文の着到を二年間は免除して返済させ、残り五〇貫文分の着到役を務め、二年後の秋からは本役を務めさせる。奉者は山角康定（大竹文書・一八九六）。**20日** 北条氏忠が西原与太郎に、借米の返済に着到を二年間免除して当てさせ、この旨は北条家朱印状を発給して蔵本に見せ了承させる（同前・一八九八）。同日、北条氏政が相模国苅野庄（神・南足柄市）百姓の杉田源左衛門尉に、山角同心の野崎氏との小者使役の相論を裁許し、小者は苅野庄百姓の子と認め源左衛門尉の勝訴とする。評定衆は石巻康保（杉田文書・一八九七）。**24日** 簗田持助が水軍の鮎川豊後守に、下総国久野之郷（茨・古河市）を武蔵国八甫（埼・鷲宮町）の如く不入とする（下総崎房秋葉孫兵衛模写文書集・四七二〇）。**28日** 梶原政景が河田長親等の上杉家臣に、上野国金山城（群・太田市）を上杉方が攻め、北条氏は同国伊勢崎城（群・伊勢崎市）の普請と兵糧を入れ、北条氏照は下野国小山城（栃・小山市）の物主となり普請に専念している。上杉謙信の越山が遅延して、北条氏の伊勢崎城の固めが進み、金山や桐生（群・桐生市）も危うくなるから、春から夏には越山して欲しいと依頼する（歴代古案一・神三下-八三七〇）。

6日 北条氏規が水軍の山本家次・正次父子に条書を出し、家次の知行三〇貫文の売却を許可、伊豆国田子（静・松崎町）が江戸湾から遠いため知行替えを要請され認める。売却した知行は一〇年期の売却とし、年季明けには家次の知行に戻させる。これは家次の嫡男正直の討死を忠節と認め、正次は若輩ながら江戸湾の海上防衛に務めている戦功と伝える。奉者は朝比奈泰寄（越前史料所収山本文書・四七二二）。同日、牛尾胤仲が下総国多古（千・多古町）妙光寺に鰐口を寄進する（妙光寺所蔵・一八九九）。**10日** 北条氏政が伊豆国西浦（静・沼津市）百姓の大川忠直に、忠直の訴えを裁許し、西浦の小代官藤守の年貢米計量の不正が露顕して逮捕し、罪状を白状しないなら死罪にする事、今後は藤守を西浦に派遣しないと通告する。評定衆は石巻康保（国文学研究資料館所蔵大川文書・一九〇〇）。同日、北条氏政が小幡泰清に、用

4月

水の件で裁許し、先規の如く両郷が相談して協力する様に申し渡す。評定衆は山角康定(諸氏家蔵文書・一九〇一)。同日、北条宗哲が所蔵する太平記を書写し、娘で吉良氏朝室の鶴松院に贈る(尊経閣文庫所蔵太平記巻四〇奥書・小一-五六三頁)。**12日** 北条氏照が古河公方家臣の渋足修理亮に、知行として小山領内の下野国島田(栃・小山市)二〇貫文を宛行い軍役を務めさせる(楓軒文書纂六一・一九〇二)。**14日** 鎌倉の円覚寺雲頂庵が下総衆の高城胤辰に証文を提出し、高城領の殿谷(東・瑞穂町)について地頭前の諸公事の負担を無沙汰にしない事、代官の飯島但馬守の命に服する等を誓う(雲頂庵文書・四四五)。**15日** 北条氏照が某に、下野国小山(栃・小山市)から下総国栗橋(茨・五霞町)迄の伝馬五疋の使役を許可する(沢田文書・一九〇三)。**16日** 武蔵国水子(埼・富士見市)性蓮寺の五輪塔に上田周防守が見える(正蓮寺所蔵・武銘七六二)。**17日** 北条氏規が北条氏忠に、相模国三崎城(神・三浦市)の普請完了を報告し、小田原城に参府して北条氏邦の参府を待って、その方針に従うと伝える(堀口文書・一九〇四)。**26日** 北条氏照が下野国小山祇園城(栃・小山市)諸触口中に、新規随伴の小甫方備前守は他国衆のため、手作地については努めて違乱の無いよう申しつける。奉者は大石照基(矢島文書・一九〇五)。**27日** 北条氏規が相模国武(神・横須賀市)東漸寺に、長島氏に付属する寺領が有るため鉄砲押を免除し、今後は寺内への御用は氏規朱印状で申しつけると伝える。奉者は長谷川九郎左衛門尉(相州文書三浦郡・一九〇六)。**29日** 北条氏邦が長吏太郎左衛門に、改めて西上野での砥石役を命じ、武蔵国の長吏太郎左衛門の手判無く売買を禁止させる。末野の長吏惣右衛門には一月に二〇疋宛の手形を出しており安心として売買を許可する。北条氏当主の御用や鉢形城(埼・寄居町)北条氏邦の御用は務め、惣右衛門とも懇意にさせる(平井文書・一九〇七)。同日、武田勝頼が北条家臣の板部岡康雄に、康雄所持の船一隻には駿河国の諸浦で漁労や商売以下の諸役を免除する。奉者は跡部勝忠(沼津市松本文書・戦武四-二八〇四)。

▼初夏、結城晴朝が北条氏政と断絶し、多賀谷重経の尽力で佐竹義重と和睦する。この直後に義重を中心に下野衆の宇都宮・那須・結城各氏が連合して反北条連合を結成する。

5月

6日 北条氏政が伊勢国の船問屋の角屋秀持に、出船を認め北条家朱印状を与える。奉者は安藤良整(角屋文書・一九〇八)。**7日** 大道寺政繁が鎌倉の海蔵寺に禁制を掲げ、寺中での横合非分・狼藉、寺山での牛馬の放牧、竹木伐採等を禁止させる(海蔵寺文書・一九〇九)。**10日** 太田資正が東義久に、北条氏照が下野国小山城(栃・小山市)の普請を完了したと告げる(児島文書・小山市史補遺九九)。**18日** 北条氏政が富岡秀高に、敵陣の捜査に上野国新田(群・太田市)に使者を派遣して路次の安全を確保させる(富岡家古文書・一九一〇)。**19日** 北条氏政が由良氏家臣の林伊賀守に、上野国金山城(群・太田市)からの書状で忠節を知り、上杉勢は大した事は無いと報せ、三日の間には出馬すると伝える

（致道博物館寄託林文書・三八五六）。**20日** 足利義氏が北条氏政・氏直に、氏直が初めて古河（茨・古河市）方面に出陣した事に感謝し、東筋の平定も近いと伝える（喜連川家文書案一・四八〇〜一）。**23日** 酒井胤治が死没する。四二歳。法名は玄通院日楽。**24日** 北条氏政が笠原康明に、伊藤太郎兵衛の知行の相模国小稲葉（神・伊勢原市）三〇貫文の内一〇貫文余の買得を認め、諸役は太郎兵衛に勤めさせる。奉者は板部岡融成（長善寺文書・一九一三）。**26日** 北条氏政が竹谷源七郎・大野縫殿助に、検地書出を与え、武蔵国府川郷（埼・川越市）での隠田摘発の賞として検地増分から五貫文を両人に与え年貢は岩付城（埼・さいたま市岩槻区）に納めさせる。奉者は板部岡融成（大野氏所蔵竹谷文書・一九一四〜五）。**27日** 岡本長秀が紀伊国高野山（和・高野町）高室院に、逆修の日牌料一三貫文を納める（高室院文書・一九一六）。

6月

1日 北条氏政が紀伊国高野山（和・高野町）への使僧に、小田原城から駿河国への伝馬二疋の使役を許可し、無賃伝馬とする（集古文書四九・一九一七）。**2日** 北条氏照が宇野二郎右衛門尉に、京都の医者の牧庵（吉田兼右の弟）が下野国佐野（栃・佐野市）に向かうため、北条氏政から氏照領を通行させる道筋を岩付通りと指定され、宇野氏に相模国大磯（神・大磯町）・座間（神・座間市）・武蔵国府中（東・府中市）を通り、清戸（東・清瀬市）まで案内させ、清戸の両武藤氏に岩付城（埼・さいたま市岩槻区）迄の道案内をさせると知らせる（河合文書・一九一八）。**5日** 北条氏政が酒井康治に、上総国椎津城（千・市原市）当番は高城胤辰であるが氏政と共に出陣するため、東金（千・東金市）酒井政辰と相談して椎津城に酒井康治・政辰から当番衆を派遣させる（千葉市立郷土博物館所蔵三浦文書・一九一九）。**9日** 上杉氏重臣の山吉豊守が死没する。三六歳。**12日** 佐竹義重が結城晴朝と共に北条氏政から離反し、上杉方の北条高広父子に晴朝と和談したと報告し、上杉謙信には晴朝から同盟交渉をさせるので仲介を依頼する（米沢市吉川文書・新五-三-三七〇二）。**13日** 摂津国石山本願寺（大阪・大阪市）顕如が武蔵国阿佐布（東・港区）善福寺に、北条氏康の時からの懇意に感謝し、織田信長に攻められて苦戦しており、北条氏政に兵糧米を無心する（善福寺文書・東古中三-一一〇九〜一一）。**20日** 北条氏政が島津主水正等六人の江戸衆に、武蔵国江戸城（東・千代田区）夏普請を命じ、一、人足四八〇人で二十八日から一〇日間で仕上げる事、一、朝の五ツ（午前八時）太鼓迄に来ない人足は不参帳に書留め、北条氏に披露して処分を待つ事等を通達する。小田原城の検使は太田四郎兵衛（御府内備考二一・一九二〇）。**29日** 足利義氏が芳春院周興に、鎌倉大工職の渋谷善右衛門尉の忠節を認め、この度の芳春院殿（義氏の母）客殿の造営での活躍振りを褒める（相州文書鎌倉郡・戦古九九四）。

7月

4日 足利義氏が豊前左衛門佐に三ヶ条の城中掟を出し、一、下総国古河城（茨・古河市）佐野門の物主に任命する事、一、佐野門が敵襲を受けたら城中から若者衆を派遣し、老臣等と相談して守備させる等と申し渡す。内実は北条氏照の

7月

指示か（豊前氏古文書抄・戦古九九五）。**5日** 北条氏照が某（芦名盛隆カ）に、北条氏政が荒井釣月斎からの書状に感謝し、炎天下の使者の苦労に謝礼し、返答の使者に池上氏を派遣する（金上文書・一九二三）。**11日** 結城晴朝が宇都宮広綱に、噂では北条勢が昨日は下総国関宿城（千・野田市）に着陣し、船橋を架橋していると聞く。真実ならば近日中に進撃するから確かめて連絡する。予てから北条氏照が同国栗橋城（茨・五霞町）に入り、足利義氏は鎌倉に御座所を移し、古河城と栗橋城の守備を堅固にしていると知らせる（小田部文書・千四-三九八頁）。**13日** 北条氏政が出陣に当たって武蔵国岩付城（埼・さいたま市岩槻区）に今回だけの同城の諸奉行を定め、太田右衛門佐・春日家吉・細谷資満・福島四郎右衛門尉・宮城泰業に軍勢担当と守備を命じる（内閣文庫所蔵豊島宮城文書・一九二二）。**24日** 玉縄城（神・鎌倉市）の北条氏繁が瀬上太郎右衛門に、結城氏への抑えとして築城した下総国逆井城（茨・坂東市）に移城した事を報せ、城内での忠節により引き立てると約束する（士林証文二・一九二四）。**27日** 足利義氏が簗田持助に、豊前左衛門佐から北条氏政は陣労であると知らせてきたが、結城晴朝との陣場も近いから持助も苦労している事と察すると伝える（簗田家文書・戦古九九六）。**28日** 長延寺師慶が相模国上落合（神・厚木市）長徳寺に、一向宗門主の顕如からの依頼で、摂津国石山本願寺（大阪・大阪市）の籠城衆が織田信長に攻められ、兵糧米が欠乏して援助を懇願し、詳しくは下間頼龍から伝えさせる（相州文書大住郡・相古一-一九六頁）。

閏7月

1日 北条氏照が下総国関宿城（千・野田市）城下の網代・台両宿の町人衆中に、舟橋と三王山南の構えの小堀を半分ずつ普請を命じ、近藤治部左衛門・太田美作守の作事方法に従わせる（下総旧事三・一九二五）。**8日** 北条氏政が富岡秀長に、三日以前に下総国結城城（茨・結城市）外張際の砦での戦いで、先衆を遣して敵を多く討ち取ったと報告し、詳しくは北条氏邦から副状させる（富岡家古文書・一九二六）。同日、北条氏政が芦名盛隆に、陸奥国白河城（福島・白河市）の攻略を喜び、盛隆に帰国を促し、氏政も陣労のために帰国して休んでいるが、八月十六日には結城攻めに出馬する予定で、共に出馬して欲しいと依頼する（白河証古文書・一九二七）。**13日** 小田氏治が陸奥衆の田村清顕に、北条氏政の結城城攻めの勝利を伝え、宇都宮広綱が氏政に従属、佐竹義重が一人反北条方と述べ、氏政は九日に開陣し、放生会（八月十五日）前後には再び出馬との約束を伝える（佐竹文書・埼六-二-九二三）。**25日** 北条氏政が北条氏邦に、あわびを届け、このあわびは眼前で調理させて毒は無いが、飛脚に届けさせるので参着の後の善し悪しは請負い兼ねると伝える（岡本文書・一九二八）。**26日** 高城胤辰が鎌倉の円覚寺雲頂庵に、四月十四日の雲頂庵の証文の如く武蔵国殿之谷（東・瑞穂町）の田地には諸公事を免除し、同庵の権利を保証する（仏日庵文書・一九二九）。**29日** 北条氏政が上総衆の井田胤徳に、この度の結城合戦で千葉邦胤の許で忠節を尽くした事に感謝して酒等を贈呈し、遠山政景から副状させる（井田氏家蔵文書・一九三〇）。

8月

1日 北条氏照が宇都宮氏家臣の多功孫四郎に、氏照に小田原城から陣触状が届き、供に参陣を依頼する（石崎文書・一九三一）。同日、下総衆の牛尾胤仲が同国北中（千・多古町）浄妙寺の住僧に、住持職を安堵して疎略無いよう約束し、寺中の竹木供出等を免許する（浄妙寺文書・千三-九六二頁）。**2日** 某が船戸大学に、武蔵国鳩井村（埼・鳩ヶ谷市）の竹木植林を命じ、村中での悪事を糾明させる（船津文書・埼六-一-九二四）。**6日** 北条氏政が相模国河原口（神・海老名市）惣持院に、万部経の読経の期間は横合狼藉を禁止させ、違反者は厳罰に処すと命じる。奉者は板部岡融成（相州文書高座郡・一九三二）。**10日** 北条氏政が武蔵国江戸城（東・千代田区）遠山政景に、中村宗晴から舟橋綱の費用三〇貫文を早急に受け取らせ、昨年の如く舟橋の構築を命じる。奉者は江雲（早稲田大学中央図書館所蔵遠山文書・一九三四）。**20日** 北条氏邦が武蔵国荒川郷（埼・深谷市）の中村代の両持田殿・同百姓中に、荒川衆の持田四郎左衛門と同心五人、只沢（深谷市）の持田主計助と同心四人の合計一一人の軍役着到を定め、棟別銭を赦免して北条氏の直属被官と認め、領主の違法には訴状を持って島村近江守を通して氏邦に訴える事、出陣の時は中村代の両持田氏の下知で働く事と申し渡す。奉者は島村近江守（持田文書・一九三五）。同日、北条氏規が伊達輝宗家臣の遠藤基信に、去春には氏規家臣の朝比奈泰寄に書状を賜り、今度は伊達家と北条家との和談交渉を喜ぶと返答し、泰寄から副状させる（遠藤文書・一九三六）。同日、北条氏繁が江戸城城下の浅草橋場（東・台東区）総泉寺に、下総国逆井城（茨・坂東市）に在城し使僧に預かり恐縮と述べ、結城方面の事も間もなく決着する等と伝える（武州文書御府内・一九三七）。**23日** 駿河国戸倉城（静・清水町）北条氏光が同国口野（静・沼津市）代官の植松佐渡守に、口野五ヶ村の条規を定め、一、前々の如く鰹漁と四板舟の舟役を安堵、一、棟別銭五間分を免除、獅子浜（沼津市）での鰯漁について安堵し、百姓の納得が無ければ捕らない事、一、佐渡守の居屋敷は近年の如くにする、一、五ヶ村内の多比之村（沼津市）の塩竃役を旧来の如く取る事と、佐渡守の要求を認める。奉者は菊池某・真田某（稲村氏蔵植松文書・一九三八）。**24日** 大道寺政繁が相模国二階堂（神・鎌倉市）覚園寺真言院に、同院の以前の証文を調査し、塔頭の造営等を心掛け、何事においても寺家衆との協調が大切と伝える（覚園寺文書・一九三九）。**26日** 北条氏邦が内田縫殿助に、知行として武蔵国阿佐美村（埼・本庄市）内で田畠・不作地合計六貫文を宛行う（武州文書秩父郡・一九四〇）。**29日** 江戸城（東・千代田区）城代の北条氏秀が武蔵国三田（東・港区）法恩寺・百姓中に、郷内の寺領について大法院から諸役不入権を認めて欲しいとの申請で、北条氏の公事は前々の如く務め、氏秀への諸役は免除とし、今後は法恩寺の要望に則して働かせる（寺誌取調書上・一九四一）。

9月

1日 北条氏政が上総国茂原（千・茂原市）に禁制を掲げ、北条勢や甲乙人の乱暴狼藉を禁止させる。奉者は松田憲秀。

9月

氏政が里見氏への本格的な侵攻を開始（藻源寺文書・四七三二）。**3日** 北条氏照が古河公方家臣の一色氏久に、北条氏政の意向で下総国古河城（茨・古河市）の守備について指示し、城の曲輪の物主が敵の来襲の時に宿城へ移動する事を禁止し、決められた曲輪を動かず守備させ、掟に背く者は切腹させる（相州文書鎌倉郡・一九三二）。**4日** 北条綱成が上総国高根之郷（千・長生村）流通商人の田中玄蕃に、預けた伝書鳩は誰にも与えてはならず、もし当地（有吉城カ）で必要な時には、綱成の判物か朱印状で命じると伝える（集古文書五二・九三〇）。同日、穴山信君が佐野泰光に、小田原衆が甲府（山梨・甲府市）に在府して多忙と述べる。今年正月に武田勝頼が北条氏政妹の桂林院殿を正室に迎えたため（楓軒文書纂四〇・戦武四-二八六二）。**5日** 北条氏政が下総国土気城（千・千葉市緑区）酒井康治に、上総国方面の合戦は終了したが、康治は三〇〇人で下野国榎本城（栃・大平町）に在番して守備し、その北条氏照への報告書を拝見し、この事は氏政も知らず重要な事である。殊に佐竹義重が必ず出陣してくるから榎本城主の近藤綱秀と相談して堅固に防戦させる（岡本文書・一九四三）。**8日** 北条氏直が長尾顕長に、五日の書状で佐竹勢が下野国小山（栃・小山市）方面に出陣したと知り、十日には上総国の他国衆を悉く出陣させるが、詳しくは河尻下野守から知らせると述べる（川田文書・二〇二）。**15日** 北条氏繁が高井新八郎に、佐竹勢が進撃したとの報告を受け、防戦に努めて忠節を尽くせば望みの知行を与えると約束し、敵は下妻（茨・下妻市）の多賀谷勢が先鋒隊で、同勢を打ち止めれば、その日の本懐は達せられると指示する（大久保文書・一九四五）。**16日** 鎌倉の建長寺正統庵の宗伯等が同寺宝泉庵に、間宮康俊が正統庵の深遠殿跡地に宝泉庵の客殿を建立するのは間違いと主張していると述べる（宝泉庵文書・神三下-八四一四）。**22日** 北条氏政が北条氏繁配下の間宮康俊・朝倉景隆に、佐竹勢が出撃したのに、未だ現地からの注進が無く怠慢至極である。この様な時に両人は万端に念を遣わして監視させる事。氏政の在陣する上総方面では武田豊信の勝海城（千・睦沢町）に進撃し、苦労しているが三日中に決着させると伝える（武家事紀三三・一九四七）。同日、伊豆国桜田（静・松崎町）八幡宮を造営し、大工に吉田藤左衛門が見える（八幡神社所蔵棟札・静八-四-一〇八六）。**23日** 相模国藤沢（神・藤沢市）清浄光寺の同念が同国玉縄城（神・鎌倉市）北条氏舜と堀内丹後守に、祖父の北条綱成の時に遊行上人の体光との約束で、参詣の時衆の宿坊は清浄光寺門前と決めていたが、近年は悪比丘の謀略で藤沢往還の時衆の宿泊が成り難く、前々の如くにして欲しいと懇願する。北条氏舜関係の初見文書（藤沢市堀内文書・四五六七～八）。**24日** 北条氏政が某に、二十四日の書状で佐竹勢の動向が把握でき、北条氏照に知らせた。殊に下野国小山城への加勢は重要と認識する。上総方面の戦況は氏政に任せ安心して欲しいと伝える（栃木県立博物館所蔵文書・一九四八）。同日、鎌倉の建長寺役者等が同寺正統庵の客殿造営につき、間宮康俊に師弟相続の件で注文を付ける。この件は十月三日に決着する（宝泉庵文書・神三下-八四一五～七）。**晦日**

北条氏規が水軍の山本正次に、江戸湾の上総国佐貫（千・富津市）前の海上で里見方の水軍と会戦し、それを里見義弘の居城前の佐貫浜の陸地に追い上げ、船三隻を拿捕した忠節を喜び、正次が槍傷を負った事は比類無い戦功と認め、北条氏政に報告して感状等を申告する。里見方の最前線の同国長南城（千・長南町）と池和田城（千・市原市）の武田豊信は北条方に降伏して氏政に従属したと報告し、父の山本家次にも伝える。北条氏の里見氏攻撃が終息（越前史料所収山本文書・四〇二五）。**吉日** 武蔵国三ヶ島村（埼・所沢市）宝蔵坊の中氷川神社に懸仏を奉納し、寄進者に佐野八左衛門・新藤総左衛門が見える（中氷川神社所蔵・武銘七六三）。

10月

1日 武蔵国日野郷（神・横浜市港南区）春日権現の社殿を修築し、地頭に箱根別当幻庵（北条宗哲）、別当に大僧都長恵、神主に田野井助義、大工に鎌倉太郎左衛門が見える（春日神社所蔵棟札・四七三三）。**2日** 千葉胤富が某に、その水軍が常陸国へ乗り入れ、岸に上がって佐竹方を三人討ち取る忠節を認める（原文書・千葉県史料中世県外編八一四）。**9日** 北条氏邦が吉橋和泉守・高柳因幡守（和泉守の弟）に、村岡河内守分を両人に宛行い、その本領に移転して村岡氏の足軽・同心・居屋敷も受け取らせる（武州文書那賀郡・一九四九）。同日、足利義氏が北条氏政に、この度の上総国の調儀で武田豊信が北条氏に従属した事を喜び、豊信の長南城（千・長南町）と池和田城（千・市原市）周辺の古河公方直轄領の書上げ書類を提出するので、公方領として認めて欲しいと依頼し、北条氏照に詳しく伝える（国会図書館本喜連川文書・四四七六）。**19日** 北条氏照が小山氏家臣の大橋播磨守に、知行として下野国卒嶋郷（栃・小山市）で一〇〇〇疋を宛行い、忠節を尽くさせる。奉者は大石照基（小山市立博物館所蔵大橋文書・一九五〇）。同日、北条氏照が小山氏家臣の菅谷左衛門五郎に、下野国友沼之郷（栃・小山市）で一〇〇〇疋を宛行い、忠節を尽くさせる。奉者は大石照基（晃程文書・一九五一）。**20日** 北条氏政が武蔵国太田窪（埼・さいたま市緑区）千葉分に、篠三五束を賦課し、藪主と岩付城（さいたま市岩槻区）の奉行と協議して藪が荒廃せぬ様に伐採量を取決め、今後は北条氏当主の御用は北条家朱印状を受けてから伐採量を決め、岩付城の御用の藪を断絶させない様に注意させる（武州文書足立郡・一九五二）。同日、北条氏政が武蔵国井草（埼・川島町）細谷資満分に、竹一〇〇束を賦課して太田窪千葉分と同様に規定する（武州文書比企郡・一九五三）。**22日** 北条氏繁が相模国藤沢宿（神・藤沢市）大鋸引の森木工助に、下総国逆井城（茨・坂東市）築城で大鋸二弦を借用したいと依頼し、今後は逆井城での御用職人として仕事を依頼する（森文書・一九五四）。**24日** 北条氏政が松田憲秀に、酒井康治の下総国土気城（千・千葉市緑区）城内に敵二人が侵入したのを足軽が討ち取り、忠節と認め康治に直ちに知らせるべきところ、出陣中で多忙につき晩になってから知らせるが、高名につき感状を与える（記録御用所本古文書一一・一九五五）。**26日** 北条氏政が牧庵に、京都の吉田兼見への書状等を託し、牧庵も兼見に八丈絹を献上

10月

する（兼見卿記・小一-六二〇頁）。

▼この月、下総国都部（千・我孫子市）正泉寺の地蔵菩薩像を造立し、願主に高城彦二郎・海老右京助、旦那に原次郎衛門尉が見える（正泉寺所蔵・北条氏文書補遺四〇頁）。この月、某が某に、北条氏照からの飛脚で路次の案内を依頼され、下野国那須（栃・那須烏山市）筋を安全に通行する手立てを尽くした事。佐竹義重の陸奥国白川口（福島・白河市）での敗北に戦功を立て嬉しく思うし、北条氏への交渉も必要であろう。北条氏政は先月下旬には房総に出馬し、その方面を悉く調略したのも嬉しい等と伝える（歴代古案五・千四-一九九頁）。

11月

7日 北条氏照が武蔵国網代（東・あきる野市）山作に、七間分の棟別役の内五間分を赦免し、残り二間分に氏照朱印状が無いので代官衆が棟別役を賦課して催促し、未納のため人馬を拘引したのは迷惑と在地から訴えられた。この度は二間分も免除とし氏照朱印状を出すから、陣役や氏照朱印状で命じる御用は無沙汰無く働く事。この朱印状で質物の人と馬を取り返す事と申し渡す。奉者は由木景盛（網代文書・一九六六）。**10日** 下野那須衆の大田原綱清が芦名盛氏に、北条氏政の房総方面の調略や下野国方面の佐竹氏等の状況を報せ、氏政との懇意を喜ぶと伝える（早稲田大学中央図書館所蔵文書・千四-五六八頁）。**初旬** 北条氏政と里見義弘が和睦して同盟し、房総方面への北条氏の侵攻が終了する（安房妙本寺日我一代記・喜連川文書ほか）。**15日** 足利義氏が北条氏直に、上総国への調略を喜び、氏直の初陣と里見義弘との和睦を祝福し、太刀・馬を贈呈する。使者は高大和守（喜連川家文書案三・四七七）。**20日** 織田信長が関東の反北条氏領主連合からの要請で、再び東国の諸大名に書状を出し、使者を梶原政景・水谷勝俊・太田資正に派遣して来春は関東に発向すると伝える（書簡并証文集）。**月末** 北条氏政と里見義弘との和睦で、氏政の娘鶴姫（龍寿院殿）が里見義頼に輿入れする。

12月

2日 北条氏規が水軍の山本正次に、先の里見水軍との戦いに上総国佐貫（千・富津市）前で陸地に乗り込み、敵の早船三隻を拿捕し、自身は槍傷を負いながら愛河某を討ち取る忠節を認め、感状と太刀を贈呈する（越前史料所収山本文書・一九五七）。**5日** 甲斐国上野原城（山梨・上野原市）城主の加藤信景父子が諏訪村（上野原市）諏訪神社を再建し、その棟札には永禄十二年（一五六九）九月中旬に臼井峠（碓氷峠）から武蔵・相模に侵攻し、北条氏照の滝山城（東・八王子市）を攻めて裸城にし、次いで本郷（神・海老名市）に陣取り二十八日には相模国寒川（神・寒川町）に着陣、十月一日には小田原城に来襲して加藤景忠が先陣を務めて蓮池口を攻め、その日に寒川に着陣、二日に再び小田原城を攻めて寒川に二泊し、五日には大神（神・平塚市）で開陣した。六日に甲斐国に帰国の予定のところ、北条氏照・氏邦、遠山・大道寺等と三増峠（神・愛川町）で合戦となり、勝利してその日には津久井（神・相模原市緑区）近辺の道志川河畔に到達し、七日に上野原城に帰還したと小田原城攻めの経緯を記す（甲斐国志一一二一・戦武四-二八九八）。同日、陸奥米沢城（山形・米沢市）の伊達晴宗が死没する。五九歳。**11日** 北条氏政が下総国関宿（千・野田市）城下の吉祥寺に、当年分の香油銭・扶持給として三貫五二〇文を寄進し、二十五日迄に岩付衆の佐枝信宗・恒岡資宗から受け取らせる（下総旧事三・一九五九）。同日、北条氏政が岩付衆の内山弥右衛門尉に、当年分の扶持給として六貫文を岩付城（埼・さいたま市岩槻区）蔵奉行から支給する（内山文書・一九五八）。**23日** 梶原政景が織田氏家臣の小笠原貞慶に、織田信長の書状を拝見し、来春は関東に発向と知って喜悦し、今年の春から常陸・下野の国衆は北条氏政に敵対し、この時に関東に発向すれば、関東は信長の支配に入ると伝える（横浜市堤文書・一九六二）。**26日** 某信磐が堤見彦三郎の元服に、磐の一字を与える（書簡并証文集・神三下-八四二八）。**28日** 太田資正が小笠原貞慶に、十一月二十日の織田信長書状を拝見し、来年は関東に発向との事を喜び、下野方面は佐竹義重に全て従属し、安房の里見義弘は去る秋以来は北条氏政の大軍に攻められて和睦し、房総は氏政の支配となるが、義弘は氏政への遺恨が深く、発向を急ぐ様に求める（書簡并証文集・千四-四七九頁）。

▼この年、北条氏規の嫡男氏盛が生誕する。母は北条綱成の娘高源院殿。この年、酒井政辰の嫡男政成が生誕する。母は正木時忠の娘。

天正六年（一五七八）・戊寅

1月

1日 北条氏照が足利義氏に、年頭挨拶の使者に布施景尊を遣わし、二荷・五種を進上する（喜連川文書案・古河市史一三三六）。**7日** 成田氏長が足利義氏に、年頭挨拶に太刀と青蚨を進上する（同前・古河市史一三三六）。**8日** 北条氏直が武田勝頼に、太刀と馬を贈呈され謝礼を述べる（西郡筋鮎沢村藤巻家伝写・四七二四）。**12日** 北条氏政が野口照房に、当主の普請として十六日に出馬するため参陣を依頼し、普請用に鍬二、縄四房を持参させ、着到の如く槍と小旗も用意させる。当文書はもしくは永禄九年（一五六六）か（武州文書多摩郡・九三三）。同日、千葉直胤が鎌倉の鶴岡八幡宮相承院の空元に、新年の祈禱に謝礼を述べ、自分は武蔵国岩付城（埼・さいたま市岩槻区）に在城しており重ねて武運長久の祈禱を依頼する（相承院文書・四〇五三）。**14日** 北条氏政が相模国湯本（神・箱根町）早雲寺の黄梅院に、哲首座・運首座を同院と養珠院の住持職に任命し、同寺南陽院の事は北条氏光と相談させる（早雲寺文書・一八八八）。同日、北条氏政が石巻康保に、六月分の御台番銭として五貫文を伊豆国西浦（静・沼津市）立物銭をもって安藤良整から支給させる（堀江文

1月

書・一九六二）。同日、北条氏政が相模国千津島（神・南足柄市）に、当年の大普請役を賦課し、二十四日に小田原城に人足を集め一〇日間の普請を命じ、普請中の一日の欠勤は過失として五日間の罰則普請を課すと伝える。奉行は関為清・安藤良整（明治大学博物館所蔵瀬戸文書・一九六三）。**18日** 北条氏政が足利義氏に、年頭挨拶の使者に松田四郎右衛門尉を遣わし、太刀・五明を進上する（喜連川文書案・古河市史史料中世編一三三六）。**25日** 北条氏政が伊達家臣の遠藤基信に、親交を求め太刀と八丈絹を贈呈する（斎藤報恩会所蔵遠藤文書・一九六四）。**27日** 北条氏照が土方善四郎に、当主の陣触れにより参陣を命じ、小旗を新しくし、諸武具は予ての軍法通りにして参陣させる（土方文書・一九六五）。**29日** 足利義氏が北条氏政から進上の狩野派絵師の描いた扇を里見義弘室に贈呈する（喜連川文書）。同日、高城胤辰・千葉邦胤が足利義氏に、年頭挨拶に太刀と白鳥（酒）を進上する（喜連川文書案・古河市史史料中世編一三三六）。

▼この月、武田勝頼が右宿中に、瀬名（静・静岡市葵区カ）から小田原迄の肴運送御用に伝馬一疋の使役を許可する（佐野市小島文書・戦武四‐二九一六）。

2月

6日 石巻康保が駿河国上条（静・富士宮市）大石寺に、新年の挨拶に海苔を祝儀に贈呈し、返礼に札と海苔を贈答され謝礼を述べる（大石寺文書・四〇六九）。**10日** 北条氏照が武蔵国高尾山（東・八王子市）薬師山別当に制札を掲げ、八王子城（八王子市）根小屋の築城用に薬師山（薬王院）の木の伐採を禁止させ、過去に悉く山林を伐採したので、今後は竹木はもとより下草等も刈る者は死罪に処すから滝山城（八王子市）に拘引させ、薪は武蔵野に出て蒐集すると規定する（薬王院文書・一九六六）。**12日** 北条氏政が秀首座に、伊豆国韮山城（静・伊豆の国市）城下の香山寺永明庵の住持職の跡職に任命し、徳寿軒との争奪を終わらせて相違無く住持職を勤めさせる（香山寺文書・一九六八）。同日、結城晴朝が白川義親に、六日に使者をもって小田原城に書状を届け、昨年冬に小田原城に派遣した使者の僧侶は同城に止め置かれている。北条氏政からは急ぎの出馬と知らせて来たと報告する（和知文書・福七‐三六七頁）。**19日** 下総国逆井城（茨・坂東市）の北条氏繁が相模国藤沢（神・藤沢市）大鋸引の森木工助・佐伯六右衛門尉に、遊行から欠落の時衆僧や尼法師を清浄光寺の寺家や門前への出入りを禁止させ、暇をとった時衆は寺家に添状を提出しなければ認めないと定め、この事は武蔵国品川（東・品川区）三ヶ寺にも届けておくと述べる。この事を玉縄城（神・鎌倉市）にも知らせて欲しいと追記する（森文書・一九六九）。**23日** 北条氏政が芦名盛隆に、荒井釣月斎からの口上を承諾し、その眼前で芦名氏との同盟の誓約書に血判を据え、同盟成立を通達する（神奈川県立公文書館所蔵文書・一九七〇）。**26日** 北条氏繁が武蔵国岡村（神・横浜市磯子区）龍珠院に、寺領について父北条綱成からの証文を拝見して氏繁も承認し、家臣の行方某から当郷への寄進分とは別に寄進するので、領主の妨げを排除する証文を出すと伝える（龍珠院文書・一九七一）。

3月

▼この月、武蔵国上阿久原（埼・神川町）阿須和大明神を造営し、大旦那に長尾但馬守が見える（丹生神社所蔵棟札・武銘七六五）。

5日 富永政家が伊豆国土肥（静・伊豆市）清雲寺に、寺領として一〇〇〇疋を寄進し、子々孫々菩提の弔いを依頼する（槃游余録三・四七二五）。**7日** 成田氏長が元亀二年（一五七一）九月創建の正覚寺を駿河国から武蔵国持田（埼・行田市）に移転し、大旦那に成田氏長、指南旦那に野沢泰次、大工棟梁に花村三左衛門が見える（正覚寺所蔵棟札・一九七二）。**13日** 上杉謙信が死没する。四九歳。法名は不織院殿真光謙信。**14日** 北条氏政が内山弥右衛門尉に、以前の陣夫を出す武蔵国大串（埼・吉見町）は、今は松山領（埼・東松山市）の内になって上田氏の管下にあるため、その旨を指示する。奉者は垪和康忠（内山文書・一九七三）。**17日** 北条氏政が武蔵国金沢（神・横浜市金沢区）伊東新左衛門に、四板船四隻で里見方への使者等を今回だけ上総国富津・中島（千・富津市）の間に送り届けさせる。奉者は松田憲秀（鈴木文書・二九四〇）。同日、北条氏照家臣の由木景盛が紀伊国高野山（和・高野町）龍光院に、両親の月牌料として黄金二両と刀を奉納し、菩提の弔いを依頼する（昆陽漫録四・四七二六）。**18日** 北条氏政が芦名盛隆に、次の戦略の所存を述べ、今後も交渉を持続したいと伝える（神奈川県立公文書館所蔵文書・一九七四）。**24日** 小田氏治が佐瀬平七に、北条氏が里見氏と一味して房総方面は安定し、今は河東の合戦に専念しており、北条氏と相談して佐竹義重を討つべき時と進言する（歴代古案一五・千四一九九頁）。同日、上杉景勝が越後国春日山城（新・上越市）本丸に入り、上杉景虎を追放する。**25日** 北条氏照が芦名氏家臣の荒井釣月斎に、上杉謙信の死没は真実か否かを問合わせる（木村文書・一九七七）。

▼この月、北条氏政父子が上杉謙信の死没により、関東各地に領土拡大策を推進し始める。

4月

3日 成田氏長が長野喜三に、伊勢国伊勢神宮（三・伊勢市）に参詣し、大儀と感謝して用事が済めば、早々に帰国させる（埼玉県立文書館寄託長野文書・一九七八）。**7日** 北条氏政が武蔵国三保谷郷（埼・川島町）代官の道祖土康玄・百姓中に、検地書出を出して合計貫高を二六六貫文と打ち出し、前引分は六一貫文、御領所分は二〇四貫文、御領所分から公事免等で三〇貫文を差引き、加えて一四貫文は百姓からの詫言により検地増分から赦免とする。奉者は板部岡融成（道祖土文書・一九七九）。**14日** 北条氏政が北条氏邦に、上野国伊勢崎（群・伊勢崎市）からの助成は無用で同国新田（群・太田市）からする事と指示する。当文書は追書のみで主文は未詳（武州文書秩父郡・一九八〇）。同日、足利義氏が簗田持助に、近日に下総国古河城（茨・古河市）に御座所を移したと知らせる（簗田家文書・戦古一〇〇四）。**15日** 北条氏照が小田野周定に、下野国木沢（栃・小山市）の足軽二〇余人の指南を命じ、氏照持城の同国小山城（小山市）北曲輪に移って三上帯刀左衛門尉と相談し、忠節を尽くさせる（佐野家蔵文書・一九八一）。同日、北条氏照が芦名盛氏に、北条

4月

氏政が常陸・下野方面に出馬し、予ての打合せ通り陸奥衆の田村清顕と相談して出馬を依頼し、佐竹義重を討ち滅ぼす予定と知らせる（高瀬文書・一九八二）。同日、北条氏照が田村氏家臣の御代田下野守に同様に伝え、芦名盛氏と相談して佐竹氏攻略への出馬を要請する（芳賀文書・一九八三）。同日、北条氏邦が上野国の長吏惣衛門に、前の如く一ヶ月に荷駄二〇疋分の砥石商売を安堵し、武蔵国仁見（埼・深谷市）の長吏太左衛門の横合を禁じさせ、御用を勤めさせる（武州文書榛沢郡・一九八四）。同日、北条氏邦が長吏惣衛門に、富士宮参詣の道者に過所を与え、水之本関所（現在地未詳）では関銭を一人二文を徴収させる（同前・一九八五）。**20日** 北条氏照が下野衆の壬生義雄に、小田氏治から佐竹義重が出馬すると知らせて来たが、同国鹿沼（栃・鹿沼市）か小山（栃・小山市）の何方に進撃するか分からず、防備を固めて鹿沼に向かうなら加勢を出すと約束する（小田部文書・一九八六）。**21日** 北条氏繁が常陸衆の多賀谷政広に、下総国逆井城（茨・坂東市）の築城が完成したと報告し、依頼のあった同国関宿城（千・野田市）の足軽の件は氏繁の支配地外で関与できないが、やがて在番で関宿城に参るので、その時に承ると伝える（大和市橋本文書・一九八七）。**晦日** 由良成繁が越後国春日山城（新・上越市）の遠山康光に、上杉景虎の家督相続を喜び、小田原城の遠山愛満も北条氏直に良く奉公して喜悦している。遠山康英からも康光の様子が聞きたいと言ってきている。山上又六は壮健でいるのか、伝言が有れば承る等と伝える（歴代古案一・四七九）。**吉日** 北条氏政が京都の医者の一鷗軒（宗庸）に、医学書の八十一難経を伝授され謝礼する（広島大学文学部所蔵猪熊文書・一九八八）。

5月

1日 武蔵国蔵司谷（東・豊島区）鬼子母神社の十羅刹女社を造立し、旦那に柳下三郎左衛門・田口新左衛門内方、小代官に山本弾左衛門が見える（新編武蔵豊島郡・一九八九）。**6日** 結城晴朝が那須資晴に、佐竹義重と共に壬生義雄攻めに参陣し、周囲の郷村を荒らした功績を晴朝も喜び、代官として千本資俊が出馬して来た。義重は壬生から帰国したが北条氏政は下総国関宿城（千・野田市）に出陣して下野国小山（栃・小山市）方面に進撃する様子で、利根川の防備を固める方針で安心して欲しいと資俊に伝える（棚倉町大竹文書・千四―二〇頁）。**7日** 宮城為業が死没する。五五歳。法名は惣林。**13日** 越後国春日山城（新・上越市）の上杉景虎が上杉景勝と争い、城を出て御館（上越市）に移る（上杉家文書・新三―一八六〇）。**15日** 北条氏政が下野国壬生城（栃・壬生町）への加勢として下総国結城・山川（茨・結城市）方面に侵攻し、山川城を攻略する。**19日** 北条氏政が隠居の芦名盛氏に、覚書を発給して越後国の上杉景虎と同景勝との騒乱に景虎方に味方して、盛氏の嫡男盛隆に越後国へ軍勢の派遣を依頼する（反町氏所蔵小田切文書・一九九〇）。同日、北条氏政が芦名氏家臣の荒井釣月斎に、三日前から毎日にわたり下総国結城・山川方面を攻めて成果の上がる様に努力しており、会津（福島・会津若松市）からも芦名勢が加勢して欲しいと懇願し、芦名盛氏父子に披露を依頼する（会津

6月

四家合考九・一九二）。同日、北条氏照が芦名盛氏と荒井釣月斎に、十五日から結城方面を攻めている状況を説明し、会津からの加勢が遅れている事への不満を述べ、佐竹義重は先日から宇都宮（栃・宇都宮市）に滞在し、味方衆を参集しているとと告げる（平沼文書ほか・一九二～三）。**20日** 里見義弘が死没する。五三歳か。法名は瑞龍院殿在天高存居士。嫡男梅王丸が継ぐ。**21日** 上杉景勝が越後国坂戸城（新・南魚沼市）深沢利重に、北条勢が上杉景虎支援のため上野国猿ヶ京（群・みなかみ町）に出没したのを追い払った忠節を賞する（伊佐早文書・新五-三-三七七）。**22日** 北条氏政が簗田持助に、山川（茨・結城市）近くに陣取り二十二日に城下を焼き払い、敵勢を討ち捕らえた事は使節が見聞きしており、足利義氏にも報告しておく。佐竹義重は下野国上三川（栃・上三川町）迄進軍し、常陸国の味方衆を参集して進撃する情勢なので、小川台（茨・筑西市）で一戦を交える覚悟と伝え、義氏へも披露させる（八千代町教育委員会所蔵赤松文書・一九九四）。**24日** 壬生周長が芦名盛隆に、出陣に当たり三春城（福島・三春町）田村清顕と相談したかと確認し、北条勢は二十日に山川城の戸張や宿城を撃破して落城は間もないと述べ、佐竹義重は結城晴朝と共に途中まで出陣したと伝える（歴代古案七・神三下-八〇四三）。**28日** 北条氏政と佐竹義重が鬼怒川を挟んで対陣する。**29日** 上杉景虎が芦名盛隆に、北条氏政と同盟中の武田勝頼に加勢を依頼し、勝頼は武田信豊を大将として信越境まで軍勢を派遣したと述べ、盛隆と氏政との同盟をいよいよ深くし、自分もその事を重視すると伝える（同前三・四三六五）。**晦日** 北条氏照が小山氏家臣の大橋播磨守に、収穫した鯉を活きたまま納入する法を指示し、平野氏の指図に従わせる（小山市立博物館所蔵大橋文書・一九九五）。

▼この月、北条氏邦・氏照が上杉景勝方の藤田信吉が守備する上野国沼田城（群・沼田市）を攻略し、猪俣邦憲を城代とする。この月、里見義弘の死没で下総国佐貫城（千・富津市）の里見梅王丸と安房国岡本城（千・南房総市）の里見義頼が家督相続を巡って抗争し、天正の内乱が勃発する。この月、関東から東海地方に大水害が起こる（家忠日記）。

1日 武田勝頼が北条氏邦に、二十八日の書状を昨日拝読して敵（上杉景勝カ）の様子が分かり感謝し、北条氏政も去る二十六日には武蔵国河越城（埼・川越市）に着陣したのか知りたい。武田方も氏政の方策の通り四日には甲府（山梨・甲府市）を出馬するが、先衆はそれより五日以前には上信国境に差し向けており、氏邦にも出馬を依頼する。この頃は氏政は佐竹義重と鬼怒川を挟んで対陣中（思文閣善本目録一〇輯・四八二）。**7日** 武田氏家臣の跡部勝資が上杉景勝配下の越後国衆一人に、武田勝頼の出馬が遅れているが、景勝からの使者の口上を武田信豊から聞いて回答したと伝える。勝頼が北条氏を離反し景勝との同盟に入る（米沢市杉原文書・戦武四-二九八四）。同日、上杉景勝と武田勝頼が同

6月

盟を締結し、勝頼は景勝に東上野を進上して同国厩橋城（群・前橋市）北条高広が勝頼に従属する。再び北条氏と武田氏が抗争する。**8日** 由良成繁父子が結城晴朝に、四日には上野国白井城（群・渋川市）長尾憲景と断絶し、長尾方の不動山城（＝八崎城、渋川市）は三日に武田方に攻略された等を知らせる（歴代古案一・四四八三）。**10日** 北条氏政が由良成繁父子に、白井城の長尾憲景から返答が来て条目には返事する。上野国方面の事は了承した。成繁父子の武田勢への苦労は急いで解消する方策を巡らす。北条高広から北条氏照・氏邦への返書は見せるが、上杉景虎から申している様な離反は感じられない等と伝える（伊佐早文書・一九九六）。**11日** 北条氏政が河田重親に、早速に北条氏（上杉景虎）へ味方して越後国上田庄（新・南魚沼郡一帯）に先勢を差し越され、上野国沼田城（群・沼田市）は落城するであろう。この忠節は上杉景虎の意向に添う事は明白で、もしも後日に相違する時には氏政に任せて欲しい。その他で所望の事は何でも相談すると伝える。ただし長親は中立を保つ（伊佐早謙採集文書六・一九九七）。**12日** 由良成繁父子が長尾憲景に、北条氏邦が取次を務める事等を知らせる（歴代古案一・群七-三-二九一四）。同日、武田信豊が上杉景勝に、同盟の誓約書交換を承諾した事に感謝と伝える（上杉家文書・戦武四-二九八五）。**13日** 北条氏政・北条氏照が芦名盛隆に、先の申合せにより田村清顕と相談して佐竹氏を攻めて欲しいと懇願する（神奈川県立公文書館所蔵文書ほか・一九九八〜九）。同日、北条氏繁が死没する。四三歳。法名は龍宝寺殿大応宗栄大居士（龍宝寺位牌銘、北条家過去帳）。**23日** 遠山政景が白川義親に、北条氏政の常陸方面への出馬を報告し、佐竹義重・那須資胤・宇都宮広綱等の東表の国衆が鬼怒川に在陣したため一戦を構えたが、敵は要地に砦を構えて動かず、今日まで対陣しているのは無念と伝える（東北大学文学部国史研究室保管白川文書・二〇〇四）。**24日** 北条氏舜が白川義親に、遠山政景と同様な事を伝える（白川文書・二〇〇五）。**晦日** 由良成繁が死没する。七三歳。法名は中山宗得。

7月

4日 佐竹義重を旗頭とする反北条氏領主連合が、小川台合戦（鬼怒川、茨・筑西市）から下野国薬師寺（栃・下野市）へ進み、五日には壬生城（栃・壬生町）の壬生義雄を攻める。**6日** 北条氏政が長尾憲景に、上野国沼田城（群・沼田市）の攻撃が進まないため明日は北条勢を五〇〇〇程派遣するので、参陣を依頼する（伊佐早謙採集文書・二〇〇六）。**8日** 北条氏政が田村清顕に、陸奥国浅川（福島・浅川町）への侵攻を喜び、沼田城は五日の間に陥落させると伝える（小野町蓬田文書・二〇〇七）。**12日** 北条氏政が上野衆の富岡秀高に、掟を出して小泉領で陣中に往復する者の狼藉を禁止させ、もし違法の者を隠す事は北条氏に対する不忠と通告する。奉者は石巻康敬（阿久津文書・二〇〇八）。**18日** 北条氏政が簗田持助に、十七日に上野国沼田城を攻略し、北条勢が本城に入ったと連絡が入り安心と伝える（武州文書埼玉郡・二〇〇九）。**20日** 北条氏政が伊豆国皮作触口の孫九郎に、急の御用で板目皮五枚を六月中に幸田与三に納入と命じた

8月

が、まだ納入されず曲事であり、二十二日には必ず納入させる。奉者は幸田与三（宮本文書・二〇一〇）。**23日** 武田勝頼が上杉氏家臣の山吉掃部助等に、上杉景虎と上杉景勝との騒乱を和解させるべく仲介のために越後国春日山城（新・上越市）に着陣し、調停に乗り出すと伝える（上杉家文書・戦武四-三〇〇三）。**25日** 北条氏照が岡見治広に、小田氏治への書状を届けられて謝礼し、新たな敵の軍事行動が有れば知らせて欲しいと依頼する。佐竹義重が宇都宮広綱を攻撃したとの情報が入ったが、真実かどうかは分からないと述べる（先祖旧記・二〇一一）。**27日** 河田重親が栗林政頼に、上杉景虎と景勝との和睦を喜び、その様子は大石芳綱等からの条目が来ており、存念を申し伝えたと述べる（東京大学史料編纂所所蔵栗林文書・群七-三-二九二三）。

16日 上田長則が武蔵国松山（埼・吉見町）根小屋足軽衆・松山本郷（埼・東松山市）宿中に、毛呂（埼・毛呂山町）在陣衆に対し兵糧や馬の飼料の売却を禁止し、違反の荷馬は押収するとし、根小屋の足軽衆に監視させる（武州文書比企郡・二〇一三）。**18日** 足利義氏が簗田持助に、北条氏政が下総方面に出馬し、持助と一色氏久に参陣要請が来たので支度して出陣させる（簗田家文書・戦古一〇〇五）。**19日** 武田勝頼が上杉景勝に起請文を出し、景虎との和睦仲介には、一、二回に及び誓約書を取り交わした通り、景勝には未来にわたり疎略にはしない事、一、景勝に難儀が生じた時には加勢する事、一、景勝と景虎との和睦仲介をするには、理不尽な双方からの抗争には、勝頼はどちらへも加担しない事、北条氏から信濃口へ景虎支援の軍勢出馬依頼には、大人数の要請には応じない事、一、勝頼と景勝との縁談成立の約束は守るべき事等と誓約する（覚上公御代御書集二・戦武四-三〇〇七）。**20日** 武田勝頼が上杉景勝に、景虎との和睦成立の祝儀に太刀・馬・青銭を贈呈され、謝礼を述べる（上杉家文書・戦武四-三〇〇九）。**21日** 北条氏政が上野国発知谷（群・沼田市）・石倉村（群・みなかみ町）に禁制を掲げ、諸人の狼藉や北条家朱印状無くして郷中への公事等の賦課を禁止させる。奉者は垪和康忠（武家書簡乾、上毛伝説雑記・二〇一四～五）。**28日** 北条氏政が上野国牧（群・渋川市）・川上（みなかみ町）に禁制を掲げ、前項同様に申し渡す。奉者は垪和康忠（吉川文書・二〇一六～七）。同日、甲越同盟が破れ武田勝頼が帰国する。

▼この月、小野寺刑部少輔が軍忠状に、越後国上田庄（新・南魚沼市）へ上杉景虎方の北条高広が軍勢を動かした時に、坂土山城（南魚沼市）宿城を攻略する合戦で一番槍の忠節を認められ、北条氏政から感状を受けたと記す（栃木県小野寺文書・群七-三-二九一七）。

9月

2日 上杉景虎が北条景広に、越後国北条（新・柏崎市）に着陣した事に感謝し、急いで八崎（柏崎市）に進撃して旗持山城（柏崎市米山町）佐野氏を攻める様に指示し、北条氏邦が加勢衆も八崎に到着すると知らせる。北条氏邦が加勢と

9月

して越後国に侵攻（志賀文書・四三六八）。**5日** 足利義氏が簗田持助に、北条氏政の代官の北条氏照が上野国の陣中で、簗田助孝に内談した事を知らせ了承を求め、義氏が昨日には下総国古河城（茨・古河市）に御座所を移し安全と告げる（関宿城博物館寄託簗田家文書・戦古一〇〇六）。**9日** 北条氏政が富岡秀長に、越後国上田庄（新・南魚沼市）へ北条氏邦が侵攻し、参陣して苦労した事に感謝する（富岡家古文書・二〇一八）。**10日** 北条氏政が武蔵国一宮（埼・さいたま市大宮区）氷川神社の大宮司に、何かを堅く停止させる。当文書は断簡で文意は未詳（岩井文書・二〇一九）。同日、武田勝頼が上野国白井城（群・渋川市）真田昌幸に、北条氏政の軍勢が越後国上田庄へ侵攻した様子や守備の状況等を細かく報告させ、北条氏政から上野国小那渕（女淵）城（群・前橋市）を新井長重が乗っ取った事は報告されている等と伝える（真田宝物館所蔵文書・戦武四-三〇二二）。**13日** 北条氏政の娘（実父は北条氏繁カ）が武蔵国深谷城（埼・深谷市）上杉氏憲に嫁ぐ（深谷上杉系図）。**14日** 上杉景虎が小田切弾正忠・同孫七郎に、間もなく武田勝頼と北条氏政の加勢が景虎の居る御館（新・上越市）に来ると告げる（長野県図書館所蔵小田切文書ほか・四三六九～七〇）。**15日** 北条氏照が京都の医者一鷗軒宗虎に、鷹証本草の抜書を送り、仮名と句点を入れて欲しいと依頼する（尊経閣文庫所蔵武家手鑑・二〇二〇）。**19日** 高城胤辰が富中務大輔・両村百姓中に、当年から下総国船橋之郷（千・船橋市）に神明の町を立てるため、両村の百姓を船橋大神宮神主の富中務大輔と相談して働かせる（意富比神社文書・二〇二一）。同日、高城胤辰が船橋大神宮（船橋市）に禁制を掲げ、喧嘩口論・押買狼藉・国質郷質・賭博双六を禁止させ、町中を諸役不入とする（同前・二〇二二）。**22日** 北条氏政が富岡秀高に、青磁皿・砂糖・茶碗を贈呈する（神奈川県立公文書館所蔵原文書・二〇二三）。同日、北条氏政が北条氏邦に、先日に小田原城に来た中国船の舶載品は、送り先は区々だが、各々へ送る注文書を見て送付した。氏邦からも添状で現在では珍しくも無い物だがと記して各人に送付させ、氏邦には青磁皿と茶碗を贈呈すると伝える（日本書蹟大鑑一一・三八六七）。同日、上杉景勝が深沢利重等に、越後国上田の防衛で北条勢を多く討ち取った功績を讃える（森山文書・新五-三-二八五二）。**23日** 上杉景虎が鮎川盛長に、御館（新・上越市）の守備は堅固で、殊に北条氏からの加勢と北条高広父子や関東衆が参陣し、本庄秀綱も馳せ来たり万全と伝える（石坂文書・四三七四）。同日、武田家臣の小山田信茂が上杉景勝に、上杉景虎との和平が崩壊した事を嘆き、武田勝頼が帰国の後は備えを堅固にする様に忠告する（歴代古案七・戦武四-三〇三〇）。**29日** 北条氏政が武蔵国世田谷（東・世田谷区）新宿に、楽市の掟を掲げて六斎市に指定し、押買狼藉・国質郷質・喧嘩口論を禁止させて諸役を免除する。奉者は山角康定（大場代官屋敷保存会所蔵大場文書・二〇二四）。

10月

4日 上杉景虎が諸宿中に、北条氏邦の使者の静野美作守の宿送りとして馬一疋・一人の通行を許可する。奉者は遠山

11月

康光（諸州古文書四・四三七六）。 **9日** 上杉景虎が北条高広に条書を出し、北条氏政が上越境に出陣し、景虎救援の策略を立てたところ、上野国善（群・前橋市）の地で粕川を越え、即時に退散してしまった事等を伝える（覚上公御代御書集二・四三七七）。 **10日** 上杉景虎が河田重親に、上野国沼田城（群・沼田市）の支配と前々の如く倉内（沼田市）の仕置きも任せる（上杉家文書・四三八〇）。同日、上杉景虎が某に、越後国上田庄（新・南魚沼市）の仕置きとして北条氏邦と北条高広に蒲沢城（南魚沼市樺野沢）を守備させる（同前、別本士林証文・四三八一〜二）。同日、上杉景虎が鎌倉の鶴岡八幡宮に、越後国の騒乱と春日山城（新・上越市）の支配を祈念して祈禱を依頼し、怨敵退散と武運長久・国家安全を祈願させる（鶴岡八幡宮文書・四三七八）。 **12日** 上杉景勝が河田重親に、樺沢城に北条高広が乱入した事、叔父の河田長親は春日山城の景勝と懇意で、当主の景勝に味方するのは苦痛ではないと伝える（歴代古案・群七‐三‐二九三二）。 **18日** 京都の吉田兼見が北条氏政への書状を調え、大鷹の条三筋・祓を贈呈し、奏者の幸田定治にも祓・紅帯を贈呈するため左近士氏を小田原城に遣わす（兼見卿記・小一‐六三頁）。 **23日** 北条氏邦が芦名盛隆に、書状への返書が遅れた事を詫び、上杉景勝が芦名氏と断絶すると聞き仕方ない事と思う。来春の事は雪解を待って沼田（群・沼田市）を本拠に越後国上田方面に侵攻し、景勝の好き勝手にはさせない等と伝える（美作秋山文書・二〇二五）。 **24日** 上杉景勝が蓼沢友重等に、今日は上杉景虎の御館（新・上越市）に向けて進撃して一戦となり、北条高広・本庄秀綱の軍勢を撃退したと伝える（林泉寺文書・群七‐三‐二九三四）。 **25日** 北条氏照が川上権左衛門尉に、去年納入の和紙は不出来で使用に耐えず、今年からは上手く漉いて良い紙を納入させる（青梅市郷土博物館所蔵並木文書・二〇二六）。 **26日** 北条氏照が並木弥七郎に、来月七日に大石照基と共に武蔵国滝山城（東・八王子市）を発ち、八日に久喜（埼・久喜市）・大室（埼・加須市）に着き、九日は下野国榎本（栃・大平町）、十日に同国小山城（栃・小山市）に集まり、佐竹氏との境目になる同城の在番に着く事と指示する（同前・二〇二七）。 **吉日** 伊豆国妻良（静・南伊豆町）高根神社を修築し、大工に藤原正吉が見える（高根神社所蔵棟札・静八‐四‐一一六四）。

3日 武蔵国虎秀（埼・飯能市）吾野神社を造営し、大旦那に大石秀信、奉行に宮本周直、大工に容後新左衛門、鍛冶大工に中沢十郎左衛門、執り持ちに当社の朝日藤右衛門が見える（吾野神社所蔵棟札・二〇二八）。 **4日** 北条氏政が武田豊信に、上総国姉崎（千・市原市）に係留した船は、江戸湾海上の何処の者も横合いを禁止させ、違法の者は北条氏に披露させる。奉者は北条氏規（彦根市田中文書・二〇二九）。 **13日** 飛鳥井重雅が北条氏家臣の安藤清広に、祖父栄雅の蹴鞠伝授書を書写し贈呈する（飛鳥井重雅伝書奥書・早稲田大学図書館紀要四四）。 **15日** 原胤栄が原某に、兵部少輔の官途を与える（西山本門寺文書・四七二七）。 **16日** 北条氏政が上野国女渕城（群・前橋市）後藤勝元に、上杉景虎方とし

11月

て越後国蒲沢城（新・南魚沼市）に籠城し昼夜の苦労を書状で知り、来春は雪解け以前に北条高広が救援に向かうと伝え、両種・一荷を贈呈する（武家事紀三三・四七二八）。**22日** 下総衆の国分胤政が藤枝五郎右衛門に、来秋から常陸国津賀（茨・鹿嶋市）で毎年一〇〇疋ずつの扶持給を与え、もし胤政が下総国矢作城（千・佐原市）に帰城できたなら五郎右衛門・藤枝弥八郎代に知行として一〇〇〇疋の地を与えると約束する（続常陸遺文四・千四-四九六頁）。**23日** 北条氏光が駿河国獅子浜（静・沼津市）に、今後は新規造船の舫艇船二隻は船役銭を免除する。奉者は深沢備後守（稲村氏蔵植松文書・二〇三一）。**晦日** 北条氏照が小山衆の小甫方備前守に、当面の堪忍分として武蔵国下里之郷（東・東久留米市）を与え、家臣共に移住させる。奉者は狩野一庵宗円（矢島文書・二〇三二）。

12月

8日 北条氏政が岩付衆の内山弥右衛門尉に、当年の扶持給として六貫文を二十日を限度に武蔵国岩付城（埼・さいたま市岩槻区）蔵奉行の佐枝信宗・恒岡資宗から支給する（内山文書・二〇三三）。**9日** 北条氏政が河田重親に、上野国沼田城（群・沼田市）城代に任命する氏政の証文が、越後国の越府（御館、新・上越市）に届いたかと心配し、上杉景虎の同意を得られれば満足の事、来春には是非共に出馬し景虎を救援する事、その上で沼田城を重親に渡すから、只今は大切な境目の越後国蒲沢城（新・南魚沼市）を守備し、沼田城の守備兵を引き上げ同城に入れて欲しい事、蒲沢城に籠城して景虎の指示に従い、雪解けの氏政の出馬を待って欲しい等と伝える（伊佐早謙採集文書六・二〇三四）。**10日** 北条氏政が清水康英に、伊豆国韮山城（静・伊豆の国市）城下の願成就院勧進聖の清式と康英との相論に裁許し、同院大御堂の件は清式への先師からの譲与状等の証拠書類が無く、清式の訴えを退け康英の勝訴とする。評定衆は依田康信（練馬区清水文書・二〇三五）。同日、北条氏邦が上野国厩橋城（群・前橋市）城下の橋林寺に制札を掲げ、寺中での北条勢の乱暴狼藉を禁止し、違反者は陣中に連行させる。奉者は猪俣左衛門尉。この時は氏邦は越後国から帰国途中の陣中にあった（橋林寺所蔵来暦書上帳・二〇三六）。**13日** 相模国一宮（神・寒川町）寒河大明神を修築し、遷宮式を行う（寒川神社所蔵棟札・四九二五）。**14日** 北条氏政が岩付衆の道祖土康玄に、武蔵国三保谷（埼・川島町）が水害に見舞われたと申告されたが、今は年末であり岩付城（埼・さいたま市岩槻区）の検使も派遣できないから申告通り水損を認め、当年の年貢・公事等を半分免除とし、残り八〇貫文は二十五日迄に岩付城に納入させる（道祖土文書・二〇三七）。**17日** 北条氏政が越中国板倉城（富・富山市）城代の河田重親に、七日の書状を拝見し、由良氏との領有問題の有る上野国深沢城（群・桐生市）・五覧田城（群・みどり市）の様子を沼田城の当番衆が知らせてきたので、北条氏邦を派遣して詳しく調査し、仕置きをさせるので聞き届けて欲しい。何か問題も有ろうが氏政としては年末でもあるから意に介さない。由良国繁は知らないと申しており書状を良く確認して欲しい。ただし重親と国繁が領有を争っている女渕城（群・前橋市）

等は味方しているのか不安である。とにかく来年早々に仕置きを行うと伝える（伊佐早謙採集文書六・二〇三八）。同日、上杉景勝が越後国坂戸城（新・南魚沼市）城将の深沢・栗林両氏に、北条勢の籠る同国蒲沢城（南魚沼市）への攻撃法が手ぬるいと叱責する（栗林文書・新五-三-三四〇九）。**20日** 北条氏政が駿河国泉郷（静・清水町）百姓の窪田十左衛門に、庄康正の同心給内の泉郷の窪田十左衛門からの訴訟を裁許し、伊豆国弥勒寺（静・伊豆の国市）中野一右衛門を召し出して究明したところ、郷村の人返しは、前に伊豆は北条氏、駿河は武田氏に分かれていた時に駿河国に移住した者で、永禄十二年（一五六九）に駿河国が北条氏の支配となったため弥勒寺での一右衛門への仕官は不法であると裁決し、十左衛門の勝訴として召し返しを認める。評定衆は依田康信（判物証文写今川二・二〇三九）。

▼この月、上田長則が番匠大工の次郎左衛門に、正木の姓を与える（正木文書・二〇四〇）。この月、上田長則が番匠勘解由に、小室の姓を与える（武蔵古文書・二〇四一）。

▼この年、相模国一宮（神・寒川町）の寒川神社に、山角仙千代が弓と太刀、斎藤備後守が刀を奉納する（寒川神社所蔵奉納書立板・四七二九）。この年、武蔵国南村（埼・飯能市）妙見社を建立し、大石秀信が見える（新編武蔵・武風一二-八〇頁）。この年、伊豆国加納村（静・南伊豆町）正八幡の棟札に、当郷代官の大川伊賀守が見える（黄ノ宮棟札写・豆州志稿三七一頁）。

天正七年（一五七九）・己卯

1月

1日 北条氏照が足利義氏に、年頭の祝儀に二荷・五種を贈呈する（喜連川家文書案・古河市史資料中世編一二四二）。同日、この頃、河田重親が上杉景勝に従属する。**9日** 千葉邦胤が海上胤保に、山城守の受領を与える（下総崎房秋葉孫兵衛旧蔵模写文書集・二〇四二）。**14日** 伊豆国大平（静・伊豆市）紙漉職の孫左衛門等が宮内隼人佐に、昨年十二月二十日に殿様（北条氏規カ）に召し出され修禅寺紙漉きの御用を命じられ、山の木は大平の百姓並みに刈り取る事を許され、篠岡・多田両氏に仰せられており、この上は隼人佐に指南を依頼する（修善寺宮内文書・四九二六）。**16日** 北条氏直が入沢新左衛門・皆川世出鶴・富岡秀長に、新年の祝儀に太刀や酒等を贈呈され謝礼を述べ、各々に返礼に太刀を贈呈する。氏直の判物の初見（入沢文書ほか・二〇四三〜五）。**18日** 北条氏直が由良国繁に、新年の祝儀に太刀・白鳥（酒）を贈呈され謝礼を述べ、返礼に太刀を贈呈する（武家書簡乾・二〇四六）。**24日** 三条西実澄が死没する。六九歳。法名は三光院。**28日** 大道寺政繁が鎌倉の円覚寺仏日庵の鶴隠周音に、山内（神・鎌倉市）鼻頭谷の一雲屋敷の地を同庵に寄進

1月

する（仏日庵文書・二〇四九）。同日、北条氏照が徳川家康に、初めて書状を出し、音信の祝儀に太刀・馬・青鷹を贈呈し、今後の交信を依頼する（静嘉堂本集古文書ア・二〇四八）。**29日** 足利義氏が上総国佐貫城（千・富津市）の里見梅王丸母（足利晴氏の娘）に、新年の祝儀に品物を贈呈され謝礼を述べ、返礼に杉原紙・薫物、梅王丸には太刀と扇を贈呈し、扇には絵師狩野氏の絵画が描かれ、北条氏政から贈られた扇とある（喜連川家文書・戦古一〇〇八）。

2月

3日 北条氏直が坪和又太郎に、直の一字を与える（坪和氏古文書・二〇五〇）。同日、北条氏照が武蔵国水子（埼・富士見市）十玉坊に、同坊が断絶したため改めて同国芝山（東・清瀬市）に再興させ、聖護院道澄の証文に任せて同国入東・新倉両郡の内の氏照領内での修験道の年行事職を安堵する。当文書はもしくは天正八年か（武州文書入間郡・二〇五一）。同日、上杉景勝が北条勢の籠る蒲沢城（新・南魚沼市）を攻略する。**8日** 武蔵国大滝（埼・秩父市）大達原の妙見社棟札に、大旦那の代官に中閑三郎左衛門が見える（新編武蔵秩父郡・武風三－三二頁）。**9日** 北条氏政が遠山政景・遠山千世菊（直景）・遠山同心衆中・高城胤辰に、下総国葛西（東・葛飾区）堤の修築については郷村の規模に応じて当主の普請役帳に準じて人足を出し、普請間数を定めて早々に修築させる。奉者は山角定勝（早稲田大学中央図書館所蔵遠山文書・二〇五二）。**10日** 北条氏政が相模国松田郷（神・松田町）北村三郎左衛門に、同国西郡で違法に網で鳥を突く者を捕らえた功績を認め、恩賞として太刀と米一五俵を与える。奉者は遠山政景（相州文書足柄上郡・二〇五三）。同日、足利義氏が由良国繁に、新年の挨拶に代官を派遣した忠節を認め、時期をみて官途を与えると約束する（安川氏所蔵由良文書ほか・戦古一〇〇九、一四二五）。**11日** 上杉景虎が本庄繁長に、上杉景勝に攻められて滅亡の危機に晒され、救援の軍勢派遣を依頼する（須田文書・四三九〇）。**23日** 北条宗哲の奉行等が内藤彦太郎に、小田原城下の花木（神・小田原市）の安西新五郎屋敷を買得する事を許可する。奉行人は大草康盛・依田康信（紀伊続風土記附録一〇・二〇五四）。**24日** 北条氏政が清水康英に、武蔵国河越城（埼・川越市）・松山城（埼・吉見町）方面に出馬し、上野国沼田城（群・沼田市）や厩橋城（群・前橋市）の普請を行い帰国する事。伊豆国には武田勢について噂が飛んでいるが韮山城（静・伊豆の国市）は康英が堅固に守って欲しい事。越後国では北条景広が討ち死にしたが、上杉景虎救援には北条氏直は同道させない事等を伝え、噂話に惑わされず韮山城守備に専念させる（宮崎文書・二〇五五）。同日、北条氏直が庄孫四郎（直能）に、直の一字を与える（諸家文書・二〇五六）。同日、北条氏舜が堀内康親に、内々には引き立てると約束したが、今はその時でなく、先ずは知行として武蔵国大谷之郷（神・磯子区杉田カ）五〇貫文を宛行い軍役を務めさせる（堀内文書・二〇五七）。同日、河田長親が上野国三夜沢（群・前橋市）赤城神社神主の奈良原氏に、武蔵国鉢形城（埼・寄居町）の北条氏邦から祈禱のおかげで不安はないと申しており、自身の武運長久の祈念も依頼する（奈良原文書・群七－三－二一四七）。

3月

25日 北条氏舜が岩付衆の某に、岩付城(埼・さいたま市岩槻区)で春日摂津守の陣代に任命し、知行として武蔵国内牧(埼・春日部市)等で三四貫文を宛行う(思文閣古書資料目録三二一・二〇五九)。**晦日** 北条氏照が小田野周定・三上帯刀左衛門尉に、佐竹勢が下野国小山城(栃・小山市)に侵攻し、その方面の地衆(国衆)の人質を悉く集め、両人に預けた足軽衆の主たる者の人質も取る事、敵が進撃して来たら一ヶ所に集める様に指示する(佐野家蔵文書・三八九六)。

▼この月、武蔵国北品川(東・品川区)清徳寺に「天正七年卯二月日」と題する検地帳が、かつては存在したという(新編武蔵荏原郡・武風三-七四頁)。この月、北条方の下野国壬生城(栃・壬生町)壬生義雄が同国鹿沼城(栃・鹿沼市)で叔父で佐竹方の壬生周長を倒して壬生氏の分裂が終息し、義雄は同国日光山(栃・日光市)の支配権も握る。

2日 山科言継が死没する。七三歳。法名は花岳院特進亜相將照言大禅定門。**3日** 松田憲秀が山口重明に、知行として武蔵国白子村(埼・飯能市)内で大石隼人所務分二〇貫文を宛行い、松田家朱印状は後日に出すと伝える(大江文書・二〇六〇)。**4日** 松田憲秀が相模国塚原(神・南足柄市)長泉院僧侶に、塚原内の板屋ヶ窪で寺領一貫五〇〇文を永禄九年(一五六六)に寄進しており、新規の林は寺家に預けて木の伐採は禁止したが、他所の者で伐採する者がいると聞き、伐採の時は松田家朱印状を出すと伝える。憲秀朱印状の初見(長泉院文書・二〇六二)。**7日** 足利義氏が千葉邦胤に、千葉胤富が病気の事と知り心配し、豊前左衛門佐に属す医者の養謙斎を遣わして養生させる(千葉市立郷土博物館所蔵文書・戦古一〇九二)。**1□日** 小田原城の遠山丹波守の菩提を弔うため、下総衆の両酒井氏が塔を建てる(天文五年高野山高室院月牌帳・寒川町史別編一〇寺院三四一頁)。**11日** 聖護院門跡道増が武蔵国奈良(埼・熊谷市)円蔵坊に、同国幡羅郡・騎西郡の成田領の熊野参詣以下の先達職に関する文書を紛失したとの訴えで、先達職を安堵する御教書を発給する(長慶寺文書・埼六-二-九七七)。**12日** 北条氏政が北条氏邦に、白井長尾憲景の従属を了承し、宇野氏の帰参も憲景と親しい事から聞き届け、氏邦とも懇切にさせる(伊佐早謙採集文書一一・二一四九)。**13日** 佐野昌綱が死没する。法名は天山道一居士(本光寺所蔵宝篋印塔銘)。**17日** 上杉景勝勢により越後国御館(新・上越市)が陥落、上杉景虎は同国鮫ヶ尾城(新・妙高市)に退去し、景虎後室(上杉政景の娘)は自害して翌日に嫡男道満丸は殺害される。後室の法名は華渓宗春大禅定尼。道満丸は九歳。法名は了空童子。**18日** 上杉憲当(憲政)が御館落城の間近に上杉景虎の嫡男道満丸と共に春日山城(新・上越市)の上杉景勝との和睦交渉に向かう途中で家臣に惨殺される。**21日** 里見義頼の室(北条氏政の娘)が死没する。法名は龍寿院殿秀山芳林大姉。**24日** 北条氏政が松田憲秀に、武蔵国岩付城(埼・さいたま市岩槻区)普請について、特に土塁の工事は間数を人頭割りの分割で施工するため、境目の崩壊に注意させる(清水市海長寺文書・一九七六)。同日、上杉景虎が越後国鮫ヶ尾城で謀叛にあい自害する。二六歳。法名は徳源院要山浄公。同日に

3月

は遠山康光も自害するか。**30日** 北条氏政が佐野天徳寺（佐野房綱）に、北条氏照への書状を二十日に拝見し、佐野昌綱が死没した事に驚き、取り敢えず飛脚をもってお悔みを申し、今後は昌綱の弟宗綱への助言が必要と伝える（下総旧事三・一八三八）。

▼この月、武田勝頼が伊勢天照大神宮（三・伊勢市）に願文を掲げ、北条氏政の悪逆振りを述べ、天罰により滅びる事を祈禱する（仏眼禅師語録上・戦武五-三一一〇）。

4月

1日 北条氏照が武蔵国小山之村（埼・坂戸市）百姓中に、北条家朱印状で同村の陣夫役は夫銭にすると認められたが、河越城（埼・川越市）からは現夫での出役を命じられ、きっと北条家朱印状で夫銭で勤める決まりを申立て、欠落した百姓を郷中に召し返し、当年の作毛に就かせる。奉者は布施景尊（平田文書・二〇六二）。**5日** 北条氏邦が某に、在城を七月迄申しつけたのを承諾し、忠節と認め、今月二十五日から鉢形城（埼・寄居町）で親に宛行った知行の知行役を申しつけるので早く在所に伝える様に指示する（武州文書秩父郡・二〇六三）。**6日** 佐竹賢哲（義斯）が北条方の佐野氏家老の大貫左衛門尉に、佐野昌綱に関する事、失念なく佐竹氏とも相談して欲しい事、軍事行動について賢哲が宇都宮城（栃・宇都宮市）に着いた事等を伝え、佐野宗綱を北条方から佐竹方に従属させる画策をする（栃木県立文書館寄託小宅文書）。**12日** 北条氏政が北条氏邦に、上杉景虎の没落により景虎に敵対した者は北条氏の処置に任せる事、大石甚三の事も景虎の扶助人は北条氏当主の下知に従わせるのが本来であるが、氏邦は自分の権利の様に取扱い、書状も寄越さない我が儘な致し様は不審であると諌める。また、河田重親や北条高広の扱いにも注意させる（松代古文書写・二〇六四）。**17日** 佐竹方の多賀谷重経が織田信長に、駿馬を献上し好を通じる（信長公記）。**20日** 越後衆の本庄繁長が北条氏を離反して上杉景勝に従属する（吉江文書・新五-三-三六八九）。**23日** 武蔵国金沢（神・横浜市金沢区）称名寺の仏殿を修築する（金沢文庫保管棟札・横浜市歴史博物館刊中世の棟札一二九）。**24日** 北条氏邦が武蔵国末野（埼・寄居町）少林寺に、門前分として同国岩田（埼・長瀞町）内で二貫七〇〇文を寄進する。奉者は富永助盛（のちの猪俣邦憲）（武州文書榛沢郡・二〇六五）。**29日** 北条氏政が武蔵国苻川郷（埼・川越市）小沢図書分の百姓中に、去年分の大普請役が未進のため、人足一人を出役させて同国野本（埼・東松山市）から板五〇枚を岩付城（埼・さいたま市岩槻区）に届け、恒岡資宗に渡させる（武州文書入間郡・二〇六六）。**吉日** 甘粕長俊が相模国粟船（神・鎌倉市大船）多聞院の熊野大権現の御神像を造立寄進し、仏工に後藤義真が見える（多聞院所蔵神像台座銘・四九二七）。

5月

4日 千葉胤富が死没する。五三歳。法名は其阿弥陀仏。嫡男邦胤が跡を継ぐ（本土寺過去帳）。**6日** 北条氏政が由良国繁に五ヶ条の条書を出し、一、上野国深沢（群・桐生市）・同国五覧田（群・みどり市）は上杉氏領であったが上杉景虎が没落して北条氏領となり、沼田城（群・沼田市）河田重親が支配したが北条方に渡して前々の如く国繁に与え、北条氏邦が同城に在番衆を置いており、氏邦からこの両地を受け取る事。一、同国高津戸（みどり市）は空地になったので前々の如く国繁に与える事。同国善（群・前橋市）は善城と郷村共に去冬から沼田領として北条氏領に属し、城・家臣共に国繁に領有させる事。もし北条氏当主に忠節を尽くさない時は相談して処理する事。一、同国赤堀（群・伊勢崎市）の事は善と同様の扱いとする事と伝え、永禄九年（一五六六）以来の忠節に報いる（和学講談所本集古文書三一・二〇六七）。同日、上総衆の正木憲時が武蔵国金沢（神・横浜市金沢区）山口越後守に、船役と湊津での諸役を免除する（永塚文書・千四-八七一頁）。同日、関東方面に大豆の如き雹が降る（年代記配合抄・北区史二-一四七頁）。**8日** 北条氏邦が上野国沼田城（群・沼田市）城将で開城した河田重親に、無事に小田原城に到着した事を喜び、北条氏への忠節を感謝し氏邦にも報せが来ている。同城在府の間に鉢形城（埼・寄居町）に招いて越後国境の作戦を相談したい。なお、秘蔵の刀の贈呈に感謝し、小田原在府中に不自由な事があれば酒井式部に申してくれれば氏邦から下知して処理させると伝える（上杉文書六・二〇六八）。**9日** 北条氏政が河田重親に、望みに任せて上野国不動山城（＝八崎城、群・渋川市）を与え、年来の知行地も安堵する。奉者は北条氏照（伊佐早謙採集文書六・二〇六九）。**21日** 北条氏政が下野国榎本城（栃・大平町）在番の酒井康治に、十八日に佐竹・結城勢が退散したとの書状を拝見して納得し、敵が退散したので北条氏照と相談して作戦を立て、早々に上総国土気城（千・千葉市緑区）に帰国させる（静嘉堂本集古文書ア・二〇七〇）。同日、北条氏邦が片野善助に、上杉景勝方との合戦で上野国猿ヶ京城（群・みなかみ町）城際で敵を生捕りにした忠節を認め感状を与え、引立てる事を約束する（片野文書・二〇七一）。**23日** 北条氏舜が紀伊国高野山（和・高野町）高室院に、父氏繁の死没を伝えて毎日の菩提弔いを依頼し、扇子と筆の贈呈に謝礼する（集古文書七三・二〇七二）。**24日** 北条氏政が相模国田原（神・秦野市）番匠の惣左衛門と鎌倉番匠の源次三郎に、小田原城の施設修復を命じ、二十九日から細工させる。奉者は安藤良整（小田原市立図書館所蔵桐生文書ほか・二〇七四〜五）。**25日** 北条氏政が相模国入不斗（神・横須賀市不入斗町）幸田分・同所間宮分の両所百姓中に、合戦の合間をみて城普請をし、来年の大普請役一〇日間の内五日を繰り越して使役させ、本人足二人に鍬・もっこを持って来月三日に小田原城に集め、普請工事に従事させる（相州文書三浦郡・二〇七六〜七）。**26日** 北条氏政が山奉行の板倉代・井上代に、小田原城の御備曲輪の座敷と塀の材木を相模国丹沢山麓から切り出させ、部材の寸法と山造（きこり）と人足数を算出し、都合の木数は二三三本、山造は二七七人で費用は四貫七〇九文、これは同国坂間郷（神・平塚市）の去年の年貢から差引き秩父氏から支払う。人足合計は五五四人と規定し、切り出し作業は六月晦日に必ず終えさせ、部材の数と寸法を規定通りに用意させる。奉者は安藤良整

5月
6月

（山田文書・二〇七八）。**5日** 牛尾胤仲が佐久間某に、大和守の受領を与える（香取郡小誌・北条氏文書補遺四一頁）。同日、関東地方に大雨が降り大洪水に見舞われる（年代記配合抄・北区史二－一四七頁）。**6日** 北条氏照が武蔵国柏原（埼・狭山市）鍛冶職の荒井新左衛門等四人と岡五郎右衛門・豊田・入子に、先年の元亀二年（一五七一）は棟別役を免除して年間に槍の穂先三〇丁を進上させたが、九年来の未進で成敗すべきところ今回は許し、未進分の槍の穂先二七〇丁の半分を赦免し、残り一三五丁は今年・来年の十一月十日を限度に一年分ずつ横江氏に納めさせる。奉者は由木景盛（新井文書・二〇八〇）。**10日** 北条氏政が岩付衆の中村右馬助に、関根織部の百姓の中村主計助と右馬助との相論に裁許し、右馬助の使役する陣夫は、以前の太田氏資の証文は無いが、氏資の討死以来、使役している事は明白と右馬助の勝訴とし、歩夫一人の使役を許可する。評定衆は山角康定（武州文書埼玉郡・二〇八一）。同日、北条氏邦が田村与五郎に、武具等を嗜み忠節を励ませ、その事を上野国猿ヶ京城（群・みなかみ町）番衆にも伝えさせる。奉者は富永助盛（細矢文書・二〇八二）。**13日** 甲斐国久遠寺（山梨・身延町）日新が小田原城下の宇野吉治に、護符を贈呈する（外郎文書・四九七九）。**16日** 北条氏政が鎌倉の本覚寺（神・鎌倉市大町）に、先代以来の使僧役務に感謝し、鎌倉における北条氏康から寄進の寺領を安堵し、棟別役と飛脚等の諸役を免除し、寺中の竹木伐採や狼藉を禁止させる（本覚寺文書・二〇八三）。**20日** 北条氏政が武蔵国鳩ヶ谷（埼・鳩ヶ谷市）百姓の船戸大学助に、笠原助八郎の私領の百姓中が連判して訴訟を起こしたのに小田原城には訴えず、一同が退転した事は重罪で死罪に処するべきところ、仲裁人が出て連判状に鈴木勘解由が一番に署名していたので勘解由に罪を負わせ、船戸を赦免して帰村させる。評定衆は石巻康保（牛込文書・二〇八五）。同日、北条氏政が南条織部同心の関主水助に、南条右京亮から出させる手伝銭が去年から未進のため、究明し歴然と判明した事。元亀二年（一五七一）に諸給の事は、その年に訴えずに年を越しては無効と決めたのに、只今は去年の事を訴えており無効とする。無効なのに、右京亮の判断で年内に手伝銭を支払わないのは、きりが無い事で元亀二年の法度で通達した様に、去年の未進分に利息を付けて右京亮から五日内に支払わせる事との裁許を申し渡す。評定衆は石巻康保（小山町高杉文書・二〇八四）。**晦日** 修験僧の慶忠が岩付衆の御奉行中に、先年の聖護院門跡の回国の時に、大行院（埼・鴻巣市下谷）と玉林坊（埼・川越市）との相論を裁決し、上足立三十三郷の年行事職は大行院、下足立三十三郷は玉林坊と決めたが、今も区分けがつかず、判然としないため裁許を依頼する（武州文書足立郡・四四八四）。**吉日** 北条氏舜が堀内康親に、遅くなったが先代の如く武蔵国大谷郷（神・横浜市磯子区杉田カ）の知行五〇貫文に夏銭五貫文を添えて宛行う（堀内文書・二〇八六）。

▼この月、原胤栄が下総国中山（千・市川市）法花経寺に掟書を下し、本寺と末寺の仕置きの事、先代の原胤貞の判物

に任せ下総国千田（千・多古町周辺）・北条（千・匝瑳市）両庄の門徒衆の事、寺領と私領の区分を明確にする事等を定める（中山法華経寺文書・二〇八七）。

5日 北条氏政が萩野主膳に、下総国沼森（茨・八千代町）での結城勢との戦いで、敵を討ち取る忠節を認め感状を与える（萩野文書・二〇八八）。同日、簗田持助が川辺三ヶ寺（埼・三郷市カ）に、下総国下川辺之郷（現在地未詳、中川流域）に、多年に渡り水害の被害に会うため定書を出し、前々の如く年貢の納入は本符に任せ、年貢銭や兵糧は郷中の売買相場により計って蔵入分とする事、五年間は諸役不入とし、陣中への伝馬は務めさせ、上郷中の者に任せて新百姓を付けて耕地を開拓させる（武州文書葛飾郡・二〇八九）。**16日** 遠山政景が相模国松田（神・松田町）延命寺に、永禄八年（一五六五）に祖父遠山直景の三十三回忌を施行すべきところ、前年に家督相続した等の理由で出来ずにいたが、今後は松田郷内の五貫文の地を末代まで寄進して法要を依頼する（延命寺文書・二〇九〇）。**23日** 北条氏光が三須孫二郎に、前々の如く伊豆国牧之郷（静・伊豆市）の屋と山・小川の地の支配を安堵する（三須文書・二〇九一）。**24日** 佐竹賢哲（義斯）が梅雲軒と高瀬六郎左衛門に、北条氏政とは不和の状況で、最近は佐野宗綱も北条方となり敵対するのは残念で佐野氏とは和睦したい。武田勝頼は北条氏政と断絶すると通告し、佐竹義重は武田氏と連合したい意向と伝える（下野須賀文書・戦国期東国の大名と国衆三六三頁）。**26日** 聖護院門跡道澄が武蔵国大行院（埼・鴻巣市）に御教書を発給し、前々の如く同国上足立三十三郷の伊勢熊野先達衆分の旦那職を安堵する（武州文書足立郡・埼六-一-九三）。

1日 北条氏照が某に、知行として下野国武井之郷（栃・小山市）・成塚之郷（現在地未詳）・萱橋之村（小山市）で合計三〇〇貫文の地を宛行う（越前史料所収小島文書・二〇九二）。**6日** 北条氏政が武蔵国大行院（埼・鴻巣市）に、聖護院門跡御教書の旨に任せて同国上足立三十三郷の伊勢熊野先達衆分の旦那職を安堵する。奉者は垪和康忠（武州文書足立郡・二〇九三）。**12日** 北条氏照が相模国江ノ島（神・藤沢市）岩本坊に書出を与え、一、江ノ島を諸役不入とする、一、北条家朱印状での御用は務める事、一、江ノ島を留浦とし近在の漁師の入島を禁止する、一、江ノ島の者が他所の主人に仕官する事を禁止する、一、江ノ島の者が他所に移る事を禁止とする事を申し渡す（岩本院文書・二〇九四）。同日、北条氏照が相模国江ノ島の岩本坊に、先の証文に任せて江島神社上之坊跡職を安堵する（同前・二〇九五）。**14日** 北条氏政が下総衆の逸見右馬助に、軍事行動のため十九日に必ず当地に着陣せよと命じ、北条氏規から副状させる（逸見文書・三八六四）。同日、高城胤辰が下総国舟橋（千・船橋市）両宿・百姓中に、昨年の如く神明の町については意富比神社（船橋市）神主と何事も相談させる（意富比神社文書・二〇九六）。**20日** 武田勝頼が再び上杉景勝と同盟し、景勝に駿河表に出馬すると伝える（上杉家文書・戦武五-三一五四）。**24日** 北条氏照が上野国小川城（群・みなかみ町）の小川可遊斎に、

8月

北条勢が越後国に出馬し、その間は上野国沼田城（群・沼田市）に氏照が着城して仕置きし、可遊斎の留守中は下知をしたので安心せよと伝える（落合文書・二〇九七）。**27日** 北条氏政が相模国三田郷（神・厚木市）百姓中に、北条と武田との間に揉め事が起こり相甲国境の人民が不安で気落ちし、武田勝頼と上杉景勝が同盟したとの噂が流れているから、来年の大普請役を前借りして五日分は既に使役したので、残り五日分の人足五人を出役させ、緊急事態で迷惑と思うが同国足柄城（神・南足柄市）の普請役を来月三日から務めさせる（相州文書愛甲郡・二〇九八）。同日、聖護院門跡奉行の源要等が武蔵国笹井（埼・狭山市）観音堂・白石（埼・美里町）宝積坊に、同国所沢衆分・杣保内・高麗郡の年行事職を安堵する（篠井文書ほか・埼六-二-九九八～一〇〇〇）。**28日** 武田勝頼が北条親富・高政に、北条高広が武田方に従属したのは親富の仲介と感謝し、詳しくは内藤昌月から副状させる（米沢市北条家文書、歴代古案九・戦武五-三一五七～八）。

9月

3日 北条氏政が千葉邦胤に、武田勝頼と断絶した事を報せ、武田方は駿豆境の沼津（静・沼津市）に城を構築したため緊急に伊豆方面の作戦を練り、軍勢を集める方針で早急の出馬を要請し、七日か八日に小田原城に参陣衆を集結させる（八王子市渡辺文書・二〇九九）。**5日** 北条氏政と徳川家康が和睦し、朝比奈泰勝が交渉役を務め、忠節の賞として今川氏真との約束通り家康から知行一二三〇貫文を宛行われ、その後も泰勝が使者を務める（書上古文書六・静八-四-一二三二）。**6日** 高城胤辰が吉野六郎左衛門尉等五人に、下総国柴崎郷（千・我孫子市）の年貢諸色を請け負わせ、政所（村名主）を輪番で務めさせる（吉野文書・二一〇〇）。**11日** 高城胤辰が下総国馬橋（千・松戸市）万満寺僧に、上洛し京都の紫野で学問に励んでいる事を書状で知って感激し、胤辰は伊豆出陣の陣労を癒すために六日から相模国箱根底倉（神・箱根町）温泉で湯治していたと伝える（万満寺文書・二一〇二）。同日、北条氏照が武田勝頼との断交と結城晴朝や宇都宮国綱等の織田信長への接近に対処して、上洛中の信長に鷹を贈呈し同盟交渉を求める（信長公記）。**12日** 聖護院門跡奉行の慶忠が岩付衆の細谷資満に、聖護院門跡御教書の旨に任せ武蔵国大行院（埼・鴻巣市）の上足立三十三郷の伊勢熊野先達衆分の旦那職を安堵されているのに、同国玉林坊（埼・川越市）との境目相論を裁決し、上下足立の境を大宮（埼・さいたま市大宮区）と定めると通達する（武州文書足立郡・四四八五）。**14日** 北条氏政が徳川氏家臣の榊原康政に、同盟交渉開始を喜ぶと共に、さらに徳川家康と昵懇にしたいと伝える（榊原文書・二一〇三）。同日、北条氏年寄の板部岡融成等七人が相模国大山（神・伊勢原市）大山寺児捨中に、相甲断絶につき小田原城が敵陣と間近になるため戦勝祈願を依頼する（相州文書大住郡・二一〇四）。**17日** 武田勝頼が上野衆の安中七郎三郎に、北条氏政が伊豆国に出馬し、今後も勝頼には懇ろにしたいと言ってきていると伝える（塩山市慈雲寺文書・戦武五-三一六六）。**19日** 徳川家康が武田勝頼と断交し、遠江国浜松城（静・浜松市）を出馬して同国懸河城（静・掛川市）に入る。北条氏政も出馬して伊豆国三島（静・三島市）に着き、駿河国沼津（静・沼津市）三枚橋城を本陣とする。**20日** 北条氏政が榊原康政に、徳川家康の駿河国への出馬に感謝し、詳しく家康と談合するために鈴木氏を派遣し、仲介を依頼する（榊原文書・二〇五）。**23日** 北条氏照が千葉邦胤に、千葉氏の軍勢が伊豆方面に出馬して武田勢と対陣し、長陣の苦労を慰労し、隼の贈呈に謝礼する（穴八幡神社文書・二四一八）。**24日** 北条氏直が相馬胤永に、佐竹義重が相馬氏の下総国守谷城（茨・守谷市）に侵攻したのを撃退した事を喜び、祝儀に刀・三種・一荷を贈呈する（取手市広瀬文書・二〇六）。**26日** 里見梅王丸が武蔵国金沢（神・横浜市金沢区）の流通商人の山口越後守に、里見領内への船の乗入れを許可し、何れの湊の諸役も免除する（金沢文庫保管山口文書・千四-八〇頁）。**吉日** 北条氏舜が堀内康親に、武蔵国大谷之郷（神・横浜市磯子区カ）の代官職に任命し、郷中の一円支配を命じる（堀内文書・二〇七）。

10月

2日 北条氏政が駿河衆の星屋氏に、同国大平之郷（静・沼津市）の星屋氏の林から同国泉頭城（静・清水町）塀の修築用に栗・小楢の木材六六本を進上させ、北条氏規が代々伐採する規定の数の他は、伐採を禁止させる（判物証文写・二〇八）。**4日** 足利義氏が由良国繁に、上野国金山城（群・太田市）に佐竹義重が侵攻したのを撃退した忠節を賞し、最近は武田勢も侵攻して近辺を放火したと聞き心配と伝える（杤津文書・戦古一〇一一）。**5日** 足利義氏が簗田持助に、佐竹勢が下総国古河城（茨・古河市）方面に侵攻すると知らされたが、擦り抜けて由良氏や長尾氏の方面に進撃したので安心した。甲斐国方面の状況は、昨日、北条氏照から言上されて承知していると伝える（簗田家文書・戦古一〇一二）。**8日** 武田勝頼が太田資正父子に、佐竹義重との同盟成立を報せ、駿河方面の情勢は北条氏政が伊豆国三島（静・三島市）に陣取り、駿河国泉頭城の普請半ばで、近距離で武田勢と対陣中と伝える（紀伊国古文書所収藩中古文書・戦武五-三一七六）。**11日** 酒井忠次が山角定勝に、先日の榊原康政の報告は間違っていたが、北条氏政父子の了承を得て徳川家康も満足し、替わりの事はこれから伝える。京都の織田信長からは、いよいよ北条氏とは昵懇にしたいと願っており、詳しくは河尻秀長から副状させ、氏政に披露させる（諸州古文書遠州一二一・四四八六）。**19日** 内藤綱秀が下総衆の宍倉兵庫介に、御館の乱で先陣として長期に越後国蒲沢城（新・南魚沼市）に在陣した忠節を賞し、遠方で懇意には出来ないが、相模国津久井城（神・相模原市緑区）に御用の時には申し出て欲しいと伝える（宍倉文書・千三-八三頁）。**20日** 上杉景勝が武田勝頼の妹を娶り、越甲同盟が成立する。**25日** 太田資正が武田方の宇津木氏久に、徳川家康が北条氏政の要請で出馬し、夜中に武田勢に攻められ敗北し、武具と小荷駄を捨てて敗走したと駿河国江尻城（静・静岡市清水区）の武田勝頼から報告され喜悦する。上野国方面では利根川東の事は、由良国繁ほか何れの国衆も武田方を離反して北条方に従属して不安で、北条高広を味方にすれば那波顕宗も味方するだろうと伝える（宇津木文書・群七-三一三〇）。同日、北条氏政が近江国安土城（滋・安土町）織田信長に、六万騎で甲斐国に向けて出馬し、駿河国の黄瀬川を隔てて伊豆国三島に陣場を据えたと知らせる（信長公記）。**27日** 京都の吉田兼和が北条氏政への返状を認め、二十八日に左近士氏に託す。奏者は幸田定治（兼見卿記・小一-六三頁）。**28日** 北条氏邦が上野衆の北爪大学助に、二十六日に北条高広と断絶したと報せ、上杉方の上野国山上城（群・桐生市）戸張際での戦いの忠節を認め感状を与える（酒井家史料一二・北条氏文書補遺四一頁）。**29日** 足利義氏が簗田晴助父子に、佐竹義重が下総国古河城（茨・古河市）に侵攻したが撃退し、昨日は簗田持助の水海城（古河市）にも来襲したが撃退して誠に嬉しく、北条氏政父子にも早速に報告すると伝える（簗田家文書・戦古一〇二四～五）。**30日** 伊豆国江奈（静・松崎町）船伊勢大明神を修築し、願主に石田大弐、大工に吉田藤左衛門、小工に吉田和泉五郎、鍛冶に宮内善左衛門が見える（船寄神社所蔵棟札・四七三〇）。

▼この月、千葉邦胤が下総国龍角寺（千・栄町）本坊并衆徒中に、当寺は聖武天皇以来の勅願寺との由緒を認め、同国龍角寺・麻生・酒直（共に栄町）三郷は同寺の修理料所と認め、殊に埴生十五郷（千・成田市～栄町）の山林からは修築用材の伐採を許可する（下総旧事一〇・二〇九）。この月、武田方の真田昌幸が上野国沼田（群・沼田市）領への侵攻が活発となり、利根郡の中山・尼高・名胡桃・山名・発知の各城を攻略する。

11月

2日 武田勝頼が悉松斎に、今日は北条氏政が伊豆国初音原（静・三島市）まで退却し、北条氏邦等と差替えて、その方面に侵攻させる計画もあるかと伝える（坂城町久保家文書・戦武六-四二六三）。**3日** 北条氏直が逸見右馬助に、長期の在陣の苦労を思い、三種・一荷を贈呈し、詳しくは北条氏規から副状させる（逸見文書・三九六六）。同日、北条氏邦が北爪大学助に、再び北条高広から北条氏に従属した忠節を認め、近日中に帰城するから富永助盛（のち猪俣邦憲）に約束通りに申し付けるので賞与は待つ様に伝える（酒井家史料一二・北条氏文書補遺四一頁）。**7日** 北条氏政が安藤良整代・木負（静・沼津市）百姓中に、伊豆国長浜城（沼津市）に船掛庭の普請を命じ、重ねて七人・一七日間を使役して普請させ、海沿の者には自己を守るための事なので九日から十五日まで働かせる（国文学研究資料館所蔵大川文書・二一〇）。同日、武田勝頼が佐竹義重に、相甲同盟が破綻して北条高広が武田方に従属し、隣国の事であるから今後も義重と懇意にさせる（保阪氏旧蔵佐竹文書・戦武五-三一九〇）。**8日** 佐竹方の梶原政景が里見義頼と太田康資に、北条氏と武田氏との抗争を告げ、北関東の情勢を報じて武田方の信濃衆と上野国箕輪城（群・高崎市）在城衆が相談して武蔵国鉢形城（埼・寄居町）に攻撃を仕掛けた事、上野国倉内城（群・沼田市）には鉢形城の北条氏邦の番手衆が固めている事、佐竹義重が下総国古河（茨・古河市）や下野国小山城（栃・小山市）方面に侵攻して古河や栗橋（茨・五霞町）の周辺を荒らし回り、皆川広照が味方したいと懇願している事、結城晴朝も味方して小山城の陥落も間近い事、里見義頼が佐竹方に与する様に説得して欲しい等を伝える（紀伊国古文書所収藩中古文書一二・千四-四〇六頁）。**13日** 北条氏政が伊豆国三島大社（静・三島市）神主矢田部盛和に掟書を下し、前々の北条家法度を遵守させ、違反者は小田原城に申告させる。奉者は幸田定治（三島大社文書・二二三）。同日、幸田定治が副状して三島大社神主に、北条家掟書をよく読んで文言を守らせる（矢田部文書・二二四）。**17日** 北条氏政が水軍の梶原景宗に、伊豆国西浦（静・沼津市）船方番銭が未納のため、その徴収には安藤良整の手代を通して厳しく催促させる。奉者は海保長玄（紀伊国古文書所収在田郡古文書二・二二五）。**18日** 武田勝頼が上杉景勝に、同盟の誓詞の交換を求め、使者の富永清右衛門尉の前で血判を据え締結した事に謝礼する（上杉家文書・戦武五-三一九七）。**20日** 徳川氏家臣の大久保忠泰が梶原政景に、使者から徳川家康への書状を届けられたが、徳川・北条同盟が締結されているので家康からは返書は出せないため、今後は自分が書状を受けると伝える（養竹院文書・埼六-一〇〇三）。**24日** 富永助盛（猪俣邦憲）が上野国三代沢（群・前橋市）赤城神社神主の奈良原紀伊守に、三代沢が助盛の本領になり神社職と神主屋敷を安堵し、違反する者は逮捕して申告させ、安堵等には北条氏邦から朱印状を出すと伝える（奈良原文書・二二六）。**27日** 吉良氏朝が武蔵国大井郷（埼・ふじみ野市）塩野庄左衛門尉・新井帯刀・小林源左衛門尉・新井九郎左衛門尉に、同郷の塩野内匠が死没し遺言で新井左京亮に名主役を任せると言い置いたが、四人の百姓頭が反対し、左京亮に出した吉良家朱印状を止めて新たに百姓頭四人を名主に任命する。奉者は中地山城守（ふじみ野市新井文書・二二七）。

12月

1日 北条氏政が相模国国府津（神・小田原市）宝金剛寺の護摩堂に、松と梅の銘木が堂脇にあるので小田原城内の庭に移植したく懇願し、寄贈を求める。奉者は幸田定治（宝金剛寺文書・二二八）。**14日** 某が相模国中里（現在地未詳）代官・百姓中に、不作の訴えにより検見奉行を派遣したいが、在陣中で派遣出来ないため証拠は無いが、当郷からの訴えは初めてなので年貢八貫文を免除し、残りは五、六日の内に納入させる（高橋文書・二三〇）。同日、北条宗哲が武蔵国大井郷（埼・ふじみ野市）塩野庄左衛門尉・新井帯刀・小林源左衛門尉・新井九郎左衛門尉に、先月二十七日に同郷名主職を世田谷城（東・世田谷区）吉良氏朝から四人衆に任命せよと命じられ、その旨に任せて名主職に任命し、荒地の開発を行わせる。奉者は大草康盛（ふじみ野市新井文書・二二九）。**15日** 武田勝頼が結城晴朝に、駿河国沼津（静・沼津市）に新城（三枚橋城）を構築したところ、北条氏政が伊豆国三島（静・三島市）に着陣した。これにより武田方は味方国衆と相談して下総国古河城（茨・古河市）・栗橋城（茨・五霞町）に侵攻させた事を喜び、当方は駿河・遠江両国の仕置きを決め、帰国の際に伊豆国に乱入して荒し回り、九日に帰馬したと報告する（栃木県野口文書・戦武五-三一九五）。**19日** 北条氏光が植松佐渡守と駿河国口野五ヶ村（静・沼津市）百姓中に、伊豆国長浜城（沼津市）に水軍の

12月

梶原景宗を在城させるので、五ヶ村に人夫一人を出役させる（稲村氏蔵植松文書・二一二二）。**21日** 北条氏政が下総国関宿城（千・野田市）城下の吉祥寺に、当年分の香油銭と扶持給で合計三貫五〇〇文を寄進し、二十日迄に武蔵国岩付城（埼・さいたま市岩槻区）の佐枝信宗・恒岡資宗から支給する（下総旧事三・二一二三）。**23日** 相模国津久井城（神・相模原市緑区）内藤法讃が城下の青山の光明寺僧貴首座に、寺家と門前は和尚の時の如く安堵する（津久井光明寺文書・二一二三）。**26日** 酒井康治が上総国土気城（千・千葉市緑区）城下の県大明神に、牛若丸と弁慶の板絵馬を奉納する（金谷県神社所蔵・二一二四～五）。**吉日** 下総国布河郷（茨・利根町）某社に、大旦那の豊島貞継・継信が十一面観音の鰐口を奉納する（島田氏所蔵・二一二六）。

▼この年、酒井政辰の室（正木時忠の娘）が死没する（酒井氏家系）。この年、小田原城下の潮音寺に、能の宝生新次郎が阿弥陀如来画像を寄進する（小田原市報身寺所蔵・小一‐一〇〇九頁）。

天正八年（一五八〇）・庚辰

1月

1日 北条氏邦が吉田真重・同心衆中に、かつて役人に渡した北条家法度の如く軍役を整えさせ、着到不足は北条氏の滅亡に繋がると譴責し、預けた同心衆も不足無く揃える事と厳命する（吉田系図・二一二七）。同日、北条氏照や成田氏長が足利義氏に、年頭の祝儀に太刀と紙等を進上する（喜連川家文書案・古河市史資料中世編一二四九）。**3日** 千葉邦胤が大須賀某に、越中守の受領を与える（幡谷文書・二一二八）。**4日** 北条氏政が吉田政重に、去る二十八日に武蔵国宮古島衆と上野国倉賀野衆が合戦に及び、吉田政重の奮戦で勝利を得た事は北条氏邦に伝えた。特に敵を二人も討ち取る忠節を認め感状を与える（小鹿野町教育委員会所蔵吉田文書・二一二九）。**13日** 太田越前守が足利義氏に、年頭の祝儀に一荷・五種を進上する（喜連川家文書案・古河市史資料中世編一二四九）。**14日** 北条氏政が板倉三左衛門尉に、年頭の祝儀に菱喰（鴈）を贈呈され、答礼に太刀を贈呈する（国立国会図書館所蔵冑山文庫文書・二一三二）。**15日** 北条氏照が古河公方家臣の一色虎乙丸に、新年の挨拶に山鳥を贈呈する（相州文書鎌倉郡・三八九二）。**19日** 北条氏政が下総国不動院（埼・川口市）に、聖護院門跡の御教書に任せて東上州年行事職を安堵する（埼玉県立文書館所蔵不動院文書・二一三三）。**21日** 北条氏政が足利義氏に、年頭の祝儀に太刀・扇を進上する（喜連川家文書案・古河市史資料中世編一二四九）。**26日** 岩付衆の細谷資満が武蔵国井草郷（埼・川島町）に、当年の年貢は郷中の不作により天正五年（一五七七）の年貢高の三分の一を免除する（武州文書比企郡・二一三四）。**28日** 千葉邦胤が足利義氏に、年頭の祝儀に太刀・白鳥を進上する（喜連

川家文書案・古河市史資料中世編二四九）。

2月

▼この月、真田昌幸が上野国名胡桃城（群・みなかみ町）に入り、対岸の沼田城（群・沼田市）を攻める。

4日 千葉邦胤が下総国龍角寺（千・栄町）衆徒中に、御堂の火災により再建すべく、同国埴生十五郷（千・成田市〜栄町）直轄領と千葉氏私領内で再建の用材を伐採する事を許可し、早速に番匠・大工を集め再建工事を行わせる（下総旧事一〇・二二三五）。 **5日** 北条氏規が伊豆国韮山城（静・伊豆の国市）城下の香山寺永明院に禁制を掲げ、寺域内の仏殿や築地の階段の石を取り崩す事や寺山の竹木伐採を禁止し、違反者は氏規に申告させる（香山寺文書・二二三六）。 **10日** 高城胤辰が足利義氏に、年頭の祝儀に太刀と白鳥（酒）を進上する（喜連川家文書案・古河市史資料中世編二二四九）。 **15日** 北条氏政が増田三左衛門尉・大津六右衛門尉に、上野国深沢表（群・桐生市）での武田勢との戦いの忠節を認め、それぞれに感状を与える（横浜市村田文書、相州文書大住郡・二二三七〜八）。 **18日** 北条氏照が下野国生井（栃・小山市）百姓中に、同郷内の諸事の事を任せる（小山市立博物館所蔵大橋文書・二二三九）。 **19日** 北条氏照の家臣で下野国小山城（栃・小山市）城将の大石照基が生井郷に、百姓等の望みに任せて郷中を預け置き、先の証文類を悉く集めて郷内の諸事の事を任せる（同前・四七三二）。 **20日** 北条氏邦が田中惣兵衛に、細田氏の跡の田畠を宛行って手作をさせ、山口氏の下知の如く務めさせる。奉者は大好寺某（武州文書榛沢郡・二二四〇）。 **23日** 北条氏政が北条氏邦に、石巻康敬が帰国し報告を聞き、上野国金山城（群・太田市）由良国繁、館林城（群・館林市）長尾顕長が武田方に離反した事に驚愕した等と知らせる（木村文書・二二四一）。 **25日** 北条氏政が伊豆国三島（静・三島市）三島大社愛染院に、勧農時期の同国田方郡の全領主への法度として、同国多呂（三島市）に五ヶ条の法度を出し、一、敵襲を懸念して田畠の作付けをしないのは違法である事、一、先に敵襲（武田勢）を受けて屋敷を壊され郷村から逃散した百姓には領主が被害状況を勘案して多少は年貢免除を許し、百姓と協力して耕作させる事等と通告し、北条氏が領主の私領に口出しすべきではないが、戦乱の時の諸百姓への対応として曖昧な態度で作付けしない事への規定を領主に示すと申し渡す（小出文書・二二四二）。同日、北条氏光が植松佐渡守・百姓中に、伊豆国江の浦四ヶ村（静・沼津市）の尾高・田連・多比・江浦は戦乱で退転した百姓の詫び言に任せて年貢高五四貫文の三分の一を天正十年までの三ヶ年間を赦免し、それでも退転する百姓は名主と共に重罪に処すると申し渡す（稲村氏蔵植松文書・二二四三）。 **26日** 北条氏政が相模国中郡の皮造彦四郎に、具足の御用として板目皮・なめし皮を集め左近士七郎兵衛・半田藤三に渡し、賃金を両人から支払わせる（浦島文書・二二四四）。 **27日** 北条氏邦が北爪将監に、上野国山上城（群・桐生市）戸張際の戦いでの忠節を認め感状を与える（北爪文書・二二四五）。 **28日** 北条氏邦が吉田真重に、知行として上野国栗須之郷（群・藤岡市）を宛行い、諸役を半役とする。奉者

2月

は富永助盛(吉田系図・二二四六)。**吉日** 上杉氏憲が武蔵国人見(埼・深谷市)浅間宮に、鰐口を奉納する(昌福寺所蔵・四七三二)。**吉日** 伊豆国大沢里(静・西伊豆町)に祇園牛頭天王を勧請し、大工に瀬尾清左衛門が見える(山神社所蔵棟札・静八-四-一三八六)。

▼この月、武田勝頼による上野国沼田(群・沼田市)方面への計略が本格化する。この月、垪和氏続が死没する。法名は長寿寺殿天桂宗昌。

3月

3日 北条氏邦が黒沢伊予守(粕尾養信斎)に、手作場として武蔵国金屋(埼・本庄市)で三貫文を宛行い、孫左衛門屋敷を居屋敷として与える(武州文書児玉郡・一〇六八)。**6日** 北条氏邦が金井源左衛門尉に、無足のため知行として武蔵国広木(埼・美里町)御領所内と西上野で一四貫文を宛行い、騎馬武者の軍役を命じる(金井文書・二二四七)。**7日** 武田勝頼が信濃国練光寺の泉良に、北条氏政が起請文の誓約を破棄して敵対したと告げ、早く勝頼の伊豆・相模両国の平定が成される様に祈禱させる(東光寺文書・戦武五-三二七四)。**9日** 北条氏政の使者の笠原康明と北条氏照の使者の間宮綱信が上洛し、京都の本能寺で織田信長に進物を献上し、翌十日には近江国安土城(滋・安土町)で佐久間信盛の取次で信長に接見。信長の娘を北条氏直の室とする約束を取り交わす(信長公記・小一-六二三頁)。**10日** 武蔵国忍(埼・行田市)の堤を二〇里も修築し、人足は八万人で同国足立郡の人足だけで仕上げる(年代記配合抄・北区史二-一四七頁)。同日、北条氏の使者と織田信長の家臣佐久間信盛・滝川一益・松井友閑との間で関東の事を打合せ、関八州を信長に献上すると決めたという(池田家本信長記)。**12日** 北条氏政が原胤栄に、至急に出馬させ、下総国有木城(千・市原市)椎津中務少輔が軍勢を出せば引き返させる(尾張文書通覧一・三八四九)。同日、北条氏政が伊豆国下田(静・下田市)大安寺に、寺領として年貢二貫二〇〇文を永代寄進する。奉者は安藤良整(大安寺文書・二二四八)。**13日** 結城晴朝が那須氏に、佐野氏からの注進状で北条氏邦が上野国倉賀野(群・高崎市)に向け進撃中との噂を伝える(立石文書・埼六-一二一付三)。同日、北条氏の使者笠原康明と間宮綱信が京都に入り二条御所を見学し、吉田兼見と村井貞勝が案内役を務める。織田信長から両使者に金銀一〇〇枚が贈呈される(兼見卿記、信長公記・小一-六三三~四頁)。**14日** 北条氏政が富永助盛(猪俣邦憲)に、北条氏邦からの注進状で上野国多留(群・渋川市樽)に侵攻し、城主の牧和泉守と次男他を討ち取る忠節を知り、感状を与える(東京大学史料編纂所所蔵猪俣文書・二二五一)。**15日** 北条氏政が閼伽井坊(埼・桶川市)に、武蔵国井出ヶ島(埼・伊奈町)の荒野を三年間は年貢免除と定め、悉く開拓させる。奉者は垪和康忠(明星院文書・二二五二)。**21日** 足利義氏が北条氏照に、武蔵国久喜郷(埼・久喜市)ほか四ヶ郷に普請人足を五〇人出役させ、二日から二〇日間の下総国古河城(茨・古河市)普請に就かせる(喜連川家文書案三・四四八七)。同日、織田信長が北条氏

閏3月

の使者から北条氏政に、輸入品の珍品を贈呈する（信長公記・小一-六二四頁）。**22日** 北条氏邦が山口下総守・各衆中・山川殿等に、農兵の番衆を一〇人ずつ申しつけ、児童が参陣したら武蔵国日尾城（埼・小鹿野町）諏訪部定勝に申して止めさせ、番衆にはせめて紙小旗でも二〇本・三〇本を指し軍勢らしく務めさせる（山口文書・二一五三）。**24日** 北条氏政が淵名大炊助に、京都で織田信長との調停が進み、北条氏と相談して武田勝頼を攻略する事が決まり、祝儀に信長から到来の織物を贈呈する（所蔵者未詳文書・四七三三）。同日、武田勝頼が下野衆の那須資晴に、相模国からの注進で北条氏政が伊豆国に出馬したと知らされ、早急に出馬するので、下野方面の手配を依頼する（弘前市那須家文書・戦武五-三二九三）。**28日** 北条氏邦が新井主水太郎に、昨日の上野国倉賀野（群・高崎市）・八幡崎の武田勢との合戦で、父入道が討ち死にした忠節を認めて名代を務めさせ、後日に恩賞を与える約束をし感状を与える（町田文書・二一五五）。同日、北条綱成が相模国金子（神・大井町）西明寺に、山林の南北を決めて永代寄進し植林させる（最明寺文書・二一五四）。同日、北条氏照家臣の布施景尊が鈴木某に、図書助の官途を与える（鈴木文書・四七三四）。

▼この月、北条氏照が岡見・土岐両氏と共に、結城方の下総国谷田部城（茨・つくば市）多賀谷氏を攻める。

1日 北条宗哲が板部岡江雪斎融成に、古今伝授に関わる証文を与える（陽明文庫所蔵文書・二一五六）。**4日** 北条氏照が土方弥八郎に、伊豆方面に出陣する御用があり、今日中に用意し陣触れと共に出陣する事。氏照の軍勢が総出陣するので在地に家臣を集めるのでは駄目で武蔵国滝山宿（東・八王子市）に陣取り、陣触れ次第に出陣させる（土方文書・二一五七）。**5日** 石山本願寺が正親町天皇の調停で織田信長と和睦する。**6日** 北条氏照が相模国座間（神・座間市）星谷寺別当に、北条氏当主が同寺観音堂に毎度陣場を据える謝礼に、当年中に由井領の夏秋両度の勧進をもって修築させる。奉者は狩野一庵宗円（星谷寺文書・二一五八）。**12日** 北条氏直が橋本坊に、京都の石清水八幡宮の神前で祈禱を行い、牛王宝印と扇子・筆の贈呈に感謝し、祝儀に太刀を贈呈する（尊経閣文庫文書・二一五九）。**13日** 芦川景盛が紀伊国高野山（和・高野町）高室院に、月牌料につき注文を付ける（高室院文書・二一六〇）。**17日** 千葉邦胤が椎名伊勢守妻方に、かつては徳政は無かったが、今回から万一でもあれば、米銭等を貸した者へ催促して返済させる（幡谷文書・二一六一）。**18日** 武田勝頼が穴山信君に覚書を出し、十五日に北条氏政が駿河国深沢城（静・御殿場市）に侵攻し、御厨方面に放火して昨日は駿相国境の足柄城（神・南足柄市）山麓に在陣等と伝える（身延町武田家文書・戦武五-三三〇七）。**20日** 正木時長（頼忠）が伊豆国河津（静・河津町）の蔭山氏の人々に、北条・里見同盟は進展せず、武田・北条同盟も断絶して伊豆国が騒乱になり、同地の正木氏が不安である事。かつて小田原城に人質の時に世話になった恩は忘れない事。嫡男の正木菊松（のち直連・母は北条氏尭の娘）は小田原城で元気だろうか、早く時長の許に返して欲しい等と伝える

閏3月

(河津町正木文書・四八八)。**22日** 北条氏政が鋳物師の真継氏に、小田原城から伊豆国韮山城（静・伊豆の国市）迄の空樽を届ける御用に無賃伝馬の使役を許可し、途中の相模国土肥（神・湯河原町）・伊豆国熱海（静・熱海市）・軽井沢（静・函南町）三ヶ郷は伝馬賃を源三の役銭から支払わせる。奉者は板部岡融成（名古屋大学文学部所蔵真継文書・二二六二）。**23日** 遠山政景が死没する。法名は無外宗閑大居士（士林泝洄三四遠山系図）。**24日** 摂津国石山本願寺（大阪・大阪市）教如が武蔵国麻布（東・港区）善福寺御坊に、銀子五〇両の寄贈に謝礼し、織田信長との和睦は信用できないと告げる（善福寺文書・東古中三-一二四二）。**25日** 北条氏政が猪俣邦憲家臣の木内八右衛門に、上野国猿ヶ京（群・みなかみ町）衆と相談して越後国上田庄荒戸山（=荒砥城、新・湯沢町）に侵攻し、上杉方の樋口氏等を多く討ち取る忠節を認め感状を与える（静嘉堂本集古文書ア・二二六三）。**28日** 北条氏邦が長瀬民部・北爪大学助に、両人の知行で田畠が無い分が一〇貫文有り、半分は兵糧、半分は銭で与える（酒井家史料一一・北条氏文書補遺四一頁）。同日、北条氏邦が武蔵国金屋（埼・本庄市）淵龍寺に禁制を掲げ、祈願寺に指定し、殺生を禁止させ諸役不入とする。奉者は八木甚七郎（武州文書児玉郡・二二六四）。同日、内藤綱秀が相模国青山（神・相模原市緑区）光明寺義首座（仁甫宗義）に、先代の俊叟和尚の時の如く寺家に寄進した寺領を安堵する（津久井光明寺文書・二二六五）。**30日** 武田勝頼が真田家臣の矢沢頼綱に、上野国沼田城（群・沼田市）を攻略した忠節を激賞する（真田宝物館所蔵矢沢文書・戦武五-三三一五）。

4月

6日 笠原康明が織田氏家臣の滝川一益に、上洛中は織田信長への取次に奔走した事や佐久間信盛等の饗応役の人達にも世話になった謝礼を述べる（古簡雑纂六・二二六六）。**9日** 伊豆国大平（静・伊豆市）神明天照社を修造し、代官に福長織部守が見える（大平神社所蔵棟札・四九三九）。同日、武田勝頼が上野衆の北条芳林（高広）に条目を出し、北条氏政が駿河国御厨地方（静・御殿場市）に侵攻した事等を伝える（茨城県江口文書・戦武五-三三一九）。**10日** 国分胤政が津賀（茨・鹿嶋市）役人から常陸国鹿島（鹿嶋市）鹿島神宮神主に、今後はこの朱印状で御用を申し付け、使者にこの朱印状を持たせて御用を務めさせる。胤政は下総国矢作城（千・香取市）から没落し津賀に居る（鹿島神宮文書・千四-二七八頁）。**12日** 北条氏邦が塚本舎人助に、知行として上野国鶴根（現在地未詳）を宛行い、武田勢に攻められた同国小川城（群・みなかみ町）が静謐になれば同城に移住させ、軍役を務めさせる（加沢記三・二二六七）。**16日** 北条氏邦が片野善助に、武田勝頼の侵攻時に使者として野中備後守へ書状を届けた忠節を認め、感状を与える（片野文書・二二六八）。**18日** 武蔵国人見郷（東・府中市）観音堂の修築に、坪井久勝が鰐口を寄進する（人見観音堂所蔵・武銘七七五）。**25日** 武田勝頼が水軍の向井兵庫助・小浜民部左衛門尉に、伊豆国の浦で北条水軍の梶原景宗と戦い勝利した忠節を認め感状を与える（伊勢国渡会郡古文書一ほか・戦武五-三三二一〜二）。**26日** 常陸衆の多賀谷重経が山宇に、北条勢が武蔵・下総衆を

5月

参陣させ伊豆国方面へ出馬し、武田勝頼も伊豆方面に出馬したと伝える（彰考館徳川博物館所蔵諸家所蔵文書・千四-三〇一頁）。**27日** 芦川綱盛が紀伊国高野山（和・高野町）高室院に、昨年夏に上杉景虎が不慮の仕合で没命し菩提を弔う様に依頼し、北条氏政に高室院からの使者が下向する日時を伝えると述べる（高室院文書・二一六九）。

6月

4日 真田昌幸が中沢半右衛門に、武田勝頼の命令で上野国猿ヶ京城（群・みなかみ町）三之曲輪を焼き払う忠節を認め、知行として同国荒牧（みなかみ町）内で一〇貫文を宛行う（村上市中沢文書・戦武五-三三三八）。同日、真田昌幸が北条方の上野国沼田城（群・沼田市）を攻略し、城代の藤田信吉が降伏して武田勝頼に従属し、この日に猿ヶ京城も陥落する。**13日** 武田勝頼が原昌栄に、駿河国三枚橋城（静・沼津市）普請役として長期に在城した苦労を慰労し、近日中に出馬するので、それまで普請を続けさせる（諸州古文書五・戦武五-三三四二）。**22日** 北条氏政が伊豆国網代（静・熱海市）小代官・百姓中に、小田原城に徳川氏からの来客が有り、二十四日午前迄に干鯛六〇枚・するめ五〇〇枚を同城に届け、台所奉行の久保某と内村神三郎に渡させる。奉者は南条昌治（伊豆順行記・二一七〇）。**23日** 北条氏邦が武蔵国末野（埼・寄居町）少林寺に制札を掲げ、寺内・門前を不入として殺生を禁止させる事。前々からの寺山を安堵し、良く植林して育成させ氏邦の朱印状無くして竹木伐採を禁止させ、下木は寺の使用を認める（武州文書榛沢郡・二一七一）。**24日** 北条氏勝が某に、前々の如く知行地に帰って耕作に務め、郷から欠落した百姓は帰村したい者は召し返して荒地を開発させ、某に知行分の田畠を安堵する（武州文書入間郡・二一七二）。**27日** 北条氏照が田島治部左衛門尉に、氏照領分での見棚役、棟別銭三間分、六日分の普請人足役を免除し、代わりに扇の地骨を納入させる。奉者は長野某（新編武蔵多摩郡・二一七三）。**晦日** 千葉邦胤室（北条氏政の姉）が死没する。二四歳。法名は芳桂院殿貞室隆祥大禅定尼。

4日 簗田持助が簗田下野守に、常陸国下妻城（茨・下妻市）多賀谷勢が侵攻し、下総国古河（茨・古河市）・栗橋（茨・五霞町）の備えを固めていたところ、同国仁礼・柳橋（古河市）を荒し回り、大和田（古河市）の者が出勢して多賀谷氏の家臣を討ち取って撃退した。この事を北条氏照・垪和康忠・狩野一庵宗円・布施景尊に書状で知らせたと伝える（下総旧事三・二一七四）。**7日** 北条氏照が武蔵国佐々井（埼・狭山市）観音堂に、聖護院門跡道澄の御教書に任せて同国杣保・高麗郡等の年行事職と所沢（埼・所沢市）衆分を安堵する（篠井文書・二一七五～六）。**8日** 北条氏照が土屋五郎左衛門・坂本四郎左衛門に、五月十五日の甲斐国才原（山梨・上野原市）の戦いでの忠節を認め恩賞を約束する（土屋文書ほか・三八九、二一七七）。**11日** 武田勝頼が佐竹義重に、関東と東海で北条氏・徳川氏と抗争し、伊豆方面の出陣で関東への出馬は不可能と知らせ、また織田信長との和平交渉もしており、来秋には武上両国に侵略するので義重に協力を依頼する（秋田市佐竹文書・戦武五-三三五三）。同日、武田方の小幡信真が黒沢大学助に、武蔵国小鹿野（埼・小鹿野

6月

町）近辺の増田分の知行を望んでいるが、北条方の同国日尾城（小鹿野町飯田）の攻略を計画しているのかと問い、大学助に国衆等と相談して同国秩父郡の制圧を依頼する（神流町黒沢文書・戦武五‐三三五五）。同日、北条氏政が相模国千津島（神・南足柄市）百姓中に、馬二疋の御用を命じ、十九日に小田原城に来て同国大神（神・平塚市）まで一日で荷物を運搬させる（明治大学博物館所蔵瀬戸文書・二一七八）。**12日** 武田勝頼が上野国箕輪城（群・高崎市）内藤昌月に、北条氏は一戦もせず九日に同国から撤退し、内藤勢が甲斐国府中（山梨・甲府市）に帰府する時は、箕輪の参陣衆に帰府の必要は無いと伝える（内藤家文書・戦武五‐三三五七）。**16日** 北条氏邦が仁杉与兵衛に、九日に上野国岩下城（群・東吾妻町）に乗込み、富永助盛（猪俣邦憲）から武田方を討ち取る忠節を披露されて認め感状を与える（本朝武家諸姓分脈系図仁杉伊東・北条氏文書補遺四三頁）。**17日** 会津の芦名盛氏が死没する。六〇歳。法名は瑞雲院殿竹巌宗閑大庵主。**23日** 北条氏政が水軍の梶原景宗に、年来の忠節を賞し大船一隻を仕立てさせ、知行として相模国栗浜（神・横須賀市）一五〇貫文を宛行い、乗組の人衆を集め、さらなる忠節を尽くさせる（紀伊国古文書所収在田郡古文書二・二一七九）。**26日** 徳川氏家臣の松平家忠に、松平清宗から伊豆土産の修禅寺紙と鞦が届けられる（家忠日記・静八‐四‐一三三二）。**28日** 北条氏政が岩付衆の長谷部弥三郎に、無足で軍役を務めていた事を聞き、来秋からは一四貫文の扶持給を与え、武蔵国岩付城（埼・さいたま市岩槻区）蔵奉行の細谷資満から年貢を受け取らせて忠節を励ませる。奉者は垪和康忠（長谷部文書・北条氏文書補遺六八頁）。同日、北条氏政が武蔵国南下新井（埼・さいたま市岩槻区）福厳寺に、同寺と小田某との相論に裁許し、太田資正父子の証文に明白な様に寺領と門前・寺内を守護不入と認め、福厳寺の勝訴とする。奉者は垪和康忠（福厳寺文書・二一八〇）。同日、武蔵衆の上杉氏憲（室は北条氏繁の娘）が同国人見村（埼・深谷市）昌福寺に、上杉家の菩提寺に指定して背後の富士山（仙元山）と寺門前を不入とし、寺領一〇〇貫文を代々寄進する（昌福寺文書・二一八一）。**29日** 武田勝頼が水軍の小浜景隆に、伊豆国小浦（静・南伊豆町）に侵攻して郷村を撃破し、北条勢を多数討ち取る忠節を賞し、益々の軍忠を期待する（お茶の水図書館所蔵小浜文書・戦武五‐三三七二）。

7月

1日 武田勢が北条方の上野国名胡桃城（群・みなかみ町）を攻略し、同国小川城（みなかみ町）小川可遊斎も武田勝頼に従属する（山形県吉川家文書・群七‐三一‐三〇三〇）。**2日** 北条氏政が武蔵国井草（埼・川島町）細谷資満・百姓中に、去年の洪水で当年の大普請役を春夏は免除したが、荒川堤の普請人足が不足し、大普請役の人足五人を七日に荒川端に集めて岩付城（埼・さいたま市岩槻区）奉行の立川伊賀守の下知に従って、水嵩の増す以前に修築を完成すべく一〇日間の普請役を務めさせる（武州文書比企郡・二一八二）。**3日** 笠原政晴が伊豆国在庁（静・三島市）に判物を出す。当文書は断簡で本文は未詳（古文書花押写六・北条氏文書補遺四三頁）。**5日** 里見義頼が松田憲秀に、先月晦日に下総国小多喜城（千・大多喜町）正木憲時が謀叛を起こし、直ちに興津城（千・勝浦市）に攻撃を仕掛けた。北条氏と武田勝頼との事が不安で、もし軍勢が必要ならば加勢すると伝える。すでに義頼は武田勝頼を見限り北条氏政を支援（妙本寺文書、稲子文書・千三―一八五頁、四四八九）。**18日** 北条氏政が岩付衆の竹之谷某に、訴訟審理で尋ねる事が有り、武蔵国苻川郷（埼・川越市）の鴈左衛門を証人として召し出す。奉者は垪和康忠（武州文書入間郡・二一八三）。同日、里見義頼が某（松田憲秀カ）に、正木憲時の謀叛を報せ、五日に出馬して数ヶ所も憲時方の城を乗っ取り平定したと伝え、武田豊信・土岐義成も様々に懇望していると述べる（豊川市竹本文書・千六―一七六頁）。**20日** 北条氏直が荒川善左衛門尉に、駿豆表に武田勢が侵攻し、人衆を引率して早々に参陣させる（新編会津風土記四・二一八四）。

8月

2日 北条氏照が下総国小手指（茨・五霞町）町人衆中に高札を掲げ、同国古河（茨・古河市）と関宿（千・野田市）との往復路（関宿街道）の小手指原に新宿を立て、芝原の荒地は誰の知行地でも開拓者の所有地とすると国法で決めており、開拓地に諸役賦課等の違法者は武蔵国滝山城（東・八王子市）の氏照の許に拘引させる（渡辺文書・二一八五）。**3日** 北条氏政が伊豆国井田（静・沼津市）真城山に、同国西海岸に武田方の軍船が襲来したら発見し次第に狼煙を上げ、一ヶ所に狼煙を見たら諸浦の狼煙台は一斉に狼煙を上げ、隣同士の者は狼煙を転送させる事。見逃した者は重罪に処し、狼煙次第で味方は軍船を発船させるので油断をしない事と命じる（井田高田文書・二一八六）。**7日** 宇都宮広綱が死没する。三六歳。法名は以天長清。**14日** 北条氏政から徳川家康への使者として小笠原康広が遠江国浜松城（静・浜松市中区）に着く（家忠日記・静八―四―一三三四）。**16日** 徳川家康が伊豆国徳倉城（静・清水町）笠原政尭に、武田方の遠江国高天神城（静・掛川市）攻めへの陣へ来援についての契約が整い大慶と喜び、祝儀に刀を贈呈する（紀州藩家中系譜・四四九〇）。**19日** 北条氏政が隠居して嫡男の北条氏直に家督を譲渡し、軍配団扇を渡す。氏直が北条家当主となる。氏直は伊豆国への出馬の直前（神奈川県立歴史博物館所蔵北条文書・二一八七）。同日、北条氏政が隠居し交代に太田源五郎が武蔵国岩付城（埼・さいたま市岩槻区）に入り、城領支配を開始する。**中旬** 上野国名胡桃城（群・みなかみ町）が武田方に属し、北条方の同国沼田城（群・沼田市）用土新左衛門尉（のち藤田信吉）の服属交渉が始まる。**22日** 北条宗哲が伊豆国三島（静・三島市）護摩堂に、領中山手から毎日馬七疋分を入れさせる（日本大学国際関係学部所蔵伊豆文書・二一八八）。同日、千葉邦胤が額賀掃部允に、下総国白井本郷（千・香取市）を宛行う（香取郡小誌・北条氏文書補遺四一頁）。**27日** 太田源五郎が渡辺左衛門尉・井原主税助に、桂谷平三・同源三に貸した借銭を返却させ、平三の一札の如く隠居名義の田畠と屋敷を受け取らせる（武州文書足立郡・二一八九）。**吉日** 相模国三田（神・厚木市）清源院に薬師如来坐像を安置し、旦那に越知源恵・越知影好老母が見える（清源院所蔵・四七三五）。

8月

▼この月、北条氏舜が相模国東郡に、郡中で弓や鉄砲で鳥を撃ち、さしわな・もちつな・天網で鳥を捕るのを禁止させ、違反者は同国玉縄城（神・鎌倉市）に申告させる（相州文書高座郡・二九〇）。

9月

1日 佐竹義重が佐野宗綱に、今年秋の北条氏への備えを協議したいと申し送る。宗綱が北条方から佐竹方へ従属（栃木県立公文書館寄託小宅文書）。**6日** 佐竹義久が芦名氏家臣の富田将監に、北条勢が河越えで侵攻し、佐竹義重が出馬して北条勢は敗北したと述べ、武田勝頼とは昵懇である事等を伝える（新編会津風土記七・福七-八〇二頁）。**10日** 庄康正父子が相模国小野郷（神・厚木市）龍鳳寺に、以前に北条氏から七貫文の寺領を寄進され、今回は庄父子が庄家の菩提料に三貫文を寄進し、合計一〇貫文の寺領を手作地と認め、永代に菩提寺とする（相州文書愛甲郡・二九一）。**13日** 北条氏直が県石見守に、小田原城から上野国館林（群・館林市）迄の無賃伝馬一疋の使役を許可する。奉者は江雲（県文書・二九二）。**20日** 真田昌幸が東上野の利根郡へ侵攻し、武田勝頼も甲斐国府中（山梨・甲府市）を出馬し、十月初旬には東上野に侵攻する。佐竹義重も呼応して上野国新田（群・太田市）に侵攻（上杉家文書・戦武五-三四三八）。**21日** 武蔵国金沢（神・横浜市金沢区）称名寺の弥勒菩薩像を再造し、胎内文書には施主に浅羽信良、大仏師に信濃法印快円、仏殿大工に鈴木門左衛門が見える（金沢文庫所蔵文書・神三下-八六〇八）。**22日** 北条氏直・北条氏勝が堀内勝光に、二十日の駿河国大平城（静・沼津市）城際での忠節を認め感状を与える（堀内文書・二九三～四）。**26日** 北条氏直が小野氏に、武蔵国清戸（東・清瀬市）から小田原城迄の無賃伝馬一疋の使役を許可する。奉者は幸田定治（国立国会図書館所蔵青山文庫文書・二九六）。

10月

2日 北条氏照が武蔵衆の小田野周定に、武田勢が侵攻したため明日は出馬と決定し、周定父子に先鋒を命じる。奉者は吟段（佐野家蔵文書・二九七）。**6日** 北条氏邦が深谷衆の岡谷隼人佐に、東根小屋に三日に武田勢が夜討ちを懸けてきて、自身と御馬廻衆で敵を多数討ち取る忠節を認め感状を与える（北条氏文書写・三九七四）。**8日** 武田勝頼が高橋桂介に、北条方の由良国繁の上野国善城（群・前橋市）を攻略し、一番乗りの忠節を認め感状を与える（秋田藩家蔵文書二四・戦武五-三四三三）。**9日** 武田勝頼が北条芳林（高広）に覚書を出し、北条氏政が武上境に出馬したので討ち果たす覚悟でいたところ、上野国善城から利根川を越えた時に北条勢は、武蔵国本庄（埼・本庄市）に退散したと伝える（米沢市北条家文書・戦武五-三四三四）。**10日** 跡部勝資が佐竹義久に、佐竹勢が下野国足利（栃・足利市）方面に侵攻し、武田勝頼も呼応して上野国新田（群・太田市）に着陣したが、佐竹勢は下野国小山城（栃・小山市）の仕置きを終えて帰国したので勝頼も帰国すると伝える（秋田市奈良家文書・戦武五-三四三六）。**11日** 足利義氏が下総国古河城（茨・古河市）諸奉公中に、同城の七ヶ条の城内掟を下し、一、佐竹方との半手郷民は同城佐野門南木戸から城内に入れる事を禁止し、見付けたら人馬共に逮捕し、その者の領有とする事。一、火付け・目付・盗賊や佐竹方へ通じる者を発見し、内緒で申告すれば、その者の跡職を相続させる事。諸外張（城門）は六ツ時（午後六時）以後は開門しない事等を定め、違反者は逮捕し北条氏照の同国栗橋城（茨・五霞町）に申告させる（成田山霊光館所蔵喜連川文書・戦古一〇一八）。**12日** 武田勝頼が上杉景勝に、佐竹義重や下野衆が武田方に呼応して同国足利表（栃・足利市）に侵攻し、勝頼も九月二十日に出馬し利根川を越え、上野国新田（群・太田市）近辺に着陣し富岡氏、館林長尾氏、新田の由良氏を攻めてから善城を攻略し、城主の河田備前守や城衆を討った後に帰国した。北条氏政は後詰として武蔵国本庄（埼・本庄市）に着陣したが、武田勢の利根川渡河を知り、決戦を避けて退散と報告する（上杉家文書・戦武五-三四三八）。**14日** 北条氏邦が上野国女淵（群・前橋市）地衆・大小衆中に、富永下総守が十三日の敵勢の来襲に女淵城外曲輪で忠節を尽くした事を報告してきた。先日も伝えたが、その地は新田（群・太田市）金山城の由良国繁、館林城（群・館林市）の長尾顕長に譲渡したので、方々の進退については両氏から引き立ててもらい、引き立てられない地衆・大小衆等は北条氏から増給の知行を与え旗本とする。以前に北条氏に従属した者で、未だに北条氏の下知に従わず移らない者も、早く北条氏に従って同城の留守役を務めさせる（北爪文書・二四三二）。**28日** 足利義氏が千葉邦胤に、中務大輔の官途を与える（喜連川家文書案一・四五〇二）。**晦日** 教如上人が武蔵諸坊主衆に、織田信長に摂津国石山本願寺（大阪・大阪市）を攻略され開城し、閏三月九日に紀伊国鷺森（和・和歌山市）に移ったと伝える（善福寺文書・東古中三-一四九九）。

11月

11日 大道寺政繁が鎌倉の鶴岡八幡宮小別当に、御供銭五〇〇〇疋については富岡美作守が政繁の手代の時に田地に直して寄進し、その内の目銭分二〇〇疋は別にしていたが、今回は新規にそれも祈禱料として寄進し、祈願を依頼する（相州文書鎌倉郡・二一九八）。**14日** 北条氏直が水軍の梶原景宗に、先に相模国栗浜郷（神・横須賀市）を宛行い、新大船を造船して乗組員の扶持給とさせ、守護不入としたが、陣夫役と大普請役は免除せず賦課させ、二〇年来務めていない諸役は免除し、今後は北条氏の御用は北条家朱印状で申し付けると伝える。奉者は安藤良整（紀伊国古文書所収在田郡古文書二・二二〇〇）。同日、北条氏直が伊豆国長浜（静・沼津市）代官・舟持中に、遠江国の徳川家への船一隻に乗り組む良い船方を選んで早々に発船させ、鈴木伊賀守の下知に従わせる。奉者は秩父左近（国文学研究資料館所蔵大川文書・二一九九）。**16日** 相模国津久井料中野（神・相模原市緑区）祥泉寺熊野堂を修築し、領主に内藤綱秀、代官に島崎某が見える（祥泉寺文書・二二〇二）。

12月

1日 北条氏邦が流通商人の長谷部備前守に、塩留めの規定を出し、武蔵国栗崎（埼・本庄市）から五十子・仁手・今井・宮古島・金窪から神流川境までの氏邦領を塩留めの範囲とし、小山川を隔てた深谷領は範囲外と規定し、備前守は

12月

半年は同国忍城（埼・行田市）成田氏の領分での狼藉を禁止させる（長谷部文書・二二〇二）。**6日** 北条氏照が中山家範
に、武蔵国檜原城（東・檜原村）平山氏重の知行地の同国小山（埼・坂戸市）での狼藉で、不当に没収された家財を返
却させる（武州文書多摩郡・二二〇三）。**8日** 北条氏照が平山氏重に、小山での狼藉事犯と目された平田肥後守には罪は
無く小山に返され、没収した家財は中山家範が出陣中で中山大炊助の請負で返却させる（平田文書・二二〇五）。同日、北
条氏照が小田原城下の商人宇野光治に、武蔵国高幡之郷（東・日野市）平山大学助知行分を宛行い、着到状は別に渡す
ので相違無く軍役を務めさせ、大学助屋敷分は北条氏の藪として収公し、その外の郷中では藪を植林して木を育成させ
る（諸州古文書相州二四・二二〇四）。同日、北条氏邦が北爪将監に、春以来の忠節を賞し上野国縁喜之郷（群・高崎市江
木）代官職に任命する。奉者は富永助盛（北爪文書・二二〇六）。**9日** 武田勝頼が藤田信吉に、秋からの忠節に感謝して
上野国沼田城（群・沼田市）周辺の地で一〇〇〇貫文と他の地を宛行い、詳しくは真田昌幸から述べさせる（静嘉堂文
庫所蔵集古文書タ・戦武五-三四五六）。**12日** 成田氏長が武蔵国熊谷町（埼・熊谷市）に、木綿商売の宿を長野喜三の所に
させる（埼玉県立文書館寄託長野文書・二二〇七）。**15日** 成田氏長が熊谷町に、長野喜三の小間物店は上下中通りで出店
させる（同前・二二〇八）。**17日** 北条氏直が水軍の山本正次に三ヶ条の規定を出し、一、伊勢船は北条家朱印状で伝えた
外に相違する事を見付けたら船を抑えて臨検し、上乗者や荷物を検査する事。一、遠江方面の浦に出る船は北条家朱印
状に決められた船以外の無印判船は伊豆国多古（静・西伊豆町田子）より発船させず、船中を臨検させよ。一、田子郷
の者は輪番で昼夜の監視を行い、見張り番屋を立てて船番し、帳面に記録する事。浦から欠落者や違法の荷物を多量に
積載する船は南条昌治に申告させ、下知に背いたと聞いたなら小代官や領主も罪にさせると定める（越前史料所収山本
文書六・四七三六）。**19日** 北条氏直が下総国関宿城（千・野田市）城下の吉祥寺に、香油銭・扶持給他で三貫六〇〇文を
二十六日までに武蔵国岩付城（埼・さいたま市岩槻区）奉行の佐枝信宗・恒岡資宗から支給する（下総旧事三・二二〇九）。
21日 北条氏光が植松佐渡守に、先の証文の如く本領について承認するなら駿河国神山（静・御殿場市）と反銭を宛行
うと伝える。奉者は柳下某（稲村氏蔵植松文書・二二一〇）。**22日** 太田源五郎が岩付衆の内山弥右衛門に、当年の扶持給
として六貫文を二十五日迄に武蔵国岩付城の蔵奉行から支給する（内山文書・二二一一）。**27日** 千葉邦胤が井田胤徳に、
居城の下総国大台城（千・芝山町）周辺での鉄砲使用を禁止した事を了承する。奉者は海保丹波守（井田氏家蔵文書・
二二一二）。**28日** 北条氏照が野口照房に、武蔵国御嶽山城（東・青梅市）で武田勢に対して師岡氏と共に籠城し、忠節を
尽くした功績を認め、知行として同国平沢之郷（埼・日高市）等で本領合計六八貫文、二又尾（青梅市）に屋敷地、同
国小曾木郷（東・奥多摩町）代官職を宛行う（三田文書・二二一三）。同日、遠山修理亮が相模国大井宮（神・大井町）別

当の円泉坊坊主に、正月の御鷹場の休息所に使用するため北条氏直・太田源五郎・北条氏房・北条氏政から合計八貫文を寄進し、伊勢氏や小笠原康広からも勧進を受け再建させる（大井町三島神社文書・三二一四）。**29日** 武田勝頼が城昌茂に、去年の駿河国三枚橋城（静・沼津市）在番中に小田原衆が進撃し、忠節を尽くした功績を認め信濃国で知行を宛行う（記録御用所本古文書一二・戦武五-三四七五）。

▼この月、足利義氏が千田又太郎に、中務大輔の官途を与える（喜連川家文書案一・四五〇三）。

▼この年、北条氏政が上野衆の安中五郎兵衛に、昨日の初対面に喜び、今後も昵懇にしたいと依頼し、一種・江川酒を贈呈する（安中文書・三八〇四）。この年、北条氏直が鎌倉の月輪院に、家督の祝儀に料紙・扇子を贈呈され、答礼に金襴を贈呈し、北条氏舜から副状を出させる（寺院証文一・三二一五）。この年、伊勢神宮（三・伊勢市）外宮神官が北条氏直に、先年に上野国青柳（群・館林市）御厨が退転し、国家安全の祈禱が滞っていると北条氏康に訴えたところ、すぐに対応してくれたが、今は領所分の年貢も遅延しており対応を依頼する（応永以来外宮注進状・四七九四）。この年、常陸国牛久城（茨・牛久市）岡見治広等が本知行分と旗本の半手郷の書立を提出し、最後に東上野の木島郷（群・伊勢崎市）は北条氏直からの小田原城への参府料所（馬の飼料）として拝領したとある（記録御用所本古文書三・四〇九八）。この年、北条氏規の三男龍千代が生誕する。

天正九年（一五八一）・辛巳

1月

1日 北条氏照が布施景尊を使者として、足利義氏に年頭の祝儀に二荷・五種を進上する（喜連川家文書案・古河市史資料中世編一二五八）。**5日** 成田氏長が足利義氏に、年頭の祝儀に一荷・五種と太刀を進上する（同前・古河市史資料中世編一二五八）。**9日** 太田越前守が足利義氏に、年頭の祝儀に一荷・五種を進上する（喜連川家文書案・古河市史資料中世編一二五八）。**11日** 里見氏家臣の岡本氏元が佐竹方の梶原政景に、武田勝頼と佐竹義重の間が和平出来ていない事を憂いて調整し、一つに里見義頼は今月下旬に下総国小田喜城（千・大多喜町）正木憲時を攻撃の予定で、長年に渡り北条氏から里見氏へ和睦の懇願が来ている事から舅の長南城（千・長南町）武田豊信は万喜城（千・夷隅町）土岐義成と共に里見・北条双方に服属したと知らせ、武田勝頼へは里見義頼が和睦承認の使者を派遣したと報告する。里見義頼と正木憲時との抗争を天正の内乱と呼ぶ（賜蘆文庫文書四五・千四-四八四頁）。同日、高城胤辰が相模国小園村（神・綾瀬市）代官の金子某に、兵部少輔の官途を与える（海老名市金子文書・三二一六）。**14日** 北条氏邦が岡谷隼人佐に、武蔵国沓懸

1月

（埼・深谷市カ）の弓者三人を御用で伊豆国に召し出し、借り物で必要な物は帰国のうえで北条氏直から支給する。隼人佐の傷を心配し、春は病気が再発する季節で充分に養生させる（北条氏文書写・三九七七）。**17日** 北条氏照家臣の近藤綱秀が屋敷地に隣接する武蔵国浄泉寺（東・八王子市）納所に制札を掲げ、城域の周囲の山林で下草なりとも刈る者は逮捕して申告させ、合わせて城の四至を確定する（新編武蔵多摩郡・三一七）。**19日** 千葉邦胤が足利義氏に、年頭の祝儀に太刀と白鳥（酒）を進上する（喜連川家文書案・古河市史資料中世編一三五八）。同日、布施康能が相模国寺田縄（神・平塚市）蓮昭寺に、常住院の寺領として同国経子谷（神・鎌倉市）の地を寄進し、鎌倉妙本寺の末寺に据えて布施家の菩提寺とする（新編相模大住郡・相風三-三九頁）。**24日** 相模国下大槻（神・秦野市）牛頭天王社を造営し、地主に富永政家・原政信、本願に伊奈定秀、大工に鈴木治部左衛門が見える（健速神社所蔵棟札・四七三七）。**25日** 伊豆国相玉（静・下田市）天神社を造営し、旦那に杉山次郎左衛門、大工に臼井主計助が見える（天神社所蔵棟札・静八-四-三七二）。**27日** 松田憲秀が常陸衆の土岐治綱に、年頭の祝儀に便面（扇）・菱喰・鰊を贈呈され謝礼し、返礼に弓と扇・王明を贈呈し、今後も懇意を依頼する（秋田藩家蔵文書三三一・三九三六）。

2月

2日 北条氏規が相模国木古庭郷（神・葉山町）百姓中に、当郷の領主の宮下氏が欠落したため諸百姓が退転したので赦免要求が出され、国法に任せて何れの郡郷に逃げても帰郷させ、以前の如く耕作に従事させ諸役を務めさせる（相州文書三浦郡・三一八）。同日、正木憲時が高師新左衛門に、下総国興津城（千・勝浦市）に一言の詫言も言わずに移城した忠節を賞し、今後の忠節をも期待する（夷隅町高師文書・千三-八一九頁）。**9日** 北条氏照が並木弥三郎に三ヶ条の書出を与え、一、下野国小山城（栃・小山市）在番は先番から三〇日間と決め、武蔵国八王子（東・八王子市）在番で遅延しており九日に出発する様に急いで支度する事。一、往復が不自由なので三〇日分の支度をする事。一、三月下旬には上方衆（織田信長の軍勢）と一緒になるから薄漆を持参させ、在番中に支度させる事とし、必ず五日中に到着する事と厳命する（青梅市郷土博物館所蔵並木文書・三一九）。同日、羽柴秀吉が佐竹方の太田道誉（資正）に、去年正月二十六日の書状が到来し、内容を了承し織田信長に披露する。信長への御用は秀吉が取次を務め、宝林坊を使者として派遣すると伝える（太田文書・埼六-二-一〇五九）。**24日** 相模国玉縄城（神・鎌倉市）城主の北条氏舜が死没する。法名は法輪院殿窓雲常観大居士。弟の北条氏勝が跡を継ぐ。

3月

3日 北条氏直が二宮織部正に、金杉氏との相論で裁許し、織部正に書状で尋問したところ、古谷屋敷は父親織部の時から所持していると判明し、今後も織部正の知行として認める（泉谷寺文書・四七三八）。**8日** 北条氏照が結城氏との境目の下野国中里郷（栃・小山市）に掟書を出し、小山城（小山市）の氏照が中里郷民から半手郷と認めて欲しいと要求

4月

されて認め、公事の納入を怠りなくし、もしも後々に他所に指南を求めたなら半手郷の契約は破棄すると申し渡す（小山市立博物館所蔵文書・二二二〇）。**11日** 北条氏邦が武蔵国広木（埼・美里町）大興寺と常福寺池坊に、寺家分の寺領を安堵する。奉者は斎藤定盛・奥采女正（大興寺文書ほか・二二二一〜二）。**14日** 常陸衆の岡見治広が月岡玄蕃允に、広の一字を与え広秀と名乗らせる（百家系図五三・四七三九）。同日、武田勝頼が佐竹義重に、里見義頼から使者が来て義頼は今後は佐竹・武田双方に誼を通じると知らされて喜悦し、里見氏は北条氏政には難儀な敵であり、今度は協力して房総の平定に努力する事。また武田方への後詰も依頼する（千秋文庫所蔵文書・戦武五-三五一八）。**15日** 北条氏邦が岡谷隼人代一人・吉田政重・小島善右衛門・荻原雅楽助に、武蔵国沓懸（埼・深谷市カ）分は先年の検地でも一〇〇余貫文で、一三人の徒歩衆に鋤目（耕作料）一貫文宛を与え、残る不作地も作人を付けて耕作させる（北条氏文書写・三九七五）。**18日** 北条氏邦が武蔵国阿熊山（埼・秩父市）の四郎三郎に、赦免して帰村させ、北条氏被官に加え、元の主人や代官でも口出しを禁止させ、時期をみて扶持給を与え、阿熊山に居て仕えるなら黒沢繁信に相談させる（武州文書秩父郡・二二二三）。**21日** 北条氏直が山角定勝・布施康朝に、駿河国八幡（静・清水町）八幡社に、社叢での竹木伐採を禁止し、違反者は逮捕して申告させる（八幡神社文書・二二二四）。**22日** 徳川家康が武田方の遠江国高天神城（静・掛川市）を攻略する（家忠日記）。**24日** 上杉方の河田長親が死没する。三九歳。法名は普済寺殿英光恭雄禅斎大禅定門。

7日 武田勝頼が水軍の小浜伊勢守・小野田筑後守に、先月二十九日の伊豆国久龍津（静・沼津市）での北条水軍との戦いで梶原景宗を撃破して船三隻を撃沈させ、数十人を討ち取る忠節を認め感状を与え、伊勢守に太刀を贈呈する（お茶の水図書館所蔵小浜文書、長浜市中村文書・戦武五-三五二四〜五）。**8日** 武田勝頼が水軍の向井兵庫助・伊丹権太夫に、久龍津で梶原水軍を撃破した忠節を認め感状を与える（多和文庫所蔵甲州古文書・戦武五-三五二六）。**13日** 北条氏光が小机衆の星川久左衛門に、一人分の扶持給を与え、中田修理亮から支給する。奉者は笠原某（武州文書橘樹郡・二二二五）。**16日** 刀鍛冶の山村綱広が死没する。法名は宗泰。**17日** 北条氏信の正室（西園寺公朝の娘）が紀伊国高野山（和・高野町）高室院に逆修を依頼する。法名は春渓宗輝大姉（北条家過去帳・小一-一九六三頁）。**19日** 北条氏直が津久井衆の小崎彦六に、去る十七日に甲斐国譲原（山梨・上野原市）内の井出小屋での戦いの忠節を認め太刀を与える。奉者は幸田定治（新編相模津久井県・二二二六）。同日、北条氏光が星川久左衛門に、恩賞として秋から五貫文の給田を与え、軍忠を励ます。奉者は笠原某（武州文書橘樹郡・二二二七）。同日、北条氏照家臣の平山氏重が土屋内蔵助・土屋五郎左衛門・坂本四郎右衛門に、武蔵国小郷内（東・奥多摩町小河内）の戦いでの忠節を認め感状を与える（斎藤氏文書ほか・二二二八〜九、檜原村史二二二頁）。**23日** 近藤綱秀が栗原右馬助に、知行として一五貫文を宛行う（栗原文書・二二三〇）。**下旬** 北条氏政

4月

が駿河国御厨（静・御殿場市）に出陣する。

5月

1日 北条氏政が酒井康治に、先月二十二日に出馬して伊豆表ではなく駿河国深沢（静・御殿場市）に進み、氏政は御厨（御殿場市）周辺の麦作毛を総て掘り返して荒らしたが、武田勢に出会わず二十七日に帰国した。武田方の反撃が懸念されるため今日は五手・六手と軍勢を伊豆方面の途中まで出している。下総国衆は帰国させて休養していると伝える（思文閣古書資料目録一八七号・北条氏文書補遺二九頁）。 **2日** 北条氏政が上野衆の宇津木氏久に、北条氏邦への注進状を拝見して忠節を知り、感激したと伝える（大阪城天守閣所蔵宇津木文書・二二三二）。 **3日** 北条氏照が来住野善二郎・同十郎兵衛に、檜原衆が甲斐国譲原（山梨・上野原市）に侵攻して武田勢と合戦に及び、敵を討ち取る忠節を認め、北条氏直に感状を申請すると約束する。奉者は松田四郎右衛門尉（武州文書多摩郡・二二三二～三）。 **7日** 北条氏政が長尾憲景に、上野国方面での武田勢との戦いで忠節を尽くし、手堅く防戦に努めた事に感謝し、下野国方面には武蔵・下総の軍勢を差し向けており、敵の佐竹勢も敗北するのは時間の問題である。上野口に武田勢が侵攻して来ると聞いたが未だに来ず、来たなら早速出馬すると伝えて防備を依頼し、二種・江川酒一荷を贈呈し、北条氏邦から副状を出させる（武州文書足立郡・二二三五）。同日、北条氏政が足利長尾氏家臣の県因幡守に、佐竹勢が下野国榎本（栃・大平町）表に着陣したため防戦を命じたが、遠方の諸味方中には苦労であろうから北条氏照と武蔵・下総衆を今朝出馬させた。氏政は武田勢との駿河方面の状況が把握できず情報を集めており、万一にも武田勝頼が上野国に侵攻したら、すぐに出馬するので注進を待っている。京都から帰国した者の書状を拝見し、北条方から織田信長へ派遣の使者も近日中には帰国するので何か有れば必ず報告すると伝える（県文書・二二三四）。 **8日** 北条氏直が安良岡舎人に、下野衆の佐野宗綱が同国榎本に侵攻した時に敵を討ち取った忠節を認め感状を与える（小山市安良岡文書・二二三六）。 **10日** 上田長則が相模国糟屋郷（神・伊勢原市）八幡社別当法禅坊に法度を出し、八幡社前では竹木伐採と馬を繋ぐ事、喧嘩口論・殺生・放火を禁止させ、松山衆（埼・吉見町）の出陣の時は家中衆にこの法度を厳密に守らせる事と申し渡す（新編相模大住郡・二二三七）。 **15日** 清水康英が水軍の山本正次に、知行地の伊豆国田古浦（静・西伊豆町田子）に駿河国の武田水軍が襲来し、夜半から早朝まで防戦に努めて撃退した忠節を認め、北条氏直に報告すると約束する（越前史料所収山本文書・四一四四）。 **26日** 北条氏光が駿河国多比（静・沼津市）龍雲院に二ヶ条の掟を出し、寺中の棚別銭を赦免し、寺中構え内では竹木伐採を禁止させ、北条氏の御用の時は氏光朱印状で依頼するので、どの様な人の判物でも伐採は許可しないと申し渡す（龍雲寺文書・二二三八）。

6月

3日 北条氏光が植松佐渡守に、駿河国獅子浜（静・沼津市）に新船が造られる様に稼ぎ、諸役は免除され、年貢銭は船の規模によって、それ相当の年貢高を賦課するため、佐渡守の油断から新船が出来ないので精を入れて船数を仕立させる。奉者は柳下某（稲村氏蔵植松文書・二二三九）。**5日** 北条氏政が織田信長に馬を贈呈する。取次は滝川一益（信長公記）。**7日** 武田勝頼が真田昌幸に、一四ヶ条の条目を出し、上野国沼田（群・沼田市）周辺の吾妻城（群・東吾妻町）・猿ヶ京城（群・みなかみ町）・沼田城等の普請を厳重にする事等を命じる（真田宝物館所蔵真田文書・戦武五－三五六八）。**15日** 足利義氏室（北条氏康の娘）が死没する。法名は浄光院殿円桂宗明大禅定尼。**19日** 北条氏直が相模国浜居場城（神・南足柄市）番衆中・松田憲秀代の須藤源二郎・村野安芸守・小沢孫七郎に五ヶ条の城内掟を出し、一、城の西方への出入りを禁止し草木伐採は東方で行い、松田憲秀の代官に管理させる事。一、人馬の汚物は城外の遠くに捨てる事。一、当番衆が城外に出る事は一切禁止の事。一、昼夜共に櫓に人を配置し武田方へ逃亡する者を警戒する事。一、夜間の警備を厳重にする事と申し渡す（相州文書足柄上郡・二二四〇）。同日、北条氏直が浜居場城番衆中に城内掟を出し、武田勢の来襲にそなえて同城と足柄城（南足柄市）との間の通行を遮断させ、引橋をはずして番屋を作り昼夜の警戒を厳にさせる（同前・二二四一）。**25日** 松田憲秀が常陸衆の土岐治綱に、夏期在陣の苦労に感謝し、二十三日に弟の土岐胤倫が着陣した事に北条氏直が喜悦したと伝える（秋田藩家蔵文書三一・三九三九）。**26日** 武蔵国岩付城（埼・さいたま市岩槻区）太田源五郎が領内の同国淵江・太田窪千葉領・岩付原地内山分・芝内山分の各百姓中と内山弥右衛門尉・福島出羽守に、太田資正の時に賦課した陣夫役は、現在は誰が使役しているかを確認し、書面で申告させる（内山文書ほか・二二四二～七）。

7月

1日 上田長則が武蔵国日影（埼・ときがわ町）立正院に法度を掲げ、寺中での横合非分の禁止、寺の金貸を保証する事、寺の使役する下人の身分を保証すると申し渡す（東光寺文書・二二四八）。**3日** 北条氏照が安良岡舎人と中山監物に、二日の下野国小袋郷（栃・小山市）の小山勢との合戦で、先勢を務めた忠節を認め感状を与える（安良岡文書ほか・二二四九～五〇）。**5日** 原胤栄が上総国八幡郷（千・市原市）飯香岡八幡宮に法度を出し、同郷を守護不入と定めて新市を立てさせ押買狼藉を禁止させる。殊に近在の郷村に賦課している諸役は前々の如く、その場で納めさせる事。近郷で未進の役を八幡宮内で取り立てる事は禁止する。郷内の商人への諸役免許は保証すると申し渡す。奉者は鵜沢刑部少輔・谷沢貞儀（飯香岡八幡宮文書・二二五一）。**8日** 太田源五郎が岩付衆の内山弥右衛門尉・道祖土満兼・金子中務丞・金子越前守・鈴木業俊に、着到の改定を命じ、弥右衛門尉の場合には、大小旗持ちの足軽・指物した足軽・槍足軽の三人、自身は騎馬武者の一騎三人と軍役を定め、二十日までに急いで準備させる（内山文書ほか・二二五二～六）。**11日** 長尾顕長が木村弥三郎大夫に、下野国足利庄（栃・足利市）七社神領として弥三郎大夫に同国借宿郷・介戸郷（共に足利市）で

7月

二貫六〇〇文を安堵し、当家繁盛の祈禱を依頼する（鑁阿寺文書・群七―三―三〇七三）。**17日** 太田源五郎が岩付衆の道祖土満兼に、八日の軍役着到の改定状に馬鎧の装着を書き落とし、金箔で家紋を据える事と追加訂正する（道祖土文書・二三五七）。**22日** 徳川氏家臣の朝比奈信置が石切左衛門五郎に、北条氏から駿河国に移された左衛門五郎を庇護し、駿河国東方（現在地未詳）石切屋敷内の樹木賦課を禁止する（静岡市片平氏所蔵青木文書・静八―四―一四一九）。**24日** 北条氏直が池田孫左衛門尉に、軍役着到状を与え、知行高一九一貫文に足軽一五人・弓鉄砲侍二人・騎馬武者六人・小者三人の合計二六人、他に扶持給衆として一七七貫文に一騎合一四組（弓足軽四人・槍足軽一〇人と騎馬武者一四人）の二八人、他に鉄砲侍二人の総計五六人の軍役と定め、この着到帳は北条氏政から下された軍役帳を写したと記す（小田原市立郷土文化館所蔵文書・二三五八）。同日、織田信忠・北畠信雄・神戸信孝が近江国安土城（滋・安土町）に参集し、織田信長と武田攻めの作戦会議を開く。**28日** 北条氏直が小机衆の大曾根飛驒守に、軍役着到の改定を命じ、知行高二七貫文に足軽二人・騎馬武者一人・小者一人の総計四人と定める（大曾根文書・二三五九）。

8月

10日 東海地方に大暴風雨が襲来して大被害をもたらす（家忠日記）。**13日** 北条氏政が岡本政秀に、台風による駿河国徳倉城（静・清水町）の被害状況を川の対岸から観測させ、普請の大よその見積りを立てさせる（服部文書・二三九一）。**15日** 北条氏直が伊豆国三島宿（静・三島市）木村某に、大暴風雨で相模国湯本（神・箱根町）から伊豆への箱根道が崩壊したため軍勢の駿河方面への越山に差し障り、万難を排して宿中の者を徴用して箱根道の復旧工事を行わせ、軍勢や小荷駄の通行を確保させる（諸州古文書二四豆州・二三六〇）。**17日** 北条氏直が相模国から武蔵国南部の本国領の栗船・波多野今泉・田名・永田・駒林・鴨志田寺家・広袴の各郷村の代官・百姓中に、代替り検地を施行する替えとして反銭増分を賦課し、米穀納を改定して相当額の黄金・永楽銭・絹布・麻・漆などの有り合わせの物品での納入を許可し、十月晦日迄に完納させる。大暴風雨の被害が北条氏本国領にも及ぶ（鎌倉市甘粕文書ほか・二三六一～七）。**18日** 北条氏政が岡本政秀に、相模国新城（神・山北町）に急いで来て普請に従事させ、総計四〇〇人の人足で五日間の普請工事と決め、遠山左衛門・福島丹波守に断り同城の当番衆にも普請を行わせ、完了した部分と残り分はどの程度かを書面で申告させる（吉田文書・二三九七）。**20日** 武田勝頼が穴山信君に、大暴風雨のため駿河方面の諸城が潰滅的な被害を受けた事や北条氏の安宅船が大破したことへの対応を知らせる（武藤文書・戦武五―三六〇一）。**23日** 北条氏直が大藤政信に、駿河国天神ヶ尾砦（静・沼津市岡宮）で武田勢を討ち取る忠節を認め感状を与える（大藤文書・二三六八）。**27日** 北条氏邦が武蔵国針ヶ谷（埼・深谷市）弘光寺に、荒れ地の仏母院屋敷の地を隠居所に与え、寺中と門前を守護不入とする。奉者は大好寺某（弘光寺文書・二三六九）。**28日** 鎌倉の妙本寺（神・鎌倉市大町）の七面大明神の厨子扉に、修造者に武

9月

蔵国松山（埼・吉見町）の恩田忠重が見える（長興山妙本寺志・大田区史資料寺社二-五二七頁）。
3日 佐竹方の梶原政景が里見氏家臣の岡本元悦父子に、武田勢が伊豆国に侵攻したため北条氏は軍勢を悉く小田原城に集めたと知らせる（武州文書埼玉郡・静八-四-一四二九）。 **9日** 北条氏邦が岡谷隼人佐に、先月九日の東大手（現在地未詳）での忠節を認め感状を与える（北条氏文書写・三九七六）。 **10日** 伊豆国片瀬村奈良本（静・東伊豆町）鹿島大明神を修造し、大工に深沢与五左衛門が見える（鹿島神社所蔵棟札・四九三三）。 **13日** 北条氏直が金沢与五郎・小野沢五郎兵衛に、先月の駿河国沼津の三枚橋城（静・沼津市）宿城の戦いでの忠節を認め感状を与える（漆原文書ほか・二二七〇、四九三四）。 **18日** 伊豆国市之瀬（静・南伊豆町）高根大明神を造営し、本願に吉馬浄心入道、大工に菱沼宗吉郎が見える（高根神社所蔵棟札・四九三五）。 **19日** 高城胤辰が下総国真間（千・市川市）弘法寺に制札を掲げ、喧嘩口論・押買狼藉等を禁止させる（弘法寺文書・二二七一）。 **22日** 北条氏直が伊豆国三島（静・三島市）三島大社護摩堂に制札を掲げ、北条軍の乱暴狼藉を禁止させる（日本大学三島図書館所蔵伊豆文書・三八一七）。 **23日** 北条氏直が武蔵国舞岡（神・横浜市戸塚区）・野葉（横浜市港南区）百姓中に、近年には山角某が使役した現夫四疋を北条氏房に配属する。奉者は安藤良整（東慶寺文書・二二七二）。 **29日** 里見義頼が敵対する里見梅王丸方の小田喜城（千・大多喜町）正木憲時を攻略し、上総国を支配する。天正の内乱が終息する。同日、正木憲時が死没する。法名は和叟道種居士。 **晦日** 上田長則が岡部忠吉・武蔵国松山本郷宿（埼・東松山市）町人中に法度を下し、松山領外の商人と領内の郷村民が本郷宿以外で売買を行う事を禁止し、違反の者は売手の松山領の者は厳罰に処し、買手の荷物は差し押さえる（武州文書比企郡・二二七三）。

10月

4日 北条氏直が酒井康治に、下総国から相模国への運搬船一隻は下総国小弓（千・千葉市中央区）・下曾俄（千葉市中央区）の港に係留し、海上の諸役を一切免除してこの北条家朱印状を証拠に江戸湾を往来させる。奉者は松田憲秀（記録御用所本古文書一一・二二七五）。 **5日** 酒井政辰が上総衆の正木時盛に、同国小田喜城（千・大多喜町）正木憲時が滅びた事を祝福し、上意（北条氏照カ）にも知らせるが、七月中旬から下総国栗橋城（茨・五霞町）に在陣しており、五日の内に帰国するので、その時に報告すると伝える（武州文書秩父郡・四二二八）。 **7日** 北条氏直が岡本政秀に、知行一〇貫文と扶持給五人分の六貫文の合計一六貫文を与え、その内の一二貫文は小机（神・横浜市港北区）棟別銭で斎藤・大村両人から、残り四貫文も両人から支払わせ、普請役等を賦課する（安得虎子一〇・二二七六）。 **10日** 北条氏直が相模国斑目（神・南足柄市）代官・百姓中に、代替り検地の代わりに増反銭を賦課し、米穀の納入を止めて黄金・永楽銭・綿・漆等の物品で納入させ、十一月十日迄に小田原城に完納させる（相州文書足柄上郡・二二七七）。 **13日** 北条氏直が相模国岩（神・真鶴町）百姓中に、鮫追船を二隻新造したため諸役を免除し、違法者は小田原城に告発させる。奉者は江

10月

雲（真鶴町教育委員会所蔵文書・二二七八）。**16日** 成田氏長が京都の歌人の荷月斎（冷泉明融）に、柴島某は懇ろの間柄と聞いており、早々に歌書を受取られたい。当家重臣の田山長幸とも懇ろのため、歌を選び早々に歌書を召し寄せ添削させる（吉羽文書・四二九二）。**17日** 北条氏直が相模国神山（神・松田町）代官・百姓中に、代替り検地の代わりに増反銭を賦課し、米穀の納入を止めて黄金・永楽銭・綿・漆等の物品で納入させ、十一月十日迄に小田原城に完納させる（相州文書足柄上郡・二二七九）。**21日** 北条氏直が伊豆国南江間（静・伊豆の国市）宝成寺に、大聖院殿（北条氏康）証文の如く堪忍分・修理免を安堵し、当寺が断絶しない様に専念させる。奉者は間宮宗甫（北条寺文書・二二八一）。同日、北条氏直が鎌倉の浄妙寺（神・鎌倉市浄明寺）東漸院にも同様に専念させる（相州文書鎌倉郡・二二八二）。同日、北条氏直が小田原城下の松原神社別当西光院に、当社の瑞籬が大破したため二〇貫文を垪和康忠代から支給し、今年中に建立する事、費用が不足なら追加支給すると伝える。奉者は江雲（蓮上院所蔵西光院文書・二二八〇）。**23日** 北条氏直が相模国佐野村（神・横須賀市）百姓中に、同国三崎城（神・三浦市）の普請役を命じ、塀二間分の普請部材を持って来月一日に城内の宝蔵寺曲輪に集まり、二日から普請工事を開始し、完成次第に北条氏規の許可を得て帰村させる（相州文書三浦郡・二二八三）。**25日** 北条氏直が伊豆国大平（静・伊豆市）百姓の宮内隼人に、同国柿木郷（伊豆市）百姓三郎左衛門から訴訟を起こされ隼人が弁明書を出した裁許をし、北条氏の御用でないのに他領（大平領）の山で炭の木を伐採したのは柿木百姓の違法で、大平郷の山は間の一〇里を大平の山として一〇里以外は入会地とし、柿木百姓が伐採しても問題は無く、大平側は文句を言えないと裁許する。評定衆は垪和康忠（伊豆市宮内文書・二二八四）。**29日** 北条宗哲が伊豆国韮山城（静・伊豆の国市）城下の香山寺永明院に制札を掲げ、宗哲家臣の同院での竹木伐採や狼藉を禁止させる。奉者は篠岡某（旧韮山町役場所蔵香山寺文書写・二二八五）。同日、武田勝頼が駿河国沼津三枚橋城（静・沼津市）曾根河内守に、北条方の同国徳倉城（静・清水町）松田新六郎（笠原政尭）が武田方に寝返った事を歓喜し、北条方の獅子浜城（沼津市）の自落の実否を問合せる等の対応策を指示する（山梨市平山文書・戦武五-三六一九）。同日、織田信長が滝川一益に、使者を下野衆の皆川広照に遣わすので相模国へ送り、無事に下野国皆川城（栃・栃木市）に帰着する様に手配し、この旨を北条氏にもよく伝えさせる（皆川文書・神三下-八六七六）。

11月

3日 北条氏政が千葉氏家臣の原親幹に、中村某が帰参し親幹に報告させ、祝儀に蜜柑を贈呈する（原文書・二二八六）。同日、相模国浦之郷（神・横須賀市）雷電大明神を再建し、大旦那に朝倉景隆が見える（新編相模三浦郡・相風五-二三六頁）。**8日** 松田憲秀が下総衆の相馬治胤に、書状により佐竹筋の事を知った謝礼を述べ、武田勢が伊豆表に侵攻したため出馬するが、詳しくは陣中より報告すると伝える（秋田藩家蔵文書二一・二二八七）。**10日** 武田勝頼が上杉景勝に、甲斐国新府城（山梨・韮崎市）が完成した祝儀に三種と酒を贈呈されて謝礼を述べ、北条氏家臣の松田憲秀の次男笠原政尭が駿河国戸倉城（静・清水町）に在城したまま突然に武田方に従属したため出馬し、同国の仕置を行うと報告する（上杉家文書・戦武五-三六三二）。**12日** 徳川家康が皆川広照に、近江国安土城（滋・安土町）織田信長に派遣した使者が帰国するに当たって、東海道は織田・徳川領なので安心して通行する手配をしており、使者は京都の情勢を充分に知っているので、今後も広照とは昵懇にしたいと伝える。北条（皆川）・織田・徳川三者の和睦（皆川文書・静八-四-一四五四）。**13日** 武田信豊が下野衆の佐野宗綱に、佐竹義重諸家との同盟で武蔵・上野方面の軍事行動を早急にして欲しいと懇願し、笠原政尭が突然に武田方に従属したため出馬し、伊豆国はおおよそ武田方の支配となり、北条氏政は駿河国戸倉城を重要支城と据えて奪回に来ると予想されるが、佐野勢も出馬して欲しいと伝える（佐野市福地文書・戦武五-三六三三）。**14日** 北条氏直が某に、武田方への某城の寒天の普請の苦労を慰労して江川（酒）・一種を贈呈する（神奈川県立公文書館所蔵文書・三九六七）。同日、北条氏直が鎌倉の鶴岡八幡宮神人の小池新大夫・追川俊蔵・石井六郎五郎に、軍勢の出陣を止めさせ、天文九年（一五四〇）十二月五日の北条氏綱の証文の旨に任せて鶴岡八幡宮の銀飾りの番役に専念させる。奉者は間宮宗甫（石井文書・二二八八）。**15日** 北条氏直が北見喜右衛門尉・富岡秀長・富永久太夫に、駿河国戸倉城の謀叛は仕方無い事で、詳しくは石巻康敬に伝えたが、戸倉城への向城を構築させ、やがて完成すると伝える（二見文書・二二八九）。**19日** 北条氏直が鎌倉から武蔵国江戸城（東・千代田区）・下総国小金城（千・松戸市）迄の宿中に、伝馬三疋を徳阿（渡辺氏）が使役する事を許可し、無賃の公方伝馬とする（五霞町渡辺文書・三七六五）。**22日** 武田勝頼が上杉景勝に、戸倉城の笠原政尭が従属し、忠節を励んで伊豆国は大半は武田領となり、北条勢が出馬したため勝頼も出馬して二十日には敵陣を攻めたが、北条勢は険阻な要害に立て籠もり、手の下し様も無いが万全の守備はしていると報告する（上杉家文書・戦武五-三六二七）。**25日** 伊豆国岩科（静・松崎町）神明社を修築し、代官に山中政信、鍛冶に斎藤忠守、大工に石河守重、本願に佐藤延重、小代官に木内刑部丞・八木甚左衛門尉、政所（名主）に渡辺高吉が見える（国柱命神社所蔵棟札・二二九三）。**26日** 大道寺政繁が鎌倉の本覚寺（神・鎌倉市大町）に、前々の証文の如く寺中の諸役を免除し、違反者は申告させる（本覚寺文書・二二九〇）。**27日** 小弓足利頼淳が佐竹方の太田資正に、里見義頼と共に武田勝頼への取り成しをする等と知らせる。義頼が北条氏を離反し足利頼淳を守り立てる（潮田文書・戦古一三八三）。**28日** 北条氏照が大藤政信に、注進状が到来して拝見し、政信が駿河国興国寺（静・沼津市）方面に軍勢を遣わして武田方の陣場との往復をし、敵を討ち取る忠節を歓喜して北条氏直に披露すると伝える（大藤文書・二二九一）。同日、北条氏邦が大藤政信に、昨日は政信と面会できた事を喜び、殊に昨夜は忍者を出して武田方の陣場に攻撃を仕掛け、敵を多く討ち取り北条

11月

氏照に差し出した忠節を賞し、今日は小田原城に帰国するので詳しく北条氏直に報告すると伝え、使者に関山某を派遣する（同前・三九二）。 **吉日** 伊豆国仁科庄本郷沢田村（静・西伊豆町）八幡大菩薩の社殿を修築し、神主に山本善左衛門尉、大工に瀬納清左衛門尉が見える（佐波神社所蔵棟札・静八－四－一四六四）。

▼この月、武田方の真田昌幸の上野国沼田城（群・沼田市）城代の海野幸光が、猪俣邦憲の内応工作に乗り、北条方に従属する行動に出るが不発に終わり、その後の城代は矢沢綱頼が務める。

12月

4日 武田勝頼が佐竹義重に、武蔵・上野方面への侵攻に感謝し、伊豆方面の状況を知らせ、北条氏政が同方面に出馬して要害に陣城を構えて籠もっている機会に攻撃を仕掛けるつもりが、決戦にならず無念と伝える（千秋文庫所蔵佐竹古文書・戦武五－三六三〇）。 **5日** 北条氏直が高橋郷左衛門尉に、この度の合戦では鈴木大学助と共に一ヶ所の陣場に入らせる（目黒区高橋文書・三九四）。 **8日** 武田勝頼が小野沢五郎兵衛に、去る十月二十八日に伊豆国韮山城（静・伊豆の国市）に侵攻し、北条氏規と合戦になり、敵を討ち取る忠節を認め太刀と感状を与える（加古文書・戦武五－三六三二）。 **10日** 北条氏直が宇野某に、五日の伊豆国玉川（静・三島市）での武田勢との戦いで三沢帯刀・岡本弾正・長田主水と四人で敵一人を討ち取る忠節を認める（大田区宇野文書・三九五）。 **12日** 北条氏直が磯彦左衛門尉・番衆中に、駿河国大平（静・沼津市）鷲津山城の水曲輪から上の神社境内の木を伐採する事を禁止させる。奉者は垪和康忠（判物証文写北条・三九六）。 **18日** 織田信長が来春の武田攻めの準備を開始し、遠江国牧野城（＝諏訪原城、静・島田市）に兵糧米を搬入する（家忠日記・静八－四－一四七二）。 **19日** 武蔵国小机城（神・横浜市港北区）城代の笠原平左衛門尉が死没する。同日、武田勝頼が伊豆国から甲斐国に帰国。

▼この年、平山重吉が相模国粟船（神・鎌倉市大船）多聞院に茶碗と高台を寄進する（相州文書鎌倉郡・四九三六）。

天正十年（一五八二）・壬午

1月

1日 北条氏照が足利義氏に、年頭の祝儀に布施景尊を使者とし、二荷・五種を進上する（喜連川家文書案・古河市史資料中世編一三六三）。 **12日** 松田憲秀が相馬胤永に、三陽の祝儀に雁と鯉を贈呈され謝礼を述べ、答礼に練絹と下緒を贈呈する（広瀬文書・三九三五）。 **14日** 成田氏長が足利義氏に、年頭の祝儀に一荷・五種・太刀・銭等を進上（喜連川家文書案・古河市史資料中世編一三六三）。 **18日** 千葉邦胤が足利義氏に、年頭の祝儀に豊前左衛門佐を使者とし、太刀・白鳥（酒）を進上（同前・古河市史資料中世編一三六三）。 **19日** 北条氏直が武蔵国鷲宮神社（埼・鷲宮町）神主大内泰秀に、新

2月

年の祈禱に巻数・鯉・鮭を贈呈され、謝礼に太刀を贈呈（鷲宮神社文書・二三九八）。**21日** 高城胤辰が足利義氏に、年頭の祝儀に太刀と白鳥を進上（喜連川家文書案・古河市史資料中世編二三六三）。同日、太田越前守が足利義氏に、年頭の祝儀に一荷・五種を進上（同前・古河市史資料中世編二三六三）。**24日** 北条氏直が鎌倉の月輪院（神・鎌倉市十二所）に、年頭の祝儀に料紙・扇を贈呈され、返礼に太刀を贈呈する（寺院証文二・二三九九）。

1日 北条氏邦が上野国貫前神社（群・富岡市）神主の一宮豊氏に、同社の遷宮式での狼藉を禁止し、違反者は逮捕して武蔵国鉢形城（埼・寄居町）に引き連れ、北条氏当主に披露して重科に処させる（小幡氏所蔵貫前神社文書・二三〇〇）。同日、武田勝頼の重臣の木曾義昌が離反し、織田信長に従属する。**3日** 北条氏政が北条氏邦に、足利長尾顕長と上方（織田信長）からの書状を拝見し、返事は使者で返書すると伝え、武蔵国秩父谷（埼・秩父市）からの注進が不安と告げる（三上文書・二三〇二）。**5日** 北条氏政が北条氏邦に、三日の書状が届き拝見したが、信濃方面の織田信長と武田勝頼の状況を把握したいと伝える（同前・二三〇三）。**9日** 北条氏政が北条氏邦に、同様に伝え、近頃は西国から情報が来ないと伝える（同前・二三〇四）。**15日** 北条氏政が北条氏邦に、上野国金山城（群・太田市）由良国繁からの書状が来て、内密の内容なので氏政が返答しておいた。河辺の人衆を引き立てる事は重要と、直接に北条氏直に申告させる（根岸文書・二三〇五）。**16日** 北条氏政が北条氏邦に、十三・十四日の書状を拝見し信濃方面の状況が正確に摑めない。北条方に駆け入る者は無く、甲斐・駿河の武田勢の備えは十日からは一切聞こえて来ない、なんとしても手を回して敵方の正確な行動を知れば、氏政も軍事行動を起こす事が出来る。西上野の半手郷の者に褒美を与えて情報を聞き出す等の方策をして欲しいと懇願する（武州文書秩父郡・二三〇六）。**18日** 北条氏政が北条氏邦に、十四日の書状が届き拝読したが、自分としては贋情報ではと疑る内容で悩んでいる。何としても今月中には事実が知りたいと要求する（同前・二三〇七）。同日、北条氏政が北条氏邦に、書状を拝見して信濃方面の状況が分かったが、さらに正確な情報を請求する（三上文書・二三〇八）。**19日** 北条氏直が北条氏邦に、十六日の書状が昨日届き拝読したが、信濃口では武田勝頼が敗走しているとの事で、事実を確かめ早急に報告させる（里見氏所蔵手鑑・二三一〇）。同日、北条氏政が北条氏邦に、半手郷の者に人をこちらから派遣して真実を確かめれば確実であろう。境目の者の注進状を見て、そのままの報告では何れを信じていいかも判らない。気を入れて正確な情報を報告せよ。木曾義昌が武田勝頼に敵対した事が確実なら、織田信長が武田領に乱入するは必定で、北条方はどの方から攻めれば良いか判らない。とにかく義昌が勝頼に敵対したのならば、武田勢の防戦は一切不可能で、どの境目から進撃したらよいかは格別の事であるから、正確な情報を摑み報告させる（三上文書・二三〇九）。同日、武田勝頼室の桂林院殿（北条氏政の妹）が甲斐国神山（山梨・韮崎市）武田八幡宮に、夫勝頼の戦勝を

2月

祈願する。ただし当文書は疑問点がある（矢崎家文書・戦武五-三六五九）。**20日** 北条氏政が北条氏邦に、信濃表の状況が把握できたので今日は終日軍議を重ねたが纏まらず、先ずは早々に軍勢を諸口から多摩川まで着陣させるべく飛脚で出陣要請を行い、その内に工夫して西上野か甲斐か駿河かに進撃する方針で、急いで出陣の用意をさせる（三上文書・三三二一）。**21日** 北条氏邦が山崎弥三郎に、上野国三巴川（群・藤岡市）の戦いの忠節を認め感状を与える（山崎文書・三三二二）。**22日** 北条氏政が北条氏邦に、信濃表の情報は氏政からも京都に情報を依頼した。十九日の書状により二十日には諸方に陣触れを発し、五日内に味方衆は小田原城に参集するが進撃路は未確定である。甲斐国に進撃するのは確実で城砦等の築城は一切不要で、信濃国の平地に大軍で進撃するので武田勢の防戦は不可能であろう。織田信忠は十一日に出馬し、滝川一益等の伊勢衆は十二日に出馬したと伊勢の船が来て知らされた。上野方面の情報は重ねて知らせて欲しいが、北条高広には織田信長から服属の依頼は来ないであろう。信長から北条氏直に忠節を依頼されたら早急に出馬するから以前に情報を得たい等と伝える（武州文書秩父郡・三三二四）。同日、北条氏直が小田原城から伊豆国小浦（静・南伊豆町）迄の宿中に、伝馬五疋の使役を許可して馬の飼料道具を届けさせて無賃伝馬とし、相模国土肥（神・湯河原町）・伊豆国熱海（静・熱海市）・同国軽井沢（静・函南町）三ヶ郷には役銭から伝馬賃を支払わせる。奉者は江雲（最勝院文書・三三二三）。**23日** 北条氏照が大石筑前守・横地与三郎・間宮綱信に、普請の事で細谷氏から書状が来て普請工事を急がせよと要求され、奉行衆は普請庭に張付いて急がせる（間宮文書・三三二五）。**25日** 北条氏邦が秩父重国・同心衆中に、この度の出陣に当たっての軍役着到を指示し、秩父衆と一騎合の合計一三九人の員数と武具を指定し、騎馬衆には普請用具も持参させる（彦久保文書・三三二六）。同日、白井長尾輝景が上野国伊香保郷（群・渋川市）の木暮存心に定書を出し、伊香保温泉の湯坪・大滝の管理と酒運上を安堵し、知行三〇貫文を宛行う（伊香保志三・三三二七）。**28日** 千葉邦胤が原胤長に、詫言に任せて下総国印西外郷（千・印西市）を守護不入とし、諸役を免除する（根津文書・三三二八）。**29日** 北条氏政が北条氏邦に、伊豆方面の様子を知り、駿河国徳倉城（静・清水町）で武田勢を五〇〇人も討ち取る功績を飛脚が知らせてきた。夜中には同国三枚橋城（静・沼津市）が自落して吉原（静・富士市）迄も追撃した功績を賞し、何方にも在陣させる（三上文書・三三二九）。同日、武田勝頼重臣の穴山梅雪が駿河国江尻城（静・静岡市清水区）を開城し、徳川家康に降伏する。同日、山角康定が滝川一益に、北条氏政父子が織田信長の信濃侵攻と同時に駿河国に侵攻し、先ず天神ヶ尾砦（静・沼津市岡宮）が自落、二十八日には徳倉城を攻略して武田勢を一〇〇〇人ほど討ち取り、今夜は三枚橋城へ進撃して自落させ、吉原川に追い詰めて討ち捕らえたと報告し、信長への披露を依頼する（近代武将翰墨類聚・四七四〇）。

3月

▼この月、成田家分限帳が作成され家臣一一八三人が見える。
2日 武田方の仁科盛信の信濃国高遠城（長野・伊那市）が陥落する。**3日** 北条氏政が北条氏秀に、二十八日の書状を拝見し同日に駿河国徳倉城（静・清水町）を攻略し、その夜に沼津三枚橋城（静・沼津市）も自落し、昨二日には同国吉原（静・富士市）に進撃した。同国深沢城（静・御殿場市）は一日の夜中に自落し、駿河国を巡る武田勢との抗争は一遍にかたが付いて満足と伝える（湯浅文書・二三二〇）。同日、武田勝頼が甲斐国新府城（山梨・韮崎市）を焼却し、同国岩殿城（山梨・大月市）に退去する。同日、織田信長が武田攻めの配置を定め、関東口は北条氏直と通告する（信長公記）。同日、国分胤政の代官が下総国佐倉城（千・酒々井町）千葉邦胤に出仕して知行割りを受ける（海上年代記・千五-一〇三頁）。**5日** 新田貞俊が相模国飯山之郷（神・厚木市）金剛寺に、同寺の要望で寺山の四至を定めて寄進し、竹木伐採や牛馬の放飼いを禁止させる（相州文書愛甲郡・二三二一）。**6日** 北条氏直が北条氏規に、駿河国金山（静・富士宮市）衆と麓衆に、彼等が北条方の富士浅間大社大宮司の富士信忠に従属したなら早々に出頭させる（竹川文書・二三二二）。同日、北条氏直が太田源五郎に、駿河国さかさはやし之小屋（静・静岡市清水区）の者と布沢之郷之小屋（静岡市清水区）の者を赦免し、北条勢・甲乙人等の違法を禁止させる。奉者は垪和康忠（渡井文書・二三二三～四）。
10日 横地与三郎が武蔵国高尾山（東・八王子市）有喜寺に、高尾山での竹木伐採を禁止させ、北条氏照の材木御用には我等の判物で命令すると申し渡す（高尾山薬王院文書・四二四五）。同日、千葉邦胤が青柳某に、四郎右衛門尉の官途を与える（青柳文書・四四一）。**11日** 武田勝頼と室桂林院殿（北条氏政の妹）等が甲斐国田野（山梨・甲州市）で自害し、武田家が滅亡する。**12日** 北条氏邦が上野衆の真田昌幸に、同国八崎城（群・渋川市）長尾憲景からの書状で武田勝頼が滅んだ事を知り、昌幸や和田信業、箕輪城（群・高崎市）内藤昌月等の箕輪在城衆も北条氏に従属させ忠節を求める（正村文書・二三二五）。**13日** 北条氏規が徳川氏家臣の酒井家次に、書状と大賭筋を贈呈され感謝し、自分は伊豆国韮山城（静・伊豆の国市）に在番し、徳川家康は駿河国江尻城（静・静岡市清水区）に着いた事を知り、今後も御意と音信を得たいと伝える（酒井家旧記五・北条氏文書補遺四二頁）。同日、相模国粟船村（神・鎌倉市）甘糟家所蔵の木牌の表に随岫宝順禅門、裏に甘糟佐渡守平朝臣長俊と見える。長俊の没年か（新編相模鎌倉郡・相風五-七六頁）。**14日** 北条氏邦が上野国柴崎（群・高崎市）牛頭天王社の天王左衛門大夫（高井行重）に、大聖院殿（北条氏康）の証文に任せて上州天王大夫司職を安堵して北条氏直・北条氏邦からの証文を提出させ、斎藤定盛に副状させる（高井文書・二三二六～七）。
18日 真田昌幸が北条氏を離れ織田信長に従属する。**19日** 北条氏直が北条氏邦に、再三の注進状に感謝し、詳しくは大野某の帰路に述べると伝える（三上文書・二三二八）。同日、織田氏家臣の滝川一益が関東管領職に任命され、上野国箕

3月

輪城（群・高崎市）に一万の軍勢で入る。**20日** 北条氏政が甲斐国の織田信長に使者として端山大膳大夫を派遣し、太刀・馬・黄金一〇〇〇両・江川酒を贈呈する（信長公記・小一-六二七頁）。**23日** 織田信長が滝川一益に、上野国を与えて東国への取次に定める。同日、北条氏政が織田信長に米二〇〇〇俵を贈呈する（当代記）。**25日** 由良国繁が伊達氏家臣の遠藤基信に、甲斐国の戦況を報告し、北条氏政父子も織田信長と昵懇で、氏政は信長の許に参府するとの状況を伝える（斎藤報恩博物館所蔵文書・静八-四-一五二五）。**26日** 北条氏政が信濃国諏訪（長野・諏訪市）の織田信長の許に、馬の飼料として米一〇〇〇俵を進上する（信長公記・小一-六二七頁）。**28日** 北条氏政が伊豆国三島（静・三島市）三島大社神主の矢田部盛和に、織田信長の娘を北条氏直の夫人に迎え、関東八ヶ国の大守になる様に祈念し、当社の建立を氏直に助言すると願書を掲げる（三島大社文書・三二九）。同日、北条氏政が清水康英に、板部岡融成からの注進に所存を述べ、三島大社へ願文を掲げる成文を作成したが、本来は国主の北条氏直が作成して掲げるべきであるが、氏直では心許ないので氏政が作成した。神に捧げる撫で物は氏直の物なので、陣中に早く申し上げて欲しいと依頼する（練馬区清水文書・三三〇）。同日、北条氏照が北条氏政の代官として織田信長の許に出仕する（当代記）。**29日** 岩付衆の恒岡資宗・佐枝信宗が牛村助十郎に、武蔵国井草郷（埼・川島町）の名主屋敷を細谷資満の知行に持っている如く井藤平左衛門と相談して半分ずつ抱える事を命じ、今は御領所であるが開拓して田畠を造成させる（武州文書比企郡・三三一）。同日、織田信長が東国仕置きとして旧武田領の国分を発表し、上野国と信濃国二郡は滝川一益に宛行う（信長公記）。月末、北条氏政と織田信長との協定により下野国小山城（栃・小山市）が滝川一益を経て小山秀綱に返却される。

4月

2日 白井長尾輝景が上野国中郷（群・渋川市）双林寺に、寺領として一貫五〇〇文を寄進し諸役を賦課する。輝景が武田氏から北条氏に従属し、同国白井城（渋川市）に復帰する（諸家古案・四四二）。同日、北条氏政が武蔵野で狩りを行い、雉五〇〇羽を織田信長に献上する（信長公記・小一-六二七頁）。**3日** 北条氏政が織田信長に馬や鷹を送るが、気に入られず使者は追い返される（同前・小一-六二七頁）。**6日** 上野衆の倉賀野家吉が下総衆の武田豊信に、上野国箕輪城（群・高崎市）に滝川一益が入城し、同国金山城（群・太田市）由良国繁始め那波・厩橋・深谷・鉢形の面々が一益に従属し、自分には先代から東上野筋の差配を頼まれており、安堵されたと伝える（藩中古文書一二・四九二）。**7日** 北条氏照が武蔵国大河内（東・奥多摩町小河内）百姓中に、甲斐国と武蔵国との境目を確定し、大河内は無論のこと武蔵国の北条領で、都留郡は甲斐国（織田領）に所属するので同郡に逃亡した者は何れも北条領に帰国させる（杉田文書・三三二）。**12日** 甲斐国上野原城（山梨・上野原市）加藤信景とその一族が北条氏に攻められ、武蔵国箱根ヶ崎（東・瑞穂町）で自殺する（新編武蔵多摩郡・武風六-二五一頁）。同日、北条氏政が駿河国に侵攻し、富士郡大宮（静・富士宮市）

5月

周辺に放火する（信長公記）。**20日** 北条氏直が相模国真名鶴（神・真鶴町）代官の石上某に、同地のかつき衆（男の海女）で鰒を上手く剝く者二〇人を二十一日に同国三崎城（神・三浦市）に集め、北条氏規の下知に従って鰒は京都への贈答品なので長く手際よく上品に剝かせ、一〇日間の作業日程の支度で集まれと指示する（五味文書・二三三三）。**24日** 足利義氏が簗田持助に、安西但馬守を使者として派遣され、現状の状況（織田政権の進出）をどの様に判断したら良いかと問い、味方国衆への指南を巡らしても効力が無い。北条氏政父子や北条氏照からも音信が無く、思慮する事無く過ごしていると伝える（静嘉堂本集古文書シ・戦古一〇二八）。**27日** 北条氏直が小田原城下の宮前町町人の賀藤氏に二ヶ条の定書を出し、一、多年に渡り武蔵・上野・上総・下総各国の問屋を経営しており今後も安堵するが、宿場の掃除を綺麗にさせる事。一、貴賤を問わず小田原城下に来た者は即刻に城に来て報告する事、城に入るつてが無ければ門番に書類で渡し、この者が帰った時も申告させる（大井町三島神社文書・二三三四）。

4日 北条氏勝が萩野主膳亮に、北条氏が大蔵屋敷を管理する事に訴えを起こされたため主膳亮に任せ、大蔵の林を育成して樹木を繁らせ、相模国玉縄城（神・鎌倉市）の御用以外には伐採させない事とし、給分については都合の良い時に宛行うが、奏者が違う時には、此の証文を提示させる。奏者は行方直清（陸前萩野文書・二三三五）。**8日** 北条氏直が北条氏光に、相駿国境の防衛に相模国足柄城（神・南足柄市）の当番頭を命じて一四ヶ条の当番衆定書を出し、曲輪の当番は番帳の配置とする。城周辺の山法度を与え駿河国方面の山の管理を厳重にさせる事。城外の普請は北条氏勝に命じたが工事は何処まで進捗したかを絵図面にして報告せよ。駿河方面への出口は通行止めとする。山の範囲を設定し駿河方面に出る番衆は死罪とする。草木伐採では御厨（静・御殿場市）の者とは交渉させない事。小足柄砦と猪鼻砦との通行を止める事。猪鼻砦と足柄城との間の足柄関所への道は玉縄衆の関氏が塞いでいるので通行させない事等を申し渡し、氏光から六〇〇人の軍勢を当番衆として派遣させ普請も命じる（神原文書・二三三六）。**9日** 武蔵国江戸（東・千代田区）城代の遠山直景が江戸・浅草（東・台東区）・葛西新宿（東・葛飾区）から下総国臼井（千・佐倉市）迄の宿中に、伝馬手形を出して出家に伝馬の使役を許可する（武州文書橘樹郡・二三三七）。**13日** 上田長則が松山衆の木呂子新左衛門尉に、武蔵国大塚郷（埼・小川町）の知行を許し、棟別役・反銭・普請人足役は免除しないと鈴木修理亮から申し渡す（岡谷家譜・二三三八）。同日、上田長則が木呂子新左衛門尉に、他人への秘密事項なので前項の如く命じたが、実は棟別役・反銭・普請人足役は免除すると申し渡す（同前・二三三九）。**14日** 千葉邦胤が原親幹に、先年の国分兵部大輔の謀叛には軍勢を派遣して原領を取り戻した忠節を認め、知行として下総国木内庄小見郷（千・香取市）を宛行う（千葉市立郷土博物館所蔵原文書・二三四〇）。**16日** 須藤次□が岩付衆の内山弥衛門尉に、知行役として黄金一分一朱を受取り

5月

受取証文を与える（内山文書・三三四一）。 **23日** 北条氏邦が大道寺政繁に、書状への返答をし、小田原城へはどの程度の番手衆を出しているのか。上野口には番手替えが無く、滝川一益は同国厩橋城（群・前橋市）に在城し、こちらは五日内に大普請役を命じられた。花を贈呈されたが、こちらには花も無く悲惨な実情を察して欲しいと伝える（小田原城天守閣所蔵安居文書・三三四二）。 **25日** 由良国繁が伊達氏家臣の遠藤基信に、上野国の事は北条氏も同意して織田信長に各人から報告しており、関東の事は使者に伝えた等と述べる（斎藤報恩博物館所蔵文書・神三下―八七三〇）。 **26日** 小山秀綱が那須資晴に、去る十八日に北条氏から居城の下野国祇園城（栃・小山市）を滝川一益に渡され、一益から秀綱に譲渡されると聞き満足と伝える（立石文書・三三四三）。同城城主の北条氏照家臣の近藤綱秀が城を開け渡し帰国する。

6月

1日 武蔵国戸ヶ崎郷（埼・三郷市）富士浅間社に、下総国の匝瑳信利が鰐口を寄進する（戸ヶ崎香取神社所蔵・三三四四）。 **2日** 京都の本能寺で織田信長が明智光秀に襲撃されて自殺する。四九歳。法名は総見院殿泰巌安公。同日、皆川広照が宇都宮国綱に、徳川家康から上野国沼田（群・沼田市）の地を北条氏に渡したが、真田昌幸は承知しないとの噂を伝える（小田部文書・群七―三―三三二八）。 **3日** 下総国臼井城（千・佐倉市）原胤栄が下総国山田（千・印旛村）円天寺に、原氏領の山田・平賀（印旛村）・臼井の百姓等の寺家・屋敷・山等の在所と申し来たり、門前を守護不入と定め、寺領は追って寄進すると伝える（常陸遺文タ・三三四六）。 **7日** 北条氏直が紀伊国高野山（和・高野町）高室院に、書状を拝見して国家安全の祈禱を知り喜悦し、筆と硯の贈呈に答礼して太刀を贈呈する（古案・北条氏文書補遺三九頁）。 **11日** 北条氏政が滝川一益に、今日午後に武蔵国深谷の台（埼・深谷市）から狩野一庵宗円の書状で京都の惨事を知らされ、徳川家康からも注進状が連続して届き真実と知った。一益に早飛脚で書状を送るのは、先ずは居城の上野国厩橋城（群・前橋市）を固める事が第一で、北条氏への謀叛の疑念は全く無く、余計な事ではあるが北条氏政父子に何でも相談して欲しいと伝える（高橋文書・三三四七）。 **12日** 北条氏光が座間某に、相模国座間（神・座間市）の知行高二五貫文に足軽二人・騎馬武者一人の軍役着到を懸け、忠節を尽くさせる。奉者は苅部備前守（武州文書都筑郡・三三四八）。 **15日** 北条氏直が甲斐衆の渡辺庄左衛門尉に、同国都留郡に早急に移り、以前の被官や知合いの者を集めて軍勢を整え、同郡内の大小の国衆を北条氏に従属させれば安心で、恩賞は望み次第に任せる。以前の被官や知合いの者も同様で、曾禰昌世は一度は河尻秀隆に従属したが、北条氏に味方する様に誘って欲しいと依頼する。奉者は幸田定治（忍野村渡辺文書・三三四九）。 **16日** 北条氏直・氏邦が上野国倉賀野（群・高崎市）に出陣し、滝川一益と対陣する。 **18日** 北条軍と滝川軍が上野国金窪・本庄原（群・本庄市）で合戦し北条軍が敗走する。 **19日** 再度両軍が神流川で激突し滝川軍が敗走する。同日、奥采女正が死没する。 **20日** 滝川一益が敗走して上野国松井田（群・安中市）に着陣する（行伝寺過去帳・大田区史寺社二-六六七頁）。同日、佐野天徳寺（房綱）が佐竹義重に、滝川一益が上野国和田（群・高崎市）まで出陣したところ武蔵国鉢形城（埼・寄居町）北条氏邦の軍勢と出合い合戦となり、北条勢を多く討ち取ったと報告する（佐竹文書・埼六-二-一一三）。同日、上野衆の和田信業が北条氏に従属する。**21日** 滝川一益が信濃国小諸城（長野・小諸市）に到達する。同日、北条氏邦が岩田河内守に、十八日の神流川の合戦での忠節を認め感状を与える（武州文書榛沢郡・二三五一）。**22日** 北条氏照・氏邦が信濃衆の伴野信蕃に、知行として二万疋の本領の外に同国佐久郡で三ヶ郷を恩賞として宛行い、北条勢が碓氷峠を越える時には先鋒を務めるよう依頼する（武州文書秩父郡・二三五八）。同日、北条氏直が上野国うは島・川島・白井村・大乗寺領・高山遠江守・大戸他に禁制を掲げ、北条勢の乱暴狼藉を禁止させ欠落百姓に還住を命じる。奉者は七通全部が北条氏邦（福島文書ほか・二三五二〜七、四七四三）。**24日** 北条氏政が垪和伊予守に、神流川の合戦で滝川勢を三〇〇〇人も討ち取り、北条氏直の独立の出馬で大勝利を得て歓喜したと伝え、詳しくは幸田定治の口上で述べさせる（垪和氏古文書・二三五九）。**25日** 斎藤定盛が信濃国高島城（長野・諏訪市）諏訪氏家臣の千野昌房に、千野氏一族が北条方に属して、近日に行われる信濃国への侵攻作戦に協力して忠節を尽くせば恩賞は望み次第で、北条氏邦からも内々で約束しており存分に働いて欲しいと伝える（千野文書・二三六〇）。**26日** 北条氏直が北条氏照・氏邦に、信濃衆の大井満安には同国佐久郡の国衆を北条方に引き入れた忠節として志賀・香坂（長野・佐久市）の地を宛行い、もし信濃国内でも忠節を尽くして働けば重ねて望みの知行を宛行うと約束する（小田原城天守閣所蔵文書・四九三八）。同日、滝川一益が関東管領職を断念し、小諸城を発って伊勢方面に退去する。**27日** 羽柴秀吉が尾張国清洲城（愛知・清須市）での会議で織田信秀の後見人となり柴田勝家と対立する。**29日** 北条氏直が上野国一宮（群・富岡市）に禁制を掲げ、北条勢・甲乙人の郷内での乱暴狼藉を禁止させ、欠落百姓を還住させる。奉者は北条氏邦（松井文書・二三六三）。同日、北条氏直が北条氏邦に、陣中に来る伝馬は上野国安中（群・安中市）領内では異議無く賦課させる（須藤氏所蔵安中宿本陣文書・二三六二）。

7月

2日 長尾顕長が下野国足利（栃・足利市）鑁阿寺威徳院に、病気の回復を祈念して、祈禱の翌日には治った事に感謝する（鑁阿寺文書・群七-三-三四七）。**3日** 徳川家康が遠江国浜松城（静・浜松市中区）を出馬して甲斐国に侵攻する。**5日** 北条氏邦が上野国和田山（群・高崎市）極楽院に定書を出し、前々からの知行分を安堵し、横合非分の者は逮捕して陣下に申告させる。奉者は猪俣某（極楽院文書・二三六四）。**7日** 北条氏直が江戸衆の島津左近太夫・伊丹政富・中条出羽守に、北条氏秀が重病のため武蔵国江戸城（東・千代田区）で療養させたく、代わりに三人を下総国関宿城（千・野田市）の在番頭に任命し、九日には発って十日には着く事と命じ、氏秀の被官等と相談して氏秀を江戸城に帰

7月

らせる（小田原編年録附録四・二三六五）。同日、北条氏照・氏邦が樋口杢左衛門尉に、信濃国高島城（長野・諏訪市）の高島衆への使者を務め、諏訪頼忠を北条氏に従属させた功績を認め知行を宛行う（児玉文書・二三六六）。**8日** 太田源五郎が死没する。一九歳。法名は広徳寺殿功林宗勲大禅定門（伝心庵過去帳・北区史一‐三八〇頁）。**9日** 北条氏直が信濃衆の日置五左衛門尉に、真田昌幸の許に使者に立ち昌幸を参陣させた功績を賞し、西上野小島郷（群・高崎市）を宛行う。奉者は北条氏照・北条氏邦（長国寺殿御事蹟稿四・二三六七）。同日、徳川家康が甲斐国府中（山梨・甲府市）に着陣する。**初旬** 真田昌幸が芦田・香坂・小笠原等の信濃衆と談合し、北条氏に使者を送り従属を伝える。**11日** 北条氏邦が上野国和田山（群・高崎市）極楽院に、前々の如く知行分と寺領を安堵し、北条家朱印状の発給を約束する（極楽院文書・二三六八）。**12日** 北条氏直が信濃国海野（長野・東御市）に侵攻し、ついで梶ヶ原に着陣する。**13日** 松田憲秀が諏訪氏家臣の千野昌房に、信濃国福島城（長野・木曾町）木曾義昌が北条氏直に和睦を申し入れた事に謝礼し、高島城の諏訪頼忠が徳川勢の侵攻を撃退して平静になり、次には信濃西部の国衆等の従属に協力を依頼する（市原市千野文書・二三七三）。同日、北条氏直が信濃衆の諏訪頼忠と千野昌房、甲斐衆の井上善九郎・高見沢但馬守一族・藤島甚兵衛等に、従属した忠節により知行を宛行う。奉者は北条氏照・氏邦と埒和康忠（同前ほか・二三六九〜七二）。同日、真田昌幸等の信濃国衆一三頭が北条氏直に出仕し従属する。**14日** 北条氏照が古河公方家臣の豊前左衛門佐に、十二日に下野国小山城（栃・小山市）に当番衆として派遣され守備したため、佐竹勢が侵攻できず満足と伝える（京都大学総合博物館所蔵古文書纂三〇・二三七五）。**15日** 北条氏直が上野国中山城（群・高山村）赤見綱泰に、忠節により望みの知行を宛行うと約束し、人名簿を提出させる（赤見文書・二三七六）。**18日** 北条氏邦家臣の黒沢繁信が上野国金山（金掘衆）各衆中に、昨日は氏邦に使者を派遣して従属した事を認め、知行証文を発給すると約束し、北条氏直は十二日に信濃国海野に進撃し、十三日には真田・高坂・潮田等の国衆一三頭が従属してきたので信濃国の平定は完了した。五日の内には甲斐国に侵攻するので支度をし、北条勢が同国萩原（山梨・塩山市）に着陣したら早々に出仕して欲しい。昨日には知行宛行状を氏直に申告したと伝える（甲斐国志一二一・二三七七）。**19日** 徳川方先鋒隊の酒井忠次が諏訪高島に着陣し、諏訪頼忠が北条氏に支援を要請し、北条氏直が信濃国諏訪郡へ進撃する。**20日** 北条氏直が上野衆の富岡秀長に、信濃国への侵攻に参陣しない事を問い詰める（富岡家古文書・二三七八）。**23日** 北条氏直が信濃衆の柳沢孫右衛門尉に、先陣を務めた忠節を認め知行を宛行う。奉者は埒和康忠（松本市柳沢文書・二三七九）。**24日** 北条氏政が岡本政秀に、相模国津久井城（神・相模原市緑区）の城普請の見積書と施工方法の不備を激怒し叱責する（岡本氏古文書写・二三八一）。**25日** 北条氏直が甲斐衆の渡部左衛門尉に、先の武田家の証文の如く知行を安堵する。奉者は板部岡融成（増穂村渡辺文書・

8月

二三八二)。 **26日** 北条氏直が上野国沼田城(群・沼田市)在城の真田氏家臣の矢沢頼綱・大熊重利に、真田昌幸が北条氏に従属した時に人質を差し出した忠節を認め、信濃国奥郡で知行を宛行う。奉者は北条氏照(矢沢文書ほか・二三八三〜四)。 **28日** 北条氏直が信濃国岩村田(長野・佐久市)龍雲寺に、前々の如く寺領と末寺を安堵する(龍雲寺文書・二三八五)。同日、北条氏邦が上野衆の赤見山城守に、前々からの本領を安堵し、直参として奉公したい意向を認め忠節を求める(師岡家略系・二三八六)。この頃、北条氏政が長尾憲景に、炎天の時に小田原城に参府して嫡男鳥房丸(のち政景)を人質に差し出した忠節を賞賛し、北条氏直も懇意にすると伝える(伊佐早文書一一・二四七三)。

1日 北条氏直が武蔵国与野(埼・さいたま市中央区)立石甚右衛門・百姓中に、今月晦日迄に今年の一〇分一銭を、岩付衆の恒岡資宗・佐枝信宗・立川某に届けさせる(立石文書・二三八七)。同日、武蔵国上中里(東・北区)宗伝寺稲荷社に鰐口を寄進し、作者に同国稲毛郷渋口(神・川崎市高津区子母口)遅川兵庫助が見える(武州文書巻末古器物・四九四〇)。同日、佐竹方の梶原政景が里見氏家臣の岡本元悦に、北条氏の上杉勢は信濃国川中島(長野・長野市)に在陣し、徳川家康は甲斐国甲府近くに進撃したと報告する(武州文書埼玉郡・千四-五三五頁)。 **6日** 北条方の保科正直が諏訪氏家臣の矢島忠綱に、北条氏直が信濃国諏訪神社(長野・諏訪市)神前で戦勝を祈願し、御玉会と護符を贈った事を伝える(矢島文書・神三下-八七六二)。同日、この頃に北条氏直が甲府に入り甲斐国若神子(山梨・北杜市)に着陣する。 **8日** 北条氏邦が上野衆の赤見山城守に、先年には北条氏康に忠節を尽くして上野国で知行を宛行うとの証文を確認し、帰国の上で改めて宛行うと約束する(師岡家略系・二三八八)。 **9日** 北条氏邦が諏訪神長官の守矢信真に、北条家の安泰の祈禱を依頼し、氏邦へも諏訪頼忠に祈禱の施行を依頼したく仲介を申し込む(守矢文書・二三八九)。 **10日** 北条氏直が甲斐国若神子に在陣、徳川家康は新府(山梨・韮崎市)に在陣して長期の対陣となる。 **初旬** この頃に織田家旧臣の小笠原貞慶が北条氏に従属する。 **12日** 山角四郎右衛門が死没する。法名は孺性禅定門。同日、間宮康信が死没する。四二歳。法名は宗安。同日、高城胤辰が某に、留守中の祈禱に感謝し、甲斐国若神子に北条氏直が在陣、徳川家康は本府中(山梨・甲府市)に在陣し、新府中(山梨・韮崎市)にも徳川勢は三〇〇〇人程の軍勢がおり、両陣の間は七里程で毎日鉄砲の撃ち合いをしている。徳川勢は無衆で北条勢は大軍で上野・信濃・甲斐の国衆等は北条方に味方し、間もなく勝利するだろう。下総衆は先衆として活躍したと報告し、戦勝の祈禱を依頼する(甲斐国志一二一・二三九〇)。同日、北条氏忠が相模国西部から甲斐国都留郡に進撃し、同国黒駒(山梨・笛吹市)で徳川勢の鳥居元忠・水野勝成と合戦に及び大敗し、若神子在陣の北条氏直の救出計画が頓挫する(家忠日記)。 **13日** 北条氏直が長尾輝景に、父憲景から輝景に家督を譲渡した祝

8月

儀に太刀・銭・馬と一種・三荷を贈呈され謝礼し、北条氏邦から口上で述べさせる（上毛伝説雑記拾遺三・二五六三）。**14日** 徳川氏家臣の阿部正勝等が本多重次に、伊豆国網代城（静・熱海市）を攻略し、甲斐国黒駒合戦の打首を北条勢の前に懸ければ北条軍は恐れて一両日中には敗走するであろう。また北条氏照を生け捕りにして京都に送るのは良い計画等と伝える（譜牒余録三三・静八‐四‐一五六〇）。**15日** 北条氏直が原主水佑・弥一郎兄弟に、前々の如く知行分を安堵し軍役を賦課する。奉者は北条氏照（漆原文書・二三九二）。**16日** 北条氏政が岩付衆の太田輝資・春日景定に、信濃方面の戦況が不利なのを心配した板部岡融成への書状を拝見した。北条氏直は七日に上野国箕輪原（群・高崎市）に進撃してから全く動きが無く、不審千万である。徳川家康と対陣するなら信濃国の土地に対する勘が無い事から、よくよく調査させてから甲斐国へ打ち入るしかない。この侵攻にもしも武具などが無いならば請求せよと伝える（西村文書・二三九三）。同日、武蔵国松山城（埼・吉見町）上田長則が本郷宿（埼・東松山市）町人衆に、山の根や他郷の商人が本郷宿から荷物の出荷を止めないなら荷物や馬を差押え、それでも止めないなら違反者は処刑せよと申し渡す。奉者は岡部越中守（松村氏旧蔵文書・二三九四）。**17日** 北条氏政が原胤栄に、甲斐国若神子で徳川家康と対陣する北条氏直への北条氏の滅亡に瀕する危機感を抱き、加勢として分国中の男を狩り集めて出陣させる事に決定し、氏直は甲府の徳川方の陣場とは三〇里程の距離に在陣しており、戦局に進展が無いから氏政が出馬して背後を攻めれば敵を撃破出来るであろう。手配でき次第、氏政の許に参陣する事。緊急事態であるから武具等は綺麗な必要は無い。下総国佐倉（千・酒々井町）の中村と共に参陣する事。この時に普通の様に油断して構えていたなら只では済まないと申し渡す（喜連川町佐野文書・二三九五）。同日、諏訪氏家臣の守矢信真が徳川家康に、諏訪神社で戦勝の祈禱を行う。諏訪頼忠が北条氏から徳川家康に従属（守矢文書・神三下‐八七六九）。**18日** 北条氏政が大藤政信に、斥候での忠節を喜悦し、今後は大切な情報は北条宗哲に書状で伝えさせる（大藤文書・二三九六）。**中旬** 真田昌幸が北条氏に従属したものの、嫡男信幸に矢沢綱頼を付けて上野国岩櫃城（群・東吾妻町）に入城させ、吾妻領と沼田城（群・沼田市）の確保を指令する。**21日** 北条宗哲が駿河国泉郷（静・清水町）に禁制を掲げ、当郷の作毛を刈る事を禁止させる（贄川氏旧蔵泉郷文書・一四〇）。同日、北条氏邦が山崎弥三郎に、徳川勢との戦いでの忠節を認め二一貫余文を宛行い、さらなる戦功を励ます（新編武蔵秩父郡・二三九八）。同日、里見義頼が上野筑後守に、北条方への加勢に甲斐国御坂城（山梨・笛吹市）に長期に在陣した苦労に感謝し、去る十二日の黒駒合戦では里見勢には被害が無く喜悦したと伝える（高橋文書・松田氏関係文書集一〇八頁）。**22日** 北条氏直が河田新四郎・某・山本与太郎に、さる十七日の甲斐国北谷（現在地未詳）合戦での忠節を認め感状を与える（秩父市立図書館所蔵新井文書ほか・二三九九〜二四〇一）。**25日** 北条氏直が諏訪神社の守矢信真に、神前での戦勝祈願

9月

に感謝し、御玉会・守符の到来に謝礼する（守矢文書・二四〇四）。同日、北条氏政が寒松斎に、陣場の護りを固めて徳川勢の一万人に対し油断しないで欲しいと依頼し、詳しくは使者の江雲から述べさせる（相州文書淘綾郡・二四〇三）。**26日** 北条氏邦が諏訪神社の守矢信真に、戦勝祈願に感謝し、御玉会・守の贈呈に謝礼する（守矢文書・二四〇五）。同日、織田信孝が木曾義昌に、昨日は徳川家康が来て、北条氏直を取囲んで討ち果たす事は眼前で、信濃国伊那口へ軍勢を出さず、駿河国沼津（静・沼津市）三枚橋城に差し向けて欲しいと伝える（木曾考・静八-四-一五六六）。

▼この月、徳川方の駿河国沼津城の本多重次が伊豆国韮山城（静・伊豆の国市）を攻める（寛政重修諸家譜）。

1日 黒沢繁信が下野国足利（栃・足利市）鑁阿寺衆中に、北条氏邦への書状を拝見し、以前は同寺を守る事も無く朱印状も出さず、近国の軍勢が軍法を無視して荒れさせていたが、今後は僧侶を置いて管理させる事。繁信は武蔵国鉢形城（埼・寄居町）に留守居として行くから鑁阿寺の事が心配で、昨日は着陣したから御用の事は相談すると伝える（鑁阿寺文書・四一一八）。**6日** 北条氏政が内藤大和守や伊豆衆の磯彦左衛門尉・宇野監物に、北条氏に駆け込んできた者の口上を聞き、詳しくは先の書状で述べた。二十六日の合戦の模様は度々飛脚で知らされたが、信用出来ないと伝える（青木文書・二四〇七）。**8日** 千葉邦胤が加世四郎左衛門尉に、知行として下総国海上郡の石毛五郎三郎の給分全てを宛行う（旭市文書館寄託加瀬文書・二四〇八）。**9日** 北条氏直が信濃国禰津（長野・東御市）領分に、北条軍の物資確保のため近在の商人を集めて市場で商売をさせ、市場の法規は売手・買手の存分に任せ、路次の事は関銭・諸役を免除する。奉者は垪和康忠（記録御用所本古文書四・二四〇九）。同日、上野国大胡城（群・高崎市）大胡高繁が同国三夜沢（前橋市）赤城神社神主の奈良原紀伊守に、伊勢房の祈念に永楽銭一貫文を寄進し、前々の如く紀伊守父子に社人衆の知行・公事を任せる（奈良原文書・二四一〇）。**12日** 北条氏直が大草休斎に、軍勢を信濃国に派遣し早々と忠節を尽くした事を賞し、北条氏邦から副状を出させる（高坂文書・二四一一）。**13日** 徳川家康が下野衆の宇都宮国綱に、北条氏政が和睦を申し出ても羽柴秀吉・丹羽長秀・柴田勝家等が信濃方面に侵攻して来るので、和睦には応じないで欲しいと依頼する（宇都宮家蔵文書・神三下-八七八七）。同日、北条氏政が風間出羽守に、戦況が好転し絵図面で確かめた。信遠国境の徳川方の山家三方衆を多く討ち取り信濃国は残す所無く平定した。小田原城へは毎日軍勢が到着し、軍略を巡らしてから出馬する事と申し渡す（佐藤文書・二四一二）。**17日** 北条氏直が動衆（出陣する軍勢）中に、出陣の忠節が終われば知行として甲斐国小尾郷（山梨・北杜市）を宛行い、褒美と贈物も与えると約束する。奉者は北条氏邦（臆乗鈔一一・四九四二）。**18日** 上野国松井田城（群・安中市）城代の大道寺政繁が同国大戸城（＝手子丸城、群・東吾妻町）大戸（浦野）民部右衛門尉に、先の屋敷分の事は北条氏直に伝えるから同国箕輪城（群・高崎市）城代の内藤昌月は、思う事があれば判物を貰っ

9月

ておいて欲しい。状況によっては松井田城に移ってもらう事にもなると伝える（新編会津風土記六・二四一三）。**19日** 北条氏邦が岩田玄蕃頭に、武蔵国滝上（埼・長瀞町）河端屋敷と同国金尾山（埼・寄居町）の養父岩田彦次郎屋敷跡を安堵する（岩田文書・二四一四）。同日、武蔵国下一分方（東・八王子市叶谷町）鵜森神社住吉宮を再建し、北条氏照と大工で飛騨国の竹田左仲が見える（武蔵名勝図会七・四七四五）。**20日** 北条氏直が甲斐衆の大井河内守に、望みに任せ知行として同国松尾分等で七〇〇貫文を宛行う。奉者は北条氏邦（武州文書豊島郡・二四一五）。同日、相模国新城（神・山北町）北条氏忠が安下通・諸役所中に、甲斐国川口（山梨・富士河口湖町）の御師の浄坊が旦那廻りとして武蔵国に来るので安下（東・八王子市）通りの諸関所に馬・人三人の通行を許可させる（甲府市渋江文書・二四一六）。**22日** 北条氏直が上野国下室田（群・高崎市）長年寺に禁制を掲げ、寺中・門前の諸役免除、寺山での竹木伐採と牛馬の放牧の禁止、境内での乱暴狼藉の禁止等を申し渡す。奉者は相良左京（長年寺文書・二四一七）。**23日** 北条氏忠が峰坊に過所を与える（渋江文書・戦北月報二-五頁）。**27日** 北条氏邦が信濃国法性宮上房に、戦勝祈願を依頼して成就し、守・巻数の贈呈に感謝して今後も祈禱を依頼する（如法院文書・二四一九）。**28日** 徳川家康が加津野（真田）信昌に、真田昌幸が北条氏を離反して徳川氏に従属した事は信昌の取成しと感謝する（譜牒余録後編一七・群七-三-三一八二）。**晦日** 北条氏政が石巻康敬に、書状が到来し下野国足利城（栃・足利市）長尾顕長に返書した。顕長と上野国金山城（群・太田市）由良国繁に情報を伝えるため、康敬の所では遠回りになり早飛脚を両所に遣わした。佐竹勢が同国館林城（群・館林市）に進撃しているとの事で真実ならば加勢を派遣する。油断無く小田原城に報せよと命じ、康敬も斥候を五人ほど館林城に配備して毎日佐竹勢の動きを報告させる（広井文書・二四二〇）。同日、北条氏直が牛込勝行に、上野国大胡（群・前橋市）周辺の領有が進み感謝し、鉄砲の火薬を贈呈する。御用の時は北条氏照に申告させる（高橋文書・二四二一）。

10月

1日 北条氏直が甲斐衆の藤巻市右衛門尉に、望みに任せて知行として同国神取郷（山梨・北杜市）他で一七〇貫文と夫丸を宛行う。奉者は垪和康忠（山梨市藤巻文書・二四二三）。**3日** 北条氏直が信濃国慈雲寺（長野・下諏訪町）に掟書を出し、寺内での狼藉の禁止、門前と寺領・末寺の安堵を申し渡す。奉者は垪和康忠（諏訪市矢島文書・二四二五）。同日、北条氏直が信濃衆の禰津昌綱に、望みに任せて知行として甲斐国手塚（現在地未詳）他で三七〇〇貫文を宛行う。奉者は北条氏邦（禰津文書・二四二四）。同日、武蔵国松山城（埼・吉見町）上田宗調（朝直）が死没する。六七歳。法名は光賢院殿宗調（浄蓮寺過去帳）。**6日** 柴田勝家が堀秀政に、織田信長亡き後の甲信両国では徳川家康と北条氏直が勝手に領土獲得戦を行い、特に北条氏は生前は信長に従属していたが、没後は織田方と断絶して許せないから直ちに攻め崩してしまえば、信長への弔い合戦になろう等と伝える（南行雑録・神三下-八七九五）。**8日** 北条氏政が甲斐衆の渡辺三河守に、本領を安堵し、恩賞は先の忠節で知行を宛行うので北条氏直の帰国まで待つ様に伝える（甲斐国志草稿・四九四二）。**10日** 北条氏政が芹沢玄蕃に、駿河国須山（静・裾野市）の往来で敵を討ち取る忠節を認め、恩賞を約束して太刀を贈呈する（御殿場市芹沢文書・二四二九）。**11日** 北条氏政が北条氏邦に、信濃国佐久郡の国衆等が従属して証人を出しているのか。これにより離反した真田昌幸に集まる国衆等も散る事となる。先の予見を見越さず速やかに味方に付ける様に誘う事。上野国倉内（群・沼田市）・岩櫃（群・東吾妻町）表の城砦は仕方無く、そのままにしていると初めて聞いたが、この戦いに有効になるならば衆議して手当てせよ。真田昌幸の離反の事は納得した。同国国峰城（群・甘楽町）小幡信真が従属したのは満足である。佐竹義重が同国館林城（群・館林市）に侵攻し、同城には軍勢が居ないので宇野監物・磯彦左衛門尉等が飛脚を派遣しているが、由良国繁・長尾顕長が堅固に防戦し安心して欲しい。従属した国衆からの礼物は細かく報告して欲しい等と伝える（金室文書・二四三〇）。**12日** 北条氏光が小田原城下の板橋（神・小田原市）妙安寺に判物を出す。当文書は断簡で本文は未詳（古文書花押写六・北条氏文書補遺四三頁）。**14日** 北条氏直が上野衆の和田信業に、長陣になるので在所から陣中への小荷駄の運送には寒天の夜の警護として信濃国海之口城（長野・南牧村）に軍勢を配置せよ。三日の内には小田原城から軍勢を派遣して小荷駄の集積場所を確認させるため垪和伊予守を遣わす。北条方の諸軍勢は小荷駄の往復で大変だが、小田原衆が着陣するまで軍勢を出して警護して欲しい。明日の払暁には陣場を発ち、弓・鉄砲衆に六騎の騎馬武者を付けて派遣せよ。小旗は必要なく、この軍勢には小荷駄を付けず三日分の腰兵糧で良いと指示する（景勝公御書一八・北条氏文書補遺三〇頁）。**22日** 北条氏直が上野国大戸城（群・東吾妻町）大戸（浦野）真楽斎に、真田昌幸の謀叛は前から覚悟の事で仕方無いが、信濃国佐久郡の仕置きは北条綱成に五〇〇〇余の軍勢を付けて守備させ安心して欲しい。大戸衆は周辺の国衆と相談して上野国吾妻方面に移動して活躍してもらいたい。詳しくは北条氏邦から述べさせる（富田文書・二四三三）。同日、北条氏直が信濃衆の禰津昌綱に、真田昌幸が手切となり十九日には昌綱の在所に攻撃を仕掛けてきたが撃退したと同国小諸城（長野・小諸市）から報告された。室賀一葉斎からの注進では同国奥郡の国衆は居なくなり、共同していないから徳川方の敗北は間も無いと伝える（禰津文書・二四三四）。**23日** 北条氏勝が玉縄衆の萩野主膳亮に、大蔵給を宛行い、軍役を相違無く務め、小代官も前々の如く勤めさせる。奏者は行方与次郎とある（萩野文書・二四三五）。**24日** 北条氏直が北条綱成・垪和伊予守に、昨日の書状を拝見して反北条方の信濃衆の依田信蕃・真田昌幸が協力して伴野（長野・佐久市）と小諸の間に軍勢を出してきて仕方無いが、油断せず近辺の味方衆が気落ちしない様に備えて欲しい。自分勝手な判断は禁物で、細かく敵の陣場の様子を偵察し報告する事。佐久方面の状況が判らず仕方無いが、味方衆が気落ちしない様に備えさせる（田中文書・二九八三）。同日、北条氏政が古河公方家臣の芳春院（松嶺昌寿）に、敵（佐竹勢カ）が逆川（埼・鴻巣市カ）に侵攻し下総国古河城（茨・古河市）に進撃してくる事が心配である。五日前に敵が出馬したとの噂で、万一その方面に侵攻したら武蔵国忍城（埼・行田市）成田氏長・羽生城（埼・羽生市）北条氏照配下の軍勢と川辺に陣取る足軽衆を即刻派遣するので、必ず古河衆は参陣して欲しい。今日は武蔵国小机（神・横浜市港北区）衆を出陣させた。詳しい状況を知らせて欲しいと頼み、この事を足利義氏に披露させる（秋田藩家蔵文書三八・二八七四）。同日、徳川家康が北条氏規に起請文を掲げ、両家の和睦には何事も氏規の進退の事は見放さないと神懸けて誓う（神奈川県立歴史博物館所蔵北条文書・四九二）。**25日** 北条氏直が禰津昌綱に、忠節に感謝して信濃国海野領で四〇〇〇貫文を宛行う。また、女中方を上野国松井田城（群・安中市）に移した忠節を感謝し扶持給を与える。奉者は共に北条氏邦（禰津文書・二四三六〜七）。同日、北条氏直が猪俣邦憲に、真田勢の動きで信濃国内山城（長野・佐久市）の上信国境の地が焦点となり、そこに移らせ防備させる。奉者は垪和康忠（根岸文書・二四三八）。同日、北条氏政が里見氏家臣の上野貞国に、北条方への加勢として際限無い長陣に加え、甲斐国御坂城（山梨・笛吹市、富士河口湖町）という遠方の寒天の城に籠もり、苦労を強いた事を詫び、御坂城の普請は完成し、仕置きを城将の北条氏忠に申し付け相談させる（館山市立博物館所蔵上野文書・二四三九）。**26日** 北条氏政が甲斐衆の小山田十郎兵衛に、年来の知行分を安堵し、北条氏直が帰国したら改めて証文を出すと伝える（沼津市柏木文書・四九八三）。同日、北条氏直が樋口木工左衛門尉に、知行として甲斐国小井沢郷（山梨・笛吹市）二一〇〇貫文と信濃国諏訪塩尻（長野・塩尻市）の地を宛行い、忠節を尽くさせる。奉者は北条氏邦（坂城町児玉文書・二四四〇）。**27日** 徳川家康が依田信蕃に、京都方面から織田信雄等の注進で動乱が激発しており、亡き織田信長の厚恩を思って、先ずは北条氏直と和睦すると伝える（譜牒余録四五・徳川家康文書の研究上-三八四頁）。同日、徳川家康が佐竹方の梶原政景に、甲斐国若神子（山梨・北杜市）で北条氏と対陣しており音信不通を詫び、前項と同様の理由で、先ず北条氏と和睦すると伝える（養竹院文書・埼六-二-一一七四）。同日、北条氏直と徳川家康が和睦して三条件を交換し、一、信濃国佐久郡と甲斐国都留郡は徳川領とする事。一、上野国は北条領とするが、沼田領は真田氏領と認め、代替地を家康から出す事。一、徳川家康の次女督姫を氏直の正室にする事で妥結する。**28日** 徳川家康が水谷勝俊に、北条氏直との和与は織田信長の提唱した惣無事の実現と喜び、結城晴朝にも説得せよと伝える（記録御用所本古文書一二・記録御用所本古文書下-二二九）。同日、井伊直政が和睦に関して六ヶ条の覚書を認め、一、北条氏政が誓句の起請文を認め徳川家康に渡した。一、佐竹義重・結城晴朝に飛脚を派遣し、北条氏照が奏者を務める事。一、小田原城へ飛脚を派遣する事。なお最後の別条目に大久保忠世が小田原城に使者に向かえば、北条氏規は一生恩に報いるだろうと氏政が言ったとある（木俣文書・埼

11月

六二一二七六)。同日、北条氏邦が上野国沼田領(群・沼田市)の真田方諸城を攻め、同国森下(群・昭和村)で北条氏邦勢と真田勢が合戦する(林文書ほか)。

5日 北条氏直が上野衆の倉賀野家吉に、大道寺政繁を信濃国小諸城(長野・小諸市)城代に任命し、上野衆に当番衆を命じ、家吉には軍勢二〇人を選抜して同城の当番衆を務めさせる(大阪城天守閣所蔵宇津木文書・二四四一)。**6日** 北条氏照が下総衆の国分胤政に、小諸城への長期の在城の苦労に感謝し、番所を大道寺政繁に渡して本拠に帰った事に満足と伝える(佐原市大戸神社文書・二四四二)。**8日** 大道寺直昌が大戸(浦野)民部少輔に、帰国の時に病気であったが養生する様に伝え、貸した軍書についての返却方法を述べる(新編会津風土記六・四一五八)。**12日** 北条氏直が須田勘丞・須田弥七郎・狩野大学助に、先月二十七日に真田氏の沼田衆が上野国津久田城(群・渋川市)に侵攻し合戦となり、忠節を認め感状を与える(須田文書ほか・二四四三〜五)。同日、松田憲秀が里見氏家臣の上野貞国に、甲斐国御坂城(山梨・笛吹市、富士河口湖町)での苦労を察して慰労し、徳川家康との和睦が締結されたので今日は武蔵国に馬を収め、三日の内に帰宅できると知らせる(高橋文書・二四四六)。**13日** 幸田定治が上野貞国に、帰国の際に小田原城で面会したいと伝える(館山市立博物館所蔵上野家文書・二四四七)。**22日** 北条氏直が上野衆の一宮豊氏に、信濃国へ出陣した苦労を慰労して蜜柑を贈呈する(大坪文書・二四四八)。**24日** 北条氏直が垪和康忠に、甲斐衆の藤巻氏の麻生(山梨・中央市)の知行は、先ずは相模国小稲葉(神・伊勢原市)に替えて知行させ、住居は追って宛行うと約束する(藤巻文書・四七四六)。同日、伊豆国法船長浜番肴役銭書立には大川隼人に、番肴銭・網度銭・節季銭他で合計二貫五九四文を計上し、米では二石九斗で伊豆国長浜(静・沼津市)納所に納めさせる(国文学研究資料館所蔵長浜大川文書・四九四三)。

28日 由良国繁の嫡男氏繁が死没する。一六歳。

▼この月、上野衆の北条高広が北条氏直から離反する。

12月

2日 北条氏政が上野衆の長尾憲景に、去る秋に北条氏に味方したとの書状を拝見し、自分は家督を嫡男北条氏直に譲って隠居し二、三年経つと述べ、書状と馬・鮭の贈呈に喜悦する(伊佐早文書一一・二四四九)。**5日** 箱根権現縁起絵巻奥書に作者は荻野玉月斎政家と見える(山北町平井家所蔵・山北町文化財調査報告書六三頁)。**6日** 中資信が死没する。

7日 北条氏政が岡部房忠に、長尾顕長が小田原城に在府し始終一貫して様子を相談しており、北条氏からも使者を遣わして説明させている。今後の事は氏政が証人になるならと納得したと伝える(武生市岡部文書・二五九六)。同日、梶原政景が里見義頼に、先頃は佐竹義重が上野国に侵攻した事を知らせ、それは北条氏直が武力で信濃国を奪おうとしたからで、それが、近日には徳川家康から使者が来て北条と徳川が和睦し、双方共に帰国したと報告された。その様子は里

12月

見氏の加勢が帰国したら詳しく聞けるであろう等と伝える（紀伊国古文書所収藩中古文書・千四-四〇八頁）。**9日** 北条氏直が武蔵国奈良梨（埼・小川町）に七ヶ条の伝馬掟を下し、三ヵ年間は伝馬は一日に三疋、北条氏の出馬の時は一〇疋にする事、伝馬手形を良く確認してから伝馬役を務める事等を申し渡す（鈴木文書・二四五〇）。**14日** 北条氏直が高城胤則に、父胤辰が大病のため本人の希望で跡目は胤則に任せる事を承認し、知行や家臣も相続させる（高城文書・二四五一）。**16日** 高城胤辰が死没する。法名は関相玄酬居士。**23日** 北条氏直が上野国柴崎（群・高崎市）牛頭天王社に、同年三月十四日の証文の如く、上野天王大夫司職を天王左衛門大夫（高井氏）に安堵する（高井文書・二四五五）。**26日** 和田信業が甘田土佐守に、忠節により知行として上野国八幡郷（群・高崎市）内で五〇貫文を宛行う（高井文書・二四五六）。**27日** 北条氏直が伊豆国下田（静・下田市）本覚寺に掟書を下し、横合非分・狼藉を禁止させる。奉者は板部岡融成（下田本覚寺文書・二四五七）。同日、北条氏照が甲斐国の宮谷衆中の小坂新兵衛に、武蔵国に移るについて住居は同国村山（東・武蔵村山市、東村山市）内の立川分に定め、荒地なので開拓し次第に知行として宛行うと述べ、出陣中は玉川内には他所の衆は置かないから安心して移住して欲しい。宿場を立てたら不入とする等の優遇策を伝える（小坂文書・二四五八）。同日、北条氏照が天野藤秀に、武蔵国に移るについて堪忍分として同国森下分（現在地未詳）を宛行い、急の出馬なので先ず住居として与え、後に相談して本知行を与える（天野文書・二四五九）。

▼この月、和田信業が飯島小次郎に、茂木庄左衛門の欠所地を宛行い、軍役を務めさせる（和田記・二四六一）。

閏12月

5日 安藤良整が大久保・土屋両氏に、伊豆国重洲村（静・沼津市）に塩窯を取り立てるため村民の薪商売を禁止させる（土屋文書・二四六二）。同日、岩付衆の恒岡資宗・佐枝信宗が牛村助十郎に、武蔵国井草之郷（埼・川島町）が洪水の被害に見舞われ、助十郎が忠節を尽くして復旧に奔走し、預けた堤免・政所免を使用して来春に岩付衆の田中伊予守と相談して越辺川堤を修築させる（武州文書比企郡・二四六三）。**7日** 千葉邦胤が加瀬四郎左衛門尉に、四郎兵衛尉の官途を与える（旭市文書館寄託加瀬文書・二四六四）。**13日** 宇都宮国綱が佐竹義重に、北条氏が西上野に出馬したと伝え出馬を依頼する（安得虎子一〇・神三下-八八三）。**19日** 千葉邦胤が青柳四郎右衛門尉に、下総国東海上（千・旭市）の御領所内で島田図書助のすすめにより知行を宛行う（青柳家譜・北条氏文書補遺四三頁）。**20日** 古河公方足利義氏が死没する。四〇歳。法名は香雲院殿長山周善。京暦では天正十一年正月二十一日に当たる。同日、清水康英が清水又兵衛に、伊豆国賀納本郷（静・南伊豆町）他の知行一〇貫文を安堵し、同国栗生野（南伊豆町）の代官に任命する（南上清水文書・二四六五）。**24日** 北条氏直が北条長門入道に、上野国沼田（群・沼田市）表での忠節を認め、望みにより知行として同国原中尾郷（群・富士見村）を宛行う（米沢市北条文書・二四六六）。同日、北条氏邦が新木河内守他一九人と二〇四人衆中に、この度の忠節を賞して上野国森下城（群・昭和村）大曲輪を任せ、糸井・森下（昭和村）他で騎馬武者に一〇貫文、徒衆には三貫文ずつを宛行い、今夜は同国中山城（群・高山村）を攻め、早急に倉内（群・沼田市）をも攻めさせる（林文書・二四六七）。**26日** 北条氏直が上野国倉賀野（群・高崎市）町人中に、伝馬掟書を下し、来年から二年間は伝馬は一日に三疋、北条氏の出馬の時は一〇疋にする事、伝馬手形を良く確認し、伝馬役を務める事等を申し渡す。奉者は垪和康忠（高崎市堀口文書・二四六八）。同日、北条氏照が狩野大学助・南雲地衆中に、上野国津久田城（群・渋川市）を北条氏邦から受け取り、南雲（渋川市）の知行を大学助に任せたので、氏照の下知に従い沼田城の攻略に忠節を尽くさせる（狩野文書・二四六九）。

▼この月、北条氏邦が新木河内守・同大膳守・林出雲守・諸田采女に、今度の沼田城（群・沼田市）攻めで先鋒を務めて忠節を尽くさせる（林文書・二四七〇）。

天正十一年（一五八三）・癸未

1月

5日 北条氏邦が尻高源次郎に、本領として上野国尻高（群・高山村）を安堵し、同国中山城（高山村）で忠節を尽くせば恩賞を与え、家中衆の相続も援助すると約束する（別本歴代古案一七・二四八八）。同日、北条氏規が徳川氏家臣の本多重次に副状して、使者の鈴木伊賀守に馬を贈呈した事を口上で伝える（大阪府森田文書・四七七五）。同日、酒井忠次が太田資正に、徳川・北条同盟を締結したが、佐竹方の使者の口上から意見もあると推察され、徳川家康に詳しく伝えたく、今後は忠次が取り次ぐから昵懇に願いたいと伝える（養竹院文書・埼六―二―一一九八）。**6日** 北条氏政が古河公方の芳春院（松嶺昌寿）・一色氏久等七人の奉公衆に、足利義氏の葬儀に所存を述べ、葬儀については公方家代々の方式を知らないので時期をみて知らせ、下総国古河城（茨・古河市）で施行して問題が無ければよいが。おり悪く北条氏照が最前線にいて留守で、後に氏照から指示させると伝える。以後、この七人が連判衆として義氏亡き後の北条氏との折衝役を務める（喜連川町教育委員会所蔵喜連川文書・二四七五）。同日、北条氏直が芳春院に、足利義氏への香典として三万疋を進上し、北条氏照から届けさせる（同前・二四七七）。同日、北条氏政が一井斎（長尾憲景）に、上野国中山城を早々と攻略した事を喜び、今後は同国沼田口（群・沼田市）・吾妻表への攻撃にも忠節を依頼し、祝儀に一樽・一種を贈呈する（伊佐早文書・二四七六）。**7日** 北条氏邦が垪和康忠に、上野国小鼻輪（群・高崎市）稲荷山神社の禰宜職から、かつての武田勝頼の証文を紛失したと申告されて確認し、勝頼の証文を送るので北条氏直に披露して社領を安堵させる（高

1月

崎市山田文書・二四七九)。**8日** 北条氏直が上野衆の後閑刑部少輔に、新年の祝儀に三種・一荷を贈呈され、返礼に太刀を贈呈する(後閑文書・二四八〇)。同日、北条氏照が古河公方連判衆の芳春院(松嶺昌寿)ほか六人に、先日は間宮綱信を使者として足利義氏の葬儀について指示し、下総国古河城で施行させると決めたが、指示し直して六ヶ条の意見書を出し、葬儀の地の古河城は敵佐竹領との境なので武蔵国久喜(埼・久喜市)甘棠院で行う事、葬儀は鎌倉の円覚寺の僧侶が執行する事、何事も布施景尊と相談する事等を申し渡す(喜連川町教育委員会所蔵喜連川文書・二四八一)。**9日** 北条氏直が上野国下之城(群・高崎市)和田昌繁に、永禄十二年(一五六九)の武田信玄の証文に任せて倉賀野治部少輔分七〇〇貫文を安堵し、軍役を務めさせる(鴻巣市鈴木文書・二四八二)。**11日** 北条氏直が後閑刑部少輔に、武田家以来知行している上野国後閑(群・安中市)内の五〇〇貫文を安堵し、軍役を務めさせる(京都大学総合博物館所蔵後閑文書・二四八三)。同日、北条氏直が後閑刑部少輔に、その本領について武田家以来とは相違し、現在は小幡信真が知行しているのを永禄十年(一五六七)の武田信玄証文に任せて刑部少輔の本領に戻し、軍役を務めさせる(群馬大学図書館所蔵新田文庫文書・二四八四)。**12日** 北条氏直が上野国和田山(群・高崎市)極楽院に、武田氏の時の如く寺領を安堵し、国家安全の祈禱を依頼する(京都市住心院所蔵極楽院文書・二四八五)。**13日** 武蔵国久喜の甘棠院で足利義氏の葬儀が施行される。**15日** 北条氏直が鎌倉二階堂の荏柄天神社に、巻数・管城公の贈呈に謝礼する(荏柄天神社文書・二四八六)。**16日** 北条氏直が武蔵国山田(東・八王子市)広園寺に、新年の祝儀に芳茗(茶)を贈呈されて感謝し、返礼に扇子を贈呈する(武蔵名勝図会八・四七七〇)。**17日** 上野国大胡城(群・前橋市)北条芳林(高広)が上条宜順に、北条氏政父子が高広の持城の同国石倉城(前橋市)を攻め、同国厩橋城(前橋市)に進撃して来ると報告する(歴代古案四・埼六-二-一三〇八)。**21日** 北条氏直が鎌倉十二所(神・鎌倉市)月輪院に、新年の祝儀に巻数・料紙を贈呈され感謝し、返礼に太刀を贈呈する(島原松平文庫寺院証文二・二四八七)。**29日** 相模国池上(神・横須賀市)妙蔵寺に、相模国住人の須藤弥四郎が天文二十年代の川口村(現在地未詳)の鰐口を改めて寄進する(新編相模三浦郡・相風五-三〇八頁)。

2月

2日 北条氏直が上野衆の富岡秀長に、北条高広の上野国淡島(群・前橋市カ)の地の攻略が近いので、落居後は即時に普請を致し、戦いがすめば氏直は利根川を越えて同国厩橋城(前橋市)に侵攻し、高広を仕置きすると伝える(国立国会図書館所蔵冑山文庫文書・二四八九)。**4日** 猪俣邦憲が上野国三夜沢(群・前橋市)赤城神社神主の奈良原紀伊守に、書状を拝見して感謝し、当方面への出馬を告げ、本来は北条氏邦の証文でなく北条家朱印状が当然なので整えて送らせる(奈良原文書・二四九〇)。**5日** 北条氏直が木島助右衛門に、忠節によっては知行として上野国西片貝分(群・前橋市)一〇〇貫文を宛行うと約束する。奉者は垪和康忠(木島文書・二四九一)。**7日** 羽柴氏家臣の増田長盛等が越中国瑞泉寺

（富・南砺市）塔頭の西雲寺に、上杉景勝と徳川家康との和睦には羽柴秀吉が仲介する事、北条氏政と上杉景勝との和睦は景勝が北条氏に意見が有るなら、そのまま北条方に書状を渡す事、景勝と秀吉はすでに和睦の誓詞を交わした事等を伝える。上野国の領有を巡って北条と羽柴・上杉両氏が断絶した（須田文書・小一-七〇頁）。**8日** 北条氏照の下野国榎本城（栃・大平町）近藤綱秀が橋本勘解由左衛門に、知行として同国中里郷（栃・小山市）内で一〇貫文を宛行い、詳しくは遠藤氏から伝えさせる（小山市立博物館所蔵文書・二四九二）。**13日** 北条氏邦が奈良原紀伊守に、この度の上野国への出馬が成功し、当社の保護のため北条家朱印状を調えて与えると伝え、北条勢の乱暴狼藉を禁止させる（奈良原文書・二四九三）。同日、北条氏邦が上野国榛名（群・高崎市）榛名神社別当坊に三ヶ条の定書を下し、一、神社内は先の法度の如く法規を守る事。一、氏邦が当山の旦那で建立の時には従う事。一、同国箕輪城（高崎市）の堅固な護りの諸願成就の祈禱を依頼し、社領を寄進すると申し渡す（榛名神社文書・二四九四）。同日、吉良氏朝が武蔵国碑文谷（東・目黒区）法華寺に掟書を掲げ、人足の賦課、竹木の伐採、栗・柿等の果樹の伐採を禁止させる（法華寺文書・二四九五）。**14日** 上杉景勝が信濃衆の岩井信能に、北条氏が同国小諸城（長野・小諸市）を自落し、禰津昌綱・望月氏等が乗り込み占拠したと伝える（覚上公御代御書集・神三下-八四二）。**15日** 北条氏邦が荒木主税助・須田加賀守に、昨年十月二十八日の上野国倉内（群・沼田市）への侵攻で、同国森下（群・昭和村）で敵を討ち取る忠節を認め感状を与える（林文書ほか・二四九六〜七）。**19日** 北条芳林（高広）が上杉氏家臣の上条宜順（政繁）に、北条氏は今月八日には利根川を越えて上野国善養寺（前橋市）に在陣し、芳林が堅固に防ぎ北条勢は郷村を荒らしただけで退散したと伝える（歴代古案四・埼六-二-一二〇八）。**22日** 近藤綱秀が下野国上泉（栃・小山市）円満寺権現堂に、上泉郷内で三貫文の寺領を手作地として寄進する（円満寺文書・二四九八）。**23日** 近藤綱秀が円満寺権現堂に、三貫文の寺領を寄進し坪付状を与える（同前・二四九九）。**28日** 北条氏直が上野衆の後閑刑部少輔・後閑宮内少輔に、軍役着到を定め小旗持ちの足軽一〇人、鉄砲侍一〇人、弓侍一〇人、手槍二人、長柄槍足軽三八人、騎馬武者二〇人、指物持ち足軽二人、中間・小者八人の総計一〇〇人とし、団扇で合印を統一させる（京都大学総合博物館所蔵後閑文書・二五〇〇）。同日、北条氏直が上野衆の和田昌繁に、軍役着到を定め小旗持ちの足軽四人、鉄砲侍四人、弓侍四人、手槍一人、長柄槍足軽一五人、騎馬武者八人、指物持ち足軽一人、中間・小者三人の総計四〇人とし、和田信業とは去年の春から独立して軍役を務める事から着到を改定し、合印は団扇で統一させる（鴻巣市鈴木文書・二五〇一）。同日、北条氏邦が上野衆の宇津木氏久に、北条氏の出馬中は敵方に人質を取られて殺害される事を気にした。北条勢が引いた後は厩橋衆は欠落する者が多いから、引き止めて従属させる事。氏邦は同箕輪城におり、氏久の屋敷には斎藤定盛の同心の田口氏を据えておき、総社衆も従属させると定める

2月

（大阪城天守閣所蔵宇津木文書・二五〇二）。同日、上杉家臣の栗林政頼が直江兼続に、上野国女淵城（群・高崎市）には武蔵国鉢形城（埼・寄居町）の北条氏邦の軍勢が入った等と知らせる（上杉家文書・埼六-二-一三二一）。

▼この月、相模国井之口村（神・中井町）蓑笠明神社を修築し、代官に沢野佐渡守、大工に高奈治部左衛門が見える（新編相模足柄上郡・四九四五）。

3月

2日 北条氏直が下主税助に、知行安堵して軍役着到を定め、騎馬武者・鉄砲侍・持槍足軽・長柄槍足軽の合計四人とする（武井文書・二五〇三）。同日、北条氏直が佐藤助丞に、軍役着到を定め、騎馬武者一人・槍足軽二人の合計三人とする（軽井沢町佐藤文書・二五〇四）。同日、北条氏直が小滝豊後守に、軍役着到を定め、騎馬武者一人・槍足軽二人の合計三人とする（新編会津風土記三三・二五〇五）。同日、北条氏政が北条氏邦に、上野国大戸城（群・東吾妻町）を修築したが嶮難な要害かと心配し、詳しくは北条氏直から伝えさせる（諸州古文書武州一一・二五〇六）。同日、北条氏照が遠藤基信に、昨年冬に使者の小関氏を派遣された謝礼を述べ、書状の趣を北条氏政父子が納得し、上野国の平定を終り、常陸国方面に向かうと伝え、今後は伊達家と昵懇に願い、氏照が取次役を務めると伊達輝宗に披露させる（斎藤報恩博物館所蔵遠藤文書・二五〇七）。**3日** 北条氏直が上野衆の由良国繁に、和睦の起請文は某掃部助の眼前で血判を据えて渡し、詳しくは両使者の口上で述べさせる（和学講談所本集古文書七三・二五〇八）。**5日** 北条氏直が由良氏家臣の上野国伊勢崎城（群・伊勢崎市）林伊賀守に、北条高広を同国廐橋城（群・前橋市）に攻め、伊勢崎城は高広の同国大胡城（前橋市）に近いため、同城を昼夜の油断無く攻めつける事が肝心で、仮にも境目の所で半手の事を禁止させ、主君の由良国繁にも申し届け、詳しくは北条氏邦の副状で伝えさせる（致道博物館寄託林文書・三九五四）。同日、北条氏直が上野衆の一宮豊氏に、軍役着到を定め、小旗持ち足軽二人、鉄砲侍三人、弓侍三人、手槍侍一人、騎馬武者四人、長柄槍足軽八人の総計二一人とし、小幡信真の配下とする（横浜市堤文書・二五〇九）。同日、上田長則が死没する。五〇歳。法名は妙賢院殿蓮調（浄蓮寺宝塔銘・武銘七八七）。**7日** 北条氏直が上野国新堀（群・安中市）補陀寺に五ヶ条の掟書を下し、一、前々の如く末寺等を安堵する。一、寺山の竹木伐採と牛馬の放牧を禁止させ、門前屋敷の五間分の諸役は免除させる等を定める。奉者は垪和康忠（補陀寺文書・二五一〇）。**11日** 古河公方家連判衆が北条氏照に、下総国古河城（茨・古河市）の事で相談したく陣中に芳春院松嶺・高大和守を派遣し、北条氏政父子の指示を得たかったが帰国して会えず、氏照も小田原城に参府して会えず、仕方無く芳春院と高大和守を参府させ氏照と相談させると伝える（喜連川家文書案二・四五〇五）。同日、同衆が北条氏照に三ヶ条の覚書を認め、一、足利義氏の遺品の御剣を北条氏政父子に持参する事。一、古河城の全般の仕置きについての指示の事。一、芳春院松嶺・高大和守を小田原城に派遣させる時期についての指示の事を確認させる（同前・四五二四）。**12日** 同衆が北条氏照に、昨日の書状を拝見し、上野方面の仕置きが無事に終了しめでたいと思う。去る頃に古河城の定番について指示された当時は、北条氏照家臣の大石直久と間宮綱信が居て安心して相談したが、公方亡き後の定番の員数や古河城の種々の仕置きについて指示して欲しいと伝える（同前・四五〇六）。**17日** 北条氏直が徳川家康に、奥州から名馬二疋が到来し贈呈すると伝え、使者の川尻下野守に口上で詳しく述べさせる（里見氏所蔵手鑑・二五一二）。同日、北条氏直が紀伊国高野山（和・高野町）高室院に、書状を拝見し国家安全の祈禱を施行している事と杉原紙・扇の贈呈に感謝し、返礼に太刀を贈答する（和学講談所本集古文書七三・二五一三）。**18日** 北条氏直が相模国千津島（神・南足柄市）百姓中に、小田原城の普請人足の出役を命じ、来月六日から一〇日間の普請工事に従事させる（明治大学博物館所蔵瀬戸文書・二五一四）。**19日** 徳川家康が北条氏政父子に、上野国から小田原城に帰国した祝儀を述べ、自分は駿甲両国見回りとして駿河国沼津城（静・沼津市）まで出馬し、近いから相談したく、詳しくは北条氏規に申し入れると伝える（諸州古文書・四五〇七）。**22日** 垪和康忠が遠山政秀の陣所に、上野国柴崎（群・高崎市）牛頭天王社の高井左衛門大夫が北条家朱印状等の代々の証文を所持している事は確実で、それに文句を言う者が有れば小田原城に参り申告せよと、北条氏直が申したと伝える（高崎市高井文書・四一九九）。同日、遠山政秀が牛頭天王社の高井左衛門大夫に、北条氏直の判物を同社に発したが、横合を申す者が有るとの事で、小田原城に来て申告させ、その時は政秀が取次役を務めると伝える（同前・四一六七）。**23日** 古河公方連判衆が北条氏照に、小田原城に相馬因幡守を遣わし、返答は因幡守の口上で伝えるとの事で了承した。古河城の定番の事は大石直久・間宮綱信との相談は不可能なので、両人同様に信頼できる人を代わりに寄越すよう北条氏政父子に頼んで欲しい。定番の員数不足は仕方無いが、佐竹勢の侵攻には小田原城からの加勢衆を寄越して欲しい等と伝える（喜連川家文書案二・四五〇八）。**24日** 北条氏照が天野景貫・天野佐渡入道に、陣触により下野国小山城（栃・小山市）の守備に着かせ、二十六日に出馬し二十八日には下総国栗橋城（茨・五霞町）で着到に付かせる（天野文書・二五一五）。**25日** 白井長尾憲景が上野国伊香保（群・渋川市）木暮存心に、五ヶ条の掟書を下し、一、住民が主人に無断で他所へ移る事は禁止の事。一、湯治の者に敵地の者がいたら綿密に調査して知らせる事。一、城普請は勤める事。一、前々の如く温泉管理の事。一、温泉での問題で未解決の事は存心の進退に係わるので、良いも悪いも申告させる（伊香保志三・二五一六）。**26日** 北条氏直が原胤栄に書状を出し、松田憲秀が取り次ぐ。当文書は断簡で文意は未詳（尾張文書通覧一・三九五五）。**28日** 北条氏邦が上野国和田山（群・高崎市）極楽院に三ヶ条の定書を下し、一、山屋敷で鉢形衆の竹木伐採を禁止させる。一、寺域内に鉢形衆は陣取りさせない。一、諸役不入の事は小田原城の認可を請ける事、門前の者が一〇人程は先に氏邦が認可してから小田原

3月

城に報告する事。これらに違反の者は逮捕して上野国箕輪城（高崎市）に拘引し、逮捕出来ない者は何処の家中の者かを究明させる（京都市住心院所蔵極楽院文書・二五二一）。**晦日** 北条氏直が赤見山城守に、上野国中山地衆一八人、沼田浪人六人、上川田衆一一人、下川田衆一二人、須川衆四人の総計五七人（五一人の誤り）を預け、同国中山城（群・高山村）で忠節を尽くさせる（丹波赤見文書・二五二七）。

▼この月、北条氏邦の嫡男東国丸が死没する。法名は東国寺殿雄山桃英。

4月

1日 古河公方連判衆が北条氏照に、下野国小山城（栃・小山市）当番替えとして北条勢を籠もらせるため下総国古河城（茨・古河市）からも足軽を送れとの命令で、即時に岩堀常陸介・豊前左衛門尉が引率して同城に送り届けた。間宮綱信が番替えになり師岡・平山・落合等の氏照配下の衆を差し越され満足と綱信から口上で伝えさせる（喜連川家文書案二・四五〇九）。**3日** 北条氏直が上野衆の木部貞朝・宇津木氏久に、十日前後に出馬と報せ、北条氏邦が武蔵国鉢形城（埼・寄居町）を進発する時に参陣させる（大阪城天守閣所蔵宇津木文書・三七九〇）。**4日** 北条氏直が小宮山甚八郎等の松井田衆の五人に、信濃国小諸城（長野・小諸市）へ城米を搬入する御用として夫馬八疋を用意し、十四日に上野国松井田城（群・安中市）大道寺政繁代から荷物を受け取り届けさせる（小板橋文書・二五一九）。**5日** 大道寺政繁が上野衆の峠の佐藤織部丞に、碓氷峠の往来に小諸城への荷送について起請文を交わした証拠に忠節を務めさせ、徳川方の真田幸隆父子にも報告させる（諸州古文書一一・二五二〇）。同日、北条芳林（高広）が佐竹義重に、北条勢が上野国厩橋城（群・前橋市）に侵攻してきたと注進する（佐竹文書・群七―三一三四二）。**9日** 古河公方連判衆が北条氏照に、古河城の大石直久の当番替えとして岩付城（埼・さいたま市岩槻区）と関宿城（千・野田市）在番衆から落合衆を差し越され今日到着した。曲輪以下の事は直久の通りにしている。落合越前守が加わり城下に入られたので何でも相談しているが、氏照には近頃は病気と知り不安で養生して欲しい。詳しくは使者の中島盛直の口上で述べさせる（喜連川家文書案二・四五一〇）。**10日** 北条氏邦が須田源介に、知行として上野国生品（群・川場村）で七貫五〇〇文を宛行い、真田方の同国沼田城（群・沼田市）の陥落も近いと知らせ、軍役を務めさせる。奉者は猪俣邦憲（須田文書・二五二二）。**11日** 北条氏照が古河公方領の武蔵国品川（東・品川区）宇田川石見守等五人と百姓中に、品川南北の宿の町人が百姓地へ欠落するのに困り果て、人返しは国法と決められ、相論は違法である。今後は町人は百姓地へ入らず、百姓は町人地に入る事を禁止させる（立石文書・二五二三）。**15日** 古河公方連判衆が北条氏照に、布施景尊から佐竹義重が侵攻したと申してきたが、その後は境目の事には一切連絡が無い。明日は佐竹方への出馬と前から申しているが事実かは聞いていない。度々伝えているが小田原城へ芳春院松嶺・高大和守の参府時期の指示を待っている。北条氏政父子から足利義氏の他界以後の古河方への指示が届いておらず、公方連判衆が届けをしていないと思われているのか。麦秋の調義も近いので、それ以前に急いで申し上げる。特に義氏の遺物の配付が延びるのは如何かと思われる。当番衆とは事々に相談している等と伝える（喜連川家文書案二・四五二一）。**18日** 北条氏邦が上野国新保郷（群・高崎市）百姓中に、小田原城の御領所に指定したら横合が入り一段と不審で、北条家朱印状で申した如く不法の有る者には北条氏の奉行を遣わして説明させる。奉者は猪俣邦憲（反町系図・二五二四）。同日、北条氏直が武蔵国王子（東・北区）王子別当坊に掟書を下し、社中での竹木伐採、供僧中への横合非分を禁止させ、社領を安堵する（王子神社文書・二五二三）。**19日** 古河公方連判衆が北条氏照に、佐竹義重が出張してきたため、下総国栗橋城（茨・五霞町）在宿の者が同国古河城に移りたいと申しているが、同城には北条氏の加勢衆が入っており、在宿の者に似合いの曲輪を渡していいのか判らない。ことに栗橋城に布施景尊が居ないので、指示を得たいと伝える（喜連川家文書案二・四五二二）。**20日** 北条氏直が分国役所中に、下総国臼井（千・佐倉市）から紀伊国高野山（和・高野町）の僧侶二一人、荷物二駄、馬一疋が分国中の関所を通行するのを許可する。奉者は松田憲秀（西門院文書・二五二五）。**21日** 北条氏直が酒井康治に、下総国万喜城（千・いすみ市）への兵糧を速やかに調え搬入させ、委細は松田憲秀から副状させる（静嘉堂本集古文書ア・二五二六）。**23日** 北条氏邦が山崎弥三郎に、知行として武蔵国野上（埼・長瀞町）用土分二一貫余文を宛行い、忠節によって加増すると伝える（山崎文書・二五二七）。同日、土岐為頼が死没し、嫡男義成が跡を継ぐ。**24日** 北条氏邦が矢野新三に、北条方の白井長尾憲景が利根川を越え敵を多数討ち取り、家臣の新三も敵を討ち取った忠節を小田原城に申告する（赤見文書・二五二八）。**27日** 北条氏照が武蔵国子安郷（神・横浜市神奈川区）に、昨年の干損の年貢の減免と納法を指示し、十一月二十日までに納入させる（武州文書橘樹郡・二五二九）。**28日** 北条氏邦が岸大学助に、白井長尾憲景から忠節を申告されて認め、今後の忠節に期待する（岸文書・二五三〇）。**晦日** 北条氏照が下野国生井（栃・小山市）大橋氏に、下総国古河城からの荷物を取り寄せる御用に、下野国藤岡（栃・藤岡町）迄の伝馬三疋を用意させる（池沢文書・三八九九）。

5月

3日 北条氏直が上野衆の和田昌繁・同信業に、この度は同国中山城（群・高山村）の在番を免除し、出陣の準備をさせる（武家書翰乾・二五三二）。**7日** 大道寺政繁が浦野（大戸）民部少輔に、近日の下野国佐野（栃・佐野市）領分の作毛荒らし回りに感謝する（新編会津風土記六・三九二七）。**8日** 北条氏忠が相模国善波（神・伊勢原市）三島社禰宜に、前々からの宮免二一貫文を安堵し、継続して祈禱を依頼する（相州文書大住郡・二五三三）。**10日** 北条氏邦が上野国三夜沢（群・前橋市）赤城明神神主の奈良原紀伊守に、先日らいの使者を務めた忠節を富永某から披露され感謝し、同国平定の時には赤城明神に同国倉内（群・沼田市）か武蔵国鉢形（埼・寄居町）かで望みの一ヶ所を寄進すると伝える（奈良

5月

原文書・二五三四)。同日、和田信業が飯島小次郎に、本知行の他に加増として吉沢作内の八俵の知行を宛行い、軍役を務めさせる(丸山文庫所蔵文書・二六二二)。**12日** 北条氏勝・直重父子が伊豆国下田(静・下田市三丁目)長楽寺に、同国大浦(下田市)薬師免田を安堵し、近辺の林の竹木伐採等を禁止する(長楽寺文書・二五三五)。**15日** 羽柴秀吉が小早川隆景に、近畿・北陸方面の状況を報告し、上杉景勝とは同盟し、東国は北条氏直までが服属したと述べる(毛利家文書・小一―六一頁)。**16日** 北条氏政が相模国府津(神・小田原市)村野四郎左衛門に、九月二十日より定めの番肴は、一ヶ月に二五〇文分の魚介をもって毎月小田原城の金井某に納めさせる。奉者は万阿弥(相州文書足柄下郡・一四八四)。同日、医者の粕尾寿信が弟子の粕尾養信斎(黒沢伊予守)に、北条氏邦が上野国箕輪城(群・高崎市)で大病を患い寿信が治療に当たり、養信斎も薬を進上した事に氏邦が感謝して薬の調合方法を知りたく、自分にも懇意にしてもらい、医学書への助言を求められた等と伝える(武州文書児玉郡・二五三六)。**17日** 北条氏邦が堺和康忠に、上野国中山城(群・高山村)城将の赤見入道(綱泰)について、度々の忠節と北条氏康の証文以下を所持している事等のため、北条氏に従属した天正十年末の時には同国松井田(群・安中市)の御領所内で二貫文の知行と屋敷地を宛行い、有るべき知行や扶持給等も支給されているのか、赤見入道が小田原城に参府するので調査し報告させる(小室氏所蔵赤見文書・二五三七)。**20日** 北条氏政が北条氏照に、下総国幸島飯沼(茨・常総市)で足軽が奪った荷物につき本人に究明し、横曾根(常総市)の市場に出す荷物と分かり、敵地を通すため違法と判断して取ったと判明。幸島から下妻(茨・下妻市)へ往復の荷物を押さえよと氏政は命じなかったが、勝手にした事で究明に値せず荷物を返却させる(真田宝物館所蔵文書・二五三八)。**中旬** 武蔵国成木(東・青梅市)安楽寺不動尊像に、北条氏康により伊豆国走湯山(静・熱海市)岸之坊が分国を追放され、諸仏は武蔵国山の根地方の諸寺社に寄進されたが、祝儀不足で寄進されなかった仏と記される(安楽寺不動尊銘・武銘七六九)。**25日** 依田康信・大草丹後入道が連署し、玉周坊屋敷の買得に関与する。当文書は断簡のため文意は未詳(古文書花押写六・北条氏文書補遺四三頁)。同日、北条氏邦が甲斐国川口(山梨・富士河口湖町)社務中に定書を下し、北条氏直が申し上げる各壇那が同社に寄る時は、社内の郎等を引き取る事等を申し渡す(諸州古文書二下・二五四一)。同日、北条氏照が新田孫七郎・並木弥七郎に四ヶ条の書出を下し、一、至急の出馬により軍法を守り陣触地に集合する事。一、氏照は軍議のため小田原城に参府する供侍として出陣する事。一、軍法は大切で背く者は切腹させる、先日配付の軍法書を確認して間違いなく支度する事。一、手代の出陣は認めず本人が出陣する事と申し渡す(青梅市郷土博物館所蔵並木文書・二五三九～四〇)。

6月

2日 北条氏秀(康元)が死没する。法名は玉岩寺殿新養道雲大禅定門(北条家過去帳)。嫡男乙松が家督を相続し、後見役の北条氏政が武蔵国江戸城（東・千代田区）城領支配に関わる。　**3日**　北条氏直が北条氏邦に、書状を拝見し日限の如く上野国中山城（群・高山村）の当番衆を交代させる（荻野文書・二五四二）。　**4日**　北条氏邦が上野国板鼻（群・安中市）上宿町人衆中に、八ヶ条の掟書を出し、木戸番の配置と警護、火災への注意、押買狼藉の禁止、日暮れ以降の宿外への外出禁止、敵襲への警戒、宿掟への違反者の摘発と申告等を申し渡す（福田文書・二五四三）。　**5日**　北条氏直が調奉行村田八郎左衛門・梶原代、代官山中政信・小代官に、伊豆国道部（静・松崎町）船方番銭の納入法を指示し、昨年の七ヶ月分の未納分三貫五〇〇文を今月晦日に完納させ、未納分は代官の代弁とする。昨年八月からの残りの未納分は徳川勢の動きのため赦免する。今年正月からは月極めで支払い、今月までの未納分三貫文は来月迄に完納させる（天然寺保管奈倉文書・二五四四）。同日、北条氏直が牛込平四郎に、父牛込勝行からの譲渡状の如く、武蔵国牛込内の富塚村（東・新宿区）、同国比々谷郷（東・千代田区）夫銭六貫文を安堵し旗本に登用する。奉者は垪和康忠（牛込文書・二五四五）。　**6日**　北条氏直が藤巻市右衛門尉に、知行として上野国惣社（群・前橋市）領内の地二〇貫文を宛行い、軍役を務めさせる。奉者は垪和康忠（山梨市藤巻文書・二五四六）。　**9日**　当日から十二日の間に小田原城下の西光院住持の義山が北条宗哲所持の『員外雑哥』を書写する（員外雑哥上、中冊奥書・小一-五六三頁）。　**11日**　北条氏政が徳川家康に、使者の鈴木が伝えたところ朝比奈泰勝が懇切に応対し、七月に督姫の北条氏直への輿入れが決まり歓喜する。それには五ヶ条の要望書が来たが逐一返答する。また上野国沼田（群・沼田市）と吾妻を早急に真田昌幸に渡すとの事で氏直は喜んでいる等と伝える（古案敷写・二五四七）。同日、朝倉右馬助が相模国浦之郷（神・横須賀市）良心寺に、朝倉景隆が子孫のために小寺院と寺家を建立し、自分も知行内の浦之郷で当座の寺領と寺家分として五貫五八〇文を寄進する（相州文書三浦郡・二五四八）。同日、朝倉景隆の室が死没する。法名は大悲院法誉良心（新編相模三浦郡・相風二-三六頁）。同日、北条氏邦が上野衆の佐藤源左衛門尉他に、近日は徳川家の使衆が北条氏直の御用で信濃国小諸（長野・小諸市）に往復し、送迎や宿等に奔走して忠節を尽くした功を認め、沼田領のことも頼りにすると伝える（角屋文書・北条氏文書補遺四三頁）。　**12日**　北条氏直が小田原城から上野国白井（群・渋川市）迄の宿中に、一井斎（長尾憲景）に伝馬六疋の使役を許可し無賃伝馬とする。奉者は垪和康忠（伊佐早文書・二五四九）。　**13日**　北条氏邦が上野国中山城（群・高山村）赤見山城守に、去年以来の忠節に謝礼して知行を宛行い、依田又次郎の手作場として預け置く地の屋敷に被官衆を置き、別の知行を与えたら手作場は又次郎に返却させる（師岡家略系・二五五〇）。　**14日**　古河公方連判衆が北条氏照家臣の布施景尊に、使者の相馬因幡守が申すには鎌倉の仏日庵周音が出世の事で古河城（茨・古河市）に参上した。古河公方が不在でも僧侶の任官を奉行衆が執行する事は京都でも有るので、奉行衆が談合して異議無しと決定したが、延期できないた

6月

め足利義氏娘の氏姫様の御局から氏照に披露して欲しいと伝える（喜連川家文書案二・四五一三）。**17日** 古河公方連判衆が北条氏照に、下総国木間ヶ洲（千・野田市）足軽が荷物を取った事に、返却せよと根岸に書状を遣わした。去る晦日に関宿（千・野田市）台宿に受け取り人を派遣したが会えず、重ねて催促したら十三日に返却するとの事で、布施景尊の手代を遣わしたところ馬と人足五疋を返却し、荷物は返却されなかった。馬五疋も三疋は別の馬で、余りの理不尽さに受け取らなかった。この上は北条氏直に披露して欲しいと使者に伝えた。また、芳春院松嶺・高大和守の小田原城参府の件は、その後の沙汰が無く不安と伝える（同前・四五一四）。**20日** 古河公方連判衆が北条氏照に、十八日の書状を拝見し、軍議の為に去る一日に小田原城に参府の件は、徳川家の督姫の祝言の使者が小田原城に来るので出馬が延期する事は了承した。上野国沼田以下が当方へ属したのはめでたい事である。連判衆以外には他言無用の事も承知していると伝える（同前・四五一五）。**24日** 徳川家臣の酒井忠次が相模国藤沢（神・藤沢市）清浄光寺の遊行上人に、北条氏規から、かつて永正十年（一五一三）の伊勢宗瑞と三浦道寸との合戦で、清浄光寺の仏像が駿河国駿府（静・静岡市葵区）城下の一花堂（長善寺）に移されているのを徳川家康に再三どうなったかと言ってきているが、もう少し待って欲しい。氏規は近日中に駿府に来るので待つとも伝える（致道博物館所蔵文書・静八-四-一六五〇）。**25日** 北条氏直が長尾政景に、北条高広攻略の功として上野国真壁城（群・渋川市）城回り三清寺分を宛行う（上杉家文書一一・二五二）。

▼この月、太田資正・梶原政景・佐竹義重・結城晴朝等の反北条氏連合が羽柴秀吉と好を通じ、秀吉は徳川家康とも好を通じている北条氏との対抗から、好を歓迎する。

7月

1日 北条氏規が相模国逗子（神・逗子市）延命寺、同国下宮田（神・横須賀市）妙音寺に、同国三浦郡の雨乞いの祈禱を依頼する。奉者は山中康豊（相州文書三浦郡・二五五二）。**3日** 古河公方連判衆が北条氏照に詰問状を出し、小田原城の軍議の件、小田原城での祝言の件、先月の下総国木間ヶ洲（千・野田市）足軽が荷物を取った件を小田原城に披露したのか知りたい。一、何度も申している芳春院松嶺・高大和守の参府の件は、その後の沙汰が無くなんとかして欲しいと依頼する。北条氏は足利義氏が亡き後は古河公方を見限っている（喜連川家文書案二・四五一六）。**4日** 北条氏直が相模国三田（神・厚木市）百姓中に、督姫と北条氏直との祝言の御用で壮健な人足を五人選び、二十一日に伊豆国三島（静・三島市）に着き、二十二日に駿河国沼津三枚橋城（静・沼津市）に来て徳川方の奉行から荷物を受け取り小田原城まで届けさせ、荷物には美しい布を掛けて見栄え良くさせる（相州文書愛甲郡・二五五四）。**5日** 古河公方連判衆が北条氏照に、三日の書状を拝見し、徳川家との婚礼は今月中に輿入れとのことで誠に目出たい。北条氏の北西方面と上野国沼田（群・沼田市）の領有で東方も程無く平定されるであろう。芳春院松嶺・高大和守の参府の事は祝言の時期なの

8月

で見合わす様に言われ仕方が無いと伝える（喜連川家文書案二・四三九）。同日、徳川家康が北条氏直に、先日は河尻下野守を祝言の使者に派遣され、報告を待っていたら小田原城で祝言との事、大変に喜ばしく、今後も昵懇にし相談していこうと伝える（神奈川県立歴史博物館所蔵北条文書・四三七）。**11日** 北条氏直が小田原城から伊豆国浮橋（静・伊豆の国市）迄の宿中に、宇苅氏が伝馬一疋を使役する事を許可して無賃伝馬とし、駿河国土肥（神・湯河原町）・伊豆国熱海（静・熱海市）両郷には役銭で伝馬賃を支払わせる。奉者は今阿弥（佐野家蔵文書・二五五五）。**13日** 北条氏規が紀伊国高野山（和・高野町）高室院に、妹で武田勝頼室の桂林院殿の供養塔を建てる日牌料として六三貫文、先渡し分として黄金三両を納める。奉者は南条昌治（高室院文書・二五五六）。**20日** 和田信業が飯島小次郎に、茂木庄左衛門が欠落し、その跡知行を宛行い軍役を務めさせる（丸山文庫所蔵文書・二四六二）。同日、督姫と北条氏直の祝言が、この日に小田原城で予定されたが五〇年来の大雨となり延期される（家忠日記・小一六八頁）。**28日** 北条氏直が小田原城から駿河国沼津（静・沼津市）迄の宿中に、朝比奈泰勝が伝馬一疋を使役する事を許可し、無賃伝馬とする。奉者は山角定勝（早稲田大学中央図書館所蔵文書・二五五七）。同日、北条氏房が武蔵国井草（埼・川島町）百姓中に、棟別銭を八月二十日を期限に岩付城（埼・さいたま市岩槻区）の佐枝信宗・恒岡資宗に納めさせる（武州文書比企郡・二五五八）。同日、北条氏房が武蔵国与野（埼・さいたま市中央区）立石甚右衛門と百姓中に、今年の十分の一銭を八月晦日を期限に岩付城の佐枝信宗・恒岡資宗・立川伊賀守に納めさせる（立石文書・二五五九）。**下旬** 全国的な大水害が発生する。

1日 安藤良整が伊豆国川原之郷・谷田郷・大場郷・梅名郷（以上、静・三島市）・柿田郷（静・清水町）代官・百姓中に、昔の如く三島大社（三島市）八朔祭礼の囃子役を務めさせる。当文書は北条家朱印状写か。とすれば良整は奉者となる（矢田部文書・二五六〇）。**3日** 北条氏直が大道寺直昌に、徳川家の証人（督姫の付人）が小田原城に在府しており、どの様な法外な行為をしようと、大切な他国衆であるから堪えて様子を披露せよ。理由はともあれ喧嘩に及べば双方共に成敗の掟は古今からの法であるが、しかし、この度は他国衆に対する掟であり、彼等との喧嘩を禁止させ、違法の者は妻子までも死罪にすると申し渡す（大道寺文書・三八一〇）。同日、高城胤則が染谷某に、二郎右衛門の官途を与える（染谷文書・二五六一）。同日、高城胤則が下総国平賀（千・松戸市）本土寺御番衆中に、日厳の時の如く外護する事を約束し、寺内での狼藉・横合を禁止させる（本土寺文書・二五六二）。**8日** 古河公方連判衆が北条氏照に、北条氏直と督姫との婚礼が洪水で延期されたと知り、この度の洪水は二〇年来の事で、布施景尊が満水以前に下総国栗橋島（茨・五霞町）へ足利氏姫の御座所を移す事に奔走し、景尊から栗橋島は先年の洪水よりも増水していると報告され、古河城（茨・古河市）は堤で守られてはいるが、城下の新堤も押し破る勢いで満水している。近辺の関宿（千・野田市）・高柳

8月

（埼・栗橋町）・柏戸（埼・北川辺町）他では利根川堤が決壊し、郷村は大洪水に見舞われている。幸島も同様で交通は途絶したと伝え、芳春院松嶺・高大和守の参府の件は時期を調整して知らせて欲しいと伝える（喜連川家文書案二・四五二）。同日、古河公方連判衆が北条氏政に、祝言の延期については了承した。この度の大洪水前に氏姫を栗橋島に移したので安心して欲しい。古河城は堤で厳重に守られている。近辺の郷村の堤は決壊し、当境目は佐竹勢も出られず無事である。度々北条氏照に披露を依頼しており配慮して欲しいと述べる（同前・四五〇）。**10日** 内藤秀行が死没する。法名は松渓院孝山宗忠。**12日** 北条氏直が上野衆の後閑宮内大輔・同刑部少輔に三ヶ条の定書を下し、一、下野方面に氏直も出馬するから急いで参陣する用意をしておく事。一、二十日には軍勢を引率して上野国厩橋城（群・前橋市）に集合し、何時でも出陣できる体制でいる事。一、諸口共に出陣する軍勢の他は、その各方面に集めるので、後閑領の各郷村の在郷被官は残らず引率する事と申し渡す（京都大学総合博物館所蔵後閑文書・二六九三）。**15日** 小田原城に徳川家康娘の督姫が着輿し、北条氏直と婚姻する（家忠日記）。**17日** 北条氏政が徳川家康に、この度の婚礼に喜悦し、こちらの様子は川尻下野守を遣わして報告させる。当秋の下野方面への軍事行動は祝言で延期されたが、北条氏直が三日の内には出馬し、氏政は小田原城で徳川家臣の応対を務めると伝える（名将之消息録・二五六四）。同日、北条氏規が徳川家康に、督姫の着輿に北条氏政が歓喜し、書状は石原安定の口上から承り氏政に披露した。氏規が徳川家への取次役を務め大細共に申しつけ安心して欲しい。詳しくは徳川家使者の朝比奈泰勝から報告させる（紀伊国古文書所収藩中古文書四・二五六六）。同日、長尾憲景が上野国伊熊（群・渋川市上白井）に制札を掲げ、竹木伐採を禁止させる（荒木文書・二五六七）。**19日** 北条氏直が後閑刑部少輔に、明日には出馬し二十六日に利根川端へ着陣させる（京都大学総合博物館所蔵後閑文書・二五六八）。**23日** 北条氏照が上野衆の那波顕宗に、昨日書状を拝見し、二十日に同国厩橋城（群・前橋市）の北条高広勢が顕宗の同国今村城（群・伊勢崎市）を攻撃したが防戦に努め、敵を多く討ち取る勝利に喜悦と述べる（桜井氏所蔵色部文書・二四〇二）。**28日** 北条氏直が小田原城から武蔵国前沢（東・東久留米市）迄の宿中に、小野氏の伝馬一疋の使役を許可し、無賃伝馬とする。奉者は幸田定治（郵政研究所付属資料館所蔵文書・二五六九）。

9月

14日 原胤栄が上総東金領の鵜沢刑部少輔に、領内での鋳物師大工職を安堵する（市原市千葉文書・二五七〇）。**16日** 北条氏政が小熊孫七郎に、軍役改定の着到状を下し、武蔵国岩淵下郷（東・北区）一八貫余文に指物持ち足軽・長柄槍足軽・騎馬武者の合計三人と定め、軍装規定を厳守し十月五日迄に支度させる。氏政の「有効」朱印の初見（武州文書足立郡・二五七一）。**18日** 北条氏直が上野国厩橋城（群・前橋市）城内の本橋院に、寺領・門前共に不入とし、寺内の竹木伐採を禁止する。奉者は北条氏照（橋林寺所蔵来暦書上帳・二五七二）。同日、上野国厩橋城の北条高広が北条氏に降伏し、北条氏直が同城を接収する。　**21日**　上田憲直が武蔵国奈良梨（埼・小川町）鈴木隼人に、同郷からの訴えで公方（北条氏）伝馬を務める事から諸役免除とし、隼人には家中諸役も免除する（奈良梨鈴木文書・二五七三）。　**23日**　北条氏邦が上野衆の吉田政重に制札を掲げ、退転百姓で武蔵国小島台（埼・本庄市）へ帰住の者には一〇年間の諸役免除とし、荒れ地の開拓をさせ、田畠は知行として宛行うと約束する。奉者は猪俣邦憲（吉田系図・二五七四）。　**24日**　北条氏直が上野国ぬて島村（群・前橋市）牛込大膳に、同国厩橋（前橋市）城下に欠落した百姓を帰村させ、北条勢の横合非分を禁止する。奉者は北条氏照（前橋市牛込文書・二五七五）。　**晦日**　北条氏直が上野国中大類（群・高崎市）百姓中に、前々の如く郷内を不入とし、年貢納入で同国八幡山（群・中之条町）・小幡谷（群・甘楽町）・松井田（群・安中市）での運送商売は役を免除し、他国への兵糧搬出は禁止とする。奉者は安藤清広（高井文書・二五七七）。　**吉日**　北条氏勝が玉縄衆の堀内勝光に、日向守の受領を与える（堀内文書・二五七八）。

10月

9日　北条氏直が北条氏邦に、長尾烏房丸（政景）の母が病気のため、長尾家臣の矢野山城守に人質替えを命じる。奉者は垪和康忠（上杉家文書一一・二五八〇）。　**11日**　上総衆の酒井政辰が同国勝浦城（千・勝浦市）正木頼忠に、先月十八日に上野国厩橋城（群・前橋市）北条高広が北条氏照に開城し、二十一日から今日まで大普請を行い完了した。沼田（群・沼田市）領は真田昌幸に渡し徳川家康から替地を受取ると決まり、下野衆の佐野宗綱は三〇〇〇貫文の礼銭を北条氏に毎年渡すからと従属を示したが、佐野唐沢山城（栃・佐野市）の事は落着していない。両皆川・壬生義雄・多賀谷重経・水谷正村等は北条氏に詫びを入れてきており、こうなったからには頼忠は北条氏に忠節して励めば、真理谷武田氏の跡や正木憲時の跡なり共、望み次第と思われる。自分には言う権利が無いから一族で内々に協議し、氏照か北条氏規に懇願しては如何か。上総国の小田喜か久留里か佐貫かの一か所を陥落させれば充分と推測される。この書状は見終われば焼き捨てて欲しい等と伝え、追記に氏規に取り成しを求めることが良いとある（紀伊国古文書所収藩中古文書一二・四二九）。　**21日**　水無瀬親具が小田原城から京都の吉田兼見に書状を認め、左近士氏に託す（兼見卿記・小一七〇三頁）。　**24日**　北条氏直が上野国坂田（群・大泉町）・飯塚（群・太田市）に禁制を掲げ、北条勢の乱暴狼藉を禁止させる。奉者は石巻康敬（所沢市坂田文書ほか・二五八一〜二）。　**29日**　北条氏直が下野国足利（栃・足利市）足利学校に禁制を掲げ、鑁阿寺内での北条勢・甲乙人の乱暴狼藉を禁止させる。奉者は石巻康敬（足利学校文庫文書・二五八四）。同日、石巻康敬が足利学校に副状して、先年は父家貞が北条氏康の北条家朱印状の取次役を務めたが、この度は同校からこの方面に侵攻するなら改めて北条家朱印状を請けたいと旧好を忘れず康敬に依頼された事に感謝し、北条氏直に披露して同校には諸職安堵の北条家朱印状と院家中にも別証文を発給させると伝える（同前・二五八五）。

10月

11月

▼この月、由良国繁・長尾顕長が佐野宗綱の調略により佐竹義重に従属する（水府史料所収文書）。

1日 北条氏直が板部岡融成に、出陣で遅れたが駿河衆の御宿友綱に援助として米一〇〇〇石を遣わし、出所は去年と同様と命じる（白根桃源美術館所蔵御宿文書・二五八六）。 **7日** 北条氏直が徳川家康に、書状に感謝して、只今は上野国に在陣中で間もなく終息すると伝え、革羽織の贈呈に謝礼を述べ、詳しくは仁科太郎兵衛から伝えさせる（塩沢文書・二五八七）。 **8日** 北条氏直が上野衆の富岡秀長に、知行として同国総社（群・前橋市）領内の禰宜分・祝分・東風分と由良氏旧領の新田領を宛行うと約束する（小林文書・館林市史資料編二-四九八）。 **10日** 北条氏直が山角康定に、武蔵国高萩新宿（埼・日高市）に楽市法度を下し、月の二・七日の日の六斎市に指定し、押買狼藉、喧嘩口論を禁止させ、国質郷質の免除、借銭・借米の催促の禁止、諸役を不入とし、他郷の者の規定も申し渡す（新編武蔵高麗郡・二五八八）。 **22日** 北条氏直が宇津木氏久に、知行として上野国福島（群・玉村町）内で六〇貫文を宛行う。奉者は垪和康忠（大阪城天守閣所蔵宇津木文書・二五八九）。 **24日** 伊豆国下賀茂（静・南伊豆町）来宮大明神を造立し、大工に菱沢想右衛門が見える（加畑加茂神社所蔵棟札・静八-四-一六九三）。 **29日** 北条氏照が毛利（北条）高広に、二十四日の書状を下総国栗橋城（茨・五霞町）で拝見した。上野国膳城（群・前橋市）の普請で一曲輪が完成して満足に思い、堅固に守備して欲しい。同国山上城（群・桐生市）は未だ北条氏に通じて来ないのは不審であり、先日の狩野一庵宗円への書状では北条氏に従属すると言っている。同国厩橋城（前橋市）の伝馬の件にも言及し、佐竹勢は下野国小山（栃・小山市）に在陣し氏照は栗橋城に在城した。狩野一庵への書状の返答は小田原城に帰ってから相談するが、他言は無用等と伝える（楓軒文書纂六六・二七四二）。

▼この月、相模国渡内（神・藤沢市）慈眼寺の十一面観音立像胎内文書に、大旦那の玉縄（神・鎌倉市）住の北条直重・母平氏女（北条氏繁後室）、仏所に鎌倉大仏所の信濃が見える（慈眼寺所蔵・四七四八）。

12月

1日 北条氏直が上野衆の富岡秀長に、二十七日の書状を拝見し同国新田（群・太田市）由良国繁、館林（群・館林市）と下野国足利（栃・足利市）の長尾顕長の軍勢が富岡氏の小泉城（群・大泉町）に侵攻し、防戦に努めた忠節を褒め、北条氏邦が近くに在陣するので何でも相談して欲しい。伊波大学助が負傷し父伊波和泉守を差し向けると伝える（荒木氏所蔵原文書・二五九一）。同日、北条氏直が伊豆国河津（静・河津町）代官・百姓中に、鉛師と松田康長代官の申す如く鉛砂二駄を採集させる。奉者は秩父左近（武州文書秩父郡・二五九〇）。 **2日** 北条氏直が相模国厚木（神・厚木市）から小田原迄の宿中に、同国煤ヶ谷（神・清川村）から来る臨時の炭を運送する御用に伝馬八疋を使役する事を許可し、無賃伝馬とする。奉者は幸田定治（清川村山田文書・二五九二）。同日、北条氏光が江雪斎（板部岡融成）・佐江戸村（神・横浜市都筑区）代官・百姓中に、槍足軽を赦免し、他に小田原城の普請役・押立夫も免除し、触口役が何と言おうと一切承知しない事と申し渡す（武州文書都筑郡・二五九三）。同日、京都の吉田神社の吉田兼和が北条氏直と幸田定治に、代替わりの祈禱を行い、氏直に神道の秘法の祓と鷹を贈呈し、定治にも祓と筆を贈呈、左近士氏に使者を依頼する（兼見卿記・四五三〜三）。**5日** 北条氏直が上野衆の富岡秀高に、その地が敵との境目で昼夜の苦労を感謝し、油断無く忠節を尽くさせ、一種・一荷を贈呈し、北条氏邦から副状させる（図司文書・北条氏文書補遺三〇頁）。**6日** 北条氏直が富岡秀高に、三日の書状を拝見し加勢に大藤政信と鉄砲衆を送り、敵（由良・長尾勢カ）が侵攻するから先に派遣した足軽衆と鉄砲衆を配備して防備し、後詰の事も油断無くする様にと伝える（原文書・二五九五）。同日、北条氏直が上野衆の宇津木氏久に、敵が侵攻したとの注進で、早急に近辺の足軽を集めて同国今村城（群・伊勢崎市）に移り、那波顕宗の指揮下に入らせる（大阪城天守閣所蔵宇津木文書・二五九四）。**12日** 北条氏忠が伊豆国白浜郷（静・下田市）名主・百姓中に、洪水につき年貢高を確定して年貢納法を米と塩に指定し、年末迄に八〇貫文の内の五〇貫文分を船で小田原城の越後采女に納入させる（藤井文書・二五九七）。**14日** 北条氏直が鈴木又右衛門に、借米銭の返却を不入と号して滞納するのは違法で、先の借用状をもって催促し、返却しない郷村は小田原城に披露させる。奉者は板部岡融成（栗原氏所蔵鈴木文書・二五九八）。同日、安藤清広が宇津木氏久に、北条氏の検地施行に苦労した事に感謝し、北条氏直から在所を拝領した事を喜び、その地の所務は垪和康忠と相談して氏直に披露したところ、氏直は清広代官の都筑太郎左衛門尉から氏久に返却せよと命じ受取らせる（大阪城天守閣所蔵宇津木文書・四〇六二）。**15日** 北条氏照が上野国今村城の那波顕宗に、この度は同国茂呂（群・伊勢崎市）・堀口（伊勢崎市）を堅固に守備し、敵を早々に退散させた忠節を北条氏直に披露する前に馬見塚大和守から申告され満足である。両城は堀が一重で防備に不安と思ったが、那波家中衆が籠城し安心した。十五日に後詰を小田原城から出すと決め、去る十日には氏照の軍勢が下野国藤岡（栃・藤岡町）に移動し、武蔵国忍城（埼・行田市）成田氏長の軍勢も同方面に移動し、氏照も三日の内には出馬して下野国佐野（栃・佐野市）・皆川（栃・栃木市）へ進撃する予定の時に、十二日に藤岡の敵が退散したのは両城守備の賜物と激賞する（桜井氏所蔵色部文書・二七五四）。**17日** 北条氏直が上野衆の富岡秀長に、十三日の書状を拝見し佐竹勢の退却を知り、小泉城の堅固な守備のおかげと感謝する（弘文荘古文書目録所収原文書・二五九九）。同日、上野衆の北条高広が後閑又右衛門に、詫言に任せ堪忍分として同国善（群・前橋市）関分内で二〇貫文を与え、軍役と番普請役を務めさせる（後閑文書・二六〇〇）。同日、上野国寺尾村（群・高崎市）清水寺本堂を再建し、大旦那に和田信業が見える（清水寺所蔵棟札・二六〇一）。**19日** 安藤清広が都筑太郎左衛門尉に、上野国玉村五郷半の福島村（群・玉村町）の検見書出を発して年貢高二〇貫文弱と確

12月

定し、垪和康忠を奉者として宇津木氏久に宛行い、村の開発が済み次第、氏久から永楽銭で年貢高相応の九貫八〇〇文を返却させる（大阪城天守閣所蔵宇津木文書・二六〇二）。**20日** 北条氏直が伊豆国狩野牧（静・伊豆市）百姓の三須孫次郎に、岩本又太郎の被官内田又兵衛が訴訟を起こし、孫次郎を召還して究明して裁許し、未進年貢を完納した証文があり、又兵衛の敗訴とする。評定衆は山角康定（修善寺大川文書・二六〇三）。同日、北条氏直が相模国柳川（神・秦野市）百姓の武井善左衛門尉に、相論が起こり、同国虫沢（神・松田町）百姓の尾崎二郎五郎を召還して究明して裁許し、二郎五郎の弟甚三郎は一〇年間も善左衛門尉に仕えており、善左衛門尉の被官に相違無いと結審し、善左衛門尉の勝訴とする。評定衆は山角康定（武井文書・二六〇四）。**21日** 北条氏房が岩付衆の内山弥右衛門尉に、当年の扶持給として永楽銭六貫文を二十八日を期限に武蔵国岩付城（埼・さいたま市岩槻区）で佐枝信宗・恒岡資宗から支給する（内山文書・二六〇五）。同日、近藤綱秀が長尾顕長に、上野国館林城方面に佐竹勢が侵攻したが、防戦して退散させた忠節を北条氏照に披露するところ、境目で取り込み披露が遅れたと謝罪し、下野国佐野境の注進では、必ず来春二月には佐竹義重が侵攻し長尾方の面鳥城（佐野市免鳥町）に着陣すると佐野宗綱と誓約した事は確実と申している。この説は俄に信用できず、面鳥の地は要害でもないが重要等と伝える（館山市立博物館所蔵坂本文書・二六〇六）。**24日** 北条氏規が武蔵国神奈河（神・横浜市神奈川区）鍛冶の新四郎に、詫言により屋敷地として夏秋二七〇文の所を宛行い、公私の御用を務めさせる。奉者は朝比奈右衛門尉（武州文書橘樹郡・四〇〇八）。同日、北条氏勝が武蔵国岡村（神・横浜市磯子区）龍珠院に、北条氏舜の証文の如く諸事を安堵する（龍珠院文書・二六〇七）。**26日** 北条氏直が相模国当麻（神・相模原市南区）無量光寺に、先の証文の如く諸事を安堵する（無量光寺文書・二六〇八）。同日、北条氏直が伊豆国横川郷（静・下田市）深居庵に、寺中での横合非分・狼藉、竹木伐採を禁止する。奉者は江雲（大梅寺文書・二六〇九）。同日、津久井衆の内藤主水正が梶原景宗に、小田原城下の後小路根本の広浜屋敷の売却を認めて同屋敷を安西新五郎に与え、北条宗哲朱印状に屋敷奉行衆の判を据え、新五郎への渡状も添えて渡し、年貢は無いが棟別役他の公方役は賦課する事、たとえ屋敷地に徳政が入っても履行されないと申し渡す（紀伊国古文書所収在田郡古文書二・二六一〇）。**28日** 布施景尊が合田某に、掃部助の官途を与える（関宿町会田文書・二六一一）。

▼この月、和田信業が飯島小三郎に、本領の他に知行八俵分を宛行う（和田記・二六一二）。

▼この年、相模国井之口村（神・中井町）簑笠明神社を修築し、金子和泉守・金子若狭守、大工に高奈治部左衛門、代官に沢野佐渡守が見える（新編相模足柄上郡・相風一-一八〇頁）。

天正十二年（一五八四）・甲申

1月

5日 北条氏繁後室（新光院殿）が相模国久里浜（神・横須賀市）鈴木某に、明日までに鯛と鰒を同国玉縄城（神・鎌倉市）に納入する事と命じ、代金を支払うが初めての御用なので、必ず明日までに塩漬けでない新鮮な肴を納入させる。奉者は関修理亮（鈴木文書・二六一三）。 **7日** 北条氏直が上野衆の後閑刑部少輔・同宮内少輔に、十六日には同国厩橋城（群・前橋市）の当番替えなので軍勢を不足無く召し連れて移り、北条氏勝が同城に移るので相談して欲しいと伝える（京都大学総合博物館所蔵後閑文書・二六一四）。 **8日** 下総国宮本（千・東庄町）東大社に、千葉邦胤が大般若経を寄進する（飯田氏所蔵・二六一五）。 **10日** 北条氏直が成田氏長に、新年の挨拶として太刀・銭二貫文・五種・三荷を贈呈され、返礼として太刀と二種を贈答する（真田宝物館所蔵文書・二六一六）。 **13日** 北条氏直が相模国千津島（神・南足柄市）に、普請人足を賦課し、二十四日に小田原城に集まり普請工事に従事させる（明治大学博物館所蔵瀬戸文書・二六一七）。同日、北条氏規が鎌倉の鶴岡八幡宮相承院に、新年の祈禱を依頼して完了し、巻数・管城子を贈呈され、謝礼に銭一貫文を寄進する（相承院文書・四〇〇九）。 **19日** 北条氏直が中村弥太郎に、直の一字を与える（賜蘆文庫文書二七・二六一八）。 **20日** 北条氏直が倉地源太左衛門尉・安藤代大久保氏に、伊豆国西浦（静・沼津市）の船方番銭は、諸浦と同様に梶原景宗の許に届ける様に申し渡す。奉者は安藤良整（紀伊国古文書所収在田郡古文書二・二六一九）。同日、北条氏規が伊豆国雲見浦（静・松崎町）高橋左近に、鯨を贈呈された謝礼を述べ、詳しくは長谷川氏から伝えさせる（高橋文書・四〇一二）。 **21日** 横地勝吉が下野国鑁阿寺（栃・足利市）衆中と不動院に、十九日に護摩堂が下総衆によって破却されたのを北条氏邦が立腹し、出家衆が何人か居れば防げた事で、足利衆が寺中を草刈場にしている不法は、こちらから軍勢を派遣して止めさせると伝え、同寺を庇う事を約束する（鑁阿寺文書・四二四）。 **25日** 北条氏直が森大蔵丞に、上野国一宮（群・富岡市）貫前神社の祭礼の祭礼銭を代々一宮豊氏に渡させる。奉者は垪和康忠（小幡氏所蔵貫前神社文書・二六二〇）。 **吉日** 駿河国日守（静・函南町）熊野三社大権現を造営し、神主に菊池隼人正、宮大工に佐藤氏と月野氏、他に秋山□左衛門・深瀬覚右衛門・佐野文左衛門が見える（熊野神社所蔵棟札・静八-四-一七二）。

2月

7日 石巻康敬が芳春院松嶺に、下野国足利（栃・足利市）鑁阿寺の事は亡父康保の時の如く外護すると約束して祈願寺とすると述べ、詳しくは小池晴実に申し入れると伝える（鑁阿寺文書・四〇七〇）。同日、北条氏照が伊達氏家臣の遠藤基信に、関東の状況を報告し、昨年の冬は下野国藤岡（栃・藤岡町）に在陣して周辺の仕置きを完了した事を述べ、伊達輝宗が隠居して政宗が家督を相続した事を認め、旧来に任せて昵懇でありたいと伝える（伊達政宗記録事蹟考記・

2月

三七七九）。 **8日** 北条氏直が垪和康忠に、上野国松井田（群・安中市）で預けた一一騎の同心に同国厩橋城（群・前橋市）に在城させる様に命じ、知行分や屋敷等で竹木以下の横合非分を禁止させ、これらの事を大道寺政繁に申しつける事と申し渡す（軽井沢町佐藤文書・三七七八）。同日、北条氏房が武蔵国八林（埼・川島町）道祖土満兼分と同国井草（川島町）細谷資満分の百姓中に、昨年分の大普請役で同国箕田郷（埼・鴻巣市）の荒川堤の修築を命じる（道祖土文書ほか・二六二一〜三）。 **9日** 板部岡康雄が相模国延沢（神・開成町）西福寺に、寺領として清右衛門の田二貫六〇〇文を寄進する（西福寺文書・二六二四）。 **10日** 北条氏直が相模国土屋郷（神・平塚市）大乗院に、同院と富永某との相論に裁許し、同院末寺の同国矢那郷（神・秦野市）東光寺の寺領他を二〇年間も抱えてきたのを認め、末寺として安堵する。評定衆は依田康信（相州文書大住郡・二六二五）。 **12日** 北条氏直が北条綱成・遠山政秀・木部貞朝・小幡憲行・和田昌繁・高山定重・堀内丹後守に、上野国厩橋城（群・前橋市）の曲輪の員数を五六四人と定め、曲輪の掟を板に書いて掲示し厳密に守らせる（堀内文書・二六二六）。同日、北条氏照が荒田（新田）宮内に、小田原城からの陣触で今月中に出馬と決まり、軍装と武具を着到員数の如く整えて小旗は新しくして参陣し、遅参の者は切腹させると厳しく申し渡す（青梅市郷土博物館所蔵並木文書・二六二七）。 **13日** 北条氏直が武蔵国中瀬郷（埼・深谷市）百姓中に、欠落した百姓を欠落した所の領主・代官に断ってから還住させる。奉者は垪和康忠（深谷市西田文書・二六二八）。 **14日** 北条氏光が鈴木又右衛門尉に、小机領中に借米して返却しない者があり、違法なので借用状に任せて催促し返却させる。奉者は興津右近（栗原氏所蔵鈴木文書・二六二九）。 **16日** 北条氏直が上野衆の下久三郎・山口軍八郎・神宮武兵衛に、同国大戸城（群・東吾妻町）の普請に同国松井田（群・安中市）旗本衆領分の人足三〇人を三日ずつ延べ九〇人を使役して普請工事を行わせ、人足の集合日は北条氏邦の指示によると申し渡す。奉者は垪和康忠（小板橋文書・二六三〇）。同日、大道寺政繁が富岡美作守に、鎌倉の大巧寺（神・鎌倉市小町）の敷地内の田畠五貫文に問題が生じ、大巧寺の訴えにより鎌倉代官領から引換えに寄進するとし、反銭本増共に二〇〇文は五貫文の内に込めると申し渡す（相州文書鎌倉郡・二六三一〜二）。 **17日** 高城胤則が下総国宮本（千・船橋市）意富比神社の神主富中務大輔に、詫言により徳政を施行する事を伝え、造営や祭礼以下に努める様に申し渡す（意富比神社文書・二六三三）。 **19日** 海保定広が上野衆の宇津木氏久に、同心衆に北条家朱印状を調えて渡したので今日は当主が出馬と伝え、二十四日頃には同国小泉城（群・大泉町）に着陣すると申し渡す（大阪城天守閣所蔵宇津木文書・四一〇六）。 **20日** 富岡美作守が鎌倉の大巧寺に、敷地について大道寺政繁の鎌倉代官領から寄進する事で落着し、田畠証文・坪帳を元に作成した書付を渡すと述べ、敷地の寄進についての礼状を小菅民部丞・栗田左京亮の子の治部左衛門尉に出して欲しいと依頼する（相州文書鎌倉郡・二六三四）。 **21日** 安藤良整が相模国金子（神・大井町）

西明寺に、前々からの東福院領の田畠五反余を永代寄進する（最明寺文書・二六三五）。**27日** 遯斎が岩付衆の伊達房実に、五年程前から宮城泰業を通して北条氏政に所領の事を頼み込んで堪忍分を承認され、去年に武蔵国岩付城（埼・さいたま市岩槻区）城主を氏政が相続する以前から板部岡融成を頼って堪忍分を知行分に直す事を訴えており、堪忍分を欠所地の知行に改め、軍役・着到役を決めて欲しいと氏政への披露を依頼する（野田文書・北条氏文書補遺四三頁）。**29日** 北条氏直が上野衆の富岡秀高に、書状を拝見して二十四日に下野国の佐野衆が秀高の小泉城に侵攻したが、富岡新三郎・同秀長が防戦に努めて佐野勢を撃退した忠節を認める（富岡家古文書・二六三六）。

3月

2日 北条氏直が相模国前川（神・小田原市）百姓の五郎左衛門に、同所百姓の与五右衛門との相論で五郎左衛門に尋問して裁許を遂げ、以前からの約束で五郎左衛門の塩田の年間の人足は、与五右衛門に預けているのに作業を行っていないので、今後はこの塩田を続いて与五右衛門が抱えているならば、約束の通り人足を出して作業させ、しないのなら五郎左衛門の塩田として返すべしと申し渡す。評定衆は依田康信（前羽村誌・二六三七）。同日、北条氏直が沼上出羽守に、金井但馬守から訴えられ出羽守から弁明書を採って裁許し、出羽守の借米の返済分と称して小机一騎合衆の給米を但馬守が押取ったのは違法であり、一騎合給の一二俵を十日を期限に但馬守から返却させる。評定衆は依田康信（模写古文書四・四七四九）。**3日** 北条氏直が小田原城内の伝肇寺・常勝寺（神・小田原市南町）に、北条氏照の屋敷を造営するに当たり、両寺の境内に入る地形なので分割したい。今度は火災が起こりとても類焼を防げない地形との訴えで、氏照屋敷の堀際には三尺開けて防火用の木か藪を植え、寺域を囲む様に依頼する（伝肇寺文書ほか・二六三八～九）。同日、北条氏房が武蔵国安行（埼・川口市）金剛寺に、安行寺との寺領相論に裁許し、黒川某の証文等を根拠に金剛寺に安堵して不入とする。糾明の使は垪和康忠・板部岡融成（武州文書足立郡・二六四〇）。同日、下総国東庄宮本（千・東庄町）玉子社に原親幹が大般若経を寄進する（飯田氏所蔵・二六四一）。**4日** 北条氏直が上野衆の富岡秀高に、書状を拝見して二十八日に同国新田（群・太田市）由良国繁、館林（群・館林市）長尾顕長、下野国足利（栃・足利市）長尾勢と相談して上野国小泉城（群・大泉町）に来襲した佐野勢を撃退した忠節を認め、近々出馬するが、それ以前は油断するなと伝える（富岡家古文書・二六四二）。**5日** 北条氏直が相模国津久井城（神・相模原市緑区）当番衆の山角定勝に、今月中旬には出馬するための準備をさせ、一、病気の同心は陣代を任命して本人は当曲輪内に出陣三日前から置く事、一、着到に定めた武具を必ず用意させ検査する事、楯板を忘れず用意させる事、一、長陣の支度で臨む事の三ヶ条を厳守させる（巨摩郡古文書・三六六九）。**6日** 北条乙松が武蔵国江戸（東・千代田区）城下平川の法恩寺に、北条氏綱・氏康の証文と父北条氏秀の判物の旨に任せて同寺の権益を安堵する（寺誌取調書上・二六四四）。**8日** 北条氏直が京紺屋の津田正輝に、先

3月

の証文に任せて藍瓶役を不入の郷からも徴収する事を命じる。奉者は江雲（相州西郡板橋村鏡・二六四六）。同日、北条氏直が小野内匠助・藤八郎父子に、知行分の相模国丸島之村（神・平塚市岡崎）内の四五貫文を藤八郎に渡す様に命じる。奉者は江雲（相州文書大住郡・二六四五）。同日、成田氏長が武蔵国妻沼（埼・熊谷市）聖天院に、出陣中の戦勝祈願を依頼し、巻数・守を贈呈され、殊に抹茶を送られた謝礼を述べる（神奈川県立歴史博物館所蔵文書・二六四七）。**9日** 北条氏直が上野国和田山（群・高崎市）極楽院に、京都の聖護院門跡の証文に任せて上野国年行事職を安堵する（京都市住心院所蔵極楽院文書・二六四八）。同日、北条氏直が極楽院に、先住の死去により寺領として上野国箕輪（群・高崎市）他で一七貫五〇〇文を重ねて安堵する（古証写・二六四九）。**10日** 北条氏直が上野国新保郷（群・高崎市）小島近江守等六人と百姓中に掟書を下し、一、新保郷の検地増分について中沢平左衛門からの訴えがあり、百姓を喚問し平左衛門の訴えは事実と判明し、年貢八〇〇俵ずつ十月晦日迄に納入させる事、一、当郷は不入と定めたので違法の者は北条氏に訴える事、一、北条氏の御用については北条家朱印状で申しつけると規定する。奉者は垪和康忠（反町系図・二六五〇）。**11日** 北条氏房が岩付衆の宮城泰業に、豊田和泉守の借銭催促に行った者が豊田領内で殺害される不祥事が起こり、和泉守は武蔵国菖蒲領（埼・菖蒲町）に行っていたと弁明書にあり、事実は不明であるが、理由はともあれ違法を行う事は許されず、和泉守の知行を召し放し永久に改易とし、もし今後分国中を徘徊するなら見つけ次第に打ち殺してよいと申し渡す。紹明の使は垪和康忠・板部岡融成（内閣文庫所蔵豊島宮城文書・二六五一）。**12日** 皆川広照が徳川氏家臣の本多正信に、関東惣無事の件について由良国繁・長尾顕長の進退の所存を伝える（和歌山県三浦文書・群七-三-三八九）。**13日** 北条氏光が大島因幡守に、年来は曾禰外記の指南に属すべきところ外記がしないので、今後は氏光が召し仕う事となり、知行として武蔵国小机領で一五貫文を宛行い軍役着到を務めさせる。奉者は興津右近（大島文書・二六五二）。**14日** 北条氏直が大道寺政繁代に、鎌倉の番匠源二三郎を十七日に小田原城に召し寄せ屋敷の普請に従事させる（相州文書鎌倉郡・二六五三）。**16日** 北条氏直が垪和康忠に、出馬について軍役を規定し総勢一三〇〇人の内一〇〇〇人は参陣し、残りは曲輪の守備とし、上野国厩橋城（群・前橋市）の留守中の事は優れた者を残して厳密に守備させ、参陣衆は不足無く参陣させる（相州文書足柄下郡・三七八七）。**18日** 北条氏直が某に、緊急の出馬につき、二十六日には武蔵国久々宇（埼・本庄市）・本庄まで着陣し、着到の員数を守らせる（久米文書・二六五四）。**20日** 北条氏照が伊達氏家臣の遠藤基信に、徳川家康との縁組を報告し、今後も伊達輝宗の時の如く懇ろな交渉を依頼する（斎藤報恩博物館所蔵遠藤文書・二六五五）。**21日** 北条氏直が武蔵国江戸宿（東・千代田区）・中野（東・中野区）・阿佐ヶ谷（東・杉並区）・戸口（埼・坂戸市）小代官・百姓中に、正木棟別麦の納入方法について指示する（武州文書府内ほか・二六五六～八）。**22日** 北条氏直が山上久忠

4月

に、年来の奉公を賞して上野国松井田(群・安中市)内の小宮山知行分一〇〇貫文を宛行い、軍役を賦課する(山上文書・四七五〇)。**23日** 北条氏直が小田原から三河国安城(愛知・安城市)迄の宿中に、伝馬三疋を牧和泉守が使役する事を許可し、無賃伝馬とする。奉者は山角康定(模写古文書五・三七六六)。同日、北条氏直が某に、上野国松井田内の矢野伊賀給田で一七貫文を知行として宛行う。奉者は間宮宗甫(相州文書高座郡・二六五九)。同日、北条氏邦が武蔵国只沢(埼・深谷市)百姓衆中に、近郷の荒地は御領所・私領問わず開発次第に下されると約束し、地下人を集めて開拓させる(持田文書・二六六〇)。**25日** 上田憲定が武蔵国現栄院(現在地未詳)に、同国広野(埼・嵐山町)慶眼院・万福寺の寺領が荒廃したため与える事を現栄院と宝泉院に約束する(大野文書・二六六一)。**28日** 北条氏直が高城胤則に禁制を掲げ、高城領において北条勢が狼藉を行う事を禁止させる。奉者は遠山直景(染谷文書・二六六二)。

▼この月、尾張国小牧・長久手(愛知・小牧市、長久手町)で徳川家康と羽柴秀吉との合戦が起こり、北条氏は徳川方に加担する。

2日 長尾憲景が死没する。法名は雲林院殿梁雄玄棟庵主。**5日** 北条氏直が三山又六に、先月二十八日の下野国足利(栃・足利市)表の合戦での忠節を認め感状を与える(松雲公採集遺編類纂一五一・二六六三)。**6日** 北条氏規が徳川家臣の朝比奈泰勝に、尾張国小牧・長久手合戦の徳川方への加勢要請について河尻下野守から詳しく聞き、北条氏政父子の意見では徳川家康の考え次第で父子の内のどちらでも加勢に立つとの事で、拙者氏規は伊豆国韮山城(静・伊豆の国市)に居るので、その旨を父子に伝えると確約する(不破文書・二六六四)。**15日** 高城胤則が下総国小金(千・松戸市)東漸寺に制札を掲げ、寺中での違法を禁止させ、当夏中は高城勢の陣取りを停止させる(松戸東漸寺文書・二六六五)。**16日** 古河公方家臣の芳春院松嶺が下野国足利(栃・足利市)鑁阿寺衆中・千手院に、同寺の保護については北条氏照を唯一の頼りとして行うべき事を伝え、氏照家臣の間宮綱信が取次役を務めると伝える(鑁阿寺文書・戦古一四九六)。**17日** 北条氏直が下野国佐野の沼尻(栃・藤岡町)に出馬し、この日には宇都宮国綱・佐竹義重も沼尻に出馬して同国岩舟山(栃・岩舟町)で氏直と戦い、以後は一一〇日間も対陣する。**19日** 斎藤定盛が上野国玉村(群・玉村町)百姓中に、検地施行の苦労を慰労し、玉村七郷内の私領について奉行衆に申した事を北条氏に披露し、前々の如くで良いとの了解を得たので、赤城領は過半が開発済で、赤城神社に寄進すると伝える(清水文書・四一二五)。**21日** 北条氏直が玉縄衆の佐枝与兵衛に、下野国足利宿城(栃・足利市)での戦いで、渡瀬川を真先に越して敵を討ち取る忠節を認め感状を与える(佐枝文書・北条氏文書補遺三〇頁)。**22日** 北条氏勝も佐枝与兵衛に、昨日の忠節を認め感状を与える(古今消息集一・二六六六)。**23日** 北条氏政父子が徳川家康に、十日の書状を拝見し、九日に尾張国岩崎口(愛知・日進市)での合戦

4月

で羽柴方の池田恒興父子・森長可・堀秀政・三好勢一万余を討ち取る戦功を賞し、また朝比奈泰勝からの書状には川尻下野守へ返事したと伝える（諸州古文書五ほか・二六六七〜八）。**26日** 北条氏照家臣の大石秀信が天野景貫に、二十二日の佐竹勢との下野国小山（栃・小山市）表での合戦で忠節を尽くした事を激賞する（東京大学史料編纂所所蔵天野文書・二六七五）。**27日** 北条氏直が天野左衛門尉・小川源二郎・設楽新三郎・岡安兵庫助・来住野十郎兵衛・久下兵庫助・埴谷宮内少輔・上条三郎左衛門尉に、二十二日の佐竹勢との下野国小山表での合戦の忠節を認め感状を与える（小川文書ほか・二六六九〜七四、三五九六、四七五二）。**晦日** 北条氏直が佐枝与兵衛に、二十一日の上野国深沢（＝神梅城、群・桐生市）表での合戦での忠節を認め感状を与える（古今消息集九・二六七六）。

5月

9日 北条氏政が徳川家臣の酒井忠次に、遠江・尾張方面の状況を鈴木伊賀守に問い合わせ、三種・一荷を贈呈する（土佐国蠹簡集残篇六・三八五五）。**12日** 北条氏直が上野衆の富岡秀高に、今日に秀高が着陣したので氏直が大将に任命し、敵が陣城を構えたので急激な一戦に不安を感じ、五日以来日延べにして近辺の軍勢を集めて配置を定め、その上で決戦に臨む事と指示する（弘文荘古文書目録所収原文書・二六七七）。**21日** 北条氏直が富岡秀高に、敵は陣城に引き籠もって対陣しており、城から引き出してから攻撃を加える事と指示する（同前・二六七八）。**22日** 北条氏規家臣の小坂雄吉・長島三吉が不破広綱に、徳川方に加勢を送ることを伝える（不破文書・新横須賀市史資料編二-二六一八）。**26日** 徳川家康が美濃国竹鼻城（岐・羽島市）に籠城した徳川方の不破広綱に、徳川勢と共に北条氏からの援軍も到着し、羽柴秀吉の背後を攻めるので安心してよいと伝える（不破文書・徳川家康文書の研究上-六一五頁）。**27日** 太田資正が保土原江南斎に、佐竹義重と共に下野国藤岡（栃・藤岡町）で北条勢と対陣し、沼尻（藤岡町）では双方から陣城を構えており、北条勢は相模・武蔵・上野・房総勢の大軍であると伝える（歴代古案一五・千四-二〇〇頁）。**28日** 北条氏直が上野衆の阿久沢彦二郎に、同国五覧田城（群・桐生市）の取立てで、望みにより知行として同国仁田山（群・みどり市、桐生市）内で五ヶ所を宛行う。奉者は山角康定（京都大学総合博物館所蔵阿久沢文書・二六七九）。

6月

2日 北条氏直が大藤政信に、上野衆の由良国繁が同国古海（群・大泉町）に侵攻したので堅固に防戦した功績を認め、さらなる忠節を求める（大藤文書・二六八〇）。**4日** 羽柴秀吉が佐竹義重に、北条氏直と下野表の藤岡（栃・藤岡町）で対陣している事について、存分にやって欲しい等と伝える（諸将感状下知状并諸士状写一・小一-七六四頁）。**5日** 羽柴方の滝川一益が佐竹義重に、徳川家康を討ち果たすのは眼前であり、そうなれば早速に相模国の北条氏を攻めるから、義重も境目に出馬して欲しいと伝える（千秋文庫所蔵佐竹文書・小一-七六六頁）。**14日** 北条氏直が上野衆の富岡秀高に、同国小泉城（群・大泉町）へ運送する兵糧は、武蔵国忍領（埼・行田市）から上野国巨海（大泉町）へ運送する事と指示

7月

し、この北条家朱印状で断って通行するのを許可する。奉者は石巻康敬（静嘉堂本集古文書ワ・二六八一）。同日、北条氏直が富岡秀高に、忠節の恩賞として上野国館林領（群・館林市）・新田領（群・太田市）内で二一ヶ所を望みに任せて宛行う（原文書・二六八二）。**15日** 正木時治が死没する。**18日** 太田資正が里見家臣の岡本氏元に、北条氏政父子が上野国に出馬してきたので、佐竹義重に由良国繁・長尾顕長・佐野宗綱が味方して下野境の藤岡で北条勢と対陣して五〇日に及び、今月五日には合戦になり北条勢を多く討ち取ったが、未だに長陣が続いている等と報告する（紀伊国古文書所収藩中古文書・千四-四〇九頁）。**21日** 北条氏照が上野衆の那波顕宗に、書状を受けて北条氏政父子に披露した。由良国繁に備えて同国那波城（群・伊勢崎市）を堅固に守備している事や深沢（群・桐生市）表の状況は、何度でも氏政父子に直書で報告する事。佐竹方の梶原政景が常陸国小田城（茨・つくば市）に居て北条氏に味方したので、佐竹勢は敗走するだろうと伝える（桜井氏所蔵色部文書・二六八三）。**27日** 上杉景勝が本庄繁長に、下野国佐野表の藤岡で佐竹義重と北条氏政が対陣し、二十五日の上野国倉内（群・沼田市）からの注進では、佐竹勢が陣所を堅固に守っているので北条勢は敗北すると伝える（奥羽古文書・新五-三-三六三四）。**晦日** 北条氏直が武蔵国岩付（埼・さいたま市岩槻区）から駿河国沼津（静・沼津市）迄の宿中に不動院（埼・川口市）に伝馬三疋の使役を許可し、無賃伝馬とする。奉者は垪和康忠（武州文書葛飾郡・二六八四）。

8月

8日 羽柴秀吉が常陸国小田城（茨・つくば市）梶原政景と東義久に、佐竹義重と北条氏直との常陸国方面の事を了承し、先月二十八日には大坂（大阪・大阪市）に帰着したと知らせる（潮田文書ほか・神三下-八九八八～九）。**11日** 北条氏直が前原藤左衛門・目黒織部丞・須浦又次郎に、三日の上野国五覧田城（群・桐生市）における忠節を賞し感状を与える（前原文書ほか・二六八五～七）。**13日** 北条氏直が阿久沢彦二郎に、三日の五覧田城における忠節を認め甲冑と刀を贈呈し、詳しくは山角某から副状を出させる（目黒文書・二六八八）。同日、北条氏照が阿久沢彦次郎に、三日の夜に五覧田城に進撃し、忠節を尽くして攻略した功績を認め、北条氏から同城の普請人足を与えて普請させ、堅固に守備させる（阿久沢文書・二六八九）。**23日** 北条氏直が大藤政信に、十九日に上野国館林（群・館林市）から同国古海（群・大泉町）に進撃して敵を追い散らした忠節を認め、佐竹義重に陣を退かせたと知らせる（大藤文書・二六九〇）。**26日** 北条氏規が徳川家臣の酒井忠次に、関東の状況は十五日に北条氏直が佐竹義重から下野国岩船山（栃・岩舟町）を乗っ取ったと報せる（本光寺所蔵田島文書・二六九一）。**吉日** 武蔵国飯能（埼・飯能市）諏訪宮を再興し、大旦那に加治吉範、代官に小室三右衛門が見える（新編武蔵高麗郡・二六九二）。

3日 簗田持助が関根某に、和泉守の受領を与える（兒矢野文書・四七五二）。**8日** 徳川家康が土佐国の香宗我部親泰に、

8月

この秋には関東の北条氏の諸勢が徳川方に味方して来援するであろうと知らせる（香宗我部家伝証文五・徳川家康文書の研究上-六三四頁）。同日、京都の聖護院門跡が武蔵国笹井（埼・狭山市）観音堂領の同国宮寺（埼・所沢市）への中尾（埼・さいたま市緑区）玉林坊の違乱を止めさせ、観音堂に安堵する（篠井文書・埼六-二-一二六六～七）。**9日** 真壁氏幹が佐竹義重に、北条氏直が上野国新田（群・太田市）由良氏・館林（群・館林市）長尾氏領に侵攻したと伝える（佐竹文書・群七-三-三三〇八）。**13日** 北条氏直が毛利（北条）高繁に、真田昌幸との抗争で亀山（群・太田市カ）の地は大切な境目で、毛利衆が六〇人ずつの交代で番衆を務め、上野国厩橋（群・前橋市）当番衆からも番衆を出して警護し、詳しくは北条氏照から説明させ、北条綱成が当番の時には一〇人ずつとする（木内文書・二六九四）。**16日** 北条高広が上野国厩橋城下の厩橋八幡宮別当最勝院に、神領から出す人足や伝馬、祭礼の時に北条家の近習や中間・小者等の立入りを禁止させ、父の証文の如く自分も証文で諸役免除を命じ、武運長久の祈念を依頼する（前橋八幡宮文書・二六九五）。**18日** 羽柴秀吉が上杉景勝に、佐竹義重と北条氏直が長々と対陣し不安に思っていたところ、先月十三日に上野国境まで景勝が軍勢を侵攻させ、氏直が苦境に陥り二十二日には退却したと知らされる（三条市土田文書・新五-三-二六五八）。

9月

1日 北条氏直が富岡秀高に、帰陣以来、秀高の上野国小泉城（群・大泉町）の警備の様子が不安であり、鉄砲の玉薬を贈呈する（目黒文書・三九六二）。**2日** 伊豆国横川（静・下田市）諏訪上下大明神を修築し、旦那に平沢吉直、大工に臼井盛次が見える（諏訪神社所蔵棟札・四九四八）。**3日** 北条氏直が阿久沢能登守・前原淡路守・須藤主計助・松井新左衛門尉・目黒織部丞・松井豊後守・尾池司馬丞・深沢二郎右衛門・須浦又次郎に、二十三日の上野国新田（群・太田市）・桐生（群・桐生市）から深沢（桐生市）攻略での忠節を認め感状を与える（京都大学総合博物館所蔵阿久沢文書ほか・二六九六～二七〇四）。**5日** 北条氏直が上総衆の井田胤徳と上野衆の毛利高広に、長期に渡る在陣の苦労を労い両種・一樽を贈呈し、胤徳には遠山直景から副状を出させる（江戸東京博物館所蔵文書ほか・二七〇六～七）。**7日** 北条氏直が太田越前守に、羽柴秀吉が尾張国方面に侵攻する情勢なので、徳川方への加勢として出馬の用意をさせる（西尾市新家文書・二七〇八）。同日、北条氏勝が相模国極楽寺（神・鎌倉市）長吏源左衛門に、毎年板目皮を一五枚納入させる。奉者は木村某（由井文書・二七〇九）。**11日** 小鷲直吉が福田藤左衛門尉等三人に、母方の名字を懇願するので兄弟三人に福田を名乗らせる（福田文書・二七一〇～一）。**18日** 北条氏直が牛込勝行に、父勝重の申告に任せて家督と知行・同心を相続させ、軍役を務めさせる（牛込文書・二七一二）。**21日** 伊豆国川津筏場（静・河津町）小河三島大明神を修築し、代官に堤弥三郎左衛門、鍛冶に正木人屋助、大工に村串善右衛門が見える（川津筏場土屋氏文書・四九四九）。**23日** 小田原城下の本光寺（神・小田原市寿町）木造日蓮聖人立像銘に、この日から彩色を開始し願主の柳川泰久が二貫五〇〇文を寄進して十月十四日に彩色し終わると見える（本光寺所蔵・小一－九七頁）。同日、伊豆国仁科庄大多古郷（静・西伊豆町）天満大自天神を修築し、大工に瀬尾清左衛門が見える（哆胡神社所蔵棟札・四九五〇）。**24日** 北条氏直が鎌倉の番匠源二三郎に、御番細工を命じ、二十八日に小田原城に集まり幡板の作事を行わせる（相州文書鎌倉郡・二七一三）。**25日** 北条氏直が豊島三郎兵衛に、常陸国小田口（茨・つくば市）に佐竹義重が侵攻し、近日中に出馬すると告げ、後詰めの用意をさせる（越前史料所収山本文書六・二七一四）。**26日** 伊豆国蒲屋郷青市村（静・南伊豆町）三島大明神を再建し、鍵取に高橋源右衛門が見える（青市三島神社所蔵棟札・四九五一）。**27日** 上野衆の内藤昌月が外榛名山社人に、上野国神戸（群・高崎市）外榛名宮が大破したので再建したいとの意向を喜び、内藤氏の同国箕輪領（高崎市）で再建の奉加を行わせ、再建費用とさせる（外榛名神社文書・四七五三）。**吉日** 某が某に、徳川家配下の三河・遠江両国の軍勢が駿河国に侵攻したが程無く退去し、これについて北条氏も駿河国への出馬準備をし、松田憲秀の書状に答えて三河・遠江の羽柴秀吉との抗争への対応と記すと伝える（秋田藩採集文書一〇・四二六八）。

▼この月、北条氏勝が上総衆の野中遠江守に、先代からの相模国玉縄城（神・鎌倉市）の被官と認め、相模国から房総方面への鋳物商売を許可し、江戸湾と玉縄領の武蔵国久良岐郡（神・横浜市）内でも許可する（上総国古文書所収野中家文書・二七一五）。この月、伊豆国青市（静・南伊豆町）高根権現を再建し、地頭に北条氏規、代官に山田新十郎が見える（青市三島神社棟札・四九五二）。

10月

2日 北条氏直が江戸衆の遠山直景に、徳川家康への加勢として直景を物主に遠山左馬允・中条・会田・本田・島津・伊丹・千葉各氏から一八騎、同心三九人の合計五七人を出させ、遠江国に派遣する用意をさせる（長野市山崎文書・四九六八）。同日、北条氏直が山角定勝に、相模国津久井城（神・相模原市緑区）に定書を出し、同城の当番衆の城内規定を示し、当番頭の定勝と城主の内藤綱秀との協調を求める（馬の博物館所蔵文書・北条氏文書補遺三〇頁）。**4日** 北条氏直が桜井武兵衛に、父和泉守の死没により家督を相続させ、軍役を厳密に務めさせる。奉者は山角康定（松江市桜井文書・二七一六）。**5日** 伊豆国横川（静・下田市）日枝山王社を修築し、地頭に吉田殿、本願に平沢和泉守、禰宜に山崎平内左衛門、番匠に臼井二郎左衛門、鍛冶に下田の吉右衛門が見える（下田市日枝神社所蔵棟札・四九五三）。同日、佐竹義重が上杉景勝に、去年は上野国に出馬して新田（群・太田市）・館林（群・館林市）の間の多々木山に張陣し、周辺を荒し回り北条勢を駆逐した等と報告する（伊佐早文書・新五－三－三二三）。**6日** 北条氏直が松田康郷に、武蔵国駒林之村（神・横浜市港北区日吉本町）での旧来からの諸役は務め、北条家朱印状以外の新規の役の賦課を禁止する。奉者は海保長玄（武州文書橘樹郡・二七一七）。同日、芦名盛隆が死没する。**7日** 北条氏政が京都の医者の一鷗軒宗庸に、左近

10月

士某の上洛時に書状を受けて以後の音信不通を詫び、北条氏直が関東平定を成し遂げ通行が自由になり、今一度面会したいと伝え、祝儀に八丈島黄白（紬）を贈呈する（福山市承天寺文書・二七一八）。同日、伊豆国奈良本村（静・東伊豆町）山神社を修築し、地頭に笠原康明、大工に深沢□五右衛門が見える（水神社所蔵棟札・四九五四）。**9日** 北条氏照が徳川家康に、松庵からの書状に感謝し、今は下野表に在陣中で返書できない非礼を詫び、氏照領の常陸国江戸崎（茨・稲敷市）土岐治綱からの馬二疋を贈呈する（別本士林証文・二七二〇）。同日、伊豆国大鍋（静・河津町）甲子神を造営し、禰宜に稲波孫左衛門、番匠に鳥沢延満が見える（子守神社所蔵棟札・静八-四-一七五六）。**11日** 北条氏直が富岡秀高に、上野国小泉城（群・大泉町）の当番替えを命じ、山中頼元を派遣し相談させる（富岡家古文書・二七二一）。**12日** 松田憲秀が駿河国沼津（静・沼津市）霊山寺に、北条勢の寺域での竹木伐採を禁止させ、寺家再興の用材とさせる（霊山寺文書・一六一八）。**13日** 武蔵国江戸城（東・千代田区）城将の北条乙松が同国石神井（東・練馬区）三宝寺に禁制を掲げ、寺域での竹木伐採・横合非分・殺生を禁止させ、違反者を申告させる（武州文書豊島郡・二七二二）。**16日** 北条氏直が下総衆の高城胤則に、同国簗田領に貸付けた兵糧につき、同領では徳政を下して返却しないと主張する訴訟問題で、北条氏は簗田領だけに徳政を下す事は無いと、先の借用状を示して返却させる。奉者は遠山直景（松戸市立博物館寄託高城文書・二七二三）。同日、北条氏直が小田原伝馬中に、伝馬二疋を使役して相模国箱根湯本（神・箱根町）に酒樽を届けさせる。奉者は笠原康明（大和文華館所蔵雙柏文庫文書・二七二四）。**20日** 佐野宗綱が宇都宮国綱に、下野国留田（栃・大平町）迄も救援に来てもらい感謝し、十九日には北条勢は下野国から上野国新田（群・太田市）に退散したと伝える（安得虎子一〇・神三下-九〇四）。**23日** 清水吉広が死没する。法名は三養院殿喜翁祖歓居士。**24日** 上田憲定が武蔵国奈良梨（埼・小川町）に、不入と認め棟別銭の賦課を免除する（鈴木文書・二七二六）。**26日** 北条氏直が鎌倉の建長寺・円覚寺・東慶寺の三ヶ寺僧侶に、行堂の諸公事を免除する。奉者は板部岡融成（円覚寺文書・二七二七）。

▼この月、長尾輝景が上野国伊香保（群・渋川市）木暮存心に定書を下し、夜の五つ（午後八時）以後の外出、温泉場での喧嘩口論、夕暮に於ける作毛の取り入れを禁止する（伊香保志三・二七二八）。

11月

8日 北条氏直が山口軍八郎に、知行として欠所地の上野国松井田（群・安中市）内の高梨他六貫五〇〇文を宛行い、軍役を務めさせる。奉者は垪和康忠（小板橋文書・二七三〇）。**10日** 北条氏直が伊勢阿闍梨に、□中村の百姓真壁・林両氏との相論に裁許し、年貢米を借米の返済に当てるのは違反で、年貢は地頭に納め、借米は借状に任せて百姓から返却させよと勝訴を申し渡す。評定衆は依田康信（南足柄市田代文書・二七三二）。**12日** 羽柴秀吉と徳川家康が和睦する。**14日** 北条氏直が鎌倉の明月院（神・鎌倉市山ノ内）伝蔵主に、先の証文に任せて同院寺領の今泉村（鎌倉市）等を才西

12月

堂（仙渓僧才）の旨に任せて安堵する（明月院文書・二七三二）。**15日** 北条氏邦が中四郎兵衛に、武蔵国飯塚（埼・深谷市武蔵野）にある三郎兵衛の田畠は大串雅楽助分か飯塚又三郎分かの相論を裁許し、雅楽助分と定め通告する（国立国会図書館冑山文庫文書・二七三三）。**17日** 北条氏直が武蔵国王禅寺（神・川崎市麻生区）王禅寺に、先の証文に任せて同国麻生郷（川崎市麻生区）内で三〇貫文の寺領を安堵する（王禅寺文書・二七三六）。同日、北条氏直が王禅寺に、寺領久米の陣夫一人と規定外の諸役を免除し、竹木伐採を禁止する。奉者は板部岡融成（同前・二七三五）。同日、北条氏直が蓮乗院・東持院に、武蔵国王禅寺（川崎市麻生区）の山の竹木伐採を禁止させ、同国小机城（神・横浜市港北区）の御用の時には城主北条氏光の朱印状で申し付けると伝える。奉者は板部岡融成（武州文書都筑郡・二七三六）。同日、北条氏直が上野衆の宇津木氏久に、一〇人の鉄砲衆を与え扶持給に八六貫余文を支給し、二八貫文分は紬、残り五八貫余文は都筑太郎左衛門尉から支給する（大阪城天守閣所蔵宇津木文書・二七三四）。同日、北条氏政が徳川家臣の酒井忠次に、北条氏規の書状で羽柴秀吉と徳川家康との和睦を知って喜び、詳細を知りたいため北条氏直から飛脚を派遣させる（島原市片山文書・二七三七）。**20日** 京都の吉田兼見に、北条氏直から去年の祓の礼状が届き、八丈絹五反が贈呈される（兼見卿記・小一‐六三二頁）。**23日** 北条氏光が鈴木又右衛門尉に、借米の相論の裁許に武蔵国小机（横浜市港北区）川向の百姓源左衛門・七郎左衛門・池上の三人を召還して糾明し、又右衛門尉からの借米が明白となり、借用状に任せ返済させる（鈴木文書・二七三九）。同日、北条氏光が鈴木又右衛門尉に、武蔵国榎下之郷（神・横浜市緑区）百姓の遠藤氏を召還して糾明し、又右衛門尉からの借米は明白で、借用状に任せ返済させる（同前・二七四〇）。同日、皆川広照が浅葉十郎左衛門尉に、去る春より北条氏直が下野国に乱入し広照の城々を攻め、佐竹義重が後詰して北条勢と対陣し、砦を構えて四月下旬から七月上旬まで勝負がつかず、北条氏照から和睦の懇願が有り、和睦の血判書を交わして和睦は成立したが、北条氏が裏切り上野国新田（群・太田市）方面に侵攻、それに味方する関東勢は無く、今に到っている等と伝える（皆川文書・神三下‐九〇三五）。**25日** 高城胤則が下総国上本郷（千・松戸市）風早神社神主に法度を下し、同社の大神楽の執行中は庶民の喧嘩口論を禁止させる（松戸市立博物館寄託中山文書・二七四一）。**27日** 相模国赤田（神・南足柄市）八幡大菩薩社を造営し、大工に有野太郎左衛門が見える（新編相模足柄上郡・相風一‐一六九頁）。**29日** 某局が武蔵国金町（東・葛飾区）の名主鈴木某と百姓中に、金町郷を奥方の知行とし、以後は奥方に年貢を納めさせ、木村・稲垣両氏の作職とする（鈴木文書・二七四三）。

6日 長尾輝景が矢野山城守に、その方の意向は輝景家中の誰も口出し出来ないと保証し、酒宴の座敷順も先代の山城守の如く安堵する（赤見文書・二七四四）。**7日** 北条氏直が清水太郎左衛門尉に、関東仕置として出陣を命じ、軍役規定

12月

を守らせる（平岡文書・二七四五）。同日、猪俣邦憲が武蔵国白石（埼・美里町）光厳寺に、亡父の遺志により同国忍領の白石村を不入とし、寺領として寄進する（光厳寺文書・二七四六）。**8日** 北条氏房が内山弥右衛門尉に、今年度分の扶持給六貫文を永楽銭で十五日を限度に武蔵国岩付城（埼・さいたま市岩槻区）の佐枝信宗・恒岡資宗から支給する（内山文書・二七四七）。**9日** 北条氏直から京都の吉田兼見に、左近士某を使者として書状を届ける（兼見卿記・小一－六三一頁）。**11日** 北条氏直が橋本外記に、山角定勝・松田憲秀代の預かる過銭から一二貫文を与え、軍役を務めさせる。奉者は宗悦（六所文書・二七四八）。**12日** 北条氏直が鎌倉の円覚寺帰源庵に、先の証文に任せ寺領として鎌倉須崎（神・鎌倉市）大慶寺分を安堵する（神奈川県立歴史博物館所蔵帰源院文書・二七五〇）。同日、北条氏直が鎌倉の円覚寺帰源庵に、相模国須崎寺分の寺山の竹木伐採を停止させる（同前・二七四九）。同日、簗田持助が横田某に、年来の忠節に任せて左京亮の官途を与える（秋田藩家蔵文書四五・二七五一）。**13日** 上田憲定が岩崎対馬守・池谷肥前守に、武蔵国松山（埼・東松山市）領内の連雀衆に、松山宿での棟別役を永代に赦免する。中次は岡部忠吉（新編武蔵比企郡・二七五三）。**20日** 清水康英が清水英吉に、伊豆国子浦（静・南伊豆町）屋敷分は先年の主計佑の書上分の一〇貫文と定め与える（下小野清水文書・二七五六）。同日、某局が武蔵国金町（東・葛飾区）鈴木右馬助・中谷次郎左衛門・同百姓中に、金町郷を不入とし、先代の如く横合を禁止させ、たとえ殿様より御用を賦課されても自分から申し付けるので拒否し、小田原城からの御用には応じさせる（鈴木文書・二七六〇）。同日、羽柴秀吉が佐野修理進に、北条氏直が徳川家康と共に秀吉に人質を差し出したと報せ、もし違反すれば来春には出馬し、成敗すると伝える（栃木県庁採集文書三・小一－七八九頁）。**21日** 北条氏照が上野国飯野（群・板倉町）に禁制を掲げ、北条勢や甲乙人の乱暴狼藉を禁止させ、北条氏直の出馬以前に先ずは氏照が軍勢の物主として判物を出したと断る（松雲公採集遺編類纂一四六・二七五七）。**24日** 北条氏照が上野国箕輪衆の星名小隼人佐に、利根川を越える時の六ヶ条の仕置きを下し、一、総勢から人足を出し道作を行わせ、陣庭まで作道させるため奉行を選んで六つ時（午前六時）迄に当陣に越させる事。一、寄合衆に舟橋の警護を命じ、物主に名簿を提出させ、今年より二騎ずつ指名する事。道作には四人の人足を出させる等と申し渡す（松田文書・二七五八）。同日、高図書助が伊豆国狩野牧（静・伊豆市）百姓中に、昨年の耕地開拓に請け負った田畠が荒地で年貢の納入が出来ないため、替わりの荒地を耕作して年貢を納入させる（大川文書・四九五五）。**28日** 北条氏照が上野国善導寺（群・館林市楠町）に禁制を掲げ、北条勢や甲乙人の乱暴狼藉を禁止させ、北条氏直の出馬以前に先ずは氏照が軍勢の物主として判物を出したと断る（善導寺文書・二七五九）。**晦日** 北条氏直が上野国館林（群・館林市）高根寺に禁制を掲げ、寺内と門前で北条勢や甲乙人の乱暴狼藉を禁止させる（館林市龍興寺文書・二七六一）。

1月

天正十三年（一五八五）・乙酉

▼この月、武蔵国小松村（埼・羽生市）熊野白山社の本地堂十一面観音坐像と阿弥陀坐像を修造し、大願主に月窓正幸、子息の広田直繁、仏師に京都の七条門中の左京法眼康実が見える（新編武蔵埼玉郡・武銘七九二）。

▼この年、伊豆国上佐ヶ野（静・河津町）三島大明神を修築し、代官に堤弥三郎左衛門、大工に村串善右衛門が見える（河津郷一七一）。この年、狩野雅楽助が相模国妻田（神・厚木市）薬師堂の厨子を再興し、彩色を施す（薬師堂厨子内墨書銘）。

4日 北条氏照が上野衆の阿久沢彦次郎に、同国新田（群・太田市）金山城の由良国繁と館林城（群・館林市）長尾顕長が氏照に降伏して両城を受け取り、近日中に北条氏直も利根川を越えるが、上野衆を悉く味方にした功績を賞し謝礼を述べる（阿久沢文書・二七六二）。**5日** 北条氏直が上野国鹿田（群・みどり市）に禁制を掲げ、欠落百姓の還住を命じ、北条方の軍勢・甲乙人の乱暴狼藉を禁止させる。奉者は北条氏邦（吉沢文書・二七六三）。**10日** 北条氏直が上野衆の富岡秀高に、同国小泉城（群・大泉町）の番替えとして富島平次郎・伊波和泉守と鉄砲衆を派遣すると伝え、それらの指揮を任せる（荒木氏所蔵原文書・二七六四）。同日、下野衆の小山秀綱が菅谷某に、大和守の受領を与え、忠節を励ませる（菅谷文書・二七六五）。**11日** 北条氏直が降伏した上野衆の長尾顕長に、昨日は心静かに面会し満足と伝える（神奈川県立歴史博物館所蔵北条文書・二七六六）。**13日** 北条氏直が上野国高根之郷（群・館林市）に禁制を掲げ、欠落百姓の還住を命じ、北条方の軍勢・甲乙人の乱暴狼藉を禁止させる。奉者は北条氏邦（龍興寺文書・二七六七）。**14日** 北条氏直が長尾顕長に、利根川の河東在陣中は館林領内の上野国赤岩（群・千代田町）と武蔵国酒巻（埼・行田市）との渡船を禁止し、船橋一ヶ所を架橋して奉行を派遣させ、在陣中は河船を引き上げさせる。奉者は北条氏邦（壬生町鈴木氏所蔵長尾文書・二七六八）。同日、北条氏直が一色中務大輔に、河東在陣中は武蔵国間口（埼・大利根町）との渡船を禁止させ河船を引き上げ、船橋一ヶ所で通行させる。奉者は北条氏照（相州文書鎌倉郡・二七六九）。**15日** 北条氏直が武蔵国大宮（埼・さいたま市大宮区）氷川神社神主に、同社での新年の祈禱を完了し、巻数と鯉の贈呈に感謝し太刀を贈答する（西角井文書・三〇五〇）。**18日** 北条氏邦が矢野兵部右衛門に、上野国厩橋（群・前橋市）大渡之原での忠節を認めて褒め、殊に天川（前橋市）まで侵攻して殿軍として活躍したと上泉主水・富永右馬助から報告されて喜悦し、北条氏直からも褒美を与えると伝える（赤見文書・二七七〇）。同日、長尾顕長が小菅又右衛門尉・宮内孫左衛門尉に、上野国赤岩の

1月

渡船には北条家朱印状が無ければ一切通行停止を申し渡す（鈴木氏所蔵長尾文書・二七七一）。**19日** 千葉邦胤が原大炊助・安藤備中守・石毛金右衛門尉に三ヶ条の条目を下し、一、軍役着到の員数を厳守する事。一、出陣の時に指物を差さず、陣屋に槍を忘れる様な不埒な者や仮病を使う者は申告させる事。一、他所の者との喧嘩を禁止させる（千葉市立郷土博物館所蔵原文書・二七七二）。**22日** 多賀谷重経が徳川氏家臣の大久保忠隣に、徳川家康と羽柴秀吉との和睦の祝儀として大鷹と馬を贈呈し、もし北条氏との和睦が破綻して秀吉が関東に出馬する時には、必ず羽柴方に参陣すると伝える（諸名将古案・神三下-九〇五三）。**25日** 北条氏政が北条氏邦に、某城の攻撃方法について指示し、船橋が出来たら間断無く攻めさせる（長野市大瀬文書・二六二二）。**28日** 石巻康敬が上野国の長吏弾右衛門・十郎右衛門・七郎右衛門に、当地（現在地未詳）根小屋に居て山の入口を守る者に横合いを禁止させ、違反の者は逮捕して旗本に引き渡させる（上州新田雑記・北条氏文書補遺四四頁）。**29日** 北条氏直が上野国館林城（群・館林市）城下の善導寺に禁制を掲げ、寺域と門前での北条方の軍勢と甲乙人の乱暴狼藉を禁止させる。奉者は山角定勝（善導寺文書・二七七三）。

▼この月、北条氏房が勝田播磨守に、嫡男が無いため勝田三太郎を娘の婿養子とし、家督を相続させる（勝田文書・二七七六）。

2月

2日 鎌倉の鶴岡八幡宮寺の相承院融元等が宮内卿律師奎誉に、武蔵国佐々目郷（埼・川口市）沼影観音堂免（広田寺）給主に補任する（広田寺文書・埼六-二-一二六五）。**3日** 高城胤則が下総国国分（千・市川市）国分寺門徒中に七ヶ条の条書を下し、同寺の維持や運営について指示する（国分寺文書・二七七七～八）。**11日** 北条氏房が伊達房実に、武蔵国岩付城（埼・さいたま市岩槻区）の奉行人に任命し、先の奉行と相談して厳密で公平な務めを命じる（梶田文書・北条氏文書補遺四四頁）。同日、下野国橋本郷（栃・足利市）百姓中が長尾氏の奉行衆に、同国鑁阿寺領の橋本郷の四年間の年貢納入の実績を報告し、北条氏の去年の侵攻では麦の夏作が不作にも関わらず、秋の米年貢でも減免されず収納させられた事への不服を訴える（鑁阿寺文書・二七八〇）。**13日** 北条氏直が上野国青柳郷（群・館林市）百姓中に三ヶ条の掟書を下し、一、同郷は北条氏直轄の館林城領と定め、欠落した先の百姓は悉く帰村し耕作に従事する事。一、他人の被官が指図する事を禁止させ北条氏の指図に従わせ、御用は北条家朱印状で命令する事。一、郷内の竹木伐採は北条家朱印状の許可以外には認めず、植林せよと申し渡す（松本文書・二七八一）。**14日** 北条氏邦が上野国長吏の弾右衛門と新三郎に、北条氏の長吏として氏邦の指南に属させ、横合非分を申す者は武蔵国鉢形城（埼・寄居町）の氏邦の許に申告させ、また山林の保護にも努めさせる（上州新田雑記ほか・北条氏文書補遺四四頁・二七八二）。**18日** 長尾輝景が木暮存心に、上野国伊香保温泉（群・渋川市）への定書を下し、博打や喧嘩口論、国質郷質の禁止を申し渡す（伊香保志三・二七八三）。**27**

3月

日 北条氏直が松田康長と相模国荻野宿（神・厚木市）に市場法度を掲げ、月六日の楽市と規定して押買狼藉、借銭借米、喧嘩口論を禁止とし、市日での郡代触口の干渉を排除させる。奉者は間宮宗甫（厚木市難波文書・二七八四）。**7日** 北条氏直が伊豆国桑原（静・函南町）・相模国怒田（神・南足柄市）百姓中に、今年の大普請人足を賦課して人足二人と四人を十二日に伊豆国韮山城（静・伊豆の国市）と小田原城に集め、翌日から一〇日間の普請役を申し渡す（森文書ほか・二七八五〜六）。**11日** 内藤綱秀が相模国沢井（神・相模原市緑区）慈雲・原左衛門に、慈雲からの訴えで年貢内に夫銭が混入と判明し、領主の中村や尾崎等の問答も一理有り、小田原城から帰国したら裁許し領主に朱印状を与えるので、百姓にこの書立の他は年貢納入を止めさせる（石井文書・二七八七）。**21日** 北条氏邦が上野国北谷（群・藤岡市）飯塚六左衛門等と北谷衆中に、御蔵銭五貫文を預けて郷民に貸付け、来年四月に利銭として漆を調え毎年の定納とさせる（飯塚文書・二七八八）。**24日** 松田憲秀が有山源衛門に、武蔵国関戸郷（東・多摩市）中河原の正戒塚に源右衛門が新宿を立て、近辺の荒地の開拓をさせるため七年間は無税とする。奉行は岡谷将監（杉田氏所蔵有山文書・二七九〇）。

▼この月、羽柴秀吉が某に、北条氏直が上野国新田（群・太田市）・館林両城を受け取り、これに対して佐竹義重が出馬と聞いたが、徳川家康が氏直との取次役と承知しているから、氏直には無事に済ませる様に助言させる（彦根城博物館所蔵井伊家文書）。

4月

3日 北条氏政が太田康宗に、下野守の受領を与える（楓軒文書纂五三・二七九二）。**5日** 北条氏政が道祖土満兼・内田兵部丞・藤波与五右衛門・鈴木重門・金子中務丞に、軍役着到を再確認して武具等を新しくさせ、五月五日迄に用意させる（道祖土文書ほか・二七九三〜七）。同日、北条氏規が杉崎但馬守に、伊豆国平井郷（静・函南町）へ五ヶ条の条目を下し、郷中の仕置きを申し渡す。奉者は朝比奈泰寄・井出正内（杉崎文書・四七五五）。同日、上田憲定が道祖土満兼に、来るべき出馬に備えて軍装を整え十七日の昼以前に武蔵国江戸城（東・千代田区）に到着し、十八日辰刻（午前八時）に出仕させる（新編武蔵比企郡・岩槻市史下-七七一）。**7日** 富永政家が高田小三郎に一字を与える（高田氏由緒書・大田区史寺社二-八三五頁）。**11日** 北条氏直が常陸衆の岡見治広に、同国牛久城（茨・牛久市）方面に佐竹勢が侵攻したなら加勢を派遣すると述べ、初夏の出馬として三日以内に進発するので、指示は北条氏照から聞いて欲しいと伝える（先祖旧記・三〇七九）。同日、北条氏直が簗田持助に、下野国壬生（栃・壬生町）方面に佐竹勢が侵攻したなら加勢が欲しいと壬生義雄が要望し、北条氏照からの注進次第に持助を同国小山城（栃・小山市）に移動させ、弓・鉄砲足軽を壬生へ加勢として派遣させよと伝える（温故知新集・二七九八）。同日、北条氏邦が上野衆の小幡信定に、垪和刑部丞からの上申で兵衛尉の官途を受けたと知らせる（源喜堂古文書目録二所収小幡文書・二七九九）。同日、武蔵国今井村（神・横浜市保土ヶ

4月

谷区）地蔵堂の地蔵立像を彩色修理し、彩色の主に鳥山治部、旦那に清水主計助が見える（新編武蔵都筑郡・武風四-一六三頁）。**14日** 北条氏直が上野衆の富岡秀高に、境目の忠節に感謝し、隠居分として同国新田（群・太田市）・館林（群・館林市）領内で二万疋の知行を宛行う。奉者は北条氏邦（林屋氏所蔵原文書・二八〇〇）。**19日** 北条氏光が鈴木又右衛門に、以前には岩本豊後守が使役した武蔵国東方村（神・横浜市都筑区）人足の内の又右衛門抱えの田地から出す現夫は、出役出来ないとの詫言で夫銭に定め、一貫五六〇文を春秋二度に当夫主の増田将監に渡させる。奉者は柳下某（鈴木文書・二八〇一）。**23日** 北条氏直が下野国小山領（栃・小山市）石之上・間中・某所に禁制を掲げ、北条方の軍勢・甲乙人の乱暴狼藉を禁止させる。奉者は垪和康忠（静嘉堂本古文書集乾ほか・二八〇二〜三、四九五六）。

▼この月、徳川家康が上野国沼田領の北条氏への引渡しについて甲斐国甲府（山梨・甲府市）に入り、真田昌幸に使者を派遣し、沼田・吾妻領の北条氏への返還を求めたが拒否される。徳川家康と真田昌幸は決裂し、真田と北条間も対立が激化する。

5月

1日 北条氏政が岩付衆の太田康宗・恒岡信宗に、下総国関宿城（千・野田市）酒井曲輪を始め堀端への柵の作事は、堀から三間の距離を置いてする様に指示する（楓軒文書纂五三・二八〇四）。同日、東義久が篠崎又左衛門に、先月二十八日に下野国鹿沼（栃・鹿沼市）羽地宝山で、家臣小貫氏が敵前で落馬した時に又左衛門が助けて退かせた忠節は、北条氏直や宇都宮国綱の家臣も確認し、感状を与える（諸家文書・神三下-九〇八〇）。**4日** 北条氏照が長沼（皆川広照）に、下野国方面に侵攻して平定し終わり、今後も昵懇に願いたいと伝える（長沼文書・二八〇五）。同日、武蔵国薄村（埼・小鹿野町）坂戸薬師堂を造営し、大旦那に猪俣丹波守、大工に荒舟藤五郎・和田太郎が見える（薄薬師堂棟札・二八〇六）。**7日** 千葉邦胤が家臣の一鍬田万五郎に殺害される。二九歳。法名は常琳。**15日** 那須資晴が多賀谷重経に、現在は北条勢が下野国佐野表（栃・佐野市）に在陣中と告げる（栃木県庁採集文書・神三下-九〇八六）。**21日** 武蔵国上横田（埼・小川町）輪禅寺の武田信実の位牌銘に、輪禅寺殿玉輪一機大居士と見える（輪禅寺所蔵・武銘七九五）。**23日** 大藤政信（二代目）が死没する。法名は傑叟林英。**25日** 由良国繁が北条氏邦家臣の秩父孫次郎に、上野国金山城（群・太田市）への長期の在番の謝礼を述べる。国繁が北条氏に従属する（集古文書七一・四二三七）。**26日** 北条氏直が上野国今泉（群・太田市）曹源寺に掟書を下し、寺域での竹木伐採を禁止させる。奉者は垪和康忠（曹源寺文書・二八一二）。同日、北条氏邦が富岡秀高に、由良氏領の上野国桐生領（群・桐生市）から富岡氏領の同国小泉領（群・大泉町）にかけての用水堀を勝手に切り落とした事を違法とし、桐生の由良国繁が申すべきも無く、百姓や代官が自分勝手に行った事と判断し、このうえ違反する者は氏邦に申告させ、桐生領民にも断る事と申し渡す（原文書・二八一三）。**28日** 清田良種が鎌倉

6月

の妙本寺に額を奉納する（長興山妙本寺志・大田区史寺社二―五一七頁）。
2日 北条氏直が上野国厩橋（群・前橋市）城下の惣社大明神・社人中に掟書を下し、参詣人の横合い、社域の植木伐採を禁止させる。奉者は垪和康忠（上野国総社神社文書・二八一四）。 **3日** 太田資正が宇都宮国綱に、北条氏直が長陣に及び、国綱が直ちに上野国沼田城（群・沼田市）真田昌幸に加勢を派遣した事に感謝し、下総筋から北条勢が沼田城を攻撃していると伝える（小田部文書・千四―三九八頁）。 **10日** 北条氏邦が上野衆の阿久沢能登守に、由良氏領との相論で同国浅原（群・みどり市）の事が落着し、百姓が帰村した事を喜び、同国堤・吉田村（群・桐生市）の件は氏邦が請け負い由良国繁も異議無し等と伝える（阿久沢文書・二八一五）。 **11日** 北条氏直が二見景俊・同神平に軍法を下し、先の着到状の規定に沿って七月七日迄に軍装を調え、出陣の用意をさせる（川勾神社文書・三八〇二）。同日、北条氏照が伊達氏家臣の片倉景綱に、伊達輝宗の時の如く伊達政宗にも氏照との取次役として北条氏への昵懇の関係を依頼する（片倉代々記譜録一・二八一七）。同日、北条氏照が伊達政宗にも同様に伝える（仙台市博物館所蔵片倉文書・二八一六）。 **12日** 下総国臼井（千・佐倉市）浄行寺に、大旦那の原越前守の御内が教典と机を寄進する（成田参詣記三・二八一八）。 **14日** 伊勢宗瑞の娘（北条宗哲の姉）で三浦氏員室の長松院殿が死没する。法名は長松院殿月渓宗珊大姉（金龍院位牌銘ほか・小一―五八六頁）。 **15日** 羽柴秀吉が宇都宮国綱に、来月二十日頃に越中国の佐々成政を征伐のため出馬し、ついでに富士山を見物する予定で国綱と面会したいと伝える（千秋文庫所蔵御文書五・小一―七八九頁）。 **17日** 近藤綱秀が伊達氏家臣の遠藤基信に、音信不通の非礼を詫び、この秋には常陸国に出馬するとの事で、北条氏直も途中まで出馬すると伝え、詳しくは北条氏照から書状で述べる（斎藤報恩博物館所蔵遠藤文書・二八二〇）。同日、近藤綱秀が伊達氏家臣の片倉景綱に、同様に伝える（片倉代々記譜録一・二八二一）。 **18日** 吉良氏朝が上野衆の阿久沢能登守に、同国浅原（群・みどり市）、同国堤・吉田村（群・桐生市）が能登守の本領になり、北条氏直が小田原城の検使を派遣したと北条氏邦から知らされ、由良国繁も満足している。北条氏邦も北条家朱印状の旨に任せると承知し、詳しくは大平出羽守から伝えさせる（阿久沢文書・二八二二）。 **20日** 北条氏直が依田康信・師治に、七月七日頃に出馬するため出陣の支度をさせ軍勢を調えさせる（相州文書高座郡・二八二三）。 **25日** 羽柴秀吉が上杉景勝に、越中国の佐々成政を征伐し終えたら小田原城に進撃する事を前田利家と相談し、景勝に戦略を指示すると伝える（上杉家記二九・小一―七九〇頁）。
▼この月、武蔵国野上郷（東・青梅市）妙光院の千手観音像を造立し、大工に神田某が見える（妙光院所蔵・武銘七九六）。この月、宇都宮国綱が太田景資に、北条氏直が下野国宇都宮城（栃・宇都宮市）に攻めてきた状況を伝える（常陸遺文二一・埼六―二―一三〇一）。この月、羽柴秀吉が徳川家康・北条氏政を討伐すると広く表明する。

7月

2日 北条氏直が武蔵国六郷（東・大田区）宝幢院に、先の証文の如く不法な諸役賦課を禁止させる。奉者は板部岡融成（宝幢院文書・二八二四）。 **9日** 大胡高繁が奈良原紀伊守に、上野国三夜沢（群・前橋市）赤城神社からの詫言により社域を守護不入とし、武運長久の祈禱を依頼する（奈良原文書・二八二六）。 **10日** 北条氏政が太田備中守・宮城泰業・福島出羽守に、北条氏房の祝言の武蔵国江戸城（東・千代田区）から同国岩付城（埼・さいたま市岩槻区）までの御輿行列の編成を指示し、一八番までの奉行を定める（内閣文庫所蔵豊島宮城文書・二八二七）。同日、北条氏政が道祖土満兼に、御輿行列の供奉の仕方を指示する（道祖土文書・二八二八）。同日、北条氏房が武蔵国文蔵（埼・さいたま市南区）・二階堂百姓中に、祝言の徒歩夫一人を十七日に江戸城に来させ奉行の下知の通りに働かせ、荷物は見栄え良くさせる（武州文書足立郡・二八二九）。同日、近藤綱秀が下野国天命（栃・佐野市）鋳物師の枝惣右衛門尉に、藤右衛門の時の如く同国榎本領（栃・大平町）での鋳物師商売を安堵する（小島文書・二八三〇）。 **15日** 上杉景勝が真田昌幸からの和睦要請に同意して起請文を発し、敵対する徳川家康・北条氏直が侵攻した時には信濃国上田城（長野・上田市）は勿論、上野国沼田（群・沼田市）・吾妻表にも後詰の軍勢を派遣する等と約束する（上杉家文書・新三一-九二四）。 **21日** 北条氏照が武蔵国小野路郷（東・町田市）清浄院に制札を掲げ、大法会中の横合非分を禁止させる。代官は糟谷豊後守（小島文書・二八三四）。 **22日** 北条氏直が相模国田津（神・横須賀市）浜代官・百姓中・舟持中に留守中の三ヶ条の掟を下し、一、他所から来る舟は臨検し人改めを行い、帰国する時には乗る人を調べて書上げ、同国三崎城（神・三浦市）に来て梶原景宗・山本正次の手判を受けてから出船させる事。一、漁船でも当郷の浜代官に断り出船させる事。一、手判無くして他所の船を出船させたなら浜代官を処刑すると申し渡す（相州文書三浦郡・二八三五）。 **23日** 北条氏直が相模国大友（神・小田原市）長善寺に、以前に笠原康明が伊東太郎兵衛知行の同国小稲葉郷（神・伊勢原市）の買得地一〇貫文分の寄進を認め、先の証文の如く着到役・知行役を免除する。奉者は垪和康忠（長善寺文書・二八三六）。同日、北条氏直が矢島備前守に、上野国の郷村検地を施行する案内役を命じ、隠田等を正直に申告するなら知行として一ヶ所を宛行う。奉者は海保定広（静岡市矢島文書・二八三七）。 **24日** 北条氏直が矢島備前守に、小田原から武蔵国熊ヶ谷（埼・熊谷市）までの宿中へ伝馬一疋の使役を許可し、無賃伝馬とする。奉者は海保定広（同前・二八三八）。 **25日** 北条氏直が伊豆国長岡（静・伊豆の国市）皮作の九郎右衛門に、同郷反銭から二貫文を皮燻銭として与え、毎年板目皮一〇枚を小田原城に納入させる。奉者は幸田定治（宮本文書・二八三九）。

▼この月、この頃北条氏政が北条氏房を後見して武蔵国岩付領（埼・さいたま市岩槻区）を管轄する事から手を引く。

8月

1日 羽柴秀吉が太田資正に、来春三月頃に富士山の見物をするため関東に行き、関八州の国衆の仕置きを行うから安

閏8月

心せよと伝える。北条氏直が成敗の対象となる（潮田文書・埼六-二一-二三〇六）。**3日** 北条氏直が相模国箱根山中の宮城野温泉（神・箱根町）管理の松田憲秀代に、氏直の留守中は入湯を禁止しているが、石井某が京都への御用を命じられたため彼ら五人の保養として四日から八日まで湯治を許可させる。奉者は幸田某（奥脇文書・二八四〇）。**4日** 武蔵国薄村（埼・小鹿野町）薬師堂の十二神将像を造立し、願主の北条氏邦と家臣の秩父孫次郎・吉田某・阿部・田代・猪俣久繁・諏訪部遠江守・本郷越前守・井上遠江守が奉加に参画し、十月末までに一一体を完成し奉納する。仏師は七条大仏師宮内卿法印康清（法養寺薬師堂所蔵・二八四一、武銘七九九）。**6日** 某が伊豆国沢田（静・河津町）林際寺の江用斎に五ヶ条の禁制を掲げ、永代諸役免許とし、竹木伐採、田畠への違法行為、門前への棟別銭賦課、横合非道を禁止させる（林際寺文書・二八四二）。**10日** 垪和康忠が上野国新堀（群・安中市）補陀寺に、寺領については武田信玄の証文の如く認め、北条氏直が病気で中途で帰国したため、当文書をもって奉行衆の承認をとらせる（補陀寺文書・四二〇二）。**12日** 北条氏直が下野国卒島（栃・小山市）に禁制を掲げ、北条方の軍勢・甲乙人の乱暴狼藉を禁止させる。奉者は垪和康忠（六八幡神社文書・二八四三）。**20日** 北条氏直が武蔵国鷲宮（埼・鷲宮町）鷲宮神社神主の大内泰秀に、鷲宮へ集めた小荷駄は今日から相違無く陣中へ通させる。奉者は垪和康忠（井上氏所蔵鷲宮神社文書・二八四五）。同日、この頃から徳川家康の信濃国上田城（長野・上田市）真田昌幸への攻撃が開始される。**21日** 山木大方が伊豆国韮山城（静・伊豆の国市）城下の香山寺に、当面は一町五反の寺領を永代寄進し、当文書は今後も重ねて寺領寄進状とするため香沼殿（山木大方の娘）の筆で書かせたと伝える（相州文書足柄下郡・二八四六）。**22日** 下総国臼井（千・佐倉市）浄行寺に、原越前守が日蓮像を寄進する（成田参詣記三・二八一九）。**23日** 北条氏政が相模国須賀（神・平塚市）小代官・舟持中に、陣中への御用として明日の晩に大鯛二〇枚を小田原城に届けさせ、浜辺で薄塩を懸けて舟で早々に届け、代金は内村神三郎から支払わせる（清田文書・二八四七）。**27日** 北条氏政が原親幹に、千葉邦胤亡き跡の指示を与える（千葉市立郷土博物館所蔵原文書・二八四八）。**吉日** 大胡高繁が上野国三夜沢（群・前橋市）赤城神社神主の奈良原紀伊守に、社領として同国柏倉（前橋市）内で九貫文の地を寄進し、武運長久等の祈禱を依頼する（奈良原文書・二八四九）。

6日 北条氏直が小田原から伊豆国西浦の西土肥（静・伊豆市）迄の宿中に、帰国する番匠四人に伝馬二疋の使役を許可し、無賃伝馬とする。奉者は安藤良整（三島明神文書・二八五〇）。**9日** 北条氏邦が下野国足利（栃・足利市）から上野国を経て信濃国坂本（長野・軽井沢町）迄の一二ヶ宿の各宿場の伝馬次を示し、北条家朱印状を出して伝馬役を規定すると伝える（坂本宿本陣文書・二八五二）。**12日** 京都の聖護院門跡慶忠が猪俣邦憲に、北条氏邦から上野国和田山（群・高崎市）極楽院に上州年行事職を与える事を決めたと知らされて認め、利根川河東の修験も総て同院の管轄とす

閏8月

る事を氏邦に披露する様に依頼する（極楽院文書・四五二五）。 **13日** 真田信幸が下沼田豊前守等に、北条氏直が必ず上野国沼田表（群・沼田市）に侵攻するので厳重に警戒せよと指示する（恩田文書・静八-四-一七九八）。 **14日** 武蔵国持田（埼・行田市）常慶院の木造地蔵菩薩坐像を造立し、旦那に吉野蔵人守、仏師に大仏師七条法眼（藤橋越冬）が見える（常慶院所蔵・二八四四）。同日、国分胤政が古河公方家臣で医者の豊前左衛門佐に、病気の回復を伝え、治療に感謝する（豊前氏古文書抄・千四-五四三頁）。 **20日** 上杉景勝が上野衆の赤堀左馬助に、関東の情勢を問い、特に北条勢と佐野衆の来襲を気にして防戦の経過を知りたいと伝える（三重県松本文書・群七-三-三三八二）。 **22日** 北条氏直が上野国新町（群・高崎市）と長尾顕長に禁制を掲げ、北条方の軍勢・甲乙人の乱暴狼藉を禁止させる。奉者は垪和康忠（壬生町鈴木氏所蔵長尾文書・二八五二）。 **28日** 北条氏直が小田原城内の本光寺に、祝儀に一合・抹茶を贈呈され謝礼する（早雲寺所蔵本光寺文章・二八五三）。

9月

1日 相模国飯山（神・厚木市）本禅寺の曼陀羅に、願主に小田原城下の本蓮寺大法坊の日源、施主に若尾久吉が見える（新編相模愛甲郡・相風三-二八頁）。 **4日** 結城晴朝が上杉景勝に、初秋に北条勢が下野国に侵攻して皆川領に張陣し、佐竹義重が出馬して味方国衆を集めて防戦したため、北条勢は佐野（栃・佐野市）表に移り、間もなく退散し、佐竹勢は途中に在陣し、宇都宮国綱は宇都宮城（栃・宇都宮市）を失い新しく新城を築いて在城している。北条氏邦は上野国沼田表（群・沼田市）に侵攻して真田氏を攻めており、加勢を派遣する。上杉勢も関東に越山して欲しいと依頼する（歴代古案九・埼六-二-一三一〇）。 **5日** 皆川広照が上杉景勝に、北条氏直が皆川領に侵攻し張陣したが堅固に防戦し、北条勢は下野国佐野表に退散した。来春は佐竹義重・宇都宮国綱が上野国に侵攻してくれるため上杉勢にも関東越山を依頼する（上杉家文書・新三-一-七三七）。 **6日** 北条氏直が上野国板鼻（群・高崎市）大聖寺に掟書を下し、北条勢の寺域での殺生、寺域・門前での竹木伐採を禁止させ、前々からの末寺を安堵する。奉者は垪和康忠（大聖護国寺文書・二八五四）。同日、北条氏直が武蔵国半田（埼・三郷市）から信濃国境までの宿中に、信濃国に帰る飛脚に伝馬一疋の使役を許可し、無賃伝馬とする。奉者は山角定勝（雑録追加七・三七六九）。 **8日** 北条氏直が原胤長に、要請により下総国佐倉（千・酒々井町）の仕置きとして速やかに出馬すると伝え、徳川家康からは信濃国上田表（長野・上田市）で真田勢と対陣し、呼応して北条勢には上野国沼田城（群・沼田市）の真田勢を攻めて欲しいとの依頼で出馬し、同国森下城（群・昭和村）を攻略した。その後に沼田城を攻めて沼田庄の郷村を荒らし平定し終わったので、家康の返答次第で下総表に出馬する。その間は堅固な防備をして欲しく、出馬以前でも危険な時には加勢の軍勢を派遣すると伝える（東京国立博物館所蔵文書・二八五五）。 **10日** 伊豆国田子（静・西伊豆町）八幡大菩薩若宮大権現を再建し、大工に瀬尾清左衛門、鍛冶に鈴木七郎左衛門が見える（哆胡神社所蔵棟札・静八-四-一八〇六）。**11日** 北条氏政が吉里備前守に、先月二十四日の真田勢との上野国津久田表（群・渋川市）の合戦で敵を多く討ち取り、特に下沼田豊前守を生け捕りにし、嫡男の鷲王丸は一四歳で敵三人を討ち取る父子の忠節を認めて感状を与え、甲冑を贈呈する（堤文書・二八五七）。**12日** 京都の吉田兼見が絵師の狩野宗玖へ米一俵を贈呈し、北条氏直への音信の用に当てさせる（兼見卿記・小一-六三二頁）。**14日** 原邦長が紀伊国高野山（和・高野町）に、千葉邦胤が他界して早速に高野山から二度も使者を派遣された事に感謝し、邦胤の日牌料に黄金一枚を寄進し、その内の一〇〇疋は使僧の路銀に贈呈する（内藤文書・二八五八）。**16日** 北条氏直が某寺に、寺域内の横合いを禁止させ、前々の如く寺域での居住を安堵する。奉者は松田康長（前橋八幡宮文書・二八六〇）。**18日** 北条氏規が伊豆国修善寺（静・伊豆市）天蕙院に、天蕙院殿（北条為昌カ）領として寺領を安堵する。奉者は南条民部丞（修禅寺文書・二八六一）。同日、上杉景勝が真田氏家臣の矢沢綱頼に、上野国沼田城に北条勢が攻め来たり不安で、加勢の事は信濃国上田城の真田勢が急いで馳せつけるであろうし、上杉方からも加勢を送ると元気付ける（真武内伝附録二・神三下-九一二）。**19日** 北条氏直が奉行の林筑前に、某所の竹木伐採を禁止させ植林して山林を保護し、細木や細竹でも伐採する者は逮捕し申告させる。奉者は猪又左近将監（安斉院文書・二八六二）。**20日** 北条氏直が上野国厩橋城（群・前橋市）城下の橋林寺に、同寺領の門前を不入とし、寺内の竹木伐採を禁止させる（来暦書上帖・二八六三）。同日、北条氏規が相模国公郷（神・横須賀市）百姓中に、大風で小田原城が破損し普請人足五人を出して二十六日に小田原城に集め、普請工事に従事させる（石渡文書・北条氏文書補遺四四頁）。**22日** 北条氏直が秋元某に、知行として上野国新田領（群・太田市）内で八〇貫文の地を宛行い、郷名の書出を約束する。奉者は二宮右近（昭和五七年古典籍下見展覧大入札会目録・二八六四）。**27日** 北条氏光が武蔵国恩田之郷（神・横浜市青葉区）百姓中に、検地指出を与えて年貢の納法を指示する。奉行は小山筑前入道・中田加賀守代の柴崎但馬（新編武蔵都筑郡・二八六五）。**28日** 北条氏邦が矢野兵部右衛門に、真田勢との上野国沼田宿城の戦いでの忠節を認め感状を与えると約束する（赤見文書・二八六六）。同日、京都の吉田兼見が例年の如く北条氏直に祓・扇等を贈呈し、奏者の幸田定治へも祓等を賜り、使者の左近士氏にも扇を贈呈する（兼見卿記・小一-六三二頁）。**29日** 北条氏直が真田方の上野国沼田城の矢沢綱頼を攻めるが、攻略できずに退散する。**晦日** 和田信業が石原作右衛門尉に、加増として一四俵を宛行い軍役を勤めさせる（石原文書・二八六七）。

10月

1日 北条氏直が相模国三田（神・厚木市）代官・惣衆中に、小田原城の普請を命じ、十日に人足九人を小田原城に集め、一〇日間の普請工事に従事させる（相州文書愛甲郡・二八六八）。**2日** 羽柴秀吉の天下静謐令が発令される。**7日** 北条氏直が相模国江ノ島（神・藤沢市）江ノ島神社下之宮別当坊に、在陣の陣中に塩漬け鰒の贈呈に謝礼を述べ、当表

10月

は勝利して安心せよと報せ、同社上之坊・岩本坊にも知らさせる（永野氏所蔵下之坊文書・二七一九）。**8日** 伊達輝宗が死没する。**12日** 北条氏直が逸見某に、下野国方面の仕置きとして出陣を依頼し、合戦の成り行き次第では帰国してもらうと伝え、詳しくは北条氏照から伝えさせる（古簡雑纂六・三九六五）。同日、原胤栄が紀伊国高野山（和・高野町）西門院に、当家は代々禅宗であったが、今年からは真言宗高野山派に改宗したと伝える（西門院文書・三五五八）。**15日** 北条氏政が上野衆の阿久沢能登守に、鶴の贈呈に謝礼を述べ、詳しくは山角某から伝えさせる（阿久沢文書・二八七〇）。**16日** 北条氏直が遠山直景に、船橋綱の代金三〇貫文を武蔵国江戸城（東・千代田区）の中村胤連から支払わせる。奉者は山角定勝（早稲田大学中央図書館所蔵遠山文書・二八七一）。**17日** 北条氏直が下総衆の幡谷越中守に、参陣の苦労を感謝し蜜柑一合と酒一樽を贈呈し、詳しくは遠山直景から伝えさせる（成田市幡谷文書・二八七二）。**21日** 伊達氏家臣の遠藤基信が死没する。**23日** 北条氏直が京紺屋津田正輝に、伊豆・相模両国の郷村が不入と号して紺屋役を納めない事を不法とし、紺屋役を徴収させる（相州西郡板橋村鏡・二八七三）。同日、垪和康忠が上野国松井田城（群・安中市）城下の不動寺に、寺領検地の免除について報せ、今は北条家朱印状の申請は難しい等と伝える（不動寺文書・四二〇四）。**24日** 遠山直景が千葉氏家臣の幡谷越中守に、在陣の苦労を慰労して北条氏直が一樽と一種を贈呈し、自分たちは帰国して小田原城に参府して逗留中と知らせる（幡谷文書・三二〇九）。**26日** 大道寺政繁が伊豆国丹那郷（静・函南町）川口四郎左衛門尉・同左京亮・百姓中に、当郷の作毛の不作につき、年貢高七三貫文の内の三七貫文を赦免し、残り三五貫文を今月中に納めさせる（川口文書・二八七五）。**28日** 徳川家康の許に北条氏から家老衆二〇人の署名した起請文が届けられ、徳川方からも国衆・家老衆の署名した起請文が北条氏に遣わされ、改めて徳川家康との同盟が再確認される（家忠日記・小一-七九〇頁）。**29日** 北条氏直が某に、千葉邦胤が死没して当主が断絶し、来る十日頃に出馬して仕置きを行うので参陣の用意をする事。徳川家康と羽柴秀吉が合戦になれば氏直は徳川方として同盟しており、この度の再確認の同盟については陣中で知らせる。明日にも徳川と羽柴が合戦になれば、即日でも加勢として出馬するので二〇〇人の警護を残して出馬せよと申し渡す（古簡雑纂五・二八七六）。

11月

1日 某が相模国石田郷（神・伊勢原市）足立半衛門に、石田本郷の百姓に申しつけ耕作させ、横合等があれば武蔵国鉢形城（埼・寄居町）の北条氏邦に申告させる（相州文書大住郡・二八七七）。**3日** 北条氏直が上野衆の高山定重に、十日頃に出馬の予定なので急いで支度をさせ、詳しい日取りは重ねて知らせると伝える（森田文書・四七五六）。同日、北条氏直が相模国早川（神・小田原市）海蔵寺に掟書を下し、寺域で草花・竹木伐採を禁止させる。奉者は相良左京進（相州文書足柄下郡・二八七九）。同日、北条氏直が伊豆国修善寺（静・伊豆市）修禅寺に、先代の証文に任せ寺領・門前・末寺共に安堵する。奉者は松田康長（修禅寺文書・二八七八）。**4日** 北条氏隆が相模国箱根底倉（神・箱根町）百姓中に禁制を掲げ、湯治の人が薪炭等やその他の地下人役を申しつける使者に饗応する事を地下人に申しつける事を禁止させ、北条家朱印状か久野城（神・小田原市）の北条氏隆（宗哲の嫡男）朱印状で申しつける事は無沙汰無く務めさせる（相州文書足柄下郡・二八八〇）。**5日** 北条氏直が小幡縫殿助に、十六日に下総国松戸（千・松戸市）に着陣させ、道順は北条氏邦と同行させる（杉並区小幡文書・二八八一）。同日、北条氏直が下総国佐倉領に侵攻し、佐倉城（千・酒々井町）の近くに鹿島城（千・佐倉市）を築き、千葉邦胤母と娘を入れる（千学集抜粋）。**9日** 北条氏直が上野衆の宇津木氏久・太井豊前守・高山定重に、同国金山城（群・太田市）北曲輪等に在城のため均等で一七四貫文の給分を与え、一〇〇貫文は知行分として新田領内で検地奉行から、二四貫文は一騎合の同心給で館林城（群・館林市）で麦一六四俵を大藤直昌・森三河守から、五〇貫文は西庄（群・伊勢崎市）の来年の年貢から倉賀野家吉に支給させ、城防衛の忠節を求める。奉者は全て垪和康忠（大阪城天守閣所蔵宇津木文書ほか・二八八二〜四）。**10日** 北条氏直が宮下太郎左衛門に、堪忍分として上野国新田領内の金井郷（群・太田市）で三〇貫文を宛行い、軍役を務めさせる。奉者は山上久忠（武州文書都筑郡・二八八五）。同日、北条氏直が富岡氏に、先の約束に任せて隠居分として上野国新田領内の浜田郷（群・太田市）二〇〇貫文を宛行う。奉者は江雲（神奈川県立公文書館所蔵原文書・二八八六）。同日、吉良氏朝が周防上野介に、武蔵国若林分（東・世田谷区）を知行として宛行い、知行役を務めさせる（宮崎文書・二八八七）。同日、里見義康が松田憲秀に、自身の元服の祝儀として松田康長から返書を受けて謝礼し、殊に憲秀から太刀・銭三貫文・刀・三種・三荷の贈呈に感謝し、詳しくは井上憲安から口上で伝えさせる（手力雄神社文書・四五二六）。**11日** 北条氏房が宮城泰業・内山弥右衛門に、田口新左衛門と弥右衛門に徳川家康への加勢を任命し、物主の大森兵衛大夫・小田能登守の命令通り、着到の規定通りの軍勢を引き連れて派遣させ、忠節を求める（内閣文庫所蔵豊島宮城文書ほか・二八八八、北条氏文書補遺四五頁）。**14日** 上田憲定が武蔵国松山本郷（埼・東松山市）岩崎対馬守・池谷肥前守・大畠備後守に、新規の市場開設に喜び、宿場の問屋を抱える権利を保証して本宿・新宿共に運営を町人に任せると約束し、本宿の年貢分五〇〇疋を毎年納入させる（田島文書・二八八九）。**15日** 北条氏房が宮城泰業に、武蔵国岩付城（埼・さいたま市岩槻区）中城車橋内戸張之番の掟を下し、九ヶ条の当番掟を守らせる（内閣文庫所蔵豊島宮城文書・二八九〇）。同日、国分胤政が鍛冶職の石井土佐守に、鉄大工職を与える（宮本文書・千四-三一〇頁）。同日、徳川家康が北条氏直に、十三日に重臣の石川数正が羽柴秀吉の許に出奔し、小笠原貞慶の人質を引き連れているので注意されたいと述べ、詳しくは使者の仁科太郎兵衛尉から伝える（武江創業録抄写・四五二七）。**17日** 吉良氏朝が武蔵国碑文谷郷（東・目黒区）・法華寺諸末寺共

11月

に、同寺門前屋敷と法界塚の原を不入に指定し、原野を植林して畠以下の開拓に使用させ、北条氏からの諸役賦課は務めさせる。奉者は周防上野介（武州文書荏原郡・二八九一）。同日、小山秀綱が下野国柴（栃・下野市）百姓に、野銭一貫三〇〇文を預け厳密に耕作させる（晃程文書・二八九二）。**20日** 北条氏直が下総国宮野木（千・千葉市稲毛区）・市野々（千・長南町）に掟書を下し、北条勢の竹木伐採・狼藉を禁止させる。奉者は松田憲秀・遠山直景（塩山市網野文書ほか・二八九四～五）。**22日** 北条氏直が原胤長からの要請で佐倉領内の鹿島（千・佐倉市）に新城を築城、十二月十二日に完成する（千学集抜粋・千五-一〇三三頁）。**25日** 北条氏政が原親幹に、山角定勝への書状を拝見し懇ろな懇意に感謝し、千葉邦胤の死没以来も前々の通り北条氏との関係を保っていると理解していたところ、意外な考え違いに驚いている。今後は邦胤の遺言に従って原胤長と共に忠節を尽くして欲しい。鹿島城を築いたので下総国についても大目に見ず、正しい事は正しく取りなし、不忠はそれに応じた対応を取る事にし、北条氏政父子もその積もりでいるから理解させて忠節を求める（原文書・二八九六）。**28日** 徳川家康が北条氏規に、石川数正の出奔以後は家臣達にも手配して堅固に配置している。羽柴氏との事は変わらずであるが北条氏からの加勢の件は念頭に置いて貰いたいと述べ、詳しくは榊原康政から副状で伝えさせる（野村文書・四五二八）。**吉日** 伊豆国中（静・西伊豆町）駒形大明神を建立し、山本若狭守と大工に瀬尾清左衛門が見える（駒形神社所蔵棟札・四九五九）。

12月

3日 北条氏直が林筑前守に、上野国集地郷（群・前橋市カ）の代官職に任命し、年貢を蔵納させる（静嘉堂本古文書集乾・二八九七）。同日、布施康能が死没する。七八歳。法名は調御院芳沢日照居士（蓮昭寺過去帳・大田区史寺社三-五八一頁）。**4日** 北条氏政が原親幹に、誓詞の如く忠義を尽くし、万事は千葉胤富・邦胤の時の如く忠節を尽くす事に変わりなくし、北条氏直にもこの旨助言すると伝える（荒木氏所蔵原文書・二八九八）。**10日** 北条氏直が小幡信定に、下総国佐倉城（千・酒々井町）の普請が完了して余裕が出来た。次いで同国関宿城（千・野田市）簗田氏に味方する者が多い事から、仕置きとして十日に関宿城に着陣したが、何故に信定が出陣しないのか不安であると、その事情を問い合わせる（千葉市立郷土博物館所蔵小幡文書・二八九九）。**11日** 北条氏直が内田孫四郎に、今度の関宿城の合戦での忠節を認め感状を与え、恩賞を約束する（小室氏所蔵屋代文書・三三二一）。同日、北条氏直が長尾輝景に、下野口へ出馬したが上野国不動山城（群・渋川市）の軍勢が氏直に従属して出払うので、留守役として輝景に軍勢一〇〇人を付けて信頼できる物主を添え、北条氏邦の作戦通りに不動山城に移らせる（上毛伝説雑記拾遺三一・三九六九）。**13日** 北条氏規が鈴木又右衛門尉に、武蔵国河輪之郷（神・横浜市都筑区）百姓に兵糧米を貸し付けて催促したところ、氏規から返済は無用と言われたとの百姓からの返答で調査し、百姓の虚言と判明し、きっと催促して返済させる。奉者は井出内匠助（鈴木文書・

二九〇〇）。 **15日** 北条氏直が下野国宇都宮城（栃・宇都宮市）に侵攻して城下に放火し、十九日には退去して帰国する。 **25日** 北条氏直が武蔵国浅庭（埼・坂戸市）から小田原迄の宿中に、近習の堤氏に伝馬三疋の使役を許可し、無賃伝馬とする。奉者は今阿ミ（諸州古文書武州一二・二九〇二）。同日、北条氏政が幸田定治に、伊豆国雲見（静・松崎町）高橋氏から清水氏を経て鯨肉を贈呈され、清水氏からの書状の如く鯨の伊豆西海岸への回遊は氏政の代には五回程で、時の領主に上納させるかどうかは判断を任せている等と述べ、また二十二日には北条氏直が帰陣すると伝える（沼津市高橋文書・二九〇三）。同日、結城晴朝が白川義親に、北条氏直が下野国宇都宮城に侵攻し、宇都宮氏は同国田気山（栃・宇都宮市）に城を構築して防備したので北条勢は同国贄木（栃・鹿沼市）に在陣し、十九日には宇都宮表を引き払い多功（栃・上三川町）上郷に放火し、二十日には結城城（栃・結城市）に攻め来たり、逆川（現在地未詳）に在陣したのち二十一日には退散したと伝える（熱海白川文書・静八-四-一八三〇）。 **27日** 北条氏直が徳川家康に、下総・下野方面の軍事行動が済んで帰国したと伝える（岡本文書・二九〇四）。 **28日** 鎌倉の鶴岡八幡宮別当の相承院主の融元が、院主職を空元に譲る（相州文書鎌倉郡・相古二-一二〇頁）。

▼この年、関東地方が大地震に見舞われる（年代記配合抄・北区史二-一四七頁）。この年、この頃に北条氏隆が自立し、後見役の北条宗哲が再び隠居する。この年、由良国繁の上野国金山城（群・太田市）を北条氏直が接収し、国繁は同国桐生城（群・桐生市）に移る。この年、千葉邦胤の婿養子として北条氏照の養子の北条直重が入る。この年、伊勢国射和（三・松阪市）の富山栄弘が小田原城下に下り商人となる。妻は安藤良整の家臣市村氏の娘という（富山氏家譜・小一-七〇三頁）。

天正十四年（一五八六）・丙戌

1月

1日 佐野宗綱が死没する。 **3日** 北条氏照の出陣衆覚書で、武蔵国入曽村（埼・狭山市）木下越後等の同村十二衆は上野国かむろ川（群・蕪川流域）の陣に出陣とある（新編武蔵入間郡・二九〇六）。 **10日** 北条氏直が武蔵国石田本郷（埼・川越市）百姓中に、今年の大普請役の普請人足三人を二十日に小田原城に集め、二十一日から普請工事に従事させる（川越市大野文書・二九〇七）。同日、遠山直景が上総衆の井田胤徳に、今度の出馬に参陣しなかった事を北条氏政がひどく立腹し、指南の山角定勝が迷惑している。今日は小田原城に参府するので定勝と相談し、氏政に再度の取り成しをさせる（井田氏家蔵文書・三一〇七）。 **12日** 北条氏直の宇都宮（栃・宇都宮市）攻撃の報復に、宇都宮・佐竹両氏が北

1月

条方の壬生氏の下野国鹿沼城（栃・鹿沼市）と日光山（栃・日光市）を攻め、再び北条氏の下野国攻めが激化する。**13日** 北条氏直が武蔵国鷲宮（埼・鷲宮町）鷲宮神社神主の大内泰秀に、新年の祈禱が完了し巻数・鯉・素麵を贈呈され、太刀を贈答する（若命氏所蔵鷲宮神社文書・二九〇八）。**18日** 羽柴氏家臣の増田長盛・石田三成・木村吉晴が上杉景勝に、太刀・馬・銀子の贈呈に謝礼を述べる羽柴秀吉の直書を送り、東国出馬の事を詳しく伝える（上杉家文書・小一－七九二頁）。**21日** 大道寺政繁が小板橋下総守に、播磨守の給所と屋敷について北条氏直に報告し、下総守に宛行うと決め、所領は子息の領有と認め、軍役以下を務めさせる（大道寺文書・二九〇九）。**26日** 内藤直行が相模国青野（神・相模原市緑区）光明寺の義首座（仁甫義和尚）に、前々の証文の如く寺家・門前の諸役を赦免する（津久井光明寺文書・二九一〇）。**28日** 京都で羽柴秀吉の東国出陣の風聞が流れる（兼見卿記・小一－七九三頁）。**29日** 那波顕宗が豊島彦七郎に、この度の忠節として一〇〇〇疋の知行を宛行い、さらに下野国佐野城（栃・佐野市）境までの地を宛行うと約束し、三年間は諸役を免除する（京都大学所蔵青木氏蒐集文書・二九一一）。**吉日** 阿久沢能登守が前原淡路守に、忠節により西上野の柴崎兵庫助が抱えの地を宛行う（前原文書・二九一二）。

2月

1日 北条氏直が徳川家康に、小袖の贈呈に謝礼を述べ、北条氏規から副状を出させる（古案・北条氏文書補遺三一頁）。
3日 北条氏直が伊豆国桑原（静・函南町）百姓中に、今年の大普請人足を賦課し、人足一人を九日に同国韮山城（静・伊豆の国市）に集め、十日から普請工事に従事させる（森文書・二九一三）。**4日** 北条氏直が小幡信定に、自身で調合した薬と一種を贈呈する（源喜堂古文書目録六所収小幡文書・二九一四）。**6日** 北条氏房が武蔵国井草（埼・川島町）細谷分に、今年の大普請人足を賦課し、人足五人を十一日に同国岩付城（埼・さいたま市岩槻区）に集め、普請工事に従事させる（武州文書比企郡・二九一六）。同日、北条氏房が武蔵国八林（川島町）道祖土分に、今年の大普請人足を賦課し、人足一人を十一日に同国岩付城に集め、普請工事に従事させる（道祖土文書・二九一五）。**7日** 北条氏直が相模国大磯（神・大磯町）から小田原迄の宿中に、鉄砲鋳造用の大磯の土を届ける御用として伝馬一〇疋の使役を許可し、無賃伝馬とする。奉者は海保某（相州文書足柄下郡・二九一七）。**上旬** 徳川家康と羽柴秀吉が同盟する。**13日** 北条氏直が伊達政宗に、先代の伊達輝宗の時の如く懇意にする事を願い、取次を北条氏照とする（仙台市博物館所蔵伊達文書・二九一八）。**15日** 長尾輝景が木暮存心に、上野国伊香保温泉（群・渋川市）本湯の大滝の管理を命じ、他国衆の侵攻に備えさせる（千明文書・二九一九）。**16日** 北条氏照が伊達氏家臣の片倉景綱に、伊達政宗との懇意を願い、伊達氏の北条氏への取次を原田宗時にする事を認め、また昨年冬には佐竹義重が下野国に侵攻したが北条氏に呼応して政宗が備えたので佐竹勢は敗走したと伝え、謝礼する（仙台市博物館所蔵伊達文書・三〇五六）。**25日** 北条氏直が相模国新城（神・山北町）当番衆に、甲斐国都留郡平野（山梨・山中湖村）から杣を運送する者一五人と馬一五疋、兵糧一五俵を通行させる。奉者は海保某（長田文書・二九二〇）。同日、北条氏政が木暮存心に、羽柴秀吉への防衛として近日に徳川家康と相談すべく駿豆国境に行くと述べ、蠟燭の贈呈への謝礼に鯨一合を贈答し、垪和康忠から副状させる（伊香保志三・二九二一）。**26日** 徳川家康が北条氏政と面会の為に駿河国に出発し、三月二十一日に遠江国浜松城（静・浜松市中区）に帰着する（家忠日記・静八―四―一八三七、一八四三）。**27日** 北条氏房が武蔵国表（埼・川島町）広徳院に、同国八林（川島町）の長福寺分・駒形宮免・雷電宮免を安堵する（武州文書比企郡・二九二二）。同日、上田憲定が相模国糟屋之郷（神・伊勢原市）八幡別当法禅坊に、前々の筋目に任せて寺内五間分の棟別役を免除する（諸社証文一・四七五七）。**28日** 北条氏房が埴谷宮内に、島根新四郎との相論で新四郎に貸した屋敷を返却させる。評定使衆は恒岡右馬尉ほか（井伊文書・四七五四）。**29日** 北条氏勝が鈴木又右衛門尉に、相模国東郡・武蔵国久良岐郡での借米は返済しない者は違反につき、今後は借状の文言通りに催促して返済させる（栗原氏所蔵鈴木文書・二九二三）。**晦日** 上田憲定が武蔵国松山本郷（埼・東松山市）新市場に五ヶ条の制札を掲げ、楽市と規定し、違反者は町人裁きとさせる（武州文書比企郡・二九二四）。

3月

1日 上野国惣社（群・前橋市）惣社神社に、小島定吉が銅造弥勒菩薩懸仏を寄進する（惣社神社所蔵・造像銘記集成一三二六）。　**4日** 北条氏直が遠山政景に三ヶ条の規定を下し、一、北条勢が隅田川を越えたなら船橋を切り武蔵国浅草（東・台東区）の船橋庭に架けておき、上総国からの注進次第に出馬するから油断無く船橋を管理する事。一、武蔵国葛西（東・葛飾区）の船橋を毎度の事として申しつける事。一、政景は同国甲山（埼・熊谷市）陣から先に派遣するから江戸城（東・千代田区）に於いて出陣の準備をし、無足の者まで引率する事と申し渡す（早稲田大学中央図書館所蔵遠山文書・三七八四）。**6日** 北条氏直が相模国大山（神・伊勢原市）大山神社八大坊に掟書を下し、大山神社の造営には坂本に人足を賦課する事。毎月晦日には神社御堂回りの掃除をする事と、前々の掟を改定して申し渡す。奉者は遠山直景（多賀幕本古文書中・二九二五）。同日、北条氏直が大山神社八大坊に、先の証文の如く大山寺領の相模国高森郷（伊勢原市）代官職を安堵する。奉者は遠山直景（同前・二九二六）。**7日** 北条氏直が相模国国府津（神・小田原市）宝金剛寺に掟書を下し、前々の如く諸役を免除し、樹木以下の伐採や横合・狼藉を禁止させる。奉者は板部岡融成（宝金剛寺文書・二九二七）。**8日** 北条氏直が上野国惣社（群・前橋市）から小田原迄の宿中に、惣社の鋳物師に伝馬一疋を使役する事を許可し、無賃伝馬とする。奉者は垪和康忠（中林文書・二九二八）。同日、北条氏が北条氏政と徳川家康が駿豆国境の三島（静・三島市）で面会するに当たって家康に御樽一〇・太刀・大鷹一〇・馬一〇・腰物二を、酒井忠次には鷹二・馬二、榊原康政には鷹三・馬二、徳川家臣に鷹五〇・馬六〇を贈呈する（西山本門寺文書・四九九五）。**9日** 北条氏照が

3月

武蔵国日野惣郷（東・日野市）並に立川領東光寺堺から谷町屋（日野市）迄と平野豊後守・福島右近・竹間加賀入道に、日野惣郷内での竹木伐採を禁止させ、違反の者は死罪にすると申し渡す（佐藤文書・二九二九）。同日、北条氏政と徳川家康が伊豆国三島で面会する（当代記・静八-四-七六六頁）。**10日** 北条氏邦が武蔵国阿久間（埼・秩父市）内の志路屋の四郎左衛門・三郎左衛門・右京に、上野国堺と武蔵国秩父の間の山は何れも植林して守り、木を違法に伐採する者を申告させる事。郷村からの欠落者は見つけ次第に武蔵国鉢形城（埼・寄居町）に拘引して成敗させると申し渡す（武州文書秩父郡・二九三〇）。同日、和田信業が反町庄平に、望みに任せて徳江伊賀守の知行分を宛行い、軍役着到を賦課し足軽一人を引率させる（木島文書・二九三一）。**11日** 北条氏房が武蔵国百間（埼・宮代町）西光院に、寺領を安堵し同国岩付城（埼・さいたま市岩槻区）の繁栄の祈禱を依頼する（西光院文書・二九三三）。同日、北条氏房が鎌倉の鶴岡八幡宮院家中に、同社領の武蔵国佐々目郷（埼・戸田市）を安堵し、武運長久の祈念を依頼する（鶴岡八幡宮文書・二九三二）。同日、徳川家康が北条氏政に、虎皮五枚・豹皮五枚・春物褶三〇〇端・猩々皮二台・太刀・刀二・筓二〇、酒井忠次が金覆輪の鞍・小袖・鉄砲一〇挺、榊原康政が具足・鉄砲二〇挺、北条家臣の伊勢貞運に春物褶三〇端・刀・薙刀、垪和伊予守にも同様、山角定勝にも同様、垪和康忠に刀、山角康定にも同様に贈呈する。北条氏規には駿河国三枚橋城（沼津市）兵糧米を一万俵、朝比奈兵衛尉には一〇〇〇俵を贈呈する。同記録には酒宴の座敷の様子も記し、北条氏側は氏政・伊勢貞運・垪和伊予守、徳川氏側は家康・酒井忠次・榊原康政が出席し、酒井忠次が酔ってドジョウすくいを踊ったと記す（西山本門寺文書・四九九五）。**12日** 松田憲秀が武蔵国関戸（東・多摩市）有山源右衛門等の六人に、郷内給人の配分を書立て、森岡氏が非分を起こし、百姓が欠落したが成敗したので六人の百姓に郷中の管理を任せる。奉行は御宿綱秀・長尾内膳正・岡谷将監（武州文書多摩郡・二九三四）。**13日** 北条氏邦が秩父孫次郎・同心衆中に、武蔵国鉢形城（埼・寄居町）秩父曲輪一七四間分の毎月一回の掃除庭分担を定める（諸州古文書一二・二九三五）。**14日** 太田資正が山宮斎に、北条氏直と一族の成敗を進言し、駿河国沼津（静・沼津市）で北条氏直父子と徳川家康が相談したと伝える（佐藤文書・静八-四-一八三九）。同日、徳川家康が北条氏直に、今回の面会を喜悦して謝礼を述べ、詳しくは朝比奈泰勝から副状させる（水府明徳会彰考館所蔵能勢文書・四五二九）。**15日** 北条氏邦が武蔵国荒川（埼・深谷市）持田四郎左衛門・同源三郎に三ヶ条の掟書を下し、郷内での質取、人身売買、博打を禁止させる（持田文書・二九三六）。同日、武蔵国立河郷柴崎村（東・立川市）八幡神社本地仏の銅造阿弥陀如来坐像を修造し、本願に立河照重内女おねね・太夫式部、大工に椎名土佐守が見える（柴崎諏訪神社所蔵・二九三七）。**16日** 北条氏直が相模国国府津（神・小田原市）宝金剛寺に、先の証文に任せて前々からの国府津の寺領を安堵する（宝金剛寺文書・二九三八）。同日、板部岡融成が宝金剛寺に副状し、北

4月

条氏直の寺領安堵状を送付し、内所務は内徳として納める様に指示し、諸役を免除する（同前・二九三九）。**19日** 北条氏照が浅羽尾張守に、当番衆の替えとして遠山衆が参着し、その地のことはよく遠山氏と打ち合わせ、明日の六ツ時（午後六時カ）には下野国藤岡城（栃・藤岡町）の外張に来させる（飯島氏旧蔵文書・三八九七）。**20日** 北条氏直が小田原から西上野迄の宿中に、上州の鋳物師に伝馬三疋の使役を許可し、無賃伝馬とする。奉者は垪和康忠（倉林文書・二九四一）。**21日** 徳川家康が相模国から遠江国浜松城（静・浜松市中区）に帰る（家忠日記・静八-四-一八四三）。**23日** 北条氏直が梶原景宗に、紀伊国紀之湊（和・和歌山市）から佐々木刑部助の船が商売として相模国に来津する事を許可する。奉者は安藤良整（紀伊続風土記附録一〇・二九四二）。**27日** 徳川家康・本多正信が里見義康に、起請文を送り和睦する（豊後羽柴文書・徳川家康文書の研究上-六八八～九頁）。同日、長尾顕長が豊島彦七郎に、下野国下彦間（栃・佐野市）寄居で佐野宗綱を討ち捕らえた忠節を褒め、上野国佐貫庄須賀之郷（群・明和町）で三〇〇〇疋の地を宛行う（青木氏蒐集文書・二七九二）。**29日** 北条氏照が武蔵国品川（東・品川区）百姓中に、百姓が代官と申し合わせて逃散した事を咎め、在陣中は帰村して耕作に従事し、少しの田畠も荒らさない様に命じる。奉者は狩野一庵宗円（立石文書・二九四四）。

▼この月、徳川家康が北条氏規に、北条氏政父子に断って大鷹三羽を奥州から取り寄せるので、通すように依頼する（記録御用所本古文書四・四五三）。

3日 佐竹義重が那須資胤に、北条勢が侵攻して下総国古河表（茨・古河市）に進撃し、今日は下野国祖母井（栃・芳賀町）に着陣と伝える（集古文書七五・神三下-八二〇〇）。**5日** 北条氏直が武蔵国松山本郷（埼・東松山市）町人衆中に掟書を下し、北条方の軍勢や甲乙人の出入りと、特に同国甲山（埼・熊谷市）在陣の間は陣衆の出入りを禁止させ、陣中への在所からの荷物の運送や小荷駄・伝馬次は許可する。奉者は松田某（武州文書比企郡・七五四）。**6日** 北条氏直が小田原城下の上行寺に、寺域内での竹木伐採・狼藉を禁止させる。奉者は海保某（武州文書府内下・二九四五）。同日、北条氏房が鎌倉の鶴岡八幡宮院家中に、武蔵国佐々目郷（埼・戸田市）の続目の祝儀として神殿での祈禱を完了し、巻数等の贈呈に謝礼する（鶴岡八幡宮文書・二九四六）。**8日** 長尾輝景が野村左京に、上野国小野子（群・渋川市）を長尾憲景の時の如く安堵し、軍役を務めさせる（木暮氏所蔵淵岡武太夫書状・二九四七）。**10日** 北条氏邦が中沢越後守に、三日に上野国吾妻石津郷（群・嬬恋村）に侵攻した時に参陣し、忠節を尽くしたと斎藤定盛から報告されて感謝し、今後も忠節を求める（中沢文書・二九四八）。**11日** 宇都宮国綱が佐竹義重に、北条勢が下総国関宿城（千・野田市）に着城し、先衆は同国古河表に侵攻と知らせる（千秋文庫所蔵佐竹文書・千四-四五三頁）。**15日** 北条氏直が小山田将監に、猪俣邦憲が上野国沼田（群・沼田市）に侵攻し城を築城したところ、忠節を尽くした事を認めて感謝し、詳しくは北条氏邦から

4月

伝えさせる（新編会津風土記五・二九四九）。**19日** 羽柴秀吉が佐竹義重に、芦名盛隆と伊達政宗が累年に渡り争っているのを天下静謐の為に停止させ、境目の事（国割り）は秀吉が策定すると通達して東国惣無事令を発し、富士山を一見したいから関東に出馬した時に相談すると伝える（上杉家文書・新三一-四〇八）。**20日** 成田氏長が伊達政宗に、北条氏直が関東平定を進めており、北条氏照が伊達氏との取次役を務め、氏長も氏直に執り成すと伝える（仙台市博物館所蔵伊達文書・二九五〇）。**24日** 北条氏政が北条氏規に、徳川家康への贈呈品を届けさせ、北条氏房から鷹匠と馬牽者を出させる（秋田藩家蔵文書・二九五一）。**25日** 北条氏直が猪俣邦憲に、上野国仙人ヶ岩屋（群・東吾妻町）を乗っ取る忠節を賞し、今後も油断無く務める様に指示する（東京大学史料編纂所所蔵猪俣文書・二九五三）。同日、北条氏政が北条氏規に、徳川家康に送る鷹匠・餌差・中間の案内者が道中で悪い事をするのを懸念して氏規の宰領に注意させ、安全な宿々の手配を依頼する（真鶴町五味文書・二九五二）。**26日** 笠間綱家が那須資晴に、北条勢が二十二日に常陸国小田領（茨・つくば市）に侵攻し、周辺を放火して荒し回ったと伝える（滝田文書・栃一-滝田文書九）。**晦日** 近藤綱秀が伊達氏家臣の片倉景綱に、佐竹義重が下野国壬生表（栃・壬生町）に出張したため、北条氏直が出馬したが佐竹勢は早々に退散し、北条勢は同国佐野表（栃・佐野市）に侵攻して明後日には同国皆川（栃・栃木市）に進撃すると伝える（片倉代々記一・二九五四）。

5月

7日 北条氏邦が上野衆の阿久沢能登守に、猪俣邦憲からの書状で三日には同国沼田（群・沼田市）東谷の合戦で阿久沢助太郎が忠節を尽くし、敵二〇〇人程を討ち取る功績を認め、境目の厳重な警備を依頼する（目黒文書・二九五五）。**20日** 羽柴秀吉が塩谷弥六に、関東・奥両国停戦令を発し、関東に山上道牛を使者として派遣する（秋田藩家蔵文書・栃三-五八頁）。**23日** 大藤政信が死没する。香雲寺位牌銘には天正十四乙酉歳とあり、もしくは天正十三年か。**25日** 北条氏直が北条氏照・氏邦・氏規を大将とし、真田方の矢沢綱頼が守る上野国沼田城に総攻撃をかけるが大敗して撤退する。**28日** 北条氏政が伊豆国桑原郷（静・函南町）百姓中に、人足一人を出して同国伊東山（静・伊東市）の材木を山奉行の仁杉・大野両氏から受け取り、来月三日には伊東の津端まで搬出させ、手間賃の二〇文は安藤良整から支払う（函南町森文書・二九五七）。**下旬** 北条氏直が六月初旬にかけて下野衆の宇都宮国綱の多気山城（栃・宇都宮市）を攻め、その周辺で宇都宮勢と戦う。

▼この月、中御門宣綱の娘を北条氏政の養女とし、翌年には皆川広照の室とする。

6月

1日 北条氏照が片倉景綱に、夏から秋に北条氏直が下野国に出馬し、宇都宮国綱を攻撃して多気山城（栃・宇都宮市）を裸城にし、皆川広照を降伏させたと伝える（片倉代々記二・三三二）。**6日** 日蓮宗の伊豆国法船寺（静・伊東市）日惺が置文し、当地の代官の中村若狭守吉勝に、屋敷地を頼って移り、塔頭の修築の助力を真俗に依頼する（伊東市法船

7月

寺文書・大田区史寺社二－九二四頁)。 **7日** 北条氏照が毛利(北条)高広に、上野国厩橋城(群・前橋市)一〇〇〇貫文の外に五ヶ所の知行から去年の公物の未進があり、催促のために垪和康忠から北条家朱印状を出させたと伝える(江口氏所蔵北条文書・二九五九)。同日、上杉景勝が上洛し、十二日に京都の聚楽第で羽柴秀吉に接見する。 **11日** 北条氏房が武蔵国三保谷郷(埼・川島町)道祖土満兼に、同国岩付城(埼・さいたま市岩槻区)の普請役として十四日に同城の中城に同郷の人足を悉く集め、五日間の普請工事に従事させる(道祖土文書・二九六〇)。 **12日** 北条氏直が鎌倉の八雲神社(神・鎌倉市大町)の大道寺政繁代に禁制を掲げ、祇園祭の時には喧嘩口論、押買狼藉を禁止させる(八雲神社文書・二九六一)。 **18日** 宇都宮国綱が太田景資に、国綱の下野国多気山城に北条勢が侵攻した時に太田資正が鉄砲衆で北条勢を撃退したと知らせる(甲斐国志草稿・山梨四－一－一五一六)。 **25日** 北条氏直が下総衆の国分胤政に、この度の出陣に参陣した謝礼を述べる(随得集・二九六二)。 **28日** 北条氏照が武蔵国小和田(東・あきる野市)広徳寺々山に、今後は寺山に植林し育成させる。奉者は中島盛直(広徳寺文書・二九六三)。同日、相模国当麻宿(神・相模原市南区)町人の関山通定が山角康定・江雲に、当麻宿を巡る落合三河守との宿場相論で訴状を提出する(関山文書・二九六四)。

3日 北条氏直が上野衆の小幡信真に、今度の出馬に参陣し苦労させた事に感謝し、両種・一樽を贈呈する(松田氏所蔵小幡文書・二九六五)。同日、北条氏照が某大膳亮に、書状の使者を務めた事に感謝し、今後の外交交渉に期待する(日下部文書・二九六六)。 **6日** 北条氏光が伊豆国那賀郷(静・松崎町)三島大明神神主の金差大炊助に、同社の大禰宜職を先例に任せて安堵し、御供免・祭免等一〇町歩を認め、新たに東川二間分を寄進する(三島明神文書・二九六七)。 **13日** 北条氏直が壬生義雄に、書状を拝見して宇都宮国綱と佐竹義重が相談した事を知り、近日中に出馬すると伝える(小田原城天守閣所蔵文書・北条氏文書補遺三二頁)。同日、北条氏直が斎藤甚太郎に、知行として武蔵国江戸廻一ヶ谷郷(東・新宿区)内で二〇貫文を宛行い、軍役を務めさせる。奉者は垪和康忠(掛川志稿七・二九六九)。同日、北条氏直が小田原城下の宝安寺に禁制を掲げ、江湖会の間は聴衆の者の横合非分・狼藉を禁止させる。奉者は江雲(相州文書足柄下郡・二九六八)。 **15日** 北条氏直が上野衆の宇津木氏久・木部貞朝・和田昌繁・高山彦四郎と垪和康忠衆に、五日の内に出馬するため、その地の番所を依田源五・同惣太郎・赤堀上野介に任せて参陣し、二十七日には利根川端に着陣させる(大阪城天守閣所蔵宇津木文書・二八三二)。同日、北条氏直が清水康英・清水太郎左衛門に、佐竹勢が下野国壬生城(栃・壬生町)に侵攻したとの報告で急に出馬と決め、参陣の準備をさせる(伊豆順行記・二九七〇)。同日、北条氏直が上野衆の後閑宮内大輔・同刑部少輔に、五日の内に出馬するので参陣の準備をさせ、二十七日には利根川端に着陣させる(群馬大学図書館所蔵新田文庫文書・二八三三)。 **16日** 落合三河守が小田原城の評定衆に、相模国当麻宿(神・相模原市南区)

7月

の件で関山通定から訴えられて弁明書を提出し、同宿を上下に分けて管理する様に等と進言する（関山文書・二九七一）。**18日** 北条氏直が北条氏照に、佐竹義重が下野国壬生城・鹿沼城（栃・鹿沼市）に侵攻し、壬生義雄への加勢として水海衆五〇人を送らせ、同国小山城（栃・小山市）大石照基の注進次第で小山に移らせ、小山衆は壬生に移らせる事と命じ、水海衆に知らせて氏照にも出陣の準備をさせる（楓軒文書纂六〇・二九七二）。同日、山角康定が関山通定に、落合三河守との相論を予想して、通定の勝訴となると報せ、出馬が近いので裁許は延びていると知らせる（関山文書・二九七三）。**19日** 北条氏直が相模国当麻町人の関山通定に、前々の如く当麻宿の宿頭人役を安堵する。奉者は山角康定（同前・二九七四）。同日、山角康定が関山通定に、落合三河守との相論に落合氏を召還して糾明し、落合氏の弁明を認めず、通定の勝訴と伝える（相州文書高座郡・二九七五）。**20日** 北条氏照が相模国江ノ島（神・藤沢市）岩本坊に、岩屋宮が大破したため造営して完成し、遷宮式を行った祝儀に太刀・馬を寄進し、武運長久の祈禱を依頼する（岩本院文書・二九七六）。**21日** 長尾顕長が小田原城に参府し、北条氏直から国広の刀を贈呈される（名古屋市徳川美術館所蔵刀銘・小一―一〇二六頁）。**24日** 北条氏直が宇津木氏久に、知行として上野国長岡（群・太田市）等で、高山定重に同国長岡・安良岡（太田市）で、太井豊前守に武蔵国下新開（埼・深谷市）・上野国八木沼（群・伊勢崎市）等で各々一〇〇貫文を均等に宛行い、別に各人に同心給七〇貫文ずつを支給する（荒木氏所蔵香象院文書ほか・二九七八〜八〇）。同日、北条氏直が桜井武兵衛に、知行として上野国新田領沖之郷（現在地未詳）内で五〇貫文を検地奉行から支給すると申し渡し、別に三五貫文の同心給も支給する（松江市桜井文書・二九八一）。**25日** 北条氏直が小田原新宿の山田二郎左衛門尉に、鋳物師の棟梁に任命し、北条氏の御用を勤めさせる。奉者は間宮宗甫（相州文書足柄下郡・二九八二）。**28日** 佐竹義重が下野国鹿沼城の壬生義雄を攻め、北条勢が壬生氏支援のために同方面に出陣する（新編会津風土記）。**下旬** 那須資晴が下野国塩谷領の問題で佐竹義重と断絶し、北条氏直に従属する。

8月

3日 増田長盛・石田三成が上杉景勝に、東国取次役に任命し、徳川家康が真田昌幸を成敗のため攻めた事や、羽柴秀吉が関東・出羽・陸奥の国衆に惣無事令の朱印状を出し、領土割りを策定すると伝える（米沢市杉原文書・新五―三―三四七）。**5日** 伊達政宗が北条氏直に、別して懇意にしており感謝し、常陸・下野両国の領有は北条氏に任せているが、佐竹領については問題があり、今月中旬には出馬するので加勢を依頼する。また、馬が伊達領では不足しており、名馬を一疋所望したいと懇願する（松藩捜古所収文書・福七―六三三頁）。**13日** 伊達政宗が北条氏直に、佐竹義重との抗争は決着しておらず北条方にも加勢を依頼し、共同作戦をしくものと予想し、今後も北条氏照を通して詳しく述べると伝える（政宗君治家記録引証記・四五三二）。**14日** 北条氏照が常陸国牛久城（茨・牛久市）岡見宗治に、岡見治広の代官が小田原

9月

城に参府して申した事は総て了承したと述べ、治広と宗治の人質は佐竹領との境目に在城しているので北条氏が所望して支度させ、小田原城の命令次第に進上させる（岡見文書・二九八六）。**20日** 北条氏繁後室（カ）が大橋政義に、この舞々政義は玉縄北条氏勝の被官であり、相模国東郡の領内での舞々神事についての横合非分を禁止させる（相州文書足柄下郡・二九八八）。**22日** 北条氏直が下野国佐野唐沢山城（栃・佐野市）佐野宗綱の死没後の佐野領を接収し、北条氏忠を宗綱の娘婿養子として入部させる。**24日** 堀越六郎室の山木大方（崎姫＝北条氏綱の娘）が死没する。法名は高源院殿長流泉香大姉（石井家本吉良系図）。**26日** 北条氏照が岡見治広に、初鮭の贈呈に謝礼を述べ、先日の約束の人質三人の進上を履行させ、岡見宗治の人質は決定しておらず早く決めて進上すべしと催促し、明日にも迎えの者を派遣させる（旧記集覧・二九八九）。同日、徳川家康が北条氏直に、二十二日には計略をもって下野国佐野城（唐沢山城）を乗っ取り北条方が収めた事を賞賛し、氏直の病気が治った事は嬉しいと伝える（所蔵者未詳文書・四七九六）。**27日** 北条氏照が岡見宗治に、人質の進上を督促したところ迷惑との返答で、岡見治広は実子を進上し、一〇日や一五日間の小田原城在城は何の苦労でも無いから早く進上せよと重ねて催促する（岡見文書・二九九〇）。

3日 北条氏直が小島藤右衛門尉に、知行として上野国西之庄中村・赤石（群・伊勢崎市）手作分の内二〇貫文を宛行い、検地帳の通り倉賀野家吉から受け取り、軍役を務めさせる。奉者は垪和康忠（小島文書・二九九一）。**4日** 北条氏直が水軍の梶原景宗・山本正次に、上総国土気（千・千葉市緑区）酒井氏の証人の兵糧の運送船一隻を出役させる。奉者は幸田定治（館山市立博物館所蔵鳥海文書・二九九二）。**6日** 北条氏直が毛利（北条）高広に、在陣の苦労を察して一種・一樽を贈呈する（北条文書・二九九三）。**9日** 滝川一益が越前国で死没する。六二歳（寛永諸家系図伝）。**15日** 北条氏直が伊豆国桑原（静・函南町）百姓中に、人足二人を賦課し、同国狩野山（天城山）に入り板材を仁杉・大野両氏から受け取り晦日迄に同国伊東（静・伊東市）に出させ、賃金四〇文を安藤良整代から支払わせる（森文書・二九九五）。**17日** 北条氏政（カ）が鮎川図書助に、恩賞として宛行われた郷中から足軽を出して忠節を尽くせば公事を赦免し、兵糧を下郷から下総国関宿城（千・野田市）に移し、領主に預けさせる（下総崎房秋葉孫兵衛旧蔵模写文書集三・北条氏文書補遺三一頁）。同日、北条氏直が鎌倉の鶴岡八幡宮院家中に、宮寺領の武蔵国佐々目郷（埼・戸田市）を安堵し、横合非分を禁止する。奉者は板部岡融成（鶴岡八幡宮文書・二九九六、二九九八）。同日、北条氏直が鶴岡八幡宮院家中に、先の証文に任せ門前を不入とする（同前・二九九七）。同日、北条氏直が鶴岡八幡宮相承院に、先の証文に任せて相模国大田和郷（神・横須賀市）の寺領一一七貫文を安堵する（相承院文書・二九九九）。**19日** 北条氏直が小田原城下の高源院に、山木大方の菩提料として伊豆国小那部村（静・河津町）二〇貫文を渡辺氏買得の年季明け後に改めて寄進する（相州文書足利

9月

下郡・三〇〇〇〜〇二)。同日、大道寺政繁が次原新三郎に、北条家の蔵銭を預けたが、近年は使途が不明瞭なので、詳しく書上げて申告させる(武州文書入間郡・三九三二)。**25日** 北条氏直が清水康英に、伊豆国下田(静・下田市)本覚寺の僧侶が上洛するため、留守中の寺家への横合非分を禁止させる。奉者は板部岡融成(本覚寺文書・三〇〇三)。同日、増田長盛・石田三成が上杉景勝に、羽柴秀吉が関東と陸奥国伊達氏、会津の芦名義広へ取次について小笠原貞慶から景勝に交代させると伝える(上杉家文書・群七-三-三四四二)。**26日** 北条氏照が小田野周定・森市兵衛尉・池上将監丞と三十人御手本鉄砲衆中に掟書を出し、加勢として下野国鹿沼城(栃・鹿沼市)へ派遣し、小田野・池上両人の下知に従い、鹿沼城では竹木伐採、喧嘩口論を禁止させる(佐野家蔵文書・三〇〇四)。**28日** 北条氏房が武蔵国平林寺(埼・新座市)平林寺に掟書を出し、寺領の竹木伐採、見物衆への狼藉、人足の強制賦課や朱印状無くしての宿泊等を禁止させる。奉者は伊達房実(平林寺文書・三〇〇五)。同日、北条氏房が平林寺に、同寺・大安寺・安楽寺の寺領として北条氏政の証文の如く武蔵国馬籠(埼・さいたま市岩槻区)・四条(埼・越谷市)を安堵する(同前・三〇〇六)。

10月

1日 北条氏直が相模国田原(神・秦野市)番匠の惣左衛門に、小田原城の座敷建設の御用を命じ、三日に小田原城に来させる(小田原市立図書館所蔵桐生文書・三〇〇七)。**10日** 大道寺政繁が鎌倉の極楽寺願成就院に、永禄四年(一五六一)の制札の文言を厳守する様に命じる(極楽寺文書・三〇〇八)。**18日** 北条氏直が伊豆国三島(静・三島市)三島大社神主と大村刑部大夫に、同国椎原(静・下田市)他一〇ヶ所の郷村が三島祭礼銭を出さない事を違反とし、たとえ不入の郷村でも催促して出させる。奉者は幸田定治(三島大社文書・三〇〇九)。同日、北条氏邦が武蔵国阿久間(埼・秩父市)篠蔵百姓の与二郎に四ヶ条の条書を出し、助左衛門等三人は譜代の者ではないと判明した事等を裁許して申し渡す(彦久保文書・三〇一〇)。**19日** 北条氏邦が上野国北谷之郷(群・藤岡市三波川)代官・百姓中に、検地書出を与えて年貢等の納入方法を指示する(飯塚文書・三〇一一)。同日、北条氏邦が飯塚和泉守に、上野国北谷之郷内の西之屋敷付の田畠を名主免として安堵し、この度の検地にも除いたと記す(同前・三〇一二)。同日、大道寺政繁が次原新兵衛に、預けた蔵銭について、米銭を借用して返却しない者は不法なので催促して返却させる(武州文書入間郡・三〇一三)。**20日** 北条氏直が和田昌繁に、境目の御用で北条氏邦の命令次第に出馬させ、軍勢には在郷武士まで悉く引率させる(平沼文書・三〇一五)。同日、北条氏直が伊豆国西浦(静・沼津市)百姓の大川忠直に、忠直からの訴えを裁許し、同国下田(静・下田市)小代官の矢部遠江守・沢村但馬守を召還して糾明し、昨年の忠直から下田の百姓が借用した兵糧は借用証文があり真実と判明し、小代官両人の弁明書は偽りと判決し、来月十五日を限って忠直に借用分を返済させる。評定衆は山角康定(国文学研究資料館所蔵大川文書・三〇一四)。**25日** 武蔵国江戸(東・千代田区)城下の日枝山王権現に鰐口を寄進し、大旦那に遠山直景、作者に太田和泉守、大工に長瀬椎名が見える（武蔵野古物・三〇一六）。**27日** 徳川家康が大坂城の羽柴秀吉に出仕し、羽柴氏に従属する。この頃に秀吉が関東・奥惣無事令を発令する。この取次が上杉景勝から徳川家康に変更され、家康と同盟中の北条氏への危機感が非常に高まる。**29日** 大道寺政繁が鎌倉二階堂の覚園寺に、寺領から欠落の百姓の帰村を促し、耕作に従事させ作法を指示する（覚園寺文書・三〇一七）。

▼この月、伊豆国須原（静・下田市）金山大権現を建立し、本願に土屋勝長、大工に臼井盛次が見える（金山水神社所蔵棟札・四九六二）。

11月

2日 北条氏直が上野衆の由良国繁に、京都の羽柴秀吉への対応策を指示し、徳川家康が羽柴氏と敵対すれば北条氏は徳川氏を支援すると述べ、今月十日以前には状況が判るので、羽柴氏と敵対と判れば即刻に遠江国に出馬し、それ以前に軍勢二〇〇で参陣して利根川端に着陣させる（別本士林証文・三〇一八）。同日、北条氏直が上野衆の富岡秀高に、羽柴秀吉への対応策を指示し、軍勢を引率して上野国新田金山城（群・太田市）に移らせる（富岡家古文書・三〇一九）。**4日** 北条氏直が桜井武兵衛に、陣触次第に参陣できる様に支度し、上野衆が参陣したら着陣する事と命じる（松江市桜井文書・三〇二〇）。同日、北条氏直が北条氏邦に、万一に羽柴氏と徳川氏が決裂したら上野国の守備として武蔵国鉢形城（埼・寄居町）に籠城し、東西上野の国衆の城々への連絡を密にする事と命じる（武州文書秩父郡・三〇二一）。同日、羽柴秀吉が上杉景勝に、関東方面の取次については、徳川家康が北条氏と同盟している事から軍勢を出さずに調停できるとの家康からの申出により、関東・奥惣無事令の取次役を景勝から家康に変更したと伝える（上杉家文書・新三一一三六）。同日、羽柴秀吉が上杉景勝に、関東出陣の中止を述べ、真田昌幸の赦免を伝える（同前・小一一七九三頁）。**5日** 北条氏直が榊原康政に、徳川家康が京都で羽柴秀吉との調整が上手くいった事に感謝し、山角定勝から報告され、今後の羽柴氏と北条氏との間の指導は家康に任せると伝え、祝儀に馬・三種・一荷を贈呈する（武家事紀三三一・二七二九）。同日、北条氏照が芦名家臣の富田氏実に、佐竹義重との和睦の仲介を依頼し、関東一円の和睦が整えば他国からの覚えも良いと伝える（尊経閣文庫本古文書写・三〇二二）。**9日** 北条氏忠が須賀左衛門に、今後は御家人に昇格させ、恩賞は富士源太に与え、忠節により重ねて恩賞を約束する（小宅文書・北条氏文書補遺四五頁）。**10日** 北条氏忠が落合図書助・大蘆雅楽助に、人質を要請したら図書助は五歳の息子、雅楽助は父親を進上した事に感謝し、十二日に息子を預かり幼少のため下野国佐野唐沢山城（栃・佐野市）坂下の氏忠室の大方に預けるから安心せよと伝える（小曾戸文書ほか・三〇二三〜四）。**13日** 原胤栄が原某に、志摩守の受領を与え、原孫八郎に胤の一字を与える（西山本門寺文書・三〇二五〜六）。**15日** 北条氏政が北条氏邦に、羽柴秀吉の関東出馬は贋情報と判明した事、上野衆の人質の件は何れも奏者中に下知しており、同

11月

国白井城（群・渋川市）からは召し寄せる事。同国沼田城（群・沼田市）真田氏への守備は大切で、同家中には不穏な者もいるから注意せよ等と伝える（早稲田大学中央図書館所蔵文書・三〇二七）。同日、徳川家康が北条氏直に、羽柴秀吉から関東惣無事令の通達書が来たので、朝比奈泰勝に持たせて届けるので見てもらいたい。この趣の通りなので羽柴勢の関東出馬は中止され、氏直にも出馬を解く様に陣所に言って欲しいと伝える（武州文書幡羅郡・四五三二）。**17日** 北条氏直が上野衆の宇津木氏久に、鉄砲衆一〇人分の一〇〇貫文の扶持給の受取り方法を指示し、その内の六一貫分は同国厩橋城（群・前橋市）城米から大曾根・都筑両人から支給させる（大阪城天守閣所蔵宇津木文書・三〇二八）。**21日** 真田昌幸が羽柴秀吉から上洛の依頼を受け、大坂城（大阪・大阪市）に出仕する。**23日** 北条氏政が武蔵国岩付城（埼・さいたま市岩槻区）代官の恒岡資宗・佐枝信宗と百姓中に、下総国金野井本郷（千・野田市）検地書出を与え、年貢の納入方法等を指示する（遠藤文書・三〇二九）。同日、北条氏直が上原出羽守に、舟橋用の大竹七本を武蔵国市郷（神・横浜市青葉区市ヶ尾町）から切り出し、来月三日迄に同国江戸城（東・千代田区）の遠山直景代に届けさせる。奉者は江雲（武州文書都筑郡・三〇三〇）。**24日** 北条氏直が北条氏規に、徳川氏家臣の榊原康政に伊豆国韮山城（静・伊豆の国市）から江川酒を届けさせる（諸州古文書遠州二三一・三〇三一）。**29日** 北条氏房が武蔵国飯塚（埼・さいたま市岩槻区）法華寺の春首座に、同寺領の飯塚内から一〇貫文を寄進し、寺院の修築を促す。奉者は伊達房実（法華寺文書・三〇三二）。**吉日** 武蔵国富岡郷（神・横浜市金沢区）富岡八幡宮を造営し、神主に佐野左衛門が見える（富岡八幡宮所蔵棟札・横浜市立歴史博物館刊中世の棟札三〇）。

▼この月、相模国土肥吉浜村（神・湯河原町）熊野三所大権現を再建し、小代官に池田清兵衛が見える（新編相模足柄下郡・三〇三三）。

12月

6日 土岐治綱が鍛冶職の岡沢又二郎に、綱定の名を与える（岡沢文書・北条氏文書補遺四五頁）。**9日** 北条氏直が宇津木氏久に、一騎合への給・扶持として六二貫文・一〇人分を与え、その受取り方法を指示する（大阪城天守閣所蔵宇津木文書・三〇三四）。**10日** 北条氏照が伊達氏家臣の片倉景綱に、関東表は下野国迄も北条氏直の支配が及ぶと知らせる（片倉代々記附録一・三〇三五）。**13日** 北条氏直が舞々の天十郎に、先の証文の如く移他家・唱門師の支配を安堵する。奉者は垪和康忠（相州文書足柄下郡・三〇三七）。**18日** 北条氏照が武蔵国品川（東・品川区）百姓中に七ヶ条の条書を出し、北条家朱印状無くして伝馬を仕立てる事の禁止。増反銭を賦課し百姓地から出させる事。年貢は干米で納める事等を申し渡す。奉者は狩野一庵宗円（武州文書荏原郡・三〇三八）。**25日** 北条氏直が関山藤七郎に、前々の如く相模国当麻郷（神・相模原市南区）の諸役を務めさせ、北条氏の御用は北条家朱印状で賦課するものは務めさせる。奉者は海保某

（関山文書・三〇四〇）。同日、北条氏直が鎌倉の感応院に、相模国極楽寺（神・鎌倉市）感応院屋敷添えの田畠四貫余文を山共に寄進し、代官から支給する。奉者は間宮宗甫（判物証文写今川二・三〇四一）。同日、北条氏直が京紺屋津田正輝に、相模国・伊豆国の一五ヶ郷村が不入と号して紺屋役を納めないのは違反として納めさせる。奉者は江雲（相州西郡板橋村鏡・三〇四二）。同日、北条氏直が鈴木但馬守に、武蔵国小机河輪郷（神・横浜市港北区）百姓との相論で裁許を遂げ、百姓等が弁明書を提出せず敗訴と決め、借米は証文の如く但馬守が催促して返済させる。評定衆は山角康定（鈴木文書・三〇三九）。 **27日** 北条氏直が小田原城下の法伝寺に禁制を掲げ、寺域の竹木草花の伐採、他国者の宿泊、見物の人達の狼藉を総て禁止させる。奉者は雪筍（藤間氏所蔵法伝寺文書・三〇四三）。 **晦日** 北条氏邦が伊予（糟尾養信斎）に、閑野帯刀の知行地に欠落した武蔵国阿那志（埼・美里町）百姓五人の内の二人を帰村させる（武州文書児玉郡・三〇四四）。
▼この月、伊豆国湯川村（静・伊東市）慈眼坊に、本尊蓮華台の裏銘には坪和康忠の室が寄付したと記す（豆州志稿四四六頁）。この月、徳川家康が遠江国浜松城（静・浜松市中区）から駿河国駿府城（静・静岡市葵区）に居城を移す。

天正十五年（一五八七）・丁亥

1月

3日 近藤綱秀が伊達氏家臣の片倉景綱に、北条氏直・氏照に書状が届いた事に感謝し、今後も伊達政宗への取次を依頼する（仙台市博物館所蔵片倉文書・三〇四五）。 **5日** 北条氏照が杉田清兵衛に、北条氏直が羽柴秀吉との決戦体制に入るため武蔵国小河内（東・奥多摩町）衆の人質を求め、一二歳の子供に扶持給を与えて進上させ、忠節を求める。奉者は大石秀信・横地与三郎・狩野刑部大輔（杉田文書・三〇四六）。 **6日** 北条氏房が関根石見守に、小田原城の普請人足を賦課し、着到衆には人足計りを出させて石見守は免除とし、武蔵国岩付城（埼・さいたま市岩槻区）福島出羽守・立川重義に申告させる（内山文書・三〇四七）。 **15日** 北条氏直が武蔵国鷲宮（埼・鷲宮町）鷲宮神社神主の大内泰秀に、年頭の祈禱完了の巻数・鯉・素麵の贈呈に感謝し、太刀を贈答する（井上氏所蔵鷲宮神社文書・三〇四九）。同日、北条氏直が武蔵国河越本郷（埼・川越市）百姓中に、小田原城の大普請人足三人を賦課し、二十五日から普請工事に従事させる（大野文書・三〇四八）。 **19日** 北条氏忠が須賀左衛門尉に、下野国葛生（栃・佐野市）他で一五貫文を宛行い、軍役を務めさせる（小宅文書・北条氏文書補遺四五頁）。 **22日** 北条氏直が下総衆の大須賀常安に、馬の贈呈に謝礼を述べる（大慈恩寺文書・三〇五一）。 **28日** 北条氏房が武蔵国大相模（埼・越谷市）不動坊に禁制を掲げ、喧嘩口論、押買狼藉、博打を禁止させる。奉者は福島又八郎（西角井文書・三〇五二）。 **晦日** 北条氏直が相模国田島（神・小田原市）百姓中に、今年

1月

度の大普請役として人足一五人を賦課し、五日から小田原城の普請工事に従事させる（相州文書足柄下郡・三〇五三）。

2月

6日 北条氏房が道祖土満兼に、小田原城の普請人足三人を賦課し、着到衆へは人足計りを出させ、武蔵国岩付城（埼・さいたま市岩槻区）福島出羽守・立川重義に申告させる（道祖土文書・三〇五四）。**8日** 大村秀昌等が井上雅楽助に、弓道の極意書を授与する（井上文書・埼六-二-一三六一）。**11日** 白川義広が会津の芦名家に入嗣する。**19日** 北条氏照が常陸衆の岡見宗治に、岡見治広へ使者を派遣するため路次の安全を依頼する（岡見文書・三〇五七）。**21日** 北条氏直が大道寺政繁代に、相模国鎌倉と武蔵国杉田（神・横浜市磯子区）内の鎌倉鶴岡八幡宮と荏柄天神社領から、小田原城の普請人足を賦課し、人足一一人を晦日に同城に集め、一〇日間の普請工事に従事させる（鶴岡八幡宮文書・三〇五八）。同日、北条氏直が相模国龍健寺（神・小田原市谷津）に掟書を出し、寺域と門前の棟別・諸役を赦免し、竹木伐採と横合非分・狼藉を禁止させる。奉者は板部岡融成（相州文書足柄下郡・三〇五九）。**24日** 羽柴秀吉が上杉景勝に、もし北条氏が下知に背いて佐竹・宇都宮・結城各氏に攻撃を仕掛けたら征伐するので後詰を依頼する（上杉家文書・小一-七九六頁）。**26日** 北条氏直が北条氏照に、上野衆の那波顕宗への証人替えを命じ、先番の馬見塚氏等一〇人に代え、当番は山王堂氏等一〇人を任命し、同国厩橋城（群・前橋市）当番頭の安中七郎三郎と笠原康明に断って番替えをさせる。奉者は垪和康忠（大阪城天守閣所蔵宇津木文書・三〇六〇）。

3月

5日 北条氏直が鎌倉の妙本寺に、巻数・料紙・扇子の贈呈に感謝し、幸田定治から謝礼させる（妙本寺文書・三〇六一）。**13日** 狩野一庵宗円が岡見宗治に、多賀谷重経が侵攻して常陸国牛久城（茨・牛久市）が攻められている事を心配し、北条氏照は小田原城の大普請で在府し、北条氏直に直接話す事が出来るため、一庵は武蔵国八王子城（東・八王子市）に留守番として入るので氏照から直接述べさせると伝える（岡見文書・三〇六二）。**14日** 北条氏照が岡見宗治に、常陸国八崎（茨・つくば市下岩崎）に多賀谷重経が砦を構築して攻め寄せ、防戦に難儀していると知り、北条氏直が救援すれば、早速に多賀谷勢を追い払うが、堅固に防戦させる（岡見文書・三〇六三）。**16日** 北条氏直が伊勢国の回船問屋の角屋彦五郎に、北条家朱印状を与え出船させる。奉者は安藤良整（角屋文書・三〇六四）。**18日** 北条氏照が岡見宗治に、多賀谷重経が砦を構築して防戦に難儀し、下総衆の高城・豊島両氏の軍勢を加勢として差し向ける（岡見文書・三〇六五）。同日、真田昌幸が上洛の途中で駿府の徳川家康に挨拶し、大坂城に向かう。ここに真田氏は北条氏から離反し徳川氏の与力大名となり、羽柴方に従属する。**19日** 北条氏房が武蔵国井草（埼・川島町）細谷分に、籠の材木を送る人足五人を賦課し、二十一日から藤波山で受取り同国岩付城（埼・さいたま市岩槻区）大曲輪に届けさせる（武州文書比企郡・三〇六六）。**21日** 北条氏規が朝比奈泰寄に、新しく知行として相模国小磯（神・大磯町）他で二〇〇貫文を宛行い、北条龍千代の陣代を申しつける（朝比奈文書・三〇六七）。同日、北条氏規が朝比奈泰寄に、旧来の知行替えを行い一〇〇貫文の内七六貫文は武蔵国白子（埼・和光市）、残りは蔵出とする（同前・三〇六八）。**23日** 北条氏政が相模国三増郷（神・愛川町）惣百姓中に、同郷からの訴えに答えて代官の不法を止めさせ、竹木等の伐採を禁止する（相州文書愛甲郡・三〇六九）。**24日** 北条氏直が太田康宗に、知行の武蔵国市ヶ谷（東・新宿区）内の四五貫文は借銭の担保として天正九年（一五八一）から一一年期で遠山智千世に渡され、年期明けには康宗に返すと伝える。奉者は間宮宗甫（楓軒文書纂五三・三〇七一）。**28日** 常陸国東条之庄古渡峯（茨・稲敷市）熊野三社大権現を再建し、大旦那に土岐治綱や根本一族が見える（安得虎子六・三〇七〇）。**29日** 北条氏直が小田原城から遠江国迄の宿中に、高野山（和・高野町）高室院の使僧二人が帰国するため伝馬四疋の使役を許可し、無賃伝馬とする。奉者は板部岡融成（集古文書四九・三〇七二）。

4月

1日 北条氏邦家臣の某が武蔵国黒田郷（埼・深谷市）に、薬師堂の林での竹木伐採を禁止させる（黒田文書・三〇七三）。**2日** 北条氏直が伊豆国箕作郷（静・下田市）他三ヶ郷の代官・百姓中に、同国三島大社（静・三島市）神事銭の納入を督促する。奉者は安藤良整（伊達氏所蔵旧伊豆在庁文書・三〇七四）。同日、北条氏直が伊豆在庁に、年貢等の諸役を安堵し、夫役は免除する（同前・三〇七五）。**3日** 北条氏照が岡見宗治に、先頃は多賀谷重経の常陸国牛久城（茨・牛久市）への攻撃を撃退した事を賞し、下総衆の高城胤則を加勢として派遣する（岡見文書・三〇七六）。同日、北条氏規が武蔵国白子郷（埼・和光市）代官・百姓中に、郷中仕置を下して耕作に専念させ、楽市の開設を認める（新編武蔵新座郡・三〇七七）。**6日** 北条氏直が布施康朝代・久保但馬守・内村惣左衛門尉に、小田原城の台所掟を下し、台所用品や食材等の納入監視を厳密にさせる（沢辺文書・三〇七八）。**11日** 和田信業が上野国和田城（群・高崎市）城下の興禅寺に、父和田業繁の十三回忌法要を依頼し、出陣中で焼香出来ず残念と伝える（興禅寺文書・三〇八〇）。**13日** 北条氏規が永島正朝・正行に、相模国田津浦（神・横須賀市）に葛網を許可したが、近年は北条氏から葛網に魚介類進上を賦課されたので漁民が退転したと訴えられ、今後は葛網以外の魚介類納入は免除とし漁民を帰村させる。奉者は井出正内（横須賀市立図書館所蔵永島文書・三〇八一）。**16日** 北条氏忠が小敷屋某に、長門丹後守へ相模国新城（神・山北町）二階御門の番匠の材木・釘の費用の出銭を二十日迄に支払わせる（池上文書・三〇八二）。**18日** 北条氏直が北条氏勝に、新しく葛網を武蔵国本牧浦（神・横浜市中区）に設置させ、魚介類の納入を命じる。奉者は垪和康忠（武州文書久良岐郡・三〇八三）。**20日** 北条氏直が後閑殿代の安蛇井志摩守に、志摩守が訴訟を起こして裁許し、上野国新保郷（群・高崎市）百姓の反町直定を召還して糾明し、二〇年間も後閑宮内大輔が召し使った女は直定の者ではなく、二十七日迄に直定から取り戻す様に命じ、志摩守の勝訴とする。評定衆は依田康信（京都大学総合博物館所蔵後閑文書・三〇八四）。**24日** 下総衆の国

4月

分胤政が木滝治部少輔に、常陸国鉾田（茨・鉾田市）へ侵攻して苦労している事を認め、同国吉岡（茨・笠間市）へは昨日に国分勢を入れたので安心せよと伝える（京都大学総合博物館所蔵烟田文書・千五-二四三頁）。**26日** 北条氏直が相模国大井（神・大井町）真福寺に禁制を掲げ、夏中の法談の間は聴衆の狼藉・横合を禁止させる。奉者は江雲（相州文書足柄上郡・三〇八五）。**28日** 北条氏直が小田原城下の伝肇寺に、相論について朝倉政元から弁明書を取り糾明し、政元の知行内の寺屋敷の買得について売買契約書の不備から政元の敗訴とする。評定衆は山角康定（伝肇寺文書・三〇八六）。

5月

1日 北条氏直が大道寺直昌に、上野国松井田城（群・安中市）の仕置き等検分のため山上久忠・江雲を派遣し指示する（大道寺文書・三〇八七）。**3日** 北条氏直が垪和康忠に、松井田城の着到普請を命じて知行地郷村の人足で普請させ、両後閑氏には五〇人の人足を出させ、大道寺政繁の指示のもと二十日から一〇日間の普請工事に従事させる（京都大学総合博物館所蔵後閑文書・三〇八八）。同日、北条氏直が山口軍八郎・佐藤主水佑に、大道寺政繁の家臣と定め知行を安堵し、軍役を務めさせる（不動寺文書ほか・三〇八九～九〇）。**4日** 北条氏直が宇津木氏久に、知行地から五人の普請人足を出させ、上野国箕輪城（群・高崎市）で北条氏邦の指示のもと十九日から一〇日間の普請工事に従事させる（大阪城天守閣所蔵宇津木文書・三〇九一）。**6日** 北条綱成が死没する。七三歳。法名は円龍院殿覚眩道感大禅定門（北条家過去名簿）。**8日** 北条氏邦が宇津木氏久に、上野国新田（群・太田市）金山城に在城中であるが同国箕輪城の普請工事を命じ、知行から五人の普請人足を出させ北条家朱印状と垪和康忠の判物を添えて依頼する（大阪城天守閣所蔵宇津木文書・三〇九五）。同日、松田憲秀が山口重明に、知行として武蔵国関戸内勝河村（東・多摩市）二五貫文を宛行い、前々からの同国横手（埼・日高市）の知行は山口弥太郎に譲って小田原城に詰めさせ、軍役等を着到の如く務めさせる。奉者は発仙（大江氏所蔵山口文書・三〇九六）。**9日** 伊達政宗が関東に居る伊達成実に、北条氏直や佐竹義重と一族の様子を知らせてもらい感謝する（政宗君治家記録引証記・神三下-九二六六）。**11日** 北条氏邦が奥釆女代の鈴木山城守に、用水路の九郷堰下郷の者を、先の如く堰普請に出役させる（本庄市鈴木文書・三〇九七）。**12日** 那波顕宗が樋越新四郎に、知行として上野国内で四五貫文を宛行い、軍役着到を定める（筆余付録三・三〇九八）。**14日** 簗田持助が死没する。三九歳。法名は祥久院財庵徳善（東昌寺過去帳）。**15日** 高城胤則が下総国須和田（千・市川市）と寺社中に、小田原城の普請役を命じ、本来なら寺社領には伊勢宗瑞の時から普請役は賦課されないが、今回は緊急事態なので人足を出させ、普請工事に従事させる（六所神社文書・三一〇二）。**18日** 北条氏直が深谷衆の山川備中守・上原出羽守に、訴訟について上野衆の由良国繁を召還して裁許し、深谷衆の勝訴として同国新関郷（現在地未詳）新関平左衛門分の年貢を国繁から受け取らせる。評定衆は山角康定（上杉系図・三一〇三）。**21日** 北条氏照が武蔵国品川（東・品川区）百姓中に、同所の天王

6月

免につき、年来は宇田川石見守の田畠で検地帳の帳外れの所なので、百姓が作地として申し受けたいと訴訟を起こしたが、田畠については百姓の所有と認め、畠の麦は石見守が蒔付けたもので、今年分は石見守に与えると申し渡す。奉者は狩野一庵宗円（品川神社文書・三〇四）。**24日** 北条氏房が武蔵国与野郷（埼・さいたま市中央区）百姓中・給衆中等に、普請人足一〇〇人で五日間を使役して与野郷周防之堤等を修築させる。奉者は松浦康成（与野市史編纂室所蔵井原文書・三〇五）。**27日** 北条氏直が酒井左右衛門佐に、上田朝直父子が知行していた旧知の相模国粟船郷（神・鎌倉市大船）・武蔵国越生内島村分（埼・越生町）を宛行い、新規の役賦課を禁止とする（静嘉堂本集古文書ア・三〇六）。**29日** 遠山直景が死没する。法名は桃雲宗見居士（士林泝洄三四遠山系図）。**吉日** 武蔵国池上（東・大田区）本門寺三解脱門の密迹・金剛両神像の再建に上田周防守の後室が参加する（柳庵随筆・東松山市史資料編二一〇六）。

▼この月、羽柴秀吉が九州の島津氏を平定して国分け仕置を終わり、いよいよ本格的に関東平定に眼を向ける。

2日 朝倉政元が小田原城下の伝肇寺に、政元知行地の相模国大窪（神・小田原市）内で八貫文分の田畠を売却し、寺の四至は、東は山角康定の藪、西は山中頼元の藪、北は小田原城の堀と定め、年貢・諸役は免除とし、替りに兵糧米一六二俵分のうち板部岡融成分を引いた残り二貫文余を寄進する（相州文書足柄下郡・三一〇）。**3日** 北条氏直が伊豆国桑原（静・函南町）百姓中に、五日から同国狩野山（天城山）に入り城門用材木を搬出する人足七人を賦課し、仁杉・大野両氏の指示で材木を受取り十五日迄に同国伊東（静・伊東市）に届け、賃金一四〇文を安藤良整から支払わせる（森文書・三一一）。**5日** 庄康正・直能が相模国小野（神・厚木市）龍鳳寺に、同郷の者が寺山の竹木を伐採する事を禁止させ、新たに寺用の山を二ヶ所寄進する（相州文書愛甲郡・三一二）。**10日** 北条氏邦が武蔵国荒川・只沢（埼・深谷市）持田四郎左衛門・治部左衛門に、七ヶ条の掟書を出し、軍装を厳しく規定し、棟別銭を免除して直臣に取立て荒川衆の寄親とする（持田文書・三一三）。**11日** 北条氏忠が下野国多田（栃・佐野市）本光寺に、五二貫文の寺領を安堵し佐野氏の菩提寺とする（本光寺文書・三一四）。**12日** 北条氏忠が渡辺右近に、佐野領で三〇貫文の知行分の書出を与える（上越市立高田図書館所蔵文書・北条氏文書補遺四五頁）。**14日** 北条氏房が鈴木雅楽助に、上野国石倉（群・前橋市）の小奉行に恒岡三郎左衛門尉等一三人を任命し、人足二〇人を出役させる（武州文書埼玉郡・三一五）。**15日** 北条氏邦が山口上総守に、預け置いた蔵銭を本利共に十二月二十日を限度に御蔵に返却させる（山口文書・三一六）。同日、北条氏規が稲垣善三に、知行として上野国谷越之郷（群・館林市）一〇貫文では不足と訴えられ、加えて同国青柳之郷（館林市）一〇貫文を宛行う（兵庫県織田文書・三一七）。**16日** 北条氏房が伊達房実に、武蔵国井草宿（埼・川島町）を六斎市に指定し、三ヶ年間は諸役を免除する（武州文書比企郡・三一八）。**20日** 長尾輝景が野村左京に、知行として上野

6月

国鞍打（群・沼田市倉内）を安堵し、以後は他人の横合等を禁止する（木暮氏所蔵淵岡武太夫書状・三一九）。**21日** 土岐頼基が下総衆の神崎氏に、羽柴秀吉と北条氏が対立し北条氏直から参陣を依頼され、松田憲秀からも要請された事等を伝える（神崎文書・四一七〇）。**25日** 北条氏照が岡見宗治に、多賀谷重経が常陸国牛久城（茨・牛久市）に侵攻したが撃退したと飛脚で知り賞賛し、菱食の贈呈に謝礼を述べ、小田原城にも報告する（岡見文書・三二〇～一）。同日、狩野一庵宗円が岡見宗治に、多賀谷重経が牛久城に侵攻したが撃退した事を賞し、北条氏照は十日頃に出陣との予定を伝え、鷹と菱食の贈呈に謝礼する（同前・三二二）。**26日** 狩野照宗が岡見宗治に、自身は大病で動けなかったが狩野一庵宗円からは多賀谷勢を撃退したとの報告に北条氏照も喜悦している等と伝える（同前・三二三）。同日、朝倉景隆が相模国浦郷（神・横須賀市）良心寺に、寺領を寄進する（相州文書三浦郡・一七〇）。**28日** 遊行上人の同念が死没する。

7月

1日 国分胤通が土岐治綱に、常陸国牛久城（茨・牛久市）への在番を務め昨日帰国したと報告する（記録御用所本古文書三・四二三）。**6日** 北条氏直が鎌倉の妙本寺（神・鎌倉市大町）と武蔵国池上（東・大田区）本門寺に掟書を出し、先の如く両寺の住持職を安堵し、法会の時は横合狼藉、寺域の山林の竹木伐採を禁止させる（妙本寺文書・三二五）。同日、北条氏政が下総国関宿（千・野田市）町人中に、同宿に愛宕堂を建立し、八月二十四日から市場を立てる事を許可して宿中を町人裁きとする。奉者は海保某（下総旧事三・三二四）。**11日** 北条氏房が武蔵国渋江（埼・さいたま市岩槻区村岡）鋳物師に、先の北条氏政の証文の如く御用鋳物師職を安堵する。奉者は野本将監（武州文書埼玉郡・三二六）。**13日** 那波顕宗が境野新丞に、知行として上野国下福島（群・伊勢崎市）他で四〇貫文を宛行い、軍役着到を定める（細野文書・三二七）。**14日** 羽柴秀吉が九州仕置を完了し、大坂城に凱旋する。**18日** 北条高広が上野国厩橋城（群・前橋市）前橋八幡宮別当の八幡房に、前々の如く毎月の祈禱施行料に御供面八貫文と寺内を守護不入とする（前橋八幡宮文書・三二八）。**19日** 北条氏直が廻船中に、武蔵国下椚田（東・八王子市）真福寺の僧侶が上洛するため、何れの廻船でも相談して便乗する事を許可する。奉者は江雲（武蔵名勝図会八・四七五八）。**20日** 岡見治広が土岐胤倫に、書状を拝領して感謝し、北条氏照の書状を読んで返却する様に依頼し、北条氏と連携して多賀谷・佐竹両氏への用心を促す（記録御用所本古文書三・三二九）。**21日** 高城胤則が金子兵部丞・金子与次郎に、前々の如く相模国小園之村（神・綾瀬市）の小代官役を任せ、諸役を完納させる（金子文書・三三〇）。**22日** 宗悦が相模国片瀬（神・藤沢市）龍口寺に、北条家朱印状の発給要請を受けて返答し、三日の内に北条氏直が出馬するため、この度は発給が延びるが、帰国の時に必ず氏直に申請すると約束する（相州文書鎌倉郡・三三一）。**24日** 北条氏直が伊豆国下田（静・下田市）より小田原迄の浦伝い舟持中に、舟一隻と舟方を出して近藤孫六の荷物を下田から小田原迄届けさせる。奉者は間宮宗甫（京都大学総合博

8月

物館所蔵古文書纂二九・三二三）。**29日** 牛込勝行が死没する。八五歳。法名は外心清雲庵主。**晦日** 北条氏直が相模国柏山（神・小田原市）他の相模国・武蔵国南部の本国領一六ヶ郷村の小代官・百姓中に、羽柴秀吉との決戦体制への対応として郷村別に員数を決めて農兵の徴用を行い、商人や細工職人等も一五歳から七〇歳の男は所有の武器と共に来月晦日迄に支度させ、来月二十日迄に郷村の触口に出役者を申告させる（小沢文書ほか・三二三〜四八）。同日、北条氏直が上野国藤阿久（群・太田市）領主・百姓中に、同国金山城（太田市）普請の人足四人を賦課し、来月七日から十六日まで普請工事に従事させる（静嘉堂本古文書集乾・三二四九）。

2日 北条氏直が岡本政秀に、無足の同心の知行として上野国新田領内の石原郷（群・太田市）で二〇貫文を宛行い、軍役を務めさせる。奉者は海保定広（岡本氏古文書写・三二五〇）。**5日** 北条氏直が原邦房に、千葉邦胤の時の如く奏者・同心等を安堵する。奉者は山角定勝（千葉市立郷土博物館所蔵原文書・三二五一）。同日、大道寺政繁が上野国松井田城（群・安中市）城下の修験の蓮花院大蔵坊に、前々の如く当地の修験の先達頭を安堵する（茂手木文書・三二五二）。**6日** 北条氏直が清水太郎左衛門尉に、上野国金山城（群・太田市）在城につき、伊豆国田代郷（静・伊豆市）五七貫文について前々から山木大方（堀越六郎室）の知行地であるが、小田原城に妻子を居住させている事から堪忍分として宛行う。奉者は幸田定治（清水一岳文書・三二五三）。同日、北条氏直が清水太郎左衛門尉に、上野国金山城城将に就任させ、知行として同国新田領内の七ヶ郷村等で五一三貫余文を預け置く（同前・三二五四）。**7日** 北条氏直が相模国片瀬（神・藤沢市）龍口寺に禁制を掲げ、寺域での諸人の狼藉、竹木草花の伐採を禁止させる。奉者は宗悦（相州文書鎌倉郡・三二五五）。同日、北条氏房が武蔵国三保谷之郷（埼・川島町）道祖土満兼に、羽柴秀吉との決戦の対応として同国岩付城（埼・さいたま市岩槻区）用の農兵の徴用を賦課し、一五歳から七〇歳の男に武器と人員を八月晦日迄に用意させ、人員を今月二十日に申告させる（道祖土文書・三二五六）。**8日** 北条氏房が道祖土満兼と内山弥右衛門の知行内に、岩付城の農兵の徴用を賦課し、一五歳から七〇歳の男に武器と人員を確定させ、二十三日迄に申告させる。奉者には当奉行中と見える（同前ほか・三二五七〜八）。同日、北条氏隆が武蔵国大井郷（埼・ふじみ野市）百姓中に、薬材の桔梗根を一俵分、今月中に掘って乾燥させ、相模国久野城（神・小田原市）船木新兵衛に納入させる。奉者は篠岡彦兵衛尉（塩野文書・三二五九）。**9日** 北条氏照が芦名氏家臣の富田氏実に、芦名義広が家督を相続した祝儀を述べ、芦名盛氏から三代に渡る同盟の取次を重ねて依頼し、佐竹義重との和睦の仲介を催促する（新編会津風土記八・三二五九）。同日、北条氏照家臣の某照長が武蔵国小比企（東・八王子市）万福寺・百姓中に、祭礼銭として二貫余文を免除し書立てる（新編武蔵多摩郡・三二六〇）。**10日** 北条氏忠が大蘆雅楽助・落合図書助に、羽柴秀吉との決戦の対応として正月以来は中断していた

8月

人質の進上を再開し、関東中の国衆の人質の進上を求め、両氏には実子か父入道の進上と決め、二十四日迄に小田原城に参着する事と伝え、詳しくは岩崎・古橋両氏から述べさせる（小曾戸文書ほか・二九八三〜四）。**11日** 北条氏直が鎌倉代官の大道寺政繁代に、毎年の如く鎌倉の鶴岡八幡宮放生会の御神馬銭を鎌倉の年貢から神主大伴時孝に渡させる。奉者は間宮宗甫（鶴岡神主家伝文書・三一六一）。同日、間宮宗甫が大伴時孝に副状し、鶴岡八幡宮放生会の御神馬銭への北条家朱印状と太刀を北条氏直に披露して納めると伝える（同前・三一六二）。同日、北条氏直が小田原から下総国佐倉（千・酒々井町）迄の宿中に、粟飯原氏の人質の成毛・寺島両氏への伝馬二疋の使役を許可し、無賃伝馬とする。奉者は山角定勝（香取郡小誌・四七五九）。同日、北条氏房が武蔵国鴻巣（埼・鴻巣市）勝願寺の惣誉上人に、隠居寺として同国岩付城（埼・さいたま市岩槻区）城下に浄国寺を創建させる（浄国寺文書・三一六三）。**13日** 北条氏政が下総衆の井田胤徳に、高城胤則も参陣し、在番替えは無い等と伝える（井田氏家蔵文書・三一六四）。**18日** 北条氏直が武蔵国丸子郷（神・川崎市中原区）名主・百姓中に、同郷の年貢四二貫余文の内の三貫文を多摩川対岸の丸子分（東・大田区）との両名主に免除し、残りを蔵に納入させる。奉者は今阿ミ（日枝神社文書・三一六五）。**19日** 北条氏照が岡見宗治に、人質を求めたが渋られ、重ねて進上を求める。当文書もしくは天正十四年か（岡見文書・二九八七）。**22日** 金子家定が死没する。法名は高養寺殿月峯当円居士。**23日** 北条氏邦が上野国北谷（群・藤岡市）百姓中に、当秋の穀物は同国箕輪城（群・高崎市）に総て納入させ、借兵糧も総て返済させる（飯塚文書・三一六六）。**25日** 北条氏邦が上野国北谷の飯塚和泉守に、去年の検地の時に申しつけた北谷の内の西之屋敷付の田畠は、前々から名主免と規定し、箕輪城の御用は直轄領並に務め、当谷の所務を任せる（同前・三一六七）。同日、北条氏房が勝田大炊助に、知行として武蔵国箕輪下（埼・さいたま市岩槻区）新開地六貫文を宛行い、軍役着到を定めて伊達房実の配下とする。奉者は伊達房実（勝田文書・三一六八）。**26日** 長尾顕長が赤見常陸守・同源太夫に、この度は上野国小日向（群・安中市）等を攻略した忠節を賞し感状を与える（彰考館旧蔵若狭文書・三一六九）。**28日** 北条氏隆が武蔵国大井郷百姓中に、薬材の桔梗根を二俵分、来月十日迄に相模国久野城に納入させる。奉者は篠岡彦兵衛尉（塩野文書・三五三二）。

9月

2日 北条氏直が宇都木氏久・太井豊前守に、清水太郎左衛門尉が上野国金山城（群・太田市）城将として在城するに当って同城の普請役を命じ、九月・十月は毎日普請工事を行い厳寒期以前に仕上げる事。北条氏直の御用は清水氏の指導で在城衆が協力して行う事と申し渡す（大阪城天守閣所蔵宇津木文書ほか・三一七〇〜一）。**3日** 北条氏直が相模国藤沢（神・藤沢市）清浄光寺に、同寺道場の造営用には誰の知行分でも用木を見つけ次第に伐採する事を許可する（清浄光寺文書・神三下・九二九九）。**7日** 北条氏直が小田原から下総国布川（茨・利根町）迄の宿中に、松田憲秀の使者に伝馬一疋の使役を許可し、無賃伝馬とする。奉者は幸田定治（桜井家文書・三一七三）。**8日** 北条氏直が相模国田島郷（神・小田原市）天神別当の安楽院に禁制を掲げ、社中や別当屋敷での横合非分・狼藉と山林での竹木伐採を禁止させ、諸役を赦免する。奉者は板部岡融成（相州文書足柄下郡・三一七四）。同日、北条氏直が遠山犬千世に参陣を要請し、下野国日光（栃・日光市）近くの倉ヶ崎（栃・今市市）に宇都宮国綱の軍勢が侵攻し、大門弥次郎が難儀しているため北条氏照を大将として出馬させ、下総国佐倉（千・酒々井町）の当番衆以外は総て参陣して氏照の指揮下に入る事とし、出馬の日取りは氏照から通告させる（中山氏所蔵潮田文書・三一七五）。**10日** 上田憲定が比企則員に、武蔵国中山（埼・川島町）知行分の内の北寺家と南寺家との取替え申請を認め、軍役着到と年貢や反銭等の南寺家の諸役も決める（比企文書・三一七七）。同日、伊達政宗が羽柴秀吉に使者を送り、従属を表明する（伊達治家記録）。**11日** 猪俣邦憲が須田弥七郎に、上野国長井坂城（群・渋川市）在城につき塚本舎人分内で知行を宛行い、忠節を求める（須田文書・三一七八）。**18日** 国分胤政が下総国香取神宮の新福寺（千・佐原市香取）に、和田内の田畠・山を寄進する（色川本香取社新福寺文書下・千二一九三頁）。**20日** 北条氏直が高橋某に、去る永禄七年（一五六四）の証文の如く知行として武蔵国丸子（神・川崎市中原区）手作分等を宛行う。奉者は山角直繁（井田文書・三一七九）。同日、北条氏直が伊豆国桑原（静・函南町）百姓中に、人足四人を賃雇いし、二十三日に同国伊東山（静・伊東市）に来て仁杉・大野両氏から材木を受取り、伊東の津端まで搬出させ、賃金八〇文を安藤良整から支払わせる（森文書・三一八〇）。同日、猪俣邦憲が上野国北谷（群・藤岡市）飯塚和泉守に、抱え地内で五貫文を宛行い、国境での抗争には谷中の野伏の起用と触口役を命じる（飯塚文書・三一八一）。**27日** 北条氏直が相模国大磯（神・大磯町）より小田原迄の伝馬宿中に、鉄砲鋳造用の大磯土三五駄を二十八日から晦日迄の三日間に小田原城下に運び、新宿鋳物師の山田氏に渡させる。奉者は宗悦（相州文書足柄下郡・三一八二）。**29日** 松浦康成が武蔵国中尾（埼・さいたま市緑区）玉林院に、黄金一四切を北条氏に上納させ、両目と銭換算の値は北条氏直の帰城の上で定めると申し渡す（武州文書足立郡・三一八三）。

▼この月、伊豆国寺家（静・伊豆の国市）北条八幡宮に、同国韮山城（伊豆の国市）城下居住の清水直英が文明七年（一四七五）銘の釣灯籠を寄進する（守山八幡宮所蔵・四九六五）。この月、猪俣邦憲が上野国箕輪城（群・高崎市）の城主に就任する。

10月

1日 斎藤定盛が佐藤治部少輔に、上野国和田城（群・高崎市）寺岡の谷に移る後も本領は相違無しと保証する（佐藤文書・三一八四）。**2日** 和田信業が石原某・黒崎市兵衛に七ヶ条の覚書を出し、屋敷の分として三〇俵が小田原升で一升は三〇文等と見える（石原文書・三一八五）。**10日** 北条氏直が北条氏照に、上野衆の那波顕宗家中の人質替えを命じ、先

10月

番の久々宇因幡守等三人の替えには当番の馬見塚対馬守男子等四人を決め、同国厩橋城（群・前橋市）当番頭の安中氏と笠原康明代に断って交代させる。奉者は垪和康忠（桜井氏所蔵色部文書・三二八六）。**11日** 斎藤定盛が佐藤治部少輔に、屋敷地として上野国篠原分（現在地未詳）等で五貫余文を宛行う（高崎近郷村々百姓由緒書・三二八七）。**12日** 北条氏房が竹谷源七郎・大野縫殿助に、武蔵国苻河郷（埼・川越市）検地書出を与え、去年確定の年貢高は四七貫文で毎年十月晦日迄に完納させる（竹谷文書・三二八八）。同日、北条氏政の証文に任せて苻川郷で五貫文を両人に宛行う（同前・三二八九）。**15日** 北条氏房が武蔵国内野（埼・さいたま市西区）清河寺に、太田氏資の証文に任せて諸公事を免除し、門前の棟別役・諸公事・諸勧進も停止させる（清河寺文書・三二九〇）。同日、里見義頼が死没する。**16日** 高城胤則が下総国小金（千・松戸市）東漸寺に制札を掲げ、男女共に行学法幢中は狼藉、殺生・盗賊・放火等を禁止・監視させる（東漸寺文書・三二九一）。同日、羽柴秀吉が下野衆の那須資晴に、太刀と銀子一〇〇両の贈呈に謝礼を述べ、近日中に関東・奥羽諸国の仕置きをすると通告し、詳しくは増田長盛から伝えさせる（弘前市那須文書・小一-七九六頁）。**17日** 北条氏直が伊豆国重須（静・沼津市）百姓中・同国江間（静・伊豆の国市）内の今井源五郎分小代官・百姓中に、天正九年（一五八一）に検地施行の予定が、武田方との抗争の境目につき施行出来ず、増反銭と決めたが赦免し、当年からは同国韮山城（静・伊豆の国市）の倉地・大屋と安藤代に十一月二十日迄に納入させる（土屋文書ほか・三二九二〜三）。**18日** 北条氏房が武蔵国飯塚（埼・さいたま市岩槻区）法華寺に、先の太田氏資の証文に任せて門前の諸公事・棟別役・諸勧進を免除する。奉者は伊達房実（法華寺文書・三二九五）。同日、北条氏房が武蔵国岩付城（さいたま市岩槻区）城下の浄安寺に、当寺と末寺を守護不入とする（新編武蔵埼玉郡・三二九四）。同日、北条氏房が武蔵国太田窪（さいたま市緑区）千葉領の百姓中に、同国岩付城の塀が破損したため普請役を賦課し、来月五日に普請人足を出し、普請工事に従事させる（武州文書足立郡・三二九六）。**19日** 北条氏直が近藤孫六に、自身・寄子共に妻女を人質に進上させ、十二月十日から五〇日間を小田原城の屋敷に移させる（根岸文書・三二九七）。**20日** 北条氏直が武蔵国石神井（東・練馬区）三宝寺に禁制を掲げ、横合非分・狼藉を禁止させる。奉者は板部岡融成（武州文書豊島郡・三二九八）。同日、北条氏直と壬生義雄が宇都宮国綱方の下野国倉ヶ崎城（栃・今市市）を攻める（今宮祭祀記、桜本坊宗安筆記・北区史一-三八九頁）。**21日** 北条氏政が石神井の三宝寺に、以前の如く領主の早川某が横領した田畠を寺領として寄進する。糺明の使者は板部岡融成・海保某（武州文書豊島郡・三二九九）。**22日** 板部岡江雪（融成）が三宝寺に副状を出し、北条氏直の禁制を与え、昨日は早川某が横領していた寺領を北条氏政が裁許し、前々の如く寄進するとした寺領証文を渡すと伝える（同前・三三〇〇）。**24日** 大道寺政繁が福田某・後閑又右衛門尉と鑓衆に、下総国佐倉城（千・酒々井町）仕置きのために北条氏政が同城に移るので鑓衆を引率し、来月二日に武蔵国江戸城（東・千代田区）に来させ、鑓衆の扶持給は上野国松井田城（群・安中市）で石井某・土屋摂津守から支給させる（諸州古文書一一・三三〇一）。**27日** 北条氏直が水軍の山本正次に、蔵屋敷の事の訴えを了承し、伊豆国の知行地の諸役は免除するが、普請人足は賦課すると述べ、北条氏規が同国韮山城に在城しているため下知を得て、来月上旬には相模国から移り同城の普請役を務めさせる（越前史料所収山本文書・三三〇二）。**28日** 北条氏忠が福地出羽守・三津肥前守に、下野国田島之内（栃・佐野市）赤坂に安部主水・金井新衛門が居るので、彼らの訴えから屋敷銭は、今年は安部・金井両人に納めると決めて支払わせる（福地文書・三三〇三）。同日、北条氏房が武蔵国井草（埼・川島町）伊達分と同国芝之内（埼・川口市）内山弥右衛門尉の百姓中に、同国岩付城の塀が破損したため普請人足を賦課し、来月五日に同城に集め、普請工事に従事させる。芝之内の奉者は北条氏次（武州文書比企郡ほか・三三〇四～五）。

11月

1日 北条氏忠が島田内膳に、知行として下野国小見之郷（栃・佐野市）他で三貫余文を宛行う（島田文書・四七六〇）。同日、北条氏忠が安部主水・金井新衛門に、両人屋敷分の年貢と福地出羽守・三津肥前守から支払わせる屋敷銭の合計六〇俵分と桜井分からの五貫文を共に下野国田島郷（佐野市）の年貢分から支給させ、来春から屋敷銭分の田を田島郷内で宛行うと約束する（福地文書・三三〇六）。**2日** 北条氏照が金子左京亮に、武蔵国久下之郷（埼・加須市）検地の増分六貫文と小山衆八人の増分を示し、検地増分は北条氏が収公する事から毎年十一月十五日迄に下総国栗橋城（茨・五霞町）御蔵に増分の年貢を納入させる（八王子市郷土資料館所蔵広瀬文書・三三〇七）。**3日** 北条氏照が金子左京亮に、久下之郷検地の書出を与え、郷高は九三貫余文、左京亮知行分は六三貫文、御領所分は二七貫文と確定し、御領所分の年貢は十一月十五日迄に代官の左京亮から栗橋城の御蔵に納めさせる（同前・三三〇八）。同日、北条氏照が金子左京亮と百姓中に、久下之郷に栗橋城の普請役を賦課し、小山衆でも郷請けの人足賦課である事から栗橋城の塀四間の普請役を務めさせ、十三日から普請工事に従事させる（同前・三三〇九）。同日、北条氏照が金子左京亮に代官職の掟を出し、検地増分の年貢未納は代官の責任において弁済する事。水損・風損で不作の時には即刻に北条氏に届け出る事とし、届け無き時には代官の責任において通常の年貢を弁済する事。当郷の代官職を退く時には引き受けた年貢は完納してから退職する事と指示する（同前・三三一〇）。同日、武蔵国水元小合（東・葛飾区）不動堂を造立し、細谷大学坊等が見える（細谷氏所蔵・武銘八〇八）。**5日** 北条氏直が伊豆国三島（静・三島市）三島大社の大村刑部大夫・神主の矢田部出雲守に、社家領は従来通り諸役・普請役等は地下並みにはしない事とし、北条氏の御用の時には北条家朱印状で申し渡すと伝える。奉者は安藤良整（矢田部文書・三三一一）。**6日** 北条氏直が鎌倉の鶴岡八幡宮院家中・神主の大伴時孝・小別当の大

11月

庭淳能に、前項同様に伝える。奉者は板部岡融成（鶴岡八幡宮文書・三二一二）。同日、板部岡融成が副状して鶴岡八幡宮院家中・大伴時孝・大庭淳能に、先頃は相模国足柄城（神・南足柄市）の普請役を同社領に賦課した事を同社から北条氏が訴えられ、伊東政世と相談して裁許し、今後は同日の北条家朱印状の如くにすると申し渡す（同前・三二一三）。**7日** 由良国繁が上野国世良田（群・太田市）長楽寺に、寺領の同国大根之郷（太田市）の年貢不納につき、小作の扱いを指示する（長楽寺文書・三二一四）。**8日** 北条氏直が伊豆国桑原（静・函南町）百姓中に、同国山中城（静・三島市）の普請人足一人を賃雇いし、十二日から一〇日間の普請工事に従事させ、賃金六〇文を永楽銭で松田康長から支払う（森文書・三二一五）。同日、猪俣邦憲が上野国北谷（群・藤岡市）飯塚和泉守に四ヶ条の書立を出し、陣夫を宛行うので奥方から要求されても出さない事。諸役は邦憲に出すので横合からの催促は止めさせる事。武蔵国鉢形城（埼・寄居町）の北条氏邦から朱印状で竹木賦課や人足徴用等がかけられても邦憲に報告する事。山林法度は兼ねての如く守る事を申し渡し、猪俣氏知行分は何れも不入と決められているから、北条氏直からの御用についても邦憲が受けてから申し渡すと伝える（飯塚文書・三二一六）。**10日** 北条氏直が上野国西之庄（群・伊勢崎市）より小田原迄の宿中に、伝馬五疋の使役を許可し、無賃伝馬とする。奉者は海保某（須賀文書・三二一七）。**15日** 武蔵国薄之郷（埼・小鹿野町）法養寺薬師堂に鰐口を奉納し、大旦那に北条氏邦、大工棟梁に倉林政次が見える（新編武蔵秩父郡・三二一八）。**19日** 北条氏直が某に、知行として上野国館林領江口郷（群・明和町）他で八三貫文を堪忍分として宛行う（君山合偏二六・四七六二）。同日、北条氏直が梶原源吉に、上野国館林領千津井郷（明和町）で八九貫文を宛行う（紀伊国古文書在田郡古文書二・三二一九）。**20日** 和田信業が伊藤孫三郎に、高井式部抱えの田畠を預け年貢を納入させる（高井文書・三二二〇）。**21日** 安藤清広が星屋修理亮に、駿河国大平郷（静・沼津市）宮免を預けたが、社殿の修理を怠っていると指摘する（星谷文書・一八一九）。**24日** 北条氏政が下総国中山（千・市川市）法華経寺に、寺域内を永禄七年（一五六四）の国府台合戦で陣所にした時の入魂を認め、先規の如く守護不入とする（中山法華経寺文書・三二二一～三）。**27日** 北条氏政が下総衆の原邦長に、軍役着到を二〇人と定める（青柳氏相伝古文書写・北条氏文書補遺三一頁）。同日、北条氏政が上野衆の富岡秀長に、軍役着到を三〇人と定める（千葉市立郷土博物館所蔵原文書・三八三〇）。**28日** 北条氏直が相模国小曾禰郷（神・綾瀬市小園）小代官に、大和竹六束を賦課し、郷中の人足と馬をもって津端に出し、相模川を川舟で下し来月十日に河口部の須賀湊（神・平塚市）に搬出して伊東三郎兵衛・井上九右衛門に渡させる。奉者は山角直繁（金子文書・三二二四）。同日、武蔵国殿谷（東・瑞穂町）福正寺の観音像を修理し、旦那に村山土佐守が見える（福正寺所蔵・四八六四）。**29日** 清水（カ）英吉が清水助太郎に、四反田の年貢二貫文の納入法について指示する（清水文書・三二二五）。**晦日** 星屋修理亮が片岡権之輔に、

12月

八社神の朱印状二通、同御墨付四通を預け置く（沼津市片岡文書・清水町史資料編三-一四八四頁）。**1日** 北条氏勝が萩野越中守に、武蔵国本牧根岸村（神・横浜市中区）宝積寺の横領について、先の証文を調査した結果、宝積寺の偽りと判明したと伝える（萩野文書・三三二六）。**3日** 羽柴秀吉が白土右馬助・多賀谷重経に、関東惣無事の事は徳川家康に申しつけたと知らせる（白土文書ほか・福七-二八三頁、小一-九七頁）。**5日** 北条氏照が岡見宗治に、常陸国牛久城（茨・牛久市）の安否を気づかい来春は北条氏直が出馬の予定と伝える（岡見文書・三三二七）。**7日** 北条氏政が下総衆の円城寺外記と青柳四郎右衛門に、軍役着到を定める（下総旧事五ほか・三三二八、四七六二）。**9日** 北条氏政が上総衆の井田胤徳に、自身と同心衆の和田左衛門尉・椎名勢兵衛尉・三谷蔵人佐・堀内右衛門尉等の合計三〇〇人の軍役着到を定める（井田氏家蔵文書・三三二九）。**11日** 北条氏政が下総国龍角寺郷（千・栄町）龍角寺に、千葉胤富・同邦胤の証文に任せて諸事を安堵し、もし氏政以外に新儀の御用を申しつける者がいたなら披露させる（千葉文書・三三三〇）。**12日** 北条氏直が武蔵国蒔田領分の芝村（東・港区）舟持中に、先の証文に任せ船役を安堵する。奉者は幸田源二郎（武州文書府内下・三三三二）。同日、北条氏政が下総衆の海上胤重に、下総国森山城（千・香取市岡飯田）在番衆を厳重に監督させ、検査のために来春三月頃に見回ると通告し、両種・江川酒一樽を贈呈する（下総旧事八・三三三三）。**13日** 安藤良整が伊豆衆の大川忠直に、今年から良整に納入する節季銭を赦免する（国文学研究資料館所蔵大川文書・三三三四）。同日、鎌倉の建長寺に寄進した寺領三貫文余の寺領坪帳に、永正十七年（一五二〇）九月二十日に後藤若狭守が同寺に寺領坪帳を納めたが、今年七月二十九日の夜半に盗賊に蔵を破られ、当帳面が盗まれたため再発行したと記す（建長寺文書・三三三五）。同日、北条氏直と宇都宮国綱が手切れとなり、ために下野衆の壬生義雄と同国日光山（栃・日光市）衆徒が北条方として宇都宮勢と戦う（日光輪王寺所蔵五時講）。**24日** 北条氏直が小田原より上野国迄の宿中に、宇津木氏久に伝馬一疋の使役を許可し、無賃伝馬とする。奉者は垪和康忠（大阪城天守閣所蔵宇津木文書・三三三六）。同日、北条氏政が下総衆の大須賀常安に、無事に小田原城に帰府した事を賞する（大慈恩寺文書・三四〇七）。同日、北条氏照が来住野大炊助・同甚七郎・萩原五兵衛に、羽柴秀吉との決戦への対応として七ヶ条の陣触状を発し、氏照は来月十四日に出陣し十五日に小田原城に入るので、十四日には武蔵国八王子城（東・八王子市）城下に在宿する事。武具は整備して美しく仕立てる事。軍役着到を守り武具の不足は厳禁させる事。普請用具を持参する事。長陣になるので小荷駄を引率する事。正月の祝礼は取り止める事。人質として妻子を八王子城に進上させ籠もらせる事等と定め、天下の決戦のために出陣の用意を万端に整えさせる（武州文書多摩郡・三三三七）。**25日** 北条氏政が長尾輝景に、下総国佐倉（千・酒々井町）での仕置きが終わったと伝え、輝景の上野方面には倉内（群・沼田市）の真田勢が夜討ちを懸ける危険性があり、自身

12月

の仕置きを厳重に務めさせる（木暮氏所蔵淵岡武太夫書状・三四〇）。同日、上田憲定が武蔵国日影（埼・ときがわ町）立正院に五ヶ条の法度を下し、先の上田宗朝・長則の法度の如く外部からの干渉を排除し、寺の金融を保証し、召使や下人を保護する事。さらに召使は何れの郷村に居住しても棟別・諸役を免除する事。日影に建立される寺の住職は立正院住職の日正が決める事と申し渡す（東光寺文書・三四一）。**27日** 北条氏房が武蔵国水判土（埼・さいたま市西区）慈眼院に、太田氏資の証文に任せて前々の諸役を安堵し、岩付太田氏の祈願所に定める。奉者は海保三郎右衛門尉（慈眼寺文書・三四二）。同日、猪俣邦憲が上野衆の林治部左衛門に、同国榛名峠城（群・高崎市榛名山カ）に一三ヶ条の城中法度を下し、当番衆の着到の厳守、城門の開閉時刻の厳守、夜半の敵襲警備の厳守、博打などの禁止、敵襲の際の合図の狼煙の炊き方等を申し渡す（林文書・三四三）。**28日** 北条氏政が下総衆の大須賀常安に、羽柴秀吉との決戦のため四ヶ条の陣触状を発し、居城の厳重な警備の事。子息の大須賀孫二郎に着到の如く軍勢を引率させて正月十五日に小田原城に着陣する事。軍役着到に決められた武具を用意、普請用具も持参させる事等と申し渡す（大道寺文書・三四四）。同日、北条氏政が上総衆の井田胤徳に陣触を発し、正月十五日に小田原城に着陣する事、軍役着到に決められた員数と武具を用意し、別に常陸国牛久城（茨・牛久市）の当番衆も依頼し、正月七日には先番衆の高城・豊島衆と交代させる（浅草文庫本古文書・三四五）。同日、北条氏政が下総衆の原親幹に、同国森山衆も参陣したので正月十日に森山城（千・香取市岡飯田）に移り、海上胤重と作戦を相談させ、佐倉表（千・酒々井町）に下総衆が在陣中は守備させる（千葉市立郷土博物館所蔵原文書・三四六）。同日、北条氏政が押田与一郎に、常陸国に向けて北条氏直が出馬する事から軍勢を引率して正月十五日に佐倉城に着陣させる（内閣文庫本古文書集一五・三四七）。同日、土岐（カ）義成が下総国大野（千・いすみ市）光福寺に、先の如く守護不入とする（光福寺文書・四七六三）。

▼この年、千葉親胤室（北条氏康の娘）が死没する。法名は高林院か。この年、正木直連と弟が人質を解かれて小田原城から正木時長の許に帰国し、娘のお万は小田原城に残り母智光院の許で育てられる。

天正十六年（一五八八）・戊子

1月

3日 北条氏照が久下兵庫助に、陣触を発し、十四日に総出馬するので小山衆と共に十六日に出陣させ、兵糧の管理を厳にし、妻子は武蔵国八王子城（東・八王子市）に入城させる（安得虎子一〇・三四八）。同日、北条氏邦が斎藤某に、山城守の受領を与える（斎藤文書・三四九）。**4日** 北条氏直が上野衆の後閑宮内太輔に、同国厩橋城（群・前橋市）の在番衆を命じ、十五日に同城本堂曲輪に二五人の軍勢で移り先番衆と交代させ、仕置きの相談のために十五日に本人一人を小田原城に来させる（京都大学総合博物館所蔵後閑文書・三二五〇）。**5日** 北条氏照が武蔵国成木（東・青梅市）愛染院、長淵（青梅市）玉泉寺、岩井（埼・毛呂山町）茂呂大明神に、梵鐘の供出を命じ、鋳潰して武器製造に使用するため合戦が終了したら新たに鋳直した梵鐘を寄進すると約束する（安楽寺文書ほか・三二五一～三）。同日、北条氏房が武蔵国八林（埼・川島町）内の道祖土満兼、同国百間（埼・宮代町）鈴木雅楽助・百姓中に、同地の兵糧を晦日迄に同国岩付城（埼・さいたま市岩槻区）大構に搬入させ、三月には郷村に返却すると伝える（道祖土文書ほか・三二五四～五）。同日、吉良氏朝が北条氏政に、去年は北条氏直が思いのままに出馬して仕置きを成し帰国した事を賞し、小田原城に参府して面談したいと伝える（諸州古文書二下・三二五六）。**6日** 北条氏直が伊豆国桑原（静・函南町）百姓中に、人足五人を賃雇いして狩野山（天城山）に入り板材を受け取り、五日迄に同国伊東（静・伊東市）に搬出させ、安藤良整から手間賃一〇〇文を支払わせる（森文書・三二五七）。同日、北条氏房が武蔵国井草本郷（埼・川島町）・下井草比企分・角泉立川分に、同国岩付城外構の普請人足三人を賦課し、十三日から一〇日間の普請工事に従事させる（武州文書比企郡・三二五八）。**7日** 北条氏直が相模国千津島（神・南足柄市）に、小田原城の普請人足を賦課し、十六日から一〇日間の普請工事に従事させる（明治大学博物館所蔵瀬戸文書・三二五九）。同日、北条氏直が武蔵国馬込（東・大田区）に、小田原城の普請人足二人を賦課し、十一日から一〇日間の普請工事に従事させる（武州文書荏原郡・三二六〇）。同日、北条氏忠が芝山主水に、羽柴秀吉との決戦体制で十五日には全軍が小田原城に招集され、軍役着到の規定に沿って軍勢を整えるため、氏忠の軍勢は相模国新城（神・山北町）に二十日に兵糧と共に籠もらせる（諸州古文書五・三二六一）。**8日** 北条氏照が武蔵国篠井（埼・狭山市）観音堂・杉本坊に、羽柴秀吉との決戦時には山伏を指揮して忠節を尽くさせる（篠井文書・三二六二）。同日、北条氏照が武蔵国大久野（東・日の出町）番匠の落合四郎左衛門に三ヶ条の書出を下し、今度の決戦時には氏照領内の番匠を引率して同国八王子城に籠城して守備する事。番匠衆の人質として妻子を同城に籠もらせる事。決戦を回避して他所に移る番匠衆は死罪にすると申し渡す。奉者は大竹丹後守（新編武蔵多摩郡・三二六三）。**9日** 北条氏照が武蔵国西戸蔵（東・あきる野市）に二ヶ条の書出を下し、今度の決戦時には当地の男子は同国檜原城（東・檜原村）平山氏重への加勢として檜原谷に集まり忠節を尽くす事。同城の普請役を務める事と申し渡す（武州文書多摩郡・三二六四）。**10日** 北条氏忠が高瀬紀伊守に、相模国新城の宿構の堀の普請役を命じ、十四日から三日間で仕上げさせる（山崎文書・四〇三一）。同日、北条氏忠が小曾戸丹後守に、合計七〇五貫文の知行の同心衆の知行割りの書立を出し、各人に相模国新城の根小屋の堀の普請役を命じ、十四日から三日間で仕上げさせる（島津文書・四〇三二）。同日、埘和康

1月

忠が上野国新田金山城（群・太田市）在城衆中に、さらなる忠節を求めて正月は油断が多い事から諸曲輪の警備を厳重にさせる（大阪城天守閣所蔵宇津木文書・四一九七）。同日、高城胤則が下総国上本郷（千・松戸市）風早神社総代と神主に掟書を下し、十九日から社殿の造営を開始させ、番匠中には倦怠なく細工に従事させる（風早神社文書・三二六六）。**11日** 北条氏照が武蔵国三沢（東・日野市）に三ヶ条の書出を下し、今度の決戦時には同国八王子城の守備を北条氏直から命じられ、同郷の侍・百姓の男程の者を軍勢として使役する。同城の普請役も賦課する等と申し渡す（土方文書・三二六七）。**12日** 北条氏直が相模国大磯（神・大磯町）より小田原迄の宿中に、鉄砲玉鋳造用の大磯土二四駄を伝馬で搬送させ、十七日迄に小田原城の須藤盛良に納入させる。奉者は宗悦（相州文書足柄下郡・三二六八）。**14日** 北条氏直が伊豆国桑原・塚本（静・函南町）百姓中に、羽柴秀吉との決戦が予想されるため国境の城々の普請役を賦課し、人足一六人を同国山中城（静・三島市）で、十八日から一〇日間の普請工事に出役させる（森文書ほか・三二七〇～一）。**17日** 北条氏忠が下野国鍋山（栃・栃木市）衆の小曾戸摂津守に、佐野衆が小田原城に参陣するため、同国佐野唐沢山城（栃・佐野市）の留守番役を命じ、参陣衆の兵糧費用として出銭三〇〇文を賦課し、篠窪遠江守に渡させる（小曾戸文書・三二七三）。同日、北条氏忠が高瀬紀伊守に、参陣衆の兵糧費用として永楽銭で六〇〇文を賦課し、篠窪遠江守に渡させる（神奈川県立公文書館所蔵山崎文書・三二七四）。**18日** 北条氏直が小田原より武蔵国鉢形（埼・寄居町）迄の宿中に、北条氏邦が伝馬三疋を使役する事を許可し、氏邦分の二疋は宰料から伝馬賃を支給させる。奉者は宗悦（楓軒文書纂五四・三二七五）。**23日** 北条氏直が上野衆の後閑宮内太輔に、家臣等の妻女を人質として来月七日に自身の曲輪に移し、一騎合衆や百姓等の妻女は郷村に在村させ、羽柴勢が来襲したなら同国厩橋城（群・前橋市）に籠城させる事。厩橋城本堂曲輪の通行を遮断する事。城外への出入りは小田原城からの当番頭の手形を持たせ、検査の上で出入りを許可させる。諸侍衆は分国中一律に普請役を賦課され、宮内太輔にも一〇日間の普請役を本着到の如くに賦課し、遠山政秀・葉山豊後守の下知に従って、二十九日から普請工事に従事させる（京都大学総合博物館所蔵後閑文書・三二七六）。**27日** 北条氏直が上野国厩橋・集地（群・前橋市）百姓中に、東城の普請役を命じ、来月五日に人足を東城に集め、倉賀野直吉代の下知に従って六日から一〇日間の普請工事に従事させる（静嘉堂本古文書集乾・三二七七）。**29日** 北条氏忠が斎藤久義に、相模国新城の当番衆交替として七日に同城に着城し、庄式部・幸田右馬助・福島十郎左衛門の下知に従って曲輪を受取り、当番を務めさせる（諸家所蔵文書七・四〇三三）。

2月

3日 北条氏邦が矢野某に、孫右衛門の官途を与える（赤見文書・三二七八）。同日、簗田助縄が武蔵国川藤（埼・吉川市）大泉坊に、赤岩新宿（吉川市）の屋敷内の一〇間分を不入とし、百姓を招聘して宿立てを許可する（渡辺文書・三二七九）。

3月

同日、簗田助縄が大泉坊に、屋敷地を筑紫宇佐八幡の代官を務めた功績により不入とし、宿中の下人を一〇家と定めて諸役を免許し、その外の者には御用を申しつける（同前・三二八〇）。同日、簗田助縄が大泉坊に、川藤之郷内の寺二ヶ所の支配を任せる（同前・三二八一）。同日、簗田助縄が武蔵国赤岩新宿に制札を掲げ、同宿を不入と規定して八年間は諸役免許、付近の荒地開拓にも八年間は諸役を免除とする（同前・三二八二）。**6日** 原胤栄が紀伊国高野山（和・高野町）西門院に、大風で火事に見舞われ下総国臼井城（千・佐倉市）の城内も類焼したので修築していると報告し、新年の祝儀に三種を贈呈され謝礼し、同じく家臣の谷沢貞儀も副状で同様に述べる（西門院文書・三五五三、四七八八）。**11日** 簗田助縄が山中某に、名国司（受領）を上様（足利氏姫）に申請し、伊賀守に任官する（下総旧事三・三二八三）。**21日** 遠山左馬允・林六郎左衛門尉・木村信濃守・興津太郎兵衛が連署して藤間十兵衛に、相模国南金目（神・平塚市）森戸分の内の飯田善左衛門尉が欠落したため、その名田二〇貫文を与え、武蔵国江戸城（東・千代田区）にも知らせ、百姓役を務めさせる（藤間文書・三二八四）。**25日** 京都の施薬院全宗が北条氏規に、蠟燭の贈呈と北条氏政からは書状と両種を贈呈された謝礼を述べ、上洛を心待ちにしており、詳しくは笠原康明から伝えさせる（韮山町堀江文書・四五三五）。**28日** 北条氏政が岡見治広に、常陸国府中（茨・石岡市）大掾清幹と同国水戸城（茨・水戸市）江戸重通が再乱し、小田原城の普請が完成したら北条氏直が出馬すると伝え、詳しくは北条氏照から述べさせる（先祖旧記・三二八五）。

▼この月、武蔵国阿久原（埼・神川町）阿須和大明神を造営し、大旦那に長尾但馬守、ほかに松本十郎左門・同左馬助が見える（丹生神社所蔵棟札・児玉町史中世資料編五九九頁）。

2日 由良国繁（カ）が大沢政信に、上野国新田惣郷（群・太田市）は乱後につき寺領年貢の納入が不足し、その替わりの郷村を同国世良田郷（太田市）内の田畠に指定して完納させる（大沢文書・三二八六）。**9日** 北条氏直が垪和康忠に禁制を掲げ、上野国天川之林（群・前橋市）での竹木伐採を禁止させる。奉者は江雲（丸山文庫本古文書集一五・三二八八）。**13日** 伊達政宗が家臣の遠藤高康に、羽柴秀吉と北条氏直の合戦が回避された事、常陸国府中（茨・石岡市）大掾清幹と同国水戸城（茨・水戸市）江戸重通が再乱し、佐竹義重が出馬した事等を伝える（遠藤文書・小一-八〇二頁）。**14日** 北条氏直が上原甚二郎に、舟橋の用材に武蔵国市郷（神・横浜市青葉区市ヶ尾町）の大竹八本を賦課し、郷中の伝馬で二十三日迄に同国江戸城（東・千代田区）の遠山犬千世代に渡させる。奉者は板部岡融成（上原文書・三二八九）。**16日** 北条氏忠が高瀬紀伊守に、常陸口に出馬のため参陣の支度をさせ、陣触と共に出陣させる（山崎文書・三二九〇）。**19日** 北条氏直が小田原城下の西光院に、祈禱を依頼して成就した事に謝礼し、寺領として上野国館林（群・館林市）二〇〇〇疋の地を寄進する（蓮上院所蔵西光院文書・三二九二）。同日、北条氏直が相模国江ノ島（神・藤沢市）江島神社

3月

に、前項と同様の謝礼として館林二〇〇〇疋の地を寄進する（岩本院文書・三二九二）。**20日** 北条氏房が道祖土満兼に、普請人足三人を賦課し、留守中の武蔵国岩付城（埼・さいたま市岩槻区）の普請工事で、作事奉行の命に従い従事させる（道祖土文書・三二九三）。**24日** 北条氏直が伊豆国三島（静・三島市）三島大社愛染院・大村刑部大夫・神主の矢田部盛和に、祈禱を依頼して成就した事に謝礼し、寺社領として館林で二〇〇〇疋の地を寄進する（三島大社文書・三二九四）。同日、北条氏直が鎌倉の鶴岡八幡宮院家中に、前項と同様の謝礼として館林二〇〇〇疋の地を寄進する（鶴岡八幡宮文書・三二九五）。**25日** 北条氏政が下総衆の幡谷越中守・押田与一郎に、北条氏直が常陸国に出馬し、参陣を命じる（幡谷文書ほか・三二九六～七）。**26日** 北条氏照が武蔵国小和田（東・あきる野市）広徳寺琳首座に、同国福生（東・福生市）正蓮寺等の寺領五貫七〇〇文を管理させ、昼夜の祈禱を依頼する（広徳寺文書・三二九八）。同日、北条氏忠が福地帯刀に、常陸国へ出馬のため福地出羽守は下野国佐野唐沢山城（栃・佐野市）に詰め、帯刀には五日の内に小田原城へ参陣を命じる（福地文書・三二九九）。同日、北条氏忠が小曾戸丹後守に、陣触を発して軍勢を来月一日に下野国唐沢山城に引率して着陣させ、翌日には佐野衆と共に出陣する事と命じ、詳しくは篠窪遠江守から伝えさせる（島津文書・三三〇〇）。**27日** 太田康資室（遠山綱景娘・北条氏康の養女）が死没する。四七歳。法名は法性院宗覚日悟（太田家記）。**28日** 北条氏直が伊豆国三島（静・三島市）三島大社神主の矢田部盛和・大村刑部大夫に、当社造立中は社人・僧俗・老若男女等や下人まで番匠の手伝いをさせる。奉者は安藤良整（矢田部文書・三三〇一）。同日、北条氏忠が相模国川入（神・厚木市）百姓中に、内藤主水正が非分を申し付けたため百姓等が欠落し、田畠が荒れたので同国津久井城（神・相模原市緑区）内藤綱秀に糾明させ、当年の耕作に就かせるため百姓を帰村させる。奉者は長門丹後守（設楽文書・三三〇二）。**29日** 北条氏直が相模国当麻（神・相模原市南区）無量光寺に禁制を掲げ、寺内での地頭・代官の非分、寺中での狼藉、竹木伐採と田畠の抜取りを禁止させる。奉者は江雲（無量光寺文書・三三〇三）。

4月

5日 北条氏直が下総国相馬郷下山（茨・取手市）に禁制を掲げ、北条勢と甲乙人の乱暴狼藉を禁止させる。奉者は松田憲秀（板橋文書・三三〇四）。**6日** 羽柴氏家臣の富田知信が陸奥衆の白川義広に、羽柴秀吉が関東奥両国惣無事令を発し、関東諸大名が承認するなら知信等が取次を務めると伝え、使者の派遣を求める（遠藤白川文書・福七-四八〇頁）。**14日** 北条氏照が伊達氏家臣の片倉景綱に、伊達政宗から北条氏直への書状に感謝するが景綱の副状が無い事に不満を述べ、今後も北条氏と伊達氏との交渉の取り成しを依頼する（仙台市博物館所蔵片倉文書・三三〇五）。同日、京都の羽柴秀吉が聚楽第に後陽成天皇を迎えて天下統一を誇示し、徳川家康を通じて北条氏直の出仕を催促し始める。**16日** 北条氏政が某に、下総国大須賀（千・成田市）に移った事に驚き、浪人した事を扶助するため同国佐倉（千・酒々井町）に止

5月

まり、情勢の推移を見極めさせ、家臣等の知行で要望する事を書上げて提出させる（慶応義塾大学三田情報センター所蔵反町文書・三三〇六）。**18日** 某松千代丸が広岡対馬守に、武蔵国飯塚（埼・川口市）の田畠が不作のため、七年間を荒野と認め屋敷共に不入とする（武州文書足立郡・三三〇七）。**24日** 伊達政宗が家臣の留守政景に、北条氏直が一〇日程以前に下野国宇都宮（栃・宇都宮市）方面に出馬し、佐竹義重を攻めたと伝える（留守文書・神三下-九三五九）。**27日** 北条氏政が猪俣邦憲に、上野国名胡桃城（群・みなかみ町）から程近い距離に権現山城（群・沼田市と高山村境）を構築した事に不安を示し、真田勢に備えて普請を行い武具等を整える様に指示し、詳しい城絵図を提出させる（東京大学史料編纂所所蔵猪俣文書・三四四六）。**吉日** 武蔵国猪俣村（埼・美里町）聖天社に鰐口を寄進し、大旦那に猪俣邦縄が見える（二柱神社聖天社所蔵・三三〇九）。

5日 北条氏房が道祖土満兼等二一人を小田原番衆に選び、十四日に太田輝資・潮田某の下知に従って武具等を整えて出立し、十五日には小田原城に着いて番所に入らせる（道祖土文書・三三一〇）。**6日** 北条氏房が宮城泰業に、四郎兵衛正重に家督を継がせる許可を与える（内閣文庫所蔵豊島宮城文書・三三一一）。**7日** 猪俣邦憲が吉田真重に、知行として武蔵国黛之郷（埼・上里町）一五〇貫文を宛行い、その内の一〇〇貫文は鉄砲衆二〇人の扶持給、五〇貫文は上野国権現山城（群・沼田市と高山村境）在城料として五人の軍役着到を定め、更に同国名胡桃（群・みなかみ町）で三〇〇貫文の知行を与え、忠節を求める（諸州古文書一二武州・三三一二）。同日、猪俣邦憲が吉田真重に、父親吉田政重の遺領の武蔵国小島郷（埼・本庄市）一〇〇貫文の知行分の軍役着到を一〇人と定め、忠節を求める（同前・三三一三）。**初旬** 真田昌幸が羽柴秀吉の裁定を待たず、上野国沼田領（群・沼田市）から撤退を開始する。**11日** 紙屋甚六が相模国から一二年ぶりに上洛し、東国の様子を多聞院々主に語る（多聞院日記・小一-七〇七頁）。**12日** 北条氏忠が高瀬紀伊守に、相模国新城（神・山北町）の普請を命じたいが家臣や農民も耕作期なので、農閑期の六月十日から一〇日間の普請役とさせる（山崎文書・四〇三四）。**13日** 北条氏房が武蔵国加倉（埼・さいたま市岩槻区）浄国寺に、修行僧の法談の間は見物聴衆の横合・狼藉を禁止させる。奉者は宮城泰業（浄国寺文書・三三一四）。**20日** 大草左近大夫が小田原城下の玉周坊屋敷の買得に判物を出す。当文書は断簡のため文意は未詳（古文書花押写六・北条氏文書補遺四六頁）。**21日** 北条氏直が北条氏邦に、上野国権現堂城（＝権現山城）に五ヶ条の城中掟を出し、一、当番衆の員数を三日毎に確認する事。一、当番衆頭は氏直の存じの者を任命する事。一、番普請は完了すれば氏邦代の報告書を氏直に提出させる事。一、同城は真田勢との境目のため厳重に警護し、鉄砲の玉薬や弓の矢の補充に努める事。一、当番衆の交替時には曲輪の掃除をさせる事と申し渡す（吉田系図・三三一六）。同日、北条氏房が福島出羽守手代一人・内田兵部少輔に、武蔵国中足立の諸氏の

5月

軍役着到を改め、農民や在郷武士にも軍役を賦課し、閏五月二十日迄に名前を申告させ、弓・鉄砲持ちには矢と玉薬を、騎馬武者には褒美を与えるので同国岩付城（埼・さいたま市岩槻区）での忠節を求める（屋代氏所蔵古文書之写・三三一七）。同日、徳川家康が北条氏直・氏政に三ヶ条の起請文を出し、一、北条父子の事を羽柴秀吉の前で決して悪く言わない事。家康は北条領を侵犯しない事。一、今月中に氏直の兄弟衆を京都の羽柴氏の許に派遣し、謝礼させる事。一、羽柴氏への出仕を拒むなら、氏直室の督姫（家康の娘）を離縁して帰国させる事と申し渡す（平田市鰐淵寺文書・四五三四）。**25日** 内藤昌月が死没する。三九歳。法名は陽光院殿南華宗栄大居士。**28日** 武蔵国八王子城（東・八王子市）城下の横川八幡宮に鰐口を寄進し、寄進者に下野国日光山（栃・日光市）鹿沼の浪人横手右近正の娘が見える（武蔵名勝図会・武銘八一一）。**晦日** 和田信業が石原作右衛門に、知行分の不足五俵を秋に補完するとの手形を与える（石原文書・三三二〇）。**吉日** 山上宗二が林阿弥に、茶道について説明し、北条氏規への披露を依頼する（山上宗二記奥書・小一-七〇五頁）。

閏5月

▼この月、上野国箕輪城（群・高崎市）城主が猪俣邦憲から北条氏邦に交代する。

6日 北条氏直が大道寺直昌に、巣鶏の贈呈を感謝する（大道寺文書・三三二一）。**7日** 北条氏直が上野国集地（群・前橋市）代官の林筑前守・百姓中に、当夏の麦年貢を永楽銭で一貫三六〇文と定め、その内八〇〇文分は晦日迄に麦で三三俵を同国厩橋城（前橋市）の舟木・山田・佐伯・倉賀野家吉代に納め、残りは小田原城に納入させる（静嘉堂本古文書集乾・三三二二）。**10日** 北条氏照が上野国赤城山（群・渋川市）赤城神社の三夜沢神主に、家人の件で小川五郎右衛門尉が神主の奈良原紀伊守に訴訟を起こし、糾明したところ証拠書類も無く、裁許として取り上げず、家人は古来から三夜沢に居住した者であるから五郎右衛門尉から戻し、前々の田畠・屋敷を与える（奈良原文書・三三二三）。同日、狩野一庵宗円が副状して三夜沢神主の奈良原紀伊守に、この度の公事の相違無い事を北条氏照に報告し、今後も三夜沢の事は一庵が取次ぐと伝える（同前・三三二四）。**14日** 京都の紙屋甚六が多聞院々主に一二年ぶりに小田原に帰国すると告げ、院主が墨三丁を贈呈する（多聞院日記・小一-七〇七頁）。**20日** 北条氏政が押田与一郎に、押田蔵人の件は、かつて千葉邦胤の時は裁許も無く過ぎていたが、今も与一郎の一族の事なので北条氏が口出す事では無いと判断し、出来れば引き立てて欲しいと依頼する（内閣文庫本古文書集一五・三三二六）。同日、北条氏直が清水太郎左衛門尉に、晦日に今月分の同心衆の扶持給五貫九〇〇文を長谷川・大村采女から支給し、同心衆に分配させる（矢田部文書・三三二五）。**24日** 北条氏規が朝比奈泰寄に、望みの如く知行として相模国一宮（神・寒川町）一三七貫文を宛行い、武蔵国白子（埼・飯能市）知行分と交換させ、伊豆国奥の知行不足銭の二〇貫文も一宮知行分に込めるとした（朝比奈文書・三三二七）。**25日** 佐竹義重が小田氏治に、芦名義広からの要請で二十九日に出馬すると決め、羽柴勢も里見義康からの要請で火急に関東に出馬すると申していると伝える（来栖文書・千四-二六六頁）。同日、福島房重が鎌倉の月輪院に、北条氏房へ書状を遣わし、屋敷の事は伸び伸びになったが、氏房が土地を探し、秋には相談して落着させると伝える（寺院証文一・三三二八）。**26日** 北条氏政が大道寺直昌に、巣鴨の贈呈に謝礼する（大道寺文書・三三二九）。同日、羽柴秀吉が岩城氏家臣の白土隆良に、北条氏が恭順の意を示したと報せ、やがては奥州の諸大名にも国分けの規定を申し付けると述べ、詳しくは増田長盛から伝えさせる（白土文書・小一-八〇四頁）。**27日** 北条氏邦が岡谷隼人佐に五ヶ条の条書を出し、一、下野国足利衆の着到を上野国牧（群・渋川市）で改める事。一、当番替えには武具を整えて氏邦に検閲させる事。一、番替えの当番衆を曲輪に入れてから先番を返す事。一、交代の引渡しには曲輪内の清掃をさせ、塀の間数まで確認する事。一、番替えに二日間は逗留し、各番衆の仕方を確認する事と申し渡す（岡谷文書・三三三〇）。**28日** 北条氏直が石原主計助に、二十三日の上野国権現山城（群・沼田市と高山村の境）への真田勢の侵攻に、敵を討取る忠節を認め感状を与える（静嘉堂本古文書集乾・三三三一）。**29日** 伊豆国伊東（静・伊東市）神明宮を修築し、願主・地頭に古尾谷資吉代官の中村吉勝、材木納主に大野定吉、神主に杉山某、名主に下田新左衛門が見える（伊東市天照皇大神社所蔵棟札・四九六七）。**晦日** 北条氏規が杉崎但馬守・同孫左衛門尉に、先ずは伊豆国平井郷（静・函南町）の問屋に宮内右衛門・五郎左衛門尉を任命し、氏規が京都から帰ってから糾明と伝える。奉者は朝比奈右衛門尉・井出正内（杉崎文書・四七六四）。

6月

6日 北条氏邦が吉田真重に、上野国権現山城（群・沼田市と高山村の境）で火災を起こした事を叱責し、武蔵国鉢形城（埼・寄居町）でも火の用心を注意しているのにと怒り、境目の城守備には火の用心が肝心と申し渡す（吉田系図・三三三三）。**7日** 北条氏邦が秩父孫二郎と同心衆中に五ヶ条の条書を出し、先年の織田信長への使者派遣の費用を北条氏が分国中に賦課し、氏邦も黄金三両を負担した事。相模国土肥（神・湯河原町）普請役の費用も氏邦が負担した事。去年の春小田原城の普請費用の永楽銭一〇〇貫文・兵糧五〇〇俵分の多くも氏邦が個人で負担した事。この度は徳川家康の取り成しで、北条氏規が上洛する費用として二万貫文が必要で、氏邦には四〇〇貫文の賦課が課せられたが、銭が払底して出来ないため、家臣等に棟別銭半分を賦課し、二十八日には鉢形城の黒沢・八木・石井・奥の各人に黄金・出物・綿で納めさせる（武州文書秩父郡・三三三四）。**13日** 北条氏直が鎌倉の東慶寺蔭涼軒（梅意法音）に、十日の松岡殿（瑞山法祥）の死去により跡目の住職を決め、遺品の什物を総て奉行人に渡させる（東慶寺文書・三三三五）。**15日** 北条氏直が上野国館林（群・館林市）より小田原迄の宿中に、関山通高に伝馬二疋の使役を許可し、無賃伝馬とする。奉者は江雲（関山文書・三三三六）。**16日** 北条氏直が伊豆国修善寺（静・伊豆市）正覚院に、先の証文の如く堀越六郎の菩提料

6月

所として同国三島（静・三島市）内の賀子・岩崎で一五貫文を寄進する。奉者は山角直繁（修禅寺文書・三三三七）。**21日** 北条氏直が小田原城下の伝肇寺に禁制を掲げ、竹木伐採、寺域での殺生、法事での喧嘩口論を禁止させる。（伝肇寺文書・三三三八）。同日、北条氏直が伝肇寺に、屋敷地として朝倉政元の知行内での永代買得を認め、諸役を免除する。奉者は宗悦（同前・三三三九）。同日、簗田助縄が武蔵国川藤（埼・吉川市）大泉坊に、諸国の神社参詣の代参を命じ、詳しくは鮎川某から述べさせる（渡辺文書・三三四〇）。**23日** 北条氏直が和田昌繁と後閑宮内大輔・後閑刑部少輔に、氏直が京都の羽柴秀吉から上洛を催促され、今年の冬に北条氏政が上洛するので費用等を要求する。当文書両通はもしくは天正十七年か（鴻巣市鈴木文書ほか・三四六五～六）。**26日** 伊達政宗が郡山太郎左衛門に、返書に北条氏直が来る二日に下野国宇都宮（栃・宇都宮市）宮中口へ出馬と見えると伝える（猪苗代文書・神三下-九三七二）。**27日** 京都の弥三が東国に商売に下り、同道の人は一五人程という（多聞院日記・小一-七〇八頁）。

▼この月、北条氏直が森豊後守に、越知某との相論に裁許し、相模国三田（神・厚木市）越知某の敗訴とし、三〇年間も居住している者は豊後守の所有と通告する。評定衆は山角康定（厚木市木村文書・三三四一）。

7月

3日 北条氏直が鎌倉の東慶寺衆中に、同寺住持の瑞山法祥が死去して跡目の適任者を探したが見つからず、安房国に足利頼純の幼娘がいるので時期をみて住持にする事とし、当面は年寄衆が寺を守る様に申し渡す（東慶寺文書・三三四二）。同日、北条氏房が武蔵国井草宿（埼・川島町）百姓中に、今年の公役銭は九月十五日迄に同国岩付城（埼・さいたま市岩槻区）立川・深井両氏に納入させる。奉者は法淳（武州文書比企郡・三三四三）。**6日** 清水康英が幸田定治に、家臣の伊豆国雲見（静・松崎町）領主の高橋某の知行が伊勢宗瑞の文書に見えないのは、宗瑞が伊豆に侵攻した後に隋伴したためで、一〇〇年来も雲見の領主で、すでに『役帳』や康英の着到帳にも雲見の高橋と見えており間違い無いと述べ、高橋某の親の石雲が証拠の判物請求の書状を康英に提出し、北条氏直への取成しを依頼する（雲見高橋文書・三三四四）。**10日** 北条氏直が鎌倉の東慶寺蔭凉軒に、先の証文に任せて同寺門前の国恩寺分の田畠三貫文を安堵する。奉者は間宮宗甫（東慶寺文書・三三四五）。**12日** 北条氏邦が糟尾養信斎に、知行として武蔵国金屋郷（埼・本庄市）内一二貫七二〇文分、永楽銭で六貫三六〇文を宛行う（武州文書児玉郡・三三四六）。**13日** 北条氏直が相模国煤ヶ谷（神・清川村）板倉内膳正に、三間梁一〇〇間の御蔵造営の材木五九〇本を賦課し、八月二十日迄に納入させ、山造（樵）一九八人・人足九八〇人分と木の代金合計二七貫文と計上する。奉者は安藤良整（清川村山田文書・三三四七）。**14日** 徳川家康が朝比奈泰勝に、北条氏規の上洛が遅れており、北条氏に催促の使者として泰勝を派遣し、家康が上洛中に京都に出仕すれば羽柴秀吉への仲介も都合が良いと伝える（書上古文書六・小一-八〇六頁）。**20日** 北条氏直が田島豊後守に、会田後家との相論に糾明して裁許し、豊後守が会田松寿を殺害する企ては証拠が無く、会田後家の敗訴とし、先の証文の如く豊後守に松寿の陣代を務めさせる。評定衆は依田康信（会田家譜・三三四八）。**22日** 北条氏政が相模国酒匂本郷（神・小田原市）小代官・百姓中に、同郷の一五～七〇歳の間の農民・侍等の総ての者に軍役を賦課し、二十五日迄に名前と武具を飯泉河原（小田原市）に申告させ、伝馬衆一三人と酒匂川の河越え舟方四人・定使・陣夫は残しておく事と指示する（小田原市小島文書・三三四九）。**23日** 北条氏政が井田胤徳に、常陸国牛久城（茨・牛久市）岡見甚内からの注進で佐竹勢が侵攻したと知り、胤徳の軍勢から精鋭五〇騎程を若い甚内への加勢に加え、胤徳を同国土浦（茨・土浦市）迄出馬させる（浅草文庫本古文書・三三五一）。同日、北条氏政が相模国木古庭（神・葉山町）小代官・百姓中に、同郷の農民・侍等の総ての者に軍役を賦課し、二十八日迄に名前と武具を同国公郷（神・横須賀市）で申告させる（相州文書三浦郡・三三五〇）。**24日** 吉良氏朝が武蔵国柴村（東・港区）百姓中に、同村新宿を守護不入とする。奉者は江戸頼年（芝大神宮文書・三三五二）。**25日** 小笠原元続の弟弥六が死没する。法名は宗雪。**27日** 北条氏直が小田原城下の蓮上院に、中村五郎兵衛から地蔵仏像を造立した仏供料として毎年一二貫文ずつ支給させる。奉者は板部岡融成（相州文書足柄下郡・三三五四）。**28日** 北条氏邦が吉田真重に、上野国岩井堂城（群・渋川市）の警護を命じ、番普請以下に努めて守備させ、武蔵国深谷衆にも援助を頼み、二〇日間は戦闘配置に専念させる。また鉄砲・玉薬の整備管理も申し渡す（諸州古文書一二武州・三三五五）。**29日** 梅隠宗香が京都の大徳寺塔頭の龍翔寺に、北条氏規の上洛に合わせて使者を派遣する（早雲寺文書・小一‐七五四頁）。

8月

7日 羽柴秀吉が太田資正・梶原政景父子に、北条氏規が上洛するので、関東の諸大名の分領・境目の仕置き等を申しつけると伝える（潮田文書・埼玉六‐二‐一四四四）。**10日** 大道寺政繁が鎌倉経師の加納徳印に、大道寺盛昌の時の如く鶴岡八幡宮の経師免二貫文を安堵する（加納文書・三三五六）。同日、大道寺政繁が加納徳印に、経師役の御用を務めるために新規の公方役以下を免除する（同前・三三五七）。同日、北条氏規が羽柴秀吉との交渉のために上洛し、三河国岡崎城（愛知・岡崎市）に到着する（家忠日記・小一‐八〇七頁）。**14日** 北条氏房が深井対馬守・同藤右衛門に、両氏の植林した林の竹木は北条氏政の証文に任せて他人の伐採を禁止させ、自身所用の伐採は許可する。奉者は藤左衛門尉（武州文書足立郡・三三五八）。**15日** 北条氏邦が武蔵国荒川之郷（埼・秩父市）持田四郎左衛門尉に、同郷の検地書出を与え、開拓者一一人の扶持給を均等割りで与え、八月から荒れ地原を開拓すれば何処の浪人でも知行として宛行い、宿場は他所から移った者には永代諸役免除とし、当秋には二〇軒の人々を移住させる（持田文書・三三五九）。**17日** 北条氏規が京都に入り相国寺を宿所とし、二十二日に秀吉と聚楽第で面会する（輝元公上洛日記・小一‐八〇七頁）。**18日** 北条氏邦が武蔵国立原

8月

（埼・寄居町）城立寺に禁制を掲げ、寺中での悪言・狼藉を禁止させ、寺中を不入とし、殺生を禁止させる。奉行は秩父重国・本郷越前守・坍和信濃守（奥文書・三三六〇）。**19日** 北条氏邦が井上織部助・吉田（埼・秩父市）代官・町人衆中に法度を下し、武蔵国秩父谷において麦・大豆・穀物は五升枡で一〇〇文と規定し、二斗五升の他は売る事を禁止し、年貢米の他の穀物は同国鉢形城（埼・寄居町）に出す事を禁止させる（武州文書秩父郡・三三六一）。**21日** 北条氏直が相模国千津島（神・南足柄市）百姓中に、人足を賃雇いして千津島から小田原まで荷物を届ける御用を務めさせ、駄賃は安藤良整から支払う（明治大学博物館所蔵瀬戸文書・三三六二）。同日、北条氏邦が下野国足利（栃・足利市）鑁阿寺に、長尾顕長が北条氏に敵対したため足利表に出陣し、同寺内の足利学校を守護するため明日から寺域内に陣所を設けると伝え安心させる（鑁阿寺文書・三九二）。同日、内藤綱秀が相模国三給下（三増・川入・善勝寺）に三ヶ条の書出を下し、一、郷村から欠落した百姓の以前の領主からの借物は、郷村に残った百姓に返済を催促させない事、一、今後は三給下の郷村は北条氏の直轄領に編入するので、郡代・触口は百姓に迷惑な要求を賦課しない事。一、以前の如く田畠等の耕作権は安堵する事と申し渡す（善勝寺文書・三三六三）。**26日** 北条氏直が桜井武兵衛に、知行として上野国沖之郷（群・太田市）の替えとして同国長手郷（太田市）内五〇貫文を宛行い、軍役を務めさせる。奉者は山上久忠（松江市桜井文書・三三六四）。同日、北条氏直が上野衆の富岡秀長に、北条氏照から長尾顕長の離反を知らされて二十三日に下野国足利（栃・足利市）表に侵攻した時、先勢として足利城外張での忠節を認め感状を与える（富岡文書・三三六五）。同日、北条氏照の娘貞心（山中頼元の室）が死没する。法名は霊照院殿中室貞心大姉（天応院過去帳）。**28日** 北条氏規が京都の内裏に参内して馬・太刀を献上し、翌日には帰国の途につく（御湯殿上日記・小一―八〇九頁）。

9月

2日 北条氏照が下野国天明宿（栃・佐野市）鋳物師の大河伊賀守に、北条氏の被官と認めて前々の屋敷に立帰らせ、鋳物の御用を務めさせる（東京大学史料編纂所所蔵文書・三三六六）。同日、羽柴秀吉が太田資正・梶原政景父子と佐竹義斯・同義久に、北条氏規の上洛と面会により北条氏直を赦免し、配下大名と認めた事を知らせる（仙台市潮田文書ほか・小一―八〇九頁ほか）。**3日** 北条氏直が武蔵国永福寺分（東・杉並区）百姓中に、検地書出を与えて田畠合計一二町三反・貫高三〇貫七三〇文と定め、免除地を差し引いた二五貫八五七文に年貢を賦課する。検地奉行は安藤兵部丞・大村彦右衛門尉・山角対馬守（諸州古文書三下・三三六七）。同日、北条氏邦が上野衆の阿久沢能登守に、同国沼田城（群・沼田市）に侵攻した時に阿久沢助太郎が参陣し、長尾顕長は不参の状況で、城向いの山手（沼田東谷）を攻略した忠節を認め、将来は境目のその地を助太郎に返すと約束する（阿久沢文書・二七〇五）。**9日** 北条氏直が相模国千津島（神・南足柄市）に、人足役を賦課して荷物を届けさせる（明治大学博物館所蔵瀬戸文書・三三六八）。**11日** 北条氏邦が北爪新八郎に、四日の上野国沼田表の戦いでの忠節を認め感状を与える（北爪文書・三三六九）。**13日** 京都の施薬院全宗が伊達政宗に、北条氏規の上洛を述べ、政宗にも羽柴秀吉に面会する事を待っていると伝える（仙台市博物館所蔵伊達家文書・小一-八一〇頁）。**14日** 北条氏直が相模国田名（神・相模原市中央区）・厚木（神・厚木市）・田村（神・平塚市）の相模川流域の筏士中に、北条氏政の隠居屋敷作事用の材木三七三丁が着き次第に相模川を下して河口の須賀湊（平塚市）に届け、清田某に渡す事と命じる。奉者は安藤良整（陶山氏所蔵江成文書・三三七〇）。**17日** 北条氏房が武蔵国黒浜（埼・蓮田市）真浄寺に制札を掲げ、僧侶の修行中は聴衆の喧嘩口論を禁止させ、常に寺内の竹木伐採を禁止させる。奉者は円阿弥（真浄寺文書・三三七一）。**20日** 伊豆国柿崎（静・下田市）正八幡社を創建し、岩本清正が見える（八幡神社所蔵棟札・四九六八）。**22日** 吉田真重が三和・分喜・犬竹三氏に、父親相伝の武蔵国小島郷（埼・本庄市）の書立てを出し、郷内知行分一五六貫文の配分を明記する（吉田系図・四二四六）。同日、仏光派門徒周京等が連署して鎌倉の大工高階隼人佑に、正続院領の天寧庵の敷地に屋敷分を与え、正続院の修築に専念させる（高階文書・相古四-五六頁）。**23日** 北条氏政が下総衆の井田胤徳に、常陸国牛久城（茨・牛久市）岡見氏が佐竹方の多賀谷氏に攻められて防戦に努めさせ、来月五日迄は下総国苻川（茨・利根町）近辺に在陣させる（浅草文庫本古文書・三三七二）。**24日** 北条氏光が鈴木但馬守に、武蔵国榎下郷（神・横浜市緑区新治町）百姓の遠藤某が借銭を返済しないため、催促し返済させる（鈴木文書・三三七四）。**25日** 北条氏直が北爪大学助に、真田昌幸方の上野国阿曾砦（群・昭和村糸井）を攻略した忠節を賞し、知行として同国女淵（群・前橋市）内を宛行う（酒井家史料一二・北条氏文書補遺三三頁）。同日、北条氏直が小田原より武蔵国鉢形城（埼・寄居町）迄の宿中に、北爪大学助に伝馬一疋の使役を許可し、無賃伝馬とする。奉者は垪和豊繁（同前・北条氏文書補遺三三頁）。**吉日** 高城胤則が下総国上本郷（千・松戸市）風早明神社の惣代・神主に、同社造営の勧進として当庄内の家一間に米一升を寄進させる（下総崎房秋葉孫兵衛模写文書集・北条氏文書補遺四六頁）。

10月

7日 北条氏直が小田小太郎に、上総国久留里城（千・君津市）在城につき知行として久留里で三五〇貫文、同心一五人の扶持給に四八貫文を上野国で倉賀野家吉から支給し、更に同心の扶持給に七〇貫文を同国で大藤直昌・森三河守から、合計四六八貫文を宛行う。奉者は垪和康忠（安得虎子六・三三七七）。同日、北条氏政が武蔵国王子（東・北区）王子別当に、北条氏の許可無くして社中の杉の伐採を禁止する（王子神社文書・三三七六）。**11日** 北条氏政が恒岡信宗・太田康宗・長崎某・三橋某と武蔵国金野井本郷（千・野田市、埼・春日部市）百姓中に、同郷年貢高の八二貫六八〇文の内九貫文を水損分と認め免除し、残りの年貢を十一月十日迄に納入させる（遠藤文書・三三七八）。同日、北条氏政が豊島貞継に、蠟燭・鷹の贈呈に謝礼し、松田憲秀から副状を出させる（里見氏所蔵手鑑・三三七九）。同日、弥三が小田原から大

10月

和国奈良（奈・奈良市）に向かう（多聞院日記・小一-七〇八頁）。**13日** 北条氏邦が吉田真重に、信濃国から透波（忍者）五〇〇人程が上野国権現山城（群・沼田市と高山村の境）に侵攻するとの情報が入り、同城の夜警を厳しくする様に指示し、火の用心にも留意させる（諸州古文書一二武州・二四三二）。同日、江坂又兵衛・松本二平が上野国権現山城の城物書立を提出し、城内に備蓄の鉄砲・玉薬・実弾他の武具類を残らず書立て、武蔵国鉢形城（埼・寄居町）の北条氏邦に報告する（同前・三三八〇）。**14日** 北条氏直が宅間殿（上杉規富）に、代々の証文に任せて知行分を不入とする（鶴岡八幡宮文書・三三八一）。**15日** 猪俣邦憲が上野国沼田城（群・沼田市）周辺と自領内の有力寺社に願文を掲げ、真田昌幸支配下の同城等の攻略への助力を祈願する（加沢記五・三三八二）。**16日** 北条氏直が阿久沢能登守に、今月一日に上野国桐生（群・桐生市）から下野国芦尾（栃・日光市）・黒川（桐生市）へと移動した時、亀山北表（群・太田市カ）で敵を一四人も討ち取る忠節を認め、賞賛する（目黒文書・二七二五）。**17日** 北条氏直が小田原城下の法寿寺に禁制を掲げ、旅人への宿所の提供、寺内の竹木草花の伐採、法会の時の狼藉を禁止させる。奉者は山角直繁（大阪城天守閣所蔵法授寺文書・三三八三）。**22日** 小山秀綱が渡辺内膳亮に、下野国柴（栃・下野市）の野銭一貫五〇〇文を与え軍役を務めさせる（晃程文書・三三八四）。**23日** 北条氏照が相模国江ノ島（神・藤沢市）に制札を掲げ、喧嘩口論、押買狼藉、国質・郷質を禁止させる（岩本院文書・三三八五）。

11月

1日 羽柴秀吉が里見義康に、太刀と黄金一〇両の贈呈に謝礼を述べ、北条氏の事は北条氏規が上洛し、何事も秀吉の意の儘にするとの事で赦免したと伝える（石井文書・新横須賀市史二-二六七二）。**5日** 鎌倉の円覚寺（神・鎌倉市山内）帰源院校割帳に寺宝を書上げ、その中に北条氏康と黄梅院殿（北条氏政の室）の位牌が二本と見える（成簣堂古文書・神三下-九四〇八）。**6日** 長尾輝景が木暮存心に、上野国伊香保（群・渋川市）薬師堂屋敷を与えて大滝湯の管理を任せ、真田氏との境目のため鉄砲侍で警護させる（伊香保志三・三三八六）。**10日** 北条氏忠が福地帯刀に、飯塚尾張守・大貫大和守・赤見六郎・高瀬某等と共に、三四人の軍勢で下野国石橋城（栃・下野市）当番の一番衆に任命し、赤見六郎の下知に従わせる（福地文書・三三八七）。**15日** 松田憲秀・同直秀が肥田越中守に、鎌倉山内（神・鎌倉市）の蔭山屋敷について北条氏直の証文と憲秀判物を副えて売却した事を確認する（雲頂庵文書ほか・三三八八〜九）。同日、蔭山氏広が肥田越中守に、鎌倉山内の屋敷を売却し、代わりに兵糧三三俵を受け取ったと確認し、売却証文を渡す（同前・三三九〇）。**26日** 北条氏直が小田原城下の谷津（神・小田原市）願修寺薬師堂に五ヶ条の掟書を下し、夜中の参詣、竹木草花の伐採、牛馬を寺内や門前に繋ぐ事、参詣の者への狼藉、寺内に置かれた人質への狼藉を禁止させる。奉者は宗悦（箱根七湯志一・三三九一）。同日、相模国河村（神・山北町）熊野神社別当の三宮寺を造営し、大旦那に北条氏忠、代官に向原山城守、

12月

鍛冶に原内匠助が見える（新編相模足柄上郡・三三九二）。**28日** 長尾顕長が松島駿河守に、忠節の恩賞として上野国板倉郷（群・板倉町）内で五〇貫文を宛行い、通路の安全確保を命じる（只上松島文書・三三九四）。**晦日** 北条氏規が徳川氏家臣の酒井忠次に、来年二月には駿河国駿府城（静・静岡市葵区）に徳川家康を訪ねて申し上げるが、北条氏政は氏規の上洛に反対して屋敷に引き籠もり無言の抵抗をしている事。最近は羽柴方使者の妙音院・一鷗軒宗虎が小田原城に参着し、氏規の許にも富田知信・津田信勝が来て羽柴秀吉の書状が到来し、一昨日には朝比奈泰勝も使者として来ている事。上野国沼田領（群・沼田市）の領有について真田氏と北条氏との国分け問題を検討している事。下野国足利城（栃・足利市）長尾顕長について家康が味方にしたいとの意向は承知する等を伝える（武州文書秩父郡・三五四八）。**吉日** 武蔵国別所（埼・ときがわ町）剣大明神を建立し、願主に加藤宗正が見える（八剣神社所蔵棟札・武銘八二）。

7日 北条氏直が上野衆の宇津木氏久に、去年の扶持給三九貫七七六文の支給方法を指示し、半分は同国厩橋城（群・前橋市）城米で遠山政秀代・大曾根飛騨守・都筑太郎左衛門尉から、残り半分は同城の麦で舟木・山田対馬守・笠原康明代・倉賀野家吉代から支給し、今年春の夫銭未進分とする（大阪城天守閣所蔵宇津木文書・三三九五）。同日、北条氏直が宇津木氏久に、今年分の扶持給の支給方法を指示し、鉄砲衆一〇人の扶持給一〇〇貫文内の六〇貫文は、半分は厩橋城の城米で遠山政秀代・大曾根飛騨守・都筑太郎左衛門尉から、残り半分は同城の麦で舟木・山田対馬守・笠原康明代・倉賀野家吉代から支給し、他の二〇貫文は来春に支給、残り二〇貫文も重ねて支給すると伝える（同前・三三九六）。同日、諏訪部定勝が死没する。法名は念叟。**11日** 松田憲秀が原邦長・同邦房に、下総国窪田城（千・袖ヶ浦市）の当番普請役は二五〇〇人と決めたのに、一〇〇〇人で許して欲しいとの依頼であるが、北条氏直が許可せず二五〇〇人での普請を命じる（松田氏所蔵原文書・三九四〇）。**12日** 大道寺政繁・同直昌が商人の外郎源左衛門尉に、上野国松井田（群・安中市）に手作分が無いため、五ヶ村内の金井佐渡守の知行分から三〇〇疋の地を宛行う（陳外郎文書・三三九八）。**13日** 北条氏忠が鈴木但馬守に、大橋某の借米が四三俵も残っていたが死没したため返済されておらず、息子も無いため、北条氏の蔵銭なので氏忠が請けて中村土佐守に佐藤・上原両氏から即日返済し、借用書を土佐守に渡させる（武州文書都筑郡・三三九九）。**14日** 北条氏直が宇津木氏久に、鉄砲衆一〇人の扶持給一〇〇貫文内二〇貫文は春夫銭で、残りの六〇貫文は、半分は下紬三〇端、残り半分は厩橋城の城米で大曾根飛騨守・都筑太郎左衛門尉から支給する（大阪城天守閣所蔵宇津木文書・三四〇一）。同日、伊達政宗が羽柴方の前田利家に、上野国沼田領と吾妻領の真田氏から北条氏への割譲について北条氏直が疑心を抱いているとの噂話を知らせる（島田文書・神三下-九四一九）。**18日** 北条氏直が小田原より武蔵国鉢形城（埼・寄居町）迄の宿中に、舞々の大橋氏に伝馬五疋の使役を許可し、無賃伝馬とする。奉者は宗悦

12月

（相州文書足柄下郡・三四〇二）。**19日** 北条氏直が小田原城下の玉伝寺に禁制を掲げ、寺内の竹木草花の伐採、旅人への宿の提供、諸人の狼藉と弓・鉄砲での鳥打ちを禁止させる。奉者は山角直繁（外郎氏所蔵玉伝寺文書・三四〇三）。**20日** 北条氏忠が小曾戸丹後守に、星野民部を下野国尻内之郷（栃・栃木市）の代官に任命していたが辞任し、今度は丹後守に任命したため、未進の年貢二〇余貫文は民部が納入するとの詫言であり、丹後守に代官職を専念させる（島津文書・三四〇四）。同日、北条氏忠が小曾戸丹後守に、星野民部が欠落したため知行として下野国星野郷（栃・栃木市）二〇〇貫文を宛行い、二七人の軍役着到を定め、忠節を求める（同前・三四〇五）。**23日** 吉田真重が知行書立を作成し、武蔵国小島之郷（埼・本庄市）三〇〇貫文（一〇〇貫文の誤り）・黛之郷（埼・上里町）一五〇貫文を父親和泉守から譲渡され、他に上野国名胡桃（群・みなかみ町）・茂呂田（みなかみ町）に知行を宛行われたと記す（吉田系図・四二四七）。**24日** 北条氏直が小野某に、当年の扶持給三一貫文の支給方法を指示し、七貫文余は奈倉・森・今井三人から支給させ、残りも重ねて支給すると約束する（深谷市加藤文書・三四〇六）。同日、長尾顕長が吉田源左衛門に、忠節の恩賞として上野国板倉之郷（群・板倉町）内で一〇貫文を宛行う（新川吉田文書・三四〇八）。**晦日** 内藤直行が相模国青山（神・相模原市緑区）光明寺に、寺領として六〇〇文の地を永代寄進する（津久井光明寺文書・三四〇九）。

天正十七年（一五八九）・己丑

1月

3日 北条氏邦が武蔵国末野（埼・寄居町）の鐘打に、二〇人の飛脚と鐘打を常置するために長吏の屋敷を与え、花園山と山の管理を厳密にさせる（武州文書榛沢郡・三四一一）。**11日** 北条氏直が羽柴家臣の富田知信・津田信勝に、新年の祝儀として太刀・馬と五種・五荷を贈呈する（尊経閣文庫所蔵文書・四三二二）。**14日** 北条氏直が相模国千津島（神・南足柄市）に、普請人足を賦課し、二十一日から普請工事に従事させる（明治大学博物館所蔵瀬戸文書・三四一三）。**16日** 北条氏直が某に、十日には下野国足利城（栃・足利市）の城際まで侵攻して長尾顕長を攻め、上野国廐橋（群・前橋市）の人馬は同国沼田（群・沼田市）から帰ったと伝える（内田文書・三四一四）。**19日** 佐野房綱が上杉景勝に、北条氏照が長尾顕長の足利城の城際まで侵攻し攻めたと知らせる（上杉家文書・埼六-二-一三五七）。**25日** 北条氏直が某に、正月の神馬銭九貫文を秩父勝菊代から支給させ相模国飯泉（神・小田原市）供僧・別当に渡す（勝福寺文書・三四一六）。同日、伊豆国奈良本（静・東伊豆町）大水宮を修築し、大工に与五左衛門、神儀本に成生惣右衛門が見える（鹿島神社所蔵棟札・静八-四-二〇〇〇）。**28日** 北条氏直が宇津木氏久・辻新三郎・金井猪助・反町業定・北爪大学助に、二十四日の下野国

2月

足利城の合戦での忠節を認め感状を与える（大阪城天守閣所蔵宇津木文書ほか・三六三一〜五、北条氏文書補遺三頁）。同日、北条氏直が上野国松井田（群・安中市）衆中に、佐竹氏攻めのため常陸口に侵攻するので、着到の員数を厳守して用意し、二月二十日迄に支度を完了させる（細川氏所蔵松本文書・三四一七）。同日、羽柴秀吉が飯田半兵衛尉に、北条氏規が上洛の時に尽力した事に謝礼する（根岸文書・埼六-二-一四五三）。

2日 北条氏直が桜井武兵衛に、先月二十四日の下野国足利城（栃・足利市）長尾顕長との合戦での忠節を認め、感状を与える（松江市桜井文書・三六三七）。同日、里見氏家臣の宇部弘政が北条方の藤平光徳に、安房国吉浜村（千・鋸南町）半手分等で一貫文を宛行う（安房妙本寺文書・新横須賀市史二-二六七四）。**4日** 小山秀綱が舟田某に、官途の外記を与える（栃木県庁採集文書五・三四一八）。**8日** 北条氏直が上原出羽守に、武蔵国市郷（神・横浜市青葉区）の竹七本を船橋用に納入させ、同郷の伝馬で同国江戸城（東・千代田区）の遠山犬千世代に届けさせる。奉者は山角定勝（武州文書都筑郡・三四一九）。**12日** 北条氏直が上野国松井田（群・安中市）御旗本衆中に、下野国足利表への出馬には着到の員数に不足無く引率し、二十日には利根川端に着陣させる（水谷文書・三四二一）。**13日** 北条氏忠が高瀬紀伊守に、軍役着到を一二人と定めて足利表へ参陣させる（山崎文書・三四二二）。**14日** 北条氏直が下総国中山（千・市川市）法華経寺に、高城胤則との相論に裁許し、永禄七年（一五六四）の証文で寺内を不入とし、天正十三年（一五八五）の証文にも、その旨の安堵が確認されるため胤則の違反が判明し、寺伝の高城胤吉の天文十七年（一五四八）の証文からも歴然で寺側の勝訴とする（中山法華経寺文書・三四二三）。**18日** 近藤綱秀が橋本小四郎に、知行として下野国野田（栃・小山市）内の臼井丹波分一〇貫文を宛行う（小山市立博物館所蔵文書・三四二四）。同日、武田豊信が紀伊国高野山（和・高野町）西門院に、御堂建設に本尊の為に黄金を京目で六両、材木代に一〇両、他に二〇両を寄進し、来年以降分も含め合計京目で黄金一九枚一両を寄進すると約束する（西門院文書・三四二五）。**19日** 北条氏政が北条氏規に、十二日から相模国江ノ島（神・藤沢市）上宮の普請を施工している事。上野国館林（群・館林市）からの注進では由良国繁・長尾顕長が参陣しないと知らされ、両氏の奏者の北条氏邦に糾明し、氏邦の弁明で国繁は城を破却して女房と共に小田原城に在府させ、顕長は北条氏への謀叛を企てたのでは無いと主張し、只今は糾明中であるとの報告等を伝える（相州文書鎌倉郡・三四二六）。同日、北条氏直が伊豆国熱海（静・熱海市）より小田原迄の宿中に、鎌倉仏師の三橋某が伝馬二疋を使役するのを許可し、無賃伝馬とする。奉者は間宮宗甫（同前・三七五六）。**20日** 北条氏直が北条氏邦に、十六日の書状二通を相模国当麻（神・相模原市南区）で拝見して返書し、下野国足利城を接収して普請（破却）を無事に進めている事。小俣（栃・足利市）出杢田入（意味未詳）で敵を討ち取る忠節を賞する事。佐伯の事は歓喜の事で、十八日に壬生義雄からの書状が到着し出

2月

馬先に転送すると伝える（秩父日記・三四二七）。　22日　長尾顕長が本島与一に、知行として下野国小俣内で二〇貫文を宛行う（八雲神社文書・三四二八）。　24日　武蔵国上谷（埼・越生町）薬師堂を修築し、本願に中村孫左衛門が見える（上谷薬師堂所蔵棟札・武銘八三三）。　25日　北条氏邦が矢野孫右衛門に、上野国箕輪城（群・高崎市）から書状を出し、孫右衛門の出仕について感謝し、陣所に参陣する時に脅かす者があれば氏邦に披露せず、酒井氏から書状で北条新太郎（直定カ）に申す事。小田原衆への付合いも無用で断り無くする者には、この書状を見せて断る事。新太郎の申す御用は北条氏直の御用と理解して、意見があれば氏直に披露させる（赤見文書・三四二九）。同日、施薬院全宗が北条氏規に、北条氏政と氏規の書状と蠟燭を拝受した謝礼を述べ、北条氏直への取成しを依頼して上洛を待つと伝え、詳しくは笠原康明から報告させる。また祝儀に勅作の薫物一〇貝、照布一端を贈呈する（堀江文書・新横須賀市史二-二六七七）。

▼この月、茶人の山上宗二が板部岡江雪斎（融成）に、上洛時に茶の湯指導書の奥書に血判の誓約書を進上すると記し、羽柴秀吉から浪人したら小田原城に赴き、茶道を伝授すると述べる（山上宗二記奥書・小一-七〇六頁）。この月、羽柴秀吉との折衝役として板部岡融成が上洛し、細川幽斎邸で歌会を開催する（江雪詠草・小一-八一〇頁）。

3月

8日　北条氏政が原親幹に、下総国森山城（千・香取市）に在城して油断無く警護させ、同城に残す軍勢の書立てを遣わし、諸法度は同国佐倉城（千・酒々井町）に下した掟書の写しを渡すので原胤長と相談して欲しい。八〇人の歩弓衆から優れた者二〇人を選んで森山城に派遣させ、食物は佐倉城の役人に渡させる（原文書・三八七）。　10日　北条氏政が北条氏規に六ヶ条の条書を出し、河尻・鈴木両氏は今日出発した事。伊豆国韮山城（静・伊豆の国市）の番帳を送る事。駿河国長浜城（静・沼津市）番帳も送るが、氏規の早船八隻の内の七隻を三番の組に編成し、番帳に記した事。韮山城は外郭線が長いので念を遣わして下知をする事。下総国長南城（千・長南町）への書状は送る必要が無いと判断し氏規に送付する。常陸方面への出馬が近いので普請工事を完了する事と申し渡す（宮内文書・三四三〇）。　11日　石田三成が宇都宮国綱に、北条氏のしかるべき者を上洛させ、北条氏が下野国足利表（栃・足利市）に侵攻した事の調停を羽柴秀吉がする事も考えている。北条氏政の上洛が遅れている間に北条氏照を上洛させる等の事も思考し、とにかく急いで国綱が上洛する事を待っていると伝える（宇都宮氏家蔵文書・小一-八一二頁）。　14日　北条氏房が武蔵国野火止（埼・新座市）平林寺に、同寺の僧侶が十五日に上洛するため、留守中に横合非分の者が出たなら留守居の者から速やかに奏者に披露させる。奏者は伊達房実（平林寺文書・三四三一）。同日、武田豊信が紀伊国高野山（和・高野町）西門院に、来年春か夏に安心出来る使者を派遣してもらい、造営費用に寄進する黄金について尋ねて渡し、もし黄金が不足であれば永楽銭を渡すと伝える（西門院文書・三四三二）。　15日　北条氏照が岡見源五郎に、この度は岡見治広が参陣したが、北条氏の下野国足利表への侵攻は終了して帰国する事になったが、治広の訴え事は解決せず、一泊泊まりで小田原城に参府させる（旧記集覧・三四三四）。 **20日** 北条氏直が宰領の長浜（静・沼津市）の大川某に、先月に購入した東海船を駿河国西浦（沼津市）から伊豆国伊東（静・伊東市）迄、浦伝いに船方を賦課して二十九日迄に伊東に届け、仁杉・安藤良整両人に渡させる（国文学研究資料館所蔵大川文書・三四三五）。 **24日** 北条氏直が北条氏邦に、下野国足利城の破却が終わり二十一日に帰城した事を喜び、検使の山角某から帰国後に報告させる（出浦文書・三四三六）。同日、北条氏房が深井藤右衛門・佐枝若狭守と百姓中に、前々の如く御領所の武蔵国糟壁（埼・春日部市）の諸役を免除し、大普請役と棟別役は賦課すると定め、人を集めて荒野の開拓をさせる。奉者は円阿ミ（関根文書・三四三七）。

4月

3日 大石秀信が武蔵国北野（埼・所沢市）天神社に、社殿等の破損無く修築する事や神宝等の紛失にも注意させる（北野天神社文書・三四三八）。 **6日** 北条氏邦が武蔵国西戸（埼・毛呂山町）山本坊に、秩父郡の年行事職を安堵し、山伏の統制を命じる。奉者は黒沢繁信（相馬文書・三四三九）。 **8日** 相模国丸島郷（神・平塚市）大権現和田宮を造営し、大旦那に地頭の小野藤八郎、代官に河野某、名主に佐相和泉守、大工に秋山郷明王太郎景吉が見える（駒形神社所蔵棟札・三四四〇）。 **19日** 遠山犬千世が藤間豊後守に、知行地の相模国森戸分（現在地未詳）百姓の新左衛門が欠落して年貢三五俵が未納となり、代わりに秋の年貢内三貫文は赦免とする（藤間文書・三四四一）。 **24日** 北条氏規が岡本善左衛門尉に、伊豆国多賀郷（静・熱海市）代官・百姓に貸した兵糧が返済されず、催促して返済させる。奉者は朝比奈泰寄（岡本文書・三〇一）。 **27日** 北条氏政が恒岡信宗・太田康宗に、根岸帯刀からの訴訟に両人が弁明書を提出して北条氏が裁許した結果、帯刀は借銭の担保の具足と馬は元金を返済したので返して欲しいとの訴えであるが、証文が無く担保物件は期限切れとし、去年の伊豆国三島大社（静・三島市）十一月酉之市に質流品として売却された処理を認め、両人の勝訴とする（京都大学総合博物館所蔵青木氏蒐集文書・三四四三）。同日、北条氏政が太田康宗に、氏政からの質問状に卑怯な内容で返書したため譴責を請け、死罪に処せられる所を許され、罪として下総国関宿（千・野田市）堤の普請工事を科す（楓軒文書纂五三・三四四四）。同日、北条氏政が太田康宗に、魚を採るのを禁止した所で漁獲した事の罪の糾明は、よりによって北条直重の手の者の仕業であり、北条氏の恥辱になるから究明しないと伝える（同前・三四四七）。同日、北条氏政が寺島大学助・大谷内匠助に、下総国関宿城下の台宿の町人と定め、同城下の網代に居住するのは都合が悪いから、来月二十日迄に台宿に転居させる（下総旧事三・三四四五）。

5月

4日 北条氏忠が高瀬紀伊守に、下野国佐野領（栃・佐野市）内の藪が佐竹氏の乱以後は荒れており、郷村の藪を育成する様に各領主に命じ、紀伊守も竹の子一本といえども抜き取る事を禁止する（山崎文書・三四四八）。 **10日** 北条氏照が

5月

武蔵国高尾山（東・八王子市）別当に、富士関所の建設用材を高尾山から別当の手代を出して伐採させる（薬王院文書・三四四九）。 **13日** 高城胤則が吉野縫殿助に、前々から知行する田地・山・屋敷と初盃を安堵する（吉野文書・三四五〇）。 **16日** 松田直秀が相模国加山（神・小田原市）小沢二郎左衛門尉に、父憲秀が当村を隠居分として宛行われ、今後の諸公事や御用は父から引き継いだ直秀朱印状で申し付けると伝える（小沢文書・三四五一）。同日、松田直秀が武蔵国横手（埼・日高市）山口重明に、前項同様に伝える（大江氏所蔵山口文書・三四五二）。 **20日** 大道寺政繁が安藤良整に、鎌倉の報国寺（神・鎌倉市十二所）敷地半分について鎌倉の建長寺（鎌倉市山内）龍源軒の主張を認めず、同寺宝泉庵の主張を認め、報国寺の所有として一寺建立を許可する（報国寺文書・三四五三）。 **22日** 大道寺政繁が鎌倉の報国寺衆徒中に、敷地半分について龍源軒が四〇年間も知行していたとの主張と永正十七年（一五二〇）と天文十六年（一五四七）の証文類を検査した結果、やはり敷地半分は龍源軒に返却させる（同前・三四五四）。同日、大道寺政繁が報国寺宝泉庵に、敷地半分は龍源軒に返却するが古跡の報国寺が大破に及ぶと大変なので、先年、報国寺に寄進された二貫八〇〇文で修築させる（同前・三四五五）。同日、宇部弘政が安房国吉浜（千・鋸南町）妙本寺に、吉浜村大杉谷ほかの半手分八〇〇文を永代寄進する（安房妙本寺文書・新横須賀市史二‐二六八〇）。 **晦日** 一色義直が巻島主水助に、先年の下総国関宿城（千・野田市）簗田氏との戦いでの忠節を認め、恩賞として同国間釜（埼・栗橋町）内で一〇貫文を宛行い、開拓して来年夏には軍役を賦課すると命じる。奉者は岩崎修理亮・船沢紀伊守（幸手市巻島文書・三四五六）。

▼この月、武蔵国岩付城（埼・さいたま市岩槻区）城下の慈恩教寺に、北条氏房の家臣伊達房実が鉄製の灯籠を寄進する（慈恩寺所蔵・三四五七）。

6月

1日 北条氏直が桜井肥前守に、知行地の上野国長手郷（群・太田市）新宿を守護不入として諸役を免許し、百姓に田畠を開拓させる。奉者は宗悦（松江市桜井文書・三四五八）。同日、北条氏直が桜井肥前守に、長手郷での富士参詣者の横合非分を禁止させ、当町での押買狼藉を停止させる。奉者は宗悦（同前・三四五九）。 **5日** 北条氏直が羽柴氏家臣の妙音院（富田知信）・一鷗軒（津田信勝）に、氏直父子の一人を上洛させよとの事で、北条氏政が上洛と決めたが年内は無理であるが、十二月上旬には出発する予定と伝える（岡本文書・三四六〇）。 **13日** 北条氏房が武蔵国中尾（埼・さいたま市緑区）吉祥寺に、同寺と慈星院との相論に双方を対決させた結果、仙波（埼・川越市）中院の証文から慈星院は吉祥寺の末寺と判明し、吉祥寺の勝訴とする。奉者は福島房重（吉祥寺文書・三四六一）。 **15日** 清水康英が清水英吉に、北条氏からの下知で伊豆国下田城（静・下田市）に移らせ、祝儀に二〇俵を贈呈し、城内では壁書（城中掟）をよく見て遵守させる（南上清水文書・三四六二）。 **22日** 松田憲秀・松田直秀が土岐義成に覚書を送り、北条氏政を京都に上洛させるため上洛の軍勢と費用を分国中の者に賦課すると申し渡す(安得虎子一〇・三四六四)。**23日** 宮城政業が死没する。九五歳。法名は斎徳。**28日** 北条氏直が伊豆国修善寺(静・伊豆市)修禅寺に、正覚院領の同国加子・岩崎(静・三島市カ)についての相論で、正覚院(現在地未詳)の寺領と確認されたと知らせる。評定衆は山角康定(修禅寺文書・三四六七)。同日、北条氏直が伊豆国正覚院に前項同様に伝える。評定衆は山角康定(同前・三四六八)。**吉日** 洋乎乾栄が鎌倉の報国寺(神・鎌倉市浄明寺)昌胤蔵主に、代々の証文と北条家朱印状を副えて渡し、住持職を譲渡する(報国寺文書・相古四-四七二)。

7月

3日 北条氏直が相模国大磯(神・大磯町)地福寺に禁制を掲げ、寺域と門前の竹木草花の伐採、法会での諸人の狼藉、牛馬を放つ事、旅人への宿舎提供等を禁止させ、常勝寺を末寺と認める。奉者は山角直繁(地福寺文書・三四六九)。同日、北条氏直が相模国早川(神・小田原市)久翁寺に禁制を掲げ、寺中で弓・鉄砲で鳥を撃つ事、山林での竹木伐採を禁止させる。奉者は関与一(相州文書足柄下郡・三四七〇)。同日、北条氏直が久翁寺に、寺領として同国徳延(神・平塚市)内で五貫余文を安堵する。奉者は関与一(同前・三四七一)。**10日** 羽柴秀吉が真田信之に、関東・出羽・陸奥の各大名等の国分けを指示するため津田信勝・富田知信を上使として派遣するため道案内を依頼し、駿河国駿府(静・静岡市葵区)から上野国沼田(群・沼田市)迄の各宿から伝馬六〇疋・人足二〇〇人を出させる(真田宝物館所蔵真田文書・小一-八二三頁)。**13日** 富田知信が伊達政宗に、会津表(福島・会津若松市)の事を長尾顕長が羽柴秀吉に報告した件で書状を出したが、早急に秀吉と誼を通す事を心掛けて欲しいと依頼し、自分は関東の国分けの件で十五日には京都を発ち関東に向かうと伝える(伊達家文書・福七-七二一頁)。**14日** 北条氏政が北条氏邦に、上野国沼田・吾妻領を真田昌幸から受け取る件で指示し、受取衆は一〇〇〇人でよいと羽柴方の富田知信から知らせてきた事。沼田城での饗応の件は城を受け取る以前は小田原城の者がする事。知信は明日にも小田原城に到着し、その時に羽柴衆の小田原城通行をどうするか決めるので報告する。氏政の上洛には配下の諸勢から五騎程を出させる事を依頼するので、各国衆への奏者には下知しておく事。しかし、未だ一〇〇日もあるから急ぐ必要は無い。沼田城の受取人は北条氏忠と決めた事。沼田城を受領した後の饗応役は氏邦が務める事と伝える(内田文書・三四七二)。**18日** 和田信業が上野国安中宿(群・安中市)に宿場掟を出し、男女の風紀の取締り等に厳しく規定を定める(安中宿本陣文書・三四七三)。**20日** 北条氏直が安中久繁に、沼田城の受取りの件で富田知信・津田信勝が同城に参着するため、北条氏邦が途中まで出迎え、北条氏忠を受取役として派遣する。久繁は騎馬侍以下を選抜して二〇〇人程を引率して氏邦と同道し、徒歩者は白衣、騎馬侍は袖細・皮袴・胴服とし、武具は持たせない事。弓・鉄砲・槍は綺麗に支度し、火急の事態に備える事。日取りは二十六日位であろうと申

7月

し渡す（市谷八幡神社文書・三四七四）。同日、北条氏房が武蔵国井草（埼・川島町）伊達分の百姓中に、九月晦日迄に当年の棟別銭二貫余文を同国岩付城（埼・さいたま市岩槻区）御蔵に納入させる（武州文書比企郡・三四七五）。**21日** 徳川氏家臣の榊原康政が沼田城に参着し、真田昌幸から同城を北条氏直に明け渡させ、羽柴秀吉の検使の富田知信・津田信勝が同城を受け取る（家忠日記・小一八二三頁）。**22日** 施薬院全宗が片倉景綱に、羽柴秀吉が伊達政宗の会津の芦名氏を攻めた事を不快に思っていると述べ、使者の富田知信が相模国に到着したと報告する（仙台市博物館所蔵伊達家文書・福七‐七二三頁）。**24日** 北条氏直が北条氏規に、山角定勝への書状と富田・津田両氏の書状も拝見し、氏規から酒等を贈呈する事。北条氏政に見せてから富田・津田両氏への書状案文を渡すと伝える（大竹文書・三四七六）。**29日** 北条氏照が伊達政宗に、刀の贈呈に謝礼を述べ、佐竹義重と伊達氏との間は平穏の様だが北条氏と佐竹氏は敵対しており、いつ合戦になるか不安で、今後も協力を依頼し、北条氏直から音信の祝儀に南蛮笠・唐錦三巻を贈呈し、氏照は刀を答礼する（仙台市博物館所蔵伊達家文書・三四七七）。同日、北条氏照が伊達氏家臣の原田宗時に、伊達政宗との取次役の片倉景綱が不在で、音信が途絶え、不安なので宗時から政宗に披露させる（同前・三四七八）。

▼この月、内藤定行が相模国半原（神・愛川町）清雲庵に、本尊として地蔵菩薩と関銭を永代に寄進し、門前の諸役も免除する（皇国地誌残編下・三四七九）。

8月

1日 千葉（北条）直重が原邦房に、千葉邦胤殺害後の名跡を直重が継ぐについて、邦房を何分にも引き立てる事。何事も邦胤の時の如く奔走する事。北条氏は邦胤との親子関係に別心が無い事を約束する（原文書・三四八〇）。**5日** 北条氏直が北爪新八郎に、知行として上野国女淵五郷（群・前橋市）の給田を検地して宛行うと約束する。奉者は垪和康忠・笠原康明（北爪文書・三四八一）。**7日** 北条氏房が武蔵国鷲宮（埼・鷲宮町）鷲宮城に、同国岩付城（埼・さいたま市岩槻区）より同城迄の宿々に、一日に兵糧三駄ずつの通行を許可する。奉者は宮城正重（鷲宮神社文書・三四八二）。**16日** 北条氏房が深井対馬守・同藤右衛門尉に、植林した栗林からの栗実の納入を促進させ、合わせて木の伐採を禁止する（武州文書足立郡・三四八三）。**18日** 北条氏政が原胤長に、下総国佐倉湊（千・酒々井町）舟役の入湊税について、経緯が曖昧なため改めて規定すると伝える（隠心帖・三四八四）。**22日** 松田直秀が山口重明に、知行の武蔵国横手村（埼・日高市）二〇貫文の給田配分を定め、山口重久と同重勝には七貫五〇〇文ずつ、同重保は五貫文とする（大江氏所蔵山口文書・三四八五）。**23日** 大道寺政繁が福田某・後閑又右衛門尉に、信濃国の両伴野氏の上野国惣社（群・前橋市）での知行分は政繁が預かるが、先の約束とは多少年貢の高が相違しており、槍衆を連れて申告に来て欲しい事。また、両伴野氏には同国松井田城（群・安中市）城下の新堀に移住させたいと伝える（諸州古文書一一・三九三〇）。**24日** 北条氏政

9月

が原胤幹・同大炊助に、隼の進上につき桜井太郎兵衛に氏政朱印状を出したが、千葉（北条）直重が同邦胤の名跡を継ぐ以前の事で、今は小田原城に直接納めさせる。奉者は山角定勝（千葉市立郷土博物館所蔵原文書・三四八六）。同日、北条氏政が原胤幹・同大炊助に、下総国森山城（千・香取市）城山の材木伐採について海上山城守の証文を見たが、今後は山城守や胤幹父子の御用には氏政朱印状を出すと申し渡す。奉者は山角定勝（同前・三四八七）。同日、北条氏政が原胤幹・同大炊助に、森山表は穀物留めと定めて厳守させ、万一の御用には北条家朱印状で申し付けると伝える。奉者は山角定勝（同前・三四八八）。**26日** 北条氏直が駿河国西浦（静・沼津市）小代官・百姓中に、普請衆の御用に、二十九日迄にしひのたり五〇〇枚を小田原城の久保孫兵衛に納めさせる（土屋文書・三四八九）。**28日** 北条氏房が井原土佐守に、武蔵国畔吉（埼・上尾市）徳正寺を、詫言に任せて寺内・門前共に諸役を免許し、不入とする。奉者は円阿弥（徳星寺文書・三四九〇）。**29日** 北条氏邦が上野国北谷（群・藤岡市）飯塚和泉守に、同郷の年貢銭を黄金と綿で蔵納させ、只今は黄金は調達し難いため十月迄に納めさせる（飯塚文書・三四九一）。**晦日** 北条氏直が小田原城下の畳刺職の弥左衛門に、先代の如く扶持給を支給する（相州文書足柄下郡・三四九二）。

▼この月、下旬、この頃までに猪俣邦憲が上野国沼田城の城主となる（吉田系図所収文書・三四九三）。この月、武蔵国阿久原（埼・神川町）阿須和大明神を造立し、大旦那に真下蔵人入道全能が見える（丹生神社所蔵棟札・武銘八一七）。

1日 猪俣邦憲が吉田真重に知行書立を出し、上野国政所（群・みなかみ町）他で三三〇貫文分の年貢を催促して蔵納させ、違反者は改易処分とする（吉田系図・三四九三）。**13日** 北条氏直が奉行の大道寺政繁代・山上久忠に掟書を下し、以前の如く相模国荻野宿（神・厚木市）馬町を毎月十九日から二十五日迄の七日間の開催で楽市と決め、横合非分等を禁止させる。同文の木札もあり（難波文書ほか・三四九五～六）。同日、北条氏政が三谷蔵人佐に、下総国吉田之郷（千・八日市場市）久方之村について尊光院が妙見社領と主張して訴訟を起こし、裁許して天文十五年（一五四六）の千葉利胤の証文等の検査で尊光院の主張を退け、蔵人佐に久方之村を安堵する。糾明の使は山角定勝・板部岡融成（井田氏家蔵文書・三四九七）。同日、北条氏邦が飯塚和泉守に、上野国北谷（群・藤岡市）の年貢を全部預け、忠節を求める（飯塚文書・三四九八）。**21日** 北条氏政が恒岡信宗・太田康宗に、二十三日には武蔵国江戸城（東・千代田区）に帰城して休ませ、来月五日に出発して七日に下総国関宿城（千・野田市）の当番に着き、山角定勝と交代させる（小田原編年録附録四・一九四六）。**23日** 北条氏直が伊丹直吉・同政富と武蔵国浅草町（東・台東区）に禁制を掲げ、先の証文の如く三月十八日・六月十五日・十二月十八日を市日と定め、喧嘩口論等を禁止させる。奉者は山角直繁（武州文書府内上・三四九九）。**25日** 北条氏直が長尾顕長に、上野国国峰城（群・甘楽町）小幡氏が北条氏邦の命令に背くなら、氏邦と相談して攻め

9月

滅ぼすために出陣せよと命じる（古河市長尾文書・三五〇〇）。**26日** 北条氏直が大曾根飛驒守と遠山政秀代・倉賀野家吉代に、上野衆の宇津木氏久・神宮武兵衛の昨年分の四〇貫文の鉄砲衆扶持給を同国厩橋城（群・前橋市）の麦で支給させる（大阪城天守閣所蔵宇津木文書・三五〇一）。**27日** 高城胤則が下総国須和田（千・市川市）府中六所神社神主・船橋（千・船橋市）舟橋宮中に、古来の如く棟別役免除とし、門前も不入とする（須和田神社文書ほか・三五〇三～四）。**28日** 北条氏邦が横瀬兵部大夫に、以前は猪俣氏が使役した陣夫一疋を宛行う（新編武蔵秩父郡・三五〇五）。**29日** 富永助重が町田房に、先ずは元地に帰参させる（加沢記三・三五〇六）。

10月

1日 猪俣邦憲が和田伊賀守に、上野国沼田衆の和田一族が真田氏の許では退転していたが、邦憲が沼田城（群・沼田市）城主に就任したため古来からの地衆を糾明して和田本領・屋敷地を渡し、知行地を同国生科（群・川場村）他で五一貫文と確定し、恩田本領は木内右近衛に渡し、軍役を務めさせる（真田宝物館所蔵文書・三五〇七）。同日、猪俣邦憲が木内左（右カ）近衛に、譜代の本領として上野国立岩（群・川場村）他で八〇貫文を返却し、軍役を務めさせる（木内文書・三五〇八）。**3日** 松田直秀が山口重明に、知行として武蔵国関戸（東・多摩市）内の乞田之村で夫銭共に二五貫文を宛行い、軍役を務めさせる。奉者は発仙（大江氏所蔵山口文書・三五〇九）。同日、上田憲定が武蔵国かたよせ（埼・東松山市上唐子）百姓中に、同郷の百姓・脇百姓・出家に到るまで忠勤を励ませ、名主職の百姓を早速に同国松山城（埼・吉見町）に来させ、郷中の仕置きを請けさせる（石川文書・三五一〇）。**5日** 大道寺直繁が鎌倉の鶴岡八幡宮に願文を掲げ、太刀等の武具と修理銭三〇貫文・馬の寄進を約束し、羽柴氏との決戦に勝利する祈禱を依頼する（鶴岡八幡宮文書・三五一一）。**8日** 北条氏勝が鶴岡八幡宮院家中・神主・小別当に、相模国玉縄城（神・鎌倉市）城主に就任して日が浅いため、鶴岡八幡宮領への人足役免許の北条家朱印状を知らず同社領に人足役を賦課した事を謝罪し、人足は自分から出すと伝える（同前・三五一二）。**9日** 小幡信定が新井市左衛門尉に、知行として上野国熊井土分中島（群・吉井町）五貫文を宛行う（黒沢文書・三五一三）。**10日** 小山秀綱が安久津与十郎に、兄将監に宛行った知行と屋敷地を与え、軍役を務めさせる（阿久津文書・三五一四）。**11日** 小幡信定が黒沢次郎八に、知行として上野国佐久原（現在地未詳）八貫文を宛行う（本多氏保管黒沢文書・三五一五）。**13日** 北条氏政が井田胤徳に掟書を下し、井田氏領内での鉄砲での鳥撃ちを停止させる。奉者は山角定勝（井田氏家蔵文書・三五一六）。同日、里見義康が正木頼時に、安房国から武蔵・下総の津辺を通る江戸内湾の廻船は、下総国百首湊（千・富津市）で臨検するため寄港させるが、そこで船役等を賦課する事は禁止とする（武州文書秩父郡・千四-五三七頁）。**14日** 北条氏忠が高瀬紀伊守に、北条氏政の上洛費に出銭一貫八四八文を賦課し、晦日迄に永楽銭・黄金・麻の内から調え上納させる（神奈川県立公文書館所蔵山崎文書・三五一七）。**15日** 北条氏忠が小曾戸丹後守に、知行地の下野国尻内（栃・栃木市）七五貫文の年貢高と蔵納分を確定し、同国佐野唐沢山城（栃・佐野市）蔵納分には麻・永楽銭・硝石と三分して賦課し、麻は鎌倉屋、永楽銭は蔵奉行の鵜山・肥田・柳下三氏に納入させる（島津文書・三五一八）。同日、小幡信定が新井治部少輔に、忠節の恩賞として上野国阿相（群・神流町）他で三ヶ所、他に黒沢十郎左衛門跡を宛行う。奉者は安威佐渡守・熊井土甚内（黒沢文書・三五一九）。**16日** 山角定勝が神崎某に、下総国介崎城（千・成田市）大須賀氏から神崎氏の進退について訴えられ調査した結果、以前の如く同国作倉城（千・酒々井町）千葉氏の旗本と確定し、原胤長が伊豆国熱海（静・熱海市）から帰国したら報告すると伝える（下総文書・四三四）。**21日** 多米彦八郎が重田木工之助に、忠節を認め、二貫文の扶持給を武蔵国河越城（埼・川越市）蔵米から支給する（須藤并重田文書・三五二〇）。**23日** 原兵庫助が北条氏房の奉行人に、知行地の武蔵国根岸・鶴間（埼・さいたま市南区）に新宿立するについて、先年も訴えを起こしたが裁許が得られず、今度は断りも無く根岸・鶴間に中田氏を案内者として深井藤右衛門尉・立河重義・同伊賀守が来て検見をし、百姓の請文も無く一〇貫文の増分を懸けられ、中田氏は二宿場を一宿にすると申しており、この様な宿場の状況では開拓民は退転すると訴状を提出し、氏房へ窮状の披露を依頼する（藤波文書・三五二二）。**24日** 北条氏直が下総国匝瑳郷（千・八日市場市）西光寺に、横合・狼藉を禁止させる。奉者は板部岡融成（下総旧事六・三五二三）。同日、簗田助縄が石山新三郎に、宇和子山（現在地未詳）の木草の伐採を禁止させ、当家の御用を一途に務めさせる。奉者は小宮信濃守・鮎河豊後守（下総旧事三・三五二四）。**26日** 北条氏政が猪俣邦憲に、大鮭の贈呈に謝礼し、併せて上野国沼田城（群・沼田市）の仕置を厳重にさせる（東京大学史料編纂所所蔵猪俣文書・三五二五）。**晦日** 大道寺政繁が上野国松井田城（群・安中市）城下の不動寺に、成就院との相論に裁許し、住持の尊海が天正七年（一五七九）武田勝頼の証文と尊海の判物を副えて弁明した事から、不動寺の勝訴とする（不動寺文書・三五二六）。**30日** 武蔵国六郷（東・大田区）妙安寺の五輪塔銘に、領主の行方義安室の法名が円光院殿妙安日行大姉と見える（新編武蔵荏原郡・武銘八一八）。

11月

1日 北条宗哲（幻庵）が死没する。九七歳。法名は金龍院殿明岑哲公大居士（金龍院位牌銘・小一-八六六頁）。**3日** 猪俣邦憲が真田方の上野国名胡桃城（群・みなかみ町）を謀略をもって攻略する（家忠日記・小一-八二五頁）。**5日** 北条氏直が猪俣邦憲に、上野国沼田城（群・沼田市）に知らせる事があり山上久忠を派遣し、境目の城について油断無く警護する事を指示し、大鉄砲二挺と一種・一荷を贈呈する（東京大学史料編纂所所蔵猪俣文書・三五三七）。**7日** 北条氏政が下総国関宿城（千・野田市）城下の総寧寺に、去年の如く十五日迄に二〇貫文を四人の代官衆から支給させ、去年の兵糧は御蔵から出すと伝える（総寧寺文書・三五三九）。**9日** 大胡高繁が奈良原紀伊守に、上野国大胡城（群・前橋市）に

11月

同国赤城大明神（前橋市三夜沢町）から近戸大明神を勧請し、奉祭したいと依頼する（大胡神社文書・三五四〇）。同日、某長門守等四人と証人相磯与三左衛門・日吉八郎左衛門が連署して大川忠直・同尭珍に起請文を出し、父親大川若狭守を悪く申し立てた事に恨みを述べられた事は仕方無い事で、今後は忠直や一族の事を悪く言わない事。年来に渡って悪く申し立てたのに上野殿に庇ってもらった事を感謝し、生涯忘れないと誓う（国文学研究資料館所蔵大川文書・三五四一）。**10日** 北条氏直が北条氏規の嫡男助五郎に、氏の一字を与え氏盛と名乗らせる（神奈川県立歴史博物館所蔵北条文書・三五四二）。同日、北条氏政が小河地左京亮・塚本仁兵衛に、上野国名胡桃城（群・みなかみ町）で真田勢を討ち取る忠節を認め、感状を与える（雞肋篇一〇六ほか・二一一〜二）。同日、徳川家康が真田信幸に、名胡桃城の件と真田氏の現況を羽柴秀吉からの両使者に伝えるために使者を派遣し、秀吉に披露させる事が肝心と述べ、詳しくは榊原康政の副状で述べさせる（真田宝物館所蔵真田文書・群七-三-三五五二）。**11日** 佐野房綱（天徳寺宝衍）が上杉氏家臣の木戸元斎（休波）に、伊達政宗の使者の遠藤基信が上洛し、羽柴秀吉から会津を返還せよと命じられた事。北条氏は沼田城を受け取ったが使者の報告も無く、去る四日には今月中に北条氏の上洛が無ければ、来月二十日には配下大名に陣触すると秀吉が房綱に述べている事。昨日も北条氏の上洛が無ければ必ず出馬すると直言され、関東の諸大名・国人衆の多くは上杉景勝に預けると房綱や富田知信・津田信勝・施薬院全宗にも申された。房綱は秀吉の旗本に登用され、関東表の件を相談した等と伝える（山形県高橋文書・群七-三-三五五三）。**12日** 大道寺政繁が上野国小窪（群・高崎市）大蔵坊分・宰相公に、大蔵坊の支配を安堵する（内山文書・三五四三）。**16日** 北条氏直が相模国千津島（神・南足柄市）小代官・百姓中に、普請人足五人を賦課し、二十三日に小田原城に集めて一五日間の普請工事に従事させ、食物は北条氏から支給する（明治大学博物館所蔵瀬戸文書・三五四四）。**20日** 小幡信定が市河新七郎に、知行として上野国大桑原（群・下仁田町）他で一九貫文を宛行う（上毛志料所収上毛諸家所蔵文書・三五四五）。同日、羽柴氏家臣の和久宗是・上郡山仲為が伊達家臣の桑折宗長・片倉景綱等に、北条氏が年内に上洛せねば、羽柴秀吉が来春には関東に出馬すると述べ、会津の件で秀吉が立腹しているが、北条氏の件で立腹している間に上洛し、秀吉に謝罪するのが得策と伝える（仙台市博物館所蔵伊達家文書・小一-八一五頁）。**21日** 羽柴秀吉が真田昌幸に、北条氏が名胡桃城を攻略した事を知り、たとえ北条氏政が上洛しようと氏政が同城の攻略者を懲罰し成敗しない限り赦免せずと述べ、詳しくは浅野長政・石田三成の副状で伝えさせる（真田宝物館所蔵真田文書・小一-八一七頁）。**22日** 上洛して帰国途中の石巻康敬・玉滝坊が徳川方に逮捕され、駿河国三枚橋城（静・沼津市）に幽閉される。同日、武蔵国名栗郷柏木村（埼・飯能市）若宮に鰐口を寄進し、寄進者に横田吉光が見える（飯能市若宮八幡社所蔵・武銘八一九）。**23日** 羽柴秀吉の依頼で西笑承兌・菊亭晴季が北条氏直への宣戦布告状の草案を作成する（鹿苑日録・小一-八一八頁）。**24日** 羽柴秀吉が徳川家康に、北条氏攻略の相談のため急ぎ上洛を命じ、北条氏の名胡桃城の攻略には二万人程が攻め来たっていたと知らせる（京都府富岡文書・小一-八二〇頁）。同日、羽柴秀吉が北条氏直に宣戦布告状を発し、配下の諸大名にも同文の文書で通告する（笠岡市北条家文書・四五三七）。**26日** 北条氏直が阿久沢能登守に、先には上野国長井坂城（群・渋川市）の当番を命じたが、同国阿曽砦（渋川市）の当番に変更し、三〇人を引率して来月五日に同砦に着き、北条氏邦の衆と相談して当番を務めさせる（京都大学総合博物館所蔵古文書纂所収文書・三八二三）。同日、北条氏房が比木藤四郎に、武蔵国井草（埼・川島町）内の六貫文の給田に検地増分の三貫文等を宛行い、軍役として鉄砲侍一人を賦課して伊達房実に配属し、他にも同国安行（埼・川口市）内の慈林之村一七貫文の知行も安堵する。奉者は伊達房実（武州文書比企郡・三五四六）。**28日** 猪俣邦憲が吉田真重に、追加の知行内の二〇〇貫文分の軍役着到を定め、足軽衆七〇人・鉄砲衆三〇人・槍衆二〇人と決めて城の曲輪の普請役を務めさせ、先代から定められた諸役賦課も命じる（吉田系図・三五四七）。同日、石田三成が相馬義胤に、北条氏の裏切りを通告し、使者の石巻康敬を死罪にすべきところを助命した事。来年正月上旬には羽柴氏配下の諸大名に陣触を発し、二月上旬には上野国碓氷峠と相模国箱根峠へ攻め込むとの廻状を回した等と伝える（相馬文書・小一-八二三頁）。**吉日** 伊豆国仁科（静・西伊豆町）三島大明神を修築し、地頭に北条氏規の御前、本願に須田盛吉、大工に瀬納清左衛門、鍛冶に鈴木七郎左衛門が見える（佐波神社所蔵棟札・四九六九）。

▼この月、羽柴氏の許で北条征伐の諸大名の陣立が決められ、来年二月一日に出陣と決定する（仙台市博物館所蔵伊達家文書・小一-八二三頁）。

12月

2日 北条氏直が高橋丹波守に、新造の四板船二隻を伊豆国雲見浦（静・松崎町）に置く事を許可して諸役を免許し、北条氏の御用の時には北条家朱印状で命じさせる。奉者は板部岡融成（高橋文書・三五四九）。**3日** 小幡信定が佐藤甚平に、父親治部少輔の家督を相続するのを許可する（高崎近郷村々百姓由緒書・三五五〇）。**4日** 羽柴秀吉が小早川隆景に、北条攻めの先勢は正月から出馬するので、尾張国清洲城（愛知・清須市）を受取り、同国仮屋須賀城（愛知・一宮市）も守備させ、吉川広家に二月中旬に上洛し、次いで同国星崎城（愛知・名古屋市南区）の在番を命じる（吉川家文書ほか・小一-八三一頁）。**5日** 北条氏直が宇津木氏久に、知行地の上野国福島郷（群・玉村町）百姓三家族の欠落を領主・代官に断って帰村させる。奉者は菊阿ミ（大阪城天守閣所蔵宇津木文書・三五五一）。同日、板部岡融成が清水康英に、康英からの書状と新造の四板船の諸役免除の北条家朱印状を高橋丹波守に渡し、また、北条氏の御用により野島某を小田原城に参府させて三ヶ条の規定を伝え、康英にも披露させる（高橋文書・三五五二）。同日、原胤栄が死没する。三九歳。法

12月

名は弘岳。嫡男吉丸が家督を継ぐ。同日、羽柴秀吉が加藤嘉明に、北条攻めのため船手大将として軍勢六〇〇を引率し、二月中に伊勢志摩に着岸して九鬼嘉隆の命令に従わせる（近江水口加藤子爵家文書・小一-八三頁）。**6日** 北条氏直が小田原より上野国新田（群・太田市）迄の宿中に、宇津木氏久に伝馬一疋の使役を許可し、無賃伝馬とする。奉者は垪和康忠（大阪城天守閣所蔵宇津木文書・三五六〇）。**7日** 北条氏直が相模国千津島（神・南足柄市）に、人足を賦課して五日の内に板一二〇〇枚を小田原城に届けさせる（明治大学博物館所蔵瀬戸文書・三五六一）。同日、北条氏直が八木和泉守に、天正十四年（一五八六）に八木三郎兵衛・同又三郎が与奪した時の判物と清水康英より買得した判物を見て、以前の如く伊豆国宇土金（静・下田市）・子浦（静・南伊豆町）の地を安堵する。奉者は山角直繁（松崎文書・三五六二）。同日、北条氏直が富田知信・津田信勝に五ヶ条の条目を出し、一、北条氏政の上洛が遅れたため五日に駿河国沼津（静・沼津市）に向かったが、羽柴秀吉からの宣戦布告状を受けて意外である。妙音院・一鷗軒が小田原城に来た時には来春か夏の間に上洛すると伝えたが許されなかった。秀吉が上野国名胡桃城（群・みなかみ町）の件で立腹していると聞き、氏政が上洛して永く京都に留められ、国替等の処罰を受けるとの噂で、未だに上洛しえない事。一、使者として派遣した石巻康敬の扱いには妙音院・一鷗軒に恨みを持った事。一、この上は疑心を解いてもらえば氏政の上洛を促すので理解して欲しい事。一、名胡桃城奪取の件は氏直は一切知らない事で、今後に調査する等と弁明する（武将文書集・三五六三）。**8日** 北条氏直が上野衆の宇津木氏久・桜井肥前守・後閑宮内太輔に覚書を与え、京都表の事、人質の事を伝え、出陣の用意を急ぎ、正月三ヶ日に陣触を発し翌日には諸軍が出馬して小田原城に参集させよと申し渡す（大阪城天守閣所蔵宇津木文書ほか・三五六四〜六）。同日、北条氏直が伊豆国梅縄（静・三島市梅名）百姓中に、今年の大普請役を賦課し、十二日に人足七人を同国山中城（三島市）に集め、翌日から普請工事に従事させる（戸羽山文書・三五六七）。同日、北条氏直が前田源六郎に、北条氏政の上洛の遅延について羽柴秀吉の内々の気持ちの情報提供に謝礼し、秀吉の本心を知らなければ氏政の心を動かせないと述べる（尊経閣文庫所蔵古文状・三五六八）。**9日** 北条氏直が徳川家康に、上野国名胡桃城奪取の件は北条側の仕業ではなく、城主の中山某の書状を送付するので検討して欲しい事。北条氏政の上洛の遅延を羽柴秀吉に釈明する取成しを依頼し、先月二十四日の宣戦布告への赦免を懇願する（古証文五・三五七〇）。同日、北条氏政が徳川家康に、羽柴秀吉の宣戦布告に驚愕して弁明し、北条氏直の裏切りは無いと主張し、秀吉への取成しを依頼する（同前・三五六九）。同日、北条氏規が徳川家康に、家康の書状を受けて了承し、北条氏政父子に披露するので羽柴秀吉への取成しを依頼する（同前・三五七一）。同日、伊豆国小野郷門野村（静・南伊豆町）三島大明神を修築し、大旦那に高野久吉が見える（三島神社所蔵棟札・四九七二）。**11日** 北条氏直が赤堀又太郎に、上野国阿曾砦（群・昭和村）の在番を命じ、自身が移って北条氏邦の指揮下に入らせる（早稲田大学中央図書館所蔵赤堀文書・三三九七）。同日、北条氏直が大藤与七と同心・被官中に掟書を発し、明日の早天に伊豆国伊豆山（静・熱海市）に陣取り、もし羽柴勢が伊豆表に侵攻したら北条氏に構わず斥候を出して指図する事。与七は若輩なので、この掟に違反する者が無い様に同心・被官や大人衆も念を入れた忠節を求める（大藤文書・三五七二）。同日、北条氏邦が上野国津久田衆の狩野康行に、上野国阿曽砦の当番替えには阿久沢氏と赤堀又太郎に自身が移る様に命じたが移っておらず、境目の大切な城の在番に遅れるのは問題なので、先ずは両方の人衆が交替し、阿久沢衆は本城、赤堀衆は中城、津久田衆は城の外張に在番する事。上野国沼田・吾妻は北条氏に渡され、真田昌幸は京都に留められているから、先日は休戦と伝えたが、真田方の足軽が出て来たら捕らえる事と申し渡す。阿曽砦の当番は一番に同国津久田城（群・渋川市）狩野康行に申し付け、二番は須田某に命じる（狩野文書・三五七四）。**13日** 羽柴秀吉から徳川家康の許に北条氏攻めの陣触状が届けられる（家忠日記・小一八三四頁）。**14日** 北条氏直が北爪新八郎に、知行として上野国女淵之郷（群・前橋市）二〇貫文を宛行い、軍役を務めさせる。奉者は笠原康明（北爪文書・三五七五）。**16日** 北条氏忠が安部主水・金井新衛門両氏に、鵜山主水から当年分の御蔵出の永楽銭八貫文を支給させる（福地文書・三五七六）。**17日** 北条氏政が井田胤徳に三ヶ条の定書を下し、一、常陸国牛久城（茨・牛久市）当番について高城胤則に依頼したが羽柴氏との決戦で正月五ヶ日から参陣するので、高城衆の半分と豊島衆が在番する事。一、井田衆は二二五人の内二五人は在地に残し、二〇〇人は小田原城に参陣させる事。この内の七〇人を引率して来月十一日に小田原城に着陣する事等と申し渡す（浅草文庫本古文書・三五七七）。**18日** 清水康英が高橋丹波守に、津田信勝・富田知信が駿河国沼津に留まり、三枚橋城には城中に石巻康敬が小者一人と幽閉されていると伝える（高橋文書・三五七八）。**19日** 北条氏直が大藤与七に五ヶ条の定書を出し、一、来年は羽柴勢との決戦で、伊豆国韮山城（静・伊豆の国市）に籠城する事。一、二十六日に出馬し翌日には韮山城に入って北条氏規の指揮下に入る事。一、駿河国長浜城（静・沼津市）に八〇人を入れる事。一、軍勢二四〇人の内二〇〇人は韮山城に籠城、残り二〇人ずつは在地と小田原城にと配分させる（大藤文書・三五七九）。同日、北条氏政が北条氏規に、三日以内に韮山城の詳細な曲輪配置の絵図を提出する事。大藤与七は二十七日に二〇〇人を引率して同城に籠もる事。清水康英から同城では戦の準備はしていないとの報告に驚き、各人の知行割りで準備を行わせる（大竹文書・三五八〇）。同日、由良国繁が武藤筑前守に、知行として上野国龍舞之郷（群・太田市）榎木戸分三一貫文を宛行い、忠節を求める（武藤文書・四七六五）。**20日** 成田氏長が栗原大学助に、夫馬免の知行として武蔵国門井（埼・行田市）内で一〇貫文を宛行う（行田市郷土博物館寄託栗原文書・三五八一）。同日、成田氏長が栗原大学助に、知行として門井内で二〇貫文を宛行う（同前・三五八二）。**22**

12月

日 北条氏邦が香下源左衛門尉に、知行として本領二一貫文と前々の知行分二四貫文を安堵し、四方田某の一騎分の知行も認めて軍役着到を四人と定め、軍役を務めさせる（諸州古文書一二武州・三五八三）。**24日** 北条氏直が大村対馬守に、宇津木泰朝の同心給分として永楽銭で二一貫文余を上野国北玉村（群・玉村町）年貢分から渡させる（大阪城天守閣所蔵宇津木文書・三五八四）。同日、北条氏直が長尾輝景に、羽柴秀吉が初春に関東に侵攻するとの報せを受け、急いで防戦の支度を依頼する（石北文書・三五八五）。同日、北条氏房が道祖土満兼・内山弥右衛門尉に、正月五日には小田原城から陣触れが発せられるので、今月二十八日に妻子を連れて武蔵国岩付城（埼・さいたま市岩槻区）大構に移り、兵糧は正月五日に搬入と命じる（道祖土文書ほか・三三八〜九）。**26日** 北条氏直が小田原より上野国沼田迄の宿中に、同国名胡桃城主中山某に伝馬四疋の使役を許可し、無賃伝馬とする。奉者は板部岡融成（本間文書・三五八六）。同日、小幡信定が市河右近助に、知行として上野国下仁田（群・下仁田町）他で三三貫文を宛行う（上毛志料所収上毛諸家所蔵文書・三五八七）。**27日** 北条氏直が宇津木泰朝に、給恩として上野国西之庄（群・伊勢崎市）内で一ヶ所を宛行い、郷名の書出状は来春の検地の上で発給すると申し渡す。奉者は垪和康忠（大阪城天守閣所蔵宇津木文書・三五八八）。同日、北条氏直が長尾輝景・同孫七郎に二ヶ条の定書を下し、羽柴氏との決戦には居城の上野国白井城（群・渋川市）の防衛を任せ、何事も北条氏邦に相談する事。一、正月晦日を期限に知行分の郷村の兵糧を総て白井城に搬入させる事。一、上野国長井坂城（渋川市）の当番は小幡衆に任せ、正月七日には長尾衆の同城当番衆を居城に返す事と申し渡す（上毛伝説雑記拾遺三・三五八九）。同日、北条氏政が井田胤徳に、今月十七日の命令を撤回し、軍勢を分けずに全員で参陣させ、正月四日に総勢二二五人を引率して下総国佐倉城（千・酒々井町）に到着し、佐倉衆と同じく九日には小田原城に籠城させる（井田氏家蔵文書・三五九〇）。同日、北条氏照が片倉景綱に、伊達政宗から北条氏直への書状到来に感謝し、伊達家への取次役は氏照がするが、北条家から伊達家への取次役は原田宗時と相談して決めて欲しいと伝える（仙台市博物館所蔵片倉文書・三五九一）。同日、高城胤則が下総国船橋（千・船橋市）天照大神宮の神主に、百姓の横合で祭礼田の年貢が断絶し、祭礼が施行できずとの訴えで、来年から安堵すると約束する（船橋大神宮文書・三五九二）。**28日** 北条氏直が富岡氏高に三ヶ条の掟書を出し、羽柴氏との決戦には佐竹義重も羽柴方として上野方面に侵攻するから、下野国佐野（栃・佐野市）・両小山（栃・小山市）・上野国館林（群・館林市）の守備を堅固にするため、氏高の周辺の地衆を預けて佐竹勢に備え、別に富岡新三郎を大将として六〇人の軍勢で正月十五日には小田原城に籠もらせる事。一、郷村の兵糧は居城へ搬入し、郷村民の食料分は残す事。一、今度の決戦は通常とは違うため知行分の男達に悉く普請役を賦課すると通達し、詳しくは北条氏邦から説明させる（原文書・三五九三）。同日、北条氏直が多米彦八郎に、扶持給五貫文を与え、安藤良整から一貫文は重田杢之助、四貫文は土屋四郎左衛門に米と永楽銭で支給する（須藤并重田文書・三五九四）。同日、北条氏直が相良左京進に、正月二十日迄に知行地の伊豆国吉田郷（静・伊東市カ）の兵糧を近くの城に搬入させ、郷村民は在村させて食料分を残しておく事と命じる（伊豆順行記・三五九五）。**29日** 北条氏直が佐野新八郎に、宇野主水を騎馬侍として参陣させ、安藤良整から扶持給四貫文を米と永楽銭で支給する（宇野文書・三五九六）。同日、北条氏忠が安倍主水・金井新衛門両氏に、正月六日に配下の足軽を引率して在所を発ち、九日に小田原城に参着させ、陣夫の扶持は明日に伝えるとする（福地文書・三五九七）。**晦日** 北条氏直が須藤盛良に、小田原城下の鋳物師山田二郎左衛門等と分国中の鋳物師中に、合計二〇挺の大筒の鋳造を命じ、一挺七日間で仕上げ納入させる。奉者は間宮宗甫（相州文書足柄下郡・三五九八）。

▼この月、早くも羽柴秀吉が東海道筋から北条領の伊豆国三島（静・三島市）・相模国早川（神・小田原市）海蔵寺・同国土肥郷（神・湯河原町）に禁制を掲げ、羽柴勢の乱暴・放火等を禁止させる（同前ほか・神三下-九五四五、静八-四-三三六二、三三六五）。

▼この年、武蔵国引田之村（東・あきる野市）真照寺の絵馬板に、当領主の平山直重・同角蔵、志村景元が見え、山王権現を再建したと記す（真照寺所蔵・三五九九）。

天正十八年（一五九〇）・庚寅

1月

2日 北条氏忠が安倍主水・金井新衛門両氏に、一三人の足軽の指南と陣夫二人・二疋の支給を定め、小田原城へ参陣のため一三〇文の扶持給を鶴山主水から支給する（福地文書・三六〇〇）。**4日** 北条氏規が海老名五郎右衛門に陣触れを発し、被官衆を相模国三崎城（神・三浦市）と小田原城に移らせ、妻子・郎党と兵糧・荷物等は小田原城に搬入させる。奉者は長谷川某（伊豆順行記・三六〇一）。同日、簗田助縄が関根某に、年来の忠節を認め兵庫助の官途を与える（児矢野文書・三六〇四）。同日、某が長島正行に、相模国公郷佐竹方（神・横須賀市）百姓が年貢を納めず処罰したいが、長年抱えの百姓なので赦免し、公郷寺方（横須賀市）の百姓二人に耕作を任せ、石渡孫右衛門と相談して荒地開拓に努めさせる（相州文書三浦郡・三六〇二）。同日、某が公郷佐竹方の百姓四人に、年貢未納の罪を赦免し、郷中の件は長島正行に任せたので石渡孫右衛門と相談して荒地開拓に努め、年貢を完納させる（同前・三六〇三）。**5日** 北条氏直が武蔵国鴨居（神・横浜市緑区）小代官・百姓中に、小田原城の普請人足一人を賦課し、十四日から一〇日間の普請工事に従事さ

1月

せる（武州文書都筑郡・三六〇五）。同日、北条氏規が岡本善左衛門尉に、北条辰千代（氏規の次男）の被官は相模国三崎城と小田原城に移らせ、郎党と兵糧・荷物等も搬入させ、路次の途中で違法に道止めする者は申告させる。奉者は佐野内膳亮（岡本文書・三六〇六）。**6日** 北条氏直が上野衆の阿久沢能登守に、武上の国人衆は悉く小田原城に参陣させるため着到を定め、軍勢四一人を引率し十五日に小田原城に籠城させる（群馬県立歴史博物館所蔵阿久沢文書・三六〇七）。**7日** 北条氏邦が相模国当麻（神・相模原市南区）無量光寺に法度を下し、小田原参陣衆の当寺での殺生・狼藉等を禁止させ、氏邦の奏者にも守らせる（無量光寺文書・三六〇八）。**8日** 北条氏直が上野衆の宇津木氏久・本間五郎大夫に、知行分の兵糧は晦日迄に同国金山城（群・太田市）に総て搬入させ、郷村境を越えて出作する者には出作分の兵糧を与える事が北条氏総国の掟と説明し、郷村民の食物分は残すが、土中に埋蔵するのは禁止させる（大阪城天守閣所蔵宇津木文書ほか・三六〇九〜一〇）。同日、羽柴秀吉が真田昌幸に、北条攻めの先鋒隊を命じ、二月十日頃に出馬させ、後詰の軍勢や兵糧の手配等も進めていると伝える（長国寺殿御事蹟稿八・小一-八三八頁）。**9日** 北条氏直が高橋郷左衛門尉に、伊豆国下田城（静・下田市）への検使を命じ、清水康英と相談して同城の警備を厳にさせ忠節を求める（高橋文書・三六一一）。同日、北条氏隆が武蔵国大井（埼・ふじみ野市）百姓中・名主に、押立夫一五人・一五疋を賦課して同国鯨井郷（埼・川越市）から給地を与え、兵糧を小田原城に搬入させる（塩野文書・三五二七）。同日、羽柴秀吉が上杉景勝に、北条攻めの先鋒隊を命じ、二月十日頃に出馬して上杉勢と信濃国人衆を引率して参陣させ、信濃国木曾（長野・木曾町）勢も参加させる（歴代古案九・神三下-九五六八）。**12日** 北条氏政が清水康英に、伊豆国下田城へ籠城する清水氏被官等は十六日に小田原城を出馬するが、各方面への軍勢配備で思うに任せないとは思うが、後々の事も考慮して上手く配備させる（清水文書・三六一二）。**14日** 北条氏直が鎌倉の妙本寺に定書を出し、竹木の伐採、寺僧衆の兵糧への横合を禁止させ、二十五日には郷村の兵糧を搬出するので、寺中に他の兵糧を置く事は禁止させる（妙本寺文書・三六一三）。同日、北条氏直が相模国金子（神・大井町）安藤分の代官・百姓中に禁制を掲げ、参陣衆の乱暴狼藉を禁止させる。奉者は板部岡融成（相州文書足柄上郡・三六一四）。同日、北条氏政が大藤与七に、北条氏規の下知に従わせ、足軽衆と同心・被官等にも伊豆国韮山城（静・伊豆の国市）の普請役を命じる（大藤文書・三六一五）。**16日** 北条氏直が某に、十日に軍勢を出して下野国足利城（栃・足利市）際に侵攻したが敵と遭遇せず、また、上野国沼田城（群・沼田市）に居た同国厩橋城（群・前橋市）の人馬は返したと報告され了承する（秩父日記・四九七三）。同日、北条氏政が猪俣邦憲に、小田原城に諸軍勢が参陣し山手に着陣している事。上野国では邦憲の沼田城が一番の重要拠点で、守備するには普請と食物が重要であり、自身にも普請に参加させ専念させる（東京大学史料編纂所所蔵猪俣文書・三六一六）。**17日** 北条氏直が伊達政宗に、関東へ加勢としての出馬の噂を聞いて喜悦し、具足一領を贈呈し、詳しくは北条氏照の使者の月斎吟領から述べさせる（仙台市博物館所蔵伊達家文書・三六一七）。同日、北条氏照が猪俣邦憲に、昨年夏以来は小田原城の普請工事や羽柴氏への対応で多忙なため連絡が滞ったと謝罪し、上野国沼田城には邦憲が在城して守備するので安心と伝える（東京大学史料編纂所所蔵猪俣文書・三六一八）。同日、北条氏忠が高瀬紀伊守に、陣触れを発し六人の軍役着到を定め、二十五日に小田原城に参陣させ、兵糧は在陣中は小田原城で支給する（山崎文書・三六一九）。同日、吉良氏広が江戸頼忠に、吉良勢は伊豆国下田城（静・下田市）の加勢に入ると北条氏直から命じられ、武蔵国沼部（東・大田区）の知行を諸役不入とすると約束され、家督が氏広の代になれば判物を発給すると伝える（江戸文書・三六二〇）。同日、清水康英が清水英吉に、妻子を人質として小田原城に差し出す事に異議を申し立てたと聞くが、北条氏直の命令で仕方の無い事と理解し、差し出して欲しいと説得し、急いで差し出さないと城中に入れず小田原宿中に留め置かれる事になる。高橋丹波守も妻女を連れて小田原城に向かい、新六も同じ等と諭す（清水文書・三六二一）。**18日** 北条氏房が勝田大炊助等に、この度の軍役改定に各人が良く対応して着到を遵守した事を賞し、伊達房実の命令に服して忠節を求める（勝田文書・三六二二）。**20日** 北条氏直が高橋郷左衛門尉・同久太郎に、郷左衛門尉が伊豆国下田城で戦死した時は、別に久太郎に五〇貫文の知行を宛行うと約束する。奉者は垪和康忠（高橋文書・三六二三）。同日、羽柴氏の家臣浅野幸長が伊達政宗に、父浅野長吉が政宗の事を昵懇に思っており、近日中に小田原表に出馬して欲しいと懇願する（仙台市博物館所蔵伊達家文書・福七－七二四頁）。同日、徳山則秀が片倉景綱に、羽柴秀吉が伊達政宗の北条攻めに遅参の事を立腹している事、前田利家は信濃路から上野国方面に侵攻する等と知らせる（同前・福七－七二五頁）。**21日** 北条氏直が宇津木氏久、武蔵国金沢（神・横浜市金沢区）称名寺、同国福岡（埼・ふじみ野市）・鳥越（東・台東区カ）に三ヶ条の定書を出し、一、当年の作付けに種夫食を残す事。一、郷中の兵糧に郡代が係わる事を禁止し、領主が差配する事。一、種夫食以外の穀物を郷中に隠す事を禁止すると申し渡す（大阪城天守閣所蔵宇津木文書ほか・三六二四〜五、三六二七）。同日、北条氏直が鎌倉の建長寺に掟書を出し、寺域に兵糧を置く事を禁止し、二十五日迄に相模国玉縄城（神・鎌倉市）か小田原城に搬入させる（建長寺文書・三六二六）。同日、北条氏政が北条氏規に、伊豆国韮山城の普請について指示し、この決戦に当たっては通常の普請とは異なり徹底的な普請工事に専念し、普請工事への参加を拒否する者がいた時は、清水康英代官の大屋善左衛門を死罪にすると申し渡す（堀江文書・三六二八）。**26日** 北条氏直が清水康英同心の高橋丹波守に、高橋六郎左衛門・同縫殿助・同助三郎を引率し忠節を尽くさせ、合戦の後には知行一ヶ所を宛行うと約束する。奉者は山角定勝（雲見高橋文書・三六二九）。同日、北条氏直が山角定勝に、知行地の相模国大井郷（神・大井町）内の二貫文の畠地を竹林にする事を許可する。奉者は山上久忠（諸氏家蔵文書・三六三〇）。同日、松田直秀が相模国塚原（神・南足柄市）長泉院に禁制を掲げ、寺中での殺生を禁止し、寺山での木草伐採には本道を往復させ、脇道に入り伐採する者は処罰する事。寺領として塚原内の板屋ヶ窪で一貫五〇〇文を安堵し、諸役を免許する（長泉院文書・三六三一）。**29日** 常陸衆の真壁氏幹家臣の中原吉親が、北条方の小田氏治の旧臣藤沢衆と戦う（中原吉親軍忠状）。**晦日** 大石定仲が死没する。

▼この月、羽柴秀吉が相模国八幡（神・平塚市）他に禁制を掲げ、羽柴勢の乱暴狼藉、放火、郷村民への非分を禁止させる（相州文書大住郡ほか・平塚市史資料編一―一五〇ほか）。

2月

1日 下総国南条庄（千・八日市場市）生尾山大明神社を建立し、地頭に押田下野守が見える（見徳寺所蔵棟札写・三六三六）。**2日** 前田利家が伊達政宗に、先鋒の徳川家康は五日、上杉景勝は十日、利家は二十日に関東に出陣予定と知らせる（仙台市立博物館所蔵伊達家文書・静八―四―二三二八）。**3日** 北条氏直が清水吉広に、北条氏の入国以来所持する伊豆国韮山城下の蛭島（静・伊豆の国市）屋敷を安堵し、この度の韮山城普請で曲輪に取り込む時には受取人に速やかに渡す事。屋敷地の竹木伐採は北条氏規の指示に従わせる。奉者は垪和康忠（正木文書・四七六六）。**5日** 北条氏直が上野衆の小幡信定に、同国高山（群・藤岡市）に在陣する苦労を慰労し、蜜柑・一種・江川酒一樽を贈呈する（尊経閣文庫所蔵小幡文書・三六三八）。**6日** 簗田助縄が戸張某に、簗田領の下総国吉川之郷（埼・吉川市）へ盗賊が入り成敗した忠節を認め、筑後守の受領を与える（武州文書葛飾郡・三六三九）。**7日** 北条氏房が埴谷宮内に、軍役着到を守り、十八日に武蔵国岩付城（埼・さいたま市岩槻区）に着陣させる（井伊文書・四〇四三）。**9日** 遠山犬千世が藤間十左衛門に、脇百姓の中村次郎左衛門尉が去年の年貢を納入せず、催促したら小作の者が反対したのは違法と定め、年貢納入に努めさせる（藤間文書・三六四〇）。**10日** 北条氏直が村田新左衛門に、伊豆国下田城（静・下田市）で忠節を尽くさせ、清水康英の以後は小田原城の旗本に登用すると約束する（諸氏家蔵文書・三六四二）。同日、北条氏直が小田原城下の宝安寺に法度を掲げ、移転直後の間は寺内・門前屋敷一五間共に諸役を免除し、竹木伐採・横合非分・狼藉を禁止させる。奉者は宗悦（相州文書足柄下郡・三六四一）。同日、高城胤則が下総国八木（千・流山市）百姓中に、同国柴崎（流山市）の吉野縫殿助屋敷の堀を藤二郎の屋敷下まで開削し、用水が鰭ヶ崎（流山市）との境まで通る様に命じる。奉者は日暮又左衛門尉（吉野文書・三六四五）。**11日** 北条氏直が清水英吉に、伊豆国下田城に籠城するに当たり、申告により嫡男福千世に家督相続させる。奉者は宗悦（清水文書・三六四六）。**12日** 北条氏直が小田原より浦伝いに伊豆国下田迄の船持中に、浦伝いに船一隻を出し、清水衆の八木某を下田まで届けさせる。奉者は宗悦（新井文書・三六四七）。同日、北条氏房が道祖土満兼に、武蔵国岩付城の普請を命じ、屋敷一間で人足一人を出させ、五日間の普請工事に従事させる（道祖土文書・

三六四九）。14日 北条氏直が上田掃部助に、武蔵国戸森之郷（埼・川島町）百姓の深谷兵庫が年貢未納で欠落し、同国一本木之宿（川島町カ）に居るとの申告で帰村させる。奉者は松田憲秀（名古屋市大口文書・三六五〇）。17日 北条氏直が伊豆国東浦笠原触の仁杉伊賀守・白井加賀守に触書を出し、天正八年（一五八〇）三月の一揆帳に七一〇人の槍・弓・鉄砲衆の軍勢と規定しており、軍役着到を守り参陣させ、小旗には白地に家紋を入れ、槍は二間より短いのは禁止する等と申し渡す（伊豆順行記・三六五一）。18日 羽柴秀吉が同秀次に、二十日に関東に出陣して駿河国沼津（静・沼津市）三枚橋城に着陣次第に報告させ、徳川家康と相談して諸事を決める事と伝える（桑原文書・静八-四-二三四四）。同日、徳川家康が北畠信雄に、関東に向かう船を三河・遠江の各湊に用意したと報告する（入木道系譜・静八-四-二三四五）。20日 梶原政景が正木頼時に、羽柴方からたとえ北条氏政父子が降伏しても赦免されないと知らされたと報告する（武州文書秩父郡・千四-五三八頁）。同日、上田憲定が木呂子元忠に、自身は小田原城に籠城するので武蔵国松山城（埼・吉見町）の留守役を命じる（岡谷家譜・三六五二）。21日 北条氏直が垪和康忠・笠原康明に、上野国女淵城（群・前橋市）の知行主の北爪大蔵等二六人に同国鼻毛石（前橋市）他で一四二貫文の給田を配分して与え、軍役を務めさせる（北爪文書・三六五三）。同日、浅野長吉が伊達政宗に、羽柴秀吉には会津の件について未だに究明が無いので、早速に小田原表に出馬し、弁明する様に懇願する（仙台市博物館所蔵伊達家文書・福七-七二八頁）。23日 北条氏直が武蔵国本郷（埼・川越市石田本郷）、福岡（埼・ふじみ野市）等の小代官・百姓中に、去年の御蔵米計四八俵が未進のため、三月五日迄に蔵奉行に納めさせる（大野文書ほか・三六五五～六）。24日 北条氏直が小幡信定に覚書を出し、羽柴勢が駿河国沼津（静・沼津市）周辺に着陣したと知らせ、山手の防備はどうか報告させ、在陣の人衆の着到の書立を提出させる（尊経閣文庫所蔵小幡文書・三六五七）。25日 北条氏直が上原甚二郎に、歩足軽一〇人を引率するとの事で、合戦で本意を遂げれば扶持給を与えると約束する。奉者は山角定勝（上原文書・三六五八）。同日、北条氏直が相模国千津島（神・南足柄市）代官に、臨時に小田原城の普請を命じ、人足五人を雇い二十九日から一〇日間の普請工事に従事させ、安藤良整から一〇日分の食物を支給する（明治大学博物館所蔵瀬戸文書・三六五九）。26日 浅野長吉が鎌倉の妙本寺の月行事に、羽柴秀吉の制札発給は出陣前は日取りが無いため、陣中から制札に朱印を捺印し与えると伝える（妙本寺文書・小一-八四六頁）。28日 北条氏政が北条氏規に、北条氏照に常陸国方面の防衛の事は伝えたと述べ、駿河国長浜城（静・沼津市）の件は了承した。水軍の梶原勢が伊豆国下田城（静・下田市）寺曲輪に居ては船の乗り降りも儘ならない事、城主の清水康英は本来は在地の者で、水軍の指揮には向いていないから梶原水軍は過半は小田原の河口に引き上げておき、御用次第に出船させる事、また、相模国三浦の油壺湾（神・三浦市）にも梶原水軍の一部を配備する事、羽柴方の水軍衆が伊豆半島の東海岸に回っ

2月

たら梶原水軍の配備は儘ならなくなると指示する（大竹文書・三六六〇）。同日、上田憲定が武蔵国松山に制札を掲げ、知行内の男程の者は咎人や借財のある者でも参陣させる（武州文書比企郡・三六六一）。同日、浅野長吉が関東に向けて出陣し、二十九日には宇喜多秀家が出陣する（蓮成院記録・小一-八五一頁）。**晦日** 北条氏直が小田原城下の伝肇寺に、松田憲秀の預かる人質を収容し、僧侶の宿舎も用意させる。奉者は板部岡融成（伝肇寺文書・三六六二）。**吉日** 武蔵国弘明寺（神・横浜市南区）蓮華院に、間宮監物が花瓶を修理し寄進する（新編武蔵久良岐郡・三六六三）。**吉日** 日向国（宮崎県）の刀鍛冶国広が、長尾顕長の為に刀を作刀する（伊勢氏所蔵・三六六四）。**吉日** 徳川家康が関東出陣衆の鳥居元忠等に軍法書を出す（鳥居文書ほか・小一-八四七頁）。

3月

1日 千葉覚全（胤富養子）が彦部豊前守に、下総国の国人衆は総て北条方に参陣させると伝える（習志野市肥田文書・三六六五）。同日、羽柴秀吉が四万人の軍勢で京都を出陣し関東に向かう（蓮成院記録・小一-八五一頁）。**2日** 北条氏勝が相模国柳下（神・鎌倉市比企谷）妙本寺に、羽柴勢が乱入して同国玉縄館（鎌倉市植木）下は騒乱になるが、同寺には他所者が諸役を賦課しても拒否する事と申し渡す（妙本寺文書・三六六六）。**4日** 羽柴秀吉が水軍の脇坂安治に、伊豆方面の船での見回りには落ち度無く務めさせる（西宮市脇坂文書・小一-八五四頁）。**5日** 北条氏直が吉原源七郎に、三日に伊豆国三島表（静・三島市）で羽柴勢を窪田帯刀と共に討ち取る忠節を認め感状を与える（横浜市永勝寺文書・三六七一）。同日、北条氏直が宇津木泰朝に、旗本から望みにより伊豆国山中城（静・三島市）に籠もった恩賞に、上野国北玉（群・玉村町）内で知行二五貫文を宛行い、残りの二五貫文分の代官職に任命する。奉者は垪和康忠（大阪城天守閣所蔵宇津木文書・三六六七）。同日、北条氏直が宇津木泰朝に、加勢に伊豆国山中城に籠城するため安藤良整から一五人の七ヶ月分の兵糧と夫銭を支給する。この度の決戦で忠節を尽くせば家臣共々恩賞を与える。この他の命令は板に書き付けて掲示し、厳重に守らせよと命じる（同前・三六六八）。**6日** 北条氏直が大藤与七に、駿河国黄瀬川表の斥候に出て、羽柴勢の動向を探り敵一人を討ち取る忠節を喜び、忠節の家臣に感状を約束する（大藤文書・三六七二）。同日、羽柴秀吉が羽柴秀次に、秀次が昨日は駿河国蒲原城（静・静岡市清水区）に着陣したと知り、徳川家康・北畠信雄と相談して先鋒隊に替え、伊豆浦の所々に放火して同国重洲城（静・沼津市）に北条水軍を退去させた功を賞する（士林証文三・静八-四-一三六三）。**7日** 北条氏直が相模国豆師（神・逗子市）と某に、羽柴勢との決戦には町人・諸商人・諸細工人以下迄も武具を持ち、合戦で忠節をつくせば望みの褒美を約束する（早稲田大学中央図書館所蔵文書ほか・三六七三〜四）。同日、酒井政辰が三川某・鵜沢筑前守に、兵糧米の件で指示する（鵜沢文書・四三二）。**9日** 北条氏政が猪俣邦憲に、羽柴勢は先月二十六日には駿河国黄瀬川の辺に着陣し、斥候の報告では徳川家康・北畠信雄の軍勢は一万人に足りない員数で、伊豆国三島辺（静・三島市）で芋を掘っている状況である事。羽柴秀吉は十五日の頃には着陣すると予想され、同国韮山城（静・伊豆の国市）や山中城、相模国足柄城（神・南足柄市）の普請は怠りなく、箱根山等の山手も険難で国境は防備している事。利根川も満水で川東の国衆は敵対しないであろう事。川西は鉢形城（埼・寄居町）・松井田城（群・安中市）・箕輪城（群・高崎市）が堅固であれば敵は撃退できる等と知らせる（東京大学史料編纂所所蔵猪俣文書・三六七五）。**10日** 斎藤定盛が佐藤与四郎に、知行として半きう（現在地未詳）内で五貫文を宛行い、忠節を求める（高崎近郷村々百姓由緒書・三六七七）。**11日** 北条氏直が小幡信定に、羽柴勢が陣を寄せてきており諸口の警護を厳重にさせる（神奈川県立公文書館所蔵小幡文書・三六七八）。同日、北条氏直が小幡信定に三ヶ条の覚書を出し、着到を再確認の事。軍勢を分けても城普請は行う事。北条氏邦から西上野に上杉勢が侵攻してくると知らせてきたと伝える（尊経閣文庫所蔵小幡文書・三六七九）。同日、上田憲定が武蔵国本郷（埼・東松山市松山本郷）町人衆・新宿・本宿共に、岡部越中守から羽柴氏との決戦に当たり、同国松山城（埼・吉見町）に町人等が籠城すると聞いて感謝し、所持する武器を持って忠節を尽くせば、如何なる者にも褒美を約束する（松村文書・三六八〇）。**13日** 山角直繁が長谷川某に、上野国女淵衆（群・前橋市）の忠節については、北条氏直に披露したため各人に眼前で褒め一盞を下さると言われた。特に忠節のある者は感状と褒美を、他の一六人には褒美を与える（堀江文書・三六八一）。**15日** 行方直清が死没する。同日、羽柴方の前田利家を総大将とする北国勢が信濃国から上野国境の碓氷峠に着陣する。同日、酒井政辰が小田原城の陣屋から鵜沢筑前守・市東与左衛門に、今年の年貢収納の仕方を指示する（鵜沢文書・四二三三）。**16日** 北条氏直が中村五郎兵衛・武蔵国上丸子（神・川崎市中原区）百姓中に、近年の多摩川の氾濫で水害に見舞われ、対岸の同国世田谷領の沼目之郷（東・大田区田園調布）との相論に発展し、去年九月に興津加賀守・中田加賀守・安藤良整代の福田某の検使で状況を確認し、流された田畠は上丸子分と判明し、年貢を納入させる。奉者は今阿弥（日枝神社文書・三六八二）。**17日** 北条氏直が小川靭負尉に、十六日の伊豆国平井台（静・函南町）での忠節を認め、感状を与える（小川文書・三六八四）。同日、羽柴秀吉が刀二〇〇〇腰を大和国奈良（奈・奈良市）中の銀師・鞘師に上洛させ制作させる（多聞院日記・小一-八五七頁）。**18日** 北条氏直が大道寺直昌・宮寺源二郎に、十五・十六日に上野国碓氷峠で羽柴方の北国勢と戦って追い崩し、多く討ち取った忠節を認め、感状を与える（大道寺文書ほか・三六八五〜六）。**19日** 松田康長が相模国箱根（神・箱根町）箱根権現に、伊豆国山中城の防備は堅固で羽柴勢は兵糧に不足し、弱敵で安心して欲しいと述べ、箱根山は羽柴勢を防ぐには不向きで、箱根路は山中城、片浦口は同国韮山城、川村口は相模国足柄城で防ぐ事が肝要と伝える（箱根神社文書・三六八七）。同日、近江国延暦寺（滋・大津市）で羽柴勢の戦勝祈願が行われ、総勢で三〇万人が北条氏を攻め、七月

3月

には攻略し終えると予想する（天台座主記・小一-八六〇頁）。**20日** 北条氏直が北条氏光に、相模国足柄城に在城させ、着到の他に足軽一〇〇人を付け守備させる（相州文書足柄下郡・三六八八）。同日、北条氏房が某右衛門尉・被官・名主・百姓中に、右衛門尉が欠落したため郷村民や被官等も欠落し、彼等を帰村させ普請工事や耕作に専念させる（武州文書足立郡・三六八九）。同日、松田直秀が相模国塚原（神・南足柄市）長泉院に、寺領として同国中沼之郷（南足柄市）内五貫文を寄進し、代官の池田出雲守に断り田畠を受取らせる（相州文書足柄上郡・三六九〇）。**21日** 松田康長が相模国箱根権現に、徳川家康の東海道方面の動向を報せ、駿豆相境に布陣した羽柴勢は兵糧に欠乏して野芋を掘り食べている状況で、兵糧は一升で一〇〇文の高値で雑炊は一杯一〇文と聞いており、長陣は不可能と甘い事を報告する（箱根神社文書・三六九一）。同日、松田清秀が鵜沢一右衛門・上代源太に、自身は少勢で大敵を相手に戦うため勝利は覚束ないから、落城の時に一命を惜しんだ等と子孫に伝えさせないで欲しいと依頼する（鵜沢文書・千三-八四二頁）。**23日** 北条氏直が宇津木氏久に、二十二日に伊豆国仁田表（静・函南町）の合戦での忠節を認め、感状を与える（大阪城天守閣所蔵宇津木文書・三六九二）。**25日** 北条氏直が相模国千津島（神・南足柄市）に、人足を賦課して伊豆国韮山城下の江川氏から酒の大樽を受け取り小田原城に搬入させ、往復二日分の扶持銭を支払う（明治大学博物館所蔵瀬戸文書・三六九三）。**27日** 羽柴秀吉が駿河国沼津（静・沼津市）三枚橋城に着陣し、翌日には山中筋（静・三島市）を巡見して同国長久保城（静・長泉町）に入る（家忠日記・静八-四-一〇四六頁）。**28日** 間宮信親が内田某父子に、希有の忠節を認め、父に対島守、子に源左衛門の受領・官途を与える（武州文書久良岐郡・三六九四）。**29日** 北条氏直が小関加兵衛・村田久兵衛に、二十五日の伊豆国伊豆崎の岩殿（静・南伊豆町）で羽柴方の水軍を攻撃した忠節を認め、感状を与える（小関文書ほか・三六九五～六）。同日、伊豆国山中城が羽柴方の羽柴秀次等の大軍に攻撃され、午後には落城、城主の松田康長（五四歳）、玉縄衆の間宮康俊（七三歳）等が戦死する。加勢として籠城した北条氏勝は城を脱出して相模国玉縄城（神・鎌倉市）に帰城する（家忠日記ほか）。同日、羽柴秀吉が鍋島直茂等の西国諸大名に、山中城を攻略して北条勢一〇〇〇人余を討ち取り、明日の四月一日には箱根峠（神・箱根町）に移陣すると伝える（早稲田大学中央図書館所蔵文書ほか・静八-四-一三八九ほか）。**吉日** 小田原城の茶人の山上宗二が皆川広照と板部岡融成に、茶道の奥儀書『山上宗二記』を贈呈する（金剛寺本山上宗二記奥書ほか・小一-七〇六頁）。

4月

1日 羽柴秀吉が京都の醍醐寺理性院に、二十九日に山中城（静・三島市）を落し、一日には箱根峠（神・箱根町）に進軍し着陣すると報告する（醍醐寺文書・小一-八六三頁）。**2日** 北条氏直が横山文左衛門尉に、決戦終了の時に知行を一ヶ所宛行うと約束する（判物証文写北条・三六九七）。同日、羽柴秀吉が前田利家・上杉景勝に、昨夜は相模国鷹巣城

（神・箱根町底倉）を徳川勢が落とし、今晩は足柄城（神・南足柄市）・根府川城（神・小田原市）を開城させ、先勢は小田原城から二〇里程の所に陣所を構えたと述べ、前田・上杉の北国勢は上野国松井田城（群・安中市）に付城を構築して包囲し、両人を小田原表に来させる（堀口文書・小一-八六四頁）。**3日** 北条氏房が某に、相模国久野城（神・小田原市）戸張の防備を命じる（越前史料所収小島文書・三六九九）。**6日** 羽柴秀吉が相模国箱根湯本（神・箱根町）早雲寺に本陣を据える。**7日** 北条氏勝が相模国江ノ島（神・藤沢市）岩本院に、近年は同国玉縄城（神・鎌倉市）城主の管轄外であるが、今度は分国の非常事態につき外護する事になり、玉縄衆に江ノ島での違法行為を厳しく禁止させ、敵勢の状況を細かく報告すると約束する（岩本院文書・三七〇〇）。同日、羽柴秀吉が鍋島直茂・加藤清正に、関東の戦況を報告し、既に小田原城の周囲を取り囲み水軍で浜辺も固めた事、伊豆国韮山城（静・伊豆の国市）は四万人で包囲し、堀で固めて柵を構築した事、北国勢の真田昌幸・上杉景勝・前田利家は上野国松井田城への付城を構築した事等を伝える（鍋島文書ほか・小一-八六九〜七〇頁）。**8日** 北条氏勝が鎌倉の鶴岡八幡宮院家・神主・小別当と玉縄城派遣の奉行中に、飯米として一八〇俵の米を寄進し、玉縄衆の横合を禁止させる（鶴岡八幡宮文書・三七〇一）。同日、伊達房定が鈴木雅楽助に、四月十五日迄に武蔵国岩付領分の兵糧を岩付城（埼・さいたま市岩槻区）大構内に搬入させる（武州文書埼玉郡・四九七二）。同日、下野国皆川城（栃・栃木市）が北国勢に攻囲され、皆川広照室（中御門宣綱の娘、北条氏政の養女）が城中で自害する（皆川正中録五）。同日、羽柴秀吉が加藤清正に、重ねて関東の戦況を報告し、既に小田原城の周囲を取り囲み、三方は堀・土手・塀・柵で固めつつあり、韮山城も同様で兵糧攻めにする予定と伝える（諸将感状下知状并諸士状写三・小一-八七〇頁）。同日、徳川家康が相模国大山（神・伊勢原市）に禁制を掲げ、徳川勢の乱暴狼藉、竹木の伐採、放火を禁止させる（阿夫利神社文書・神三下-九六六二）。**9日** 北条氏邦が佐藤蔵人佑に、七日の上野国碓氷峠で敵を討ち取る忠節を認め、感状を与える（佐藤文書・四七六七）。同日、下野国皆川城が北国勢に攻略され、皆川広照が羽柴方の木村常陸介に降伏する。**10日** 北条氏直が小幡信定に、この度の決戦が決着すれば望みに任せて引き立てると約束する（尊経閣文庫所蔵小幡文書・三七〇二）。同日、羽柴秀吉が真田昌幸に、伊豆・相模方面の戦況を報告し、下野衆の皆川広照が降伏したが、先年に馬や太刀を贈呈された恩もあるから助命し、徳川家康に預けたと伝える（真田宝物館所蔵真田文書・小一-八七〇頁）。同日、施薬院全宗が片倉景綱に、伊達政宗には急いで上洛しないと小田原城が落城すると危機感を伝える（仙台市博物館所蔵伊達家文書・福七-七三〇頁）。**11日** 北条氏邦が某に、小田原城からの飛脚の報告では羽柴勢が同城を攻囲しているが、攻め込む様子も無く、今明日中には退散するかも知れないとの事である、碓氷峠を越えた羽柴方の北国勢は松井田城の上の山に陣取り、上野国仮宿（群・長野原町）近辺に放火しているが大した事は無いと安

4月

易な報告を伝える（片野文書・三七〇三）。同日、佐竹方の多賀谷重経が北条方の豊島貞継に、北条方の諸将が小田原城に籠城したのに貞継は常陸国府川城（茨・利根町）に籠もっている事を賞し、早く羽柴方に降伏する様に勧める（秋田藩家蔵文書三〇・四五三八）。同日、茶人の山上宗二が羽柴秀吉により小田原城下で死罪となる。四七歳。**12日** 北条氏直が小幡信定に、羽柴勢との舌戦を厳禁し違法する者は死罪と申し渡す（尊経閣文庫所蔵小幡文書・三七〇四）。同日、真田昌幸が浅野長吉等に、信濃国軽井沢（長野・軽井沢町）に着陣し、真田信之は松井田城を攻めるため碓氷峠を下って同城下に侵攻し、大道寺直昌と合戦したと知らせる（真田宝物館所蔵真田文書・群七ー三ー三六一六）。**13日** 北条氏直が江戸衆の伊丹政富・河村直重・上原甚二郎に、武蔵国江戸城（東・千代田区）の今夜の柵木際を守備する一〇〇人の軍勢を出させ、遠山衆から鉄砲衆を引率して守らせる（上原文書・三七〇五）。同日、里見義康が相模国野日・津久井・長沢（神・横須賀市）各村に制札を掲げ、放火の跡は鎌倉再建の地として里見勢の乱暴狼藉を禁止させる（最宝寺文書ほか・新横須賀市史二ー二七〇五〜七）。同日、羽柴秀吉が京都の正室北政所に、関東の戦況を述べ、長陣になろうと伝える（京都市高台寺文書・小一ー八七七頁）。**14日** 北条氏直が上野衆の小幡信定・富岡秀長・多田六郎四郎に、明日頃には小田原城の城門の弱い口から羽柴勢が攻め込んでくると聞いたが取り合わず普請工事に専念させ、明朝は午前二時には諸勢に朝食を採らせ武具を準備し、曲輪の守備を固めさせる（神奈川県立公文書館所蔵小幡文書ほか・三七〇六〜八）。**15日** 高城胤則が下総国須和田（千・市川市）須和田寺社中に、北条氏に小田原城と常陸国牛久城（茨・牛久市）の普請役を賦課され詫言を申したが、伊勢宗瑞の時から普請役免除の所にも今回は決戦体制で賦課していると言われ、高城領の郷村にも普請役を賦課せざるを得ないと伝える（須和田神社文書・三七〇九）。同日、酒井政辰が小田原城から鵜沢筑前守等に、兵糧米を小田原城に納入させ、榛原升での計量方法を指示する（鵜沢文書・四一三三）。**16日** 北条氏直が小田原城内の本誓寺に禁制を掲げ、北条勢と甲乙人が寺中の家を破壊し、家財を掠める狼藉を禁止させる。奉者は宗悦（本誓寺文書・三七一〇）。同日、宇都宮国綱・佐竹義重が小田原城参陣中の壬生義雄の下野国鹿沼城（栃・鹿沼市）を攻める。同日、浅野長吉の家臣の杉新平・大北源三郎が大川兵庫助・同隼人に、伊豆国西浦七ヶ村・江梨（静・沼津市）のおあみ年貢を北条氏支配から羽柴氏支配に替わったため年貢を完納させ、網場の魚も同様に納めさせる（国文学研究資料館所蔵長浜大川文書・静八ー四ー二四一七）。**17日** 北条氏直が松田直長に、父康長が伊豆国山中城で討ち死にした忠節を賞し、家督と知行・同心・被官等を相続させる（記録御用所本古文書八・三七一二）。同日、内藤綱秀が佐藤伝左衛門・井上源三郎に、相模国白根表（神・伊勢原市）での羽柴勢との合戦の忠節を認め、北条氏直に申告して感状を約束する。小田原城検使は大藤直昌（佐藤文書ほか・三七一三〜四）。同日、毛利輝元が多賀彦三郎に、伊豆国下田城（静・下田市）攻囲の警固衆を命じる（萩藩閥閲録一四四・静八-四-二四二〇)。**18日** 伊豆国長浜(静・沼津市)百姓頭の藤十郎等七人が連署して浅野家臣の杉新平・大北源三郎と大川兵庫助に、兵庫助の網を盗んだ事を陳謝して助命され感謝し、今後は郷役を務める事等を誓う(国文学研究資料館所蔵長浜大川文書・静八-四-二四二二)。同日、杉新平・大北源三郎が伊豆国修禅寺(静・伊豆市)の福井兵部に、同寺領の耕作を妨害しない事、百姓が武具を所持する事を許し、弓や鉄砲は山中で猪や鳥を防ぐためにだけ許可する事、同寺の事は前々の如く兵部に安堵する事、修禅寺温泉での入湯者の狼藉を禁止とする(伊豆順行記・静八-四-二四二三)。**19日** 佐野房綱(天徳寺了伯)が旧家臣等に、北条氏政父子の罪状を述べ、下野国佐野氏の佐野唐沢山城(栃・佐野市)在城の由緒を認め、羽柴秀吉が房綱の同城への復帰を約束したと伝える(歴代古案九・佐野市史資料編一-一〇六四頁)。同日、伊達政宗が羽柴方として小田原表へ参陣のため出馬準備を始める(伊達治家記録)。**20日** 北条氏直が小田原城内の玉伝寺に禁制を掲げ、北条勢や甲乙人が寺域の家屋敷を破壊し、家財道具を強奪する不法を禁止させ、家屋敷の御用の時には氏直から命じると申し渡す。奉者は山角直繁(外郎氏所蔵玉伝寺文書・三七一五)。同日、前田利家の北国勢が上野国松井田城を攻略して城主の大道寺政繁が降伏、徳川勢が相模国玉縄城(神・鎌倉市)を攻略し北条氏勝が降伏する。同日、浅野長吉が伊達政宗に、小田原落城も間もないと報せ、早急の参陣を要請する(仙台市博物館所蔵伊達家文書・小一-八八〇頁)。**21日** 羽柴秀吉が真木島昭光に、関東の戦況を報告し、昨夕は相模国玉縄城を開城させ北条氏勝が降伏し助命したと伝える(甲斐国志草稿・山梨四-一-一六七二)。同日、安国寺恵瓊が伊豆国横川郷(静・下田市)深居庵に制札を掲げ、羽柴方の水軍船手の乱暴狼藉を停止させる(大梅寺文書・静岡県史料一-八〇頁)。**22日** 北条氏直が三堀喜右衛門に禁制を掲げ、北条勢と甲乙人に家屋敷内での乱暴狼藉を禁止させ、御用の時は氏直から依頼すると申し渡す。奉者は山角直繁(高瀬文書・三七一七)。同日、守屋意成が伊達家中に、二十日に上野国松井田城を攻略して大道寺政繁を助命し、前田利家と自分が同道して小田原に向かうと報告する(仙台市博物館所蔵伊達家文書・小一-八八四頁)。同日、武蔵国江戸城(東・千代田区)が徳川勢に攻略される。**23日** 大道寺政繁が藤田信吉に、上杉景勝へ今後の身上の取り成しを依頼する(覚上公御代御書集一五・三七一八)。同日、赤尾広宗が上野国三夜沢(群・前橋市)赤城神社神主の奈良原紀伊守に、社領として田畠三反を寄進し、祈禱を依頼する(奈良原文書・三七一九)。同日、脇坂安治・安国寺恵瓊が清水康英・高橋郷左衛門尉と下田城衆中に三ヶ条の起請文を出し、一、伊豆国下田城を開城して降伏するなら兼ねての約束を守る事。一、相模国鎌倉の寺社の安全を保証する事。一、下田衆については羽柴秀吉の朱印状が無くても赦免し、助命する事を神掛けて約束する(目黒区高橋文書・四五三九)。同日、伊豆国下田城が羽柴方に降伏して開城し、城将の清水康英は同国河津(静・河津町)三養院に隠居する。同日、本多正信が駿河衆の星屋修理亮に、伊豆国は徳川家康に与えられたので同国下田城には天野康景を遣わし、何事も康景に相談させ、修理亮の奏者を朝比奈泰勝と定める(星谷文書・小一-八九六頁)。**25日** 北条氏直が池田弥九郎に、兄孫五郎が討ち死にし、嫡男が無いので家督相続を許し、同心・被官も相続させ忠節を求める(小田原市郷土文化館所蔵文書・三七二〇)。**26日** 北条氏直が松山衆の木呂子元忠・同新左衛門に、元忠は北国勢に備えて武蔵国松山城(埼・吉見町)に、新左衛門は小田原城に籠城した忠節を認め、決戦の後には駿河国か上野国で一ヶ所の知行を約束する(岡谷家譜・三七二一)。同日、北条氏直が小田原城下の伝肇寺に禁制を掲げ、北条方の軍勢・甲乙人の竹木伐採を停止させる(伝肇寺文書・三七二二)。同日、小幡信秀が鈴木某に、知行として武蔵国両今井村(埼・本庄市)他四ヶ村を宛行う(今井鈴木文書・三七二三)。同日、某道越が相模国丸島郷(神・平塚市岡崎)内の瑜蔵坊に、小野藤八郎が小田原城に籠城したため留守の家屋敷・田地等を管理させ、違反者は処罰とする(相州文書大住郡・四二七八)。**27日** 羽柴秀吉が上杉景勝に、欠落した郷村民を召し返させ、人身売買を厳禁させる(上杉家文書・小一-八九七頁)。**28日** 羽柴秀吉が浅野長吉に、武蔵国江戸城を受け取る事を認め、上野国松井田城が開城したので同国箕輪城(群・高崎市)・前橋城(群・前橋市)・武蔵国河越城(埼・川越市)も受け取る事と述べ、下野国佐野唐沢山城(栃・佐野市)を佐野天徳寺了伯に渡す事は決めている事、上杉景勝・前田利家は河越城を受け取ったら相模国の秀吉本陣に来させる様に申し渡す(浅野家文書・小一-八九八頁)。同日、羽柴方の芝山宗勝が同弥八郎に、北条方の城は早くも二五ヶ所程も受け取り、小田原城には堀を三重に巡らし、秀吉本陣の石垣山城(神・小田原市早川)の築城も石組が進み、御殿も来月中には完成するから、小田原城はおおよそ七月中には開城する予定と伝える(五島文書・小一-八九八頁)。**29日** 北条氏直が上田掃部助・同河内守に、河内守は北国勢に備えて武蔵国松山城に、掃部助は小田原城に籠城した忠節を認め、決戦の後には駿河国か甲斐国で一ヶ所の知行を約束する(名古屋市大口文書・三七二四)。同日、羽柴方の佐竹義久が某に、上野表では松井田城の落城の後には下野国佐野・上野国新田(=金山城、群・太田市)・館林(群・館林市)各城が落居し、下野表では壬生(栃・壬生町)・鹿沼(栃・鹿沼市)両城は壬生義雄が小田原城に籠城しているが、在地の者は羽柴氏に出仕したいと願っている。その他の小城は自落・降参してきている。那須資晴や白川氏も二十一日には北条氏と断絶して羽柴氏に属したと報告する(秋田藩採集文書・佐野市史資料編一-一〇六七頁)。同日、羽柴秀吉が真田昌幸に、上野国箕輪城の受け取り方を指示し、欠落の郷村民を召し返させ、東国の習慣として女や児童を捕らえて売買する悪習があるが、羽柴方では人身売買は一切厳禁させる(真田宝物館所蔵真田文書・小一-九〇〇頁)。同日、羽柴秀吉が依田康国に、上野国西牧城(群・下仁田町)が落城し、城将の多米周防守・大谷嘉信を成敗した忠節を賞し、前田利家からも披露されたと伝える(芦田文書・神三下-九六八四)。

5月

▼この月、北条氏勝が武蔵国長田郷（神・横浜市南区）に、羽柴勢の玉縄領への侵攻で郷村民が恐怖で心沈んでいるため当証文を出し、玉縄城は健在で安心して耕作に励ませる。当文書は当月二十日の玉縄城開城以前のもの（小野文書・三七二五）。この月、北条氏勝が武蔵国関村（神・横浜市南区笹下二丁目）東樹院に禁制を掲げ、寺域での狼藉を禁止させ、今後も狼藉を働く時には同国篠下の土民を玉縄城領から追放すると申し渡す。当文書は当月二十日の玉縄城開城以前のもの（武州文書久良岐郡・三七二六）。この月、近藤綱秀が下野国榎本城（栃・大平町）城下の妙性院に、真巻（現在地未詳）に移転させ、山林を守護不入とする（古河志下・三七二七）。この月、羽柴方により北条方の関八州城々の覚えが作成され、北条家の軍勢は総勢三万四二五〇騎と見える（毛利家文書・小一−八八〜九一頁）。この月、羽柴秀吉が伊豆国・相模国の多くの郷村に禁制を掲げ、羽柴方の軍勢・甲乙人の乱暴狼藉・放火等を禁止させる（湯山文書ほか・小一−九〇一〜三頁）。

2日 関東に居る伊達氏家臣の河島重続が片倉景綱・原田宗時に、関東の状況を報告し、前田利家の北国勢は上野国松井田城（群・安中市）を攻略後は同国箕輪城（群・高崎市）・厩橋城（群・前橋市）・石倉城（前橋市）・西牧城（群・下仁田町）を開城させ、同国新田（群・太田市）金山城、武蔵国深谷城（埼・深谷市）・忍城（埼・行田市）・江戸城（東・千代田区）・河越城（埼・川越市）、下野国佐野唐沢山城（栃・佐野市）・足利城（栃・足利市）の攻略も間近いと伝え、利家が羽柴秀吉への仲介をしてくれるので羽柴方として政宗の早急の小田原参陣を懇願する（仙台市博物館所蔵伊達家文書・埼六−二−一五四二）。同日、浅野長吉が大川兵庫助・同隼人に、前々の如く伊豆国三津七郷（静・沼津市）の支配を安堵し、魚年貢を納入させる（国文学研究資料館所蔵三津大川文書・静八−四−二四一八）。同日、石田三成が佐竹義宣に、羽柴秀吉が小田原城を包囲して城中の関東国衆が降伏を願っても許さず助命もしないと述べ、今や相模国玉縄城（神・鎌倉市）は開城し、武蔵国江戸城・河越城も陥落させたので、羽柴方として武蔵表に出馬する様に伝える（田島文書・東古中三−一二八六）。 **3日** 清水康英が高橋丹波守・同左近に、自分は伊豆国下田城（静・下田市）の開城後は同国沢田（静・河津町）林際寺に隠居して入り病気の静養をしているが、同行した大川氏等の家臣は、何時迄も敗軍の主君に仕えているのは世間体もあるので、早く何処かの寺に籠もる様に説得する（沼津市高橋文書・三七二八）。同日、羽柴秀吉が浅野長吉・木村常陸介一に、武蔵国江戸城と玉縄城・河越城の管理方法を指示し、同国鉢形城（埼・寄居町）への攻撃を命じる（鎌倉市富岡文書・小一−九〇七頁）。 **6日** 北条氏邦が上野国川辺の那波顕宗領の玉村五郷（群・玉村町）に、五郷の郷内に鉢形衆が横合非分を行う事を禁止させる（相川考古館所蔵石倉文書・三七三〇）。 **7日** 羽柴秀吉が三河国岡崎城（愛知・岡崎市）留守役の吉川広家に、淀殿を小田原に招き、迎えに稲田清蔵を遣わすと伝える（吉川報效会所蔵吉

5月

川文書・小一-九九九頁)。**8日** 北条氏邦が出浦式部に、武蔵国日尾城(埼・小鹿野町)での忠節を賞し、羽柴方との講和の後は隠居分として知行一ヶ所を約束する(出浦文書・三七三二)。**11日** 羽柴方の結城晴朝が石島主水助に、下野国榎本城(栃・大平町)攻略戦での忠節を認め、感状を与える(武州文書埼玉郡・埼六-二-一四五五)。**12日** 羽柴秀吉が浅野長吉・木村常陸介一に、十日の書状で上総国土気城(千・千葉市緑区)・同国東金城(千・東金市)を受け取ったとの報告を了承し、上杉景勝・前田利家の北国勢は武蔵国鉢形城・松山城(埼・吉見町)・忍城の攻略に向かうと伝える(難波創業録・千五-一八〇頁)。**13日** 浅野長吉が簗田洗心斎(晴助)に、居城の下総国関宿城(千・野田市)を破却すべく命じ、それまでは居住する事を許可する(千葉県立関宿城博物館寄託簗田文書・千四-九一二頁)。**14日** 羽柴秀吉が正室北政所に、小田原城外の早川の石垣山城の建設状況を述べ、石蔵と台所は完成、本丸広間と天守閣も建設を開始すると伝える(神奈川県立歴史博物館所蔵小山文書・小一-九一〇頁)。**15日** 羽柴方の片桐直倫(且元)が相模国底倉郷(神・箱根町)に三ヶ条の定書を出し、一、同郷の山や温泉に宿をとる者には狼藉を禁止させる事。一、羽柴秀吉からの御用の時には直倫を通すので、この判物で同郷に申し渡す事。一、同郷の焼け残りの家を羽柴方の陣衆が強奪したなら申告させ、百姓が家を売却する事も禁止させる(箱根町役場所蔵文書・神三下-九七七八)。**19日** 大厳寺の安誉虎角が酒井家次に、北条方の原吉丸は下総国臼井城(千・佐倉市)の物主であったが開城して城を落ち、徳川家康に仕官したいと望んでいる等と知らせる(檀主法林寺文書・千五-一二六四頁)。**20日** 猪俣邦憲が上野国沼田城(群・沼田市)城下の戸鹿野八幡宮の梅野別当坊に、神領として一八貫文を寄進し、同城に籠城しており子孫繁栄の祈禱を依頼する(加沢記二一・三七三三)。同日、常陸国衆の土岐頼英が羽柴方に降伏し、同国江戸崎城(茨・稲敷市)から同国高田須城(稲敷市)に移転する。同日、羽柴秀吉が浅野長吉・木村常陸介一に、二万人もの大軍勢で小城や端城ばかりを攻め落としている分別無さを譴責し、武蔵国鉢形城の攻撃には軍勢不足であろうから秀吉からも加勢を出すと伝える(浅野家文書・小一-九二三頁)。**21日** 北条氏房家臣の松浦康成が山本正次に、武蔵国岩付城(埼・さいたま市岩槻区)への敵襲と防衛状況を報せ、城内の家は茅葺きのために火の用心が肝要と福島房重・金子駿河守に注意している等と伝える(越前史料所収山本文書・三七三四)。**22日** 羽柴秀吉が徳川氏家臣の本多忠勝・鳥居元忠・平岩親吉に、武蔵国岩付城の攻め方を指示し、城兵は残らず討ち果し、女子供等は羽柴氏の本陣に連れて来させる(埼玉県立博物館所蔵文書・埼六-二-一四五九)。**23日** 北条氏政が上野衆の宇津木氏久に、北条氏直が病のため那波衆の相論を裁許する。当文書は破損が多く文意は未詳(大阪城天守閣所蔵宇津木文書・三七二八)。**24日** 内藤綱秀が相模国三増・半原、角田(神・愛川町)、川入(神・厚木市)の三ヶ村に、同国津久井城(神・相模原市緑区)普請人足を三五人賦課し、明日から三日間の普請工事に従事させる(相州文書愛甲郡・

三七三五）。**25日** 羽柴秀吉が浅野長吉・木村常陸介一に、武蔵国岩付城の攻略において無断で城兵等を助命した不手際を赦免し、この後は急いで同国鉢形城に移動し、上杉景勝・前田利家と相談して攻め、詳しい状況を報告させる（浅野家文書・小一-九一七頁）。**27日** 佐竹義宣・宇都宮国綱が小田原城外の羽柴秀吉に、配下国衆からの太刀・馬・金等の贈答品を携えて挨拶に参上する（佐竹文書・埼六-二-一五五六）。同日、羽柴氏家臣の細川忠興・池田輝政・長谷川秀一が連署して北条氏直に、もはや北条方は岩付城・鉢形城・八王子城（東・八王子市）・忍城・津久井城を残すのみとなり、岩付城攻めの状況を細かく説明し、城主等の女子供は助命するから羽柴秀吉への抵抗は限界であろうと諭す（加越能古文叢・四五四二）。**28日** 伊達政宗が浅野長吉に、昨日は甲斐国甲府城（山梨・甲府市）に着陣したが、次いで小田原の本陣に向かうと述べ、羽柴秀吉への仲介を依頼する（杉浦文書・埼六-二-一五五七）。**29日** 羽柴秀吉が徳川勢の本多忠勝・鳥居元忠・平岩親吉に、武蔵国鉢形城に進軍し、包囲して陣取る様に命ず（福原文書・埼六-二-一五五九）。同日、羽柴秀吉が小田原陣中で津田宗及と茶会を開催する（天王寺屋会記・小一-九二〇頁）。

6月

1日 北条氏直が小幡信定に五ヶ条の改定陣中掟を出し、一、舌戦は厳重に停止の事。一、長陣になるが一時（二時間）交代で夜警を務めさせる事。一、常に少しずつでも普請を行う事。一、府内へ出る者は物主（侍大将）が員数を定め、往復の時間も決めて出させる事。一、垪和康忠を検使として派遣するので何事も相談して欲しいと申し渡す（神奈川県立公文書館所蔵小幡文書・三七三六）。同日、北条氏直が林右馬助に、羽柴勢との戦いでの忠節を認め、合戦後に知行として上野国か駿河国で一ヶ所を約束する（林文書・三七三七）。同日、浅野長吉が武蔵国鴻巣郷（埼・鴻巣市）大島大炊助他四人に、前々の如く郷村に帰住し耕作に専念させる（大島文書・埼六-二-一五七四）。**2日** 内藤綱秀が相模国波多野（神・秦野市）内の今和泉之村名主中に、欠落の百姓を郷村に帰住させて麦作に専念させ、津久井城（神・相模原市緑区）の足軽の乱暴狼藉を禁止させる。小田原城の検使は大藤直昌（清水文書・三七三八）。同日、羽柴秀吉が福島正則に、伊豆国韮山城（静・伊豆の国市）下の丸に於ける忠節を賞し、金掘による城攻めの要点を指示する（福島文書・静八-四-二四七八）。**4日** 内藤綱秀が相模国広川之村（神・平塚市）名主中に、欠落の百姓を郷村に帰住させて麦作に専念させ、津久井の足軽の乱暴狼藉を禁止させる。小田原城の検使は大藤直昌（相州文書大住郡・三七三九）。**5日** 北条氏直が武蔵国鷲宮（埼・鷲宮町）鷲宮神社神主の大内泰秀・同満寿に、前々の如く一六〇貫文の神領を安堵する。奉者は垪和康忠（鷲宮神社文書・三七四一）。同日、和田信業と家臣一五〇〇人が小田原城を出て羽柴方に降伏する（家忠日記・小一-九二三頁）。同日、細川藤孝が中院通勝に、関東の戦況を報告し、武蔵国岩付城（埼・さいたま市岩槻区）は落城し、同国鉢形城（埼・寄居町）・忍城（埼・行田市）は攻め詰められて落城は間近で、北条方での残りの城は小田原城・韮山城（静・伊豆の国市）・八王子城（東・八王子市）・津久井城（神・相模原市緑区）のみと述べ、鎌倉見物を楽しみ武蔵国六浦・金沢（神・横浜市金沢区）も見物の予定と伝える（綿考輯録四・静八-四-二四七九）。同日、伊達政宗が小田原表に参陣し、九日に羽柴秀吉に出仕する（仙台市博物館所蔵伊達家文書・福七-七三五頁）。**7日** 羽柴秀吉が加藤清正に、関東の状況を報告し、岩付城の落城の様子、鉢形城へは北国勢と浅野長吉等が五万人で攻めている事、忍城には石田三成と佐竹義宣・宇都宮国綱・結城晴朝・多賀谷重経・水谷勝俊・佐野天徳寺了伯等が二万人で攻めている事、韮山城は端城五ヶ所を落とし落城は間近い等と伝える（諸将感状下知状并諸士状写三・埼六-二-一五七八）。同日、前田利家が上野衆の由良国繁母に、国繁の身の安全は羽柴秀吉に伝えてあり、安心させる（桐生市金谷文書・群七-三-三六三三）。同日、徳川家康が北条氏規に、最早、韮山城は抗戦しても無駄と述べ、開城して北条氏政父子の赦免を羽柴秀吉に請うように伝え、使者に朝比奈泰勝を派遣する（神奈川県立歴史博物館所蔵北条文書・四五四二）。**8日** 某（堀秀治カ）が小田原城中の松田憲秀に、書状と使者の趣を羽柴秀吉に披露したところ忠節と喜悦され、伊豆・相模国で知行を宛行うと約束すると伝える。松田憲秀の謀叛を伝える内容（古今消息集六・四五四四）。同日、岡田利世が小田原城中の小幡信定に、六日に垪和豊繁を介して北条氏直を城中に尋ねて二日間も懇談し、七日には徳川家康の陣所に入ったと述べ、信濃国衆の相木氏が家康に降伏したいと懇願している事や小田原城は徳川家に与えるが、来年には江戸に移る予定といわれている等と伝え、小田原城開城を勧める（源喜堂古文書目録二・四五四三）。**10日** 北条氏直が小田原城下の妙光院に禁制を掲げ、寺内の山林や屋敷での竹木伐採を停止させる。奉者は遠山直吉。北条家朱印状の終見文書（相州文書足柄下郡・三七四二）。**11日** 伊達政宗が黒木宗元に、羽柴秀吉の茶会が昨日開催されて列席し、陸奥・出羽両国の事は政宗に任せるとの事で喜悦していると報告する（吉田文書・福七-五六〇頁）。**12日** 北条氏直が小幡信定に、羽柴秀吉との和睦交渉について報告し、なお、噂によれば未だ危険なので小田原城の諸曲輪の守備を固めさせる（尊経閣文庫所蔵小幡文書・三七四三）。同日、北条氏政の後室が死没する。法名は鳳翔院殿寄雲宗崇大禅定尼。同日、北条氏康の正室（今川氏親の娘）が死没する。法名は瑞渓院殿光室宗照大姉（伝心庵過去帳）。**13日** 石田三成が浅野長吉・木村常陸介一に、忍城を水攻めにする用意をしていると知らせる（浅野家文書・埼六-二-一五八〇）。**14日** 小幡信定が黒沢出雲守に、恩賞として一〇貫文の地を宛行う（黒沢文書・三七四四）。同日、武蔵国鉢形城が開城し北条氏邦が降伏する（浅野家文書）。**16日** 北条氏房が天野主殿助に、岩付城に籠城中について私領内の永代売り、借銭の徳政を認める（天野文書・三七四五）。同日、小田原城中で松田憲秀と嫡男笠原政晴が謀叛を計画するが、弟直秀の通報で露顕して失敗し、政晴は十七日に成敗される（家忠日記・小一-九二九頁）。**17日** 北条氏直が松田直秀に、謀叛を未然に防いだ忠節に感謝し、決戦の後に恩賞を約束する（松田文書・三七四六）。**20日** 北条氏直が岩田河内守・木呂子下野守に、羽柴勢との戦での忠節を認め、決戦の後に駿河・甲斐両国内で恩賞を約束する(小田原編年録附録四ほか・三七四七～八)。同日、小田原城中の成田氏長が山中長俊に、北条氏の諸城が攻略され忍城も風前の灯し火となり、降伏したら羽柴秀吉への取り成しを依頼する(忍城戦記・四九八〇)。**22日** 平山直重が土方平左衛門尉に、武蔵国三沢(東・日野市)郷内の知行を三沢十騎衆に配分して不入としたが、境目が不分明で判らないとの意見もあるが、北条氏に忠節を尽くしている事に感謝する(土方文書・三七四九)。**23日** 武蔵国八王子城が落城し、守将の狩野一庵宗円・近藤綱秀・中山家範等が討ち死にする。同日、羽柴秀吉が上杉景勝に、八王子城の攻囲を命じ、上野国松井田城の兵糧を受け取らせる(上杉家文書・小一-九三二頁)。**24日** 小少将(太田源五郎後室カ)がはし番の者に岩付城三之丸から、羽柴勢の大軍に攻められて本丸・二之丸を敵に渡し三之丸に押し込められ、早く羽柴秀吉へ降伏しないとどんな目にあわされるか判らないが、理を尽くして降伏すれば父母や妻子等の命は助けられるからと懇願する(秋田藩家蔵文書三一・三七五二)。同日、相模国津久井城が徳川勢に攻略され開城する。同日、本多忠勝等の徳川氏家臣四人が連署して同国見増之郷(神・愛川町)に禁制を掲げ、羽柴勢の乱暴狼藉・放火、郷民への非分を禁止させる(相州文書愛甲郡・相古一-二五三頁)。同日、羽柴方の滝川雄利・黒田孝高が使者として小田原城に派遣される(天正日記)。**25日** 北条氏房が内田兵部に、岩付城に籠城中につき頼母子講・借銭の徳政を許可する(屋代氏所蔵古文書之写・三七五三)。同日、徳川家康が本多忠勝・平岩親吉等に、津久井城の受取を命じる(諸家感状録・神三下-九八〇八)。**26日** 羽柴秀吉が小田原城外の早川の石垣山城に移り本陣とする(家忠日記・小一-九三五頁)。**28日** 羽柴秀吉が加藤清正に、北条氏邦を助命した事、北条氏規も助命して紀伊国高野山(和・高野町)に追放する事、伊達政宗・南部信直も降伏したので奥州・出羽の平定に会津に向かい、高麗国に進撃すると告げる(徴古雑抄四六・新横須賀市史二-二七一九)。**29日** 羽柴秀吉が上杉景勝に、八王子城の捕虜の女六〇人の成敗を止めて助命し、在郷に帰国させる(上杉家文書・小一-九三五頁)。

▼この月、前田利家・浅野長吉・木村常陸介一が鉢形城下に定書を出し、鉢形城受け取り者の乱暴、地衆との喧嘩口論、城中への郷村民の出入り、町屋への陣取りを禁止させ、火の用心に努めさせる(町田文書・小一-九二七頁)。

7月

1日 北条氏直が小幡信定に、羽柴秀吉に降伏する事を了承し、今夕には使者と段取りを打ち合わせると伝える(春日氏所蔵小幡文書・三七五四)。同日、和久宗是が伊達政宗に、斯波義近が北条氏直父子は剃髪して降伏したいと言っているので仲介したいと羽柴秀吉に報告すると、俄に機嫌を損ね、義近は処罰されたと述べる(仙台市博物館所蔵伊達家文書・小一-九四二頁)。**3日** 上杉氏家臣の直江兼続が佐竹義宣に、武蔵国八王子城(東・八王子市)の始末が済み満足と羽柴秀吉から伝えられた事、同国忍城(埼・行田市)の水攻めの土手の普請が完了して落城も間もない事と秀吉も了承し

7月

たと伝える（小田部文書・新五‐三‐三七五九）。同日、羽柴秀吉が浅野長吉に、一日に忍城皿尾口を攻めた事を褒め、水攻めを続行させる（浅野家文書・埼六‐二‐一六〇二）。同日、羽柴秀吉が伊達政宗に、小田原から会津（福島・会津若松市）方面への三間幅の道普請を命じる（仙台市博物館所蔵伊達家文書・福七‐七三六頁）。**4日** 一柳可遊が浅野長吉に、伊豆国韮山城（静・伊豆の国市）が開城して攻手の羽柴勢が小田原に集まり、八王子城攻めの北国勢も小田原に来ると述べ、徳川家康は江戸（東・千代田区）へ向かい、羽柴秀吉も十六日には江戸方面から会津に向かう事、織田信包が小田原城の北条氏政父子の助命を自分に頼んでいる等と伝える（浅野家文書・小一‐九四二頁）。**5日** 北条氏直が北条氏房と小田原城を出て滝川雄利の陣所に入り、降伏する（家忠日記・小一‐九四三頁）。同日、羽柴秀吉が北条氏直に、滝川雄利・黒田長政から、降伏して氏直は切腹するが家臣等の命は助けて欲しいとの懇願を聞いて氏直を助命するとし、北条氏政・北条氏照・大道寺政繁・松田憲秀は卑怯な行為により切腹させると通告する（小早川家文書・四五四五）。同日、徳川家康が山角定勝に、小田原開城の後は何処に居住するも自由にして良く妻子の安全を保証し、兵糧も支給すると確約し、定勝の被官衆や小者等が欠落したら必ず見つけ出して処罰すると伝える（記録御用所本古文書二一・四五四六）。**6日** 羽柴秀吉が上杉景勝等の北国勢に、小田原開城を報せて忍城への加勢に向かわせ、土手の構築に就かせる（上杉家文書・小一‐九五一頁）。同日、簗田晴助が浅野長吉に、疵を受けて医者が必要との書状を拝見し、医者を紹介すると述べ、詳しくは朝倉上野介から伝えさせる（浅野家文書・三八三七）。**7日** 小田原城が開城して城中の関東国衆が出城、八日には地下人等が出城する（家忠日記・小一‐九五三頁）。同日、井伊直政が浅野長吉に、小田原城の本丸を明渡し、北条氏直は今は滝川雄利の陣所に居ると述べ、北条氏政は助命されそうだと伝える（浅野家文書・小一‐九五四頁）。同日、武田豊信が死没し、長南武田氏は没落する（武田家過去帳）。同日、相模国鷹取山（神・逗子市）神武寺が薬師堂を残して全焼する（神武寺略年代記・新横須賀市史二‐二七二四）。**8日** 久遠寺の日新が小田原城下の宇野藤右衛門（光治カ）に、長期の籠城の苦労をねぎらう（小田原市外郎文書・小一‐九五四頁）。同日、壬生義雄が死没する。四五歳。法名は寒光院殿雄山文英。**10日** 徳川家康が小田原城に入り、城中を見物する（家忠日記・小一‐九五三頁）。同日、寺西正勝が浅野長吉に、小田原城の状況を報告し、この日氏政は城を出て徳川家康の陣所に居ると伝える（浅野家文書・小一‐九五六頁）。**11日** 羽柴秀吉が菊亭晴季・勧修寺晴豊・中山親綱に、今日は北条氏政・北条氏照を切腹させ首を京都に送ると伝える（豊国神社文書・小一‐九五七頁）。同日、松田憲秀が切腹する。法名は竹庵道悟禅定門（相州日牌帳）。**12日** 北条氏直を紀伊国高野山（和・高野町）に追放と決定する（家忠日記）。**13日** 羽柴秀吉が小田原城に入り、参陣の諸大名の仕置を行う（家忠日記増補追加・静八‐四‐二四九八）。**14日** 徳川家康が滝川雄利・黒田孝高に、武蔵国岩付城の太田輝資・伊達房実・野本将監の妻子は何処に居住しても構わないと許可する（記録御用所本古文書四・記録御用所本古文書上七八〇）。同日、北畠信雄が浅野長吉に、武蔵国忍城を攻略した功績を賞する（浅野家文書・埼六-二-一六六七）。**15日** 北条氏光が死没する。法名は西来院殿栢岳宗意大禅定門（北条家過去帳）。**16日** 北条氏政・北条氏照の首が京都の聚楽第の橋に晒される（兼見卿記・小一-九五九頁）。同日、徳川家康が遠山直吉に、相模国白根郷（神・伊勢原市）に妻子と共に居住する事を許可し、身の安全を保証する（記録御用所本古文書二一・四五四七）。同日、徳川氏家臣の本多正純が遠山直吉に、書状を拝見し要求を徳川家康に披露して了承された事を述べ、判物の発給は即日成されると共に、今後は北条氏直の御用は勿論、自分への御用も承ると伝える（譜牒余録後編三〇・四五四八）。同日、浅野長吉が簗田晴助に、十四日に武蔵国忍城を受け取った事に謝礼する（千葉県立関宿城博物館寄託簗田文書・千四-九一二頁）。**17日** 北条氏直が大藤与七に、伊豆国韮山城での忠節に感謝し、今後は何処の大名に仕官しても構わないと家臣としての契約を解く。氏直の朱印状の初見（大藤文書・三九二二）。同日、北条氏直が桜井肥前守に、小田原城に籠城して忠節を尽くした謝礼を述べる（松江市桜井文書・三九二三）。同日、羽柴秀吉が奥羽平定のために小田原を出発し、会津黒川城（福島・会津若松市）に向かう。同日、鎌倉の鶴岡八幡宮が、神領一二ヶ郷村の合計貫高を一一七〇貫文と羽柴方に申告する（後藤文書・埼六-二-一六八七）。同日、早川長政・片桐直倫が相模国三浦・武蔵国小机（神・横浜市港北区）・鎌倉地下人中に、鶴岡八幡宮の再建工事に部材や人足等を賦課する（相州文書鎌倉郡・神三下-九八二二）。**18日** 山角康定が死没する。法名は桑翁宗英禅定門（天文五年高野山過去帳・寒川町史一〇寺社三五七頁）。同日、松田直憲が紀伊国高野山（和・高野町）高室院に、小田原開城で北条氏家臣等は窮乏している等を伝える（高室院文書・四三〇五）。**19日** 北条氏直が御宿左衛門に、小田原城に籠城して忠節を尽くした謝礼を述べる（古今消息集一一・三九二四）。同日、大道寺政繁が死没する。五八歳。法名は松雲院殿江月常清大居士（常楽寺供養塔銘・大田区史寺社二-六八七頁）。**21日** 北条氏直が北条氏規・北条氏忠・北条氏房・北条氏勝・北条直重・北条直定等の一族衆と大道寺直繁・松田直憲等の家臣三〇〇人と共に小田原から紀伊国高野山に向かう（家忠日記・小一-九五二頁）。同日、北条氏規が横山文左衛門に、高野山に下向の際には道中で様々な事があるであろうが、徳川家康との了承の下では非分等を申す者は朝比奈泰勝を通して城代衆に申し上げる事。文左衛門の召し使う者が欠落した時には探して召し返す事と申し渡す（判物証文写北条・三九三四）。**23日** 徳川家康が上野衆の岩松守純に、関東八ヶ国の知行を羽柴秀吉から宛行われた事を述べ、守純の在国を認める（新田文書・小一-九六一頁）。**29日** 木下吉隆が長谷川長綱に、相模国不入斗村（神・横須賀市）西来寺の本願寺門徒衆は、北陸の門徒衆が羽柴方に味方したので北条氏直に分国から追放されていたが、徳川家康の認可で西来寺に戻らせる様に伝える（西来寺文書・新横須賀市史二-二七五八）。

8月

1日 羽柴秀吉が由良国繁・長尾顕長兄弟の老母に、元の知行を宛行いたいが、関東は徳川家康に宛行ったので、堪忍分として常陸国牛久（茨・牛久市）の地を与える（安川氏所蔵由良文書・群七-三-三六五〇）。 **2日** 北条氏忠が紀伊国高野山（和・高野町）高室院に、北条氏直が同院に居住すると共に、我等北条一族も居住すると伝える（集古文書七五・三九四二）。 **4日** 井伊直政が小幡信定に、羽柴方として奥羽へ向かう苦労を慰労し、自身は上野国箕輪城（群・高崎市）に移る事を報せ、御用があれば承り徳川家康に披露すると約束する（加賀小幡文書・四五四九）。 **7日** 北条氏規が大和国奈良（奈・奈良市）に入り、前々からの商人や知人を尋ねる（多聞院日記・小一-九六四頁）。 **12日** 北条氏直が高野山に到着し高室院に入る（同前・小一-九六四頁）。 **13日** 羽柴秀吉が小田原参陣の諸大名に加増の仕置を行い、徳川家康に安房国を除く関東七ヶ国を宛行う（太閤記一二・小一-九六四頁）。

人名索引

［あ］

［い］

［う］

［え］

［お］

[か]

[き]

［く］

［け］

［こ］

[さ]

[し]

［と］

［な］

[に]

[ぬ]

[ね・の]

[は]

[へ]

[ほ]

［ま］

［み］

[む]

[め・も]

［や］

［ゆ］

［よ］

●編者紹介
下山治久（しもやま　はるひさ）
昭和十七年東京都世田谷区に生まれる。同四十三年早稲田大学大学院修士課程修了。専門は後北条氏の研究。角川文化振興財団入社。次いで東京都中央区教育委員会に勤め退職。その間に法政大学・聖心女子大学で非常勤講師を勤める。著編書に『武州滝山・八王子城主　北条氏照文書集』『小田原合戦』『八王子城主　北条氏照』『北条早雲と家臣団』『戦国遺文・後北条氏編』『北条氏所領役帳』『快元僧都記』『記録御用所本古文書』『後北条氏家臣団人名辞典』ほか。
現住所＝神奈川県横浜市磯子区杉田七―二二―一〇

戦国時代年表　後北条氏編

二〇一〇年六月二五日　初版印刷
二〇一〇年七月　五　日　初版発行

編　者　下山治久
発行者　松林孝至
印刷所　東京リスマチック㈱
製本所　東京リスマチック㈱

発行所　株式会社　東京堂出版
東京都千代田区神田神保町一―一七（〒一〇一―〇〇五一）
電話　〇三―三二三三―三七四一　振替〇〇一三〇―七―二七〇

ISBN978-4-490-20703-3 C3021

書名	編者	判型・頁	本体価格
後北条氏家臣団人名辞典	下山治久 編	A5判 一七五〇頁	本体一五〇四〇円
戦国遺文 後北条氏編 一〜六巻 ※第一・四・五巻（オンデマンド版）	杉山博 編 下山治久 編	A5判 本体九五一五〜一四五六三円	本体各一五〇〇〇円
戦国遺文 後北条氏編 補遺編	下山治久 編	A5判 一五〇二頁	本体二一〇四円
小田原衆所領役帳 戦国遺文後北条氏編別巻	佐脇栄智 校注	A5判 九五〇頁	本体二八〇八円
戦国遺文 武田氏編 全六巻	柴辻俊六 黒田基樹 丸島和洋 編	A5判 平均三四六七千頁	本体各一万円
戦国遺文 今川氏編 第一巻	久保田昌希 大石泰史 編	A5判 一七〇三八頁	本体一〇〇四八円
戦国遺文 古河公方編 全一巻	佐藤博信 編	A5判 一八〇四三頁	本体一八〇〇〇円
戦国遺文 佐々木六角氏編 全一巻	村井祐樹 編	A5判 一八〇四頁	本体一八〇三〇円